westermann

Florian Albers, Daniela Demolt, Andreas Hübbers, Claudia Kühlem,
Christiane Mogilowski-Sperner

Alles versichert
Kaufmann/Kauffrau für Versicherungen und Finanzanlagen

2. Ausbildungsjahr

1. Auflage

Bestellnummer 10205

Die in diesem Produkt gemachten Angaben zu Unternehmen (Namen, Internet- und E-Mail-Adressen, Handelsregistereintragungen, Bankverbindungen, Steuer-, Telefon- und Faxnummern und alle weiteren Angaben) sind i. d. R. fiktiv, d. h., sie stehen in keinem Zusammenhang mit einem real existierenden Unternehmen in der dargestellten oder einer ähnlichen Form. Dies gilt auch für alle Kunden, Lieferanten und sonstigen Geschäftspartner der Unternehmen wie z. B. Kreditinstitute, Versicherungsunternehmen und andere Dienstleistungsunternehmen. Ausschließlich zum Zwecke der Authentizität werden die Namen real existierender Unternehmen und z. B. im Fall von Kreditinstituten auch deren IBANs und BICs verwendet.

Zusatzmaterialien zu Alles versichert – Kaufmann/Kauffrau für Versicherungen und Finanzanlagen – 2. Ausbildungsjahr

Für Lehrerinnen und Lehrer

Lösungen zum Arbeitsheft: 978-3-427-10214-4
Lösungen zum Arbeitsheft Download: 978-3-427-10211-3

BiBox westermann inkl. E-Book

BiBox Einzellizenz für Lehrer/-innen (Dauerlizenz): 978-3-427-10217-5
BiBox Kollegiumslizenz für Lehrer/-innen (Dauerlizenz): 978-3-427-10220-5
BiBox Kollegiumslizenz für Lehrer/-innen (1 Schuljahr): 978-3-427-10223-6

BiBox Einzellizenz für Lehrer/-innen (Dauerlizenz) zum Arbeitsheft: 978-3-427-10358-5
BiBox Kollegiumslizenz für Lehrer/-innen (Dauerlizenz) zum Arbeitsheft: 978-3-427-10361-5
BiBox Kollegiumslizenz für Lehrer/-innen (1 Schuljahr) zum Arbeitsheft: 978-3-427-10364-6

Für Schülerinnen und Schüler

Arbeitsheft: 978-3-427-10208-3

BiBox westermann inkl. E-Book

BiBox Einzellizenz für Schüler/-innen (1 Schuljahr): 978-3-427-10226-7
BiBox Klassensatz PrintPlus (1 Schuljahr): 978-3-427-82947-8

BiBox Einzellizenz für Schüler/-innen (1 Schuljahr) zum Arbeitsheft: 978-3-427-10367-7
BiBox Klassensatz PrintPlus (1 Schuljahr) zum Arbeitsheft: 978-3-427-82950-8

Dieses Werk bezieht sich auf:
Proximus 5 Privatkunden
München: Berufsbildungswerk der Deutschen Versicherungswirtschaft (BWV) e. V., [2022], Auflage 2022

Das vollständige Bedingungswerk Proximus 5 kann im BWV-Shop unter https://bwv.hcteam.de/proximus bezogen werden.

Druck und Bindung: Westermann Druck GmbH, Georg-Westermann-Allee 66, 38104 Braunschweig

ISBN 978-3-427-10205-2

Vorwort

Das 21. Jahrhundert stellt die Menschheit vor eine Vielzahl verschiedener Herausforderungen, deren hoffentlich erfolgreiche Bewältigung Auswirkungen auf viele Bereiche des gesellschaftlichen Lebens haben wird. Die Gesellschaft wird sich dadurch verändern. Zu den großen Herausforderungen gehören beispielsweise die globale Erwärmung, zunehmende Armut in vielen Teilen der Erde, globale Migration, Erschöpfung natürlicher Ressourcen und der demografische Wandel – um nur einige wenige Punkte zu nennen. Die Versicherungswirtschaft wird lernen müssen, sich auf eine sich verändernde Gesellschaft einzustellen, deren Bedürfnisse und Wünsche sowie Sorgen und Ängste zu (er-)kennen. Eines wird sich aber auch in Zukunft nicht verändern: Für die Versicherungswirtschaft steht weiterhin der Mensch im Mittelpunkt – und Sie können diese Zukunft mitgestalten.

Als Auszubildende zum Kaufmann bzw. zur Kauffrau für Versicherungen und Finanzanlagen werden Sie sich heute und in Zukunft auf die oben genannten Begebenheiten einstellen müssen, und Ihren Kundinnen und Kunden in den verschiedenen Lebensabschnitten und Lebensbereichen mit Rat und Tat zur Seite stehen. Um diesem Umstand gerecht zu werden und um berufliche Prozesse dabei aktiv mitgestalten zu können, folgt der KMK-Rahmenlehrplan dem Lernfeldkonzept, das die vollständige Handlung im Kontext der beruflichen Wirklichkeit als oberstes Bildungsziel festlegt. Dieses Buch unterstützt Sie dabei, die für Ihr berufliches Ziel notwendigen Kompetenzen zu erwerben.

Der Schülerband „Alles versichert" erscheint in drei Bänden. Während der Schülerband für das 1. Ausbildungsjahr die kaufmännischen Grundlagen legt, die Mitbestimmung im Betrieb thematisiert und erste Bedarfsfelder betrachtet, steht in diesem Band für das 2. Ausbildungsjahr der Mensch und seine Bedürfnisse im Mittelpunkt. Sie behandeln die Lernfelder

6 – Kunden im Bedarfsfeld Mobilität und Reisen beraten
7 – Kunden im Bedarfsfeld Arbeitskraft beraten
8 – Kunden im Bedarfsfeld Gesundheit beraten
9 – Geschäftsprozesse erfassen und dokumentieren.

Dieses Buch dient als Informationsquelle und bildet die Wissensgrundlage für die im zugehörigen Arbeitsheft zum 2. Ausbildungsjahr zu lösenden Handlungs-, Anwendungs- und Vertiefungsaufgaben. Neben der Vielzahl an verschiedenen Visualisierungen sollen anschauliche Beispiele, Verweise an den Rändern und Zusammenfassungen helfen, den zu lernenden Unterrichtsinhalt nachvollziehbar und nachhaltig zu verstehen. Für den größtmöglichen Lernerfolg werden verschiedene Medien eingesetzt:

- Das Arbeitsheft zu diesem Schulbuch enthält Lernsituationen, die auf die Durchführung eines handlungsorientierten Unterrichts ausgerichtet sind. Die Bearbeitung der Aufgaben im Arbeitsheft sichert und erweitert die berufliche Handlungskompetenz.

- Passend zum Lehrwerk stehen zahlreiche digitale Materialien zur Erhöhung des Lernzuwachses bei den Schülerinnen und Schülern zur Verfügung - Arbeitsblätter, Erklär- und Scribble-Videos, interaktive Aufgaben, Quizze und mehr.

- Dieses Schulbuch wurde auf der Grundlage der Versicherungsbedingungen und -tarife aus Proximus 5 erstellt. Das vollständige Bedingungswerk Proximus 5 kann im BWV-Shop unter www.bwv.hcteam.de/proximus bezogen werden.

Wir wünschen Ihnen viel Erfolg in Ihrer Berufsausbildung!

Sommer 2023 — *Das Autorenteam*

Inhalt

Lernfeld 6

Kunden im Bedarfsfeld Mobilität und Reisen beraten

Zielbeschreibung:

Die Schülerinnen und Schüler verfügen über die Kompetenz, Kundinnen und Kunden über die Haftung im Zusammenhang mit Kraftfahrzeugen und zum Abschluss von Kraftfahrtversicherungsverträgen zu beraten, Verträge im Bedarfsfeld Mobilität und Reisen anzubahnen, den Kundenbestand zu pflegen sowie Lösungen im Schadenfall aufzuzeigen.

6

Es folgen die Inhalte des Rahmenlehrplans für Lernfeld 6:

Kunden im Bedarfsfeld Mobilität und Reisen beraten

Die Schülerinnen und Schüler **analysieren** fallbezogene Risiken im Zusammenhang mit dem Halten und Führen von Kraftfahrzeugen sowie dem Nutzen von alternativen Mobilitätsmöglichkeiten. Dazu erschließen sie die *Haftungsarten (Verschuldens- und Gefährdungshaftung nach Bürgerlichem Gesetzbuch und Straßenverkehrsgesetz)* sowie die Regelungen zum Schutz der Verkehrsopfer *(Pflichtversicherungsgesetz, Versicherungsvertragsgesetz, Kraftfahrzeug-Pflichtversicherungsverordnung und Allgemeine Kraftfahrtbedingungen)*. Sie informieren sich über Zweck und Umfang der Pflichtversicherung *(Kontrahierungszwang, Annahmefiktion, Mindestversicherungssummen)* sowie über relevante Vertragsarten und erörtern Umfang und Möglichkeiten des bedarfsgerechten Versicherungsschutzes.

Die Schülerinnen und Schüler **planen** kundenspezifische, nachhaltige Versicherungslösungen, indem sie risikorelevante Daten erfassen, das Risiko unter Berücksichtigung von beitragsrelevanten Merkmalen beurteilen und bedarfsgerechte Vorschläge erarbeiten. Hierbei berücksichtigen sie die Möglichkeit der vorläufigen Deckung, informieren die Kundinnen und Kunden über das Zulassungsverfahren und die Versicherungsbeginne.

Im Beratungsgespräch **erläutern** die Schülerinnen und Schüler den Kundinnen und Kunden Möglichkeiten der Variation des Versicherungsschutzes *(Kasko-, Schutzbrief-, Telematiktarife)*, informieren diese über Obliegenheiten vor Eintritt des Schadens und im Versicherungsfall sowie über den Datenschutz und die Datensicherheit bei Telematiktarifen. Sie bereiten den Abschluss – auch mithilfe digitaler Medien – von Kraftfahrtversicherungsverträgen vor, berücksichtigen im Beratungsgespräch den Geltungsbereich und gehen auf internationale Vereinbarungen zur gegenseitigen Regulierungshilfe ein. Ergänzend informieren sie die Kundinnen und Kunden – auch in einer fremden Sprache – über weiteren Versicherungsschutz auf Reisen *(Auslandsreisekranken-, Reiseabbruch-, Reiserücktritt- und Reisegepäckversicherung)*.

Es folgen weitere Inhalte des Rahmenlehrplans für Lernfeld 6:

Im Rahmen der Bestandspflege **kontrollieren** die Schülerinnen und Schüler den Versicherungsschutz ihrer Kundinnen und Kunden und beraten diese bei Änderungen der risikorelevanten Merkmale *(Schadenfreiheitssystem, Unterbrechung des Versicherungsschutzes, Saison-Kennzeichen, Veräußerung, Stilllegung, Rabattübertragung, Rabattschutz, weiche Tarifmerkmale)*. Im Sinne einer langfristigen Kundenbindung optimieren sie den Versicherungsschutz ihrer Kundinnen und Kunden.

Im Schadenfall führen die Schülerinnen und Schüler die formelle und materielle Deckungsprüfung durch. Sie **beurteilen** den Schaden, berechnen die Entschädigung und berücksichtigen hierbei die Möglichkeit von Regressen. Sie informieren die Versicherungsnehmerinnen und Versicherungsnehmer – auch mithilfe digitaler Medien – über die Schadenregulierung, mögliche Rückstufungen und weisen sie auf ihre Rechte und Pflichten hin. Hierbei wenden sie Strategien zur Lösung von Konflikten an.

In Hinblick auf Kundenzufriedenheit und Kundenbindung **reflektieren** die Schülerinnen und Schüler ihr Service- und Kommunikationsverhalten im Beratungsgespräch, diskutieren alternative Vorgehensweisen und holen sich ein Kundenfeedback ein.

Teil A: Kunden zu Kfz-Versicherungen beraten

1 Bedeutung der Kfz-Versicherung

Das Auto, des Deutschen liebstes Kind?

Das Auto gilt als ein Statussymbol, das seit Mitte der 1950er Jahre dank hoher Einkommenssteigerungen bedingt durch das Wirtschaftswunder auch für den „kleinen Mann“ erschwinglich wurde. Der Traum eines/einer jeden war ein VW Käfer mit einer Höchstgeschwindigkeit von 105 km/h. Was vor 70 Jahren noch fast unerreichbar und lange nicht selbstverständlich war, ist heute gang und gäbe.

Fast jeder Haushalt in Deutschland verfügt über mindestens ein Fahrzeug. In vielen Fällen hat jede/-r Führerscheinbesitzer/-in im Haushalt auch ein eigenes Fahrzeug, um jederzeit unabhängig und mobil zu sein. So waren laut Kraftfahrt-Bundesamt (KBA) am 01.01.2022 in Deutschland mehr als 67,7 Mio. Kraftfahrzeuge (Kfz) zugelassen, rund 48,5 Mio. davon waren Personenkraftwagen (Pkw). Diese waren auf ca. 40,55 Mio. Privathaushalte verteilt. Im Jahr 2021 wurden 2,3 Mio. Verkehrsunfälle, davon 259 000 mit Personenschaden, verursacht.

Schaut man sich diese Zahlen an, so kommt man sehr schnell zu dem Schluss, dass eine Kfz-Versicherung unabdingbar ist. Denn Schäden, die durch die Nutzung eines Fahrzeuges verursacht werden, sind nicht selten teure Schäden, die die Fahrzeugfahrer/-innen nicht aus eigenen Mitteln bestreiten können.

Genau aus diesem Grund hat der Gesetzgeber eine Verpflichtung zur Versicherung eines Kfz eingeführt, das Gesetz über die Pflichtversicherung für Kraftfahrzeughalter (Pflichtversicherungsgesetz, PflVG). Dieses regelt, für wen und welche Fahrzeuge diese Versicherungspflicht gilt, und regelt darüber hinaus auch den Verkehrsopferschutz, sofern keine Versicherung für den entstandenen Schaden eintritt.

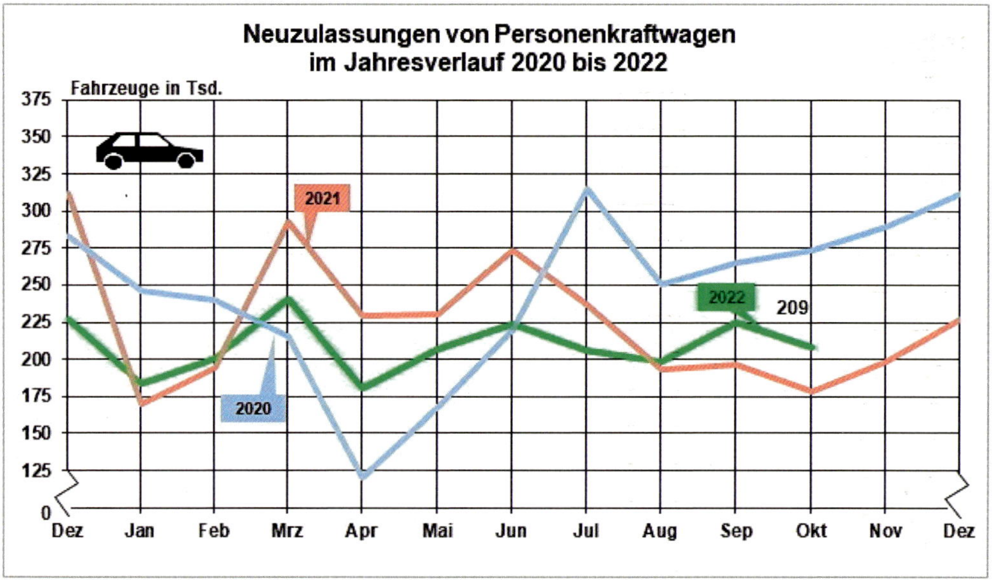

Verunglückte bei Straßenverkehrsunfällen 2021
nach Altersjahren und Verletzungsschwere

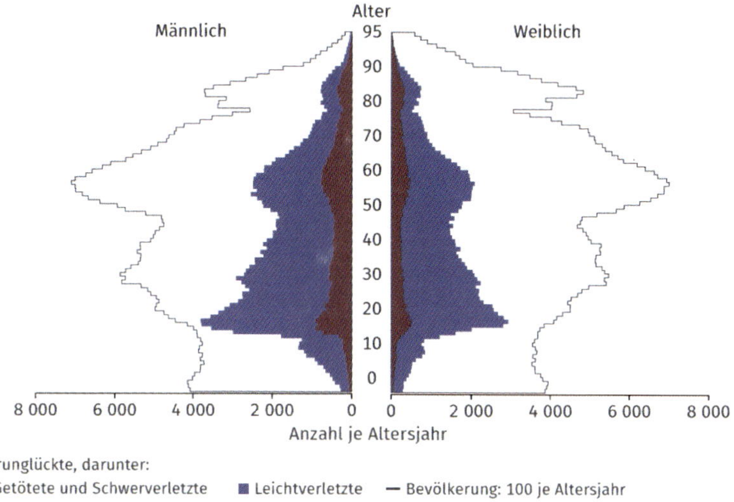

© Statistisches Bundesamt (Destatis), 2022

2 Pflichtversicherungsgesetz

Bereits im Jahre 1939 hat der Gesetzgeber die Notwendigkeit zur Einführung eines Gesetzes, das eine Versicherungspflicht für den Halter von Kfz regeln sollte, erkannt. Eine Neuregelung dieses Gesetzes wurde im Jahre 1965 verabschiedet. Die Neuregelung sollte den Versicherungsschutz verbessern und die Normen des Europäischen Übereinkommens vom 20.04.1959 über die obligatorische Kfz-Haftpflichtversicherung anpassen. Wesentliche Neuerungen aufgrund dieses Übereinkommens waren die Gewährung eines unmittelbaren Anspruchs des Geschädigten gegen den Haftpflichtversicherer (Direktanspruch) und die gesetzliche Einführung eines Entschädigungsfonds für Schäden Dritter aus Unfällen mit Beteiligung eines Kfz (Wahrnehmung des Entschädigungsfonds durch die Verkehrsopferhilfe e.V.).

Gemäß § 1 PflVG ist jede/-r **Halter/-in** verpflichtet, für sich, den/die **Eigentümer/-in** und den/die **Fahrer/-in** eine Kfz-Haftpflichtversicherung abzuschließen und aufrechtzuerhalten. Der Versicherungsschutz erstreckt sich auf den Gebrauch des Fahrzeuges und die dadurch verursachten Personen-, Sach- und sonstigen Vermögensschäden, die einer/einem Dritten durch das versicherte Fahrzeug entstanden sind. *§ 1 PflVG*

Definitionen

Halter/-in: Person, die für eigene Rechnung ein Kfz in Gebrauch hat und Verfügungsgewalt darüber hat

Eigentümer/-in: Person, die ein Kfz erwirbt und dies durch einen auf sie ausgestellten Kaufvertrag belegen kann

Fahrer/-in: Person, die das Fahrzeug lenkt

2.1 Ausnahmen von der Versicherungspflicht

Es gibt aber auch Ausnahmen von der Versicherungspflicht. Hierbei wird zwischen befreiten Haltern bzw. Halterinnen und befreiten Fahrzeugen unterschieden.

§ 2 Abs. 2 S. 1–4 PflVG

Befreite Halter/-innen sind die Bundesrepublik Deutschland, die Länder, Gemeinden mit über 100 000 Einwohner, sowie Gemeinde- und Zweckverbände. Man geht in diesen Fällen davon aus, dass der/die Halter/-in über ausreichend Vermögen verfügt, um im Schadenfall den Schadenersatz gegenüber der/dem Geschädigten selbstständig leisten zu können.

§ 2 Abs. 2 S. 6 PflVG

Befreite Fahrzeuge entsprechend dieser Vorschrift sind Kfz mit einer Höchstgeschwindigkeit von max. 6 km/h, selbstfahrende Arbeitsmaschinen mit einer Höchstgeschwindigkeit von max. 20 km/h sowie nicht zulassungspflichtige Anhänger.

2.2 Kontrahierungszwang gemäß § 5 PflVG

Da der Gesetzgeber die überwiegende Zahl der Kraftfahrzeuge unter die Versicherungspflicht subsumiert hat, sind die Versicherer verpflichtet, einen entsprechenden Versicherungsschutz anzubieten. Der Gesetzgeber schützt in den Bestimmungen des PflVG aber nur das Verkehrsopfer, nicht das eigene Fahrzeug. So besteht auch nur die Verpflichtung zum Abschluss einer Kfz-Haftpflichtversicherung, nicht aber zum Abschluss einer Fahrzeugversicherung. Die Verpflichtung zur Annahme des Haftpflichtrisikos nennt man **Kontrahierungszwang**. Der Versicherer kann sich nicht, wie in anderen Versicherungssparten, die Risiken, die er zeichnen möchte, aussuchen. Er ist vielmehr verpflichtet, mindestens im Rahmen der gesetzlichen Mindestdeckungssummen, entsprechend der Anlage 2 PflVG, Versicherungsschutz anzubieten.

§

Mindestdeckungssummen § 4 Abs. 2 PflVG
- Personenschäden 7,5 Mio. €
- Sachschäden 1,22 Mio. €
- reine Vermögensschäden 50.000,00 €

Der Versicherer muss hierzu innerhalb einer Frist von zwei Wochen dem/der Versicherungsnehmer/-in gegenüber die Annahme des Versicherungsvertrages bestätigen. Dies kann entweder durch eine schriftliche Annahmeerklärung oder die Annahmefiktion geschehen. Bei der Annahme durch Annahmefiktion reagiert der Versicherer nicht aktiv innerhalb einer Frist von zwei Wochen. Der Antrag ist dann als angenommen zu verstehen, und zwar so, wie er von dem/der Versicherungsnehmer/-in beantragt wurde.

Eine Ablehnung des Versicherungsschutzes kann von dem Versicherer gegenüber dem/der Versicherungsnehmer/-in nur unter strengen Voraussetzungen innerhalb einer Frist von zwei Wochen erfolgen.

Der Versicherer kann, sofern Versicherungsschutz über die gesetzlichen Mindestdeckungssummen hinaus beantragt wurde, ein Gegenangebot an den/die Versicherungsnehmer/-in senden. Es müssen jedoch mindestens die gesetzlichen Mindestdeckungssummen angeboten werden. Der/die Versicherungsnehmer/-in kann dieses neue Angebot dann annehmen oder ablehnen. Möchte der/die Versicherungsnehmer/-in das neue Angebot nicht annehmen, so ist der Versicherungsvertrag nicht zustande gekommen.

Dieses Vorgehen erfolgt in der Regel nur bei unerwünschten Risiken, die der Versicherer nicht zeichnen möchte.

§ 5 Abs. 4 PflVG

Ein weiterer Ablehnungsgrund könnten sachliche und örtliche Beschränkungen im Geschäftsplan des Versicherers sein. Unter den sachlichen Beschränkungen versteht man, dass der Versicherer nur bestimmte versicherungspflichtige Fahrzeuge zeichnet, z. B. nur Pkws oder aber gar keine Kfz-Haftpflichtversicherung anbietet. Örtliche Beschränkungen liegen dann vor, wenn nur Fahrzeuge, die in einer bestimmten Region zugelassen wurden, bei der Versicherung gezeichnet werden.

2.3 Deckungssummen

Der Gesetzgeber hat durch das Vorschreiben von Mindestdeckungssummen dafür gesorgt, dass im Schadenfall, insbesondere im Personenschadenfall, eine ausreichende Menge an Geldmitteln zur Verfügung steht und der/die Schädiger/-in durch den entstandenen Schaden nicht in den finanziellen Ruin getrieben wird. Denn wer einen Schaden verursacht, der ist auch verpflichtet, einen Ersatz für diesen entstandenen Schaden zu leisten, wenn nötig auch mit dem gesamten Privat- und/oder Geschäftsvermögen. Auf der anderen Seite soll auch der/die Geschädigte aus einem Verkehrsunfall hierdurch die Gewissheit haben, dass der ihm/ihr entstandene Schaden bezahlt werden kann.

Die in Deutschland geltenden Mindestdeckungssummen dienen aber nicht nur zur Sicherung von Schadenersatzansprüchen innerhalb der Bundesrepublik Deutschland. Vielmehr haben sie auch eine schützende Funktion dem in Deutschland versicherten Fahrzeug bei Schäden im Ausland gegenüber. Grundsätzlich gelten bei Schäden im Ausland die gesetzlichen Deckungssummen im jeweiligen Land. Häufig sind diese aber nicht ausreichend, um den Schaden adäquat auszugleichen. Der/die Versicherungsnehmer/-in müsste dann für den oberhalb der ausländischen Deckungssummen liegenden Teil des Schadens selbst einstehen. Es entsteht also eine Versicherungslücke. Um den/die Versicherungsnehmer/-in davor zu schützen, gelten im Schadenfall im Ausland bei geringeren Deckungssummen als in Deutschland vorgeschrieben die in Deutschland gültigen Mindestdeckungssummen.

2.4 Ausländer-Pflichtversicherungsgesetz

Nicht nur Fahrzeuge, die ihren regelmäßigen Standort in der Bundesrepublik Deutschland haben, unterliegen der Versicherungspflicht gemäß § 1 PflVG. Auch Fahrzeuge, die ihren regelmäßigen Standort im Ausland haben, unterliegen bei Fahrten auf deutschen Straßen der Versicherungspflicht. Diese Versicherungspflicht regelt das Gesetz über die Haftpflichtversicherung für ausländische Kraftfahrzeuge und Kraftfahrzeuganhänger (Ausländer-Pflichtversicherungsgesetz, AuslPflVG). Die Bestimmungen dieses Gesetzes sind analog zu § 1 PflVG. *AuslPflVG*

Für ein Fahrzeug, das ohne ausreichenden Versicherungsschutz auf deutschen Straßen gefahren werden soll, kann am Grenzübergang nachträglich ein sogenannter Grenzversicherungsschein, die „Rosa Karte", gelöst werden. Durch dieses Vorgehen wird sichergestellt, dass im Schadenfall auch der entstandene Schadenersatzanspruch gegenüber dem Verkehrsopfer geleistet werden kann. Die wirtschaftlichen Verhältnisse des Schädigers oder der Schädigerin spielen somit für die Schadenregulierung keine große Rolle und der/die Geschädigte muss nicht fürchten, dass der entstandene Schaden nicht ausreichend gedeckt ist und eine mögliche Differenz dann zu eigenen Lasten gehen würde.

2.5 Versicherungsnachweis bei Auslandsfahrten

Die Bundesrepublik Deutschland ist allerdings nicht als einziges Land daran interessiert, dass alle Fahrzeuge, die auf öffentlichen Straßen geführt werden, ausreichend versichert sind. Innerhalb der Europäischen Union muss jede Halterin bzw. jeder Halter für sein/ihr zugelassenes Fahrzeug mindestens eine Kfz-Haftpflichtversicherung zu den im Zulassungsland gültigen Mindestdeckungssummern abschließen und aufrechterhalten, vgl. Richtlinie 2009/103/EG des Europäischen Parlaments und des Rates vom 16.09.2009 über die Kraftfahrzeug-Haftpflichtversicherung und die Kontrolle der entsprechenden Versicherungspflicht.

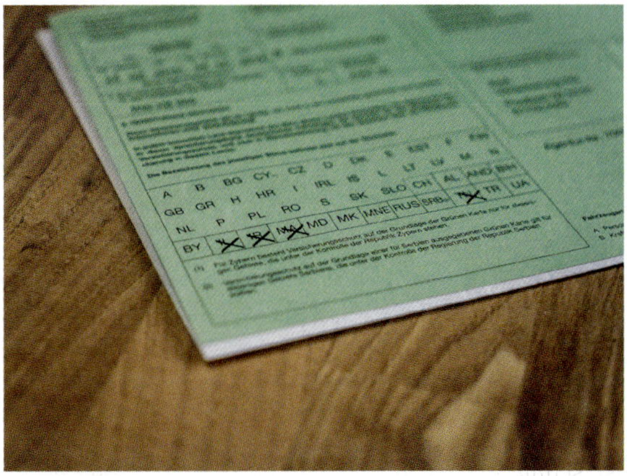

Aus diesem Grund ist auch für Fahrten von Deutschland ins EU-Ausland ein Versicherungsnachweis erforderlich.

Diesen Nachweis können Fahrzeugführer/-innen über das Versicherungskennzeichen oder die sogenannte Internationale Versicherungskarte (IVK) erbringen. Diese wird im allgemeinen Sprachgebrauch auch als „Grüne Karte" bezeichnet und wird in der Regel mit der Zusendung der Policenunterlagen an den/die Versicherungsnehmer/-in ausgehändigt. Wird die IVK nicht mit den Policenunterlagen zur Verfügung gestellt, kann diese ganz unbürokratisch vor Reiseantritt bei der Versicherungsgesellschaft angefordert werden. Versicherungsschutz über die IVK wird nur für die auf der IVK explizit aufgeführten Länder gewährt. Sollte der Versicherungsschutz darüber hinaus ausgeweitet werden, so ist dies beim Versicherer anfragepflichtig.

Die IVK enthält Informationen zu dem Kennzeichen, der Gültigkeitsdauer, dem ausstellenden Versicherer und dem/der Versicherungsnehmer/-in sowie die Anschriften der Grüne-Karte-Büros der aufgelisteten Länder, in denen Versicherungsschutz gewährt wird.

Die sogenannten Grüne-Karte-Büros sind die Ansprechpartner im Schadenfall bei Auslandsschäden. Diese regeln die Korrespondenz mit dem ausländischen Versicherungsunternehmen und kümmern sich um die Abwicklung der Regulierung von gerechtfertigten Schadenersatzansprüchen. Diese Korrespondenzbüros sind auf die jeweiligen gesetzlichen Bestimmungen des Landes spezialisiert und prüfen unter den dort geltenden rechtlichen Gegebenheiten den Schadenfall. Die gesamte Abwicklung wird von den Grüne-Karte-Büros koordiniert. Diese treten bei Auslandsschäden für die heimische Kfz-Haftpflichtversicherung ein. Im Anschluss an die Regulierung wird sich das zuständige Grüne-Karte-Büro beim heimischen Kfz-Haftpflichtversicherer melden und die aufgewendeten Schadenpositionen entsprechend einfordern. Der heimische Kfz-Haftpflichtversicherer leistet dann an das Grüne-Karte-Büro und belastet den Kfz-Haftpflichtversicherungsvertrag so, als hätte der Schaden in Deutschland stattgefunden.

2.6 Verkehrsopferhilfe

Das Pflichtversicherungsgesetz regelt aber nicht nur die Versicherungspflicht für bestimmte Personen und Fahrzeuge, sondern enthält auch Regelungen zum Verkehrsopferschutz. Zum Schutz der Verkehrsopfer wurde 1963 der Verein Verkehrsopferhilfe e.V. gegründet. Alle deutschen und ausländischen Versicherungsunternehmen, die in Deutschland Kfz-Haftpflichtversicherungen anbieten, sind diesem
§ 12 PflVG Verein beigetreten. Im § 12 PflVG werden die Voraussetzungen und der Umfang der Leistungen konkret geregelt.

Der über den Verkehrsopferhilfe e.V. gegründete Entschädigungsfonds soll das Verkehrsopfer in erster Linie vor finanziell erlittenen Schäden durch einen Verkehrsunfall schützen, wenn der/die Verursacher/-in unbekannt ist, nicht über eine Kfz-Haftpflichtversicherung verfügt, von der Versicherungspflicht befreit ist, den Unfall vorsätzlich oder widerrechtlich begangen hat oder der Kfz-Haftpflichtversicherer insolvent ist.

Die Leistung beschränkt sich maximal auf die gesetzlichen Mindestdeckungssummen gemäß Anlage 2 PflVG. Der/die Geschädigte ist dem Verein Verkehrsopferhilfe e.V. zum Nachweis verpflichtet, dass er/sie keine andere Ersatzmöglichkeit aus dem Schadenereignis hat. Dies könnten z.B. Ansprüche aus einer Kaskoversicherung, Entgeltfortzahlungen oder Leistungen von dem/der Verursacher/-in selbst sein. Die Schadenmeldung muss innerhalb von drei Monaten erfolgen.

Besonderheit bei Fahrerflucht

Bei Fahrerflucht besteht in der Leistung eine Besonderheit. Um das Betrugsrisiko so gering wie möglich zu halten, werden bei einer sogenannten Verkehrsunfallflucht die Schäden am eigenen Kfz nur erstattet, wenn aufgrund des gleichen Schadenereignisses wegen eines erheblichen Personenschadens geleistet wurde. In diesem Fall und auch bei sonstigen Sachschäden (Kleidung, Gebäude usw.) muss sich der/die Geschädigte eine Selbstbeteiligung von 500,00 € anrechnen lassen. Weiterhin wird der erlittene Personenschaden, abgesehen von Schmerzensgeldleistungen, geleistet.

Ein Anspruch auf Schmerzensgeld besteht nur in Ausnahmefällen. Bei einem Schmerzensgeldersatz spricht man von einem sogenannten Genugtuungsschaden. Da der Verein selbst nicht der Schädiger ist, schuldet er deshalb auch nicht Genugtuung für den erlittenen Personenschaden. Eine Ausnahme zu der Regelung besteht dann, wenn eine sogenannte grobe Unbilligkeit vorliegt. Grobe Unbilligkeit liegt vor, wenn das Verkehrsopfer Verletzungen erlitten hat, die deutlich über denen liegen, die üblicherweise bei Verkehrsunfällen auftreten.

Schmerzensgeld

Das Schmerzensgeld hat eine Genugtuungsfunktion und soll der verletzten Person Genugtuung für die erlittenen Verletzungen und Einschränkungen bieten.

2.7 Zentralruf der Autoversicherer

Ist der Schaden einmal eingetreten, ist das Dilemma meistens groß. Die wohl größte Herausforderung für alle Beteiligten ist die anschließende Schadenmeldung. Sollte es hier zu Problemen zwischen den Beteiligten kommen, sind am Unfallort die Daten des Versicherers nicht zur Hand oder nicht korrekt ausgetauscht worden, hat der/die Geschädigte die Möglichkeit, mithilfe des Verursacherkennzeichens den zuständigen Versicherer ausfindig zu machen.

Der/die Geschädigte kann so im Rahmen seines/ihres Direktanspruches gemäß § 117 VVG seine/ihre Schadenersatzansprüche gegenüber dem Versicherer direkt anmelden. Nun stellt sich aber die Frage, welcher Versicherer der richtige Ansprechpartner für den Versicherungsfall ist. Damit der zuständige Versicherer schnell gefunden werden kann, ist eine zentrale Auskunftsstelle installiert worden, der Gesamtverband der deutschen Versicherungswirtschaft (GDV). Diese Institution hat alle in Deutschland zugelassenen und versicherten Fahrzeuge gelistet und kann so ganz unbürokratisch dem/der Geschädigten anhand des Verursacherkennzeichens oder dem Namen des Verursachers bzw. der Verursacherin den zuständigen Kfz-Haftpflichtversicherer nennen, sofern sich der Unfall in Deutschland ereignet hat, oder das Fahrzeug seinen Standort in Deutschland hat. Der/die Geschädigte wird dann direkt mit der zuständigen Versicherung verbunden oder bekommt die Nummer genannt und kann zu einem späteren Zeitpunkt selbstständig dort anrufen und die Schadenersatzansprüche anmelden. Der GDV ist unter der kostenfreien Rufnummer 0800 250 260 0 oder online (www.zentralruf.de) erreichbar.

§ 117 VVG

ZENTRALRUF
DER AUTOVERSICHERER
0800 2502600

2.8 Antrag und Annahme des Versicherungsvertrages

§ 5 Abs. 3 PflVG

Ein Versicherungsvertrag für die Kfz-Versicherung wird, wie jeder andere privatrechtliche Vertrag auch, durch zwei übereinstimmende Willenserklärungen, Antrag und Annahme, geschlossen. Die Annahme des Antrages durch den Versicherer kann durch

- schriftliche Antragsannahmebestätigung,
- Zusendung des Versicherungsscheins oder
- Annahmefiktion (keine Reaktion des Versicherers innerhalb von zwei Wochen)

erfolgen.

Hat der Versicherer den Antrag angenommen, beginnt der Versicherungsschutz zum vereinbarten Zeitpunkt im Versicherungsschein. Üblicherweise ist dies der Tag der Zulassung oder das Datum des Versichererwechsels. Der Kfz-Versicherungsvertrag wird für die Dauer von einem Jahr abgeschlossen, sofern nichts anderes vereinbart wurde.

Ziffer G.1.2 und G.2.1 AKB 2021

Wird der Versicherungsvertrag nicht mit einer Frist von einem Monat zur Hauptfälligkeit (meistens der 01.01. eines Jahres) gekündigt, so verlängert sich der Versicherungsschutz automatisch um ein Jahr.

§ 33 Abs. 1 VVG

Voraussetzung für den Versicherungsschutz ist die rechtzeitige Zahlung der Erstprämie. Es gilt die erweiterte Einlösungsklausel.

Definitionen

Strenge Einlösungsklausel Der Versicherungsschutz beginnt mit Zahlung der Erstprämie.

Erweiterte Einlösungsklausel Der Versicherungsschutz beginnt gemäß dem in Vertrag vereinbarten Zeitpunkt. Materieller und technischer Beginn fallen zusammen.

2.8.1 Vorläufige Deckungszusage

Eine Besonderheit der Kfz-Versicherung ist die vorläufige Deckungszusage.

§ 49 ff. VVG

Dies bedeutet, dass der Versicherer dem/der Versicherungsnehmer/-in sofortigen Versicherungsschutz gewährt, obwohl der Versicherungsvertrag formal noch nicht zustande gekommen ist.

Definitionen

Formeller Versicherungsbeginn: Zeitpunkt des Vertragsschlusses

Materieller Versicherungsbeginn: Zeitpunkt der Leistungspflicht

Technischer Versicherungsbeginn: Zeitpunkt des prämienbelasteten Zeitpunktes

Die vorläufige Deckungszusage ist ein rechtlich selbstständiger Vertrag und vom späteren Hauptvertrag unabhängig. Der Versicherungsschutz über die vorläufige Deckungszusage erstreckt sich grundsätzlich nur über die Kfz-Haftpflichtversicherung zu den gesetzlich vorgeschriebenen Mindestdeckungssummen. Weitere Bausteine, wie Autoschutzbrief, Fahrzeugversicherung und Fahrerschutz, können auf Antrag innerhalb der vorläufigen Deckung erweitert werden. Die Erweiterung auf die Fahrzeugvollversicherung empfiehlt sich besonders bei Neufahrzeugen oder wenn im anschließenden Hauptvertrag auch eine Fahrzeugvollversicherung abgeschlossen werden soll.

In der Regel erteilt der Versicherer die vorläufige Deckungszusage, der auch im Anschluss den Hauptvertrag führt. Dies ist aber keine zwingende Voraussetzung. Geht die vorläufige Deckungszusage später in den Hauptvertrag beim gleichen Versicherer über, so tritt diese zurück und ist für den/die Versicherungsnehmer/-in beitragsfrei. Der Hauptvertrag wird dann regelmäßig auf das Zulassungsdatum rückdatiert. Es gelten dann der im Vertrag vereinbarte Versicherungsbeginn und die versicherten Leistungen von Beginn an.

Geht hingegen die vorläufige Deckung nicht in einen Hauptvertrag über, so hat der Versicherer einen Anspruch auf eine angemessene Prämie für den Zeitraum, für den Versicherungsschutz aus der vorläufigen Deckung bestanden hat. Der Vertrag wird dann in der Regel taggenau abgerechnet. Dies bedeutet, dass die Prämie für die in der vorläufigen Deckung vereinbarten Leistungen für den Leistungszeitraum berechnet wird. *Ziffer B.2.7 AKB 2021* *§ 50 VVG*

2.8.2 Kündigung der vorläufigen Deckungszusage

Die vorläufige Deckungszusage kann aber auch von dem/der Versicherungsnehmer/-in oder dem Versicherer gekündigt werden, da diese ein rechtlich selbstständiger Vertrag ist.

Der/die **Versicherungsnehmer/-in** kann den Vertrag beim Versicherer schriftlich kündigen. Die Kündigung ist dann **mit Eingang** beim Versicherer **wirksam**. Der **Versicherer** kann ebenfalls schriftlich kündigen. Diese Kündigung wird jedoch erst **zwei Wochen nach Zugang** beim Versicherungsnehmer **wirksam**. Der Grund dafür findet sich in den Bestimmungen des PflVG wieder, denn kein Fahrzeug soll und darf ohne Versicherungsschutz fahren. Würde die Kündigung durch den Versicherer direkt mit Eingang bei dem/der Versicherungsnehmer/-in wirksam werden, so würden Lücken im Versicherungsschutz entstehen. Aber auch der **Widerruf** des Hauptvertrages führt zur Beendigung der vorläufigen Deckungszusage. *§ 8 VVG* Die Wirksamkeit des Widerrufs ist bereits **bei Zugang** der Erklärung beim jeweiligen Vertragspartner gegeben. In diesem Fall kann eine Versicherungslücke entstehen, wenn nicht rechtzeitig eine Kfz-Haftpflichtversicherung bei einer anderen Versicherungsgesellschaft abgeschlossen wird. Der Versicherer macht bei einer Kündigung entsprechende Meldung beim Straßenverkehrsamt. Diese ist für die Überwachung des Versicherungsschutzes zuständig und wird bei Nichtvorhandensein eine Stilllegung des Fahrzeuges veranlassen.

2.8.3 Zulassung des Fahrzeuges

Wer in Deutschland ein Fahrzeug zulassen möchte, muss dies entsprechend den Bestimmungen des § 23 Abs. 1 der Verordnung über die Zulassung von Fahrzeugen zum Straßenverkehr (Fahrzeug-Zulassungsverordnung, FZV) machen.

Schritt 1

Der/die künftige Versicherungsnehmer/-in muss zunächst einen Antrag auf Versicherungsschutz bei einem Versicherer seiner Wahl für mindestens eine Kfz-Haftpflichtversicherung zu den gesetzlichen Mindestdeckungssummen stellen. Das Vereinbaren einer Kfz-Haftpflichtversicherung wird vom Gesetzgeber vorgeschrieben. Die Zubuchung weiterer Bausteine ist natürlich möglich, aber nicht vorgeschrieben. Die Zuwahl kann, je nach Baustein, schon innerhalb der vorläufigen Deckungszusage erfolgen oder spätestens mit dem Hauptvertrag vereinbart werden.

Schritt 2

Der Versicherer stellt dem/der Versicherungsnehmer/-in für die Zulassung des Fahrzeuges eine sogenannte elektronische Versicherungsbestätigungsnummer (eVB) aus. Dabei handelt es sich um einen siebenstelligen alphanummerischen Code. Dieser ist der Nachweis dafür, dass für das zuzulassende Fahrzeug mindestens eine Kfz-Haftpflichtversicherung zu den gesetzlich vorgeschriebenen Mindestdeckungssummen abgeschlossen wurde.

eVB-Nummer XY 1 A 2 3 B

Die ersten beiden Stellen der eVB-Nummer codieren den Versicherer, und die letzten fünf Stellen sind eine zufällig erstellte alphanummerische Codierung. Somit ist eine konkrete Zuordnung zum Risikoträger, also dem Versicherer, möglich.

Schritt 3

Der Versicherer übermittelt die herausgegebene eVB-Nummer an das Kraftfahrt-Bundesamt. Dieses hinterlegt die Nummer mit den entsprechenden Daten, die der Versicherer bei der Datenaufnahme für den Vertrag von dem/der Versicherungsnehmer/-in erhalten hat. Die eVB-Nummer enthält zentrale Informationen über das Fahrzeug und den Versicherungsnehmer.

Schritt 4

Das Fahrzeug kann nun mit der ausgestellten eVB-Nummer bei der zuständigen Kfz-Zulassungsstelle angemeldet werden. Die Kfz-Zulassungsstelle greift mit Vorlage der eVB-Nummer auf die beim Kraftfahrt-Bundesamt hinterlegten Daten zu. Eine Abweichung zu den gespeicherten Daten bei der Zulassungsstelle führt dazu, dass die herausgegebene eVB-Nummer nicht eingelöst und das Fahrzeug nicht zugelassen werden kann.

- Nach Erhalt der eVB-Nummer dürfen mit den noch ungestempelten Kennzeichen bereits einige Fahrten gemacht werden. Dies sind Fahrten zur Zulassungsstelle, Hauptuntersuchung oder Sicherheitsuntersuchung.
- Die eVB ist maximal 730 Tage gültig, dies entspricht zwei Jahren. Jedoch trifft jeder Versicherer für sich selbst die Entscheidung darüber, wie lange die von ihm ausgegebene eVB-Nummer gültig ist. Üblich ist eine Gültigkeit zwischen drei und sechs Monaten. Wurde die beantragte Nummer während des Gültigkeitszeitraums nicht verwendet, verfällt sie automatisch. Die an eine Privatperson ausgegebene eVB-Nummer ist nur zum einmaligen Gebrauch bestimmt. Für jedes weitere Fahrzeug muss eine neue eVB-Nummer beantragt werden.

§ 25 Abs. 1 FZV

Das jeweils zuständige Straßenverkehrsamt überwacht das Aufrechterhalten des Versicherungsschutzes. Trägt ein Versicherer das Haftpflichtrisiko nicht mehr, so wird dies durch entsprechende Anzeige beim Straßenverkehrsamt bekannt gemacht. Das Straßenverkehrsamt prüft dann, ob ein anderes Versicherungsunternehmen das Haftpflichtrisiko für das Fahrzeug übernommen hat und als Nachversicherer hinterlegt ist. Ist dies nicht der Fall, so wird das Fahrzeug durch das Straßenverkehrsamt stillgelegt und darf nicht mehr am öffentlichen Straßenverkehr teilnehmen. Es besteht kein Versicherungsschutz mehr für das Fahrzeug.

2.9 Beendigung des Versicherungsvertrages

Der Versicherungsvertrag wurde nun abgeschlossen und wir wissen, dass sich dieser um jeweils ein weiteres Jahr verlängert, wenn er nicht rechtzeitig mit Monatsfrist zur Hauptfälligkeit gekündigt wird.

Aber wie und unter welchen Voraussetzungen kann der Vertrag nun beendet werden?

Ziffer G.2 und G.3 AKB 2021

Dies ist wohl eine der am häufigsten gestellten Fragen. Die Kfz-Haftpflichtversicherung ist eine der Versicherungen mit der höchsten Fluktuation. Die Versicherungsnehmer/-innen vergleichen nahezu jährlich ihre Versicherungsprämien. Häufig werden hierfür einschlägige Vergleichsportale genutzt. Durch die Transparenz in der Tarifgestaltung macht es den Versicherungsvergleich auch für Laien übersichtlich und verständlich. Viele Versicherungsnehmer/-innen schauen zuerst auf den diversen Vergleichsportalen und suchen sich den für sie günstigsten Versicherer heraus. In vielen Fällen erfolgt der Vertragsschluss dann aber mit einer Beratung vor Ort in einer Versicherungsagentur. Versicherungsnehmer/-innen, die so vorgehen, nennt man „hybride Kunden".

Der Versicherungsvertrag kann grundsätzlich durch Zeitablauf, Rücktritt, Aufhebung, Risikowegfall oder Kündigung beendet werden.

2.9.1 Vertragsbeendigung durch Zeitablauf

Eine Kündigung durch Zeitablauf stellt eine besondere Art der Kündigung dar, denn in diesem Fall muss keine explizite Kündigungserklärung mehr zum Ablaufdatum von einer der Vertragsparteien eingereicht werden. Vielmehr wird in einem Vertrag, der durch Zeitablauf enden soll, die Vertragsdauer bereits zu Beginn des Vertrages festgelegt. Exemplarisch für einen Versicherungsvertrag, der durch Zeitablauf endet, ist das Versicherungskennzeichen (sog. Mofa-Kennzeichen). Dieses gilt immer für maximal ein Jahr und muss dann neu beantragt werden. Wird ein Mofa-Kennzeichen unterjährig ausgegeben, so ist die Vertragslaufzeit dennoch auf das Versicherungsjahr, also bis zum nächsten 28./29.02. begrenzt. Die Prämie richtet sich dann nach der entsprechenden verbleibenden Laufzeit.

Das **Versicherungskennzeichen** gilt immer vom 01.03. des Jahres bis zum 28./29.02. des Folgejahres und wechselt jährlich die Farbe (ab 01.03.2023 schwarz, ab 01.03.2024 blau, ab 01.03.2025 grün, ab 01.03.2026 wieder schwarz usw.). Anhand der Farbkennung kann man auch schon von Weitem erkennen, ob für das Mofa ein gültiger Versicherungsschutz vorliegt oder nicht. Dies ist ähnlich wie mit den TÜV-Plaketten auf den Pkw.

Versicherungskennzeichen werden in der Regel als sog. Blockpolicen angeboten, d. h. hier werden der Versicherungsantrag und die Versicherungspolice zu einer Einheit zusammengefasst. Das Formular wird ausgefüllt, der Kunde bzw. die Kundin zahlt den Versicherungsbeitrag bis zum 28./29.02. des Folgejahres und bekommt anschließend den Versicherungsschein und das Kennzeichen direkt ausgehändigt. Inzwischen besteht auch bei einigen Anbietern die Möglichkeit, das Kennzeichen online zu bestellen. Nach der Bezahlung (Überweisung) werden Versicherungsschein und Kennzeichen mit der Post zugeschickt.

2.9.2 Vertragsbeendigung durch Rücktritt

Ein Rücktritt vom Versicherungsvertrag kommt in der Regel dann in Betracht, wenn der Vertrag durch Nichtzahlung der Erstprämie gar nicht erst entsteht. Die rechtzeitige Zahlung der Erstprämie ist die mit Abstand wichtigste Pflicht eines jeden Versicherungsnehmers bzw. einer jeden Versicherungsnehmerin und bildet die Grundlage für das Zustandekommen eines Versicherungsvertrages. Die Erstprämie muss regelmäßig innerhalb von zwei Wochen nach Vertragsschluss beim Versicherer durch Überweisung oder Lastschrifteneinzug eingegangen sein, um die Rechtzeitigkeit zu gewährleisten. *§ 37 VVG*

2.9.3 Vertragsbeendigung durch Aufhebung

Der Versicherungsvertrag kann auch im beiderseitigen Einvernehmen gekündigt werden. Hierbei spricht man von einer Aufhebung des Vertrages. Dies kann passieren, wenn beispielsweise eine Doppelversicherung vorliegt. Eine Doppelversicherung liegt dann vor, wenn dasselbe Interesse gegen dieselbe Gefahr bei mehreren Versicherungsgesellschaften versichert wurde. In der Regel wird dann der Vertrag mit den älteren Rechten weitergeführt. *§ 79 ff. VVG*

2.9.4 Vertragsbeendigung wegen Risikowegfall

Der Versicherungsvertrag kann auch durch den Wegfall des versicherten Risikos enden. Unter Risikowegfall versteht man, dass die versicherte Sache, in der Kfz-Versicherung also das Fahrzeug, nicht mehr vorhanden ist. Dies kann beispielsweise dann der Fall sein, wenn das Fahrzeug verkauft wurde, es nach einem Totalschaden zum Restwert veräußert oder verwertet wurde oder eine Entwendung ohne Wiederauffindung eingetreten ist. Der Vertrag endet dann mit dem Eintritt des Ereignisses, das zu dem Risikowegfall geführt hat. Ist die Prämie im Voraus gezahlt wurden, so erhält der/die Versicherungsnehmer/-in den überzahlten Prämienbetrag zurück.

2.9.5 Vertragsbeendigung durch Kündigung

Die häufigste Form der Vertragsbeendigung ist die Kündigung des Versicherungsvertrages. Bei der Kündigung des Vertrages unterscheidet man zwischen einer **ordentlichen** und einer **außerordentlichen** Kündigung. Diese kann von beiden Vertragsparteien unter Einhaltung der vorgeschriebenen Fristen ausgesprochen werden.

Ordentliche Kündigung

Die ordentliche Kündigung erfolgt schriftlich zur jeweiligen Hauptfälligkeit mit einer Frist von **einem Monat** vor dessen Ablauf. Die Hauptfälligkeit muss nicht zwingend der 01.01. eines Jahres sein, sondern kann jeder beliebige Termin im Jahr sein. Häufig ist die Hauptfälligkeit gleich dem Datum des Versicherungsbeginns.

Außerordentliche Kündigung

Eine Kündigung, die nicht zum Ablauf der Hauptfälligkeit erfolgt, nennt man außerordentliche Kündigung. Die außerordentliche Kündigung wird immer dann ausgesprochen, wenn eine der beiden Vertragsparteien das Vertragsverhältnis **vor** Ablauf des Versicherungsjahres kündigen möchte. Die außerordentliche Kündigung bedarf ebenfalls der Schriftform.

Hierbei gibt es jedoch einige Besonderheiten zu beachten, denn die außerordentliche Kündigung ist nur unter bestimmten Voraussetzungen möglich:

Kündigungsmöglichkeit	Kündigung durch	Frist
nach einem Schadenereignis	Versicherungsnehmer/-in Versicherer	**einen** Monat **nach** Leistung
bei Obliegenheitsverletzung	Versicherer	je nach Art und Schwere **fristlos** oder mit **Monatsfrist** ab Kenntnis
Prämienanpassung	Versicherungsnehmer/-in	**einen** Monat nach Zugang der Mitteilung
Tarifänderung	Versicherungsnehmer/-in	**einen** Monat nach Zugang der Mitteilung
Bedingungsänderung	Versicherungsnehmer/-in	**einen** Monat nach Zugang der Mitteilung

Die Möglichkeiten zur außerordentlichen Kündigung sind für den Versicherer deutlich begrenzter als für den/die Versicherungsnehmer/-in. Wichtig ist, dass sich der/die Versicherungsnehmer/-in nach Kenntnis der Kündigung oder Kündigungsbestätigung durch den Versicherer umgehend um einen neuen Versicherungsschutz kümmert, denn der Versicherer meldet den Wegfall der Kfz-Haftpflichtversicherung an das Straßenverkehrsamt. Es droht dann die Stilllegung des versicherten Fahrzeuges. Eine Teilnahme am öffentlichen Verkehr ist dann untersagt.

§ 1 PflVG

Besonderheit Veräußerung des versicherten Fahrzeuges

Veräußert der/die Versicherungsnehmer/-in das versicherte Fahrzeug, so geht der Versicherungsschutz auf den/die Erwerber/-in über. Dieser tritt dann an die Stelle des/der Versicherungsnehmer/-in und übernimmt alle Rechte und Pflichten aus dem Versicherungsvertag.

Der/die Erwerber/-in hat dann die Möglichkeit, den Versicherungsvertrag unter Einhaltung einer Frist von einem Monat nach Erwerb zu kündigen. Hat der/die Erwerber/-in keine Kenntnis von dem Versicherungsvertrag, so beginnt die Monatsfrist erst mit Kenntnis. Der/die Erwerber/-in kann bestimmen, ob der Vertrag mit sofortiger Wirkung endet oder erst zum Ablauf des Versicherungsjahres.

In der Praxis wird der/die Erwerber/-in nach einem Fahrzeugkauf eine eVB-Nummer zur An- bzw. Ummeldung des Fahrzeuges auf seinen/ihren eigenen Namen von einer Versicherung seiner/ihrer Wahl bei der Zulassungsstelle vorlegen. In dem Moment, in dem für das versicherte Fahrzeug eine andere eVB-Nummer beim Straßenverkehrsamt hinterlegt wird, erlischt der zuvor bestandene Vertrag zum neuen Versicherungsbeginn.

Teilkündigung

Es muss nicht immer gleich der ganze Vertrag gekündigt werden. Es ist auch möglich, nur einzelne Vertragsbestandteile zu kündigen. Die einzelnen vertraglichen Bausteine wie Kfz-Haftpflicht-, Fahrzeugversicherung, Autoschutzbrief und Fahrerschutzversicherung sind rechtlich selbstständige Verträge und können unabhängig voneinander gekündigt werden. Die Kündigung aus einem bestimmten Kündigungsanlass gemäß Ziffer G.2 und G.3 AKB 2021 berühren das Fortbestehen der anderen Vertragsbestandteile nicht. Sollte eine Kündigung der Kfz-Haftpflichtversicherung erfolgen, erlischt zum Kündigungstermin jedoch der gesamte Vertrag mit allen weiteren Bausteinen, da die Kfz-Haftpflichtversicherung die Mindestvoraussetzung gem. § 1 PflVG bildet und ein Fortbestehen der Bausteine Fahrzeugversicherung, Autoschutzbrief und Fahrerschutzversicherung dann nicht möglich ist.

Es gelten die jeweiligen Kündigungsvoraussetzungen.

Hinweis

Jede Beendigung des Kfz-Haftpflichtversicherungsschutzes wird vom Versicherer gemäß § 25 Abs. 1 FZV dem Straßenverkehrsamt gemeldet.

Für den Versicherer beginnt mit dem Versenden der Anzeige der sogenannte Nachhaftungszeitraum gem. § 117 Abs. 2 VVG von einem Monat (siehe Kapitel 4.1.3).

2.10 Ruheversicherung

Wird ein Fahrzeug nur vorübergehend außer Betrieb gesetzt und besteht die Absicht, dasselbe Fahrzeug wieder in Betrieb zu nehmen, besteht die Möglichkeit einer Vertragsunterbrechung, der sogenannten Ruheversicherung.

Die Ruheversicherung kann bei einer Außerbetriebsetzung von mindestens zwei Wochen für einen Zeitraum von längstens 18 Monaten in Anspruch genommen werden. Die Ruheversicherung beginnt mit der Mitteilung des Straßenverkehrsamtes, dass das Fahrzeug (vorübergehend) außer Betrieb gesetzt wurde und endet mit der Wiederanmeldung.

Das Fahrzeug muss für die Dauer der Außerbetriebsetzung in einem Einstellraum (Einzel- oder Sammelgarage) oder einem umfriedeten Abstellplatz abgestellt werden. Innerhalb dieser Zeit besteht für das versicherte Fahrzeug weiterhin uneingeschränkter Versicherungsschutz über die Kfz-Haftpflichtversicherung.

Bestand für das versicherte Fahrzeug vor Eintritt der Ruheversicherung eine Vollkaskoversicherung, so wird während der Ruheversicherung der Versicherungsschutz auf die Leistungen der Teilkaskoversicherung reduziert.

Für die Dauer der Ruheversicherung besteht Prämienfreiheit.

Ist für das versicherte Fahrzeug ein Saisonkennzeichen vorhanden, so besteht innerhalb der Saison der im Vertrag vereinbarte Versicherungsschutz. Außerhalb der Saison besteht automatisch die Ruheversicherung. Das Fahrzeug muss bei einem Saisonkennzeichen nicht zu jeder Saison beim Straßenverkehrsamt ab- und angemeldet werden.

3 Tarifgestaltung des Kfz-Versicherungstarifes

Die Tarifgestaltung des Kfz-Versicherungstarifes unterliegt strengen Auflagen, an die sich jedes Versicherungsunternehmen halten muss.

Zur Tarifgestaltung gehört die Versicherungsmathematik zur Kalkulation der Prämien, die eine risikogerechte Prämie als Ergebnis haben soll. Aber auch juristische Kenntnisse sind bei der Tarifgestaltung unabdingbar. Das Bürgerliche Gesetzbuch (BGB) verlangt beispielsweise ein Transparenzgebot. Damit ist gemeint, dass die Formulierungen der Versicherungsbedingungen so konzipiert werden müssen, dass ein/e durchschnittliche/-r Versicherungsnehmer/-in diese verstehen kann, ohne dass diese/-r über versicherungsrechtliche Spezialkenntnisse verfügen muss. Ist dies nicht der Fall, so spricht man von einer sogenannten unangemessenen Benachteiligung.

§ 305 ff. BGB

Aber auch die gesetzlichen Bestimmungen aus dem Pflichtversicherungsgesetz (PflVG) müssen in den Tarifen Berücksichtigung finden. So dürfen beispielsweise nur die Bestimmungen aus §§ 4 und 5 PflVG zu den Obliegenheiten und Ausschlüssen Anwendung finden. Somit soll eine Markttransparenz für den/die Verbraucher/-innen geschaffen und die Tarife vergleichbar gemacht werden. Zudem wird dadurch ein Mindestmaß an Versicherungsschutz statuiert, um so einen ausreichenden Verkehrsopferschutz zu gewährleisten.

Durch die Schnelllebigkeit auf dem Versicherungsmarkt, gerade was den Umfang der Leistungen angeht, muss schnell, flexibel und kundenorientiert agiert werden, um den Bedürfnissen der Verbraucher/-innen gerecht zu werden. Beinahe jährlich gibt es Anpassungen im Versicherungsschutz, da sich die Bedürfnisse der Verbraucher/-innen ständig ändern. Aber nicht nur die Bedürfnisse der Verbraucher/-innen verändern sich, sondern auch die Fahrzeugtechnologien. Diese neuen Technologien finden im Bereich der Versicherungsgestaltung ebenfalls Berücksichtigung. Der Vormarsch der Fahrzeuge mit Elektroantrieb beispielsweise ist auf unseren Straßen aktuell sehr präsent geworden. Man sieht zunehmend Fahrzeuge, die auf dem amtlichen Kennzeichen hinter den Ziffern ein „E“ für Elektrofahrzeug haben. Die Versicherungsbranche musste auf diese Veränderung rasch reagieren und die Versicherungsbedingungen entsprechend anpassen. Gerade im Bereich der Elektromotoren ändern sich die Risiken, die zu einem Versicherungsfall führen können. Durch die staatlichen Förderungen, die bei einem Kauf von Fahrzeugen mit Elektromotor zur Verfügung gestellt werden, ist mit einem weiteren Anstieg des Anteils an Elektrofahrzeugen zu rechnen.

3.1 Rechtsgrundlagen des Kfz-Versicherungstarifes

Bei der Gestaltung eines Kfz-Versicherungstarifes sowie den dazu gehörenden Versicherungsbedingungen sind von den Versicherern zahlreiche Gesetze und Vorschriften zu beachten:

- Bürgerliches Gesetzbuch (BGB)
- Versicherungsvertragsgesetz (VVG)
- Pflichtversicherungsgesetz (PflVG)
- Pflichtversicherungsverordnung (KfzPfVV)
- Ausländerpflichtversicherungsgesetz (AuslPfVG)
- Straßenverkehrsordnung (StVO)

- Straßenverkehrszulassungsverordnung (StVZO) und seit 01.03.2007 Fahrzeugzulassungsverordnung (FZV)
- Versicherungsaufsichtsgesetz (VAG)
- Handelsgesetzbuch (HGB)
- Allgemeine Bedingungen für die Kfz-Versicherung (AKB)
- Sondervereinbarungen

3.2 Berechtigte Insassin/berechtigter Insasse, Beifahrer/-in, Fahrer/-in und mitversicherte Person

Im allgemeinen Sprachgebrauch werden der berechtigte Insasse bzw. die berechtigte Insassin und der/die Beifahrer/-in oft als ein und dieselbe Person beschrieben. Versicherungstechnisch ist hier jedoch eine Abgrenzung vorzunehmen, die sich auch auf den gewährten Versicherungsschutz auswirkt.

Beifahrer/-in

So ist der/die Beifahrer/-in jemand, der/die im Rahmen eines Arbeitsverhältnisses zu dem/der Versicherungsnehmer/-in oder Halter/-in steht und im Rahmen einer dienstlichen Anordnung mit im Fahrzeug fährt. Als Beifahrer/-in wird aber auch jene Person bezeichnet, die den/die Fahrer-/in bei der Fahrt zur Ablösung bereit oder bei Lade- und Hilfsarbeiten zur Verfügung steht, nicht nur gelegentlich. Ansprüche aus dem Versicherungsvertrag können nicht selbstständig gegen den Versicherer erhoben werden.

Werden Schäden an Dritten durch den/die Beifahrer/-in verursacht, so genießen diese als mitversicherte Personen Versicherungsschutz aus dem Kfz-Haftpflichtversicherungsvertrag.

Berechtigte Insassin bzw. berechtigter Insasse

Der berechtigte Insasse bzw. die berechtigte Insassin ist im Gegensatz zu dem/der Beifahrer/-in eine Person, die sich mit Wissen und Willen des/der Verfügungsberechtigten im Fahrzeug befindet und nicht zur Ablösung als Fahrer/-in bereitsteht. Es ist dabei unerheblich, in welchen Verhältnis der berechtigte Insasse bzw. die berechtigte Insassin zum/zur Versicherungsnehmer/-in steht, solange kein Arbeitsverhältnis vorliegt und die Fahrt aus diesem Grunde heraus angetreten wurde. Der Versicherungsschutz aus der Kfz-Haftpflichtversicherung ist jedoch insofern eingeschränkt, als dass die Kfz-Haftpflichtversicherung nur dann in die Leistung eintritt, sofern kein anderweitiger Haftpflichtversicherungsschutz, z. B. durch eine Privathaftpflichtversicherung besteht.

Besteht für den berechtigten Insassen bzw. die berechtigte Insassin eine Privathaftpflichtversicherung, kann der Kfz-Haftpflichtversicherer einen Regress bei der zuständigen Privathaftpflichtversicherung für den entstandenen Schaden geltend machen. Eine solche Regressmöglichkeit darf jedoch dem Schadenersatzanspruch des/der geschädigten Dritten nicht nachteilig angelastet werden. Ein direkter Verweis des Kfz-Haftpflichtversicherers an den Privathaftpflichtversicherer ist nicht zulässig. Im Außenverhältnis muss der Kfz-Haftpflichtversicherer den Schaden zunächst befriedigen und kann dann im Anschluss den geleisteten Schadenaufwand regressieren.

Berichtigte Insassen können ihre Ansprüche selbstständig gegen die Versicherung stellen.

Fahrer/-in

Auch der/die Fahrer/-in gehört zu den mitversicherten Personen. Denn der/die Versicherungsnehmer/-in und der/die Fahrer/-in müssen nicht zwingend die gleiche Person sein. *Ziffer A.1.2 AKB 2021*

Hierbei wird vor allem der Begriff des Fahrers/der Fahrerin von dem/der Fahrzeugführer/-in abgegrenzt.

Als Fahrzeugführer/-in definiert man die Person, die aktiv ein Fahrzeug führt, also als Verantwortliche/-r in Bewegung setzt, lenkt, anhält, parkt und nach einer Fahrtunterbrechung weiterführt. Aber auch Tätigkeiten, die nicht direkt mit der aktiven Fahrzeugführung zu tun haben, fallen unter diesen Begriff. Diese sind beispielsweise das Ein- und Aussteigen oder das Scheibenenteisen im Winter, vgl. Schwab in Halm/Kreuter/Schwab, AKB § 1 PflVG Rn. 28.

Folglich kann unter den Gebrauch des Fahrzeuges auch eine typische Fahrerhandlung subsumiert werden. Ein Beispiel hierfür ist das Öffnen des Garagentores in Vorbereitung auf eine unmittelbar folgende Fahrt.

Alle anderen mitversicherten Personen sind abschließend in Ziffer A.1.2 AKB 2021 aufgezählt.

3.3 Tarifmerkmale

Unter die Tarifmerkmale fasst man eine Vielzahl von Faktoren, die zur Prämienberechnung relevant sind und sich auf die Höhe der Prämie nicht nur positiv auswirken können. Man unterscheidet zunächst zwischen objektiven und subjektiven Tarifmerkmalen.

Objektive Tarifmerkmale

Unter den objektiven Tarifmerkmalen versteht man solche, die vom Verhalten des/der Versicherungsnehmer/-in unabhängig sind. Zudem sind diese von einem Dritten objektiv bewertbar und beschreiben die Beschaffenheit einer Sache, hier das zu versichernde Fahrzeug.

Subjektive Tarifmerkmale

Unter den subjektiven Tarifmerkmalen versteht man solche, die in engem Zusammenhang mit dem/der Versicherungsnehmer/-in und dessen/deren Verhalten stehen. Die Tarifmerkmale sind die sich am häufigsten ändernden Bestandteile eines Versicherungsvertrages innerhalb der Vertragslaufzeit. Diese haben auch den meisten Einfluss auf die Höhe der Versicherungsprämie.

Objektive Merkmale	Subjektive Merkmale
Fahrzeugart	Wohnort
kW-Leistung/Fahrzeugtyp	Beruf
Fahrzeugalter	Alter des Fahrers oder der Fahrerin
Nutzlast	schadenfreie Jahre
Verwendungszweck	selbstbewohntes EFM/ZFH
Fahrzeugmarke	jährliche Fahrleistung

Tarifmerkmale, die von dem/der Versicherungsnehmer/-in nicht beeinflussbar sind, nennt man auch **„Harte Tarifmerkmale“**, und jene, die von dem/der Versicherungsnehmer/-in beeinflussbar oder steuerbar sind, nennt man auch **„Weiche Tarifmerkmale“**.

3.3.1 Regional- und Typenklassen

Ein weiterer Faktor zur Tarifgestaltung sind die verschiedenen Regional- und Typenklassen. Jedes Fahrzeug wird, je nach Zulassungsbezirk, einer Regionalklasse und je nach Art des Fahrzeuges einer Typenklasse zugeordnet. Die Schadenbedarfe, die zur Einteilung in die Regional- und Typenklassen führen, werden jährlich von unabhängigen Treuhändern neu ermittelt und bewertet.

Eine mögliche Prämienveränderung durch die Änderung der Regional- und Typenklassen wird immer zur nächsten Hauptfälligkeit wirksam und dem/der Versicherungsnehmer/-in rechtzeitig mitgeteilt. So kann es passieren, dass eine Prämie teurer wird, auch wenn der/die Versicherungsnehmer/-in im Versicherungsjahr schadenfrei gefahren ist.

Die Schadenbedarfe richten sich nicht nur nach der Häufigkeit eines Schadens in einem bestimmten Zulassungsbezirk oder durch einen bestimmten Fahrzeugtyp, sondern auch die Höhe der geleisteten Entschädigungen im jeweiligen Zulassungsbezirk und der jeweilige Fahrzeugtyp haben Auswirkungen auf die Ermittlung der Schadenbedarfe. Werden die Aufwendungen für die Schadenabwicklung durch steigende Preise für Ersatzteile oder höhere Löhne teurer, so wird sich dies in der Prämienkalkulation für das kommende Versicherungsjahr widerspiegeln.

Aktuell steht die sehr umfangreiche Typen- und Regionalklassenneuverteilung zum 01.01.2023 an. Von dieser neuen Gestaltung werden viele Versicherungsnehmer/-innen betroffen sein. Gerade in den Ballungsräumen wird es in Zukunft für die Versicherungsnehmer/-innen teurer, und das, obwohl sie im Jahr 2022 schadenfrei gefahren sind.

Regionalklasse

Die Regionalklasse richtet sich nach der jeweiligen Schaden- und Unfallbilanz einer bestimmten Region. So sind diese in Ballungsgebieten durch die höhere Verkehrsdichte meist höher als in ländlichen Gegenden.

Typenklasse

Die Typenklasse richtet sich nach der jeweiligen Schaden- und Unfallbilanz eines bestimmten, in Deutschland zugelassenen Fahrzeugmodells. Die Typenklasse ist anhand des Typenverzeichnissen, mithilfe der Hersteller- und Typenschlüsselnummer zu finden. Die Hersteller- und Typenschlüsselnummer können im Fahrzeugschein eines jeden Fahrzeuges abgelesen werden oder beim Händler erfragt werden.

3.3.2 Selbstbeteiligungen

Die Einbindung von verschiedenen Selbstbeteiligungshöhen in der Fahrzeugversicherung wirken sich auf die Tarifprämie aus. In der Regel wird der Beitrag umso günstiger, desto höher die Selbstbeteiligung ist. Die Selbstbeteiligung ist aber in jedem Schadenfall von dem/der Versicherungsnehmer/-in zu tragen. Es ist daher abzuwägen, ob sich eine hohe Selbstbeteiligung lohnt und diese dann auch im Schadenfall verfügbar ist.

Ein Sparen an der Prämie durch eine zu hoch gewählte Selbstbeteiligung kann, vor allem dann, wenn mehrere Schäden in einem Jahr entstanden sind, für den/die Versicherungsnehmer/-in dann deutlich teurer werden als eine vermeintliche teure Prämie.

3.3.3 Werkstattbindung

Viele Versicherer auf dem Markt bieten inzwischen auch Tarife mit einer sogenannten Werkstattbindung an. Unter der Werkstattbindung versteht man, dass der/die Versicherungsnehmer/-in bei einem Kaskoschadenfall den Reparaturbetrieb nicht selbst auswählt, sondern in einer von der Versicherung vorgegebenen Partnerwerkstatt reparieren lässt. In der Regel sind die Partnerwerkstätten freie Werkstätten, also nicht markengebunden. Die Werkstätten berechnen daher ihre Leistungen mit günstigeren Stundenverrechnungssätzen, sodass die Reparaturkosten insgesamt geringer sind als in einem vergleichbaren Markenbetrieb. Die Qualität der Reparatur ist dadurch nicht beeinträchtigt. Es wird in der Regel auch in den Partnerwerkstätten mit Originalersatzteilen gearbeitet und eine Garantie auf die Reparatur wird gegeben. Die Ersparnis, die sich für die Versicherung durch die preiswertere Reparatur ergibt, gibt die Versicherung dann teilweise an den/die Versicherungsnehmer/-in durch eine Beitragsersparnis bei Auswahl dieses Tarifmerkmals weiter.

3.4 Tarifbausteine

Der Kfz-Versicherungstarif ist keineswegs ein starrer Vertrag mit festgeschriebenen Leistungen. Der Versicherungsvertrag kann, weitestgehend durch die Wahl von verschiedenen Tarifbausteinen, individuell gestaltet werden und so auf die Bedürfnisse des Versicherungsnehmers bzw. der Versicherungsnehmerin abgestimmt werden. Der einzige und für jede/-n verpflichtende Baustein, ohne den kein Vertragsverhältnis zustande kommt, ist die Kfz-Haftpflichtversicherung gem. § 1 PflVG.

3.4.1 Haftpflichtversicherung

Die Kfz-Haftpflichtversicherung hat die Aufgabe, berechtigte Schadenersatzansprüche zu befriedigen und unberechtigte Schadenersatzansprüche zurückzuweisen. Sie agiert wie eine passive Rechtschutzversicherung und stellt die versicherten Personen von Ansprüchen durch Dritte frei.

Vorgeschrieben ist die Vereinbarung der gesetzlichen Mindestdeckungssummen, in der Praxis werden jedoch meist deutlich höhere Deckungssummen vereinbart. Die Proximus Versicherung AG bietet für die Kfz-Haftpflichtversicherung sowohl die gesetzlichen Mindestdeckungssummen als auch 100 Mio. € pauschal für Personen-, Sach- und Vermögensschäden an.

3.4.2 Umweltschadenschutzversicherung

Die Umweltschadenschutzversicherung kommt für Schäden, vor allem durch das Austreten von Betriebsmitteln wie Benzin, Diesel oder Öl, an der Umwelt nach einem Unfall, einer Panne oder Betriebsstörung gemäß Umweltschadengesetz auf.

Schäden an der Umwelt können weitreichende Folgen haben, die sehr schnell sehr teuer werden, vor allem, wenn Lebensräume, insbesondere für geschützte Arten, zerstört oder beschädigt, Gewässer und Grundwasser verunreinigt oder auch Böden nachhaltig beschädigt werden, sodass möglicherweise keine Landwirtschaft mehr betrieben werden kann. Schäden, die durch das Auslaufen von Betriebsmitteln verursacht wurden, benötigen in der Regel viele Jahre zur vollständigen Beseitigung und/oder Wiederherstellung.

Schäden an der Umwelt sind nicht selten. Diese geschehen häufig auch unbemerkt, da sie nicht immer direkt nach dem Schadeneintritt sichtbar sind. Ein Fahrzeugschaden ist in der Regel objektiv sofort fassbar und im Umfang auch messbar. Bei einem Umweltschaden ist das Schadenausmaß nicht immer direkt sichtbar und schon gar nicht im Umfang messbar. Dennoch sind diese Schäden in ihrer Intensität nicht zu unterschätzen und meist mit viel Aufwand für deren Beseitigung verbunden.

Versicherte Personen und Geltungsbereich

Der Versicherungsschutz gilt für den/die Versicherungsnehmer/- in und die in den AKB 2021 genannten mitversicherten Personen

Der Geltungsbereich erstreckt sich auf die Bundesrepublik Deutschland und die Länder des europäischen Wirtschaftsraumes.

Entschädigungsleistung

Die Versicherungssumme beträgt 5 Mio. € pro Versicherungsfall und max. 10 Mio. € pro Versicherungsjahr.

Beispiel Ein Fahrzeug hat eine Panne durch ein Leck in der Ölleitung. Das austretende Öl läuft in einen nahe der Pannenstelle gelegenen See. Mit sehr hoher Wahrscheinlichkeit werden durch das austretende Öl die umliegende Fauna und Flora geschädigt.

3.4.3 Fahrerschutzversicherung

Die in der Kfz-Haftpflichtversicherung mitversicherten Personenschäden schließen eine Versicherungsleistung für den/die Fahrer/-in aus. Es besteht eine Versicherungslücke bei Verletzungen des Fahrers bzw. der Fahrerin nach einem Unfall. Die Fahrerschutzversicherung schließt diese Versicherungslücke und leistet für Personenschäden des berechtigten Fahrers bzw. der berechtigten Fahrerin infolge von Unfall beim Lenken des Fahrzeuges. Der/die Fahrer/-in würde ohne diesen Zusatzbaustein sonst keine Leistung aus der Kfz-Haftpflichtversicherung erhalten.

Geltungsbereich

Der Versicherungsschutz gilt in Europa und den Staaten der Europäischen Union, analog der Kfz-Haftpflichtversicherung.

Leistungsumfang

Hat der/die berechtigte Fahrer/-in durch einen Unfall einen Personenschaden erlitten, so besteht im Rahmen der Fahrerschutzversicherung ein Anspruch auf

- Verdienstausfall,
- behindertengerechte Umbaumaßnahmen,
- Schmerzensgeld bei einem Krankenhausaufenthalt von mindesten fünf Tagen und
- Hinterbliebenenrente.

Ein Anspruch auf Leistung besteht auch, wenn der Unfall durch das Einwirken von höherer Gewalt entstanden ist. Verstirbt der/die berechtigte Fahrer/-in, so geht die Leistung an die Hinterbliebenen über.

Höhere Gewalt — Definition

Unter höherer Gewalt versteht man ein von außen kommendes, unvorhersehbares und unbeherrschbares außergewöhnliches Ereignis, das auch durch äußerste Sorgfalt nicht verhütet bzw. abgewendet werden kann.

Ausschlüsse

Ausgeschlossen sind Schäden, die durch Vorsatz, genehmigte Rennen und Kernenergie entstanden sind. Des Weiteren werden Ansprüche Dritter, in Abgrenzung zu der Kfz-Haftpflichtversicherung, aus der Fahrerschutzversicherung nicht bedient (Arbeitgeber- oder Sozialversicherungsträgeransprüche).

3.4.4 Autoschutzbrief

Die Autoschutzbriefversicherung leistet Hilfe bei einer Panne, einem Unfall oder Diebstahl. Zudem bietet sie Hilfe bei Krankheit, Verletzung oder Tod auf Reisen. Der Autoschutzbrief wird in Kapitel 7 gesondert behandelt und sei an dieser Stelle nur der Vollständigkeit halber aufgeführt.

3.4.5 Fahrzeugversicherung

Die Fahrzeugversicherung kann optional zur Kfz-Haftpflichtversicherung hinzugewählt werden. Sie bietet Versicherungsschutz für das versicherte Fahrzeug und die mitversicherten Teile. Die Fahrzeugversicherung wird in Kapitel 6 gesondert behandelt und sei an dieser Stelle nur der Vollständigkeit halber aufgeführt.

3.5 Schadenfreiheitsrabatt

In der Beitragsgestaltung spielt der Schadenfreiheitsrabatt eine nicht unerhebliche Rolle. Dieser bildet die Grundlage zur Prämienberechnung für das jeweilige Versicherungsjahr und richtet sich nach den schadenfreien Versicherungsjahren des Versicherungsnehmers bzw der Versicherungsnehmerin. Eine Berücksichtigung der schadenfreien Jahre findet nur in der Kfz-Haftpflicht- und Kfz-Vollkaskoversicherung Anwendung. Die Kfz-Teilkaskoversicherung kennt kein Rabattsystem und wird bei der Proximus Versicherung AG immer als 100-%-Beitrag in der Grundprämie berechnet.

3.5.1 Schadenfreie Jahre

Als schadenfreie Jahre bezeichnet man jene, die sich der/die Versicherungsnehmer/-in im Laufe seines/ihres Führerscheinbesitzes hätte erfahren können, sofern er/sie in dieser Zeit ein Fahrzeug auf sich versichert hatte. Die schadenfreien Jahre beginnen mit dem erstmaligen Antrag auf eine zumindest vereinbarte Kfz-Haftpflichtversicherung. Ohne Berücksichtigung von Sondereinstufungen wird ein erstmals beantragter Versicherungsschutz mit Zugrundelegung der SF 0 für noch kein schadenfrei erworbenes Jahr berechnet. Die AKB 2021 der Proximus Versicherung AG maximieren die schadenfreien Jahre auf SF 50. Versicherungsnehmer/-innen, die in ihrer Laufbahn mehr als 50 schadenfreie Jahre erfahren haben, werden auch darüber hinaus weiter in SF 50 eingruppiert.

3.5.2 Versicherer- und Fahrzeugwechsel mit SF-Mitnahme

Wechselt der/die Versicherungsnehmer/-in den Versicherer oder sein/ihr Fahrzeug, so hat er/sie die Möglichkeit, unter bestimmten Voraussetzungen die bisher erfahrenen schadenfreien Jahre mitzunehmen, sofern keine Sondereinstufung vorliegt. Eine Sondereinstufung ist nicht übertragungsfähig.

3.5.3 Versichererwechsel

Bei einem Versichererwechsel gibt der/die Versicherungsnehmer/-in im Antrag seine/ihre SF-Klasse an. Diese wird dann vom annehmenden Versicherer beim abgebenden Versicherer angefragt und bestenfalls bestätigt. Die Bestätigung des Schadenfreiheitsrabattes erfolgt über eine sogenannte Wechselbescheinigung.

Aber es gibt auch Fälle, in denen eine Abweichung von der im Antrag angegebenen SF-Klasse zu der tatsächlichen SF-Klasse auftritt. Dies ist häufig dann der Fall, wenn der/die Versicherungsnehmer/-in beim Vorversicherer eine Sondereinstufung in Anspruch genommen hat, ein Schaden mit einem Rabattretter abgewickelt wurde (vgl. Kapitel 3.5.7) oder ein Schaden noch nicht abschließend abgewickelt ist und eine Rückstufung zur nächsten Hauptfälligkeit bereits vorgemerkt ist.

Wenn dies der Fall ist, kann der annehmende Versicherer die Einstufung des Versicherungsnehmers bzw. der Versicherungsnehmerin nur auf Grundlage der bestätigten SF-Klasse vornehmen oder selbst eine Sondereinstufung anbieten.

Voraussetzung für die Übernahme des SF-Rabattes bei einem Versichererwechsel ist, dass der Vorvertrag in der EU, Schweiz, USA, Japan oder Kanada bestanden hatte.

3.5.4 Fahrzeugwechsel

Bei einem Fahrzeugwechsel ist das Procedere ähnlich. Auch hier wird grundsätzlich der im Vorvertrag zugrunde liegende SF-Rabatt zur Einstufung herangezogen. Bei einem Fahrzeugwechsel wird geprüft, ob das Folgefahrzeug in die gleiche oder eine niedrigere Fahrzeuggruppe gehört wie das Vorfahrzeug.

Eine Besonderheit beim Fahrzeugwechsel besteht darin, dass es in der Praxis häufig vorkommt, dass das Vorfahrzeug schon älter ist und hierfür keine Kfz-Vollkaskoversicherung mehr vorhanden ist und somit auch kein Schadenfreiheitsrabatt übertragen werden kann. Bestand für das Vorfahrzeug nur eine Kfz-Haftpflichtversicherung und soll nun eine Vollkaskoversicherung vereinbart werden, so wird für die Vollkaskoversicherung der gleiche Schadenfreiheitsrabatt zugrunde gelegt wie bei der Kfz-Haftpflichtversicherung.

Für die Rabattübertragung auf ein Folgefahrzeug müssen bestimmte Voraussetzungen erfüllt sein.

Voraussetzungen für die Übernahme der SF-Klasse bei Fahrzeugwechsel

Es wird in drei Fahrzeuggruppen unterschieden:

- **Gruppe 1:** Untere Fahrzeuggruppe
  Pkw, Leichtkrafträder/-roller, Krafträder/-roller, Trikes, Quads, Campingfahrzeuge, Lkws bis 3,5 t und Krankenwagen
- **Gruppe 2:** Mittlere Fahrzeuggruppe
  Taxen, Mietwagen, Selbstfahrervermietfahrzeuge, Lkw über 3,5 t, Zugmaschinen im Werkverkehr
- **Gruppe 3:** Obere Fahrzeuggruppe
  Lkw und Zugmaschinen im Güterverkehr, Omnibusse, Sonderfahrzeuge

Eine Übernahme der SF-Klasse ist nur von **einer gleichen oder höheren** Fahrzeuggruppe möglich.

Beispiele

Rabatttausch					
von	**nach**		**von**	**nach**	
Pkw	Motorrad	✓	Campingfahrzeug	Lkw über 3,5 t	✗
Mietwagen	Lkw über 3,5 t	✗	Trike	Krankenwagen	✓
Lkw über 3,5 t	Pkw	✓	Quad	Zugmaschine im Güterverkehr	✗
Taxi	Omnibus	✗	Lkw bis 3,5 t	Leichtkraftrad	✓
Omnibus	Lkw	✓	Taxi	Zugmaschine im Werkverkehr	✗

Übernahme nach einer Vertragsunterbrechung

Eine Übernahme der SF-Klasse ist auch nach einer Vertragsunterbrechung möglich. Ein paar Besonderheiten gibt es allerdings zu beachten.

- Bei einer Unterbrechung von **maximal sechs Monaten** ist die Übernahme **ohne Einschränkung** möglich. Es ist, als sei der Vertrag nie unterbrochen wurden und eine Weiterstufung zur nächsten Hauptfälligkeit in die nächste Rabattstufe ist möglich.

- Bei einer Unterbrechung von **mehr als sechs Monaten**, aber **weniger als sieben Jahren**, kann die gleiche SF-Klasse wie im zuletzt bestandenen Vertrag übernommen werden. Eine Weiterstufung ist dann möglich, wenn der neue Vertrag mindestens sechs Monate ohne Unterbrechung bestanden hat.

- Bei einer Unterbrechung von **über sieben Jahren** ist **keine Übernahme** mehr möglich und der/die Versicherungsnehmer/-in wird eingestuft, als würde er/sie erstmals ein Fahrzeug auf sich versichern. Sondereinstufungen gemäß AKB 2021 sind aber dennoch möglich.

3.5.5 Rabattübertragung auf eine andere Person

Der Schadenfreiheitsrabatt kann unter bestimmten Voraussetzungen nicht nur auf Fahrzeuge übertragen werden, auch eine Übertragung auf Personen ist möglich. Hierbei ist zu beachten, dass eine Übertragung auf eine andere Person an strenge Voraussetzungen geknüpft ist.

So darf die Person, von der der Rabatt übertragen werden soll, nur der/die Ehe- oder Lebenspartner/-in, das Elternteil, das Kind oder der/die Arbeitgeber/-in sein. Eine Übertragung von den Großeltern auf die Enkel ist nicht möglich.

Des Weiteren muss die abgebende Person mit der Übertragung einverstanden sein, denn eine einmal erfolgte Übertragung kann nicht wieder rückgängig gemacht werden. Allerdings können schadenfreie Jahre nur in dem Umfang übernommen werden, wie sie auch hätten selbst von dem/der Übernehmenden erfahren werden können. Maßgeblich ist hier, wie lange der/die Übernehmende im Besitz einer gültigen Fahrerlaubnis ist. Zudem muss von beiden Seiten schriftlich erklärt werden, dass die übernehmende Person das Fahrzeug der abgebenden Person überwiegend gefahren ist.

Ziffer I 6.2.3 AKB 2021

Beispiele

- Emma ist 22 Jahre alt und hat am begleiteten Fahren teilgenommen, sie hatte den Führerschein mit 17 Jahren gemacht. Nun hat Emma die Möglichkeit, die schadenfreien Jahre ihrer Mutter zu übernehmen. Emmas Mutter hat SF 27.

  Emma hat den Führerschein seit fünf Jahren. Dies ist auch der maximal übernahmefähige Zeitraum. Wenn Emma nun die schadenfreien Jahre ihrer Mutter übernimmt, würden 22 schadenfreie Jahre verfallen.

- Herr Doll ist Mitarbeiter der Firma IT-Solutions und hatte bisher einen Firmenwagen. Diesen ist er seit 20 Jahren gefahren. Nun wechselt Herr Doll vom Außendienst in den Innendienst und muss seinen Firmenwagen abgeben. Er möchte nun selbst ein Fahrzeug auf sich zulassen und versichern. Herr Doll hat seit 25 Jahren den Führerschein.

  Der Arbeitgeber von Herrn Doll ist mit einer Rabattübertragung einverstanden. Da Herr Doll ununterbrochen den Firmenwagen gefahren ist und den Führerschein länger besitzt, als er das Firmenfahrzeug gefahren ist, kann er die schadenfreien Jahre auch vollumfänglich übernehmen.

3.5.6. Rabatttausch

Möchte der/die Versicherungsnehmer/-in ein weiteres Fahrzeug versichern, ist ein Rabatttausch immer zu prüfen.

In manchen Fällen macht es durchaus Sinn, dass man den bereits erfahrenen Rabatt auf das neu hinzukommende Fahrzeug überträgt und das bisher vorhandene Fahrzeug neu einstuft. Aufgrund der unterschiedlichen Typenklassen, die für die Tarifierung eine wichtige Rolle spielen, kann es sein, dass, wenn das neu hinzukommende Fahrzeug ein anderer Fahrzeugtyp ist als das bereits vorhandene Fahrzeug, die Prämie für den/die Versicherungsnehmer/-in günstiger sein kann, wenn man den Rabatt unter den Fahrzeugen tauscht.

Anhang 1 AKB 2021

Ebenfalls lukrativ könnte ein Rabatttausch dann sein, wenn das Erstfahrzeug beispielsweise ein Kraftrad war und ein Pkw nun hinzukommt. Die SF-Klassen für Zweiräder sind vor den SF-Klassen für Pkw gedeckelt, siehe Anhang 1 Tabellen zum Schadenfreiheitsrabatt-System der AKB 2021.

Ist folglich das Kraftrad in einer der höheren SF-Klassen, so ist es in der Regel günstiger, den hohen Rabatt für den Pkw zu nutzen und mit dem Kraftrad in einer der niedrigeren SF-Klassen wieder anzufangen.

3.5.7 Sondereinstufungen

Jemand, der über noch keine schadenfreien Jahre verfügt, weil er/sie erstmals ein Fahrzeug auf sich versichert, hat unter bestimmten Voraussetzungen die Möglichkeit, eine Sondereinstufung in Anspruch zu nehmen.

Die Proximus Versicherung AG bietet hierzu die Zweitwagenregelung, die Partner-Zweitwagenregelung, die Elternregelung und die Führerscheinregelung für die Einstufung in SF ½, die Zweitwagenregelung in SF 1 und die Zweitwagenregelung für Fahrer/-innen über 23 Jahre in SF 3 an.

Sondereinstufung SF ½

Bei einer Sondereinstufung in SF ½ wird der/die Versicherungsnehmer/-in direkt in die SF ½ eingestuft und beginnt nicht bei SF 0, wenn noch keine anderweitig erfahrenen schadenfreien Jahre zugrunde gelegt werden können. Zudem muss eine gültige Fahrerlaubnis von mindestens drei Jahren für einen PKW oder ein Kraftrad vorhanden sein.

Sondereinstufung in SF 1 und SF 3

Bei der Sondereinstufung in SF 1 und SF 3 handelt es sich um eine **UND-Regelung**. Dies bedeutet, dass alle Voraussetzungen für den Erhalt der SF 1 erfüllt sein müssen.

Einstufungsregelung in SF1 und SF 3

- Es muss bereits ein PKW mit mindestens SF 1 beim gleichen Versicherer auf den/die Versicherungsnehmer/-in oder den/die Ehe-/Lebenspartner/-in versichert sein

UND

- der/die Versicherungsnehmer/-in besitzt seit mindestens einem Jahr eine gültige Fahrerlaubnis für einen PKW oder ein Kraftrad.

Einstufungsregelung in SF 3

- Es muss bereits ein PKW mit mindestens SF 3 beim gleichen Versicherer auf den/die Versicherungsnehmer/-in oder den/die Ehe-/Lebenspartner/-in versichert sein

UND

- der/die Versicherungsnehmer/-in besitzt seit mindestens einem Jahr eine gültige Fahrerlaubnis für einen PKW oder ein Kraftrad

UND

- der hinzukommende PKW wird ausschließlich von dem/der Versicherungsnehmer/-in und/oder dem/der Ehe-/Lebenspartner/-in gefahren, alle Fahrer/-innen müssen zudem das 23. Lebensjahr vollendet haben.

Sollte eine dieser Voraussetzungen wegfallen, so wird der Vertrag ab diesem Zeitpunkt in diejenige SF-Klasse eingestuft, die unter den Voraussetzungen für die Sondereinstufung SF 1 hätte erreicht werden können.

3.5.8 Rabattschutz

Dieser optional buchbare Zusatzbaustein schützt den/die Versicherungsnehmer/-in im Schadenfall vor einer Rückstufung. Dieser Schutz gilt jedoch nur für den ersten Schaden im Versicherungsjahr. Sollte es im Verlaufe eines Versicherungsjahres zu mehreren Schäden kommen, so wird ab dem zweiten Schaden die Rückstufung gemäß der dem Vertrag zugrunde liegenden Rückstufungstabelle erfolgen.

Der Rabattschutz kann für die Kfz-Haftpflichtversicherung und die Kfz-Vollkaskoversicherung optional dazugebucht werden.

Wechselt der/die Versicherungsnehmer/-in den Versicherer, so wird von dem abgebenden Versicherer nur der tatsächliche schadenfreie Rabatt bestätigt. Sollte also von dem Rabattschutz im Laufe der Vertragslaufzeit Gebrauch gemacht worden sein, so wird diese Sondereinstufung nicht weitergegeben. Der Versicherer gibt dann den für das aktuell gültige Versicherungsjahr erfahrenen schadenfreien Rabatt mit dem Zusatz der Schadenanzahl weiter. Die Rückstufung wird dann vom Folgeversicherer gemäß der bei ihm gültigen Versicherungsbedingungen durchgeführt.

Unter Umständen könnte ein vermeintlich günstigeres Versicherungsangebot so schnell deutlich teuer werden als erwartet. Die Rückstufungssprünge werden vom jeweilen Versicherer festgelegt und unterliegen keiner gesetzlichen Vorgabe.

Beispiel

Frau Krause hat einen Versicherungsvertrag bei der Proximus Versicherung AG für eine Kfz-Haftpflichtversicherung und eine Kfz-Vollkaskoversicherung. In der Kfz-Haftpflichtversicherung und der Kfz-Vollkaskoversicherung liegen je eine SF 28 zugrunde.

Frau Krause hat den Zusatzbaustein „Rabattschutz" vereinbart. In einem unachtsamen Moment verursacht Frau Krause einen Schaden an ihrem Fahrzeug, indem sie beim Einparken in ihre Garage an der Mauer entlangstreift. Sie meldet den Schaden bei der Kfz-Vollkaskoversicherung und erhält Leistung für den Schaden.

Zum nächsten Jahr möchte Frau Krause wissen, wie der Vertrag bei der Proximus Versicherung AG fortgeführt werden kann, da sie ein Vergleichsangebot von einer anderen Versicherung vorliegen hat.

Bei ihrem Anruf in der Schadenabteilung erfährt sie, dass der Vertrag zur nächsten Hauptfälligkeit trotz des Schadens in die nächste Stufe, in SF 29, eingruppiert wird, da der vereinbarte Rabattschutz vor einer Rückstufung schützt. Der Vertrag wird behandelt, als sei der Schaden nicht eingetreten.

Würde Frau Krause die Versicherung aber wechseln, so würde die Proximus Versicherung AG für das nächste Versicherungsjahr in der Kfz-Haftpflichtversicherung eine SF 29 und in der Kfz-Vollkaskoversicherung SF 19, durch den gemeldeten Schaden, bestätigen. Diese bestätigte SF-Klasse bildet dann die Grundlage für die Prämienberechnung bei der Versicherung, die Frau Krause ein Vergleichsangebot unterbreitet hat.

Voraussetzung für die optionale Zuwahl des Rabattschutzes

Um den Rabattschutz einschließen zu können, müssen die folgenden Voraussetzungen im Rahmen der **UND-Regelung** erfüllt sein:

Voraussetzungen

- Bei dem versicherten Pkw muss **mindestens SF 4** zugrunde liegen.

UND

- In den letzten **24 Monaten** darf **maximal ein Schaden** in der Kfz-Haftpflichtversicherung und Kfz-Vollkaskoversicherung gemeldet worden sein.

UND

- Gilt nicht bei Fahrzeugwechsel.

Sind diese Voraussetzungen zu Beginn des Vertragsschlusses nicht gegeben, so kann der Rabattschutz, sobald die Voraussetzungen erfüllt sind, hinzugebucht werden.

3.6 Prämienberechnung in der Kfz-Versicherung

Bei der Prämienberechnung in der Kfz-Versicherung sind zahlreiche Faktoren zu beachten.

Nachdem die Daten und Fakten zu dem von dem Kunden bzw. der Kundin benötigten und gewünschten Vertragsangebot vorliegen, müssen die einzelnen Berechnungsschritte in der richtigen Reihenfolge vorgenommen werden.

3.6.1 Schritte der Prämienberechnung

Folgende Schritte bei der Berechnung der Kfz-Versicherungsprämie müssen in genau dieser Reihenfolge für die Kfz-Haftpflichtversicherung und Kfz-Kaskoversicherung vorgenommen werden:

Schritt 1

Ermittlung der Typen- und Regionalklassen für die Kfz-Haftpflichtversicherung und ggf. die Kfz-Vollkaskoversicherung

Schritt 2

Ermittlung der Grundprämie in Euro mithilfe der Typen- und Regionalklassen und des gewünschten Versicherungsschutzes

Schritt 3

Berücksichtigung der anrechenbaren SF -Klasse

Schritt 4

Berücksichtigung der Tarifmerkmale

Schritt 5

Berücksichtigung der Zahlungsweise

Schritt 6

Berücksichtigung der Versicherungsteuer von derzeit 19 %

3.6.2 Prämienberechnung

Die große Frage bei einem Beratungsgespräch zur Kfz-Versicherung ist für jede/-n Versicherungsnehmer/-in sicherlich die Frage nach dem Preis. Was kostet denn der Versicherungsschutz für das angeschaffte oder vorhandene Fahrzeug? Denn man möchte schließlich das beste Preis-Leistungs-Verhältnis für das Fahrzeug erhalten.

Der Preis setzt sich aus den vorgenannten Faktoren zusammen und wird jährlich von dem Versicherer angepasst.

Beispiel

Hanna Krause hat einen Beratungstermin in einer Agentur der Proximus Versicherung AG und möchte das Vorgehen für den Kauf ihres neuen Fahrzeuges besprechen.

Frau Krause ist bereits Kundin der Proximus Versicherung AG und hat einen Pkw VW Golf VII mit einer Kfz-Haftpflichtversicherung und einer Kfz-Teilkaskoversicherung mit einer Selbstbeteiligung von 150,00 €.

Folgende Daten von Frau Krause liegen vor:

Hanna Krause	2 Kinder (geb. 29.08.2011 und 15.12.2014)
Am großen Baum 7	Einfamilienhaus mit Garage
51149 Köln	ein Hund
Geb. 18.05.1985	

Aktueller Kfz-Vertrag von Frau Krause

Fahrzeug: VW Golf VII

KH SF 12

TK mit SB 150,00 €

Jahresfahrleistung: 12 000–15 000 km

Erstzulassung: 08.09.2015

Zahlweise: halbjährlich, 485,26 € inkl. Versicherungsteuer

Das Folgefahrzeug von Frau Krause soll diesmal ein Neufahrzeug sein. Sie hat einen Ford Focus Turnier 1,0 bestellt, der bald ausgeliefert wird. Das Autohaus wird die Zulassung des Fahrzeuges für Frau Krause übernehmen. Zum Beratungstermin bringt Frau Krause die folgenden Unterlagen zum Fahrzeug mit:

Fahrzeugtyp:	Pkw
Fahrzeugmodell:	Ford Focus Turnier 1,0
HSN:	8566
TSN:	BPB
Erstzulassung:	Tag der Zulassung auf Frau Krause
Zulassungsbezirk:	Köln
Fahrer:	Frau Krause und weitere Personen über 25 Jahre alt

Frau Krause möchte eine Kfz-Haftpflichtversicherung mit einer Deckungssumme von 100 Mio. € sowie eine Vollkaskoversicherung mit 500,00 € Selbstbeteiligung sowie 150,00 € Selbstbeteiligung in der Teilkaskoversicherung abschließen.

Die Grundprämien hierfür betragen 570,00 € (KH) und 620,00 € (VK).

Frau Krause möchte nun wissen, welchen Beitrag sie für das neue Fahrzeug zahlen muss.

Lösung

Prämienberechnung

Regionalklasse im Zulassungsbezirk Köln	KH 11	VK 6
Typenklasse für Ford Focus Turnier 1,0	KH 18	VK 19
Grundprämie	KH 570,00 €	VK 620,00 €

	KH	**VK**
Grundprämie	570,00 €	620,00 €
SF 10 (KH 33 %/VK 39 %)	188,10 €	241,80 €
Nachlass Fahrzeugalter 10 %	– 18,81 €	–
Zwischensumme	169,29 €	241,80 €
Nachlass EFH (KH 10 %/VK 5 %)	– 16,93 €	– 12,09 €
Zwischensumme	152,36 €	229,71 €
Nachlass Garage (KH 10 %/VK 5 %)	– 15,24 €	– 11,49 €
Zwischensumme	137,12 €	218,22 €
Nachlass Familie 5 %	– 6,86 €	– 10,91 €
Zwischensumme	130,26 €	207,31 €
Zahlweise ½-jährlich 3 %	– 3,91 €	– 6,22 €
Gesamtsumme netto	126,35 €	201,09 €
: 2 = Nettoprämie gem. Zahlweise	63,18 €	100,55 €
Versicherungsteuer 19 %	+ 12,00 €	+ 19,10 €
Prämie gem. Zahlweise	**75,18 €**	**119,65 €**

Frau Krause muss für ihr neues Fahrzeug eine Prämie von **194,83 € halbjährlich** zahlen. Da Frau Krause einen Neuwagen kauft, sollte sie auf die zusätzliche Möglichkeit hingewiesen werden, dass sie bereits in der vorläufigen Deckung den Vollkaskoversicherungsschutz einschließen sollte. So hat sie von Anfang an die Sicherheit, dass bei einem möglichen Schadenereignis auch das eigene Fahrzeug mitversichert ist.

Frau Krause möchte auch den Hauptvertrag bei der Proximus Versicherung AG abschließen. Somit ist der Schutz der vorläufigen Deckungszusage kostenlos und auch die Fahrt mit den ungestempelten Kennzeichen zur Zulassungsstelle wäre im Rahmen der vorläufigen Deckungszusage mitversichert.

4 Haftungsgrundlagen

Die Kfz-Haftpflichtversicherung soll den/die Versicherungsnehmer/-in im Schadenfall von Ansprüchen Dritter freistellen. Die Kfz-Haftpflichtversicherung prüft für den/die Versicherungsnehmer/-in nach einem Schaden die an ihn/sie gestellten Ansprüche, kommt für berechtigte Ansprüche auf und lehnt aber andererseits auch unberechtigte Ansprüche ab. Man unterscheidet in der Kfz-Haftpflichtversicherung grundsätzlich zwischen zwei Haftungsgrundlagen:

§ 823 BGB
§ 7 StVG
§ 115 VVG

- **Verschuldenshaftung** gemäß § 823 BGB
- **Gefährdungshaftung** gemäß § 7 StVG

Eine Besonderheit in der Kfz-Versicherung ist der aus § 115 VVG resultierende Direktanspruch gegenüber der Kfz-Haftpflichtversicherung des Schädigers.

4.1 Haftungsdreieck

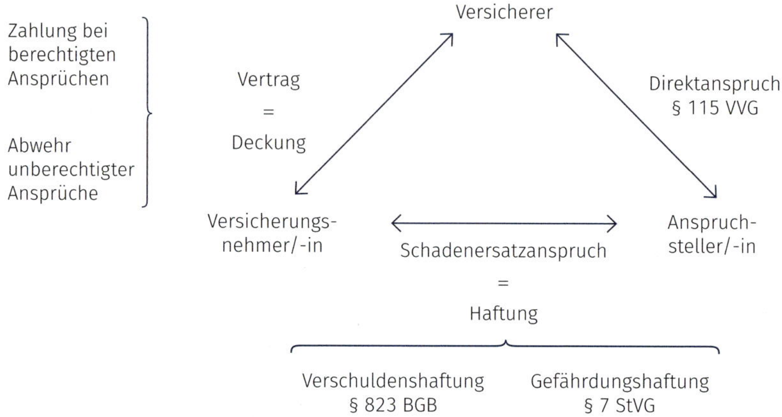

4.2 Haftungsarten

Wie aus dem Haftungsdreieck hervorgeht, gibt es im Falle eines Schadens verschiedene Arten der Haftung, die im Folgenden näher behandelt werden.

4.2.1 Verschuldenshaftung

Grundlage der Verschuldenshaftung ist, dass ein Tun oder Unterlassen des Verursachers bzw. der Verursacherin vorliegt. Der/die Geschädigte hat nur dann die Möglichkeit, seinen/ihren Anspruch im Rahmen der Verschuldenshaftung geltend zu machen, wenn neben dem rechtswidrigen Verhalten des Verursachers bzw. der Verursacherin auch ein Verschulden zu erkennen ist.

Definitionen

Verschuldenshaftung
Die Verpflichtung zum Schadenersatz aufgrund eines nicht nur objektiv rechtswidrigen, sondern persönlich vorwerfbaren Verhaltens des Schädigers bzw. der Schädigerin in Form von Vorsatz oder Fahrlässigkeit.

Verschulden gem. § 276 Abs.1 Satz 1 BGB
Verschulden ist sowohl das vorsätzliche als auch das fahrlässige Verhalten des Schuldners bzw. der Schuldnerin. Es wird damit die subjektive Vorwerfbarkeit hinsichtlich der Verwirklichung des Tatbestandes umschrieben.

Fahrlässigkeit gem. § 276 Ab. 2 BGB
Fährlässig handelt, wer die im Verkehr gebotene Sorgfalt außer Acht lässt.

Möchte ein/e Geschädigte/-r seinen/ihren Anspruch aus § 823 BGB geltend machen, so ist er/sie in vollem Umfang beweispflichtig.

Wer was will, muss auch beweisen!

Anspruch aus § 823 BGB

Um einen Anspruch aus § 823 BGB begründet geltend zu machen, muss zuerst eine Rechtsgutverletzung eingetreten sein. Unter einer Rechtsgutverletzung versteht man eine Verletzung der in § 823 Abs. 1 BGB nominierten Rechtsgüter, die durch widerrechtliches Handeln verletzt wurden. *§ 823 BGB*

Nominierte Rechtsgüter gem. § 823 BGB sind:

- das Leben
- der Körper
- die Gesundheit
- die Freiheit
- das Eigentum
- ein sonstiges Recht

Wurde ein solches geschütztes Rechtsgut durch z. B. einen Unfall verletzt, so kann der/die Geschädigte einen Anspruch auf Schadenersatz gemäß § 823 BGB geltend machen. Gemeint ist, dass der/die Verursacher/-in die Rechtsgutverletzung so wieder herstellen muss, als sei sie nie eingetreten.

Zeitwertversicherung

Meist besteht die Schwierigkeit in der Wiederherstellung der Rechtsgutverletzung. Je nach dem, was und in welcher Form etwas beschädigt wurde, ist eine Wiederherstellung nicht mehr möglich. Der Anspruch auf Schadenersatz erlischt in diesem Fall jedoch nicht, sondern muss, soweit dies möglich ist, monetär ausgeglichen werden. Hierfür maßgeblich sind die Bestimmungen des § 249 BGB. *§ 249 BGB*

Sofern sich die Beschädigung auf eine Sache bezieht, so besteht der Anspruch auf Wiederherstellung in gleicher Art und Güte. Ist die beschädigte Sache schon einige Jahre alt oder der Wert der beschädigten Sache durch Gebrauch und Abnutzung nicht mehr neuwertig, so ist der begründete Anspruch der **Zeitwert**.

Diese Problematik führt in der Praxis nicht selten zu Diskussionen und zu Unverständnis bei dem/der Geschädigten, etwa dann, wenn die beschädigte Sache für den ermittelten Zeitwert aktuell nicht oder nicht mehr zu bekommen ist oder aber auch der ideelle Wert einer Sache bei der Regulierung in den Augen des/der Geschädigten völlig außer Acht gelassen wird.

Es handelt sich bei einer Haftpflichtversicherung jedoch nicht um eine Neuwert-, sondern um eine Zeitwertversicherung. Nur hierauf ist der begründete Anspruch abzustellen. Ideelle Werte können in der Schadenregulierung grundsätzlich keine Berücksichtigung finden.

Definition

Der **Zeitwert** ist der Neuwert einer Sache, vermindert um einen angemessenen Betrag für Abnutzung (Verschleiß), Alter und technischen Fortschritt.

Der Neuwert ist von dem/der Geschädigten durch Vorlage des Kaufbeleges nachzuweisen, ansonsten kann der Neuwert durch den Versicherer geschätzt werden.

Leistungsbegrenzung der Verschuldenshaftung

Nun stellt sich jedoch die Frage, in welcher Höhe der/die Geschädigte überhaupt einen Anspruch aus der Verschuldenshaftung gem. § 823 BGB hat.

Grundsätzlich besteht der Anspruch auf Wiederherstellung zum Zeitwert, wobei die Höhe des Zeitwertes unbegrenzt sein kann, aber natürlich im Verhältnis zur beschädigten Sache stehen muss.

Der Versicherer haftet im Rahmen der Kfz-Haftpflichtversicherung nur bis maximal zu den im Vertrag vereinbarten Deckungssummen, mindestens aber zu den gesetzlichen Mindestdeckungssummen.

Sollte der Schadenersatzanspruch über die vertraglich vereinbarte Leistung hinausgehen, so ist der/die Versicherungsnehmer/-in verpflichtet, auch darüber hinaus Schadenersatz zu leisten.

Denn anders als im Versicherungsvertrag vereinbart, haftet der/die Schädiger/-in im Rahmen der Verschuldenshaftung gem. § 823 BGB mit seinem/ihrem gesamten Privat- und Geschäftsvermögen. Eine Deckelung in der Leistungshöhe besteht somit nicht.

Der Kfz-Haftpflichtversicherer prüft innerhalb seiner Eintrittspflicht, ob und in wie weit den/die Geschädigte/-n möglicherweise ein Mitverschulden trifft, das ihm/ihr gemäß § 254 BGB anzurechnen ist. Denn die Schuldfrage ist nicht immer eindeutig zu klären und bedarf einer genauen Prüfung des Herganges.

§ 249 BGB Sollte ein Mitverschulden des/der Geschädigten vorliegen, so kann die Leistung gegenüber dem/der Geschädigten gemäß § 254 BGB in entsprechender und angemessener Weise gekürzt werden.

Des Weiteren wird im Rahmen der Eintrittspflicht auch der Umfang des begehrten Schadenersatzes geprüft. Der geforderte Schadenersatz ist durch den/die Geschädigte/-n der Höhe nach nachzuweisen. In der Regel werden hierfür ein Kostenvoranschlag mit Fotos der Beschädigung oder ein Gutachten vorgelegt.

4.2.2 Gefährdungshaftung

Anders als bei der Verschuldenshaftung gem. § 823 BGB ist ein Tun oder Unterlassen im Rahmen der Gefährdungshaftung keine Voraussetzung zur Begründung eines Schadenersatzanspruches.

§ 7 StVG Die Grundlage für die Gefährdungshaftung im Rahmen der Kfz-Haftpflichtversicherung findet sich in § 7 StVG. Der Schadenersatzanspruch im Rahmen der Gefährdungshaftung kann demnach auch **ohne** Verschulden entstanden sein. Gemäß § 7 StVG haftet der/die Halter/-in eines Kraftfahrzeuges auch dann, wenn durch den **Betrieb** des Fahrzeuges ein Schaden entstanden ist. Hierbei kommt es nicht auf ein Verschulden an.

§ 7 StVG nominiert ebenfalls bestimmte Rechtsgüter, die, wenn diese durch den Betrieb eines Fahrzeuges verletzt wurden, einen Anspruch auf Schadenersatz begründen.

Nominierte Rechtsgüter gem. § 7 StVG sind:

- Tötung eines Menschen
- Verletzung von Körper oder Gesundheit
- eine sonstige Sache, die beschädigt wird

§ 7 Abs. 2 StVG **Der Anspruch auf Schadenersatz entfällt, wenn die Rechtsgutverletzung durch höhere Gewalt eingetreten ist.**

Fahrzeug in Betrieb

Damit ein Anspruch überhaupt entstehen kann, muss das Fahrzeug, von dem die Rechtsgutverletzung ausgeht, auch in Betrieb gewesen sein. Ein Fahrzeug ist dann in Betrieb, wenn der Motor läuft oder so im öffentlichen Verkehrsraum abgestellt wurde, dass von ihm eine typische Gefahr, z. B. als Hindernis beim Parken am Seitenstreifen, ausgeht.

Ausnahme von der Haftung

Innerhalb der Gefährdungshaftung gem. § 7 StVG kann es in Ausnahmefällen zu Haftungsausschlüssen kommen. In diesem Fall wäre der Versicherer von der Verpflichtung zur Leistung frei.

Höhere Gewalt

Wird ein Schaden durch die Einwirkung höherer Gewalt verursacht, so kann nicht auf eine Haftung ohne Verschulden abgestellt werden. Beispiele für höhere Gewalt können ein Sabotageakt oder auch ein Naturereignis sein. Ein hieraus entstandener Schaden wäre auch unter Einhaltung der äußersten Vorsicht und Sorgfalt eingetreten und ist somit nicht durch den/die Versicherungsnehmer/-in zu verantworten. Der Kfz-Haftpflichtversicherer kann in einem solchen Fall die Leistung gegenüber dem/der Geschädigten versagen.

Beispiel

Der unerwartete Starkregen, der zu den verheerenden Überschwemmungsschäden in der Region Ahrtal geführt hat, stellt ein Ereignis durch höhere Gewalt dar. Viele Fahrzeuge wurden durch die Wassermassen mitgerissen und verursachten unzählige Anprallschäden. Für ein Schadenereignis, das im Zuge dieser Flutkatastrophe eingetreten ist, haftet der/die Versicherungsnehmer/-in nicht.

Unabwendbares Ereignis

Ein weiterer Ausschluss wird in einem für den/die Halter/-in unabwendbaren Ereignis begründet. In diesem Fall liegt die vollständige Beweislast bei dem/der Bestreitenden. So muss in einem solchen Fall der/die Halter/-in beweisen, dass der Unfall für ihn/sie ein unabwendbares Ereignis dargestellt hat. Ein Ereignis gilt dann als unabwendbar, wenn es im Sinne des § 17 Abs. 3 Satz 2 StVG auch durch die Einhaltung der äußersten möglichen Sorgfalt, die insbesondere die Einhaltung der geltenden Verkehrsvorschriften beinhaltet, nicht abgewendet werden konnte.

Beispiel

Ein/-e Versicherungsnehmer/-in fährt mit seinem/ihrem Fahrzeug und wirbelt dabei einen auf der Straße liegenden Stein auf. Dieser wird auf das nachfolgende Fahrzeug geschleudert und verursacht einen Steinschlag.

Anspruch auf Leistung aus der Kfz-Haftpflichtversicherung besteht in diesem Falle gem. § 17 Abs. 3 StVG nicht. Der Geschädigte muss den entstandenen Schaden in einem solchen Fall selbst tragen.

4.2.3 Gesamtschuldnerische Haftung

Nicht selten sind an einem Verkehrsunfall mehrere Fahrzeuge und mehrere Personen in ihren verschiedenen Eigenschaften beteiligt. In einem solchen Fall stellt die Klärung der Haftungsfrage eine besondere Herausforderung dar. Alle Beteiligten haben für das Unfallgeschehen eine subjektive Wahrnehmung, die sich aus der eigenen Erfahrung oder dem zu erwartenden Verhalten des/der anderen Beteiligten zusammensetzt. Diese subjektive Wahrnehmung stimmt häufig nicht ganz mit dem eigentlichen objektiven Hergang überein. Die Haftungsfrage muss dann unter Berücksichtigung aller objektiven Tatbestände festgelegt werden und lässt keinen Raum für subjektive Befindlichkeiten der Beteiligten.

Das folgende Beispiel zeigt eine in der Praxis gängige Hergangsschilderung.

Beispiel

„Trotz ausreichendem Sicherheitsabstand konnte ein Auffahren auf den plötzlich bremsenden vorausfahrenden Pkw nicht vermieden werden."

Schaut man sich diese Schilderung einmal genauer an, so lässt sich ganz objektiv sagen, dass der Sicherheitsabstand nicht ausreichend gewesen sein kann, denn sonst wäre der Unfall nicht passiert. Sicherlich ist das Bremsen des vorausfahrenden Fahrzeuges zur Haftungsklärung genauer zu betrachten, dennoch liegt hier eine Unaufmerksamkeit des Verursachers bzw. der Verursacherin vor. Es muss trotzdem geklärt werden, warum gebremst wurde und ob die Bremsung abrupt und somit das Auffahren für die/den Auffahrende/-n unvermeidbar gewesen ist. Denn ein abruptes Abbremsen ohne wichtigen Grund (unmotiviertes Bremsen) ist verboten.

Mit an Wahrscheinlichkeit grenzender Sicherheit kann davon ausgegangen werden, dass der/die Fahrer/-in des vorausfahrenden Pkw das Abbremsen als verkehrsbedingt begründet und somit eine Mithaftung weitestgehend ausgeschlossen werden kann.

Anders verhält es sich, wenn der/die Fahrer/-in des vorausfahrenden Pkw beispielsweise wegen eines Kleintieres gebremst hätte. In einem solchen Fall kann regelmäßig eine Mithaftung angerechnet werden, da der/die Fahrer/-in hätte abwägen müssen, ob durch das abrupte Bremsen möglicherweise ein größerer Schaden verursacht würde. In einem solchen Fall wird regelmäßig eine Mithaftung von 25 % angerechnet. Dies bedeutet, dass der Versicherer den Schaden am Fahrzeug des/der Geschädigten in einem Umfang von 75 % erstattet.

Kann der Schadenhergang hingegen nicht mehr vollständig aufgeklärt werden, da sich die Beteiligten bei der Hergangsschilderung widersprechen und beide Schilderungen zum Hergang und zum Schadenbild schlüssig wären, so wird der Schaden im Rahmen der gesamtschuldnerischen Haftung entsprechend den Verschuldensanteilen auf die Beteiligten aufgeteilt. In der Regel wird eine Haftungsteilung zu je 50 % vorgenommen.

Sofern ein Dritter durch den Schaden der beiden beteiligten Fahrzeuge zu Schaden gekommen ist, kann sich der/die Dritte aussuchen, bei welchem der beiden Verursacher/-innen die Schadenersatzansprüche geltend gemacht werden sollen. Der/die Dritte soll nicht zwischen den beteiligten Versicherungen stehen und einen möglichst geringen Aufwand mit der Schadenabwicklung haben. So stellt der-/diejenige seine/ihre Ansprüche vollständig bei einem der beiden Verursacher/-innen und die Versicherer regressieren sich dann zu den entsprechenden Verursachungsanteilen untereinander.

Mit dem einfachen Satz in der Schadenschilderung aus dem vorangegangenen Beispiel wird somit ein verhältnismäßig umfangreicher Prüfungsmechanismus in Gang gesetzt, um die gesamtschuldnerische Haftung prüfen und bewerten zu können.

4.2.4 Nachhaftung

§ 117 Abs. 2 VVG

Eine Besonderheit in der Haftung ergibt sich aus § 117 Abs. 2 VVG, die sogenannte Nachhaftung. Diese ist einer der Pflichtbestandteile eines jeden Kfz-Vertrages und schützt den/die Geschädigte/-n davor, seinen/ihren Anspruch auf Schadenersatz nicht durchsetzen zu können, weil der Vertrag des Verursachers bzw. der Verursacherin nicht mehr besteht.

§§ 37, 38 VVG

In der Praxis kommen Schäden im Rahmen der Nachhaftung am häufigsten nach Nicht-Zahlung der Erst- oder Folgeprämie vor. Der Versicherer hat den/die Versicherungsnehmer/-in über das Erlöschen des Versicherungsvertrages informiert und eine entsprechende Mitteilung gem. § 25 Abs. 1 FZV an das Straßenverkehrsamt geschickt. Der/die Versicherungsnehmer/-in ist dann gehalten, sich umgehend um das Aufrechterhalten des Versicherungsschutzes zu bemühen, sich folglich um einen neuen Versicherer zu kümmern. Versäumt der/die Versicherungsnehmer/-in dies, so kann dies im Rahmen des Verkehrsopferschutzes nicht zu Lasten des/der Geschädigten gehen. Die Versicherung tritt dann erstmal im Zuge der Nachhaftung in die Schadenregulierung gegenüber dem/der Geschädigten ein.

§ 25 Abs. 1 FZV

Der Versicherer muss im Falle eines nicht mehr bestehenden Kfz-Haftpflichtvertrages für die Dauer von **einem Monat** nach Meldung an das Straßenverkehrsamt gemäß § 25 Abs. 1 FZV dem/der Geschädigten gegenüber in die Leistung eintreten (Leistungspflicht im Außenverhältnis). Die Leistung des Versicherers beschränkt sich dann auf die **gesetzlichen Mindestdeckungssummen**.

Gegenüber dem/der Versicherungsnehmer/-in ist der Versicherer jedoch nicht mehr zur Leistung verpflichtet (Leistungsfreiheit im Innenverhältnis). Der Versicherer wird nach seiner Leistung dem/der Geschädigten gegenüber die erbrachten Aufwendungen bei dem/der Versicherungsnehmer/-in vollumfänglich regressieren. Der Versicherer ist an keine Obergrenze des regressierbaren Betrages gebunden. Bei vollständigem Erlöschen des Versicherungsschutzes greifen die maximalen Regressmöglichkeiten von 2.500,00 € bis 5.000,00 € nicht. In den Fällen, in denen ein Regress bis zu den vorgenannten Obergrenzen möglich ist, bleibt der Versicherungsschutz grundsätzlich bestehen. Solange der Versicherungsschutz nicht erloschen ist, besteht auch ein Leistungsanspruch aus dem Vertrag, sodass dann kein vollumfänglicher Regress möglich ist.

Beispiel

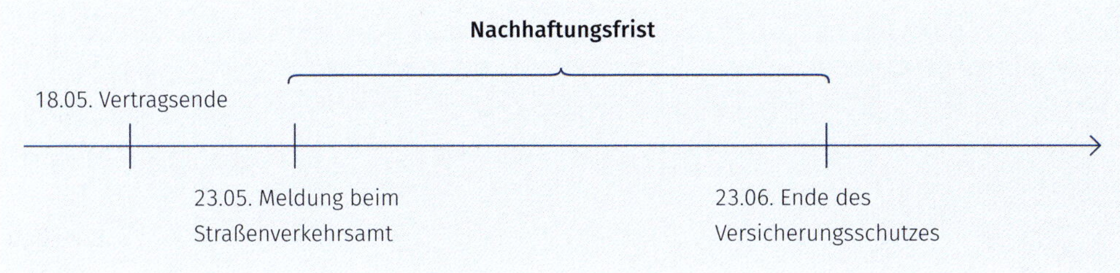

Tritt der Schaden nach Ende der Nachhaftungsfrist ein, so kann der/die Geschädigte keinen Schadenersatz über den Direktanspruch aus § 117 VVG bei dem zuletzt beim Straßenverkehrsamt hinterlegten Versicherer verlangen. Sofern kein Nachversicherer vorhanden ist, kann der/die Geschädigte die Schadenersatzansprüche nur von dem/der Verursacher/-in selbst verlangen, oder sich an die Verkehrsopferhilfe e.V. wenden. *§ 117 VVG*

4.2.5 Verjährung der Schadenersatzansprüche

Der Schadenersatzanspruch, der einer/einem Geschädigten nach einem Verkehrsunfall aus § 823 BGB (Haftung aus Verschulden) und § 7 StVG (Haftung aus Gefährdung) zusteht, unterliegt der Verjährung. Der/die Geschädigte hat folglich nicht endlos Zeit, den Schaden bzw. die daraus entstandenen Schadenersatzansprüche bei dem/der Verursacher/-in oder dem zuständigen Kfz-Haftpflichtversicherer geltend zu machen.

Im Gegensatz zu dem/der Versicherungsnehmer/-in, der/die den Schaden innerhalb einer Woche melden muss, hat der/die Geschädigte Zeit, den Anspruch innerhalb der gesetzlich vorgesehenen Verjährungsfrist anzumelden. *Ziffer E.1.1 AKB 2021*

Regelmäßige Verjährung

Der Gesetzgeber hat die Verjährungsfrist in § 195 BGB geregelt. Die regelmäßige Verjährungsfrist beträgt **drei Jahre**. Die Frist beginnt mit dem 01.01. des Folgejahres, in dem der Schaden entstanden ist. Voraussetzung für den Fristbeginn ist, dass der/die Geschädigte Kenntnis von dem Schaden hat und ihm der/die Verursacher/-in bekannt ist. *§ 195 BGB*

Beispiel

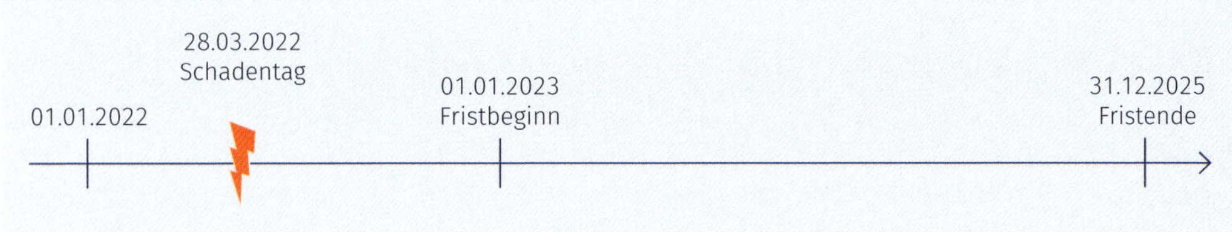

Hat sich ein Unfall im Jahr 2022 ereignet und der/die Geschädigte will seine/ihre Ansprüche hieraus geltend machen, so beginnt die Verjährungsfrist mit dem 01.01.2023 zu laufen. Sie endet mit Ablauf des 31.12.2025, vgl. § 199 BGB. *§ 199 BGB*

Hemmung der Verjährung

§ 115 VVG

Die Verjährungsfrist kann dann gemäß § 115 VVG gehemmt (unterbrochen) werden, wenn der/die Geschädigte seine/ihre Schadenersatzanspruche bei der zuständigen Versicherung angemeldet hat und sich mit der Versicherung in Verhandlung befindet. Die Frist dann läuft erst einmal nicht weiter.

Die Verhandlungen sind erst nach vollständiger Abwicklung der berechtigten oder Ablehnung der unberechtigten Schadenersatzansprüche abgeschlossen.

Sollte ein Vorschuss gezahlt worden oder der Fahrzeugschaden abgerechnet worden sein, bevor der Personenschaden abschließend ausgeglichen wurde, so bleibt die Hemmung der Verjährung bestehen. Erst nach vollständiger Schadenabwicklung läuft die Frist zur Verjährung weiter.

Der Versicherer muss dem/der Geschädigten gegenüber eindeutig den Abschluss der Schadenregulierung erklären. Diese Erklärung muss eindeutig und unmissverständlich sein, damit die Frist zur Verjährung wieder in Kraft tritt, vgl. BGH, Urteil v. 14.03.2017 – VI ZR 226/16. Regelmäßig geschieht dies in der Praxis durch einen Schadenschlussbrief.

Beispiel

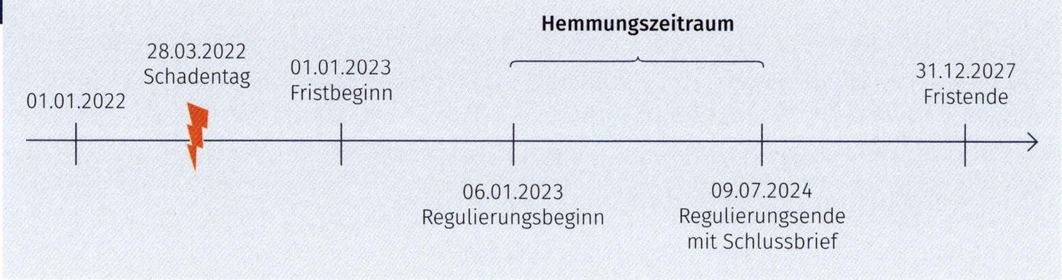

5 Aufgaben der Kfz-Haftpflichtversicherung

Ziffer A.1.1.4 AKB 2021

Die wichtigste Aufgabe der Kfz-Haftpflichtversicherung ist die Freistellung des/der Versicherungsnehmer/-in gegenüber Ansprüchen Dritter. Der Versicherer erhält mit Vertragsabschluss eine sogenannte Regulierungsvollmacht. Dies bedeutet, dass der Versicherer in eigenem Ermessen und nötigenfalls auch gegen den Willen des Versicherungsnehmers bzw. der Versicherungsnehmerin in die Regulierung eintreten darf. Die Kfz-Haftpflichtversicherung prüft für den/die Versicherungsnehmer/-in, ob die von dem/der Anspruchssteller/-in geforderten Schadenersatzansprüche für Sach-, Personen- oder Vermögensschäden sowohl im Umfang als auch der Höhe nach gerechtfertigt sind. Kommt der Versicherer zu dem Ergebnis, dass die gestellten Ansprüche gerechtfertigt sind, so leistet er dem/der Anspruchsteller/-in gegenüber den Schadenersatz bis maximal zu den vereinbarten Leistungen im Versicherungsvertrag, mindestens jedoch im Rahmen der gesetzlichen Mindestdeckungssummen.

Sofern der geforderte Schadenersatz zwar dem Grunde nach gerechtfertigt ist, aber die verlangte Höhe nicht gerechtfertigt ist, so ist der Versicherer berechtigt, die geforderten Schadenersatzansprüche auf den gerechtfertigten Umfang zu kürzen.

Ist der geforderte Schadenersatz weder dem Umfang noch der Höhe nach gerechtfertigt, so weist der Versicherer die ungerechtfertigten Schadenersatzansprüche für den/die Versicherungsnehmer/-in gegenüber dem/der Anspruchssteller/-in zurück. Das Zurückweisen von ungerechtfertigten Schadenersatzansprüchen stellt ebenfalls eine Leistungserbringung dar. Die Kfz-Haftpflichtversicherung agiert hier wie eine passive Rechtschutzversicherung.

Definition

Die **Aufgabe der Kfz-Haftpflichtversicherung** besteht in der Befriedigung berechtigter und der Abwehr unberechtigter Ansprüche gegenüber Dritten.

5.1 Schadenarten in der Kfz-Haftpflichtversicherung

Die versicherten Schadenarten in der Kfz-Haftpflichtversicherung lassen sich in drei Kategorien unterteilen.

5.1.1 Sachschaden

Als Sachschaden versteht man die Beschädigung, die Zerstörung oder das Abhandenkommen einer Sache durch das versicherte Fahrzeug.

Geschuldet werden grundsätzlich die Kosten zur Wiederherstellung des Zustandes, den die beschädigte Sache unmittelbar vor dem Unfallereignis gehabt hat. Der/die Geschädigte hat hierbei, je nach Schadenbild, mehrere Abrechnungsmöglichkeiten, die in Betracht kommen. Der Bundesgerichtshof (BGH) hat für die verschiedenen Abrechnungsmöglichkeiten die entsprechenden Voraussetzungen in seinem sogenannten Vier-Stufen-Modell dargelegt. Diese Abrechnungsmöglichkeiten sowie die dafür notwendigen Voraussetzungen werden in der Schadenabwicklung berücksichtigt und sind bindend für den Versicherer, aber auch für den/die Geschädigte/-n. Ein Anspruch, der über die Grenzen des Vier-Stufen-Modells hinausgeht, wird von der Versicherung zurückgewiesen. Der/die Geschädigte hat keinen Anspruch auf Schadenersatz, der oberhalb der im Vier-Stufen-Modell benannten Grenzen liegt. Regelungen zu Personenschäden werden im Vier-Stufen-Modell nicht getroffen.

Vier-Stufen-Modell in der Sachschadenabrechnung

Stufe I	Stufe II	Stufe III	Stufe IV
Reparaturkosten unter WBA	**Reparaturkosten über WBA aber unter WBW**	**Reparaturkosten liegen über WBW, erreichen aber nicht die 130-%-Grenze**	**Reparaturkosten liegen über WBW und übersteigen auch die 130-%-Grenze**
konkrete Abrechnung nach Vorlage einer Rechnung oder fiktive Abrechnung	konkrete Abrechnung nach Vorlage einer Reparaturrechnung oder fiktive Abrechnung, wobei hier der günstigste Abrechnungsweg gewählt wird	Abrechnung als Totalschaden oder Nachweis über sach- und fachgerechte Reparatur und Weiternutzungsnachweis nach sechs Monaten	nur Abrechnung als Totalschaden möglich

WBW = Wiederbeschaffungswert → Wert der beschädigten Sache unmittelbar vor dem Schadenereignis
RW = Restwert → Wert der beschädigten Sache unmittelbar nach dem Schadenereignis
WBA = Wiederbeschaffungsaufwand (WBW abzgl. Restwert)

Zusätzlich zum eigentlichen Fahrzeugschaden hat der/die Geschädigte weitere Ansprüche auf:

- Nutzungsausfallentschädigung/Mietwagen
- Abschleppkosten
- Sachverständigenkosten
- Rechtsanwaltskosten

- Finanzierungskosten
- Verdienstausfall

Reparaturkosten unterhalb Wiederbeschaffungsaufwand

§ 249 Abs. 2 BGB

Liegen die kalkulierten Reparaturkosten unterhalb des Wiederbeschaffungsaufwands (WBA), kann der/die Geschädigte von der Versicherung die Kosten für die Instandsetzung des entstandenen Schaden verlangen. Legt der/die Geschädigte nach erfolgter Reparatur eine konkrete Rechnung vor, besteht Anspruch auf die Bruttoreparaturkosten gemäß Rechnung, es sei denn, der/die Geschädigte ist zum Vorsteuerabzug berechtigt. In diesem Fall wird nur der Nettobetrag geschuldet.

Der/die Geschädigte ist nicht weisungsgebunden und hat somit die freie Werkstattwahl. Der Versicherer kann nicht in eine Vertragswerkstatt verweisen. Der/die Geschädigte muss also nicht in einer von der Versicherung vorgeschlagenen Werkstatt reparieren lassen. Die Abrechnung erfolgt regelmäßig über eine Abtretungserklärung, die der/die Geschädigte bei der Werkstatt unterschreibt, direkt zwischen Werkstatt und Versicherung. Der/die Geschädigte muss somit nicht in Vorkasse treten, vgl. BGH, Urteil vom 15.10.1991, AZ: VI ZR 67/91.

Möchte der/die Geschädigte den Schaden nicht instand setzen lassen, so kann der/die Geschädigte auch eine Auszahlung (fiktive Abrechnung) der auf dem Kostenvoranschlag oder im Gutachten ausgewiesenen Nettoreparaturkosten verlangen. Der Schadenbetrag wird in diesem Falle direkt an die/den Geschädigte/-n ausgezahlt. Eines Verwendungsnachweises über den ausgezahlten Schadenbetrag bedarf es nicht.

Sollte sich der/die Geschädigte für die fiktive Abrechnung entscheiden und sich den Nettobetrag auszahlen lassen, so kann auch zu einem späteren Zeitpunkt noch eine Reparatur durchgeführt werden. Wird dann eine konkrete Rechnung gegenüber der Versicherung vorgelegt, so hat der/die Geschädigte einen weiteren Anspruch auf den Mehrwertsteuerbetrag aus der Rechnung, sofern keine Berechtigung zum Vorsteuerabzug besteht.

Definition

Vorsteuerabzugsberechtigt sind alle Unternehmen, die selbst Umsatzsteuer in Rechnung stellen und diese an das jeweils zuständige Finanzamt weiterleiten. Diese Unternehmen dürfen im Gegenzug die Vorsteuer abziehen und mit der Umsatzsteuer verrechnen.
Bei Kleinunternehmen und Freiberuflern, die selbst keine Umsatzsteuer in Rechnung stellen, entfällt der Vorsteuerabzug.

Reparaturkosten zwischen Wiederbeschaffungsaufwand und Wiederbeschaffungswert

Liegen die Reparaturkosten zwischen dem Wiederbeschaffungsaufwand (WBA) und dem Wiederbeschaffungswert (WBW), kann der/die Geschädigte zwischen der konkreten Abrechnung nach Vorlage einer Reparaturkostenrechnung und einer fiktiven Abrechnung nach Nettoreparaturkosten oder Totalschadenabrechnung wählen.

Wird der Abrechnungsweg der fiktiven Nettoreparaturkostenabrechnung gewählt, so muss der/die Geschädigte einen Weiternutzungsnachweis innerhalb von sechs Monaten vorlegen. Der Nachweis kann in Form einer Kopie der Zulassungsbescheinigung sowie des Fahrzeugbriefes oder eines gültigen Versicherungsnachweises des beschädigten Fahrzeuges erbracht werden. Fehlt dieser oder kann dieser wegen Veräußerung nicht erbracht werden, so besteht nur ein Anspruch auf die Abrechnung im Rahmen der Totalschadenabrechnung.

Der Versicherer leistet die Auszahlung dann unter dem sogenannten Rückforderungsvorbehalt. Der/die Geschädigte ist verpflichtet, sofern der Nachweis zur Weiternutzung nicht erbracht wird oder werden kann, den zu Unrecht erhaltenen Betrag an den Versicherer zurückzuerstatten.

Reparaturkosten im Rahmen der 130-%-Regel

Liegen die kalkulierten Reparaturkosten oberhalb des Bruttowiederbeschaffungswertes, hat der/die Geschädigte unter bestimmten Voraussetzungen das Recht, das beschädigte Fahrzeug auch dann noch reparieren zu lassen, wenn ein sogenannter wirtschaftlicher Totalschaden vorliegt.

Ein wirtschaftlicher Totalschaden liegt immer dann vor, wenn die Bruttoreparaturkosten den Bruttowiederbeschaffungswert übersteigen. In einem solchen Fall wird der Schaden in aller Regel unter den Kriterien einer Totalschadenabrechnung, sprich zum Wiederbeschaffungsaufwand, abgerechnet. Eine Reparatur wird dann als nicht wirtschaftlich betrachtet.

Übersteigen die Bruttoreparaturkosten den Bruttowiederbeschaffungswert, aber liegen maximal bis zu einer Grenze von 30 % oberhalb des Bruttowiederbeschaffungswertes, so hat der/die Geschädigte die Möglichkeit, die Kosten für eine Instandsetzung des Fahrzeuges von der Versicherung zu verlangen.

Voraussetzung dafür, dass das beschädigte Fahrzeug auch bei Vorliegen eines wirtschaftlichen Totalschadens wieder instand gesetzt wird, ist, dass die Reparatur vollständig sowie sach- und fachgerecht durchgeführt wird. Ein Nachweis darüber ist durch Vorlage der Reparaturkostenrechnung zu erbringen. Des Weiteren muss der/die Geschädigte einen Weiternutzungsnachweis nach sechs Monaten vorlegen. Dieser kann in Form der aktuellen Zulassungsbescheinigung oder des Versicherungsscheines erfolgen. Kann dieser Nachweis nicht erbracht werden, so hat der Versicherer das Recht, den Betrag, der über den Abrechnungsbetrag des Wiederbeschaffungsaufwandes hinausgeht, von dem/der Geschädigten zurückzuverlangen, vgl. BGH, Urteile vom 15.10.1991, AZ: VI ZR 67/91, und vom 08.12.2009, AZ: VI ZR 119/09.

Hinweis

Diese Form der Abrechnung gilt nur im Haftpflichtschaden und nur bei beschädigten Pkw und kann nicht im Falle eines Kaskoschadens angewendet werden.

Reparaturkosten oberhalb der 130-%-Regel

Liegen die Reparaturkosten oberhalb der Grenze von 130 %, kann der/die Geschädigte keinen Schadenersatz nach einer Reparatur verlangen. Es wird nach Totalschadengesichtspunkten abgerechnet. Natürlich kann der/die Geschädigte das erhaltene Geld für die Instandsetzung aufbringen, sofern dies gewünscht ist. Der Differenzbetrag wäre in diesem Fall dann von dem/der Geschädigten selbst zu tragen.

Eine Ausnahme liegt dann vor, wenn die kalkulierten Kosten unterhalb der 130 % liegen, die Reparatur aber aufgrund von einer Preisänderung oberhalb der 130 % liegen. In diesem Fall muss der Versicherer leisten, da er das Prognoserisiko zu tragen hat. Liegen die kalkulierten Kosten oberhalb der 130-%-Grenze, die konkrete Rechnung aber unterhalb der 130-%-Grenze, dann hat der/die Geschädigte einen Anspruch auf die konkreten Reparaturkosten.

Restwerte

Die Restwerte werden durch den Sachverständigen im Gutachten ausgewiesen. Die Ermittlung der Restwerte erfolgt über ein Bieterverfahren. Der Sachverständige stellt das beschädigte Fahrzeug für 24 Stunden in einer sogenannten Restwertbörse ein. Die drei höchsten Gebote werden dann im Gutachten ausgewiesen. Die Restwertaufkäufer verpflichten sich, das Fahrzeug zum angebotenen Preis innerhalb eines Monates aufzukaufen und dieses kostenfrei bei dem/der Geschädigten abzuholen. Der/die Geschädigte erhält den Restwert, den die Versicherung im Vorfeld abgezogen hat, dann vom Restwertaufkäufer. Damit ist sichergestellt, dass der/die Geschädigte für den entstandenen Schaden insgesamt den Wiederbeschaffungswert erhalten hat. Es besteht für die/den Geschädigte/-n die

Pflicht, das höchste Gebot anzunehmen. Wenn dies aus nachweisbaren Gründen nicht möglich ist, kann auf das danach folgende Gebot ausgewichen werden.

Verkauft der/die Geschädigte das beschädigte Fahrzeug selbstständig und erhält dann einen geringeren Betrag als den, der im Gutachten ausgewiesen ist, so muss sich der/die Geschädigte das Restwertangebot aus dem Gutachten anrechnen lassen. Die Differenz geht dann zulasten des/der Geschädigten.

Betrugsprävention

Die Versicherer sind daran interessiert, im Sinne ihrer Versicherungsnehmer/-innen nur den Schaden zu erstatten, der auch wirklich von dem/der Versicherungsnehmer/-in verursacht wurde. Um die doppelte Abrechnung von Schäden weitestgehend zu vermeiden, werden alle Schäden, die ohne Vorlage eines Reparaturnachweises oberhalb eines Betrages von 2.500,00 € fiktiv abgerechnet wurden, in dem Hinweis- und Informationssystem der Versicherungswirtschaft (HIS) eingemeldet. Auf dieses System haben alle Versicherer Zugriff und prüfen anhand der Fahrzeugidentifikationsnummer (FIN), ob bereits ein Schaden zu dem im Schadenfall beschädigten Fahrzeug eingemeldet wurde. Verläuft der Treffer positiv, so werden bei der einmeldenden Versicherung die entsprechenden Vorschadeninformationen eingeholt.

Aber nicht nur fiktiv abgerechnete Reparaturschäden werden eingemeldet, es werden darüber hinaus auch alle Totalschäden, Hagelschäden über 1.000,00 € mit fiktiver Abrechnung und Totalentwendung eingemeldet.

Beispiele

Schadenabrechnungen nach dem Vier-Stufen-Modell

Stufe I

Fahrzeugschaden	3.000,00 € brutto
WBW	6.800,00 €
RW	2.400,00 €
WBA	4.400,00 €

Der Schaden kann repariert werden. Der/die Geschädigte kann eine konkrete Reparaturrechnung vorlegen oder erhält den Schadenbetrag netto ohne Vorlage einer Reparaturrechnung erstattet.

Stufe II

Fahrzeugschaden	5.200,00 € brutto
WBW	6.800,00 €
RW	2.400,00 €
WBA	4.400,00 €

Der Schaden liegt zwischen dem WBW und dem WBA. Der/die Geschädigte erhält bei Vorlage einer konkreten Rechnung einen Betrag in Höhe von 5.200,00 €. Möchte der/die Geschädigte keine Reparatur durchführen lassen und wählt den Weg der fiktiven Abrechnung, so erhält er/sie eine Auszahlung der Nettoreparaturkosten in Höbe von 4.369,75 €. Die Abrechnung der Nettoreparaturkosten ist günstiger als die Totalschadenabrechnung und somit der nach dem Vier-Stufen-Modell zu wählende Weg.

Stufe III

Fahrzeugschaden	8.800,00 € brutto
WBW	6.800,00 €
RW	2.400,00 €
WBA	4.400,00 €

Der Schaden liegt oberhalb des WBW. Die Bruttoreparaturkosten dürfen einen Betrag von 8.840,00 € (= 130 % von 6.800,00 €) brutto nicht überschreiten.

Der Fahrzeugschaden liegt bei 8.800,00 € brutto, somit kann der/die Geschädigte die Übernahme der Reparaturkosten verlangen. Voraussetzung sind die Vorlage der Reparaturkostenrechnung sowie der Weiternutzungsnachweis innerhalb von sechs Monaten.

Wird das Fahrzeug nicht repariert, besteht lediglich ein Anspruch auf den WBA in Höhe von 4.400,00 €.

Stufe IV

Fahrzeugschaden	9.800,00 € brutto
WBW	6.800,00 €
RW	2.400,00 €
WBA	4.400,00 €

Der Fahrzeugschaden liegt oberhalb der 130-%-Grenze. Der/die Geschädigte hat keinen Anspruch auf Erstattung der Reparaturkosten. Er/sie erhält den WBA in Höhe von 4.400 ,00 €.

5.1.2 Personenschaden

Der Personenschaden wird in materielle und immaterielle Schäden unterschieden.

Unter den immateriellen Personenschäden werden diejenigen Ansprüche gefasst, die bei der Person zu Verletzungen, zu Einschränkungen in der Beweglichkeit oder zum Tod geführt haben.

Zu den materiellen Personenschäden werden solche Schäden zusammengefasst, die in Geld messbar und bewertbar sind, aber nicht das Fahrzeug selbst betreffen.

Schwieriger als bei einem Sachschaden oder einem materiellen Personenschaden ist die Bezifferung des immateriellen Personenschadens.

Verletzungen sind in ihrer Intensität häufig sehr individuell und auch der Heilungsprozess ist oft sehr unterschiedlich. Die Rechtsprechung hat hierzu keine genauen Vorgaben zur Höhe einer möglichen Entschädigungsleistung festgelegt. Lediglich Vergleichsurteile aus früheren Schäden geben eine Orientierung für einen adäquaten Schadenersatz. Die Bewertung der konkreten Entschädigungssumme richtet sich daher nach dem Alter der verletzten Person, möglichen Vorerkrankungen, dem Verletzungsbild, dem Genesungszeitraum und den Einschränkungen während des Heilungsprozesses. Unter Berücksichtigung all dieser Faktoren wird dann ein Schmerzensgeld ermittelt, das nach Art und Umfang der Verletzungen als angemessen zu bezeichnen ist. In der Praxis wird sich der Sachbearbeiter an den eingereichten Arztberichten und den Vergleichsurteilen, die in sogenannte Schmerzensgeldtabellen zusammengefasst sind, orientieren.

Generell besteht aber ein Anspruch auf:

- Schmerzensgeld
- Heilbehandlungskosten
- Krankenhauskosten
- unfallbedingte Aufwendung
- Verdienstausfall
- Rente
- Haushaltshilfekosten
- Beerdigungskosten
- Hinterbliebenengeld

5.1.3 Vermögensschaden

Durch den Vermögensschaden soll ein Ausgleich für finanzielle Nachteile des/der Geschädigten geschaffen werden, die der/die Geschädigte durch den Betrieb oder Gebrauch des versicherten Fahrzeuges erleidet. Man unterscheidet an dieser Stelle zwischen einem **reinen** und einem **unreinen** Vermögensschaden.

Reiner Vermögensschaden

Unter einem reinen Vermögensschaden versteht man den Schaden, dem weder ein Personen- noch ein Sachschaden vorausgeht.

Beispiel Ein/-e Versicherungsnehmer/-in parkt mit seinem/ihrem Auto derart ungeschickt vor einer Hausausfahrt, dass diese versperrt ist. Ein/-e Selbstständige/-r kann daher einen wichtigen Kundentermin nicht wahrnehmen und erleidet dadurch einen finanziellen Schaden.

Unreiner Vermögensschaden

Ein unreiner Vermögensschaden ist ein sogenannter Folgeschaden aus einem Sach- oder Personenschaden.

Beispiel Bei einem Unfall wurde ein Fahrzeug beschädigt. Der Fahrzeugschaden als solcher wurde wiederhergestellt. Jedoch hat das Fahrzeug durch den Reparaturschaden an Wert verloren. Diesen Werteverlust (merkantiler Minderwert) kann sich der/die Geschädigte im Rahmen einer sogenannten Wertminderung monetär ausgleichen lassen.

5.1.4 Schadenminderungspflicht des/der Geschädigten

Als Geschädigte/-r in einem Unfall hat man jedoch nicht nur Rechte und Ansprüche, sondern auch Pflichten.

§ 254 Abs. 1 BGB

Eine der wichtigsten Pflichten ist die Schadenminderungspflicht gemäß § 254 Abs. 1 BGB. Hiernach ist der/die Geschädigte verpflichtet, den entstanden Schaden so gering wie möglich zu halten. Der/die Geschädigte ist folglich gehalten, alle geeigneten Maßnahmen unverzüglich einzuleiten, um den entstandenen Schaden nicht größer werden zu lassen. Der/die Geschädigte hat bei Folgeschäden, die auf ein Unterlassen der Einleitung zu schadenmindernden Maßnahmen zurückzuführen ist, keinen Anspruch auf Schadenersatz. Da der/die Geschädigte im Schadenfall nicht an die Weisung des Versicherers gebunden ist, kann ein rasches Handeln, um den Schaden schnellstmöglich zu bewerten und ggf. zu beheben, erwartet werden. Im Rahmen der Schadenminderungspflicht ist jedoch immer auch auf die Verhältnismäßigkeit der Maßnahmen zu achten. Eine künstlich erzeugte Schadenausweitung geht dann zulasten des/der Geschädigten.

Beispiele

- Das Fahrzeug des/der Geschädigten hat nach einem Unfall einen defekten Scheinwerfer. Da nicht unverzüglich zumindest eine Notreparatur im Rahmen der Schadenminderungspflicht gemäß § 254 Abs. 1 BGB durchgeführt wird, erleidet der/die Geschädigte einen weiteren Unfall und der Schaden am eigenen Fahrzeug wird größer. Einen Schadenersatzanspruch für die Schadenausweitung am Fahrzeug des/der Geschädigten besteht nicht.
- Ein/-e Geschädigte/-r hat sich nach dem Unfall einen Unfallersatzwagen angemietet, da das eigene Fahrzeug nicht mehr verkehrssicher und fahrbereit ist. Bei dem beschädigten Fahrzeug handelt es sich um einen VW Polo. Der/die Geschädigte wollte aber schon immer mal einen

Porsche fahren und mietet daher einen solchen an. Anspruch besteht auf ein gleichwertiges Ersatzfahrzeug. Da der Porsche im Verhältnis zum VW Polo nicht gleichwertig ist, trägt der/die Geschädigte die Kosten, die über ein gleichwertiges Fahrzeug hinausgehen, selbst.

5.2 Mallorca-Police

Eine weitere Besonderheit in der Kfz-Haftpflichtversicherung ist die sogenannte Mallorca-Police. Natürlich erstreckt sich der Versicherungsschutz nicht nur auf die Insel Mallorca oder die Balearen, vielmehr hat sich der Begriff als Synonym für die Ergänzung des Versicherungsschutzes für Mietwagen im Ausland etabliert.

Die **Mallorca-Police** hat ihren Namen den deutschen Urlaubern zu verdanken. Die Lieblingsinsel der Deutschen wird häufig mit dem Mietwagen erkundet und leider bleiben diese Fahrten nicht immer schadenfrei. Da die Versicherungssummen in Spanien früher deutlich unter denen der deutschen Versicherungssummen lagen, rieten viele Versicherungsvertreter/-innen vor Reiseantritt zum Abschluss der ***„Versicherung für den Gebrauch fremder, versicherungspflichtiger Fahrzeuge“***. Dieser eigentlich fachlich korrekte Begriff konnte sich jedoch aufgrund der Länge nicht durchsetzen und so etablierte sich der Begriff „Mallorca-Police“.

Mietet der/die Versicherungsnehmer/-in oder dessen Ehepartner/-in oder in häuslicher Gemeinschaft lebende/-r Partner/-in im Ausland ein versicherungspflichtiges Fahrzeug, so ist dieses häufig nur zu den regionalen Versicherungssummen versichert. Nicht selten sind die regionalen Versicherungssummen besonders im Bereich der Personenschäden nicht ausreichend. Damit aber kein nachhaltiger finanzieller Schaden nach einem Unfall im Ausland entsteht, hat die Versicherungswirtschaft mit der Mallorca-Police diese Lücke im ausländischen Versicherungsschutz bei gemieteten Fahrzeugen geschlossen. Denn auch im Ausland gilt grundsätzlich die Haftung über die Deckungssummen hinaus, wenn diese im Schadenfall nicht ausreichend sein sollten. Der/die Schädiger/-in würde im schlimmsten Fall in die Insolvenz geraten.

Beispiele für Versicherungssummen der gängigsten Urlaubsländer

Land	Personenschäden	Sachschäden	Gesamt	Mallorca-Police sinnvoll
Deutschland	**7,5 Mio. € insgesamt**	**1,22 Mio. € pro Unfall**		
Niederlande	6,1 Mio. € pro Unfall	1,2 Mio. € pro Unfall		✓
Spanien	70 Mio. € insgesamt	15 Mio. € pro Unfall		
Frankreich	unbegrenzt	1,2 Mio.€ pro Unfall		
Polen	5,2 Mio. € pro Unfall	1,1 Mio. € pro Unfall		✓
Kroatien	6,2 Mio. € pro Unfall	1,3 Mio. € pro Unfall		

Land	Personenschäden	Sachschäden	Gesamt	Mallorca-Police sinnvoll
Italien	6 Mio. € pro Unfall	1,1 Mio. € pro Unfall		✓
Schweiz			4,7 Mio. € pro Unfall	✓
Türkei	62.100,00 € pro Person 310.700,00 € pro Unfall	6.215,00 € pro Beteiligtem 12.400,00 € pro Unfall		✓
Bulgarien	5,1 Mio. € insgesamt	1 Mio. € pro Unfall		✓

Deckungssummen

Da die ausländischen Deckungssummen häufig geringer sind als die in Deutschland gesetzlich vorgeschriebenen Deckungssummen, vor allem im Bereich der Personenschäden, werden im Rahmen der Mallorca-Police die Versicherungssummen des ausländischen Mietfahrzeuges an die des heimischen Fahrzeuges angepasst, zumindest aber an die gültigen deutschen gesetzlichen Mindestdeckungssummen.

Ausschluss

Die Leistungen der Mallorca-Police gelten nicht, wenn das versicherte Fahrzeug ein Wohnwagenanhänger oder ein Anhänger ist.

5.3 Kfz-Haftpflichtversicherung oder Privathaftpflichtversicherung

In manchen Fällen ist es gar nicht so einfach zu entscheiden, ob nun die Kfz-Haftpflichtversicherung oder die Privathaftpflichtversicherung für einen Schaden zuständig ist. Damit nicht zwischen den Versicherungen „Leistungs-Pingpong" gespielt wird, gibt es hier klare Grenzen, die die Zuordnung in die richtige Sparte vereinfachen sollen.

Teil A Abschnitt 1 Ziffer 7.14 AHB 2021

So ist z. B. in der Privathaftpflichtversicherung ein genereller Ausschluss für Schäden durch den Gebrauch von Fahrzeugen in den Bedingungen verankert. Diesen Ausschluss nennt man umgangssprachlich auch **„Benzinklausel"**. Es werden generell alle Schadenersatzansprüche, die der/die Eigentümer/-in, Besitzer/-in, Halter/-in oder Führer/-in eines Kraftfahrzeuges oder Anhängers durch den Gebrauch des Fahrzeuges verursacht, ausgeschlossen, vgl. Teil A Abschnitt 1 Ziffer 7.14 Allgemeine Versicherungsbedingungen für die Haftpflichtversicherung privater Risiken.

Somit ist die Zuordnung in die Kfz-Haftpflichtversicherung gegeben und der Schadenersatzanspruch wird im Rahmen der versicherten Leistungen der Kfz-Haftpflichtversicherung abgegolten.

Auch für die/den Geschädigte/-n ist dadurch der Ansprechpartner für den Leistungsanspruch klar definiert.

In der Kfz-Haftpflichtversicherung gibt es **keinen Ausschluss deliktunfähiger Personen**. Für den Leistungsanspruch ist es folglich unerheblich, ob der Schaden durch eine deliktunfähige Person verursacht wurde oder nicht. Grundlage für den Leistungsanspruch ist die Beteiligung des versicherten Fahrzeuges, das in Betrieb oder Gebrauch sein muss.

5.3.1 Gebrauch des Fahrzeuges

In Abgrenzung zum Betrieb des Fahrzeugs muss an dieser Stelle geklärt werden, wann ein Fahrzeug nun in Betrieb oder in Gebrauch ist.

Der Schadenersatz aus dem Betrieb eines Kraftfahrzeuges ergibt sich bereits aus der Anspruchsgrundlage des § 7 Abs. 1 StVG. *§ 7 Abs. 1 StVG*

Das Fahrzeug befindet sich in Betrieb, wenn es (auch ohne Motorkraft) im öffentlichen Verkehrsraum bewegt wird oder kurz anhält. Der Begriff des Betriebes wird sehr weit ausgelegt. Somit ist auch ein im öffentlichen Verkehrsraum parkendes Fahrzeug noch in Betrieb.

Der Gebrauch eines Fahrzeuges kann jedoch auch dann noch gegeben sein, wenn der Betrieb längst abgeschlossen ist. Denn der Gebrauch geht über den Begriff des Betriebs hinaus.

Demnach ist ein Fahrzeug auch dann noch in Gebrauch, wenn an oder mit ihm typische Handlungen, von denen potenzielle Gefahren ausgehen können, durchgeführt werden. Ein Schaden durch den Gebrauch des Fahrzeuges muss in ganz engem Zusammenhang, unmittelbar, orts- und zeitnah geschehen sein.

Voraussetzung für den Schadenersatz durch den Gebrauch des Fahrzeuges ist, dass der/die Verursacher/-in eine mitversicherte Person im Sinne der AKB 2021 ist.

Beispiele für den Gebrauch **Beispiele**

- Ein Schaden beim Be- und Entladen entsteht (z.B. das Verräumen von Einkäufen).
- Eine Fahrzeugtür wird geöffnet.
- Es werden Reparaturarbeiten am Fahrzeug vorgenommen, durch die ein Schaden entstehen kann (Schweißen, Ölwechsel usw.).

5.3.2 Ausschlüsse

Aber nicht jeder Schaden, der durch oder mit einem Kraftfahrzeug verursacht wird, wird auch von der Versicherung übernommen. Wie in jeder anderen Sparte auch, gibt es gewisse Ausschlüsse, die eben keinen Anspruch auf eine Leistung aus der Versicherung begründen. Die Ausschlüsse, die der Versicherer in seinen Versicherungsbedingungen formulieren kann, sind begrenzt und durch § 4 PflVG gesetzlich festgelegt. *§ 4 PflVG*

Ausschlüsse gemäß AKB 2021

- Vorsatz (Ziffer A.1.5.1 AKB 2021)
- genehmigte Rennen (Ziffer A 1.5.2 AKB 2021)
- Beschädigung des versicherten Fahrzeuges (Ziffer A.1.5.3 AKB 2021)
- Beschädigungen von Anhängern oder abgeschleppten Fahrzeugen (Ziffer A.1.5.4 AKB 2021)
- Beschädigung von beförderten Sachen (Ziffer A.1.5.5 AKB 2021)
- Schadenersatzansprüche gegen mitversicherte Personen (Ziffer A.1.5.6 AKB 2021)
- Nichteinhaltung von Liefer- und Beförderungsfristen (Ziffer A.1.5.7 AKB 2021

- vertragliche Ansprüche A.1.5.8 AKB
- Schäden durch Kernenergie A.1.5.9 AKB

In diesen Fällen leistet der Versicherer aus der Kfz-Haftpflichtversicherung nicht. Dennoch ist der/die Schädiger/-in dem/der Geschädigten gegenüber zum Schadenersatz verpflichtet. Ein Ausschluss aus der Versicherungsleistung ist also kein Freifahrtschein für eine generelle Leistungsfreiheit des Schädigers bzw. der Schädigerin. Der/die Schädiger/-in haftet dann mit dem eigenen Vermögen für den verursachten Schaden gegenüber dem/der Geschädigten.

Definitionen

Vorsatz
Die schädigende Handlung wird wissentlich und willentlich vorgenommen, in dem Bewusstsein, gegen bestehende Regeln zu verstoßen und dadurch jemanden schädigen zu wollen.

Grobe Fahrlässigkeit
Die Außerachtlassung der erforderlichen Sorgfalt in besonders schwerem Maße durch leichtfertiges Handeln, d.h. die Nichtbeachtung einfacher, offenkundiger und grundlegender Regeln oder die Verletzung besonders wichtiger Sorgfaltsregeln verbunden mit der Inkaufnahme eines möglichen Schadens.

Fahrlässigkeit
Fährlässig handelt, wer die im Verkehr gebotene Sorgfalt außer Acht lässt und den Eintritt eines Schadens billigend in Kauf nimmt.

5.3.3 Obliegenheiten

Nicht nur Ausschlüsse können zu einer Leistungsfreiheit des Versicherers führen, sondern auch ein Vorstoß gegen eine gesetzliche oder vertragliche Obliegenheit.

Obliegenheiten	Gesetzlich	Vertraglich
vor dem Versicherungsfall	· Veräußerung (§ 97 VVG) · Gefahrenerhöhung (§ 23 VVG)	· Führerscheinklausel · Alkoholklausel · Schwarzfahrtklausel · Verwendungsklausel · nicht genehmigte Rennen · vorübergehende Stilllegung
im/nach dem Versicherungsfall	· Anzeigepflicht (§ 30 VVG) · Aufklärungspflicht (§ 31 VVG) · Schadenminderungspflicht (§ 254 BGB)	· Anzeigepflicht auch bei Kleinschäden · Aufklärungspflicht · Weisungseinholung · Anzeige bei Entwendung

Obliegenheit ist ein Rechtsbegriff, mit dem gewünschte Verhaltensnormen umschrieben werden, die von dem/der Versicherungsnehmer/-in zwar zu beachten sind, aber vom Versicherer nicht einklagbar sind.

Die Obliegenheiten sind aber nicht nur von dem/der Versicherungsnehmer/-in, sondern auch von den mitversicherten Personen einzuhalten.

§ 28 VVG
Bereich E AKB 2021

Jedoch hat der **Verstoß** gegen eine Obliegenheit eine **negative Wirkung** auf den Versicherungsschutz. Je nach Art, Umfang und Schwere der Obliegenheitsverletzung kann der Versicherer die Leistung in angemessener Art und Weise kürzen oder ganz von der Leistung frei sein, vgl. § 28 VVG und Bereich E der AKB 2021.

Fahruntauglichkeit bei Alkoholkonsum

Für Fahranfänger/-innen innerhalb der Probezeit gibt es keinen Toleranzspielraum. Es gilt die 0,0-‰-Grenze.

Für alle anderen Fahrer/-innen gilt

0,0 ‰ – 0,2 ‰	Die Fahrtauglichkeit wird angenommen.
0,3 ‰ – 1,0 ‰	Es besteht eine relative Fahruntauglichkeit.
ab 1,1 ‰	Es besteht eine absolute Fahruntauglichkeit.

→ Das Vorliegen der absoluten Fahruntauglichkeit stellt regelmäßig einen Straftatbestand nach § 316 StGB dar.

Leistungsfreiheit/-kürzung bei Obliegenheitsverletzung

Ist der Versicherungsfall eingetreten und sind in diesem Zusammenhang Obliegenheiten verletzt worden, so ist der Versicherer nicht automatisch von der Leistung frei.

Voraussetzung zur Leistungsfreiheit entsprechend § 28 VVG ist das Vorliegen von Verschulden **und** Kausalität. Darunter versteht man, dass das Verhalten des Versicherungsnehmers bzw. der Versicherungsnehmerin und/oder der mitversicherten Person für die Obliegenheitsverletzung weder für den Eintritt noch für die Aufklärung des Schadenereignisses ursächlich ist, vgl. § 28 Abs. 3 VVG. *§ 28 VVG*

Liegen Verschulden und Kausalität nicht vor, so ist nur eine angemessene Kürzung der Leistung durch den Versicherer möglich.

Folgen einer Obliegenheitsverletzung

Art	Leistung	Besonderheiten
Vorsatz	Leistungsfreiheit	
grobe Fahrlässigkeit	Leistungskürzung	• Leistungsfreiheit/-kürzung ist auf max. 5.000,00 € beschränkt (vgl. Ziffer E.7.3 und E.7.4 AKB 2021) • Leistung ist auf gesetzliche Mindestdeckungssummen beschränkt
Fahrlässigkeit	Leistungspflicht	

Regresshöhe bei Rechtspflichtverletzung

In Abgrenzung zur beschränkten Regressmöglichkeit bei einer Obliegenheitsverletzung vor oder im Versicherungsfall kommt bei einer Rechtspflichtverletzung entsprechend den §§ 38, 39 VVG ein Regress in unbeschränkter Höhe auf den/die Versicherungsnehmer/-in zu. In diesen Fällen ist der Versicherungsvertrag gar nicht erst zustande gekommen oder nicht mehr vorhanden, sodass auch der Anspruch auf Leistung aus dem Versicherungsvertrag erloschen ist. Im Außenverhältnis bleibt jedoch im Rahmen der Nachhaftung der Versicherer gegenüber dem/der Geschädigten zur Leistung verpflichtet. *§§ 38, 39 VVG*

Lediglich die mitversicherten Personen, die keine Kenntnis von der Rechtspflichtverletzung haben konnten, genießen weiterhin Versicherungsschutz.

Regresshöhe bei Obliegenheitsverletzung vor dem Versicherungsfall

Liegt die Obliegenheitsverletzung zeitlich vor dem Versicherungsfall, ist der Regress auf eine Summe von 5.000,00 € pro Person begrenzt. Übersteigt der Schaden den regressfähigen Betrag von 5.000,00 €, so hat der/die Versicherungsnehmer/-in für den darüber liegenden Betrag Versicherungsschutz.

Beispiel

Ein/-e Fahrer/-in trinkt eine nicht geringe Menge Alkohol und steigt anschließend hinter das Steuer des versicherten Fahrzeuges. Es kommt zum Unfall. Der Schaden beträgt insgesamt 7.680,00 €. Im Außenverhältnis leistet der Versicherer den Gesamtschaden an die/den Geschädigte/-n. Im Innenverhältnis nimmt der Versicherer Regress bei dem/der Fahrer/-in bis zu einer Summe von 5.000,00 €. Für den Differenzbetrag von 2.680,00 € bleibt der Versicherungsschutz bestehen.

Regresshöhe bei Obliegenheitsverletzung im/nach dem Versicherungsfall

Wird die Obliegenheitsverletzung zeitlich mit dem Versicherungsfall begangen oder aber auch im Anschluss an den Versicherungsfall, so ist ein Regress des Versicherers, je nach Schwere der Obliegenheitsverletzung, von 2.50,00 € bis 5.000,00 € möglich. Übersteigt der Schaden den regressfähigen Betrag, so hat der/die Versicherungsnehmer/-in für den darüber liegenden Betrag Versicherungsschutz.

Beispiele

- Ein/-e Versicherungsnehmer/-in verweigert nach einem Verkehrsunfall mit einem Gesamtschadenvolumen von 450,00 € die Auskunft zum Schaden gegenüber dem Versicherer. Auch nach mehrmaliger Aufforderung, die Hergangsschilderung bekannt zu geben, kommt der/die Versicherungsnehmer/-in der Auskunftspflicht nicht nach. Der Versicherer muss also davon ausgehen, dass sich der Schaden so zugetragen hat, wie von dem/der Geschädigten beschrieben. Im Rahmen der Regulierungsvollmacht tritt der Versicherer in die Regulierung des Schadens ein.

  Im Außenverhältnis leistet der Versicherer den begehrten Schadenersatz in Höhe von 450,00 €. In Innenverhältnis nimmt der Versicherer Regress bis zu einer Höhe von 2.500,00 €. Der/die Versicherungsnehmer/-in kommt in diesem Fall für den Gesamtschaden im Rahmen des Regressverfahrens auf.

- Ein/-e Versicherungsnehmer/-in verursacht einen Verkehrsunfall und entfernt sich unerlaubt von der Unfallstelle. Der/die Versicherungsnehmer/-in kommt somit seiner Aufklärungspflicht nicht nach. Der/die Geschädigte meldet den Schaden im Rahmen des Direktanspruches bei dem Versicherer und begehrt Schadenersatz für den entstandenen Schaden in Höhe von 4.850,00 €. Der Versicherer ist nach Vorlage eines geeigneten Beteiligungsnachweises, den der Geschädigte durch die Benennung von Zeugen erbringt, im Außenverhältnis zur Leistung verpflichtet. Im Innenverhältnis wird er aber bei dem/der Versicherungsnehmer/-in einen Regress von bis zu 5.000,00 € fordern. Der/die Versicherungsnehmer/-in kommt in diesem Fall für den Gesamtschaden im Rahmen des Regressverfahrens auf.

6 Fahrzeugversicherung

Wenn man sich nun ein Fahrzeug, vielleicht sogar ein neues, gekauft hat, dann ist die Voraussetzung zur Zulassung der Abschluss der Kfz-Haftpflichtversicherung. Diese schützt aber nur Dritte, die durch den Betrieb oder Gebrauch des Fahrzeuges einen Sach-, Personen- oder Vermögensschaden erlitten haben.

Was ist aber mit Schäden, die am versicherten Fahrzeug entstehen? Wie und unter welchen Voraussetzungen können diese versichert werden? Mit dieser Frage beschäftigen sich die Versicherungsnehmer/-innen fast noch häufiger als mit der Frage nach dem Schadenersatz gegenüber einem/einer Dritten.

Aber auch diese Frage lässt sich leicht beantworten. Zusätzlich zur Kfz-Haftpflichtversicherung kann der/die Versicherungsnehmer/-in eine Fahrzeugversicherung abschließen. Diese kommt dann im Schadenfall für die am eigenen Fahrzeug entstandenen Schäden auf. Natürlich ist solch eine Fahrzeugversicherung kein Garant für die Leistung aus jeglichen Ereignissen. Denn auch hier gibt es einiges zu beachten.

Zunächst einmal wird die Fahrzeugversicherung in eine Teilkasko- und eine Vollkaskoversicherung unterteilt. Diese unterscheiden sich nicht in den versicherten Sachen, aber in den versicherten Gefahren.

Zu den versicherten Sachen der Teilkasko- und Vollkaskoversicherung gehören zum einen das versicherte Fahrzeug als solches und zum anderen die mitversicherten Fahrzeugteile. Diese werden gegen Beschädigung, Zerstörung und Entwendung versichert.

Die Fahrzeugversicherung hat, analog zur Kfz-Haftpflichtversicherung, ihren Geltungsbereich in Europa und der EU.

6.1 Fahrzeugteile

In der Fahrzeugversicherung sind neben dem Fahrzeug auch die Fahrzeugteile versichert. Diese werden in

- prämienfrei mitversicherte,
- beschränkt mitversicherte und
- nicht versicherte

Teile kategorisiert.

Prämienfrei mitversicherte Teile

Prämienfrei mitversicherte Teile, die außerhalb des Fahrzeuges aufbewahrt werden, müssen unter Verschluss gehalten werden.

Hierzu zählen:

- Zusätzlicher Reifensatz (Sommer-/Winterreifen)
- Kindersitze, Schneeketten, Hardtop, Dach- oder Heckständer
- mitversicherte Fahrzeugteile/-zubehör während einer Reparatur

Beschränkt mitversicherte Teile

Die beschränkt mitversicherten Teile müssen straßenverkehrsrechtlich zugelassen sein, fest am oder im Fahrzeug eingebaut sein und der Gesamtwert der Teile darf einen Betrag von 10.000,00 € nicht überschreiten.

Hierzu zählen:

- Radio- und sonstige Audio-, Video-, Kommunikations- und Leitsysteme
- Spezialaufbauten oder Spezialeinrichtungen
- zugelassene Veränderungen an Fahrwerk, Triebwerk, Auspuff, Innenraum oder Karosserie
- Sonderlackierungen und Beschriftungen
- Beiwagen/Verkleidungen bei Kraft-, Leicht- und Kleinkrafträdern, Trikes, Quads und Fahrzeugen mit Kennzeichen

Übersteigt der Wert der Teile einen Bruttobetrag von 10.000,00 €, kann dies gegen eine entsprechende Sondervereinbarung und Mehrprämie mitversichert werden.

Nicht mitversicherte Teile

Grundsätzlich sind alle sonstigen Gegenstände, die nicht zu den Fahrzeug- und Zubehörteilen zählen, im Versicherungsschutz nicht enthalten. Ein nachträglicher oder zusätzlicher Einschluss ist für diese Teile nicht möglich.

Hierzu zählen:

- mobile Navigationsgeräte
- persönliche Gegenstände der Insassen
- Reisegepäck

6.2 Ausschlüsse

Ein genereller Ausschluss sind Vorsatz und grobe Fahrlässigkeit.

Es besteht jedoch der Verzicht auf den Einwand der groben Fahrlässigkeit, außer bei grob fahrlässiger Herbeiführung der Entwendung des Fahrzeuges oder seiner Teile und Schäden im Zusammenhang mit Alkohol oder anderer berauschender Mittel. Mit dem Verzicht der Einrede der groben Fahrlässigkeit ist gemeint, dass der Versicherer auch dann in die Leistung eintritt, wenn der Schaden durch das Vorliegen von grober Fahrlässigkeit entstanden ist.

Weitere Ausschlüsse sind:

- Rennen
- reine Reifenschäden durch Beschädigung oder Zerstörung
- Kriegsereignisse, Erdbeben, Maßnahmen der Staatsgewalt, innere Unruhen und Schäden durch Kernenergie
- Mehrkosten durch Veränderung, Verbesserung oder Verschleißreparaturen
- Zulassungskosten, Überführungskosten, Mietwagen oder Nutzungsausfall
- Verlust von Treibstoff und sonstigen Betriebsmitteln, Wertminderung

6.3 Versicherte Gefahren

Unter den versicherten Gefahren versteht man jene Ereignisse, deren Eintreten Voraussetzung für den deckungsauslösenden Moment in der Versicherung sind, also zur Leistungspflicht des Versicherers führen.

6.3.1 Teilkaskoversicherung

Die Teilkaskoversicherung soll den/die Versicherungsnehmer/-in vor finanziellen Schäden am eigenen Fahrzeug schützen. Im Vordergrund steht das wirtschaftliche Interesse, das der/die Versicherungsnehmer/-in am Erhalt des Fahrzeugwertes hat. Der Deckungsumfang in der Teilkaskoversicherung ist allerdings beschränkt auf bestimmte Gefahren.

Brand

Definition

Ein **Brand** ist ein Feuer, das ohne einen bestimmungsgemäßen Herd entstanden ist oder ihn verlassen hat und sich aus eigener Kraft auszubreiten vermag.

Die Definition Brand ist in der Schadenregulierung besonders zu prüfen, denn die Kriterien aus der Definition müssen für einen Leistungsanspruch zwingend vorhanden gewesen sein. Ein Ausschluss stellen Schmor- und Sengschäden dar. Hierbei fehlt es schon an der Flammbildung und der Ausbreitung aus eigener Kraft. Schmor- und Sengschäden sind eher punktuell und nicht flächig. In der Regel stellt ein Sachverständiger anhand einer Fahrzeugbesichtigung fest, ob der entstandene Schaden durch Flammbildung entstanden ist oder nicht. Für den Laien ist der Unterschied in der Regel nicht zu erkennen.

Explosion

Definition

Eine **Explosion** ist eine plötzliche Kraftäußerung, die auf der Ausdehnung von Gasen und Dämpfen beruht.

Häufig wird im Rahmen der Explosion die Ursache verkannt. Eine Explosion im Sinne der Definition muss zwingend durch die Ausdehnung von Gasen und Dämpfen entstanden sein. So ist eine Motorexplosion keine Explosion im Sinne der Definition und wird daher auch nicht unter den Explosionsbegriff subsumiert. Bei einer Motorexplosion handelt es sich um eine Explosion von innen heraus, die nicht auf das Ausdehnen von Gasen und Dämpfen zurückzuführen ist. Die mechanische Gewalt bildet dabei die Ursache für die Explosion. Platzt hingegen eine im Fahrzeug liegende Sprudelwasserflasche durch Hitzeeinwirkung, die zum Ausdehnen der Kohlensäure geführt hat, stellt dies eine Explosion im Sinne der Bedingungen dar.

Entwendung

Definition

Unter einer **Entwendung** versteht man die widerrechtliche Wegnahme des Fahrzeuges oder seiner Teile. Es darf kein Rechtfertigungsgrund hierfür bestehen, wie zum Beispiel Notwehr oder Einwilligung des/der Eigentümer/-in.

Entwendung im Sinne der Bedingungen ist die Entwendung durch Diebstahl oder Raub. In Abgrenzung zum Vandalismusschaden muss es bei einem Diebstahl um die Entwendung des Fahrzeuges bzw. dessen mitversicherter Teile gehen, die in der Form entwendet werden, dass sie anschließend noch brauchbar sind. Es darf folglich keine Zerstörung vorliegen. Zudem muss es sich bei dem am Fahrzeug entstandenen Schaden um klare Schäden handeln, die auf die Entwendung des Fahrzeuges oder deren mitversicherte Teile abzielen.

Nicht unter den Begriff der Entwendung fällt die Unterschlagung. Diese stellt keine mitversicherte Gefahr dar.

Beispiele

- Liegt eine Handtasche auf der Rückbank des Fahrzeuges und wird diese entwendet, so liegt keine Entwendung im Rahmen der Bedingungen vor. Die Handtasche gehört nicht zu den mitversicherten Fahrzeugteilen und ist somit von der Leistung ausgeschlossen.
- Wird hingegen das Radio aus der Mittelkonsole durch Ausbau entfernt und eben zu diesem Zweck auch eine Seitescheibe eingeschlagen, so wird der gesamte Schaden unter einem Entwendungsschaden abgewickelt. Bei dem Radio handelt es sich um ein mitversichertes Fahrzeugteil und das Einschlagen der Scheibe diente als Mittel zum Zweck der Entwendung.
- Werden alle Seitenscheiben am Fahrzeug eingeschlagen, der Fahrzeuginnenraum durch den Täter verwüstet sowie auch das Radio aus der Mittelkonsole gerissen und mitgenommen, so ist dies kein Entwendungsschaden im Rahmen der Bedingungen. Das Radio gehört zwar grundsätzlich zu den mitversicherten Fahrzeugteilen, doch ein Herausreißen setzt die Beschädigung voraus und macht eine Weiternutzung nach der Entwendung nicht mehr möglich. Hierbei ging es vordergründig um die Zerstörung.

Totalentwendung

Eine Besonderheit der Totalentwendung ist, dass der Schaden nicht unmittelbar nach der Feststellung schon einen Leistungsanspruch begründet.

Ist das Fahrzeug gestohlen worden, so ist der/die Versicherungsnehmer/-in zunächst verpflichtet, den Schaden polizeilich zu melden. Die Polizei wird das entwendete Fahrzeug zur Fahndung ausschreiben und danach suchen.

Wird das Fahrzeug innerhalb eines Monats wieder aufgefunden, so ist der/die Versicherungsnehmer/-in dazu verpflichtet, das Fahrzeug wieder zurückzunehmen. Wird das Fahrzeug in einer Entfernung von mehr als 50 km wieder aufgefunden, so besteht der Anspruch auf Kostenübernahme für ein Bahnticket der 2. Klasse für die Hin- und Rückfahrt bis zu einer Entfernung von 1 500 km. Schäden, die am versicherten Fahrzeug durch die Totalentwendung entstanden sind, werden im Rahmen der Teilkaskoversicherung reguliert.

Wird das Fahrzeug erst nach Ablauf eines Monats wiederaufgefunden, ist der/die Versicherungsnehmer/-in nicht zur Rücknahme des Fahrzeuges verpflichtet. Das Fahrzeug geht in diesem Fall in den Besitz des Versicherers über. Der Versicherer wird dann Eigentümer des Fahrzeuges und kann über die Verwertung des Fahrzeuges entscheiden. Gegenüber dem/der Versicherungsnehmer/-in bleibt der Versicherer zur Leistung verpflichtet, als sei das Fahrzeug nicht wieder aufgefunden worden.

Elementargefahren

Definition

Elementarschäden im Sinne der Bedingungen sind Schäden, die durch das Wirken der Natur unmittelbar oder mittelbar verursacht werden.

Im Rahmen der Teilkaskoversicherung werden verschiedene Gefahren unter den Begriff der Elementargefahren zusammengefasst. Besonders in den letzten Jahren sind diese Elementarschäden, insbesondere Sturm, Hagel und Überschwemmung, Auslöser eines sogenannten Kumulschadenereignisses geworden. Betrachtet man die auslösenden Schadenmomente in der jüngeren Vergangenheit, so ist zu erkennen, dass solche Schäden bezüglich ihres Ausmaßes und ihrer Häufigkeit stark zugenommen haben. Diese Naturereignisse sind nach den Erkenntnissen der führenden Klimaforscher auf den bereits eingetretenen Klimawandel zurückzuführen.

Als Elementarschäden gelten für die Kfz-Teilkaskoversicherung:

- Sturm (ab Windstärke 8)
- Hagel
- Blitzschlag
- Überschwemmung
- Lawinen/Muren[1]
- Erdrutsch oder Erdfall

Unter einer unmittelbaren Einwirkung versteht man, dass das Einwirken der Naturgefahr direkt auf das Fahrzeug trifft. Dies ist beispielsweise bei einem Hagelschlag der Fall. Der Hagel trifft das Fahrzeug unmittelbar und beschädigt dieses.

Ein mittelbares Einwirken liegt beispielsweise dann vor, wenn der Sturm Äste auf das versicherte Fahrzeug wirft und dieses dadurch beschädigt wird.

Ausgeschlossen sind Schäden, die auf das Verhalten des Fahrers bzw. der Fahrerin zurückzuführen sind. Gemeint ist, dass der/die Fahrer/-in des versicherten Fahrzeuges beispielsweise nicht in eine Überschwemmung hineinfahren darf und so den Eintritt des Versicherungsfalles provoziert.

Kurzschlussschäden an der Verkabelung

Definition

Ein **Kurzschluss** ist ein Zersetzungsprozess infolge von Wärmeeinwirkung ohne Flammbildung.

Vom Versicherungsschutz umfasst sind grundsätzlich nur die Schäden an der Verkabelung. Folgeschäden aufgrund des Kurzschlusses sind jedoch bis 10.000,00 € mitversichert. Ein Folgeschaden durch einen Schaden an der Verkabelung kann beispielsweise ein Motorschaden sein, wenn ein Kurzschluss am Kabelbaum des Motors den Motor selbst beschädigt. Aber auch Schäden an den Leuchtmitteln der Scheinwerfer würden im Rahmen des Folgeschadens durch Kurzschluss von der Versicherung übernommen.

Tierbissschäden

Ein Schaden durch Tierbisse ist begrenzt auf Schäden an Kabeln, Schläuchen, Leitungen, Dämmmatten und Achsmanschetten. Die Aufzählung ist abschließend und nicht auf weitere Fahrzeugteile ausweitbar. Für hieran entstandene Schäden leistet der Versicherer in unbegrenzter Höhe.

1 Muren, auch als Schlammlawinen oder Bergsturz bezeichnet, sind eine Mischung aus Wasser, Geröll und Holz, die sich mit einer gewaltigen Kraft von einem Berg ins Tal hinab bewegen. Meistens entstehen Muren durch Unwetter mit extremen Regenfällen.

Sollte durch einen Tierbissschaden ein Folgeschaden, z. B. am Motor entstehen, so ist dieser bis zu einer Höhe von maximal 3.000,00 € mitversichert.

Nicht versichert ist, wenn ein Tier in das Fahrzeuginnere eindringt und mögliche Bissschäden an Sitzen oder Gurten anrichtet. Diese Schäden sind nicht unter die Tierbissschäden subsumiert und können daher nicht vom Versicherer eingefordert werden.

Zusammenstoß mit Tieren

Versichert ist der Zusammenstoß mit Tieren aller Art. Einzige Voraussetzung für den Versicherungsschutz ist, dass sich das Fahrzeug zum Zeitpunkt der Kollision in Bewegung befunden haben muss. Brems- und Ausweichschäden sind im Rahmen der Teilkaskoversicherung nicht versichert. Wird beispielsweise ein geparktes Fahrzeug von einer Wildschweinrotte gerammt, so liegt zwar ein Zusammenstoß mit einem Tier vor, jedoch nicht im Sinne der Bedingungen, da die Voraussetzung des in Bewegung befindlichen Fahrzeuges nicht gegeben ist.

Glasbruchschäden

Unter Glasbruchschäden versteht man tatsächlich nur den Bruch als solches. Kratzer fallen nicht unter den Versicherungsschutz. Auch Folgeschäden sind vom Versicherungsschutz ausgeschlossen.

Unter der Fahrzeugverglasung werden sowohl Glas- als auch Kunststoffscheiben (Front-, Heck-, Dach-, Seiten- und Trennscheiben), Spiegelglas und Abdeckungen von Leuchtmitteln verstanden. Sofern ein reiner Austausch der Leuchtmittelverglasung nicht möglich ist, sind auch die auszutauschenden Leuchtmittel mitversichert. Ebenfalls sind die glasbruchbedingten Reinigungskosten zu erstatten.

Unter einem Folgeschaden werden z. B. Lackkratzer durch herunterfallende Glassplitter verstanden. Hierfür würde keine Leistung durch den Versicherer bestehen.

Besonderheit Steinschlag

Einer der am häufigsten auftretenden Glasschäden ist der Steinschlag in der Windschutzscheibe. Auch wenn es sich hierbei nicht um einen direkten Bruch der Verglasung handelt, so werden diese Schäden innerhalb der Glasbruchversicherung mitversichert.

Ein Steinschlag kann, sofern er nicht im Fahrersichtfeld liegt und in der Ausprägung nicht größer als eine Zwei-Euro-Münze ist, in aller Regel repariert werden. Bei einer Steinschlagreparatur, also einem Glasbruch ohne Austausch, wird auf die im Vertrag vereinbarte Selbstbeteiligung verzichtet.

Auch Sonderausführungen in der Verglasung sind mitversichert. Hierzu zählen beispielsweise Scheibenheizungen, Radioantennen und sonstige im Glas enthaltene Technik (z. B. Licht- und Regensensoren), die nach dem Einbau wieder neu kalibriert werden muss.

Die Leistungshöhe ist bei Reparatur und Austausch, unter Berücksichtigung der vereinbarten Selbstbeteiligung, auf den Neupreis beschränkt. Bei Vorliegen eines Totalschadens ist die maximale Entschädigungshöhe der Wiederbeschaffungswert.

6.3.2 Vollkaskoversicherung

Ergänzend zur Kfz-Haftpflicht- und Teilkaskoversicherung kann eine Vollkaskoversicherung hinzugewählt werden.

Der Abschluss einer Vollkaskoversicherung ist ohne eine Teilkaskoversicherung nicht möglich. Somit sind alle Gefahren, die in der Teilkaskoversicherung versichert sind, auch automatisch versicherte Gefahren der Vollkaskoversicherung.

Der Versicherungsumfang wird zu den versicherten Gefahren der Teilkaskoversicherung um die Gefahren Unfall und mut- oder böswillige Handlung ergänzt.

Unfall

Häufig geht der Unfall bzw. das Unfallschadenereignis mit einem Kfz-Haftpflichtschaden einher. Nicht selten wird, sofern eine Vollkaskoversicherung im Vertrag vereinbart ist, zusätzlich zu einem Kfz-Haftpflichtschaden auch der Schaden am eigenen Fahrzeug gemeldet.

Definition

Unter einem **Unfall** versteht man ein unmittelbar von außen, plötzlich mit mechanischer Gewalt auf das Fahrzeug einwirkendes Ereignis.

Diese doch sehr umständlich formulierte Definition des Unfallbegriffes soll hier einmal näher betrachtet werden.

Der **P A U K E**-Begriff hat sich zu einem festen Begriff etabliert, der die Voraussetzungen für das Vorliegen eines Unfalles im Sinne der Bedingungen beschreiben soll.

Plötzlich	→	in kurzem Zeitraum, unerwartet und unvorhersehbar
von **a**ußen	→	unmittelbare Einwirkung durch Zug oder Druck
unfreiwillig	→	keine vorsätzliche Herbeiführung
auf das **K**raftfahrzeug	→	laut Versicherungsschein versichertes Fahrzeug
einwirkendes **E**reignis.		

Für das Vorliegen des Unfallbegriffs muss jedes Merkmal erfüllt sein.

Liegen die Merkmale des Unfallbegriffs vor, so ist der entstandene Schaden durch die Kfz-Vollkaskoversicherung gedeckt. Der/die Versicherungsnehmer/-in kann Leistung für den Schaden in Anspruch nehmen und im Rahmen der Abrechnungsmöglichkeiten Schadenersatz verlangen.

Ausschlüsse beim Unfallbegriff

Nicht unter den Unfallbegriff werden Schäden durch Brems- oder Betriebsvorgänge sowie reine Bruchschäden gefasst.

Gemeint sind Schäden, die durch Bedienungsfehler oder Überbeanspruchung des Fahrzeuges, nicht gesicherte rutschende Ladung oder Abnutzung sowie Schäden zwischen dem ziehenden und gezogenen Fahrzeug ohne Einwirkung von außen entstehen.

Mut- oder böswillige Handlungen

Die mut- oder böswillige Handlung setzt voraus, dass diese durch eine betriebsfremde Person ausgeführt wird. Es darf also kein Näheverhältnis zum/zur Versicherungsnehmer/-in bestehen.

Aber nicht nur die mut- oder böswillige Beschädigung am Fahrzeug und den mitversicherten Teilen, sondern auch die Manipulation an der Fahrzeugsoftware wird hierunter gefasst.

Jede mut- oder böswillige Handlung setzt bei dem/der Schädiger/-in einen Vorsatz voraus. Sofern der/die Schädiger/-in bekannt ist, kann nur bei der Person selbst, nicht aber bei einem anderen Versicherer Regress genommen werden, da Vorsatz zu den generellen Ausschlüssen in der Versicherungsbranche gehört.

6.4 Entschädigungsleistung

Die Entschädigungsleistung ist per Definition eine schadenabhängige Versicherungsleistung, die der Versicherer im Versicherungsfall als Ersatz für die beschädigte Sache leistet. Die Entschädigungsleistung wird regelmäßig in Geld geleistet und gilt für die Kfz-Haftpflichtversicherung ebenso wie für die Kfz-Kaskoversicherung.

§ 14 VVG

Die Entschädigungsleistung wird fällig, wenn die zur Feststellung des Versicherungsfalles erforderlichen Erhebungen zur Schadenhöhe erfolgt sind. Gemeint ist, dass der Anspruch zum Schadenersatz durch Vorlage eines Kostenvoranschlages oder eines Gutachtens nachgewiesen und der Höhe nach berechtigt ist. Diesen Nachweis muss nicht nur der/die Geschädigte zur Geltendmachung der Ansprüche beibringen, sondern auch der/die Versicherungsnehmer/-in. Der Unterschied in der Beibringung der Unterlagen liegt in der Weisungsberechtigung des Versicherers. Im Kfz-Haftpflichtschadenfall ist der Versicherer gegenüber dem/der Geschädigten nicht weisungsbefugt. Im Kaskoschadenfall hingegen muss sich der/die Versicherungsnehmer/-in die Weisung des Versicherers einholen. Geschieht dies nicht, so liegt eine vertragliche Obliegenheitsverletzung vor und kann zur Kürzung der Leistung führen.

In der Kfz-Haftpflichtversicherung ist auch die Abwehr unberechtigter Ansprüche eine Entschädigungsleistung. Hier spricht man von einem sogenannten Naturalersatz. Diese Art der Entschädigungsleistung wird häufig von dem/der Versicherungsnehmer/-in als Leistung gar nicht wahrgenommen, da keine Entschädigungsleistung in Form von Geld geflossen ist.

6.4.1 Beschädigung des versicherten Fahrzeuges

Wenn das versicherte Fahrzeug beschädigt ist, wird Schadenersatz im Rahmen der anfallenden Reparaturkosten, höchstens jedoch bis zum Wiederbeschaffungswert, geleistet. Des Weiteren werden die Kosten für das Abschleppen des Fahrzeuges bis zur nächstgelegenen geeigneten Werkstatt erstattet, sofern kein Dritter für die entstandenen Kosten aufkommt (z. B. ein Automobilclub oder eine Schutzbriefleistung). Der/die Versicherungsnehmer/-in kann zwischen der konkreten und der fiktiven Abrechnung wählen. Bei jedem Schadenfall wird die vertraglich vereinbarte Selbstbeteiligung fällig und in der Abrechnung direkt von der Entschädigungsleistung abgezogen. Ereignen sich mehrere Schäden in einem Versicherungsjahr, so wird auch mehrmals die Selbstbeteiligung fällig.

Konkrete Abrechnung

Wird das beschädigte Fahrzeug repariert, so ist dies durch Vorlage einer konkreten Rechnung nachzuweisen. Die Rechnung wird dann unter Berücksichtigung der vereinbarten Selbstbeteiligung zu den Bruttoreparaturkosten erstattet. Liegt bei dem/der Versicherungsnehmer/-in eine Vorsteuerabzugsberechtigung vor, so ist nur der Nettobetrag unter Berücksichtigung der Selbstbeteiligung zu leisten.

Bei einer Abrechnung nach Vorlage einer konkreten Reparaturrechnung wird auf einen Abzug „neu für alt" verzichtet. Damit ist gemeint, dass bei einem Austausch alter Teile und dem Einbau neuer Teile kein Abzug für eine mögliche Wertverbesserung am Fahrzeug vorgenommen wird.

Fiktive Abrechnung

Wird das Fahrzeug nicht repariert, soll aber dennoch die Versicherung in Anspruch genommen werden, so kann der/die Versicherungsnehmer/-in auch den Weg der fiktiven Abrechnung wählen. Es werden dann unter Vorlage eines Kostenvoranschlages oder Gutachtens und unter Berücksichtigung der vereinbarten Selbstbeteiligung die Reparaturkosten netto, ohne Mehrwertsteuer, an den/die Versicherungsnehmer/-in ausgezahlt. Die Obergrenze der fiktiven Anrechnung bildet der Wiederbeschaffungsaufwand, also der ermittelte Wiederbeschaffungswert abzüglich des Restwertes.

6.4.2 Totalschaden des versicherten Fahrzeuges

Ein Totalschaden liegt vor, wenn die voraussichtlichen Reparaturkosten den Wiederbeschaffungsaufwand des Fahrzeuges überschreiten, vgl. BGH, Urteil vom 14.04.2021, Az. IV ZR 105/21.

Durch den von dem Versicherer zu leistenden Wiederbeschaffungsaufwand und den erzielten Restwert, soll es dem/der Versicherungsnehmer/-in möglich sein, ein gleichwertiges gebrauchtes Fahrzeug wie zum Schadentag zu erwerben. Der/die Versicherungsnehmer/-in ist aber nicht verpflichtet das Fahrzeug im Falle eines Totalschadens zu veräußern. Oftmals wird das Fahrzeug behalten und weitergenutzt, sofern das Schadenbild dies zulässt. Voraussetzung für die Weiternutzung ist, dass das Fahrzeug verkehrssicher ist. Das Vorhandensein der Verkehrssicherheit wird von der Versicherung nicht überprüft, fällt aber spätestens bei der nächsten TÜV-Vorstellung (Hauptuntersuchung) auf.

Auch bei Weiternutzung des Fahrzeuges muss sich der/die Versicherungsnehmer/-in den Restwert in Abzug bringen lassen. Anders als in der Kfz-Haftpflichtversicherung kann der Restwert bei Nachweis der Weiternutzung und der Verkehrssicherheit nicht gefordert werden.

Sofern der/die Versicherungsnehmer/-in eine sach- und fachgerechte Reparatur nachweist, besteht auch bei einem Totalschaden der Anspruch auf die Bruttoreparaturkosten, aber maximal bis zur Höhe des Wiederbeschaffungswertes. Der Wiederbeschaffungswert bildet die Höchstentschädigungsgrenze. Darüber hinaus wird kein Schadenersatz geleistet, auch nicht für mögliche angefallene Kosten, die im Rahmen der Fahrzeugversicherung versichert wären.

6.4.3 Neupreisentschädigung des versicherten Fahrzeuges

Die Neupreisentschädigung kann bei einem Totalschaden, einer Zerstörung und einem Verlust unter bestimmten Voraussetzungen an den/die Versicherungsnehmer/-in ausgezahlt werden.

Es wird dann der Betrag geleistet, der für den Kauf des Fahrzeuges mit gleicher Ausstattung wie das versicherte Fahrzeug aufgewendet werden muss. Ortsübliche und marktübliche Nachlässe werden in Abzug gebracht.

Voraussetzungen für die Neupreisentschädigung

Das Fahrzeug muss innerhalb von zwölf Monaten nach der Erstzulassung einen Totalschaden, eine Zerstörung oder einen Verlust erlitten haben.

ODER

Das Fahrzeug muss innerhalb von 18 Monaten nach der Erstzulassung eine Beschädigung mit Reparaturkosten in Höhe von mindesten 80 % des Neupreises erlitten haben.

UND

Das Neufahrzeug muss noch im Besitz des Erstbesitzers bzw. der Erstbesitzerin sein. Eine Ausnahme gibt es hier für Händlerzulassungen. War das Fahrzeug für maximal fünf Tage mit nicht mehr als 500 gefahrenen Kilometern auf das Autohaus oder den/die Händler/-in zugelassen, so wird dennoch eine Neupreisentschädigung im Schadenfall unter Erfüllung der vorgenannten Voraussetzungen möglich.

Eine Neupreisentschädigung über den Wiederbeschaffungswert hinaus ist nur dann möglich, wenn der/die Versicherungsnehmer/-in innerhalb von zwei Jahren die Anschaffung eines neuen Fahrzeuges als Ersatz für das beschädigte Fahrzeug nachweist.

6.4.4 Nicht ersatzpflichtige Positionen

Nicht alle Beschädigungen, die am versicherten Fahrzeug eingetreten sind, können auch versichert werden. So gibt es Positionen, die unter keinen Umständen zu einer Ersatzpflicht aus der Fahrzeugversicherung führen. Diese Schäden verbleiben bei dem/der Versicherungsnehmer/-in:

- Veränderungen oder Verbesserungen des Fahrzeuges
- Verschleißreparaturen
- Verlust von Treibstoff und Betriebsmitteln als Folgeschaden eines Unfalles
- Wertminderung
- Zulassungs- und Überführungsgebühren
- Mietwagenkosten oder Nutzungsausfall
- An- und Abmeldekosten sowie Verwaltungsgebühren

Rest- oder Altteile verbleiben ebenfalls bei dem/der Versicherungsnehmer/-in. Wird ein Veräußerungswert erzielt, wird dieser bei der Entschädigungsleistung angerechnet. Der/die Versicherungsnehmer/-in darf sich im bzw. nach dem Schadenereignis nicht besser stellen als vor dem Schadeneintritt.

Beispiel

Ausgangsdaten

Wiederbeschaffungswert:	12.500,00 €
Restwert:	6.400,00 €
Selbstbeteiligung:	500,00 €

Variante 1

Das Fahrzeug wurde beschädigt und die Reparaturkosten belaufen sich auf 7.000,00 € brutto.

Der Wiederbeschaffungsaufwand liegt bei 6.100,00 €. Die Reparaturkosten liegen somit über dem Wiederbeschaffungsaufwand, aber unterhalb des Wiederbeschaffungswertes. Der/die Versicherungsnehmer/-in kann nun wie folgt abrechnen:

Konkrete Abrechnung

Reparaturkosten:	7.000,00 €
Selbstbeteiligung:	– 500,00 €
Entschädigungsleistung:	6.500,00 €

Fiktive Abrechnung

Wiederbeschaffungswert:	12.500,00 €
Restwert:	– 6.400,00 €
Selbstbeteiligung:	– 500,00 €
Entschädigungsleistung:	5.600,00 €

Variante 2

Das Fahrzeug wird beschädig und die Reparaturkosten belaufen sich auf 2.500,00 € brutto.

Konkrete Abrechnung

Reparaturkosten:	2.500,00 €
Selbstbeteiligung:	– 500,00 €
Entschädigungsleistung:	2.000,00 €

Fiktive Abrechnung

Reparaturkosten:	2.500,00 €
Mehrwertsteuer:	– 399,16 €
Selbstbeteiligung:	– 500,00 €
Entschädigungsleistung:	1.600,84 €

Variante 3

Die Reparaturkosten des beschädigten Fahrzeuges betragen 15.000,00 € und übersteigen den Wiederbeschaffungswert.

Abrechnung auf Totalschadenbasis

Wiederbeschaffungswert:	12.500,00 € (= Höchstentschädigungsgrenze)
Restwert:	– 6.400,00 €
Selbstbeteiligung:	– 500,00 €
Entschädigungsleistung:	5.600,00 €

6.4.5 Obliegenheiten

Wie in der Kfz-Haftpflichtversicherung ist auch in der Kfz-Fahrzeugversicherung die Einhaltung der Obliegenheiten zu beachten.

Die vorgenannten Obliegenheiten aus der Kfz-Haftpflichtversicherung wie Anzeigepflicht, Aufklärungspflicht und Schadenminderungspflicht gelten in der Kfz-Fahrzeugversicherung ebenso wie in der Kfz-Haftpflichtversicherung. Allerdings gelten in der Kfz-Fahrzeugversicherung weitere Obliegenheiten, die im Kfz-Versicherungsvertrag zwischen dem/der Versicherungsnehmer/-in und dem Versicherer vereinbart worden sind.

Wird gegen eine der Obliegenheiten verstoßen und hat dieser Verstoß der/die Versicherungsnehmer/-in zu verantworten, so kann es zu Leistungskürzungen oder Leistungsfreiheit, je nach Schwere des Verstoßes, im Versicherungsfall führen.

6.5 Verhalten im Schadenfall

Ziffer E.3 AKB 2021

Der/die Versicherungsnehmer/-in muss im Falle eines Kaskoschadens die gleichen Pflichten wie bei einem Kfz-Haftpflichtschaden beachten. Darüber hinaus gibt es einige zusätzliche Pflichten, die in Ziffer E.3 AKB 2021 näher beschrieben sind.

6.5.1 Anzeige eines Versicherungsfalles bei Entwendung des Fahrzeuges

Hat eine Entwendung des Fahrzeuges oder deren mitversicherter Teile stattgefunden, so ist die Anzeige in Textform unabdinglich. Die Anzeige hat unverzüglich zu erfolgen und muss von dem/der Versicherungsnehmer/-in unterschrieben sein. Eine rein telefonische Schadenaufnahme ist nicht ausreichend. Meldet der/die Versicherungsnehmer/-in den Schaden telefonisch, so wird der Schaden aufgenommen und im Nachgang eine schriftliche Schadenmeldung eingefordert.

6.5.2 Einholung der Weisung durch den Versicherer

Anders als in der Kfz-Haftpflichtversicherung ist der/die Geschädigte in der Fahrzeugversicherung der/die Versicherungsnehmer/-in selbst und somit nicht weisungsbefugt, sondern weisungsgebunden.

Gemeint ist, dass in diesem Fall die Verwertung oder Reparatur des versicherten Fahrzeuges nicht ohne Absprache mit dem Versicherer erfolgen darf. Der Versicherer entscheidet über den Ablauf des weiteren Fortlaufes der Schadenregulierung, nicht der/die Versicherungsnehmer/-in. Hält der/die Versicherungsnehmer/-in sich nicht an die Weisung des Versicherers und wird der bereits eingetretene Schaden dadurch größer und in der Folge auch teurer, so kann für diese Schadenausweitung kein Schadenersatz gefordert werden. Der/die Versicherungsnehmer/-in muss dann den Folgeschaden aus eigenen Mitteln beheben.

6.5.3 Anzeige bei der Polizei

Eine Anzeige bei der zuständigen Polizeidienststelle bei einem Entwendungs-, Brand- oder Wildschaden mit einem absehbaren Schadenvolumen von über 500,00 € ist vorgeschrieben. Die Anzeige hat unmittelbar und in schriftlicher Form zu erfolgen und ist dem Versicherer als Nachweis vorzulegen. Beinahe jeder der vorgenannten Schäden übersteigt einen Betrag von 500,00 €, sodass man durchaus sagen kann, dass bei einem Entwendungs-, Brand- oder Wildschaden immer eine polizeiliche Anzeige erfolgen muss.

Bei einem Wildschaden genügt es auch, wenn der zuständige Förster informiert und von diesem eine sogenannte Wildunfallbescheinigung als Nachweis ausgestellt wird.

Sollten für die polizeiliche Anzeige Kosten verlangt werden, so sind diese von dem Versicherer gegen Vorlage einer Quittung zu tragen.

7 Autoschutzbrief

Jeden Tag sieht man auf den Straßen Fahrzeuge, die am Straßenrand stehen und das Warnblinklicht angeschaltet oder aber auch einen Unfall erlitten haben. In einer solchen Situation ist der/die Fahrer/-in häufig auf schnelle Hilfe angewiesen. Nicht nur, um die Fahrt fortzusetzen, sondern auch um nicht als Hindernis auf der Straße zu stehen und somit ein höheres Risiko für den fließenden Verkehr darzustellen. Um auch in einen solchen Fall schnellstmöglich eine kompetente und zuverlässige Hilfe in Anspruch nehmen zu können, besteht die Möglichkeit, einen Autoschutzbrief als Zusatzbaustein in den Versicherungsschutz mit aufzunehmen. *Ziffer q.3 AKB 2021*

Der Autoschutzbrief ist eine zu buchbare Option zur Kfz-Haftpflichtversicherung. Hierdurch können Serviceleistungen bei Fahrten oder Reisen mit dem versicherten Fahrzeug im Falle einer versicherten Leistung in Anspruch genommen werden.

7.1 Geltungsbereich und Versicherungsgegenstand

Geltungsbereich

Der Geltungsbereich des Autoschutzbriefes umfasst die Europäische Union sowie außereuropäische Gebiete der Europäischen Union.

Versicherte Personen

Innerhalb des Autoschutzbriefes genießen der/die Versicherungsnehmer/-in, der/die berechtigte Fahrer/-in und der berechtigte Insasse bzw. die berechtigte Insassin Versicherungsschutz.

Versichertes Fahrzeug

Versichert sind das im Versicherungsvertrag bezeichnete Fahrzeug sowie mitgeführte Wohnwagen-, Boots- und Gepäckanhänger.

7.2 Versicherte Leistungen

Innerhalb des Autoschutzbriefes werden folgende Leistungen versichert:

- Hilfe bei Panne, Unfall oder Diebstahl
- Hilfe bei Krankheit, Verletzung oder Tod auf einer Reise
- Zusatzleistungen bei Auslandsreisen

7.2.1 Hilfe bei Panne oder Unfall

Bleibt das Fahrzeug plötzlich liegen und ist eine Weiterfahrt ohne Weiteres nicht möglich, wird es für den/die Fahrer/-in häufig sehr stressig. Im ersten Moment kommt schnell der Gedanke, warum ausgerechnet jetzt und ausgerechnet hier. Oftmals ist keine Werkstatt in Sichtweite. Aber wen ruft man an und wer kann jetzt am schnellsten helfen? In einem solchen Moment können die Leistungen aus dem Autoschutzbrief in Anspruch genommen werden.

Erleidet der/die Versicherungsnehmer/-in eine Panne oder einen Unfall, so wird über die Leistungen des Autoschutzbriefes die **Fahrbereitschaft** des versicherten Fahrzeuges bis zu einem Betrag von 300,00 € wiederhergestellt. Sofern dies nicht möglich sein sollte, besteht ein Anspruch auf das **Abschleppen** des Fahrzeuges bis zu einem Betrag von 300,00 € bis zur nächst gelegenen Werkstatt, die den Schaden beheben könnte.

Ist das Fahrzeug von der Straße abgekommen und muss geborgen werden, so ist auch das **Bergen** zu den tatsächlich angefallenen Kosten innerhalb des Autoschutzbriefes versichert.

Des Weiteren sind die **Falschbetankung** und die **Verwendung falscher Betriebsmittel** versicherte Leistungen. Der Versicherungsschutz ist auf einen Betrag von 300,00 € begrenzt. Folgeschäden durch die Verwendung falscher Betriebsmittel sind nicht versichert.

Zusätzliche Leistungen ab 50 km Entfernung

Sofern sich der Unfall oder die Panne in einer Entfernung von mehr als 50 km Luftlinie vom ständigen Wohnort des Versicherungsnehmers bzw. der Versicherungsnehmerin ereignet hat, können weitere Leistungen in Anspruch genommen werden.

Weiter- oder Rückfahrt

Fahrtkosten für die Weiter- oder Rückfahrt

- Bis 1 200 km Entfernung werden die Bahnkosten für eine Fahrkarte der 2. Klasse,
- über 1 200 km Entfernung die der 1. Klasse übernommen.

Übernachtungskosten

Es werden maximal drei Übernachtungen für einen Betrag von 50,00 € pro Übernachtung und Person übernommen. Wird die Möglichkeit der Weiter- oder Rückfahrt genutzt, so wird maximal eine Übernachtung erstattet.

Mietwagen

Anstelle der Möglichkeiten der Weiter- oder Rückfahrt oder Übernachtung kann auch ein gleichwertiges Mietfahrzeug genutzt werden. Der Nutzungszeitraum ist auf sieben Tage begrenzt und die Höchstentschädigung ist gedeckelt auf 50,00 € pro Tag.

Fahrzeugunterstellung

Sofern das Fahrzeug bis zur Wiederherstellung der Fahrbereitschaft oder der Bereitstellung einer Transportmöglichkeit untergestellt werden muss, so werden die anfallenden Unterstellkosten maximal für einen Zeitraum von zwei Wochen übernommen.

Taxifahrten und öffentlicher Verkehr

Sollten zusätzliche Fahrten mit dem Taxi oder mit öffentlichen Verkehrsmitteln erforderlich sein, so werden diese Kosten bis zu einer Höhe von 50,00 € erstattet.

7.2.2 Leistungen auf einer Reise

Die Reiselust der Deutschen ist ungebrochen und häufig werden diese sowohl im Inland als auch in das Ausland mit dem Auto und der ganzen Familie angetreten. Nicht immer muss eine Reise unbedingt um die halbe Welt gehen, denn im Sinne der Bedingungen ist ein Aufenthalt von mehr als 50 km Luftlinie vom ständigen Wohnort entfernt schon eine Reise, die unter den Versicherungsschutz des Autoschutzbriefes gefasst wird.

Was aber, wenn auf einer Reise etwas Unvorhersehbares, wie eine Krankheit oder der Tod einer mitversicherten Person, eintritt? Wie können dann die Leistungen des Autoschutzbriefes hilfreich sein?

Krankenrücktransport

Erkrankt eine der mitversicherten Personen auf einer Reise oder verletzt sich auf dieser, sollte eine gute medizinische Versorgung Voraussetzung für die Genesung sein. Manchmal ist aber genau das ein Problem. Nicht in jedem Land sind die medizinischen Standards so, wie man sie aus Deutschland kennt. Ist eine adäquate medizinische Versorgung nicht gewährleistet und wird für die mitversicherte Person ein Krankenrücktransport medizinisch notwendig, so sind diese Kosten im Rahmen des Autoschutzbriefes erstattungsfähig. Ebenso werden die Kosten für die durch die Erkrankung bedingten Übernachtungskosten für maximal drei Tage bis zu 50,00 € pro Tag und Person erstattet, sofern diese auch tatsächlich angefallen sind.

Rückholung von Kindern

Nicht selten sind Familien mit dem Auto auf Reisen. Sind Kinder unter 16 Jahren mit auf Reisen, so werden die Kosten für deren Rückholung infolge einer Krankheit oder des Todes des berechtigten Fahrers erstattet, sofern keine andere mitreisende Person die Rückfahrt der Kinder, möglicherweise auch mit dem versicherten Fahrzeug, gewährleisten kann. Die Erstattung ist begrenzt auf ein Bahnticket der 2. Klasse inkl. aller Zuschläge sowie nachgewiesene Taxikosten von bis zu 50,00 €.

Fahrzeugabholung

Hält die Erkrankung mehr als drei Tage an oder ist der Tod eingetreten, so kann das versicherte Fahrzeug zurück zum ständigen Wohnort verbracht werden. Die Verbringung wird dann übernommen, sofern es keinen anderen Fahrer unter den Insassen bzw. Insassinnen gibt und die Verbringung durch den Versicherer organisiert wird. Bei eigener Veranlassung beschränkt sich die Leistung auf 0,50 € pro Kilometer und maximal drei Übernachtungen von bis zu 50,00 € pro Übernachtung und Person.

7.2.3 Zusatzleistungen bei Auslandreisen

Liegt der Schadenort im Ausland, so werden die Kosten schon allein aufgrund der Entfernung und der unterschiedlichen Preisgestaltung in der Regel höher.

Daher werden die Leistungen bei Auslandreisen entsprechend angepasst. Ein Mietfahrzeug wird bis zu einem Betrag von 300,00 € übernommen. Sofern die Fahrbereitschaft wiederhergestellt werden kann, werden auch die Kosten für die Versendung von Ersatzteilen übernommen, sofern diese vor Ort nicht beschafft werden können. Ebenso werden die Kosten für den Fahrzeugtransport sowie die Verzollung, oder, falls nötig, auch die Verschrottung übernommen.

7.3 Leistungsausschlüsse

Ausgeschlossen von den Leistungen des Autoschutzbriefes sind:

- Vorsatz und grobe Fahrlässigkeit
- genehmigte Rennen
- Erdbeben, Kriegsereignisse, innere Unruhen und Staatsgewalt
- Schäden durch Kernenergie
- Schäden durch Vorerkrankungen

7.4 Anrechnung ersparter Aufwendungen

Sind im Rahmen der versicherten Leistungen Kosten übernommen worden, die auch ohne das versicherte Ereignis hätten aufgebracht werden müssen, so können diese im Rahmen der ersparten Aufwendungen angerechnet werden.

Beispiel

Eine Familie ist mit dem Fahrzeug in den Urlaub gefahren und muss die Reise aufgrund einer Panne unterbrechen. Die Fahrbereitschaft des Fahrzeugs kann wiederhergestellt werden und eine Weiterfahrt ist möglich. Um die Fahrbereitschaft wiederherzustellen, ist der Einbau eines Ersatzteiles erforderlich. Dieses kann aber erst am nächsten Tag verbaut werden. Die Familie übernachtet in einer Pension.

→ Die anfallenden Verpflegungskosten werden im Rahmen der ersparten Aufwendungen von der Entschädigungsleistung abgezogen, da diese auch ohne die erlittene Panne entstanden wären.

8 Telematiktarife in der Kfz-Versicherung

Immer häufiger werden in der Preisgestaltung sogenannte Telematiktarife eingebunden. Der Begriff der Telematik setzt sich aus den Begriffen **Tele**kommunikation und Infor**matik** zusammen.

Für den Abschluss eines Telematiktarifs wird der/die Versicherungsnehmer/-in in aller Regel mit einer günstigeren Prämie belohnt. Aber was genau steckt dahinter und ist es tatsächlich ein Spartarif?

8.1 Nutzen der Telematiktarife

Fragt man eine/-n Fahrer/-in eines Fahrzeuges, wie die eigene Einschätzung zum Fahrverhalten ist, so wird man in den meisten Fällen als Antwort erhalten, dass man sich selbst als gute/-n und umsichtige/-n Fahrer/-in einschätzt und die größte Gefahr von den anderen Verkehrsteilnehmer/-innen ausgeht.

Die Unfallstatistik spricht allerdings eine andere Sprache. Denn wenn jede/-r Fahrer/-in umsichtig und vorausschauend fahren würde, würden wohl deutlich weniger Unfälle verursacht, als dies tatsächlich der Fall ist.

Durch einen Telematiktarif wird das Fahrverhalten des/der Fahrers/-in ausgewertet und auf Grundlage dessen die Prämienstruktur des Tarifes gestaltet.

Man lässt somit nicht nur zu, dass der Versicherer auf die Daten zum Fahrverhalten zugreift, sondern man gibt auch gleichzeitig jede Menge persönliche Daten preis.

Der Versicherer erhält hierdurch zahlreiche Daten, die er ohne einen solchen Tarif nicht erhalten würde. Er kann so ganz konkret auswerten, wie lange, in welchem Umkreis und zu welchen Zeiten ein Fahrzeug bewegt wird.

8.2 Datenübertragung

Der Versicherer erhält die Daten aus einer App auf dem Smartphone, meist in Kombination mit einem Stecker oder Sensor, der mit dem Fahrzeug verbunden wird und die gewünschten Daten an einen Dienstleister übermittelt, der diese dann an den Versicherer weiterleitet. Die übersandten Daten werden dann ausgewertet und von den Versicherungsmathematiker/-innen für die Preisgestaltung berücksichtigt.

So besteht beispielsweise die Möglichkeit, dass, wenn häufig lange Strecken mit hoher Geschwindigkeit gefahren werden, die Prämie hierfür aufgrund der höheren Gefahr für schwere Unfälle teurer wird als die Prämie für jemanden, der eher kurze Strecken mit geringer Geschwindigkeit fährt.

8.3. Auswertungskriterien

Die Auswertungskriterien können von Versicherer zu Versicherer abweichend sein. Die Versicherer werden in ihrer Preisgestaltung nur die Kriterien berücksichtigen, die sie am gewichtigsten und unfallträchtigsten finden.

Die meisten Versicherer, die einen Telematiktarif anbieten, werten die nachfolgend genannten Kriterien zur Preisgestaltung aus.

Schnelles Beschleunigen

Einen Punkteabzug gibt es für häufiges und schnelles Beschleunigen, weil er/sie als aggressiver Fahrer/-in eingeordnet wird. Inzwischen ist die Technik in der Lage zu unterscheiden, ob es sich um eine sinnvolle Beschleunigung bei einem Überholvorgang handelt oder um ein waghalsiges Manöver, um noch bei „Kirschgrün" über die Ampel zu rasen.

Hartes Bremsen

Plötzliches und hartes Bremsen ist ein Zeichen für Unaufmerksamkeit, denn wer plötzlich hart bremst, hat oft nicht richtig auf den Verkehr geachtet. Besonders häufig passiert dies vor Ampeln oder im Stop-and-go-Verkehr. Das Risiko für Auffahrunfälle steigt hierdurch an.

Geschwindigkeit

Fahren mit überhöhter Geschwindigkeit führt in aller Regel zu einem deutlich höheren Unfallrisiko. Unfälle durch überhöhte Geschwindigkeit sind in der Abwicklung deutlich teurer, da diese Unfälle meistens mit Personenschäden verbunden sind.

Kurvenverhalten

Fährt man mit nicht angemessener Geschwindigkeit in eine Kurve, so wirken deutlich höhere Fliehkräfte auf das Fahrzeug als bei einer gemäßigten Kurvenfahrt. Im schlimmsten Fall bricht das Fahrzeug in einer rasanten Kurvenfahrt aus und der/die Fahrer/-in verliert die Kontrolle über das Fahrzeug und landet in einem Graben oder einer Leitplanke.

Mobiltelefonnutzung

Eine Nutzung des Mobiltelefons ist nicht nur eine große Gefahr und stört die Konzentration auf den Verkehr, es ist außerdem verboten. Durch eine aktive Mobiltelefonnutzung steigt durch mangelnde Konzentration ebenfalls das Unfallrisiko. Ein solches Verhalten wirkt sich in jedem Fall negativ auf die Prämie aus.

Nachtfahrten

Fahrten bei Dunkelheit und die damit verbundene schlechtere Sicht sowie der natürlich einsetzende Müdigkeit des Fahrers bzw. der Fahrerin steigern das Risiko, einen Unfall zu verursachen.

Straßentyp

Das Unfallrisiko im Stadtverkehr, also innerorts, ist deutlich höher als das Unfallrisiko außerorts. Dies hängt natürlich mit der Verkehrsdichte zusammen. Wer also überwiegend auf Bundesstraßen fährt, läuft weniger Gefahr, an einem Unfall beteiligt zu sein als derjenige/diejenige, der/die überwiegend im Stadtverkehr unterwegs ist.

9 Autonomes Fahren

Führerlose Autos auf deutschen Straßen, Zukunftsversion oder bald schon Realität?

Der Wunsch nach Mobilität ist so alt wie die Menschheit selbst. In jeder zeitlichen Epoche war der Mensch getrieben von dem Wunsch, sich fortzubewegen und dies so komfortabel wie möglich.

Die Vorstellung, dass man sich nicht mehr nur durch die eigene Kraft oder die Zugkraft von Tieren fortbewegen kann, war im 19. Jahrhundert fast undenkbar. Im Zuge der industriellen Revolution wurde aus dem Wunsch die Wirklichkeit. Erste Fahrzeuge mit Motorantrieb wurden entwickelt und eröffneten im Bereich der Mobilität völlig neue Möglichkeiten. Die Fahrzeuge wurden stetig und in rasanter Geschwindigkeit weiterentwickelt bis hin zu den Fahrzeugen, die wir heute auf unseren Straßen sehen.

Der Verbrennermotor wird inzwischen immer mehr durch den Einsatz von Elektromotoren abgelöst und auch die Bordtechnik wurde und wird immer weiter entwickelt. So sind inzwischen Radio-, Kommunikations- und Navigationssysteme als Standard in jedem neuen Fahrzeug verfügbar. Wieso sollte dann nicht auch das führerlose Fahren bald genauso selbstverständlich sein?

Schon jetzt ist klar, dass das sogenannte autonome Fahren nicht länger Zukunftsmusik ist, sondern schon in den Startlöchern steht und in manchen Branchen auch bereits zum Einsatz kommt. So beispielsweise der Autopilot in der Fernfahr- und Logistikbranche.

9.1 Vorteile des autonomen Fahrens

Aber welche Vorteile bringt diese Technologie mit sich und was versprechen sich die Versicherer vom autonomen Fahren?

Die Unfallstatistik spricht hier eine klare Sprache. Etwa 90 % aller Unfälle sind auf menschliches Versagen zurückzuführen. Die Versicherer erhoffen sich durch die Einführung des autonomen Fahrens eine niedrigere Schadenstatistik und so auch eine bessere Combined Ratio.

Definition

Die **Combined Ratio** setzt die Schadenquote und die Betriebskostenquote in ein Verhältnis und gibt Auskunft über die Schaden- und Kostenintensität der jeweiligen Versicherungssparte, in diesem Fall der der Kfz-Versicherung, und ermöglicht somit Wettbewerbsvergleiche.

Solange die Combined Ratio unter 100 % liegt, erzielt der Versicherer einen Gewinn, bezogen auf die jeweils betreffende Versicherungssparte.

Aber nicht nur die Versicherer haben ein Interesse am autonomen Fahren, auch die Menschen selbst. Durch das autonome Fahren bietet sich die Möglichkeit, dass Menschen mit Einschränkungen aufgrund von Alter oder Behinderung, länger selbstständig am gesellschaftlichen Leben teilnehmen könne, da die Mobilität erhalten bleibt oder ermöglicht wird.

Auch die Industrie profitiert vom autonomen Fahren. Der öffentliche Nahverkehr kann durch den Einsatz von autonomen Fahrzeugen Personal einsparen und somit die Kosten für die Beförderung reduzieren. Auch Logistikunternehmen haben die Möglichkeit, Waren kostengünstiger zu transportieren.

9.2 Einführung des autonomen Fahrens

Eine vom ADAC in Auftrag gegebene Studie des Prognos-Forschungsinstituts sieht die Einführung des autonomen Fahrens jedoch erst in mittelfristiger Zukunft. Dies hat mehrere Gründe.

Zum einen liegt die Nutzungsdauer eines Fahrzeuges bei etwa 20 Jahren, sodass Fahrzeuge, die heute zugelassen werden, noch bis weit ins 21. Jahrhundert genutzt werden. Zum anderen stehen die Menschen der neuen Technologie nicht so offen gegenüber wie erwartet.

Viele machen sich Gedanken über die Zuverlässigkeit und die Sicherheit dieser Fahrmöglichkeit, und auch die Angst vor Hackerangriffen lässt die Menschen skeptisch auf das autonome Fahren schauen.

Die Risiken, die die Digitalisierung des Fahrens mit sich bringen, müssen künftig dann auch von den Versicherern in der Tarifgestaltung berücksichtigt werden. Die Versicherer müssen dann flexibel und zügig reagieren, um keine Lücken im Versicherungsschutz entstehen zu lassen.

9.3 Haftung im Schadenfall

Auch die Versicherer sind sich dieser Veränderungen bewusst und bereiten sich schon jetzt auf die Etablierung des autonomen Fahrens vor. Erst im Mai 2022 wurde die Rechtslage hierfür geschaffen. Die im Mai 2022 vom Bundesrat verabschiedete Verordnung zur Genehmigung und zum Betrieb von Kraftfahrzeugen mit autonomer Fahrfunktion in festgelegten Betriebsbereichen (Autonome Fahrzeuge-Genehmigungs- und -Betriebs-Verordnung, AFGBV) regelt, in welchen Betriebsbereichen die sogenannten Level-4-Kraftfahrzeuge zugelassen werden dürfen und welche technischen Anforderungen an den Bau, die Beschaffenheit und die Ausrüstung bestehen werden.

Wer haftet in Zukunft bei einem Unfall?

Die Rechtslage ist aktuell klar geregelt. Wer als Fahrer/-in eines Fahrzeuges einen Fehler macht und einen Unfall verursacht, trägt hierfür die Verantwortung und muss für den entstandenen Schaden haften. Die eigene Kfz-Haftpflichtversicherung kommt für den Schaden des Unfallgegners bzw. der Unfallgegnerin auf.

Die Versicherung zahlt aber auch in Zukunft, wenn nicht mehr der Mensch, sondern die Maschine das versicherte Fahrzeug steuert. Beim automatisierten Fahren bleibt der/die Fahrer/-in in der Verantwortung, wenn ein kurzfristiges Eingreifen ins Geschehen erforderlich wird und das System zum Eingreifen auffordert. Bleibt eine Reaktion durch den/die Fahrer/-in aus und es passiert ein Unfall, geht es um die Verantwortung des Verursachers bzw. der Verursacherin an dem Schaden, was dann natürlich auch Auswirkungen auf den Versicherungsschutz hat.

Beim autonomen Fahren gibt es keine/-n Fahrer/-in mehr, vielmehr ist jede/-r Mitfahrende ein/-e Passagier/-in. In dieser Eigenschaft ist ein aktives Eingreifen in das Geschehen nicht mehr möglich und auch nicht gewünscht. Somit ist eine persönliche Haftung dann auch ausgeschlossen. Der Anspruch auf Schadenersatz gegenüber einem/einer Dritten erlischt aber nicht. Die Versicherung tritt dennoch in die Leistung ein. Sollte ein technischer Fehler vorliegen, nimmt sie dann den Hersteller in Regress.

10 Kundenberatungsgespräche in der Kfz-Versicherung

Vorbemerkungen und allgemeine Hinweise

Bei jedem Kundenberatungsgespräch sind gesetzliche Regelungen zu beachten.

Diese können Sie im Lehrbuch zum 1. Ausbildungsjahr in Lernfeld 2 Kapitel 7 sowie in Lernfeld 3 nachlesen.

Was allgemein bei Kundengesprächen bzgl. der Kommunikation zu beachten ist, finden Sie ebenfalls im Lehrbuch zum 1. Ausbildungsjahr in Lernfeld 3.

Die fachlichen Hintergründe zur Kfz-Versicherung wurden in Lernfeld 6 Teil A in den Kapiteln 1 bis 9 behandelt.

Das folgende Kapitel fasst die spezifischen Besonderheiten für Beratungen zu Kfz-Versicherungen in komprimierter Form zusammen, ohne den Anspruch auf Vollständigkeit zu erheben, denn es gibt so viele Arten von Kundenberatungsgesprächen, wie es Kundinnen und Kunden gibt.

10.1 Zielgruppen für Kfz-Versicherungen

Zunächst stellt sich die Frage: **Wer braucht eigentlich eine Kfz-Versicherung?**

Wer kennt nicht den Satz: „Das Auto ist des Deutschen liebstes Kind.“?

Ein Auto bedeutet Freiheit und Unabhängigkeit. Wer ein eigenes Auto besitzt, kann jederzeit fahren, wohin er oder sie will. Man braucht weder einen Fahrplan noch eine Haltestelle. Hinzu kommt, dass das Auto oft als Statussymbol angesehen wird. Bestimmte Fahrzeugmarken oder -modelle sollen dem Umfeld Signale von Erfolg und Wohlstand vermitteln. Hier geht es nicht mehr um die Fortbewegung von A nach B, sondern um die Außenwirkung.

Betrachtet man die jüngsten Entwicklungen im Bereich des individuellen Personenverkehrs, entsteht schnell der Eindruck, dass Politiker am liebsten alle Autos aus den Innenstädten verbannen würden.

Die Förderung des öffentlichen Personenverkehrs hat in vielen Bereichen Vorrang. Dennoch gibt es in Deutschland derzeit rund 48,5 Mio. Pkw. Besonders in ländlichen Gebieten mit schwacher Anbindung an den öffentlichen Personennahverkehr ist das Auto nahezu unverzichtbar.

Die durchschnittliche Haltedauer bei Pkw beträgt rund zehn Jahre. Geht man davon aus, dass jährlich etwa 10 % der Fahrzeuge ausgetauscht werden, werden bundesweit rein rechnerisch 5 Mio. Kfz-Versicherungen abgeschlossen. Tatsächlich sind es aber deutlich mehr, da zu den Fahrzeugneuanmeldungen und -ummeldungen noch das Versicherungswechselgeschäft kommt.

Da in Deutschland nach dem Pflichtversicherungsgesetz (PflVG) Kraftfahrzeuge auf öffentlichen Straßen nur bewegt werden dürfen, wenn für diese eine Haftpflichtversicherung mit mindestens den gesetzlichen Deckungssummen besteht, kann ein/-e Fahrzeughalter/-in sein/ihr Fahrzeug bei der Zulassungsstelle nur anmelden, wenn er/sie eine Haftpflichtversicherung nachweisen kann. Bei jeder Kfz-Zulassung ist eine elektronische Versicherungsbestätigungsnummer (eVB) erforderlich, die bei einem Versicherer erhältlich ist.

Nach der Anmeldung des Fahrzeuges muss der/die Fahrzeughalter/-in bei seinem/ihrem Versicherer einen entsprechenden Kfz-Versicherungsvertrag abschließen.

Nach dieser **Zielgruppendefinition** unterteilt sich der Markt in zwei Teilbereiche:

- Für Fahrzeuge, die an- oder umgemeldet werden müssen, brauchen Kunden bzw. Kundinnen eine eVB für die Zulassungsstelle von einem Versicherer, es besteht also ein akuter Bedarf.
- Bei Fahrzeugen, die angemeldet sind, besteht nur ein latenter Bedarf, da hier Kunden bzw. Kundinnen nicht zwingend aktiv werden müssen. Hier kann ein (Handlungs-)Bedarf durch eine entsprechende Beratung geweckt werden.

Grundsätzlich sollte das Thema Kfz-Versicherung bei jedem Kundenberatungsgespräch im Rahmen einer Versorgungsanalyse angesprochen werden. Bei Kunden bzw. Kundinnen, die bereits ein Fahrzeug haben, kann ein Tarifvergleich interessant sein. Bei Kunden bzw. Kundinnen, die noch kein Fahrzeug besitzen, aber über eine Anschaffung nachdenken, sollte das Thema ebenfalls ausführlich angesprochen werden.

10.2 Neukundinnen und -kunden für die Kfz-Versicherung gewinnen

Der Kfz-Versicherungsmarkt ist ein Verdrängungsmarkt. Zwar muss für jedes Kraftfahrzeug eine Kfz-Haftpflichtversicherung bestehen, wer aber nur ein Fahrzeug hat, braucht eben auch nur eine Versicherung. Jedes Fahrzeug, das von Versicherer A zu Versicherer B umgedeckt wird, fehlt anschließend beim Versicherer A im Bestand. Die absolute Anzahl der Kfz-Versicherungsverträge in der Versicherungsbranche bleibt nach jeder Umdeckung gleich. In anderen Versicherungssparten (z. B. Lebensversicherung) kann der Kunde bzw. die Kundin beliebig viele Verträge abschließen, der Umsatz ist also deutlich skalierbarer.

In Zahlen ausgedrückt konkurrieren in Deutschland rund 90 Kfz-Versicherer mit etwa 193 000 Versicherungsvermittlerinnen und Versicherungsvermittlern um 48 Mio. Kfz-Versicherungsverträge. Rein rechnerisch entfallen somit auf jede/-n Vermittler/-in rund 250 Verträge. Verteilt man diese wieder auf die durchschnittliche Haltedauer von zehn Jahren, ist die Zahl der jährlichen Verträge für Ersatzzulassungen mit 25 sehr überschaubar.

Um die Erkenntnisse aus diesem kleinen Zahlenspiel auf den Punkt zu bringen: Versicherungsvermittler/-innen müssen sich aktiv um neue Kunden bzw. Kundinnen bemühen, da der Austausch von Fahrzeugen im Kundenbestand keinen echten Bestandszusatz bringt, sondern nur den Bestandserhalt bedeutet.

Rein rechtlich gesehen ist jeder Fahrzeugwechsel ein Neukundengeschäft, da sich Kunden und Kundinnen bei jedem Fahrzeugwechsel nicht für den bisherigen Versicherer entscheiden müssen, sondern frei wählen können, von welchem Versicherer sie eine eVB anfordern.

Wir können hier also das Neukundengeschäft in zwei Gruppen unterteilen:

- echtes Neukundengeschäft
- unechtes Neukundengeschäft

Echtes Neukundengeschäft

Echte Neukunden bzw. Neukundinnen sind Kunden bzw. Kundinnen, die noch keinen Kfz-Versicherungsvertrag besitzen bzw. bislang bei einem anderen Anbieter versichert waren. Diesen kann bei einer Fahrzeuganmeldung ein Versicherungsvertrag angeboten werden.

Bei Kunden bzw. Kundinnen, die erstmalig ein Fahrzeug versichern, ist die Beratung meistens etwas intensiver, da auf der Kundenseite viele Informationen benötigt und Fragen geklärt werden müssen.

Hier geht es vordergründig um eine individuelle Beratung und weniger um die Versicherungsprämie.

War der Kunde bzw. die Kundin bislang bei einem Konkurrenzanbieter versichert, ist die Anmeldung des Fahrzeuges mit der eVB eines anderen Versicherers ebenfalls von der Beratungsqualität, aber auch von der Versicherungsprämie abhängig. Eine gute Beratung der Kunden bzw. Kundinnen ist in vielen Fällen zwar wichtiger als eine etwas günstigere Prämie, aber besonders im Falle eines Schadens benötigen Kunden bzw. Kundinnen eine schnelle und zuverlässige Hilfe ihres Versicherungsvertreters bzw. ihrer Versicherungsvertreterin.

Es geht darum, dass zwischen den beiden beteiligten Gesprächsparteien ein „guter Draht" entsteht, der als Grundlage für einen vertrauensvollen Umgang miteinander dient. Die Versicherungsprämie sollte dennoch vertretbar sein. Wegen einigen Euros mehr als bei einem Konkurrenzanbieter wird ein zufriedener Kunde bzw. eine zufriedene Kundin keinen Versichererwechsel vornehmen.

Unechtes Neukundengeschäft

Unechte Neukunden bzw. Neukundinnen sind Kunden bzw. Kundinnen, die ihr bisheriges Fahrzeug bei „ihrem/ihrer" Versicherungsvermittler/-in versichert hatten, aber bei einem Fahrzeugwechsel die Möglichkeit eines Versichererwechsels haben. Dieser Kunden bzw. Kundinnen müssen also davon überzeugt werden, das kommende Fahrzeug erneut beim gleichen Anbieter zu versichern.

Bis vor einigen Jahren wurde zur Zulassung von Fahrzeugen eine Versicherungsdoppelkarte (sog. Deckungskarte) benötigt. Da diese Karten eine fast unbegrenzte Gültigkeit hatten, haben viele Versicherungsvermittler/-innen ihren Bestandkunden/-kundinnen beim Abschluss eines Kfz-Vertrages direkt wieder eine neue Deckungskarte für das nächste Fahrzeug übergeben. Sollte sich der Kunde bzw. die Kundin spontan für ein neues Fahrzeug entscheiden, konnte dieses mit der Deckungskarte jederzeit angemeldet werden. Seit der Einführung der eVB im Jahr 2008 funktioniert dies leider nicht mehr, denn die eVBs haben nur eine begrenzte Gültigkeit. Wer also ein Fahrzeug anmelden möchte, muss sich eine aktuell gültige eVB besorgen und die Anmeldung vornehmen, bevor die eVB ihre Gültigkeit verliert.

Für Versicherungsvermittler/-innen bedeutet dies im Grunde, dass sie immer gut über die aktuellen Wünsche und Ziele ihrer Bestandskunden/-kundinnen informiert sein müssen, um im Falle einer Fahrzeuganmeldung das Geschäft nicht an einen Konkurrenzanbieter zu verlieren. Hier sind zudem eine gute Erreichbarkeit und ebenso eine schnelle Reaktion auf Kundenwünsche sehr wichtig.

Die meisten Gesellschaften bieten inzwischen die Möglichkeit an, über das Onlineportal eine eVB zu generieren. Der eigentliche Versicherungsvertrag kann dann im Nachgang bei dem/der zuständigen Mitarbeiter/-in oder auch auf elektronischem Weg abgeschlossen werden.

Personengruppen und Anlässe zur Kundenansprache

Doch welche Personengruppen sind geeignet und offen für ein Beratungsgespräch zum Thema Kfz-Versicherungen?

Auch stellt sich die Frage nach geeigneten Anlässen, um über das Thema Kfz-Versicherungen zu sprechen.

Die folgende Liste zeigt einige Möglichkeiten auf. Der Kreativität der Abschlussvermittler/-innen sind jedoch keine Grenzen gesetzt und die Liste lässt sich beliebig erweitern.

- **Kundenempfehlungen**
  Sprechen Sie zufriedene und treue Kunden und Kundinnen auf Empfehlungen aus deren privatem und beruflichem Umfeld an. Diese Art der Kundenwerbung ist sehr effektiv, da zufriedene Kunden und Kundinnen bessere Aushängeschilder sind als jede andere Art der Werbung. Besonders interessant sind Kunden und Kundinnen, in deren Umfeld aktuell Fahrzeugwechsel geplant sind. Auch Schäden, die im Kundenumfeld nicht zur Zufriedenheit abgewickelt wurden, stellen erfolgversprechende Beratungsanlässe dar.
- **Freunde, Bekannte und Verwandte**
  Haben Sie in Ihrem persönlichen Umfeld jemanden, der die Anschaffung eines Fahrzeuges plant, dann sprechen Sie diese Person auf das Thema Kfz-Versicherung an.
- **Kontakte aus der Vereinsarbeit**
  Die aktive Mitwirkung eines Versicherungsagenten bzw. einer Versicherungsagentin in einem Verein oder auch ein ehrenamtliches Engagement sorgt innerhalb dieser Gruppe für einen gewissen Bekanntheitsgrad. Wer Fragen zu Versicherungen hat, wendet sich tendenziell bevorzugt an Personen, die er/sie kennt. Um den eigenen Bekanntheitsgrad zu steigern, kann es hilfreich sein, z.B. in den Vereinsnachrichten oder in Festschriften ein Inserat zu schalten. Hierdurch wird der Verein unterstützt und den Mitgliedern wird verdeutlicht, dass es einen kompetenten Vereinskameraden bzw. eine kompetente Vereinskameradin gibt, den/die man um Rat fragen kann. Zudem bekommt man meistens mit, wenn ein Vereinsmitglied ein neues Fahrzeug sucht, einen Versicherungschaden hat o.Ä.
- **Empfehlungen von Geschäftspartnern**
  Viele Fahrzeughersteller verfügen über eine eigene Kfz-Versicherung oder arbeiten über einen Rahmenvertrag mit einem festen Versicherer zusammen. Hier bestehen nur geringe Chancen auf Empfehlungen. Im Bereich des Gebrauchtwagenhandels und bei freien Werkstätten sieht es hingegen deutlich besser aus. Besonders bei freien Werkstätten sind auch gegenseitige Empfehlungen sehr hilfreich. Wenn hier der/die Versicherungsvermittler/-in seinen Kunden und Kundinnen eine Werkstatt empfiehlt, kann er/sie auch im Gegenzug mit Empfehlungen rechnen, denn eine Hand wäscht bekanntlich die andere.
- **Fuhrparkverantwortliche**
  Die meisten Unternehmen verfügen in der Regel über einen Fuhrpark. Oft ist es so, dass eine Person oder eine Abteilung für die Fahrzeuge zuständig und verantwortlich ist und in Versicherungsfragen eine kompetente Ansprechperson benötigt. Wer als Versicherungsmitarbeiter/-in zu dieser Person oder Abteilung einen guten Kontakt aufbaut, wird auch bei Fahrzeuganschaffungen im Gespräch bleiben. Wichtig ist hier ein guter Service bei Schäden und sonstigen Fragen. Hier ist eine gute Kundenpflege unerlässlich.
  Bei großen Unternehmen bietet sich die Installation von Rahmenverträgen oder Flottentarifen an.
- **Besonderheit Versicherungskennzeichen**
  Bei Versicherungskennzeichen (sog. Mofa-Kennzeichen) gibt es einige Besonderheiten. Es handelt sich hierbei um sog. Blockpolicen. Der/die Versicherungsvermittler/-in füllt den Versicherungsantrag aus, der gleichzeitig auch die Police darstellt. Der Kunde bzw. die Kundin zahlt direkt den Versicherungsbeitrag in bar oder per Scheck bis Ende Februar des Folgejahres und erhält anschließend

den Versicherungsschein sowie das Versicherungskennzeichen. Das Kennzeichen muss jährlich zum 1. März durch ein neues ersetzt werden. Es bietet sich an, Fahrzeughändler/-innen dieser Fahrzeugklasse als Vermittler/-innen zu gewinnen. Oft besorgen sich Kunden und Kundinnen die neuen Versicherungskennzeichen bei dem/der Händler/-in, der/die ihnen das Fahrzeug und das erste Kennzeichen verkauft hat. Diese sollten ab Februar immer einen Vorrat neuer Blockpolicen samt Kennzeichen vorhalten, damit die Kunden und Kundinnen bedient werden können.

Datenschutzbestimmungen

Wichtig bei hierdurch gewonnenen Neukundenkontakten ist, dass die Datenschutzbestimmungen immer eingehalten werden. An einem Stammtisch im Vereinslokal ein Versicherungsthema anzusprechen, ist eine Sache. Sobald das Gespräch aber in die Tiefe gehen könnte, sollte man einen persönlichen Termin vereinbaren und die Beratung in einem privaten Rahmen durchführen. Was hierbei gesprochen und vereinbart wird, bleibt für unbeteiligte Dritte tabu.

10.3 Gesprächsanlässe bei Bestandskundinnen und -kunden

Unter einem Bestandskunden bzw. einer Bestandskundin sind nicht unbedingt nur Personen zu verstehen, für die eine Kfz-Versicherung bei dem eigenen Versicherer besteht, sondern alle Personen, die bei dem eigenen Versicherer in irgendeiner Sparte versichert sind.

Bei solchen Kunden und Kundinnen gibt es zahlreiche Gesprächsanlässe, in deren Zusammenhang auch die Kfz-Versicherung thematisiert werden kann und sollte:

- aktualisierte Versicherungsbedingungen
- Verlängerung von abgelaufenen Verträgen
- Rabattangebote für Fahrzeughalter/-innen, die beim gleichen Versicherer eine Wohngebäudeversicherung abgeschlossen haben
- neue Kfz-Tarife
- neue Klauseln, die für ausgewählte Kundinnen und Kunden interessant sind
- zeitlich befristete Kundenrabattaktionen

In der Praxis sind neue Versicherungsbedingungen und Vertragsverlängerungen neben Schadenmeldungen die häufigsten Gründe für Kundenkontakte. In der Regel bieten neue Bedingungen einen verbesserten Versicherungsschutz zu einem oft geringen Mehrbeitrag.

Wenn in diesem Zusammenhang der komplette Versicherungsordner durchgesehen wird, kommt zwangsläufig auch irgendwann das Thema Kfz-Versicherung zur Sprache.

10.4 Argumentationshilfen zur Kfz-Versicherung

Die Kfz-Haftpflichtversicherung ist als Pflichtversicherung für jeden Fahrzeughalter und jede Fahrzeughalterin unabdingbar, allerdings bestehen für die meisten Fahrzeuge zusätzlich noch eine Teil- oder Vollkaskoversicherung oder sonstige weitere Bausteine der Kfz-Versicherung.

Besonders Neufahrzeuge kosten heute schnell 30.000,00 € und mehr, weshalb für solche Fahrzeuge zumindest für die ersten Jahre eine Vollkaskoversicherung angeboten werden sollte, damit der/die Fahrzeughalter/-in im Falle eines selbstverschuldeten Unfalls die Reparaturkosten des eigenen Fahrzeugs nicht selbst tragen muss.

Ist das Fahrzeug schon älter, wandeln viele Versicherungsnehmer/-innen die Vollkaskoversicherung in eine Teilkaskoversicherung um. Eine solche Umwandlung kann heute ohne persönliches Gespräch per Telefon oder online zwar schnell und problemlos erledigt werden, aber dennoch bietet sich ein Beratungsgespräch an, denn in zahlreichen Fällen kann es sich lohnen, die Vollkaskoversicherung beizubehalten.

Beispiel

Gert Lindemann ist 51 Jahre alt und fährt seit seinem 18. Lebensjahr unfallfrei. Sein Renault Megane Cabrio ist inzwischen zehn Jahre alt und Herr Lindemann überlegt deshalb, ob er die Vollkaskoversicherung in eine Teilkaskoversicherung umwandeln soll. Dank einer günstigen SF-Klasse zahlt er für seine Vollkaskoversicherung (ohne die Kfz-Haftpflicht) im Jahr nur 132,00 €. Die Teilkaskoversicherung würde ihn 97,00 € im Jahr kosten.
Immerhin würde Herr Lindemann im Jahr 35,00 € sparen.
Doch sprechen auch Gründe dafür, die Vertragsveränderung nicht vorzunehmen?

Lösung

Das Cabrio hat noch einen Wiederbeschaffungswert von rund 8.500,00 €. Die Tatsache, dass Herr Lindemann bislang unfallfrei gefahren ist, bedeutet nicht zwangsweise, dass dies auch künftig so sein muss. Eine kleine Unaufmerksamkeit kann schnell zu einem beträchtlichen Unfallschaden führen.
Die Argumentation für das Beibehalten der Vollkaskoversicherung ist hier einfach und naheliegend: Auf der einen Seite haben wir einen Fahrzeugwert von 8.500,00 € und in einem Schadenfall eine unvorhersehbare Schadenhöhe. Auf der anderen Seite haben wir einen kalkulierbaren Jahresbeitrag von 35,00 €, was etwa einem Pizzaessen für zwei Personen entspricht. Für nur 35,00 € im Schadenfall auf der sicheren Seite zu sein, ist ein guter und bezahlbarer Preis.

10.5 Ablauf von Kundenberatungsgesprächen

Jedes Kundengespräch basiert auf einer anderen Gesprächsgrundlage und zu guter Letzt hat auch jeder Kundenberater und jede Kundenberaterin eine andere Persönlichkeit, ein anderes Auftreten und ein anderes Fachwissen. All diese Unterschiede machen Beratungsgespräche schwierig, aber auch interessant. Entscheidend ist, dass der/die Berater/-in einen persönlichen Zugang zum jeweiligen Gesprächspartner bzw. zur jeweiligen Gesprächspartnerin findet.

Kfz-Versicherungen zählen zum Massengeschäft und gelten in der Versicherungsbranche als Türöffner für viele andere Sparten. Oftmals verkennen oder verdrängen Kunden und Kundinnen auch die Zusammenhänge zwischen den einzelnen Versicherungssparten.

So bietet z. B. der Kundenwunsch nach einer Vollkaskoversicherung für ein neues Fahrzeug eine gute Möglichkeit, um das Thema Unfallversicherung anzusprechen.

Beispiel

Lisa Domes hat sich nach einigen Gebrauchtfahrzeugen erstmals für ein Neufahrzeug entschieden und hierfür eine Vollkaskoversicherung abgeschlossen. Beim Beratungsgespräch lenkt Lars Wagner, ihr Kundenbetreuer der Proximus Versicherung AG, das Gespräch auf das Thema Unfallversicherung.

Frau Domes ist der festen Überzeugung, dass sie keine Unfallversicherung braucht und es entwickelt sich folgende Unterhaltung:

Lisa Domes: „Es wird schon nichts passieren, denn ich bin ein sehr vorsichtiger Mensch."

Lars Wagner: „Das weiß ich ja, denn wir kennen uns schon eine Weile. Allerdings haben Sie für Ihr neues Fahrzeug eine Vollkaskoversicherung abgeschlossen, was mir signalisiert, dass Sie die Möglichkeit eines selbstverschuldeten Unfalls nicht ganz ausschließen."

Lisa Domes: „Im Straßenverkehr hat man schnell einen kleinen Fehler gemacht, der eine große Beule verursacht, die dann recht teuer werden kann. Sie wissen, was Werkstätten heute verlangen."

Lars Wagner: „Und was ist, wenn es nicht bei einer Beule bleibt? Wenn ein größerer Schaden entsteht, werden meistens auch Personen verletzt und behalten nicht selten bleibende Schäden zurück. Die Unfallversicherung deckt in diesem Fall Ihre Schäden und ist im Grunde eine Art Vollkaskoversicherung für Ihren Körper. Warum wollen Sie also ihr Fahrzeug versichern und nicht sich selbst?“

Lisa Domes: „So habe ich das bisher noch nicht gesehen ...“

Ein anderes Beispiel ist die Wohngebäudeversicherung. Bei Kunden bzw. Kundinnen, die eine Wohngebäudeversicherung abgeschlossen haben, sollte anlässlich einer Beratung überprüft werden, ob der Preisnachlass in der Kfz-Versicherung für ein selbstgenutztes Ein-oder Zweifamilienhaus berücksichtigt wurde. Hat dies der/die Mitarbeiter/-in eines Konkurrenzanbieters unterlassen, besteht eine Möglichkeit der Umdeckung zur nächsten Hauptfälligkeit.

Aus Kundengesprächen lassen sich auch immer wieder künftige Geschäfte generieren, etwa wenn der Sohn bzw. die Tochter eines Kunden bzw. einer Kundin in absehbarer Zeit ein Fahrzeug anschaffen will.

Besonderheit Versicherungskennzeichen

Auch hier stellt das Versicherungskennzeichen wieder eine Besonderheit dar. Fahrzeuge mit Versicherungskennzeichen werden oft von Jugendlichen gefahren. Nach dem Mofa o. Ä. kommen meistens das erste Auto, der Einstieg in die Berufsausbildung und das Berufsleben sowie die erste eigene Wohnung. Hier können Außendienstmitarbeiter/-innen wichtige Kontakte zu jungen Leuten knüpfen, um diese im Laufe der Zeit umfassend zu beraten und mit den geeigneten Versicherungen zu versorgen.

10.6 Nachbereitung von Kundenberatungsgesprächen

Zu der Nachbereitung von Kundenberatungsgesprächen gehören einige Routineaufgaben, die sich von Versicherer zu Versicherer unterscheiden.

In der Regel müssen Anträge und Beratungsprotokolle an die Zentrale weitergeleitet werden. Dies kann in Papierform oder digital geschehen.

Darüber hinaus sollten relevante Wünsche und Pläne der Kunden und Kundinnen notiert und bekannte Termine auf Wiedervorlage genommen werden.

10.7 Kundenberatung mit modernen Kommunikationsmitteln

Moderne Kommunikationsmittel gewinnen auch in der Kundenberatung immer mehr an Bedeutung.

Ob und wie diese Mittel bei Kundinnen und Kunden eingesetzt werden, hängt vom jeweiligen Gesprächsthema und auch von der jeweiligen Kundin bzw. dem jeweiligen Kunden und deren/dessen technischen Voraussetzungen ab.

Viele Kundinnen und Kunden besorgen sich für die Zulassung ihres Fahrzeuges die notwendige eVB telefonisch oder online über das Onlineportal der Versicherungsgesellschaft oder auch direkt bei dem/der Außendienstmitarbeiter/-in. Auch Vertragsabschlüsse von Kfz-Versicherungsverträgen müssen nicht zwingend persönlich vorgenommen werden, wobei es immer ratsam ist, den regelmäßigen Kundenkontakt zu suchen. Die richtige Mischung aus medialen und persönlichen Kontakten hängt stark von den persönlichen Präferenzen der jeweiligen Gesprächspartner/-innen ab.

Teil B: Kunden zu Reisen beraten

1 Allgemeines und Hintergründe zu Reiseversicherungen

Die Bevölkerung Deutschlands wird gerne als Reiseweltmeister bezeichnet. So haben im Jahr 2021 trotz der Hindernisse für Reisende durch die Corona-Pandemie rund 55 Mio. Reisen mit mehr als fünf Tagen und 51 Mio. Reisen zwischen zwei und vier Tagen Dauer stattgefunden.[1]

Definition

Als **Reise** wird das Zurücklegen einer größeren Entfernung für einen längeren Zeitraum bezeichnet. Die Art der Fortbewegung kann sowohl zu Fuß, als auch mit einem Verkehrsmittel erfolgen.

Aus Reisen ergeben sich spezifische Risiken, die einen Versicherungsbedarf wecken, der wiederum durch die Reiseversicherungen befriedigt wird.

Eine Reiseversicherung deckt also Risiken im Zusammenhang mit Reisen ab. Dabei soll bedacht werden, dass diese Risiken unterschiedlicher Art sind (Krankheit, Verlust von Gepäck, usw.) und es daher unterschiedliche Reiseversicherungen gibt. In den Bedingungswerken der Proximus Versicherung AG gehören die Versicherungen der **Reiserücktritts- und Reiseabbruch- sowie der Reisegepäckversicherung** zu den angebotenen Reiseversicherungen.

Die **Auslandsreisekrankenversicherung** ist in den Bedingungswerken der Proximus Versicherung AG als Zusatztarif Teil der privaten Krankenversicherung. Grundsätzlich gehört die Auslandsreisekrankenversicherung jedoch auch zu den Reiseversicherungen.

Die Reiserücktritts-, Reiseabbruch-, Reisegepäck- sowie die Auslandsreisekrankenversicherung, entsprechen einem Standardangebot für Urlaubs- und/oder Geschäftsreisende, und sind der Schadenversicherung zuzuordnen.

Reiseversicherungen können üblicherweise über folgende Wege als Einzel- oder Jahresvertrag abgeschlossen werden:

- über die Webseite eines Versicherungsunternehmens oder Vergleichsportals
- bei einem Versicherungsvermittler

1 vgl. Forschungsgemeinschaft Urlaub und Reisen e. V., RA Reise Analyse 2022, Seite 4

- direkt mit der Buchung einer Reise
- als Inhaber/-in einer Kreditkarte
- als Mitglied in einem Automobilclub

Beim Abschluss über ein Reisebüro oder bei einer eingeschlossenen Zusatzleistung einer Kreditkarte oder einer Mitgliedschaft in einem Automobilclub handelt es sich im Regelfall um Kollektivverträge (Gruppenversicherungen). Versicherungsnehmer ist z. B. das Reisebüro, die Kreditkartengesellschaft oder der Automobilclub. Die versicherte Person ist die Kundin bzw. der Kunde.

Reiseversicherungen in dem hier beschriebenen Umfang können verhältnismäßig einfach abgeschlossen werden. Es gibt keine Gesundheits- oder anderweitige Risikoprüfung. Daher eignen sich diese Produkte gut für den digitalen Vertrieb.

Infolge der Corona-Pandemie und den damit verbundenen Schwierigkeiten und Risiken für Reisende ist ein besonderer Informations- und Beratungsbedarf entstanden. Interessierte Kunden sollten daher über die verfügbaren Bausteine und Inhalte der verschiedenen Reiseversicherungen informiert werden.

Aus historischer Sicht hat die Reiseversicherung ihren Anfang im frühen zwanzigsten Jahrhundert mit der Reisegepäckversicherung genommen. Die Reiserücktrittsversicherung wurde zu Beginn der 1960er Jahre entwickelt. Diese wurde als ein wichtiger Meilenstein betrachtet, da es nun Versicherungsschutz für finanzielle Risiken im Zusammenhang mit Reisen und Tourismus gab. Das Kostenrisiko notwendiger ärztlicher Hilfe während einer Auslandsreise konnte erst nach der Aufhebung des Spartentrennungsprinzips (01.07.1994) sowohl von den privaten Krankenversicherern als auch von den Reiseversicherern allen Kundengruppen angeboten werden. Seitdem ist die Auslandsreisekrankenversicherung zu einem unverzichtbaren Baustein einer jeden Auslandsreise geworden. Der Markt für Reiseversicherungen hat sich im Laufe der Zeit stetig weiterentwickelt und heutzutage gibt es ein großes Angebot von Reiseversicherungen.

Darüber hinaus gibt es weitere Versicherungen die Berührungspunkte mit dem Thema „Versicherung auf Reisen“ haben, aber nicht der Reiseversicherung hinzugerechnet werden. Hierbei handelt es sich z. B. um die Hausratversicherung (Außenversicherung), die Privathaftpflichtversicherung (Geltungsbereich), die Rechtsschutzversicherung (Geltungsbereich) oder die Kfz-Kaskoversicherung (Mobilitätsversicherung).

2 Reiserücktritts-, Reiseabbruch- und Reisegepäckversicherung

Der Versicherungsschutz der Reiserücktritts-, Reiseabbruch- und Reisegepäckversicherung gliedert sich in den Bedingungswerken der Proximus Versicherung AG in einen übergeordneten Teil (Allgemeine Bedingungen) und in jeweils einen speziellen Teil (Besondere Bedingungen).

- Der Allgemeine Teil der Versicherungsbedingungen für die Reiseversicherung 2021 **(AT-Reise 2021)**, ist für die Reiserücktritts-, Reiseabbruch- und Reisegepäckversicherung anzuwenden.
- Für die speziellen Regelungen der Reiserücktrittsversicherung gelten die Besonderen Versicherungsbedingungen für die Reiserücktrittsversicherung 2021 **(VB-Reiserücktritt 2021)**.
- Für die speziellen Regelungen der Reiseabbruchversicherung gelten die Besonderen Versicherungsbedingungen für die Reiseabbruchversicherung 2021 **(VB-Reiseabbruch 2021)**.
- Für die speziellen Regelungen der Reisegepäckversicherung gelten die Besonderen Versicherungsbedingungen für die Reisegepäckversicherung 2021 **(VB-Reisegepäck 2021)**.

Bei einer Frage zum Versicherungsschutz in der Reiserücktritts-, Reiseabbruch- oder Reisegepäckversicherung, sollte die Antwort zuerst in den AT-Reise 2021 gesucht werden. Danach sollte der Blick in die jeweiligen speziellen Versicherungsbedingungen erfolgen, selbst wenn die Antwort auf die Frage bereits in den AT-Reise 2021 gegeben zu sein scheint.

Bei der Reiserücktritts- und Reisabbruchversicherung handelt es sich um zwei unterschiedliche Tarife, die immer in Verbindung miteinander angeboten werden. In Gesprächen mit Kundinnen und Kunden oder Kolleginnen und Kollegen wird häufig nur von der Reiserücktrittsversicherung gesprochen. Zu prüfen ist dann, ob es sich wirklich nur um eine Reiserücktrittsversicherung handelt, oder ob die Reiseabbruchversicherung in der Kommunikation lediglich nicht erwähnt oder vergessen wurde.

2.1 Allgemeine Bedingungen für die Reiseversicherung

Der **Allgemeine Teil der Versicherungsbedingungen für die Reiseversicherung 2021 (AT-Reise 2021)** bildet den Rahmen für die Reiserücktritts-, Reiseabbruch- und Reisegepäckversicherung.

2.1.1 Versicherter Personenkreis

Versicherungsschutz besteht für **versicherte Personen** oder **Risikopersonen**.

Ziffer 1 AT-Reise 2021

Versicherte Personen sind die im Versicherungsschein namentlich genannten Personen. Versicherbar sind Einzelpersonen, Familien und Paare mit ständigem Wohnsitz in der Bundesrepublik Deutschland. Ein Kind ist bis zum Ende des Jahres mitversichert, in dem es 25 Jahre alt wird. Versicherte Personen müssen keinen gemeinsamen Wohnsitz haben, und sind auch dann versichert, wenn sie alleine reisen.

Weitere Erläuterungen betreffen die einzelnen Verhältnisse der versicherten Personen untereinander. Der Begriff der **Risikoperson** ist in diesem Zusammenhang nur für die Reiserücktritts- und Reiseabbruchversicherung anzuwenden und wird in den Abschnitten Reiserücktritts- und Reiseabbruchversicherung erläutert.

Ziffer 3 VB-Reiserücktritt 2021

2.1.2 Versicherte Reisen

Eine Reise nach dem AT-Reise 2021 ist eine Abwesenheit vom ständigen Wohnsitz der versicherten Person. Der ständige Wohnsitz muss in der Bundesrepublik Deutschland liegen. Die Reise muss mindestens eine Übernachtung umfassen. Der Versicherungsschutz besteht für die aktuell gebuchte und versicherte Reise. Bei Jahresverträgen gelten alle Reisen innerhalb des Versicherungsjahres als versicherte Reisen.

Ziffer 2 AT-Reise 2021

Beispiel

Lisa Kronimus ist Versicherungsnehmerin einer Jahresreisegepäckversicherung. Sie ist wohnhaft in Stuttgart und fährt mit der Bahn nach Hamburg, um dort ein Musical zu besuchen. Nach dem Musical übernachtet sie in einem Hotel und fährt am nächsten Tag mit der Bahn zurück nach Stuttgart. Da der Musicalbesuch mit Übernachtung zu den versicherten Reisen zählt, besteht Versicherungsschutz.

2.1.3 Versicherungsorte

Versicherungsschutz besteht weltweit für alle Reisen. Es spielt also keine Rolle, ob die Reise im In- oder Ausland stattfindet.

Ziffer 3 AT-Reise 2021

2.1.4 Prämienzahlung

Ziffer 4 AT-Reise 2021

Die Prämienzahlung für Jahresverträge ist je nach Vereinbarung in jährlichen oder unterjährigen Intervallen möglich. Die Prämienzahlung für Einmalverträge ist nur als Einmalzahlung möglich. Auf die Prämie ist Versicherungsteuer zu entrichten.

§§ 33, 37 und 38 VVG

Für die Fälligkeiten der Einmal-, Erst- und Folgeprämie sind die §§ 33, 37 und 38 VVG anzuwenden.

2.1.5 Beginn und Beendigung des Versicherungsvertrages

Beginn des Versicherungsvertrages

Ziffer 6 AT-Reise 2021

Der Versicherungsvertrag kann jederzeit abgeschlossen werden. Er gilt für die im Vertrag angegebene Dauer. Wurde der Vertrag für eine bestimme Reise abgeschlossen und es ändern sich die Reisedaten, so sind diese unverzüglich bis spätestens 30 Tage vor Reiseantritt mitzuteilen. Änderungen der Reisedaten innerhalb dieser Frist sind spätestens drei Tage nach Änderung, aber vor Reiseantritt mitzuteilen.

Bei einer Vertragsdauer von mindestens einem Jahr verlängert sich der Vertrag um jeweils ein weiteres Jahr, wenn dem Vertragspartner nicht spätestens einen Monat vor Ablauf des jeweiligen Versicherungsjahres eine Kündigung zugegangen ist.

Beendigung des Versicherungsvertrages

Ziffer 7 AT-Reise 2021

Zur Beendigung des Versicherungsvertrages bestehen folgende **Kündigungsmöglichkeiten**:

- ordentliche Kündigung von Jahresverträgen durch Versicherungsnehmer/-in und Versicherer zum Ablauf mit Monatsfrist

Beispiel

Ulf Bockius möchte seine Reisegepäckversicherung kündigen. Das Versicherungsjahr endet zum 31.12. dieses Jahres. Damit eine Kündigung wirksam ist, muss diese spätestens bis zum 30.11. dieses Jahres beim Versicherer eingegangen sein.

- Kündigung nach einem Versicherungsfall gemäß § 92 VVG

Beispiel

Beate Bossong hat bei der Proximus Versicherung AG einen Schaden zu ihrer Reisegepäckversicherung gemeldet, der auch abschließend reguliert wurde. Da es sich bereits um den dritten Leistungsfall innerhalb kurzer Zeit handelte, kündigt der Versicherer den Versicherungsvertrag. Um dies fristgerecht zu tun, muss der Versicherer die Kündigung innerhalb eines Monats nach abschließender Schadenregulierung aussprechen. Das Datum, ab dem die Kündigung wirksam wird, liegt frühestens einen Monat nach Zugang der Kündigung.

- bei Tod des Versicherungsnehmers bzw. der Versicherungsnehmerin (versicherte Personen haben ein Fortsetzungsrecht)

2.1.6 Leistungsausschlüsse

Ziffer 8 AT-Reise 2021

Nicht geleistet wird

- für Versicherungsfälle, die vor Beginn des Versicherungsschutzes eingetreten sind,
- bei Gefahren eines Krieges, Bürgerkrieges oder kriegsähnlicher Ereignisse,
- bei terroristischen oder politischen Gewalthandlungen, Aufruhr und sonstigen bürgerlichen Unruhen,
- wenn die versicherte Person oder die Risikoperson den Versicherungsfall vorsätzlich herbeiführt,
- bei grob fahrlässiger Herbeiführung eines Versicherungsfalles durch die versicherte Person oder die Risikoperson (In solchen Fällen kann die Leistung in einem der Schwere des Verschuldens entsprechenden Verhältnis gekürzt werden),

Beispiel

Die Versicherungsnehmerin Linda Burgmüller hat eine Reisegepäckversicherung abgeschlossen. Während ihrer Abwesenheit in ihrem Apartment am Urlaubsort lässt sie ein Fenster auf Kipp stehen. Durch dieses Fenster wird eingebrochen und es wird Reisegepäck entwendet. Der Versicherer unterstellt Frau Burgmüller eine grob fahrlässige Herbeiführung des Versicherungsfalls. Die Entschädigungszahlung wird auf 50 % des versicherten Schadens gequotelt (§ 81 VVG).

- wenn für die versicherte Person oder die Risikoperson der Versicherungsfall bei Abschluss der Versicherung voraussehbar war,
- bei Erkrankungen, die zum Zeitpunkt des Versicherungsabschlusses bekannt waren und in den letzten sechs Monaten vor Versicherungsabschluss behandelt worden sind,

Beispiel

Gert Spieß wird regelmäßig wegen seiner chronischen Asthmaerkrankung behandelt. Die letzte Untersuchung war zwei Monate vor Abschluss einer Reiserücktritts-/Abbruchversicherung. Mögliche Schadenfälle, die durch diese Erkrankung ausgelöst werden, führen nicht zu einer Entschädigungsleistung durch den Versicherer.

- bei Gefahren der Kernenergie oder sonstiger ionisierender Strahlung.

2.1.7 Obliegenheiten im Schadenfall

Die Obliegenheiten im Schadenfall entsprechen den gängigen Regelungen der Schadenversicherung. Dazu zählt der Grundsatz, dass ein Schadenfall unverzüglich angezeigt werden muss. *Ziffer 9.1 AT-Reise 2021*

Definition

„Unverzüglich“ ist ein unbestimmter Rechtsbegriff, obgleich dieser Begriff in Gesetzen häufig genannt wird, so bedeutet unverzüglich z. B. gem. § 121 BGB „ohne schuldhaftes Zögern“.

Die **Entschädigungsleistung** erfolgt innerhalb von zwei Wochen, insofern alle notwendigen Nachweise erbracht wurden. *Ziffer 9.2 AT-Reise 2021*

Zu den vertraglichen Obliegenheiten gehört die Pflicht einer versicherten Person bei der Aufklärung eines Schadenfalls mitzuwirken. Dazu zählt insbesondere die Entbindung der Schweigepflicht von Ärztinnen und Ärzten. Wird eine vertragliche Obliegenheit verletzt, so kann § 28 Abs. 2 bis 4 VVG angewandt werden. *Ziffer 9.3 AT-Reise 2021*

Beispiel

Cem Gündogan reicht erforderliche Belege zur Beurteilung eines Schadenfalles in der Reisegepäckversicherung nicht beim Versicherer ein. Der Versicherer hat das Recht, die Leistung je nach Wichtigkeit der fehlenden Belege bis auf 0 % zu kürzen.

Hat der/die Versicherungsnehmer/-in oder eine versicherte Person Ansprüche gegenüber Dritten wird unterschieden zwischen *Ziffer 9.5 AT-Reise 2021*

- Ansprüchen versicherungsrechtlicher Art (Übergang nach § 86 VVG) und
- Ansprüchen nicht versicherungsrechtlicher Art.

Unabhängig davon, aufgrund welcher Grundlage der Schaden abgetreten wird oder auf den leistenden Versicherer übergeht, gilt, dass in der Schadenversicherung die Entschädigung nicht höher sein darf als der eingetretene Schaden. Mögliche Kosten wie z. B. die Kosten für einen Sachverständigen sind bei der Entschädigungsleistung nicht zu berücksichtigen.

2.1.8 Folgen einer Mehrfachversicherung

Die Rechtsfolgen aus einer Mehrfachversicherung ergeben sich aus den §§ 77 und 78 VVG. *Ziffer 10 AT-Reise 2021*

Beispiel Karola Bauer wurde auf einer Reise in Spanien ein Koffer gestohlen. Sie meldet diesen Diebstahl der Proximus Versicherung AG. Da für sie noch eine weitere Reisegepäckversicherung bei einem anderen Versicherer besteht, meldet sie den Schaden auch dort. Durch eine Ungeschicklichkeit beim Versenden von Unterlagen kommt die Sache heraus. Nach § 78 Abs. 4 VVG handelt es sich dabei um den Versuch, einen nicht gestatten Vermögensvorteil zu erlangen. Der später abgeschlossene Vertrag wird beendet. Weitere Rechtsfolgen wie z. B. die Anfechtung des Versicherungsvertrages wegen Arglistiger Täuschung (§ 22 VVG) sind möglich.

2.2 Reiserücktrittsversicherung

Wird eine Reise gebucht, so besteht ein finanzielles Risiko, dass aufgrund unvorhersehbarer Ereignisse die Reise nicht angetreten werden kann. Diesem Risiko kann mit Abschluss einer Reiserücktrittsversicherung im Rahmen der versicherten Risiken und Ereignisse entgegen getreten werden. Der Versicherungsschutz der Reiserücktrittsversicherung endet mit Antritt der versicherten Reise. Für die speziellen Regelungen der Reiserücktrittsversicherung gelten die **Besonderen Versicherungsbedingungen für die Reiserücktrittsversicherung 2021 (VB-Reiserücktritt 2021)**.

2.2.1 Versicherte Leistungen

Ziffer 1.1 VB-Reiserücktritt 2021

Bei Nichtantritt der Reise werden die bis zur vertraglich vereinbarten Versicherungssumme geschuldeten

- Stornokosten aus dem versicherten Reisearrangement,
- Reisevermittlungskosten, sofern diese bereits bei Reisebuchung vereinbart wurden und diese Kosten in der versicherten Summe (Reisepreis) berücksichtigt wurden,

erstattet.

Ziffer 1.2 VB-Reiserücktritt 2021

Bei verspätetem Antritt der Reise aufgrund eines versicherten Ereignisses oder infolge der Verspätung eines öffentlichen Verkehrsmittels oder Zubringerfluges, werden die bis zur Höhe der bei Nichtantritt der Reise vertraglich geschuldeten Stornokosten wie folgt erstattet:

- die Mehrkosten der Hinreise
- die Kosten für nicht genutzte Reiseleistungen

Öffentliche Verkehrsmittel sind alle Land- und Wasserfahrzeuge, die für die öffentliche Personenbeförderung zugelassen sind.

2.2.2 Vorliegen eines Versicherungsfalls

Ziffer 2 VB-Reiserücktritt 2021

Versicherungsschutz besteht, wenn die planmäßige Durchführung der Reise nicht zumutbar ist, weil die versicherte Person selbst oder eine Risikoperson während der Dauer des Versicherungsschutzes von einem der folgenden versicherten Ereignisse betroffen ist:

- Tod,
- schwere Unfallverletzung,
- unerwartete schwere Erkrankung,

Beispiel Marie Walter erkrankt vollkommen unerwartet kurz vor Beginn einer Amerika-Reise an einer Lungenentzündung.

- Impfunverträglichkeit,
- Schwangerschaft und Schwangerschaftskomplikationen,

- Schaden am Eigentum der versicherten Person durch Feuer, Explosion, Leitungswasser, Blitzschlag, Elementarereignisse oder vorsätzliche Straftat einer/eines Dritten, sofern der Schaden erheblich ist oder sofern die Anwesenheit der versicherten Person zur Aufklärung erforderlich ist,
- Verlust des Arbeitsplatzes der versicherten Person oder einer mitreisenden Risikoperson aufgrund einer unerwarteten betriebsbedingten Kündigung des Arbeitsplatzes durch den Arbeitgeber,
- unerwartete Aufnahme eines Arbeits- oder Ausbildungsverhältnisses durch die versicherte Person oder eine mitreisende Risikoperson, sofern diese Person bei der Reisebuchung arbeitslos gemeldet war,
- Bruch von Prothesen,
- Lockerung von implantierten Gelenken,
- unerwartetem Ausfall eines implantierten Herzschrittmachers,
- Termin zur Spende oder zum Empfang von Organen und Geweben im Rahmen des Transplantationsgesetzes,
- Wechsel des Arbeitsplatzes, sofern die Reise vor Kenntnis des Wechsels gebucht wurde und die Reisezeit in die Probezeit oder in die ersten sechs Monate der neuen Beschäftigung fällt,
- konjunkturbedingte Kurzarbeit, sofern diese mindestens drei Monate in Folge andauert, das regelmäßige monatliche Bruttoeinkommen um mindestens 35 % reduziert ist und die Anmeldung der Kurzarbeit durch den Arbeitgeber erst erfolgte, nachdem die Reise gebucht war,
- Eröffnung eines Insolvenzverfahrens, sofern eine versicherte Person selbstständig ist, die Reise vor Stellung des Antrags auf Eröffnung des Verfahrens gebucht wurde und das Insolvenzverfahren durch das zuständige Gericht vor Antritt der Reise eröffnet wurde,
- Adoption eines minderjährigen Kindes,
- unerwarteter Beginn des Bundesfreiwilligendienstes (BFD), des freiwilligen sozialen Jahres (FSJ), des freiwilligen ökologischen Jahres (FÖJ), sofern man den Termin nicht verschieben kann und keine andere Stelle die Stornokosten trägt,
- Wiederholung einer nicht bestandenen Prüfung an einer Schule, Berufsschule, Universität, Fachschule, Berufsakademie, Dualen Hochschule, College, sofern die Reise vor dem Termin der Wiederholungsprüfung gebucht wurde, die Wiederholungsprüfung unerwartet in der Reisezeit oder innerhalb von 14 Tagen nach dem planmäßigen Reiseende stattfindet,
- Einreichung der Scheidungsklage unmittelbar vor Reiseantritt beim zuständigen Gericht im Falle einer gemeinsamen Reise des betroffenen Ehepaars. Dies gilt auch bei entsprechender Antragstellung auch für eine einvernehmliche Trennung,
- unerwartete gerichtliche Ladung, sofern das zuständige Gericht die Reise nicht als Verschiebungsgrund anerkennt und die Teilnahme am Gerichtstermin nicht zu Ihren berufstypischen Tätigkeiten gehört,
- Leistungsfälle bei zur Reise angemeldeten und mitreisenden Hunden oder Katzen; versichert sind unerwartet schwere Erkrankungen, schwere Unfälle, Tod und Impfunverträglichkeit; nicht versichert ist ein Impfversagen oder ein zu geringer Aufbau eines für das Reiseland vorgeschriebenen Antikörperwertes,
- dauerhafte Verlegung des Hauptwohnsitzes um mindestens 150 Kilometer aufgrund Versetzung durch den Arbeitgeber,
- Tätigkeit als Ersthelfer/-in während des ursprünglich geplanten Reisezeitraums, da sich ein Unfall oder Notfall (auch Naturkatastrophe) ereignet hat,
- Verweigerung des Touristenvisums durch die Behörden des Ziel- oder Transitlandes,
- Unbewohnbarkeit der Unterkunft am Reiseziel,
- Zwangsevakuierung am Zielort durch die Regierungsbehörden innerhalb von 24 Stunden vor dem Abreisedatum,
- Diebstahl des Fahrzeugs, das für die Fahrt zum Ausgangspunkt der Reise oder das während der Reise das Hauptbeförderungsmittel genutzt werden sollte,
- Fahrzeugpanne während der Fahrt zum Ausgangspunkt der Reise.

2.2.3 Risikopersonen

Ziffer 3 VB-Reise-rücktritt 2021

Zusätzlich zu den versicherten Personen wird in den VB-Reiserücktritt 2021 der Begriff der Risikoperson gebraucht. Risikoperson ist die Person, die neben der versicherten Person auch einen Versicherungsfall auslösen kann. Als **Risikopersonen** werden bezeichnet:

- Personen untereinander, die gemeinsam eine Reise gebucht haben.
- die Angehörigen einer versicherten Person, wie z. B. Ehepartner, Kinder, Eltern, Großeltern, usw.

Weitere Ausführungen ergeben sich aus den VB-Reiserücktritt 2021.

Beispiel Der Vater (Risikoperson) des Versicherungsnehmers Udo Schneider erleidet kurz vor Beginn der versicherten Reise unerwartet einen schweren Schlaganfall.

2.2.4 Leistungsausschlüsse

Ziffer 8 AT-Reise 2021

Kein Versicherungsschutz besteht für Risiken die in Ziffer 8 AT-Reise 2021 genannt werden.

Darüber hinaus gibt es folgende weitere Ausschlüsse:

Ziffer 4 VB-Reise-rücktritt 2021

- Ereignisse, mit denen zur Zeit der Buchung gerechnet werden mussten,
- sofern die Krankheit den Umständen nach als eine psychische Reaktion auf einen Terrorakt, innere Unruhen, Kriegsereignisse, ein Flugunglück oder eine Naturkatastrophe oder aufgrund der Befürchtung von Terrorakten, inneren Unruhen, Kriegsereignissen oder Naturkatastrophen aufgetreten ist.
- bei Schub einer chronischen Erkrankung,

Beispiel Martin Dolges erleidet kurz vor Reiseantritt einen Schub seiner rheumatischen Erkrankung.

- für Vermittlungsentgelte, die dem Reisevermittler aufgrund der Stornierung der Reise geschuldet werden, wie z. B. Bearbeitungsgebühren für eine Reisestornierung.

2.2.5 Beginn und Ende des Versicherungsschutzes

Ziffer 5.1 VB-Reise-rücktritt 2021

Für eine gebuchte Reise beginnt der Versicherungsschutz am Tag nach dem Abschluss des Versicherungsvertrags, frühestens jedoch mit Prämienzahlung. Ist die Reise bereits vor Abschluss gebucht worden, so besteht Versicherungsschutz,

- wenn zwischen Abschluss des Vertrages und Beginn der Reise mehr als 30 Tage liegen,
- wenn zwischen dem Abschluss des Vertrages und Beginn der Reise weniger als 30 Tage liegen und die Buchung der Reise höchstens drei Tage zurück liegt.

Beispiel Für eine Reise, die in 21 Tagen beginnen soll, schließt Lars Weber eine Reiserücktrittsversicherung ab. Die Buchung der Reise liegt bereits einen Monat zurück. Es besteht somit kein Versicherungsschutz für diese Reise.

2.2.6 Obliegenheiten im Schadenfall

Ziffer 9.3 AT-Reise 2021

Neben den allgemeinen Pflichten in Ziffer 9.3 des AT-Reise 2021 gibt es im Schadenfall folgende Verpflichtungen:

Ziffer 5 VB-Reise-rücktritt 2021

- die Reise unverzüglich nach Eintritt des versicherten Rücktrittsgrundes zu stornieren, um die Stornokosten möglichst gering zu halten,
- den Versicherungsnachweis und die Buchungsunterlagen mit der Stornokosten-Rechnung einzureichen; bei Stornierung eines Objekts eine Bestätigung der Vermieterin oder des Vermieters über die Nichtweitervermietbarkeit des Objekts vorzulegen,

- eine schwere Unfallverletzung, unerwartete schwere Erkrankung, Impfunverträglichkeit oder Schwangerschaft durch ein ärztliches Attest mit Angabe von Diagnose und Behandlungsdaten nachzuweisen, psychische Erkrankungen durch Attest einer Fachärztin bzw. eines Facharztes für Psychiatrie
- bei Schaden am Eigentum geeignete Nachweise (z. B. Polizeiprotokoll) einzureichen,
- bei Verlust des Arbeitsplatzes das Kündigungsschreiben mit Angabe des Kündigungsgrundes, bei Aufnahme eines Arbeitsverhältnisses den Aufhebungsbescheid des Arbeitsamtes und eine Kopie des neuen Arbeitsvertrages als Nachweis für das neue Arbeitsverhältnis vorzulegen,
- bei Tod eine Sterbeurkunde vorzulegen,
- auf Verlangen einen Nachweis für das versicherte Ereignis vorzulegen,
- eine Arbeitsunfähigkeitsbescheinigung einzureichen oder der Einholung einer Bestätigung des Arbeitgebers darüber zuzustimmen.
- der Einholung eines fachärztlichen Attestes durch den Versicherer über die Art und Schwere der Krankheit sowie die Unzumutbarkeit zur planmäßigen Durchführung der Reise zuzustimmen und der Ärztin bzw. dem Arzt die notwendige Untersuchung zu gestatten.

Die **Rechtsfolgen bei Verletzung von Obliegenheiten** ergeben sich aus Ziffer 9.4 AT-Reise 2021. *Ziffer 6 VB-Reiserücktritt 2021*

2.2.7 Selbstbehalt im Schadenfall

Ziffer 7 VB-Reiserücktritt 2021

Wenn ein Selbstbehalt vereinbart wurde, so beträgt dieser im Schadenfall 20 %, mindestens jedoch 25,00 € je versicherte Person.

Beispiel

Aufgrund der unerwarteten Kündigung ihres Arbeitsplatzes storniert Amy Buchsbaum eine Reise im Wert von 2.000,00 € kurzfristig. Die Stornierungsgebühren betragen 50 % des Reisepreises. Frau Buchsbaum trägt von den verbleibenden 1.000,00 € den Selbstbehalt von 20 %, also 200,00 €. Die Erstattung beläuft sich auf 800,00 €.

2.2.8 Ermittlung der Versicherungssumme

Ziffer 8 VB-Reiserücktritt 2021

Die Versicherungssumme je versichertes Reisearrangement muss dem vollen vereinbarten Reisepreis einschließlich bei Buchung anfallender Vermittlungsentgelte (Versicherungswert) entsprechen. Kosten für darin nicht enthaltene Leistungen (z. B. für Zusatzprogramme) sind mitversichert, wenn diese bei der Höhe der Versicherungssumme berücksichtigt wurden.

Ist die Versicherungssumme bei Eintritt des Versicherungsfalles niedriger als der Versicherungswert (Unterversicherung), haftet der Versicherer nur nach dem Verhältnis der Versicherungssumme zum Versicherungswert abzüglich Selbstbehalt.

Der Haftungsanteil errechnet sich nach folgender Formel:

$$\textbf{Haftungsanteil in \%} = \frac{\text{Versicherungssumme}}{\text{Versicherungswert}} \cdot 100$$

Beispiel

Amy Buchsbaum hat seit fünf Jahren eine Reiserücktrittsversicherung als laufende Jahrespolice mit einer Versicherungssumme in Höhe von 3.000,00 €. Sie bucht eine Reise im Wert von 6.000,00 € (Versicherungswert) und vergisst die Versicherungssumme ihrer Reiserücktrittsversicherung an diesen Wert anzupassen. Aufgrund einer unerwartet schweren Erkrankung muss sie die Reise kurzfristig stornieren. Die Gebühren für die Stornierung belaufen sich auf 50 % des Reisepreises, also 3.000,00 €. Die maximale Entschädigung wird wie folgt berechnet:

$$\frac{3.000{,}00\ \text{€ Versicherungssumme}}{6.000{,}00\ \text{€ Versicherungswert}} \cdot 100 = 50\,\%\ \text{Haftungsanteil}$$

Wegen der vorliegenden Unterversicherung erhält Frau Buchsbaum 50 % der Stornierungsgebühren, also 50 % aus 3.000,00 € = 1.500,00 € abzüglich 20 % Selbstbehalt, also 1.200,00 €.

2.3 Reisabbruchversicherung

Wurde eine Reise angetreten, so kann diese aus vielfältigen Gründen unter Umständen nicht planmäßig beendet werden. Der Urlaubsgenuss ist gestört und ebenso entsteht ein finanzieller Schaden. Der finanzielle Schaden kann im Rahmen der versicherten Risiken und Ereignisse mit der Reiseabbruchversicherung auf ein Versicherungsunternehmen transferiert werden.

Da die Reiseabbruchversicherung nur in Verbindung mit der Reiserücktrittsversicherung angeboten werden kann, sind die meisten Regelungen zu Vertrag und Leistung identisch. Im Folgenden werden die weiteren besonderen Regelungen der Reiseabbruchversicherung erläutert.

Der Versicherungsschutz der Reiseabbruchversicherung endet mit Beendigung der versicherten Reise.

2.3.1 Versicherte Leistungen

Ziffer 1 VB-Reise-abbruch 2021

Entschädigung wird geleistet bei

- nicht planmäßiger Beendigung der Reise aus versichertem Grund für die Kosten der Rückreise entsprechend der ursprünglich gebuchten Art und Qualität, sofern die Rückreise mitgebucht und mitversichert worden ist,

Beispiel Der Vater des Versicherungsnehmers Udo Schneider verstirbt während der versicherten Reise.

- nicht genutzten Reiseleistungen bis zur Höhe der vereinbarten Versicherungssumme den anteiligen Reisepreis für nicht genutzte Reiseleistungen abzüglich der Rückreisekosten, sofern die Reise wegen eines versicherten Ereignisses vorzeitig abgebrochen wird,

Beispiel Durch Starkregen wird die Unterkunft des Versicherungsnehmers Lars Weber am Reiseort überschwemmt.

- verlängertem Aufenthalt für die je Versicherungsfall nachgewiesenen zusätzlichen Kosten der Unterkunft für den/die Versicherungsnehmer/-in, die versicherte Person/Risikoperson nach Art und Klasse der gebuchten und versicherten Leistung, wenn für die versicherte Person die planmäßige Beendigung der Reise nicht zumutbar ist, weil
  - eine mitreisende Risikoperson wegen schwerer Unfallverletzung oder unerwarteter schwerer Erkrankung nicht transportfähig ist und über den gebuchten Rückreisetermin hinaus in stationärer Behandlung bleiben muss,
  - Feuer, Naturkatastrophen, Elementarereignisse am Urlaubsort es unmöglich machen, planmäßig die Rückreise anzutreten,
  - eine mitreisende Person am Urlaubsort verstorben ist und dadurch der Aufenthalt zwingend notwendig verlängert werden muss.
- Unterbrechung der Reise und möglicher Nachreise aus versichertem Grund für
  - Kosten für gebuchte und versicherte Reiseleistungen, die aufgrund der Unterbrechung nicht genutzt werden konnten,
  - notwendige Beförderungskosten vom Ort der Reiseunterbrechung, um bei einer Kreuzfahrt oder Rundreise wieder zur Gruppe zu gelangen, jeweils bis zur Höhe der Kosten, die bei einem vorzeitigen Reiseabbruch angefallen wären.

Beispiel Aufgrund eines medizinischen Vorfalls kann die Versicherungsnehmerin Carla Eitz an gebuchten Aktivitäten nicht teilnehmen.

2.3.2 Vorliegen eines Versicherungsfalls

Versicherungsschutz besteht, wenn die planmäßige Durchführung der Reise nicht zumutbar ist, weil die versicherte Person selbst oder eine Risikoperson während der Dauer des Versicherungsschutzes von einem der Ereignisse, die in Ziffer 2.1 VB-Reiserücktritt 2021 genannt werden, betroffen sind. *Ziffer 2 VB-Reise-abbruch 2021*

Beispiel

Aufgrund eines Brandes in der Wohnung des Versicherungsnehmers Mehmet Alkim muss die Reise vorzeitig abgebrochen werden.

2.3.3 Risikopersonen

Siehe Ziffer 3 der VB-Reiserücktritt 2021. *Ziffer 3 VB-Reise-abbruch 2021*

2.3.4 Leistungsausschlüsse

Kein Versicherungsschutz besteht *Ziffer 4 VB-Reise-abbruch 2021*

- für Risiken, die in Ziffer 8 der AT-Reise 2021 genannt werden,
- für Ereignisse, mit denen zur Zeit der Buchung gerechnet werden musste,
- sofern die Krankheit den Umständen nach als eine psychische Reaktion auf einen Terrorakt, innere Unruhen, Kriegsereignisse, ein Flugunglück oder eine Naturkatastrophe oder aufgrund der Befürchtung von Terrorakten, inneren Unruhen, Kriegsereignissen oder Naturkatastrophen aufgetreten ist,

Beispiel

Bereits zum Buchungstermin einer Reise besteht für das Reiseland eine Reisewarnung des Auswärtigen Amtes.

- bei Schub einer chronischen Erkrankung.

2.3.5 Beginn und Ende des Versicherungsschutzes

Der Versicherungsschutz beginnt mit dem Antritt der Reise. Er beginnt jedoch frühestens, sobald die Prämie gezahlt wurde. Er endet mit dem Reiseende, spätestens aber mit dem vereinbarten Ende des Vertrags. Der Versicherungsschutz verlängert sich, wenn die Reise verlängert werden muss. Dies gilt nur, wenn die versicherte Person die Reiseverlängerung nicht zu vertreten hat. *Ziffer 5.2 VB-Reise-abbruch 2021*

Beispiel

Aufgrund von Streiks des Flughafenpersonals verschiebt sich der ursprünglich geplante Rückflug um eine Woche.

2.3.6 Obliegenheiten im Schadenfall

Neben den allgemeinen Pflichten aus Ziffer 9.3 des AT-Reise 2021 gibt es folgende weitere Verpflichtungen: *Ziffer 9.3 AT-Reise 2021* *Ziffer 5 VB-Reise-abbruch 2021*

- die Rückreisekosten möglichst gering zu halten,
- den Versicherungsnachweis und die Buchungsunterlagen sowie Rechnungen beim Versicherer einzureichen,
- eine schwere Unfallverletzung, eine unerwartete schwere Erkrankung durch ein ärztliches Attest mit Angabe von Diagnose und Behandlungsdaten nachzuweisen, eine psychiatrische Erkrankung durch Attest eines Facharztes für Psychiatrie,
- bei Tod eine Sterbeurkunde vorzulegen,
- bei Schaden am Eigentum geeignete Nachweise (z. B. Polizeiprotokoll) einzureichen,

- bei Transportunfähigkeit infolge einer schweren Unfallverletzung oder einer unerwarteten schweren Erkrankung dem Versicherer das Recht einzuräumen, dies durch ein fachärztliches Gutachten überprüfen zu lassen.

Ziffer 6 VB-Reiseabbruch 2021

Die Rechtsfolgen bei Verletzung von Obliegenheiten ergeben sich aus Ziffer 9.4 AT-Reise 2021.

2.3.7 Selbstbehalt im Schadenfall

Ziffer 7 VB-Reiseabbruch 2021

Wenn ein Selbstbehalt vereinbart wurde, so beträgt dieser im Schadenfall 20 %, mindestens jedoch 25,00 € je versicherte Person.

2.3.8 Ermittlung der Versicherungssumme

Ziffer 8 VB-Reiseabbruch 2021

Die Versicherungssumme je versichertes Reisearrangement muss dem vollen vereinbarten Reisepreis einschließlich bei Buchung anfallender Vermittlungsentgelte (Versicherungswert) entsprechen. Kosten für darin nicht enthaltene Leistungen (z. B. für Zusatzprogramme) sind mitversichert, wenn diese bei der Höhe der Versicherungssumme berücksichtigt wurden.

Ist die Versicherungssumme bei Eintritt des Versicherungsfalles niedriger als der Versicherungswert (Unterversicherung), haftet der Versicherer nur nach dem Verhältnis der Versicherungssumme zum Versicherungswert abzüglich Selbstbehalt.

Der Haftungsanteil errechnet sich nach folgender Formel:

$$\textbf{Haftungsanteil in \%} = \frac{\text{Versicherungssumme}}{\text{Versicherungswert}} \cdot 100$$

2.4 Corona-Deckung in der Reiserücktritts- und Reiseabbruchversicherung

Die sogenannte Corona-Deckung wurde einige Monate nach Beginn der Corona-Pandemie als Ergänzung zur Reiserücktritts- und Reiseabbruchversicherung von vielen Versicherungsgesellschaften angeboten. Dieser Zusatztarif ist nicht Bestandteil der Bedingungswerke der Proximus Versicherung AG. Dennoch sollte dieses besondere Versicherungsprodukt an dieser Stelle erwähnt werden.

Folgende Leistungen beinhalten am Markt übliche Deckungskonzepte:

- Erstattung der Kosten vor der Reise, wenn diese aufgrund einer Quarantäne nicht oder verspätet angetreten werden kann,
- Erstattung der Storno- oder Reisemehrkosten bei Transportverweigerung.

Beispiel Aufgrund eines positiven Coronatests am Urlaubsort muss der Versicherungsnehmer Dominik Zager 14 Tage länger als geplant am Urlaubsort in Quarantäne bleiben.

2.5 Reisegepäckversicherung

Die Reisegepäckversicherung bietet Versicherungsschutz für auf Reisen mitgeführtes Gepäck. Zu den versicherten Gefahren zählen z. B. Diebstahl, Beschädigung und Verlust.

2.5.1 Versicherte Sachen

Versichert ist das gesamte Reisegepäck. Als Reisegepäck gelten sämtliche Sachen des persönlichen Reisebedarfs, die während einer Reise mitgeführt, am Körper oder in der Kleidung getragen oder durch ein übliches Transportmittel befördert werden. *Ziffer 1 VB-Reisegepäck 2021*

Für Gegenstände, die zu beruflichen Zwecken mitgeführt werden oder für Wertgegenstände besteht entweder kein oder nur eingeschränkter Versicherungsschutz.

Nicht versichert sind: Geld, Wertpapiere, Fahrkarten, Urkunden und Dokumente aller Art, Gegenstände mit überwiegendem Kunst- oder Liebhaberwert, Sehhilfen, Prothesen jeder Art sowie Land-, Luft-, und Wasserfahrzeuge, jeweils mit Zubehör, einschließlich Fahrrädern, Hängegleitern und Segelsurfgeräten, Falt- und Schlauchboote im bestimmungsgemäßem Gebrauch.

Ausweispapiere sind versichert.

Beispiel

Der Versicherungsnehmerin Britta Schuster wird auf ihrer Reise der Rucksack durch Raub entwendet. Versichert ist der Rucksack und ggf. die Kosten für die Wiederbeschaffung der im Rucksack befindlichen Ausweispapiere, nicht aber Bargeld oder eine Lesebrille.

2.5.2 Versicherte Gefahren

Es besteht Versicherungsschutz, *Ziffer 2 VB-Reisegepäck 2021*

- wenn versicherte Sachen abhandenkommen, zerstört oder beschädigt werden, während sich das Reisegepäck im Gewahrsam eines Beförderungsunternehmens, Beherbergungsbetriebs, Gepäckträgers oder einer Gepäckaufbewahrung befindet,

Beispiel

Während einer Zugfahrt im Reiseland wird der Koffer des Versicherungsnehmers Ulf Bär beschädigt.

- während der übrigen Reisezeit durch
  - Diebstahl, Einbruchdiebstahl, Raub, räuberische Erpressung, Mut- oder Böswilligkeit Dritter (vorsätzliche Sachbeschädigung),
  - Verlieren – hierzu zählen nicht Liegen-, Stehen- oder Hängenlassen – bis zur Entschädigungsgrenze,
  - Transportmittelunfall oder Unfall einer/eines Versicherten,
  - bestimmungswidrig einwirkendes Wasser, einschließlich Regen und Schnee,
  - Sturm, Brand, Blitzschlag oder Explosion,
  - höhere Gewalt,

Beispiel

Durch höhere Gewalt (z. B. durch eine Naturkatastrophe) kommt versichertes Reisegepäck abhanden.

- wenn Reisegepäck nicht fristgerecht ausgeliefert wird. Es werden die nachgewiesenen Aufwendungen für Ersatzkäufe bis zu 10 % der vereinbarten Versicherungssumme, maximal mit 400,00 € je Versicherungsfall ersetzt.

2.5.3 Leistungsausschlüsse

Kein Versicherungsschutz besteht *Ziffer 3 VB-Reisegepäck 2021*

- für Risiken, die in Ziffer 8 des AT-Reise 2021 genannt werden,
- für Schäden, die verursacht werden durch die natürliche oder mangelhafte Beschaffenheit der versicherten Sachen, Abnutzung oder Verschleiß,

Beispiel

Die Bekleidung der Versicherungsnehmerin Anne Luger bekommt während der Reise Löcher, ohne dass dafür ein versichertes Schadenereignis infrage kommt.

- für Schäden während des Zeltens oder Campings innerhalb des hierfür benutzten Geländes.

2.5.4 Leistungsbegrenzungen

Ziffer 4 VB-Reisegepäck 2021

Es werden Schäden an Pelzen, Schmucksachen und Gegenständen aus Edelmetall sowie an Foto-, Filmapparaten und tragbaren Videosystemen jeweils mit Zubehör je Versicherungsfall bis zu insgesamt maximal 50 % der vereinbarten Versicherungssumme ersetzt.

Beispiel

Dem Versicherungsnehmer Ben Fischer wird während einer Urlaubsreise in London eine Digitalkamera im Wert von 1.000,00 € gestohlen. Es besteht eine Versicherungssumme in Höhe von 1.500,00 €. Unter Berücksichtigung des Zeitwertes der Digitalkamera beläuft sich die Entschädigung auf höchstens 750,00 €.

Schäden durch Verlieren oder an Geschenken und Reiseandenken, die auf der Reise erworben wurden, werden bis zu jeweils 10 % der vereinbarten Versicherungssumme, maximal 400,00 € je Versicherungsfall, ersetzt.

2.5.5 Versicherungsschutz bei Kraft- und Wassersportfahrzeugen

Ziffer 5 VB-Reisegepäck 2021

Es besteht Versicherungsschutz gegen Diebstahl oder Einbruchdiebstahl aus unbeaufsichtigt abgestellten Kraftfahrzeugen oder Anhängern nur, soweit sich das Reisegepäck in einem fest umschlossenen und durch Verschluss gesicherten Innen- oder Kofferraum befindet.

Es wird im Rahmen der Versicherungssumme nur in voller Höhe gehaftet, wenn nachweislich

- der Schaden tagsüber eingetreten ist. Als versicherte Tageszeit gilt allgemein die Zeit zwischen 06:00 Uhr und 22:00 Uhr,

Beispiel

Die Versicherungsnehmerin Irene Stark packt am frühen Abend vor der Rückreise nach Hause ihr Fahrzeug mit versichertem Reisegepäck. Am nächsten Morgen stellt sie fest, dass in ihr Fahrzeug eingebrochen und ihr Reisegepäck entwendet wurde. Den Tatzeitpunkt entweder vor 22:00 Uhr des Vorabends oder nach 06:00 Uhr des Abreisetages kann sie nicht belegen. Es besteht somit kein Versicherungsschutz.

- das Kraftfahrzeug oder der Anhänger in einer abgeschlossenen Garage abgestellt war (Parkhäuser oder Tiefgaragen, die zur allgemeinen Benutzung offenstehen, gelten dabei nicht als abgeschlossene Garage),
- der Schaden während einer Fahrtunterbrechung von nicht länger als zwei Stunden eingetreten ist.

Kann keine der genannten Leistungsvoraussetzungen nachgewiesen werden, so ist die Entschädigung auf 10 % der vereinbarten Versicherungssumme, maximal 400,00 € je Versicherungsfall, begrenzt.

Weitere Regelungen ergeben sich aus den VB-Reisegepäck 2021.

2.5.6 Versicherungswert und Versicherungssumme

Ziffer 6 VB-Reisegepäck 2021

Als **Versicherungswert** gilt derjenige Betrag, der allgemein erforderlich ist, um neue Sachen gleicher Art und Güte am ständigen Wohnort der Versicherungsnehmerin bzw. des Versicherungsnehmers anzuschaffen, abzüglich eines dem Zustand der versicherten Sachen (Alter, Abnutzung, Gebrauch usw.) entsprechenden Betrages (Zeitwert).

Die **Versicherungssumme** soll dem Versicherungswert des gesamten versicherten Reisegepäcks gemäß entsprechen. Auf der Reise erworbene Geschenke und Reiseandenken bleiben unberücksichtigt.

2.5.7 Entschädigungsleistungen

Im Versicherungsfall werden ersetzt:

Ziffer 7 VB-Reisegepäck 2021

- für zerstörte oder abhandengekommene Sachen ihren Versicherungswert zur Zeit des Schadeneintritts (Zeitwert),

Beispiel

Der Laptop des Versicherungsnehmers Ralf Fitz wird bei einer Überschwemmung am Urlaubsort irreparabel beschädigt. Der Neupreis betrug vor drei Jahren 950,00 €. Die Entschädigung wird anhand des Zeitwertes des Laptops ermittelt. Da der Zeitwert bei 200,00 € liegt, erhält Herr Fritz auch nur diesen Betrag ersetzt.

- für beschädigte reparaturfähige Sachen die notwendigen Reparaturkosten und ggf. eine bleibende Wertminderung, höchstens jedoch der Versicherungswert,
- für Filme, Bild-, Ton- und Datenträger nur den Materialwert,
- für die Wiederbeschaffung von Personalausweisen, Reisepässen, Kraftfahrzeugpapieren und sonstigen Ausweispapieren die amtlichen Gebühren,
- Vermögensfolgeschäden werden nicht ersetzt.

Beispiel

Auf dem beschädigten Laptop des Versicherungsnehmers Ralf Fitz befanden sich Zugangsdaten eines Wallets für Kryptowährungen. Diese Daten sind durch einen Wasserschaden verloren gegangen und lassen sich nicht wiederherstellen. Der entstandene Vermögensschaden durch Verlust des Krypto Wallets wird nicht ersetzt.

Ist die Versicherungssumme bei Eintritt des Versicherungsfalls niedriger als der Versicherungswert (Unterversicherung), so haftet der Versicherer nur nach dem Verhältnis der Versicherungssumme zum Versicherungswert.

Der Haftungsanteil errechnet sich nach folgender Formel:

$$\textbf{Haftungsanteil in \%} = \frac{\text{Versicherungssumme}}{\text{Versicherungswert}} \cdot 100$$

2.5.8 Obliegenheiten im Schadenfall

Ziffer 8 VB-Reisegepäck 2021

Es gelten die allgemeinen Schadenminderungspflichten und Aufklärungsobliegenheiten. Ebenso müssen ggf. Nachweise erbracht werden. Dies ist z. B. bei Diebstahl oder Raub in Form einer polizeilichen Bescheinigung der Fall.

Weitere Pflichten im Schadenfall ergeben sich aus Ziffer 9.3 des AT-Reise 2021.

Beispiel

Nach einem Einbruchdiebstahl benötigt der Versicherer die polizeilichen Meldung, sowie eine Liste der gestohlenen Gegenstände (Stehlgutliste).

2.5.9 Entschädigungsbeschränkungen

Ziffer 9 VB-Reisegepäck 2021

Die vorsätzliche Herbeiführung des Versicherungsfalls führt zur Befreiung der Entschädigungspflicht (§ 81 Abs. 1 VVG).

Bei grob fahrlässiger Herbeiführung des Versicherungsfalls ist der Versicherer berechtigt, die Leistungen in einem der Schwere des Verschuldens entsprechenden Verhältnis zu kürzen (§ 81 Abs. 2 VVG).

Eine arglistige Täuschung über Tatsachen, die für den Grund oder die Höhe der Entschädigung von Bedeutung sind, führt zur Befreiung der Entschädigungspflicht des Versicherers (§ 22 VVG).

Beispiel

Der Versicherungsnehmer Klaus Fritz gibt nach einem Einbruchdiebstahlschaden an seinem Urlaubsort gestohlene Gegenstände an, die in Wahrheit nicht gestohlen wurden. Der Versicherer kann den kompletten Schadenfall aufgrund arglistiger Täuschung ablehnen. Weitere Rechtsfolgen sind möglich.

2.6 Tarif Reiseversicherung

Der Tarif Reiseversicherung der Proximus Versicherung AG beinhaltet die Grundlagen zur Angebotserstellung der Reiseversicherungen.

Der Abschluss einer Reiserücktrittsversicherung ist auch ohne die Reiseabbruchversicherung möglich. Der Abschluss einer Reiseabbruchversicherung ist nur in Verbindung mit einer Reiserücktrittsversicherung möglich.

Einzelverträge

Ein Einzelvertrag wird für eine bestimmte Reise abgeschlossen. Der Vertrag endet automatisch zum vereinbarten Enddatum.

Grundlage für die Prämienberechnung in der Reiserücktritts- und Reiseabbruchversicherung ist bei Einzelverträgen der jeweilige Reisepreis pro Person und bei Paaren oder Familien der Gesamtreisepreis der Reise.

Jahresverträge

Ein Jahresvertrag bietet Versicherungsschutz für alle versicherten Reisen innerhalb eines Versicherungsjahres. Bei Jahresverträgen ist der teuerste Reisepreis innerhalb des Versicherungsjahres pro Person maßgeblich. Für Paare und Familien ist entsprechend der teuerste Gesamtreisepreis innerhalb des Versicherungsjahres zu ermitteln.

Beispiel

Familie Huber unternimmt regelmäßig mehrere Reisen pro Jahr, die unterschiedlich hohe Reisepreise haben. Es soll nun eine passende Reiserücktritts- und Reiseabbruchversicherung in Form einer Jahrespolice abgeschlossen werden. Um die richtige Versicherungssumme zu ermitteln, ist nun in Erfahrung zu bringen, wie hoch der Reisepreis der teuersten geplanten Reise sein wird.

Versicherungsprämie

Auf die ermittelte Jahresprämie einer Reiserücktritts- und Reiseabbruch- sowie einer Reisegepäckversicherung ist die gesetzliche Versicherungsteuer in Höhe von 19 % hinzuzurechnen.

Beispiel

Die Brutto-Einmalprämie einer Reiserücktrittsversicherung für eine Einzelperson ohne Selbstbehalt und ohne Reiseabbruchversicherung mit einer Versicherungssumme in Höhe von 5.000,00 € ist wie folgt zu berechnen:

Jahresnettoprämie (laut Tabelle)	205,00 €
+ 19 % Versicherungsteuer	38,95 €
= Brutto-Einmalprämie	243,95 €

Wird ein Jahresvertrag abgeschlossen, werden folgende **Zahlungsweisenachlässe** gewährt:

- bei monatlicher Zahlweise 0 %
- bei vierteljährlicher Zahlweise 2 %
- bei halbjährlicher Zahlweise 3 %
- bei jährlicher Zahlweise 5 %

Für Einzelverträge von Paaren und Familien wird ein Zuschlag von 15 % auf die Prämie für Einzelpersonen erhoben.

Für Jahresverträge wird ein Zuschlag von 20 % auf die Prämie für die Einmalversicherung erhoben.

Beispiel

Die Brutto-Einmalprämie einer Reiserücktrittsversicherung für eine Einzelperson ohne Selbstbehalt und inkl. Reiseabbruchversicherung mit einer Versicherungssumme in Höhe von 4.000,00 € als Jahrespolice mit halbjährlicher Zahlweise ist wie folgt zu berechnen:

	Tarifprämie (laut Tabelle)	175,00 €
+	20 % Zuschlag für Jahresvertrag	35,00 €
=	Jahresnettoprämie	210,00 €
-	3 % Zahlungsweisenachlass bei halbjährlicher Zahlweise	6,30 €
=	Gesamtprämie ohne Versicherungsteuer	203,70 €
+	19 % Versicherungsteuer	38,70 €
=	Bruttojahresprämie	242,40 €
: 2	bei halbjährlicher Zahlweise	
=	halbjährliche Versicherungsprämie	121,20 €

Berechnungsgrundlage zur Prämienermittlung in der Reisegepäckversicherung ist der Wert des gesamten Reisegepäcks.

Für Jahresverträge wird ein Zuschlag in Höhe von 20 % auf die Prämie für die Einmalversicherung erhoben.

Die Prämienberechnung erfolgt wie bei der Reiserücktritts- und Reiseabbruchversicherung.

3 Auslandsreisekrankenversicherung

Niemand plant eine Krankheit oder einen Unfall im Voraus. Wird ärztliche Hilfe benötigt, so ist jeder froh, diese zu bekommen. Die Krankenversicherung nimmt insofern eine herausragende Rolle in der Versicherungslandschaft ein. Das Risiko, ärztliche Hilfe zu benötigen, ist auch auf Auslandsreisen jederzeit gegeben und eine adäquate Absicherung ist dringend zu empfehlen. Bei der Auslandsreisekrankenversicherung (AKV) handelt es sich um eine private Zusatzversicherung, die zusätzlich zu der gesetzlichen Krankenversicherung (GKV) oder der privaten Krankenversicherung (PKV) abgeschlossen werden kann.

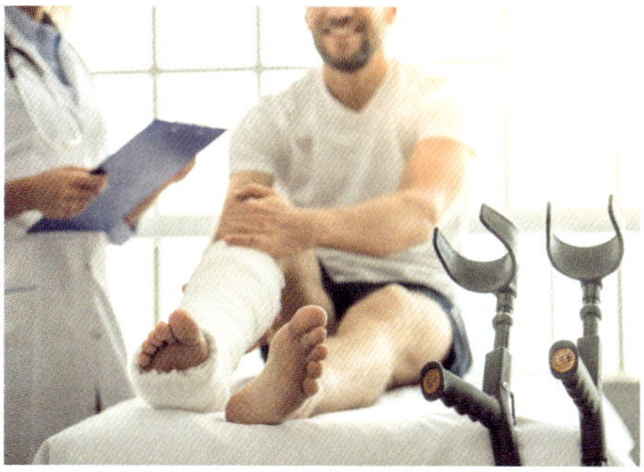

Nach Aufhebung des bereits erwähnten Spartentrennungsprinzips können Auslandsreisekrankenversicherungen sowohl von einem Krankenversicherungsunternehmen als auch von einem Reiseversicherungsunternehmen vertrieben werden. Die

Proximus Versicherung AG verkauft die Auslandsreisekrankenversicherung im Tarif AKV als eine private Krankenergänzungsversicherung über die Proximus Krankenversicherung AG.

In den Bedingungswerken findet man die Auslandsreisekrankenversicherung in den Tarifen zur Krankenergänzungsversicherung in Form einiger Stichpunkte. Ein Bedingungswerk gibt es nicht. Um ein umfassendes Wissen über die Auslandsreisekrankenversicherung zu vermitteln, wird in diesem Kapitel auch auf im Markt geläufige Formulierungen und Regelungen eingegangen.

§ 193 Abs. 3 VVG

Seit dem 01.01.2009 gibt es für jede Person, die in Deutschland ihren Wohnsitz hat eine allgemeine Krankenversicherungspflicht. Insofern stellt sich die Frage, wofür eine Reisekrankenversicherung notwendig ist. Um dies herauszufinden, werden im Folgenden die Regelungen für Auslandsaufenthalte (Geltungsbereich) der möglichen Krankenversicherungsformen näher betrachtet.

3.1 Gesetzliche Krankenversicherung

SGB V

Die Regelungen der gesetzlichen Krankenversicherung bei Auslandsaufenthalten werden im SGB V dem Grundsatz nach festgelegt. Demnach ruht der Leistungsanspruch für GKV-Versicherte im Falle eines Auslandsaufenthaltes. Es gibt jedoch Ausnahmen, die diese Regelung in Teilen wieder außer Kraft setzen. Der PKV-Verband hat diese Ausnahmen in einer Broschüre mit dem Titel **„Die Auslandsreisekrankenversicherung“** veröffentlicht. Demnach besteht über die GKV in einigen Fällen auch im Ausland Versicherungsschutz für Erkrankungen und/oder nach einem Unfall. Die Regelungen differieren je nach Reiseland. Für Aufenthalte in den meisten Ländern auf der Welt sind keine Leistungen vorgesehen. Leistungen auf Grundlage der jeweiligen Landesregelungen sind begrenzt auf Länder der EU, Island, Liechtenstein, Norwegen und die Schweiz. Medizinische Behandlungskosten werden also übernommen. Als Nachweis über den bestehenden Versicherungsschutz genügt die Vorlage der European Health Insurance Card (EHIC). Darüber hinaus gibt es mit weiteren Ländern Vereinbarungen über Krankenversicherungsschutz im Rahmen von Notfallleistungen, sowie Sozialversicherungsabkommen. Einschränkungen in der Versorgung muss eine versicherte Person jedoch in Kauf nehmen, und es besteht auch immer das Risiko von Mehrkosten. Viele Ärzte im Ausland verlangen Honorare, die über die Regelungen im SGB V bzw. der GOÄ/GOZ hinausgehen. Diese Mehrkosten sind dann von der versicherten Person selbst zu tragen. Das Risiko von Mehrkosten kann über den Abschluss einer Auslandsreisekrankenversicherung zu günstigen Konditionen vermieden werden.

3.2 Private Krankheitskosten-Vollversicherung

Ziffer 1 Abs. 4 MB/KK 2009

Der Geltungsbereich des Versicherungsschutzes ergibt sich aus Ziffer 1 Abs. 4 der AVB Bedingungsteil MB/KK 2009[1], sowie Abs. 4.1 der Tarifbedingungen für die Krankheitskostenversicherung. Demnach genießen Personen, die über einen der in den Tarifbedingungen genannten Tarife versichert sind, grundsätzlich europaweit und ohne Einschränkungen Versicherungsschutz. Darüber hinaus besteht auch im außereuropäischen Ausland Versicherungsschutz. Dieser ist jedoch auf bis zu zwei Monate ununterbrochenem Auslandsaufenthalt begrenzt. Ist eine Rückreise nach Deutschland wegen einer notwendigen Heilbehandlung nicht möglich, so verlängert sich der Versicherungsschutz um weitere zwei Monate, bis die versicherte Person ohne Gefährdung der Gesundheit die Heimreise antreten kann (Nachleistung).

Dennoch ist auch für privat Krankenversicherte der Abschluss einer Auslandsreisekrankenversicherung bei Urlaubs- oder Geschäftsreisen dringend zu empfehlen. Zwar leistet die private Krankenversicherung auch im Ausland, allerdings würden sich im Versicherungsfall Nachteile ergeben, die in

---

1 MB/KK 2009: Musterbedingungen für die Krankheitskostenversicherung und für die Krankenhaustagegeldversicherung 2009 des Verbandes der Privaten Krankenversicherungen (Stand: Januar 2022)

keinem vernünftigen Verhältnis zu der Versicherungsprämie einer Auslandsreisekrankenversicherung stehen. Die wichtigsten Gründe für den Abschluss einer Auslandsreisekrankenversicherung sind:

- Es besteht kein Selbstbehalt bei im Ausland eintretenden Versicherungsfällen.
- Ein Versicherungsfall gefährdet nicht die möglicherweise vereinbarte Beitragsrückerstattung.
- Die versicherte Person hat bei einem medizinischen Rücktransport ins Heimatland Versicherungsschutz.

3.3 Tarif Auslandsreisekrankenversicherung

Gegenstand des Tarifs Auslandsreisekrankenversicherung der Proximus Krankenversicherung AG sind Leistungen für medizinisch notwendige Heilbehandlungen für akut im Ausland eingetretenen Krankheiten und Unfällen.

Versicherte Leistungen

Folgende Leistungen sind versichert:

- 100 % für ärztliche Behandlung inklusive Arznei-, Verband- und Heilmitteln

Beispiel

Der Versicherungsnehmer Tobias Sommer sucht aufgrund einer Entzündung im Ohr während einer Auslandsreise einen Arzt auf. Es entstehen Kosten für die Behandlung, Verbandmaterial und Medikamente, die von der AKV übernommen werden.

- 100 % für stationäre Behandlung inklusive Unterkunft und Verpflegung

Beispiel

Die Versicherungsnehmerin Julia Fischer wird aufgrund einer Blinddarmentzündung während einer Auslandsreise für mehrere Tage im Krankenhaus behandelt. Die Kosten werden von der AKV übernommen.

- 100 % für den notwendigen Transport in das nächstliegende Krankenhaus oder zum nächsterreichbaren Notarzt

Beispiel

Der Versicherungsnehmer Detlef Kraminga wird während einer Auslandsreise aufgrund eines medizinischen Notfalls von einem Krankenwagen in ein Krankenhaus transportiert. Die Kosten werden von der AKV übernommen.

- 100 % für schmerzstillende Zahnbehandlung in einfacher Ausfertigung (nicht für Zahnersatz oder Zahnkronen)

Beispiel

Der Versicherungsnehmerin Lea Müller fällt während einer Auslandsreise eine Plombe aus einem Zahn. Die Kosten für eine Ersatzplombe werden von der AKV übernommen. Sollte sich Frau Müller allerdings dazu entscheiden, bei dieser Gelegenheit direkt eine Überkronung für den betreffenden Zahn vornehmen zu lassen, übernimmt die Kosten hierfür **nicht** die AKV.

- Krankenrücktransport an den Heimatort bei medizinischer Notwendigkeit, auch für eine mitversicherte Begleitperson

Beispiel

Der Versicherungsnehmer Detlef Kraminga wurde während einer Auslandsreise aufgrund eines medizinischen Notfalls in ein Krankenhaus eingeliefert, um dort behandelt zu werden. Die Behandlung ist so kompliziert, dass es dem Krankenhaus im Ausland nicht gelingt, Herrn Kraminga nach westlichem Standard zu behandeln.

In dem Tarif AKV ist der medizinisch notwendige Krankenrücktransport versichert. Medizinisch notwendig ist ein Rücktransport dann, wenn im Krankenhaus des Reiselandes eine medizinische Unterversorgung besteht.

Marktübliche Vergleichstarife versichern den medizinisch sinnvollen Krankenrücktransport. Bei dieser Klausel wird bei der Entscheidung über einen Krankenrücktransport auch der psychisch soziale Aspekt berücksichtigt.

Für einen Krankenrücktransport spielen in der Praxis außerdem wirtschaftliche Gesichtspunkte eine Rolle.

- Übernahme der Bestattungskosten im Ausland oder der Überführungskosten

Beispiel Die Versicherungsnehmerin Else Borg stirbt während eines Auslandsaufenthaltes. Die Angehörigen können entscheiden, ob Frau Borg im Ausland bestattet wird oder zurück nach Deutschland überführt wird. Die Kosten übernimmt die AKV.

- Kein Versicherungsschutz besteht für Behandlungen, die vor Reiseantritt geplant waren oder deren Notwendigkeit für die/den Versicherte/-n feststand.

Beispiel Aufgrund starker Rückenschmerzen empfiehlt der in Deutschland behandelnde Arzt dem Versicherungsnehmer Dieter Windisch eine zeitnahe Behandlung. Herr Windisch entscheidet sich aber dennoch dazu, vor Behandlungsbeginn eine Reise anzutreten. Während der Reise werden die Schmerzen so stark, dass die empfohlene Behandlung unausweichlich ist. In diesem Fall übernimmt die AKV die Behandlungskosten **nicht**.

Dauer der Auslandsreise

Der maximal je Reise versicherte Zeitraum beträgt zwei Monate.

Benötigt eine Kundin bzw. ein Kunde Versicherungsschutz für eine längere Reise, so kann Versicherungsschutz in der Zentrale der Proximus Krankenversicherung AG angefragt werden.

Tarife mit einer längeren Laufzeit sind am Markt problemlos zu bekommen. Die Prämien sind aber deutlich höher als bei einer Auslandsreisekrankenversicherung für kurzzeitige Auslandsaufenthalte.

Geltungsbereich

Versicherungsschutz besteht bei Auslandsreisen weltweit mit Ausnahme von Deutschland.

Es sind im Gegensatz zu den Tarifen Reiserücktritts-, Reiseabbruch- und Reisegepäckversicherung **nur Reisen ins Ausland versichert**.

Prämienberechnung

Der Tarif Auslandsreisekrankenversicherung kann als Einmalversicherung für eine bestimmte Reise, oder als sich immer wieder verlängernde Jahrespolice abgeschlossen werden.

Bei der Einmalversicherung wird die Prämie in Tagessätzen berechnet.

Beispiel Nicole Devries, 25 Jahre alt, unternimmt eine siebentägige Urlaubsreise nach Paris. Frau Devries möchte keinen Jahresvertrag abschließen, sondern entscheidet sich für den Tarif AKV I mit einer Tagesprämie in Höhe von 1,00 €. Der Versicherungsschutz endet automatisch nach sieben Tagen, ohne dass der Vertrag gekündigt werden muss. Die Versicherungsprämie für die Reise beträgt 7,00 €.

In der Jahrespolice wird die Prämie als jährliche Prämie berechnet.

Beispiel

Frau Devries (siehe vorangehendes Beispiel) plant neben der Reise nach Paris auch noch für drei Wochen in die USA zu reisen. Da sie hierfür eine weitere Einmalversicherung für 21,00 € (21 Tage · 1,00 €) abschließen müsste, würde die Versicherungsprämie für beide Reisen zusammen 28,00 € kosten. Frau Devries entscheidet sich deshalb für den Abschluss einer Jahrespolice nach Tarif AKV II mit einer Jahresprämie in Höhe von 18,00 €. Der Versicherungsschutz verlängert sich automatisch nach Ablauf eines Versicherungsjahres, wenn der Vertrag nicht rechtzeitig vor Ablauf gekündigt wird.

Die Prämie in der Krankenversicherung ist nach § 4 Versicherungsteuergesetz (VersStG) von der Versicherungsteuer befreit. *§ 4 VersStG*

3.4 Weitere marktübliche Inhalte bei Auslandsreisekrankenversicherungen

Um etwas mehr zu erfahren, schauen wir uns weitere wesentliche Inhalte marktüblicher Auslandsreisekrankenversicherungen an.

Versicherungsfall

Versicherungsfall ist die medizinisch notwendige Heilbehandlung einer versicherten Person wegen Krankheit oder Unfallfolgen. Der Versicherungsfall beginnt mit der Heilbehandlung. Er endet, wenn nach medizinischem Befund keine Behandlungsbedürftigkeit mehr besteht. Als Versicherungsfall gelten auch der Krankenrücktransport, die medizinisch notwendige Behandlung wegen Schwangerschaftskomplikationen, Frühgeburt und Fehlgeburt, der Tod sowie je nach Versicherungsschutz mögliche weitere Ereignisse.

Nachleistungen

Muss die Auslandsreise wegen medizinisch notwendiger Heilbehandlung über den versicherten Zeitraum hinaus ausgedehnt werden, besteht Versicherungsschutz, solange die versicherte Person die Rückreise aus medizinischen Gründen nicht ohne Gefährdung ihrer Gesundheit antreten kann.

Versicherbare Personen

Aufnahmefähig sind Personen mit ständigem Wohnsitz in Deutschland.

Bei Wegzug aus Deutschland gibt es für Personen, die ins innereuropäische Ausland ziehen, die Möglichkeit den Vertrag fortzuführen.

Versicherte Leistungen

- Der versicherten Person steht die Wahl unter den im Reiseland zur Heilbehandlung zugelassenen Ärztinnen und Ärzte, Zahnärztinnen und Zahnärzten sowie Physiotherapeutinnen und Physiotherapeuten frei.
- Bei medizinisch notwendiger stationärer Heilbehandlung hat die versicherte Person die freie Wahl unter den Krankenhäusern im Reiseland.
- Arznei-, Verband-, Heil- und Hilfsmittel müssen von den im Reiseland zur Heilbehandlung zugelassenen Ärztinnen/Ärzten oder Zahnärztinnen/Zahnärzten verordnet werden.
- Versichert sind im vertraglichen Umfang für Untersuchungs- und Behandlungsmethoden und Arzneimittel, die von der Schulmedizin überwiegend anerkannt sind.

- Erstattungsfähig sind bei stationärer Heilbehandlung Aufwendungen für ärztliche Leistungen, allgemeine Krankenhausleistungen, Operationen und Operationsnebenkosten sowie Verpflegung und Unterkunft im Krankenhaus.
- Erstattungsfähig sind Aufwendungen für
  - die medizinisch notwendige ambulante und stationäre Behandlung wegen Schwangerschaftskomplikationen,
  - die Entbindung bei Frühgeburt (bis zum Ende der 36. Schwangerschaftswoche),
  - die medizinisch notwendige Heilbehandlung wegen Fehlgeburt,
  - den nicht rechtswidrigen, medizinisch notwendigen Schwangerschaftsabbruch.
- Erstattungsfähig sind Aufwendungen für schmerzstillende Zahnbehandlungen.
- Erstattungsfähig sind Aufwendungen für den medizinisch notwendigen Krankentransport.
- Erstattungsfähig sind die Aufwendungen für den Krankenrücktransport aus dem Ausland an einen Ort nach Wahl im Land des letzten gewöhnlichen Aufenthalts der versicherten Person, wenn
  - der Krankenrücktransport medizinisch sinnvoll und vertretbar ist oder
  - die medizinisch notwendige stationäre Heilbehandlung nach ärztlicher Bescheinigung voraussichtlich noch einen Zeitraum von zwei Wochen übersteigen würde oder
  - die voraussichtlichen Kosten der Heilbehandlung im Ausland die Kosten des Krankenrücktransports übersteigen würden.
- Erstattungsfähig sind Aufwendungen für die unfallbedingte Suche, Rettung und Bergung der versicherten Person bis zu 2.500,00 € je Versicherungsfall.
- Erstattungsfähig sind im Todesfall die Kosten wahlweise für die Bestattung im Ausland oder die Überführung an einen Ort nach Wahl im Land des letzten gewöhnlichen Aufenthalts der versicherten Person.
- Darüber hinaus gibt es eine Reihe von weiteren marktüblichen Leistungen, wie z. B. der Transport von Blutkonserven, Krankenbesuche, Rooming In oder die Rückholung von Reisegepäck,.

Leistungsausschlüsse

Es besteht kein Versicherungsschutz für

- Behandlungen geistiger und seelischer Störungen und Erkrankungen einschließlich psychiatrischer und psychotherapeutischer Behandlungen. Es besteht jedoch Leistungspflicht für die Erstbehandlung zur Vermeidung posttraumatischer Störungen,
- Sehhilfen und Hörgeräte,
- Untersuchung und Behandlung wegen regelrecht verlaufender Schwangerschaft und Entbindung sowie für Maßnahmen der Schwangerschaftsvorsorge,
- wenn die Schwangere die Reise entgegen ärztlicher Empfehlung angetreten oder ein Verkehrsmittel gewählt hat, von dem die Ärztin bzw. der Arzt abgeraten hat,
- Neuanfertigungen von Zahnersatz einschließlich Zahnkronen und Inlays/Onlays sowie für Zahnprophylaxe, Parodontosebehandlung und Kieferorthopädie,
- Rehabilitationsmaßnahmen einschließlich Anschlussheilbehandlungen,
- Kur- und Sanatoriumsbehandlungen.

Vom Versicherungsschutz ausgeschlossen sind außerdem Leistungen

- für Versicherungsfälle, die vor Beginn der Auslandsreise eingetreten sind. Dieser Ausschluss gilt nicht, wenn bei Reisebeginn aus medizinischer Sicht Reisefähigkeit bestand und während der Auslandsreise eine unerwartete akute Verschlechterung des Gesundheitszustandes eintritt,
- für Behandlungen, deren Notwendigkeit aufgrund ärztlicher Diagnose bereits vor Reiseantritt feststand,
- für Krankheiten und Unfallfolgen, deren Behandlung im Ausland alleiniger Grund oder einer der Gründe für den Antritt der Reise war,

- für Krankheiten und Unfälle einschließlich deren Folgen, die die versicherte Person vorsätzlich herbeigeführt hat,
- für Krankheiten, Unfälle und Todesfälle, die durch Kriegsereignisse im Ausland verursacht sind, wenn das Auswärtige Amt vor Beginn der Auslandsreise eine Reisewarnung ausgesprochen hat.

Beginn und Ende des Versicherungsschutzes

Der Versicherungsschutz beginnt zu dem bei Vertragsschluss vereinbarten Zeitpunkt (Versicherungsbeginn), jedoch nicht vor Beginn einer Auslandsreise.

Bei Abschluss eines Versicherungsvertrags während einer Auslandsreise besteht für diese Auslandsreise kein Versicherungsschutz.

Der Versicherungsschutz endet auch für laufende Versicherungsfälle

- mit Beendigung der Auslandsreise, spätestens jedoch mit Ablauf des zweiten Monats der Auslandsreise,
- mit Beendigung des Versicherungsvertrages. Muss die Auslandsreise wegen medizinisch notwendiger Heilbehandlung über zwei Monate oder über das Ende des Versicherungsvertrages hinaus ausgedehnt werden, besteht Versicherungsschutz, solange die versicherte Person die Rückreise aus medizinischen Gründen nicht ohne Gefährdung ihrer Gesundheit antreten kann.

3.5 Beistandsleistungen

Bei den Beistands- oder Assistanceleistungen handelt es sich um Leistungen, die eine versicherte Person entweder

- dringend und schnell benötigt oder
- um Beratungsleistungen, die Spezialwissen oder eine außergewöhnliches Netzwerk erfordern.

Der Versicherungsschutz von Beistandsleistungen ist heutzutage Bestandteil von vielen Versicherungsprodukten. Der ADAC Pannen- und Unfallservice ist das wohl bekannteste Beispiel dafür.

Auch in der Reiseversicherung sind Beistandsleistungen ein wichtiger Faktor. Schnelle Hilfe bei Gefahr im Verzug ist oft ein entscheidender Faktor um das Versicherungsprodukt im Leistungsfall erlebbar zu machen, oft sogar um Leben zu retten.

Die medizinische Reiseassistance ist ein üblicher Bestandteil einer marktüblichen Auslandsreisekrankenversicherung. Folgende Leistungen sind häufiger Bestandteil:

- ganzjähriger telefonischer 24-Stunden-Service
- Impfberatung
- Benennung von Dolmetschern und Fremdsprachen sprechenden Ärztinnen/Ärzten und Zahnärztinnen/Zahnärzten sowie die Organisation von Terminen
- Benennung von Krankenhäusern und Spezialkliniken
- Benennung von Notfallapotheken
- Auskunft zu am Reiseort erhältlichen Arznei- und Hilfsmitteln
- Organisation der Lieferung von Arznei- und Hilfsmitteln, wenn diese am Reiseort nicht verfügbar sind
- Herstellung eines erforderlichen Kontaktes zwischen den behandelnden Ärztinnen und Ärzten im Krankenhaus und der Hausärztin bzw. dem Hausarzt einschließlich der Übermittlung von Informationen zwischen den beteiligten Ärztinnen und Ärzten
- Übersetzung medizinischer Unterlagen
- Weiterleitung von Informationen an Angehörige

- bei stationärem leistungspflichtigem Aufenthalt besteht Kostenübernahmegarantie gegenüber Ärztinnen bzw. Ärzten und Krankenhäusern
- Auskunft über Möglichkeiten anwaltlicher Vertretung im Ausland
- Organisation der Überführung oder der Bestattung im Ausland

Auch in weiteren Tarifen der Reiseversicherung sind Beistandsleistungen Bestandteil des Versicherungsschutzes. So kann in der Reisegepäckversicherung z. B. bei der Wiederbeschaffung verloren gegangener Ausweispapiere geholfen werden und in der Reiserücktritts- und Reiseabbruchversicherung kann bei der Umbuchung eines Fluges geholfen werden.

Der Versicherungsschutz von Beistandsleistungen wird in der Regel von separaten Assistancegesellschaften angeboten.

4 Kundenberatungsgespräche in der Reiseversicherung

Vorbemerkungen und allgemeine Hinweise

Bei jedem Kundenberatungsgespräch sind gesetzliche Regelungen zu beachten.

Diese können Sie im Lehrbuch zum 1. Ausbildungsjahr in Lernfeld 2 Kapitel 7 sowie in Lernfeld 3 nachlesen.

Was allgemein bei Kundengesprächen bzgl. der Kommunikation zu beachten ist, finden Sie ebenfalls im Lehrbuch zum 1. Ausbildungsjahr in Lernfeld 3.

Die fachlichen Hintergründe zur Reiseversicherung wurden in Lernfeld 6 Teil B in den Kapiteln 1 bis 3 behandelt.

Das folgende Kapitel fasst die spezifischen Besonderheiten für Beratungen zu Reiseversicherungen in komprimierter Form zusammen, ohne den Anspruch auf Vollständigkeit zu erheben, denn es gibt so viele Arten von Kundenberatungsgesprächen wie es Kundinnen und Kunden gibt.

4.1 Zielgruppen für Reiseversicherungen

Zunächst stellt sich die Frage: **Wer braucht eigentlich eine Reiseversicherung?**

Da Deutschland eine Reisenation ist und gerne als Reiseweltmeister bezeichnet wird, kommen faktisch alle Bevölkerungsgruppen als mögliche Zielgruppen in Frage.

- Jugendliche unternehmen Schülerreisen
- Studierende unternehmen Studien- und Bildungsreisen
- junge Familien unternehmen Familienreisen
- Singles, Ehepaare und Familien unternehmen Badereisen
- viele Seniorinnen und Senioren bevorzugen Kreuzfahrten
- usw.

Die Liste ist nahezu unbegrenzt erweiterbar.

4.2 Arten von Reisen

Die Arten von Reisen sind so vielfältig wie die Reiseteilnehmerinnen und -teilnehmer.

Hier nur einige Beispiele von Reisearten:

- Bildungsreisen
- Erlebnisreisen
- Abenteuerreisen
- Badereisen
- Städtetouren
- Campingreisen

Auch diese Liste ist beliebig erweiterbar.

4.3 Verkehrsmittel bei Reisen

Die Wahl der Verkehrsmittel bei Reisen ist ebenfalls sehr vielfältig:

- Reisebus
- Pkw
- Pkw mit Wohnanhänger
- Wohnmobil
- Fahrrad
- Wanderreisen, also zu Fuß
- Flugzeug
- Kreuzfahrtschiff
- Flussschiff
- Hausboot

Hier sind sowohl die Reisenden als auch die Reiseveranstalter sehr erfinderisch und es ergeben sich immer neue Möglichkeiten und/oder Kombinationsmöglichkeiten von Verkehrsmitteln.

4.4 Reiseziele

Wie zu erwarten, gibt es auch bei den Reisezielen keine Grenzen.

Hier kann man zunächst in Inlands- und Auslandsreisen unterteilen.

Bei Auslandsreisen sind dann noch die verschiedenen Reisegebiete zu unterscheiden:

- Europäische Union
- Europa
- außereuropäisches Ausland

4.5 Arten der Reiseorganisation

Unter dem Begriff der Reiseorganisation ist vereinfacht zu verstehen, wer die Reise organisiert.

- Bei selbstorganiserten Reisen planen und buchen die Reisenden selbst den Transport zum Reiseort, die Buchung der Unterkunft und der Verpflegung sowie weitere Reiseaktivitäten.
- Reisebüros bieten sowohl Pauschalreisen als auch individuell geplante Reisen an. Hierbei übernimmt das Reisebüro alle notwendigen Buchungen und alle sonstigen Vorbereitungen.

- Über das Internet können Reisende zwischen den beiden Varianten wählen und sich entweder ein individuelles Reisepaket selbst zusammenstellen oder die komplette Reiseorganisation einem geeigneten Onlineanbieter überlassen.

4.6 Besonderheiten bei der Vermittlung von Reiseversicherungen

Die Beratung und der Abschluss von Reiseversicherungen verlaufen bei der Mehrzahl der Vertragsabschlüsse anders als in anderen Versicherungssparten.

Sowohl örtliche Reisebüros als auch Onlineanbieter bieten bei der Reisebuchung gerne ein Versicherungspaket aus geeigneten Reiseversicherungen an.

Für selbstorganisierte Reisen, z.B. mit dem eigenen Pkw oder Wohnmobil, bieten Automobilclubs ihren Mitgliedern rabattierte Tarife für alle Versicherungssparten innerhalb der Reiseversicherungen an.

Auch Kreditkartengesellschaften haben den Markt schon vor vielen Jahren für sich entdeckt und mischen kräftig mit.

Dennoch gibt es für Außendienstmitarbeiter/-innen auch noch einige Chancen, um ebenfalls Versicherungsverträge in diesem Bereich abzuschließen.

4.6.1 Reiserücktritts- und Reiseabbruchversicherung

Im Grunde ist dieser Bereich fest in den Händen der Reisebüros und -veranstalter.

Hier existieren Gruppenverträge mit speziellen Tarifen und der Abschluss ist bei der Reisebuchung meistens sogar auf dem Buchungsformular direkt möglich. Bei Onlineanbieter ist der Abschluss ebenfalls mit wenigen Mausklicks erledigt.

Reisebüros, die zu einer Anbieterkette gehören, sind über die Zentrale direkt an einen Versicherer angebunden. Die Chancen für den Versicherungsaußendienst hier Abschlüsse zu tätigen, sind sehr gering.

Denkbar ist allerdings, dass kleine und unabhängige Reiseanbieter von Spezialreisen, z.B. Kulturreisen nach Ägypten, als Vermittler für Reiserücktritts- und Reiseabbruchversicherungen gewonnen werden können, aber dieser Markt ist schwierig und wird überwiegend von wenigen Mitspielern beherrscht.

4.6.2 Reisegepäckversicherung

Auch hier spielen Reisebüros und -veranstalter eine große Rolle und auch die Automobilclubs und Kreditkartengesellschaften sind am Markt sehr präsent.

Außendienstmitarbeiter/-innen, die im Bestand Hausrat- und Wohngebäudeversicherungen von Kundinnen und Kunden betreuen, haben hier allerdings die Möglichkeit, die Deckungslücken, die bei einigen Urlaubsreisen bestehen, mit einer Reisegepäckversicherung zu schließen.

Auch hier sind kleine und unabhängige Reiseanbieter mögliche Vermittler. Im Nachgang besteht hierbei zudem die Möglichkeit, durch die Aktivitäten von Vermittlern zu Anschlussgeschäften in anderen Sparten zu kommen.

4.6.3 Auslandsreisekrankenversicherung

Natürlich bieten Reisebüros und Veranstalter sowie Automobilclubs und Kreditkartengesellschaften auch Auslandsreisekrankenversicherungen an.

Hier sollten Außendienstmitarbeiter/-innen im Zuge der Kundenberatung zum Thema Krankenversicherung (dieses Thema wird in Lernfeld 8 behandelt) die Auslandsreisekrankenversicherung unbedingt ansprechen.

Kundinnen und Kunden, die regelmäßig ins Ausland reisen, sollten unbedingt über eine AKV nachdenken, da die Leistungen der gesetzlichen Krankenversicherungen im Wesentlichen auf das Inland beschränkt sind.

Bei privat Krankenversicherten besteht zwar überwiegend eine weltweite Deckung, aber die AKV ist dennoch sinnvoll, weil sie bei Auslandsreisen einen umfangreicheren Schutz bietet und zudem eine mögliche Beitragsrückerstattung aus dem Vertrag der PKV nicht gefährdet (siehe hierzu auch Lernfeld 8).

4.7 Allgemeine Hinweise

Grundsätzlich gelten bei den Reiseversicherungen die gleichen Bestimmungen und Verhaltensregeln wie in anderen Versicherungssparten:

- Die Datenschutzbestimmungen müssen eingehalten werden.
- Rückfragen und Nachbearbeitungen müssen erledigt werden.
- Versicherungsanträge müssen zur Policierung an die Zentrale weitergeleitet werden.
- Wiedervorlagen müssen termingerecht bearbeitet werden.

Zwar sind die Reiseversicherungen für den nicht auf diesen Bereich spezialisierten Versicherungsaußendienst nur eine kleine Randsparte, die aber dennoch mit der gleichen Sorgfalt wie alle anderen Sparten behandelt werden müssen.

Lernfeld 7

Kunden im Bedarfsfeld Arbeitskraft beraten

Zielbeschreibung:

Die Schülerinnen und Schüler verfügen über die Kompetenz, Kundinnen und Kunden über Vorsorgemöglichkeiten im Falle der Beeinträchtigung und des Verlustes der Arbeitskraft zu beraten, notwendige Vertragsänderungen zu berücksichtigen und Leistungsfälle zu bearbeiten.

7

Es folgen die Inhalte des Rahmenlehrplans für Lernfeld 7:

Kunden im Bedarfsfeld Arbeitskraft beraten

Die Schülerinnen und Schüler **analysieren** fallbezogene Risiken im Beruf, in der Schule und in der Freizeit, die die Arbeitskraft der Kundinnen und Kunden gefährden, und ermitteln die Kundenbedarfe. Hierbei informieren sich die Schülerinnen und Schüler in den entsprechenden Rechtsgrundlagen *(Sozialgesetzbuch, Allgemeine und Besondere Unfallversicherungsbedingungen, Allgemeine Bedingungen für die Berufsunfähigkeitsversicherung)*. In diesem Zusammenhang unterscheiden sie zwischen Arbeits- und Berufsunfähigkeit, Erwerbsminderung sowie Invalidität infolge von Krankheiten und Unfällen *(einfacher und erweiterter Unfallbegriff)*.

Die Schülerinnen und Schüler **planen** kundenspezifische Versicherungslösungen für die Kundinnen und Kunden und ihre Familienangehörigen, indem sie risikorelevante Daten *(persönliche und berufliche Verhältnisse)* erfassen, das Risiko beurteilen und bedarfsgerechte Angebote für die private Unfallversicherung *(Invaliditätsleistung, Gliedertaxe, Progression, Unfallrente, Assistance-Leistungen)* und für die Berufsunfähigkeitsversicherung *(Berufsunfähigkeitsrente)* erstellen. Sie ermitteln Beiträge der privaten Unfallversicherung *(Gefahrengruppen)* und Berufsunfähigkeitsversicherung *(Berufsgruppen)*.

Im Beratungsgespräch **erläutern** die Schülerinnen und Schüler den Kundinnen und Kunden die vorvertragliche Anzeigepflicht und zeigen die Rechtsfolgen bei Verletzung dieser Pflicht auf. Die Schülerinnen und Schüler erfassen unter Beachtung des Datenschutzes und der Datensicherheit die zur Risikobeurteilung notwendigen Daten, nehmen Anträge auf und bereiten den Abschluss von privaten Unfallversicherungen und Berufsunfähigkeitsversicherungen vor. Hierbei informieren sie Kundinnen und Kunden über steuerliche Aspekte.

Es folgen weitere Inhalte des Rahmenlehrplans für Lernfeld 7:

Im Rahmen der Bestandspflege **kontrollieren** die Schülerinnen und Schüler den Versicherungsschutz ihrer Kundinnen und Kunden und beraten diese bei Änderungen der individuellen Lebenssituation *(Volljährigkeit, Berufstätigkeit, Familienkonstellation, Wegzug, Renteneintritt)*. Im Sinne einer langfristigen Kundenbindung optimieren sie den Versicherungsschutz ihrer Kundinnen und Kunden und berechnen Nach- und Rückbeiträge.

Im Leistungsfall führen die Schülerinnen und Schüler die formelle und materielle Deckungsprüfung *(Vertragsverhältnis, Prämienverzug, Obliegenheitsverletzungen, Verweisbarkeit, Leistung von anderen Kostenträgern)* durch. Sie **beurteilen** den Leistungsfall, berechnen die Entschädigung *(Vorinvalidität, Mitwirkung)*, informieren die Versicherungsnehmerinnen und Versicherungsnehmer – auch mithilfe digitaler Medien – über die Regulierung und weisen sie auf ihre Rechte und Pflichten hin.

In Hinblick auf Kundenzufriedenheit und Kundenbindung **reflektieren** die Schülerinnen und Schüler ihr Service- und Kommunikationsverhalten im Beratungsgespräch und holen sich ein Kundenfeedback ein.

Vorbemerkungen über die Bedeutung der Arbeitskraft

„Persönlichkeiten werden nicht durch schöne Reden geformt, sondern durch Arbeit und eigene Leistung."

Quelle: Einstein, Albert: Aus meinen späten Jahren, Übersetzerin: Hildegard Blomeyer, Deutsche Verlags-Anstalt, Stuttgart 1952, S. 37

Albert Einstein (1879–1955), deutsch-amerikanischer Physiker

Ein bekanntes Verkaufsargument unter Versicherungsvermittlern und -vermittlerinnen, wenn es im Beratungsgespräch um die Absicherung der eigenen Arbeitskraft geht, lautet sinngemäß etwa wie folgt:

Zwar ist es in unserer Gesellschaft völlig normal, dass wir unsere Autos gegen Totalschäden mit einer Vollkaskoversicherung absichern – damit wir im schlimmsten Fall in der Lage sind, das Auto beispielsweise bei der Bank auszulösen oder einfach, damit wir uns ein neues kaufen können. Deutsche zahlten im Jahr 2021 beim Erwerb eines Neuwagens im Schnitt 37.800,00 €. Gleichzeitig ist es auch normal, dass man die eigene Fähigkeit zur Arbeit nicht durch entsprechende Versicherungen schützt – zumindest nicht in gleicher Konsequenz wie bei den Autos. Zum Vergleich: Das **durchschnittliche Lebenseinkommen** (brutto, bis zum 60. Lebensjahr) eines deutschen Beschäftigten betrug im Jahr 2019 knapp über **2 Mio. €**. Die Arbeitskraft ist daher mindestens genauso schützenswert, wie es unsere Autos sind.

Die **Gründe für den Verlust der eigenen Arbeitskraft** sind vielfältig und sie kommen meistens ganz ungeahnt. Dazu gehören beispielsweise:

- Krebserkrankungen
- Herz- und Gefäßerkrankungen
- Erkrankungen des Skelett- und Bewegungsapparates
- Verlust von Körperteilen nach Unfall
- frühzeitige Demenz
- Depressionen
- Pflege von nahestehenden Verwandten

Die **finanzielle Souveränität** der Versicherungsnehmer/-innen zu wahren, gehört zu den Kernaufgaben der Versicherungswirtschaft, weswegen eine Vielzahl verschiedener Versicherungsprodukte am Markt existiert. Sie alle helfen dabei, den bisherigen Lebensstandard weiterführen zu können – oder zumindest ohne allzu starke Einschränkungen. Die **staatlichen sozialen Sicherungssysteme** bieten zwar in vielen schwierigen Lebensphasen grundlegenden Existenzschutz, damit einher gehen beispielsweise aber auch deutliche finanzielle Einbußen, hoher Aufwand in der Beantragung, häufige Enttäuschungen durch Ablehnungsbescheide usw. Die private Versicherungswirtschaft bietet im Bereich der Arbeitskraft-Absicherung, aber auch deutlich darüber hinaus Versicherungsschutz in den Bereichen der **privaten Unfallversicherung, Berufsunfähigkeitsversicherung** und der **Grundfähigkeitenversicherung**.

Teil A: Kunden zur Unfallversicherung beraten

1 Risikoanalyse und Marktchancen in der Unfallversicherung

Ein häufig angebrachter **Einwand** bei Kundenberatungsgesprächen zur Unfallversicherung lautet: *„Ach, ein Unfall passiert mir nicht!“* Raffinierte Versicherungsvermittler/-innen antworten darauf: *„Selbstverständlich hoffen wir, dass Sie recht behalten. Ein Blick in die Unfallstationen der Krankenhäuser spricht jedoch eine andere Sprache – und dort hätten die meisten morgens noch dasselbe wie Sie gesagt!“*

Fakt ist: **Unfälle passieren**, egal wo, egal wer, egal wann, egal wie. Die Aufgabe des Versicherers ist es, den Bedarf für die private Unfallversicherung aufzuzeigen und die **Lücke** zur gesetzlichen Unfallversicherung zu **schließen**. Die im folgenden Kapitel vorgestellten Zahlen, Daten und Fakten sollen einen Überblick über Risiken und Chancen bieten.

1.1 Risikoanalyse – Zahlen, Daten, Fakten

Anzahl der Todesfälle in Deutschland aufgrund von Unfällen nach Unfallkategorie in den Jahren 2014 bis 2020

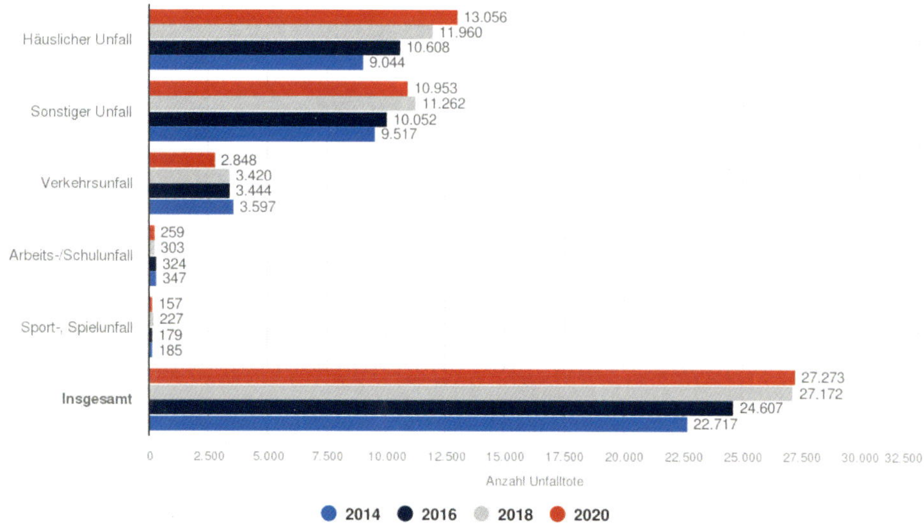

Quelle
Statistisches Bundesamt
© Statista 2022

Weitere Informationen:
Deutschland; 2014 bis 2020

Die vorangehende Statistik zeigt die **Anzahl an Unfalltoten in verschiedenen Kategorien** (Orte, an denen sich die Unfälle ereignen) auf und vergleicht die Entwicklung der Erhebungsjahre 2014; 2016; 2018 und 2020. Es wird deutlich, dass die Anzahl Unfalltoter insgesamt seit 2014 **stets ansteigt**, wobei die meisten Todesfälle 2020 im Bereich des **häuslichen Unfalles** zu verzeichnen sind (13 056 Tote).

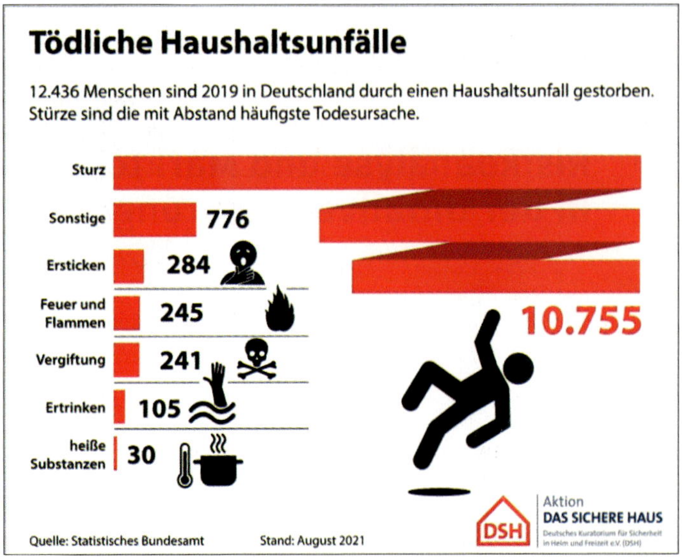

Vergleichsweise wenig Unfälle mit Todesfolge treten in den Kategorien **Arbeits-/ Schulunfall** sowie **Sport- und Spielunfälle** auf. Dies lässt sich beispielsweise darauf zurückführen, dass die Zeit beim Sport deutlich kürzer ausfällt als beispielsweise daheim; Arbeitsunfälle mit Todesfolge sind rückläufig und fallen gering aus, da Unfallverhütungsvorschriften (UVV) in Deutschland konsequent durchgesetzt werden. **Verkehrsunfälle mit Todesfolge** sind ebenfalls rückläufig und machen circa 10 % der gesamten Ursachen für Unfälle mit Todesfolge aus. Die rückläufige Zahl lässt darauf schließen, dass Autos und generell der Straßenverkehr sicherer werden. Die Kategorie „Sonstiger Unfall" beinhaltet alle weiteren Situationen, in denen Unfälle mit Todesursache auftreten.

Im Jahr 2019 sind 12 436 Menschen bei einem Unfall im Haushalt verstorben. Die Ursachen dafür sind sehr unterschiedlich, eine Ursache sticht aber hervor:

- 10 755 Unfälle mit Todesfolge durch **Sturz**
- 284 Unfälle mit Todesfolge **durch Ersticken**
- 245 Unfälle mit Todesfolge durch **Feuer und Flammen**
- 241 Unfälle mit Todesfolge durch **Vergiftung**
- 105 Unfälle mit Todesfolge durch **Ertrinken**
- 30 Unfälle mit Todesfolge durch heiße **Substanzen**

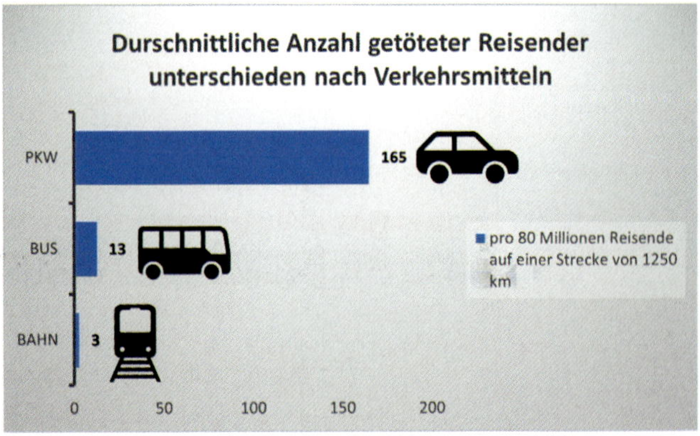

Nicht näher beschrieben werden 776 Unfälle mit Todesfolge durch sonstige Ursachen, dazu können aber beispielsweise die **falsche Bedienung von Haushaltsgeräten** oder **Stromschläge** zählen.

Auch im Verkehr geschehen einige Unfälle. Die Wahrscheinlichkeit eines Unfalles und die Schwere der Verletzung steht statistisch gesehen in einem **kausalen Zusammenhang** mit dem gewählten **Beförderungsmittel**. Die Statistik zeigt, dass bei 80 Mio. Bahnfahrenden auf einer zurückgelegten Strecke von 1 250 km durchschnittlich drei Menschen sterben. Etwas höher fällt diese Größe mit durchschnittlich 13 Toten bei Busfahrenden aus. Signifikant größer ist die Zahl bei den Pkws, bei denen sich der statistische Wert auf 165 Tote beläuft.

Die bislang vorgestellten Statistiken beziehen sich auf Unfälle mit Todesfolge, **viele Unfälle führen jedoch nicht zum Tod**, sondern ziehen langwierige Verletzungen mit teilweise **drastischen Folgen** für das weitere Leben der verunfallten Personen nach sich. Das Tortendiagramm spiegelt alle erfassten Unfälle mit Verletzungsfolgen in Deutschland 2015 wider. Die meisten Unfälle mit Verletzungsfolgen geschehen statistisch gesehen in der **Freizeit** (3,89 Mio. Verletzte) und im **Haushalt/Hausbereich** (3,15 Mio. Verletzte). Der Begriff Freizeit impliziert hier auch Hobbys, beispielsweise das Ausüben sportlicher Aktivitäten wie Fußball spielen, Joggen gehen usw. Zum Hausbereich gehören Tätigkeiten in der Küche, im Garten oder in der Heimwerkstatt. Ein relativ kleiner Anteil an Verletzten lässt sich den Bereichen **Verkehr** (0,39 Mio. Verletzte) und **Arbeit** (0,99 Mio. Verletzte) zuordnen. Vergleicht man die Anzahl bei einem Unfall verletzter und getöteter Personen, fällt auf, dass die Schere im Verkehrsbereich am weitesten auseinander geht, was darauf zurückzuführen ist, dass durch hohe Geschwindigkeiten die Wahrscheinlichkeit zu sterben höher ist als beispielsweise in der Schule. Es lässt sich also festhalten, dass jährlich mehrere Millionen Menschen in Deutschland verunfallen, ob sie dabei sterben, hängt aber vom Risiko ab. **Dies ist insbesondere für die Bedarfskalkulation bei der Kundenberatung zu berücksichtigen.**

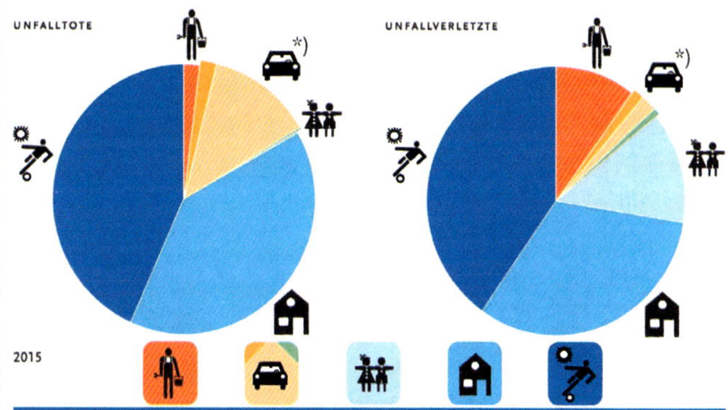

Unfallkategorie	Arbeit	Verkehr*)	Schule	Hausbereich	Freizeit	Gesamt
Tödliche Unfälle	480	3.633	21	9.816	10.628	24.578
Unfallverletzte	0,99 Mio.	0,39 Mio.	1,30 Mio.	3,15 Mio.	3,89 Mio.	9,73 Mio.

*) Die in der Kategorie Verkehr enthaltenen Anteile aus dem Arbeitsbereich – 478 tödliche Unfälle und 0,14 Mio. Unfallverletzte – sowie dem Schulbereich – 40 tödliche Unfälle und 0,06 Mio. Unfallverletzte – sind in ocker und grün dargestellt.

Quellen: Todesursachenstatistik, Straßenverkehrsunfallstatistik, Statistiken der gesetzlichen Unfallversicherungsträger, RKI-Datensatz

Anzahl der Verunglückten bei Straßenverkehrsunfällen in Deutschland nach Altersgruppen und Geschlecht im Jahr 2021

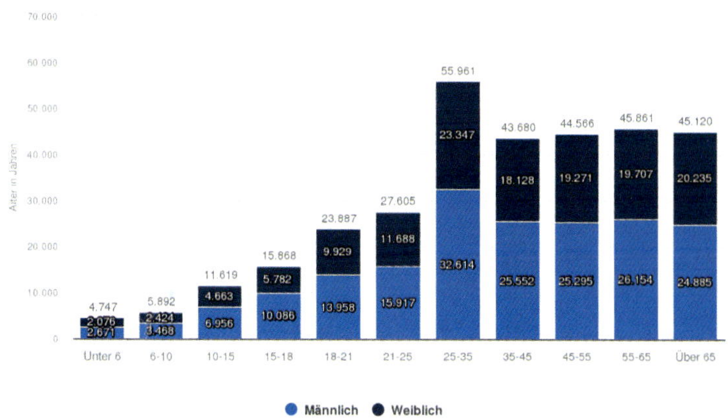

Quelle
Statistisches Bundesamt
© Statista 2022

Weitere Informationen:
Deutschland, 2021

Insbesondere in der Unfallversicherung ist die Frage nach dem richtigen Versicherungsschutz auch eine Frage der zugrunde liegenden **Zielgruppe**. Dazu gehören natürlich nicht nur die Fragen nach weichen Merkmalen wie Lebensstil, Hobbys und Beruf, sondern auch die Klärung **des Alters und des Geschlechts**. Die vorangehende Statistik zeigt dahingehend exemplarisch am Straßenverkehr (2021) auf, dass insbesondere junge Menschen zwischen 25 Jahren und 35 Jahren eine **hohe Unfallwahr-**

scheinlichkeit haben – die höchste haben die Männer. Auffällig ist ebenfalls, dass auch unter 18-Jährige eine **vergleichsweise hohe Wahrscheinlichkeit** haben, im Straßenverkehr zu verunfallen, obwohl sie selbst in der Regel gar kein Auto fahren, sondern per Fahrrad oder zu Fuß am Verkehr teilnehmen.

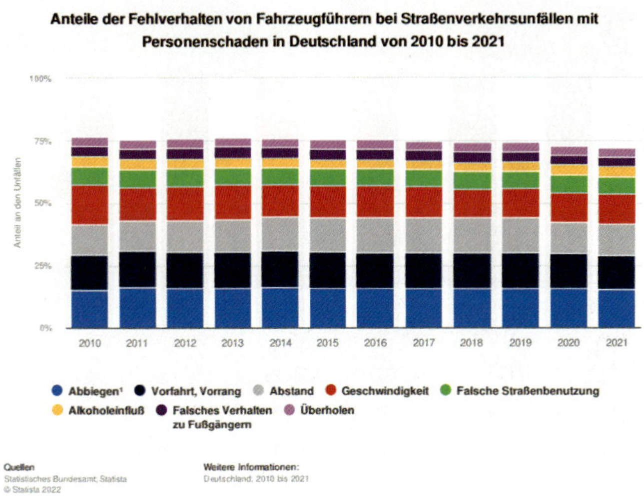

Unfälle mit Todes- oder Verletzungsfolge im Straßenverkehr lassen sich auf Fehlverhalten der Fahrzeugführer/-innen zurückführen. Die o.g. Statistik zeigt dabei die **verschiedenen Fahrfehler** auf und es wird deutlich, dass jeweils circa 15 % der Unfälle beim Abbiegen bzw. bei Vorfahrtssituationen passieren; etwas mehr als 10 % bei Abbiegevorgängen. Dies bedeutet, dass circa 40 % aller Straßenverkehrsunfälle mit Personenschäden bei vergleichsweise niedrigen Geschwindigkeiten geschehen, was deshalb für die Unfallversicherung relevant ist, da insbesondere **hier langwierige Verletzungsfolgen** auftreten. Weitere circa 10 % der Verkehrsunfälle sind auf überhöhte Geschwindigkeit zurückzuführen, der Rest auf Fahren unter Alkoholeinfluss, falsches Verhalten von Fußgängern und generell falsche Straßenbenutzung.

Tabelle 13 Verteilung der Arbeitsunfälle im Betrieb nach Berufshauptgruppen (abhängig Beschäftigte und Unternehmer)

Berufshauptgruppe	Meldepflichtige Unfälle		Neue Unfallrenten		Tödliche Unfälle	
	Anzahl	%	Anzahl	%	Anzahl	%
Führungskräfte (Betriebsleiter u. a.)	3.190	0,4	119	1,0	2	1,0
Akademische Berufe	10.998	1,4	237	2,0	1	0,5
Techniker und gleichrangige nichttechnische Berufe	69.247	8,8	1.469	12,7	7	3,4
Bürokräfte, kaufmännische Angestellte	71.659	9,1	841	7,3	14	6,8
Dienstleistungsberufe, Verkäufer in Geschäften und auf Märkten	118.753	15,1	1.079	9,3	4	1,9
Fachkräfte in der Land-/Forstwirtschaft und Fischerei	6.606	0,8	95	0,8	3	1,4
Handwerks- und verwandte Berufe	263.030	33,4	3.835	33,1	84	40,6
Anlagen- und Maschinenbediener sowie Montierer	109.943	14,0	2.044	17,6	47	22,7
Hilfsarbeitskräfte	120.204	15,3	1.751	15,1	40	19,3
Keine Angabe und Sonstige	13.173	1,7	122	1,1	5	2,4
Gesamt	**786.803**	**100,0**	**11.592**	**100,0**	**207**	**100,0**

Je nach Beruf verbringen Menschen etwa **acht Stunden eines Tages auf der Arbeit** und in Abhängigkeit des Berufes bzw. ihrer beruflichen Stellung steigt einhergehend damit auch das Unfallrisiko. Für die meisten Arbeitnehmer/-innen greift bei einem Unfall auf der Arbeit der gesetzliche Unfallversicherungsschutz (GUV, mehr dazu im Kapitel zur gesetzlichen Unfallversicherung). Dennoch ist eine ergänzende private Unfallversicherung **aus verschiedenen Gründen sinnvoll**, da diese die GUV um einige Leistungsarten **ergänzt und parallel zur GUV leistet**. Die Statistik zeigt auf, dass auch hier der Versicherungsbedarf abhängig von der Zielgruppe ist. Insbesondere Handwerker/-innen weisen mit 263 030 meldepflichtigen Unfällen 2018 eine hohe Unfallwahrscheinlichkeit aus, aber verschiedene Berufe der Dienstleistung, Hilfsarbeitsberufe und Anlagen- und Maschinenbedingungstätigkeiten weisen jeweils sechsstellige Unfallzahlen aus. Vergleichsweise gering fallen die meldepflichtigen Unfallzahlen im Bereich der Führungskräfte aus. In der Bedarfsanalyse ist jedoch dringend zu berücksichtigen, dass **insbesondere Führungskräfte** häufig körperliche Ausgleichsaktivitäten in ihrer **Freizeit** unternehmen, was wiederum das niedrige berufliche Verletzungsrisiko ausgleicht.

Es sollte mittlerweile deutlich geworden sein, dass Unfälle **erhebliche Kosten** verursachen können, die – je nach Perspektive – die privaten Finanzen belasten können, aber auch **betriebs- und volkswirtschaftliche Kennzahlen** stark beeinflussen. Die o.g. Statistik zeigt die **durchschnitt-**

lichen Arbeitsunfähigkeitszeiten nach Betriebsunfällen auf. Die meisten betriebsbedingten Unfälle (circa 280 000) bedeuten eine Arbeitsunfähigkeit von vier Tagen bis eine Woche, gefolgt von circa 180 000 Unfällen mit einer Ausfallzeit von einer bis zwei Wochen. Die Lohnfortzahlung wird in dieser Zeit **durch den Arbeitgeber** gewährleistet, es handelt sich dabei also um eine Auswirkung auf betriebswirtschaftlicher Ebene. Ab der siebten Woche (mit dem 42. Tag) endet die Lohnfortzahlung durch den Arbeitgeber und die Berufsgenossenschaft (BG, Träger der gesetzlichen Unfallversicherung) zahlt dann das sogenannte **Verletztengeld** aus (circa 80 % des Monatsbruttogehalts), weshalb die Kosten dann **volkswirtschaftlicher Natur** sind.

Abbildung 1 Arbeitsunfähigkeitsdauer von Verunfallten bei betrieblichen Arbeitsunfällen (abhängig Beschäftigte und Unternehmer)

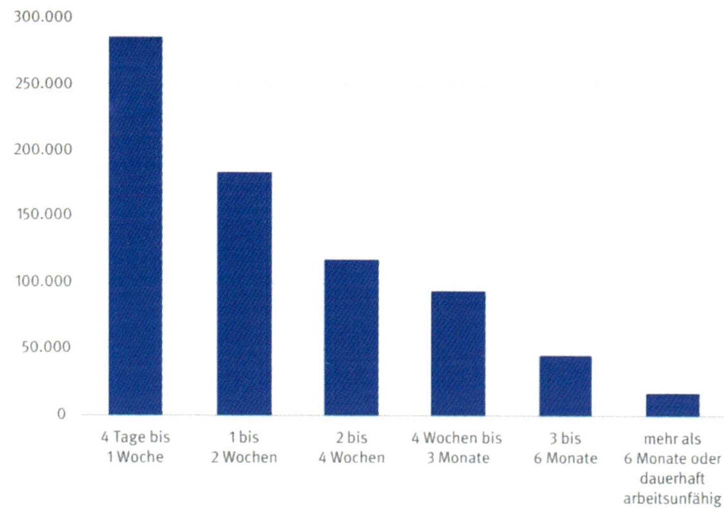

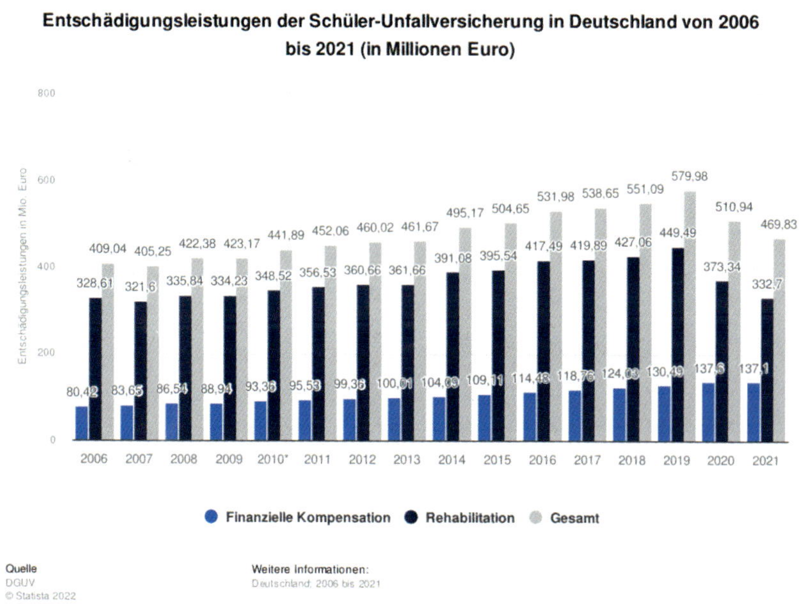

Durch die gesetzliche Unfallversicherung sind auch **Schüler/-innen auf dem Schulweg** und **in der Schule** gegen die Gefahr des Unfalls versichert. Die oben angeführte Statistik zeigt dabei auf, dass beispielsweise im Jahr 2019 fast 580 Mio. € an Entschädigungsleistungen ausbezahlt wurden. Es ist außerdem zu erkennen, dass die ausbezahlten Leistungen ab dem Basisjahr 2006 stets ansteigen, was in erster Linie auf **steigende Preise im Gesundheitssektor** und die **allgemeine Inflation** zurückzuführen ist. Lediglich im Jahr 2020 sind die Leistungen im Bereich der Rehabilitation stark rückläufig, was unter anderem auf coronabedingte Schließungen der Rehazentren zurückführbar sein dürfte.

1.2 Marktchancen – der Status Quo

Bestand an Verträgen in der Schaden- und Unfallversicherung in Deutschland im Jahr 2021 nach Sparten (in Millionen)

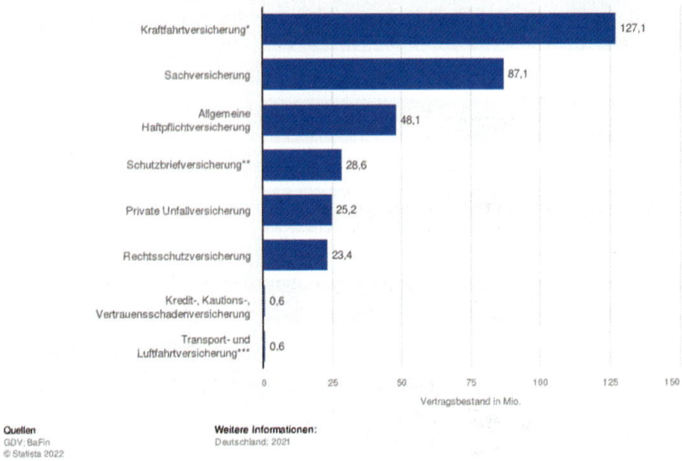

In Vermittlerkreisen wird häufig betont, dass, wer sich eine Berufsunfähigkeitsversicherung nicht leisten kann (oder möchte), **zumindest eine Unfallversicherung abschließend** sollte. Die Aussage ist sicherlich streitbar, Fakt ist jedoch, dass die Prämie für den durchschnittlichen Versicherungsschutz in der privaten Unfallversicherung **günstiger ausfällt** als in der Berufsunfähigkeitsversicherung – die Gründe dafür sind vielfältig. Dies erklärt auch, weshalb vergleichsweise viele private Unfallversicherungsverträge in Deutschland bestehen. Die private Unfallversicherung zählte im Jahr 2021 **25,2 Mio. Verträge in den Beständen der Versicherungsunternehmen**. Für einen echten Rückschluss auf den Versicherungs-Status-Quo in der privaten Unfallversicherung werden weitere Informationen benötigt, denn zum einen können deutsche Versicherungsnehmer/-innen auch zwei oder noch mehr Verträge in der privaten Unfallversicherung gleichzeitig haben, um die Leistungsarten zu ergänzen; in einem einzelnen Vertrag können wiederum mehrere Personen versichert sein. Wird jedoch die Anzahl der Verträge in der privaten Unfallversicherung mit den Zahlen der Haftpflicht-, Hausrat- und Wohngebäudeversicherung verglichen, fällt auf, dass deutsche Versicherungsnehmer/-innen noch weit entfernt vom flächendeckenden Versicherungsschutz gegenüber Unfällen sein dürften.

Beiträge, Leistungen und Schaden-Kosten-Quoten
Inländisches Direktgeschäft der GDV-Mitgliedsunternehmen

Jahr	Anzahl Versicherungsunternehmen	Beiträge[1]		Leistungen[2]		Schaden-Kosten-Quote[3]
		in Mio. EUR	*Veränderung ggü. Vorjahr*	*in Mio. EUR*	*Veränderung ggü. Vorjahr*	
2014	130	6.471	0,9%	3.167	2,4%	80,9%
2015	131	6.365	-1,6%	3.236	2,2%	79,2%
2016	127	6.450	1,3%	3.238	0,0%	77,4%
2017	123	6.479	0,5%	3.364	3,9%	81,5%
2018	123	6.545	1,0%	3.393	0,9%	77,4%
2019	125	6.660	1,8%	3.372	-0,6%	76,8%
2020	124	6.680	0,3%	3.256	-3,4%	76,1%

Für die Versicherungsunternehmen und für die Vermittler/-innen ist die Sparte der Unfallversicherung aktuell **noch eine der ertragreichsten,** insbesondere im Vergleich zu den Sparten Kfz-Versicherung oder Wohngebäudeversicherung. Der GDV veröffentlicht regelmäßig repräsentative Daten zu den Schaden- und Kostenquoten der Mitgliedsunternehmen in verschiedenen Sparten. In Bezug auf die Unfallversicherung wird zuletzt (2020) eine Schaden-Kosten-Quote von über 76,1 % ermittelt. Die **Schaden-Kosten-Quote** in dieser Statistik gibt an, wie es um das Verhältnis **ausbezahlter Leistungen** (inklusive der Betriebs-und Vertriebskosten) zu den **eingenommenen Beiträgen** bestellt ist.

Die Beitrags-Leistungs-Quote (kurz: **Schadenquote**) stellt hingegen lediglich die **Beitragseinnahmen** in ein Verhältnis zu den **Schadenzahlungen**. Die sonstigen Betriebs- und auch Vertriebskosten bleiben hierbei unberücksichtigt. Die Schadenquote wird überwiegend im Vertrieb verwendet, meistens als direkte Schadenquote einer Kundin bzw. eines Kunden oder des Kundenbestands einer Mitarbeiterin bzw. eines Mitarbeiters. Bei dieser Kennzahl bleiben die Betriebs- und Vertriebskosten deswegen außen vor, weil der Außendienst auf diese kaum einen Einfluss hat, weshalb die Schadenquote auch nur eine geringe Aussagekraft hinsichtlich des Ertrags einer Sparte hat. Aus dem vorliegenden Beispiel ergibt sich eine Schadenquote von 48,74 %. Die Statistik gibt außerdem an, dass die Beiträge in der privaten Unfallversicherung kontinuierlich steigen, dem gegenüber die ausbezahlten Leistungen zuletzt aber rückläufig sind.

2 Gesetzliche Unfallversicherung

Zum Schutz der Arbeitnehmer/-innen vor den Folgen eines Unfalles, sind diese in der Regel über die gesetzliche Unfallversicherung (GUV) versichert. Ihr **Zweck** ist es, Arbeitsunfälle und Berufskrankheiten zu vermeiden und nach deren Eintritt die Gesundheit und Arbeitsfähigkeit der Versicherten wiederherzustellen. Einhergehend damit werden gegebenenfalls auch finanzielle Entschädigungen an die Versicherten sowie an deren Angehörige geleistet.

2.1 Einordnung der gesetzlichen Unfallversicherung

Die GUV **stellt eine der fünf Säulen der Sozialversicherung** dar, ihre gesetzliche Verankerung liegt im siebten Sozialgesetzbuch (SGB VII). Im Kundenberatungsgespräch werden Vermittler/-innen häufig mit der Aussage konfrontiert, dass man über den Arbeitgeber in der Regel bereits unfallversichert sei, was **grundsätzlich** natürlich stimmt. Gelegentlich ist den Arbeitnehmenden allerdings auch nicht bewusst, dass sie über den Arbeitgeber unfallversichert sind. Dies lässt sich darauf zurückführen, dass die Abgaben für vier der fünf Sozialversicherungen auf der Lohn- und Gehaltsabrechnung sichtbar sind – sie werden paritätisch, also jeweils zur Hälfte zwischen Arbeitnehmer/-innen und Arbeitgeber aufgeteilt. **Die Beiträge zur gesetzlichen Unfallversicherung werden jedoch einzig und allein vom Arbeitgeber geleistet**.

Hier liegt die Begründung auf der Hand, denn wer sich in den Dienst eines Unternehmens stellt und sich dabei verletzt, der soll nicht die Beiträge für eine Sozialversicherung zahlen, **die das erst durch die Arbeit entstehende Risiko absichert**. Anders als bei der privaten Unfallversicherung, gilt bei der gesetzlichen kein Rund-um-die-Uhr-Versicherungsschutz (**24 Stunden** an **sieben Tagen** die Woche). Nur während der Arbeit und auf dem Weg hin und zurück gilt der Versicherungsschutz. Darüber hinaus gilt der private Unfallversicherungsschutz in der Regel **weltweit**, die GUV beschränkt sich auf Deutschland und gewisse Auslandsaufenthalte, wenn diese zeitlich beschränkt und arbeitsbedingt sind.

Das siebte Sozialgesetzbuch legt in Bezug auf die GUV unter anderem fest,

- welche **Aufgaben** die gesetzliche Unfallversicherung hat,
- welche **Personen** versichert sind und welche nicht,
- wann ein **Versicherungsfall** in der gesetzlichen Unfallversicherung vorliegt,
- welche **Leistungen** Versicherte erhalten, wie diese festgesetzt werden und welche Voraussetzungen gelten,
- weitere Vorschriften und **sonstige** Abschnitte über Haftung, Träger usw.

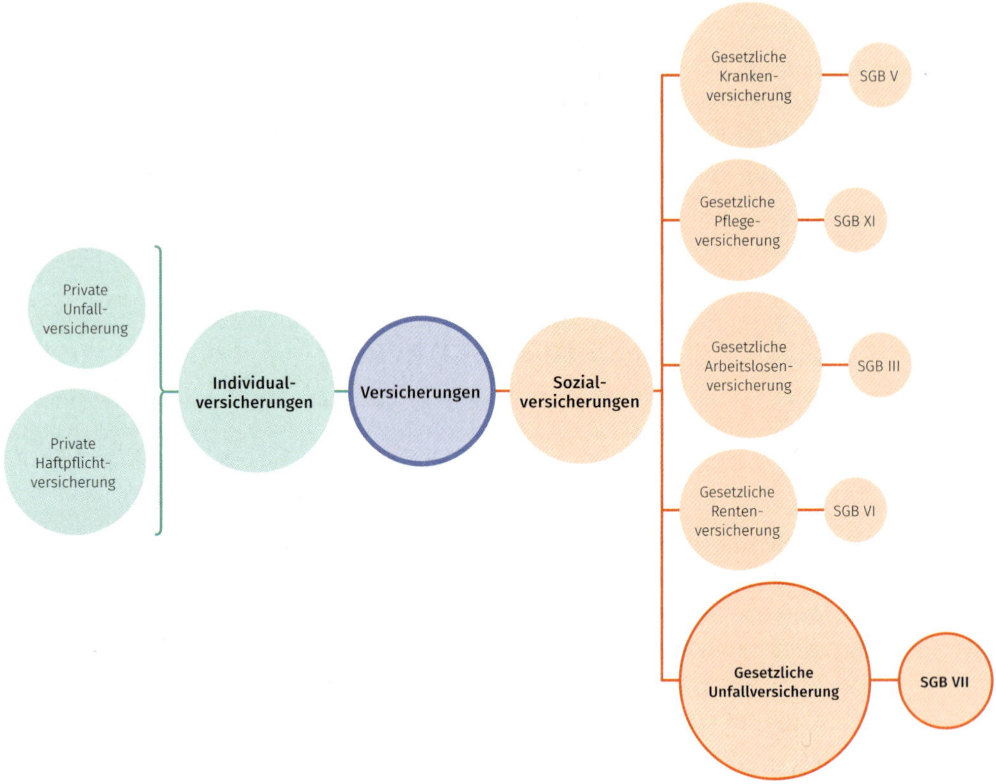

2.2 Organisation der gesetzlichen Unfallversicherung

Die Gründung der GUV geht auf den Reichskanzler **Otto von Bismarck** zurück, der die Arbeitnehmer/-innen vor Kündigung und Armut schützen wollte und dafür am 6. Juni 1884 das *Unfallversicherungsgesetz* auf den Weg gebracht hat. Im Kern beinhaltet es die meisten Bestimmungen und Regelungen, die auch heute noch gelten.

2.2.1 Berufsgenossenschaft

Die **Träger** der gesetzlichen Unfallversicherung sind zum einen die sogenannten (gewerblichen) Berufsgenossenschaften (BG), dazu gehören beispielsweise die BG RCI (Rohstoffe und Chemie), BG BAU (Bauwirtschaft), BG Handel/Logistik und die VBG. In letztgenannter, der Verwaltungs-Berufsgenossenschaft (VBG), sind unter anderem Kaufleute für Versicherungen und Finanzanlagen versichert.

Neben den gewerblichen Berufsgenossenschaften, zu denen mehr als vier Millionen Unternehmen und Einrichtungen gehören, zählen auch **24 Unfallkassen** und Gemeindeunfallversicherungsverbände **(Träger der öffentlichen Hand)** zu den Trägerschaften der gesetzlichen Unfallversicherung. Für den landwirtschaftlichen Bereich bietet die Sozialversicherung für Landwirtschaft, Forsten und Gartenbau (SVLFG) Versicherungsschutz.

2.2.2 Beitragszusammensetzung

Die gesetzliche Unfallversicherung finanziert sich im Bereich der gewerblichen Berufsgenossenschaften in erster Linie durch die **Sozialversicherungsbeiträge der Unternehmen**, Trägerschaften der öffentlichen Hand hingegen finanzieren sich durch im Haushalt dafür vorgesehene Gelder **(Steuern)**.

Der Beitrag, der durch die Unternehmen an die Träger abzuführen ist, hängt im Wesentlichen von **drei Faktoren** ab:

- **Arbeitsentgelt**
  Wie hoch ist das vom Arbeitgeber an Arbeitnehmende bezahlte Bruttoentgelt?
- **Gefahrklasse**
  In welcher Gefahrklasse befindet sich der Arbeitnehmende? Die Bauwirtschaft hat beispielsweise eine höhere Gefahrklasse als die Verwaltungs-Berufsgenossenschaft.
- **Beitragsfuß**
  Der Beitragsfuß ist ein Faktor, der Arbeitsentgelt und Versicherungsrisiko gewichtet.

Die Formel zur Berechnung lautet:

$$\frac{\text{Arbeitsentgelt} \cdot \text{Beitragsfuß} \cdot \text{Gefahrklasse}}{1000}$$

Im Jahr 2021 lag der Beitrag exemplarisch an der VBG **bei 1,9624 € je 1.000,00 € Entgeltsumme**. Dieser Beitrag ist ausschließlich vom Arbeitgeber abzuführen.

2.2.3 Anmeldeverfahren

Gemäß § 192 (1) SGB VII sind Unternehmer/-innen dazu verpflichtet, das Unternehmen **innerhalb einer Woche** beim zuständigen Unfallversicherungsträger anzumelden. Neben der Art und dem Gegenstand des Unternehmens ist auch die Anzahl der Versicherten mitzuteilen. Das **Unterlassen** der Meldung kann als **Ordnungswidrigkeit** gewertet und mit einem Bußgeld in Höhe von bis zu 2.500,00 € belegt werden (§ 209 SGB VII). § 192 (2) SGB VII sieht außerdem vor, dass Änderungen der Art und des Gegenstands des Unternehmens sowie für den Beitrag relevante Änderungen **innerhalb von vier Wochen mitzuteilen sind** – auch hier ist anderenfalls ggf. ein Bußgeld zu erwarten. In der Regel bieten die Berufsgenossenschaften die Möglichkeit an, das Unternehmen online anzumelden. Einstellungen und Kündigungen sind ebenfalls mitzuteilen.

§ 192 (2) SGB VII

§ 209 SGB VII

§ 192 (1) SGB VII

2.3 Leistungsumfang der gesetzlichen Unfallversicherung

Der Leistungsumfang bezieht sich zum einen auf den **versicherten Personenkreis**, wer also in der GUV versichert ist. Andererseits bezieht sich der Leistungsumfang aber auch auf die **eigentlichen Leistungen**, die auch an Hinterbliebene ausbezahlt werden können.

2.3.1 Versicherter Personenkreis

Beim versicherten Personenkreis muss differenziert werden, da es neben den gesetzlich festgelegten **Pflichtversicherten** auch die Möglichkeit gibt, sich in der GUV **freiwillig** zu versichern. Bei den Pflichtversicherten spricht man auch von ***versichert kraft Gesetzes***, deren gesetzliche Grundlage § 2 SGB VII darstellt. Demnach gehören u. a. zu den Pflichtversicherten:

§ 2 SGB VII

- Arbeitnehmer/-innen
- Auszubildende
- Kinder in Kindergärten, Krippe usw.
- Unternehmer/-innen, die selbstständig im Gesundheitswesen oder in der Wohlfahrtspflege tätig sind
- Personen in der Rehabilitation
- behinderte Menschen in u. a. anerkannten Werkstätten
- Landwirte und Landwirtinnen, wenn sie Mitglied der zuständigen BG sind
- bestimmte Ehrenämter, bspw. im Gesundheitswesen
- Blutspender/-innen
- Erste-Hilfe-Leistende (Nothelfer/-innen)

Die Möglichkeit, sich in der GUV zu versichern, besteht auch für **Selbstständige** und **Unternehmer/-innen** (Achtung: Manche Unternehmer/-innen sind bereits kraft Gesetzes versichert). Dazu ist bei der für die jeweilige Branche zuständige BG ein schriftlicher Antrag zu stellen.

2.3.2 Aufgaben, Versicherungsfall und Leistungsarten

§ 1 SGB VII Die **drei Hauptaufgaben** der GUV lauten gem. § 1 SGB VII:

Die **Prävention** sieht vor, dass mit allen geeigneten Mitteln versucht wird, den **Versicherungsfall** in der GUV zu verhüten. Als Versicherungsfall gelten Unfälle, die auf der Arbeit geschehen **(Arbeitsunfälle)**, oder Unfälle, die auf dem Weg zur Arbeit bzw. zurück passieren **(Wegeunfälle)**. Darüber hinaus ist auch das Auftreten bestimmter **Berufskrankheiten** versichert, diese sind in der Anlage 1 und 2 der Berufskrankheiten-Verordnung (BKV) zu entnehmen. Aktuell führt die Verordnung 82 anerkannte Berufskrankheiten an, darunter z. B. Bandscheibenbedingte Erkrankungen durch langjähriges Heben und Tragen – wie es beispielsweise bei Pflegepersonal häufig der Fall ist.

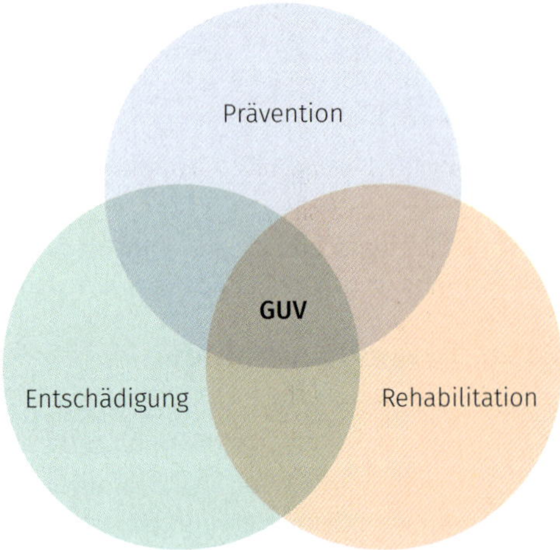

Sollte sich ein Arbeitsunfall zutragen oder eine Berufskrankheit auftreten, so wird versucht, die Gesundheit und Arbeitsfähigkeit der Versicherten im Rahmen von **Rehabilitation** wieder herzustellen. Während der Rehabilitation werden die Versicherten mit Geldleistungen **(Entschädigung)** unterstützt, um beispielsweise wegfallenden Lohn zu kompensieren. Zu diesen Geldleistungen gehören u. a. das Verletztengeld, das Übergangsgeld und das Pflegegeld. Kann die Arbeitsfähigkeit nicht oder nur zum Teil wiederhergestellt werden, so kann die GUV eine Rente auszahlen.

Trotz aller Verhütungsmaßnahmen kann es auch zu einem **tödlichen** Arbeits- oder Wegeunfall kommen. Es werden auch Entschädigungsleistungen an die Hinterbliebenen ausbezahlt, dazu gehören das Sterbegeld, Überführungskosten und verschiedene Hinterbliebenenrenten, bspw. die Witwen- oder Waisenrente.

2.3.3 Wegeunfälle in der gesetzlichen Unfallversicherung

Ein wesentlicher Bestandteil des Leistungsspektrums der GUV ist neben der Absicherung bei Folgen eines Unfalles auf der Arbeit (Arbeitsunfall) auch die Absicherung auf dem Weg zur Arbeit bzw. zurück nach Hause – dem sogenannte Wegeunfall. Immerhin verbringt jede/-r zweite Arbeitnehmer/-in täglich mehr als 30 Minuten für den Weg zur Arbeit und die gleiche Zeit auch wieder zurück. Über 12 % benötigen pro Strecke mehr als eine Stunde; die meisten Pendler/-innen nutzen dafür das Auto.

Die gesetzliche Unfallversicherung bietet auch auf diesen Wegen Versicherungsschutz, allerdings gelten dafür Vorgaben, die im Zweifel geprüft werden können. Denn ob ...

... die Umleitung,
... das Bringen der Kinder in den Kindergarten,
... der Umweg zum Supermarkt,
... die Fahrgemeinschaft mit den Kolleginnen und Kollegen,

... das Treffen nach der Arbeit mit Freunden oder
... der Betriebssport ...

... zu solchen Wegen gehört – und unter den Versicherungsschutz fällt –, hängt ganz davon, inwieweit diese in einem **inneren Zusammenhang** mit der Arbeitstätigkeit stehen.

Die Grundlage für den Wegeunfall bildet § 8 SGB VII. Dort steht beschrieben, dass der **unmittelbare Weg** zur Arbeit und anschließend nach Hause versichert sind. Ein **abweichender Weg** ist nur dann zulässig, wenn dieser zur Unterbringung der im Haushalt lebenden Kinder oder der Bildung einer Fahrgemeinschaft mit anderen Versicherten (!) dient. *§ 8 SGB VII*

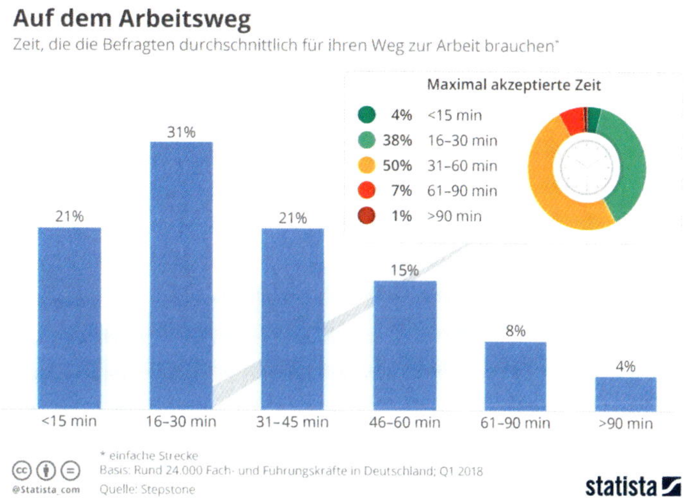

Der Spitzenverband der Deutschen Gesetzlichen Unfallversicherung (DGUV) ergänzt dazu, dass auch **notwendige Umleitungen** versichert sind, wenn diese zum Beispiel durch Bauarbeiten an einer Straße notwendig werden. Ist ein anderer Weg zur Arbeit zwar länger (z.B. über die Autobahn), aber schneller, dann ist dieser schnellere Weg ebenfalls versichert. **Grundsätzlich kann ein Arbeitsweg unterbrochen werden**, beispielsweise um Einkäufe zu erledigen. Während dieser Unterbrechung besteht allerdings **kein Versicherungsschutz**. Die Unterbrechung beginnt dann nicht im Supermarkt, sondern bereits beim Verlassen des unmittelbaren Weges zur Arbeit bzw. zurück.

Der **direkte Weg** gilt als die versicherte Wegstrecke, wenn dies die eigene Arbeitsstätte ist. Das Verlassen dieses Weges für das Wahrnehmen eines privaten Termins **führt zu einer Unterbrechung der Versicherungszeit**. Wenn der Weg anschließend wieder aufgenommen wird, dann greift der Versicherungsschutz wieder.

Achtung: Die Berufsgenossenschaften schreiben eine maximale Unterbrechungszeit von höchstens zwei Stunden vor.

2.3.4 Arbeiten im Homeoffice

Nur wenige Unternehmen haben vor der Corona-Pandemie ihren Arbeitnehmerinnen und Arbeitnehmern die Möglichkeit geboten, ihre Arbeit von zu Hause aus zu erledigen. Mit Beginn der Pandemie jedoch wurden im Zuge der Lockdowns – und auch danach – viele Berufstätige von zu Hause aus beschäftigt. **Die gesetzliche Unfallversicherung bietet auch für die Arbeit zu Hause Versicherungsschutz**, allerdings ist eine klare Abgrenzung zu **privaten Tätigkeiten** notwendig.

Versichert sind alle Tätigkeiten, die mit der Handlungstendenz ausgeübt werden, dem Unternehmen zu dienen bzw. betriebliche Aufgaben zu erfüllen.

Im Umkehrschluss sind Wege nicht versichert, die mit der **Handlungstendenz eigenwirtschaftlicher Tätigkeiten** durchgeführt wurden.

Beispiele

Im Homeoffice versichert sind:
- Fall vom Bürostuhl
- Umknicken beim Holen betrieblicher Unterlagen aus dem Schrank
- Besuch der Toilette (muss man auf der Arbeit auch)
- Versorgung mit Nahrung mit sofortigem Verzehr (auch das geschieht auf der Arbeit ebenso)

Im Homeoffice nicht versichert sind:
- ein privates Einwurf-Einschreiben des Postboten entgegennehmen
- Duschen gehen
- mit den Kindern im Wohnzimmer spielen
- Wäsche bügeln in der Pause

2.3.5 Rentenberechnung in der GUV

Das Auszahlen einer Rente an die/den Versicherte/-n orientiert sich grundsätzlich am Brutto-**Jahresarbeitsverdienst** (JAV) des Versicherten. Als JAV gilt das Arbeitseinkommen **inkl. Einmalzahlungen** der letzten zwölf Kalendermonate vor dem Versicherungsfall. Voraussetzung für die Auszahlung ist gem. § 56 SGB VII, dass die/der Versicherte infolge des Versicherungsfalles über die 26. Woche hinaus in seiner Erwerbsfähigkeit gemindert ist. Es ist eine Minderung der Erwerbsfähigkeit (MdE) von **mindestens 20 %** notwendig.

§ 8 SGB VII

Um dem sozialen Charakter einer Sozialversicherung gerecht zu werden, sieht das SGB VII die Prüfung von **Mindest**- und **Höchstgrenzen** vor. Versicherte sollen nicht bis ins Unermessliche hinaus hohe Unfallrenten erhalten, aber sie sollen aufgrund eines möglicherweise sehr niedrigen Einkommens auch nicht benachteiligt werden. Für diese Prüfung wird eine festgeschriebene **Bezugsgröße** zugrunde gelegt, die sich in West- und Ostdeutschland unterscheidet:

- Bezugsgröße West 2023 = 40.740,00 €
- Bezugsgröße Ost 2023 = 39.480,00 €

§§ 85,90 SGB VII

Diese Bezugsgrößen gewährleisten unter Berücksichtigung der unten genannten prozentualen Anteile, **dass Geringverdiener/-innen trotzdem eine adäquate Unfallrente erhalten**. § 85 SGB VII und § 90 SGB VII legen fest, wie viel Prozent der Bezugsgröße mindestens als JAV in der Rentenberechnung zugrunde gelegt werden muss (altersabhängig). Grundsätzlich erhalten Versicherte, die zum Zeitpunkt des Versicherungsfalles das 18. Lebensjahr vollendet haben, **mindestens 60 % der zu diesem Zeitpunkt maßgeblichen Bezugsgröße**. Als Höchstgrenze gilt gem. § 85 SGB VII das doppelte der Bezugsgröße.

Beispiel

Beispiel zur Mindestgrenze

Jutta Kleinschmidt, 57 Jahre alt, ist gelernte Fleischereifachverkäuferin und arbeitet seit über 20 Jahren im Betrieb ihres Mannes Heiner mit. Bei einer für sie routinemäßigen Arbeit, dem Zerlegen eines Schweines, hackt sie sich versehentlich die linke Hand ab. Frau Kleinschmidt wird eine MdE von 50 % attestiert. Ihr letztes JAV betrug insgesamt 19.800,00 €, sie wohnt in Westdeutschland.

Lösung

1. 60 % von 40.740,00 € = 24.444,00 €
2. 24.444,00 € > 19.800,00 €

Erläuterung:
1. 60 % der maßgeblichen Bezugsgröße entsprechen 24.444,00 € (Westdeutschland 2023).
2. Es wird nun geprüft, ob Frau Kleinschmidt unter diesen 24.444,00 € liegt – dies ist der Fall.

Die Leistung für Jutta Kleinschmidt fußt somit nicht auf ihrem persönlichen JAV, da dieser zu gering ist, sondern auf der Mindestgrenze

Beispiel

Beispiel zur Höchstgrenze

Matthias Kaufmann arbeitet als erfolgreicher Angestellter im Versicherungsaußendienst und erhält ein monatliches Fixum von 5.200,00 € zuzüglich Weihnachts- und Urlaubsgeld. Insgesamt hat er in den letzten zwölf Monaten ein Bruttoeinkommen von über 80.000,00 € erhalten. Er wohnt und arbeitet in Ostdeutschland.

Lösung

1. 2 · 39.480,00 € = 78.960,00 €
2. 78.960,00 € < 80.000,00 €

Erläuterung:
1. Das Zweifache des maximalen JAV beträgt in Ostdeutschland 2023 78.960,00 €
2. Das Bruttoeinkommen der letzten zwölf Monate beträgt 80.000,00 € und liegt damit über den gesetzlichen vorgesehenen Höchstsummen.

Bei der Berechnung einer Unfallrente würden bei Herrn Kaufmann 78.960,00 € zugrunde gelegt werden.

Höhe des Rentenanspruchs

Versicherte, deren Erwerbsminderung aufgrund eines Unfalles bei mindestens 20 % liegt, haben einen Anspruch auf eine Rente (§ 56 SGB VII). Eine Vollrente wird ausbezahlt, wenn die Erwerbsfähigkeit um 100 % gemindert ist. Unter 100 % wird eine Teilrente in Höhe der Minderung der Erwerbsfähigkeit ausbezahlt. Der Anspruch beträgt 2/3 des Jahresarbeitsverdiensts (JAV). *§ 56 SGB VII*

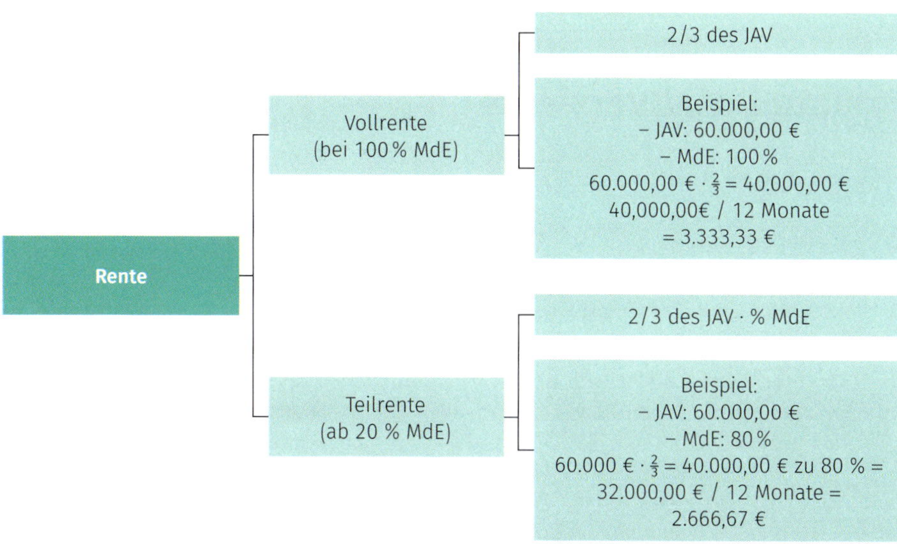

Schwerverletztenrente

§ 57 SGB VII

Das Sozialgesetzbuch (§ 57 SGB VII) legt außerdem fest, dass ab 50 % Minderung der Erwerbsfähigkeit eine **Schwerverletztenrente** ausbezahlt wird. Die Höhe beträgt 10 %. Die Beispiele in der vorangegangenen Grafik (100 %; 80 % MdE) müssten beide um diese 10 % erhöht werden, da beide Erwerbsminderungen über 50 % liegen.

Beispiel

Beispiel zu MdE 100 %

Der Jahresarbeitsverdienst beträgt 60.000,00 € (West), die Minderung der Erwerbsfähigkeit beträgt 100 %.

Lösung

Der JAV liegt innerhalb der Höchst- und Mindestgrenzen.

Rente:	60.000,00 € ·	=	40.000,00 €
Schwerverletztenrente:	10 % von 40.000,00 €	=	4.000,00 €
jährliche Rente:		=	44.000,00 €
monatliche Rente:	44.000,00 €/12 Monate	=	3.666,67 €

Beispiel

Beispiel zu MdE 40 %

Der Jahresarbeitsverdienst beträgt 45.000,00 € (Ost), die Minderung der Erwerbsfähigkeit beträgt 40 %.

Lösung

Der JAV liegt innerhalb der Höchst- und Mindestgrenzen.

Rente:	45.000,00 € ·	=	30.000,00 €
MdE:	40 % aus 30.000,00 €	=	12.000,00 €
jährliche Rente:		=	12.000,00 €
monatliche Rente:	12.000,00 € / 12 Monate	=	1.000,00 €

Liegt die Minderung der Erwerbsfähigkeit bei beispielsweise 40 %, dann entfällt die Schwerverletztenrente, die normale Rente wird dennoch ausbezahlt, da die Erwerbsfähigkeit zu mindestens 20 % gemindert ist.

3 Private Unfallversicherung

Definition

Ziffer 1.1 AUB 2022

Ziffer 1.2 AUB 2022

Wir bieten den vereinbarten Versicherungsschutz bei Unfällen der versicherten Person.
Versicherungsschutz besteht während der Wirksamkeit des Vertrages:
- weltweit
- rund um die Uhr.

Zur Deckung der durch die gesetzliche Unfallversicherung (GUV) entstehenden **Versorgungslücke** bieten Versicherungsunternehmen die private Unfallversicherung (PUV) an, die individuell auf die Bedürfnisse der versicherten Personen angepasst werden kann (Individualversicherung). Die private Unfallversicherung schließt zum einen die Lücke zum zeitlich begrenzten Versicherungsschutz der GUV (s. Kap. 2.3.2), indem diese einen weltweiten Versicherungsschutz rund um die Uhr gewährt. Zum anderen kann diese aber auch den hohen finanziellen Bedarf auffangen, der durch Folgekosten nach einem Unfall mit bleibenden gesundheitlichen Schäden entstehen kann.

3.1 Der Unfallbegriff PAUKE

Definition

Ziffer 1.3 AUB 2022

Ein Unfall liegt vor, wenn die versicherte Person durch
- ein plötzlich von außen auf ihren Körper wirkendes (Unfallereignis)
- unfreiwillig

eine Gesundheitsschädigung erleidet.
[...]

Aus der bedingungsgemäßen Begriffsdefinition lässt sich eine in der Versicherungspraxis übliche Merkhilfe, die dem/der Versicherungsvermittler/-in im Beratungsgespräch zugutekommt, ableiten:

Ein Unfall ist ein ...

P ... **p**lötzlich ...
A ... von **a**ußen ...
U ... **u**nfreiwillig ...
K ... auf den **K**örper ...
E ... einwirkendes **E**reignis.

Die oben genannte Merkhilfe muss jedoch noch um die in Ziffer 1.3 AUB 2022 angeführte **Gesundheitsschädigung** ergänzt werden. Diese muss infolge des Unfalles eintreten. *Ziffer 1.3 AUB 2022*

Beispiel

Die 7-jährige Lotta Emmerich balanciert beim Spielen mit ihren Freundinnen auf einem Spielplatz auf einem Spielgerät. Einige Zeit lang kann sie das Gleichgewicht gut halten, dann jedoch rutscht sie ab und fällt unglücklich auf ihren Arm.

Lösung

Im vorliegenden Fall müsste im Rahmen der Leistungsbearbeitung geprüft werden, ob bedingungsgemäß ein Unfall vorliegt. In diesem Fall ist dies zu bejahen, denn das Abrutschen vom Baumstamm ist **ein plötzlich eingetretenes Ereignis** und die **Einwirkung auf den Körper** (Arm) **kommt von außen** (in diesem Fall der Kontakt zum Boden). Es ist ebenfalls davon auszugehen, dass das Kind eine potenzielle Verletzung nicht freiwillig riskiert hat.
Achtung: Darüber hinaus ist es jedoch notwendig, dass mit *PAUKE* eine *Gesundheitsschädigung* einhergeht. Wenn Lotta nach dem Sturz aufsteht und keine Verletzungen davonträgt, dann liegt keine Gesundheitsschädigung vor.

PAUKE + **GESUNDHEITS-SCHÄDIGUNG** = **Der Unfallbegriff ist erfüllt** ✓

3.1.1 ... plötzlich ...

Die *Plötzlichkeit* eines Unfallereignisses ist in erster Linie als ein Ereignis zu verstehen, das sich **innerhalb eines sehr kurzen Zeitraumes** abspielt. Gemeint sind beispielsweise Ereignisse wie *abrutschen, stürzen, sich stoßen, abknicken* usw., die in der Folge eine Gesundheitsschädigung verursachen. Ob sich ein Ereignis innerhalb einer kurzen Zeit abgespielt hat, **muss im Einzelfall bewertet werden**.

Achtung: Gesundheitsschädigungen können infolge des Unfalles auch erst nach einem gewissen Zeitraum entstehen, sie müssen nicht sofort vorliegen. Zu beachten ist, dass sog. **Allmählichkeitsschäden nicht als Unfallereignis gewertet werden** (Ausnahme: Berufskrankheiten in der gesetzlichen Unfallversicherung).

Beispiel

Der 21-jährige Auszubildende Karl Rasmussen trainiert seit nunmehr drei Jahren beinahe täglich im Fitnessstudio. In Kombination mit der richtigen Ernährung fühlt er sich richtig fit – leider bewahrte ihn das nicht vor *allmählich* auftretenden Schmerzen in den Gelenken. Nach Besuch bei einer Sportmedizinerin war klar: Langjährig falsch durchgeführte Übungen beschädigten Hand- sowie Schultergelenke stark und beeinträchtigen ihn im Bewegungsablauf.

Lösung

Im vorliegenden Fall treten die Schädigungen **durch über die Zeit hinweg falsch durchgeführte Sportübungen auf**, Karl Rasmussen hätte sich dem aber beispielsweise durch korrekte Übungsausführung entziehen können.

Darüber hinaus sind plötzliche Ereignisse solche Ereignisse gleichgesetzt, die für die versicherte Person unerwartet auftreten und nicht vorhersehbar sowie unentrinnbar sind.

Beispiel

Die jährliche Nachtwanderung der Jugendgruppe Lüneburg am Timmendorfer Strand hat eine lange Tradition. Um den Strand jedoch zu erreichen, muss die Wandergruppe ein langes Waldstück passieren. Bei der letzten Wanderung ereignete sich ein schlimmes Unglück, denn die Jugendlichen gerieten in einen schweren Waldbrand und trugen schwere Verbrennungen davon.

Lösung

Der zeitlichen Dimension von *Plötzlichkeit* entspricht der o.g. Beispielfall nicht unmittelbar. Jedoch gestaltete sich der Waldbrand in der anschließenden Beurteilung derart, dass dieser unerwartet auftrat und die Jugendlichen überrascht wurden. Darüber hinaus konnte die Gruppe dem Feuer nicht entkommen (Unentrinnbarkeit).

3.1.2 ... von außen auf den Körper ...

Voraussetzung für das Vorliegen eines bedingungskonformen Unfalls ist die Einwirkung **von „etwas" von außerhalb auf den Körper**. Diese Einwirkungen sind häufig sehr naheliegend und nachvollziehbar, beispielsweise das Zusammenprallen mit einem Fahrrad (sog. *mechanische Einwirkung*), das Abschneiden eines Fingers mit dem Messer (*Eigenbewegung*) usw. Darüber hinaus gibt es **weitere Einwirkungsmöglichkeiten**, die nicht direkt auf der Hand liegen, beispielsweise der elektrische Stromschlag oder das Einatmen giftiger Gase – auch hier vollzieht sich die Einwirkung von außen auf den Körper. Subsummierend können **vier naturwissenschaftliche** Kategorien zusammengefasst werden:

- mechanische Einwirkung
- chemische Einwirkung
- elektrische Einwirkung
- thermische Einwirkung

Eine fünfte Kategorie stellt die *sonstige Einwirkung* dar, die weitere Phänomene umfasst, die sich nicht unmittelbar den oben genannten Einwirkungen zuordnen lassen, wie beispielsweise Tod durch Ertrinken, allergische Reaktionen oder Tod durch Verhungern.

Durch die Betonung auf die Einwirkung von außen soll sichergestellt werden, das körperinnere Vorgänge, wie das Organversagen (z. B. Herzinfarkt), **vom Unfallbegriff getrennt werden**, gleichwohl ein solcher Vorgang unter Umständen auch als plötzlich und gesundheitsschädigend anzusehen ist. Gleiches gilt für Unfälle, die infolge eines solchen inneren Vorgangs auftreten (siehe auch Kapitel 3.3). Den körperinneren Vorgängen gleichgesetzt sind **psychische Reaktionen auf äußere Umstände**. Der Anblick und die anschließende posttraumatische Reaktion auf den Unfall eines anderen (Menschen) stellt keinen Unfall dar.

Beispiel

An der Raststätte Allertal beobachtet Frank Johansen ein tragisches Unglück. Während er mit einem Eis in der Hand die Tankstelle verlässt, rauscht mit deutlich überhöhter Geschwindigkeit ein Lkw an, der ein auf die Straße laufendes Mädchen zu spät sieht. Der Anblick dieses Unfalles beschäftigt Herrn Johansen so schwer, dass er infolgedessen seinen Beruf aufgeben muss.

Lösung

Im vorliegenden Fall liegt lediglich die psychische Reaktion auf das Beobachten eines Unfalles vor, daher fällt dies nicht unter den Unfallbegriff. Anders jedoch verhält es sich, wenn eine geistige Beeinträchtigung durch einen selbsterlittenen Unfall entsteht, z. B. ein eingeschränktes Erinnerungsvermögen durch eine Kopfverletzung. Geistige Schädigungen und psychische Schädigungen stellen unterschiedliche Aspekte dar.

3.1.3 ... unfreiwillig ...

Die Unfreiwilligkeit soll solche Ereignisse vom bedingungskonformen Unfallbegriff **trennen**, die freiwillig durchgeführt werden.

Beispiel

Bei seiner täglichen Arbeit als Baumfäller fühlt sich der 36-jährige Hans-Peter Schmidt schon lange nicht mehr wohl. Neben Stress mit dem Chef stört ihn insbesondere die anstrengende Arbeit. Nachdem er eine Unfallversicherung mit einer Invaliditätssumme von 150.000,00 € vereinbart hat, überlegt er sich, was er mit einem derart hohen Geldbetrag alles unternehmen könnte. Kurzerhand entschließt er sich, dass er sich mit der Kettensäge das Bein abtrennt. Damit die Schmerzen nicht so unerträglich sind, setzt er für das Bein eine örtliche Betäubung ein.

Lösung

Ein ähnlicher Fall existiert in der Praxis in der Tat: Der Versicherungsnehmer wollte auf ähnliche Weise **vorsätzlich** die Versicherungssumme vom Versicherer erhalten. Aufgrund der nachweisbaren Betäubung jedoch war es recht offensichtlich, dass der ‚Unfall' fingiert gewesen ist. Anders jedoch verhält es sich bei **leicht** oder **grob fahrlässig** eintretenden Ereignissen, **die grundsätzlich als unfreiwillig angesehen werden**.

3.1.4 ... einwirkendes Ereignis mit Folge der Gesundheitsschädigung.

Damit die versicherte Person in der Unfallversicherung mit einer Leistung rechnen darf, muss eine **Gesundheitsschädigung als unmittelbare Folge des Unfalles vorliegen.** Im Umkehrschluss bedeutet dies, dass Sachschäden infolge des Unfalles nicht versichert sind, da diese keine Schädigung der Gesundheit darstellen. Wenn überhaupt **keine Schädigung** eintritt, dann liegt auch **kein Unfall** vor.

Etwas zu differenzieren sind Gegenstände, die durch die feste Verbindung zum Körper ihre Selbstständigkeit verlieren und daher nicht mehr als Sache angesehen werden, **beispielsweise ein Herzschrittmacher**. Brillen oder Hörgeräte gelten wiederum als Sache – hier ist im Einzelfall zu prüfen.

3.2 Der erweiterte Unfallbegriff

Erhöhte Kraftanstrengung

Der in Kapitel 3.1 vorgestellte Unfallbegriff wird durch den **erweiterten Unfallbegriff** noch um erhöhte Kraftanstrengungen und weitere Punkte erweitert und deckt damit einen weiteren großen Teil beruflicher und privater Risiken im Bereich der Unfallvorsorge ab.

Definition

Ziffer 1.4.1 AUB 2022

Was darüber hinaus als Unfall gilt:

Erhöhte Kraftanstrengung
Als Unfall gilt auch, wenn sich die versicherte Person durch eine erhöhte Kraftanstrengung
- ein Gelenk an Gliedmaßen oder der Wirbelsäule verrenkt,
- Muskeln, Sehnen, Bänder oder Kapseln an Gliedmaßen oder der Wirbelsäule zerrt oder zerreißt.

Meniskus und Bandscheiben sind weder Muskeln, Sehnen, Bänder noch Kapseln. Deshalb werden sie von dieser Regelung nicht erfasst.
Eine erhöhte Kraftanstrengung ist eine Bewegung, deren Muskeleinsatz über die normalen Handlungen des täglichen Lebens im Alltag, Beruf oder beim Sport hinausgeht. Maßgeblich sind dabei die individuellen körperlichen Verhältnisse der versicherten Person.

Beispiel

Der 26-jährige Daniel Kaiser spielt leidenschaftlich gerne Fußball in seinem Ortsverein, dem TSV Wietze. In einem hitzigen Spiel gegen den Spitzenreiter TSV Wohlde bleibt dieser nach einer Grätsche, sich vor Schmerzen windend, am Boden liegen und muss ausgewechselt werden. Die ärztliche Diagnose folgt prompt am Abend: ein komplizierter Kreuzbandriss. Es droht das Karriereaus.

Lösung

Im vorliegenden Fall liegt eine **typische Sportverletzung** vor, die nach der Definition des **einfachen Unfallbegriffes (PAUKE)** zunächst aber keinen Unfall darstellt. **Die Erweiterung des Unfallbegriffes** gem. Ziffer 1.4.1 AUB 2022 sieht jedoch vor, dass u. a. auch das Reißen von Bändern an Gliedmaßen einen Unfall darstellt, sofern es sich um eine erhöhte Kraftanstrengung handelt. **Der Maßstab für die erhöhte Kraftanstrengung muss im Einzelfall beurteilt werden**, orientiert sich bedingungsgemäß aber an „Bewegungen, deren Muskeleinsatz über die normalen Handlungen des täglichen Lebens […] hinausgeht" und an den **subjektiven Eigenschaften** (Körperbau, Kraft usw.) der geschädigten versicherten Personen. Ausgenommen sind Verletzungen an Menisken, Bandscheiben oder Knochen, es sei denn, dass diese durch die Folge eines Unfallereignisses gem. Ziffer 1.3 AUB 2022 entstanden sind, da diese durch Verschleißerscheinungen bereits bei ganz normalen Bewegungen des Alltags beschädigt werden können und eher altersbedingt sind.

Ziffer 1.4.1 AUB 2022

Ziffer 1.3 AUB 2022

Oberschenkelhalsbruch

Der erweiterte Unfallbegriff beinhaltet auch den sog. Oberschenkelhalsbruch, der in vielen AUB lediglich in den Seniorentarifen versichert ist oder gar als Zusatzleistung angeboten wird. Das Besondere an dieser Leistungserweiterung ist, dass die Ursache für diesen Bruch irrelevant ist – **es muss kein Unfall vorliegen**. Sobald ein solcher Bruch vorliegt, wird von einem Unfall ausgegangen. Insbesondere bei älteren Menschen kann ein solcher Bruch auftreten.

Ziffer 1.4.2 AUB 2022

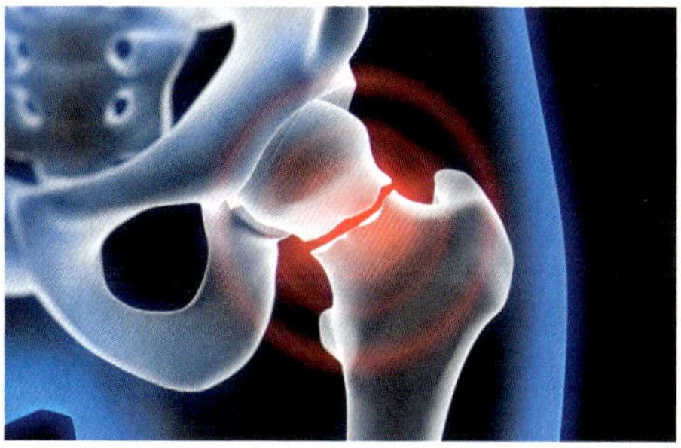

Zeckenstiche

Grundsätzlich gelten Infektionen als Ausschluss (dazu mehr in Kapitel 3.3), zum erweiterten Versicherungsschutz gehören aber ausnahmsweise solche Infektionen, die durch einen Zeckenstich[1] ausgelöst werden – **FSME und Borreliose sind die wohl bekanntesten Infektionsarten** durch Zeckenstich.

Ziffer 1.4.3 AUB 2022

Die genaue Bestimmung des Zeitpunktes des Unfallereignisses (Stich durch Zecke) ist in einigen Fällen schwierig, was die versicherte Person und den Versicherer in Bezug auf die Leistungspflicht vor Probleme stellen kann. Entscheidend ist daher nicht der Tag der Übertragung, **sondern der Tag der erstmaligen Diagnose durch den Arzt.**

1 Vielfach werden Zeckenstiche auch als Zeckenbisse bezeichnet, aber wissenschaftlich betrachtet stechen Zecken und beißen nicht.

Impfschäden

Ziffer 1.4.4 AUB 2022

Nicht zuletzt aufgrund der Corona-Pandemie lassen sich Menschen impfen. Üblich sind beispielsweise auch Impfungen gegen die Grippe. Als Impfschaden bezeichnet man eine **über das normale Ausmaß einer Impfreaktion gehende Gesundheitsbeeinträchtigung**.

Rettung von Menschenleben

Ziffer 1.4.5 AUB 2022

Wer einem anderen Menschen – oder auch Tieren – in Not hilft, der bringt sich selbst u. U. in Gefahr und das Unfallrisiko kann steigen. **Wer bei einer solchen Rettung oder bei dem Versuch einen Unfall erleidet**, der hat dennoch vollen Versicherungsschutz.

Tauchen

Ziffer 1.4.6 AUB 2022

Obwohl unter Wasser alles ein bisschen gemächlicher zugeht, kann man beim Tauchen einen Unfall erleiden, beispielsweise wenn man von einem Hai gebissen wird. Insbesondere aber zielt die Leistungserweiterung hier auf **tauchtypische Krankheiten** ab, die beispielsweise durch zu tiefes Tauchen oder zu schnelles Auftauchen auftreten können.

Erfrieren, Ertrinken oder Ersticken

Ziffer 1.4.7 AUB 2022

Auch diese Ereignisse sind durch den eigentlichen Unfallbegriff nicht ausreichend abgedeckt, da das Erfrieren an sich beispielsweise keinen besonders plötzlichen Vorgang darstellt. Durch diese Erweiterung sind die vorangehend genannten Ereignisse aber versichert.

Dämpfe, Gase oder sonstige schädliche Mittel

Ziffer 1.4.8 AUB 2022

Wer durch Dämpfe, Gase oder sonstige schädliche Mittel (Gifte, Säuren usw.) unfreiwillig eine Gesundheitsschädigung erleidet, der erleidet gemäß dieser Leistungserweiterung einen Unfall und darf mit Leistungen aus der PUV rechnen.

Leistungserweiterungen bei Ausübung beruflicher oder ehrenamtlicher Tätigkeiten

Die AUB 2022 sehen vor, dass bestimmte Gesundheitsschäden als Unfall angesehen werden, wenn diese **bei der Ausübung beruflicher oder ehrenamtlicher Tätigkeiten auftreten**. Im Umkehrschluss bedeutet dies, dass dieselben Gesundheitsschäden nicht als Unfall versichert sind, wenn sie beispielsweise im Haushalt, in der Freizeit, beim Sport usw. auftreten. Die AUB 2022 sehen folgende Gesundheitsschäden vor:

Ziffer 1.5.1 AUB 2022

- **Schäden durch Strahlen**
  - entweder durch Röntgenstrahlen, Laserstrahlen oder durch künstlich erzeugte ultraviolette Strahlen.
  - Wer regelmäßig mit strahlenerzeugenden Apparaturen arbeitet und dadurch eine Krankheit davonträgt, der hat gemäß dieser Erweiterung keinen Unfall.

Ziffer 1.5.2 AUB 2022

- **Infektionen**
  - Über Beschädigungen an der Haut, oder
  - durch plötzliches Eindringen infektiöser Substanzen in Auge, Mund oder Nase.
  - Achtung: Bloßes Anhauchen, Anniesen oder Anhusten reicht nicht aus. Dies ist daher notwendig zu erwähnen, da eine Infektion bei der Arbeit beispielsweise im Krankenhaus durch bloßen Kontakt zu Patienten durchaus zu langfristigen Folgen führen kann.

3.3 Ausschlüsse

In der privaten Unfallversicherung werden Ausschlüsse vorgenommen, **die sich nicht direkt aus der Definition eines Unfalles ergeben** und daher als Ausschluss aufgeführt werden. Diese Ausschlüsse werden unterschieden nach grundsätzlichen Risiken (siehe Kapitel 3.3.1), die zwar – häufig auch wahrscheinlicher – zu einem Unfall führen können, aber aufgrund der schwierigen Kalkulierbarkeit oder eben aufgrund des höheren Risikos ausgeschlossen werden. Demgegenüber stehen **verschiedene Gesundheitsschädigungen**, die aufgrund Ihrer Begebenheiten ebenfalls ausgeschlossen werden sollen (siehe Kapitel 3.3.2).

3.3.1 Ausgeschlossene Risiken

Ausschluss: Bewusstseinsstörungen

Ziffer 5.1.1 AUB 2022

Nicht versichert sind solche Unfälle, die infolge einer Bewusstseinsstörung eintreten und im nachvollziehbaren Zusammenhang mit dem Unfall stehen (Kausalzusammenhang). Das Bedingungswerk gibt als Beispiele den **Schlaganfall, epileptische Anfälle oder andere Krampfanfälle an**. Weitere populäre Beispiele sind der **Herzinfarkt, Konsum von Alkohol oder Drogen und die Einnahme bestimmter Medikamente.** Als objektive Beurteilungsgrundlage für das Vorliegen einer Bewusstseinsstörung dient die Prüfung, ob eine „versicherte Person in ihrer Aufnahme- und Reaktionsfähigkeit so beeinträchtigt ist, dass sie den Anforderungen der konkreten Gefahrenlage nicht mehr gewachsen ist".

In der Praxis stößt man bei der Prüfung auf das Vorliegen einer Bewusstseinsstörung auf Schwierigkeiten, da beispielsweise beim Konsum von Alkohol der Grad der Alkoholisierung insbesondere im Straßenverkehr eine entscheidende Rolle einnimmt – was in Deutschland ab Erreichen einer bestimmten Promillegrenze eine Straftat darstellt. In Bezug auf die Unfallversicherung beginnt der Ausschluss bei Führung eines Kfz ab 1,1 ‰, bei Fahrradfahrern bei 1,6 ‰. Ein Wert für Fußgänger wird in vielen AUB nicht festgelegt, branchenüblich sind aber hier 2,0 ‰ – die Proximus Versicherung AG hat ebenfalls 2,0 ‰ bei allen sonstigen Unfällen festgelegt.

Die AUB legen außerdem fest, dass Bewusstseinsstörungen, die im Kausalzusammenhang mit einem Unfall stehen, **nicht vom Ausschluss betroffen sind**. Diese Regelung trifft auch auf Bewusstseinsstörungen zu, die im Zusammenhang mit einem anderen, früheren Unfall stehen und infolge dessen aufgetreten sind.

Ausschluss: Durchführung oder versuchte Durchführung einer Straftat

Ziffer 5.1.2 AUB 2022

Unfälle, die bei der **vorsätzlichen Durchführung einer Straftat** geschehen, werden in den AUB 2022 ausgeschlossen. Der Durchführung gleichgesetzt ist auch **der bloße Versuch eine Straftat vorsätzlich** durchzuführen. Wenn eine versicherte Person beim Versuch des Einsteigens im ersten Obergeschoss eines Mehrfamilienhauses erfolglos bleibt und beim Abstieg stürzt, wird diese dem Ausschluss folgend keine Leistung aus der privaten Unfallversicherung erhalten (sofern der Unfallbegriff erfüllt und eine bleibende Gesundheitsschädigung vorliegt). Der Hintergrund dieses Ausschlusses begründet **sich aus der höheren Risikobereitschaft** bei der Durchführung von Straftaten (zum Beispiel das nächtliche Klettern an Hausfassaden).

Ausschluss: Unmittelbare und mittelbare Kriegs- oder Bürgerkriegsereignisse

Ziffer 5.1.3 AUB 2022

Der Ausschluss von Schadenereignissen im Zusammenhang mit Kriegs- und Bürgerkriegsgeschehen findet in vielen Sparten der Versicherungsbranche Anwendung, was insbesondere an der **schweren Kalkulierbarkeit der Schadenaufwendungen** (Risiko) liegt. Ausgeschlossen sind alle Unfälle, die in

mittel- oder unmittelbaren Zusammenhang mit den genannten Ereignissen stehen. Ein unmittelbares Ereignis wäre im Zusammenhang mit Kriegshandlungen beispielsweise der Beschuss des eigenen Körpers, der per Definition grundsätzlich den Voraussetzungen für die Erfüllung des Unfallbegriffes standhalten könnte, wenn eine bleibende Gesundheitsschädigung damit einherginge und der Beschuss als Kriegshandlung klassifiziert werden könnte. Mittelbare Ereignisse sind schwieriger zu klassifizieren, grundsätzlich muss auch hier die Frage, ob der **Unfall im Kausalzusammenhang mit kriegerischen oder bürgerkriegerischen Handlungen** steht, mit Ja beantwortet werden können. Dies ist beispielsweise der Fall, wenn die versicherte Person an der eigentlichen Kriegshandlung nicht teilnimmt, aber vor einem Beschuss flieht und dabei einen Unfall erleidet. Die AUB 2022 weisen keine konkreten Definitionen für die Begriffe Krieg und Bürgerkrieg aus, weshalb in der Praxis das Urteil über das Vorliegen des Ausschlusses individuell ausfallen kann.

Eine Besonderheit in den AUB 2022 räumt versicherten Personen eine Ausnahme ein: Sofern sich die versicherte Person auf Reisen befindet, zum Beispiel im Urlaub, und diese im Ausland von Krieg oder Bürgerkrieg überrascht wird, **greift der Ausschluss nicht**. Der versicherten Person wird gem. Ausschlussformulierung sieben Tage Zeit gegeben, um das betroffene Land zu verlassen – **danach greift der Ausschluss**. Das Überraschungsmoment bezieht sich jedoch nicht nur auf den zeitlichen Aspekt, klar ist natürlich auch, dass bei Einreise der Status des Krieges bzw. Bürgerkrieges noch nicht vorliegen darf. Die versicherte Person darf sich ebenfalls nicht an den (bürger-)kriegerischen Handlungen beteiligen; ebenfalls eingeschränkt wird die Ausnahme um den Einsatz von sogenannten **ABC-Waffen** (atomare, biologische und chemische Waffen).

Ausschluss: Im Zusammenhang mit Luftfahrzeugen und Luftsportgeräten

Ziffer 5.1.4 AUB 2022 §§ 1 und 4 LuftVG

Wer ein Luftfahrzeug oder ein Luftsportgerät führt, der benötigt in Deutschland hierfür in der Regel eine **Erlaubnis**. Der bedingungsgemäße Ausschluss besagt, dass alle Führerinnen und Führer solcher Fahrzeuge bzw. Sportgeräte, die einer Erlaubnispflicht unterliegen, **keinen Unfallversicherungsschutz** genießen. § 1 des Luftverkehrsgesetzes (LuftVG) regelt, welche Fahrzeuge als Luftfahrzeuge klassifiziert sind – darunter beispielsweise auch Luftsportgeräte. § 4 LuftVG regelt die Erlaubnispflicht. Dem gleichgesetzt sind bedingungsgemäß auch alle Besatzungsmitglieder sowie berufliche Tätigkeiten, die mit einem solchen Fahrzeug oder Luftsportgerät durchgeführt werden. Damit gemeint ist insbesondere das Bordpersonal bei Linienflügen**, nicht aber dessen Gäste.**

Ausschluss: Teilnahme an Rennen mit Motorfahrzeugen

Ziffer 5.1.5 AUB 2022

Ähnlich dem Ausschluss der vorsätzlichen Straftatendurchführung muss bei Rennen mit Motorfahrzeugen davon ausgegangenen werden, dass eine gewisse **erhöhte Risikobereitschaft** vorliegt – um beispielsweise den ersten Platz zu erreichen. Dies veranlasst Versicherer zum Ausschluss der o.g. Aktivitäten. In diesem Zusammenhang ist es wichtig zu beachten, dass mit der Teilnahme nicht nur das Steuern der o.g. Fahrzeuge gemeint ist, sondern auch die **Begleitung als Beifahrer/-in** oder **generell als Insasse**, in welcher Funktion auch immer. Das Ziel der im Ausschluss benannten Rennen muss explizit die Erzielung von Höchstgeschwindigkeiten sein. Vom Ausschluss nicht betroffen sind jedoch beispielsweise Zuschauer/-innen, Mitarbeiter/-innen des Rennstalls oder Teilnehmer/-innen an – beliebtes Beispiel – **Geschicklichkeitsfahrten**, da diese nicht auf das Erreichen von Höchstgeschwindigkeiten, wenngleich aber auf die Erzielung von Bestzeiten ausgelegt sind – was per se dem Ausschluss aber nicht standhält.

Ausschluss: Unmittelbare und mittelbare Ereignisse im Zusammenhang mit Kernenergie

Ziffer 5.1.6 AUB 2022

Auch die Kalkulation des Unfallrisikos im Kontext kernenergetischer Vorfälle ist schwer darstellbar und in der Summe – man denke an den Super-GAU von Tschernobyl im Jahr 1989 – auch zu kostspielig, weshalb mittelbare und unmittelbare Ereignisse im Zusammenhang mit Kernenergie ausgeschlossen werden. Wichtig ist anzuführen, dass nicht nur die bloßen Folgen durch radioaktive Einwirkung an sich (diese werden nochmals explizit in Ziffer 5.2.2 AUB 2022 angeführt) ausgeschlossen sind (unmittelbare Einwirkung), **auch adäquat-kausale und mittelbare Ereignisse werden damit ausgeschlossen**, beispielsweise die Explosion in einem Atomreaktor oder ausgelöste Massenpaniken infolge dieser.

3.3.2 Ausgeschlossene Gesundheitsschädigungen

Ausschluss: Bestimmte innere Verletzungen

Ziffer 5.2.1 AUB 2022

Ausgeschlossen sind verschiedene innere Verletzungen, die insbesondere in Abgrenzung zum erweiterten Unfallbegriff in diesem Ausschluss benannt werden: Es handelt sich um Verletzungen an **den Bandscheiben sowie Blutungen aus inneren Organen und Gehirnblutungen**. Dies lässt sich darauf zurückführen, dass sich beispielsweise Verletzungen an den Bandscheiben zumeist mit Abnutzungserscheinungen erklären lassen. Wenn die versicherte Person beim Umzug beispielsweise einen schweren Karton hebt und dabei einen Bandscheibenvorfall erleidet**, erhält sie keine Leistungen aus der privaten Unfallversicherung**. Ähnlich verhält es sich mit inneren Blutungen und Gehirnblutungen, die in der Regel als Folge von Krankheiten einhergehen. Konsequenterweise ergibt sich damit aber auch die Tatsache, dass die ausgeschlossenen inneren Verletzungen, wenn sie in einem kausalen Zusammenhang mit einem Unfall stehen, also infolge eines Unfalles erstmalig auftreten, wiederum Teil des Versicherungsschutzes werden. Die Beurteilung auf erstmaliges Auftreten dürfte sich in der Praxis gelegentlich als schwierig darstellen, gerade weil sich Krankheiten und Abnutzungen allmählich vollziehen – und nicht als direkte und erstmalige Folge eines Unfalles. Das Bedingungswerk sieht daher vor, **dass die Gesundheitsschädigung zu mindestens 50 % auf den Unfall zurückzuführen sein muss.**

Ausschluss: Gesundheitsschädigungen durch Strahlen

Ziffer 5.2.2 AUB 2022

Mit dem Begriff Strahlung wird als erstes häufig die in Kapitel 3.3.1 benannte radioaktive (Ver-)Strahlung assoziiert, deren daraus resultierende Gesundheitsschädigungen nicht mitversichert sind. Darüber hinaus sind unter dem Begriff Strahlung aber auch weitere Varianten zu verstehen, beispielsweise **Röntgenstrahlungen, elektromagnetische Strahlungen, Laserstrahlen oder auch ultraviolette Strahlen**. Explizit ausgeschlossen werden sollen diejenigen Gesundheitsschädigungen, die als Folge **regelmäßigen Hantierens** mit solchen Strahlen zu verstehen sind – und daher eher als Berufskrankheiten anzusehen sind. Es gilt: Wenn sich die Gesundheitsschädigung durch Verstrahlung infolge eines bedingungskonformen Unfalles einstellt, dann greift der Ausschluss nicht (es handelt sich um die sogenannte Röntgenklausel) – nur für radioaktive Strahlen gilt dies unter keinen Umständen.

Ausschluss: Gesundheitsschäden durch Heilmaßnahmen oder Eingriffe

Ziffer 5.2.3 AUB 2022

Ausgenommen von diesem Ausschluss sind diejenigen Heilmaßnahmen bzw. Eingriffe, die aufgrund eines vorhergehenden Unfalles gem. Ziffer 1.3 oder Ziff. 1.4 AUB 2022 eintreten. Wenn die Behandlung nach einem Unfall notwendig ist, beispielsweise ein operativer Eingriff, und die versicherte Person durch diese weiteren Schaden erlangt – oder der eigentliche Unfallschaden verschlimmert wird – **soll die versicherte Person nicht von der Leistung ausgeschlossen werden**, denn der Eingriff steht im direkten Zusammenhang mit dem Unfallereignis. Dieser Ausschluss soll den Versicherer beispielsweise vor Leistungsansprüchen aufgrund von reinen Behandlungsfehlern durch den Behandelnden schützen.

Ausschluss: Infektionen

Ziffer 5.2.4 AUB 2022

Infektionen bringen in der Regel einen krankheitsartigen Verlauf mit sich, weshalb die Unfallversicherung hier grundsätzlich einen Ausschluss vornimmt. Gerät der Krankheitserreger jedoch **durch ein Unfallereignis** – beispielsweise über eine offene Wunde nach einem Sturz – in den Körper und ergibt sich dadurch eine Gesundheitsschädigung, dann wiederum greift aufgrund von Kausalität der Schutz innerhalb der Unfallversicherung. Wer beispielsweise einen Krankheitserreger über die Nahrung aufnimmt und eine Gesundheitsschädigung davonträgt, hat gemäß Ausschluss keinen Anspruch auf eine Versicherungsleistung, da in der Kausalkette kein Unfallereignis vorliegt.

Ausschluss: Vergiftungen

Ziffer 5.2.5 AUB 2022

Erleidet die versicherte Person eine Vergiftung infolge der Einnahme **fester oder flüssiger Stoffe durch den Schlund**, so greift dieser Ausschluss. Mit *Schlund* ist der Übergang zwischen Mundhöhle und Speiseröhre gemeint. Die genaue Bestimmung der Beschaffenheit des einzunehmenden Stoffes (er muss fest bzw. flüssig sein) hat zur Konsequenz, **dass andere Einnahmearten von dem Ausschluss nicht betroffen sind**, beispielsweise das Einatmen giftiger Gase oder die Injektion (durch Spritze) giftiger Stoffe. Der Begriff *Einnahme* setzt voraus, dass die versicherte Person die Vergiftung **durch eigene Handlung** (unfreiwillig gem. Unfallbegriff) vornehmen muss – im Umkehrschluss bedeutet dies, dass mit fremder Hand zugeführte Substanzen grundsätzlich nicht von diesem Ausschluss betroffen sind.

Besonderheit: Die im Bedingungswerk der Proximus Versicherung AG angeführten Tarife weisen unterschiedliche Besonderheiten auf, die in einem späteren Kapitel noch ausführlicher beschrieben werden. Eine Besonderheit im sog. Kindertarif (Tarif 10) ist, dass der o. g. Ausschluss **bei Kindern bis zur Vollendung des 10. Lebensjahres nicht greift**. Ausnahme: Die Vergiftung tritt infolge einer Lebensmittelvergiftung auf.

Ausschluss: Psychische Reaktionen

Ziffer 5.2.6 AUB 2022

Die Bedingungen schließen krankhafte Störungen infolge psychischer Reaktionen aus, auch wenn diese unfallbedingt auftreten. Wenn die versicherte Person aufgrund eines Unfallereignisses beispielsweise an PTBS (Posttraumatisches Belastungssyndrom) leidet, so sieht der Versicherer in der Regel keine Leistung vor (für den Unfall an sich natürlich schon). Abzugrenzen vom Begriff *Psyche* sind *geistige* Schäden infolge eines Unfalles, beispielsweise der Verlust der Merkfähigkeit, wenn diese neurologisch begründet sind und **im kausalen Zusammenhang mit dem Unfallereignis** stehen.

Ausschluss: Bauch- oder Unterleibsbrüche

Ziffer 5.2.7 AUB 2022

In Anlehnung an den Ausschluss gem. Ziffer 5.2.1 AUB 2022 treten Bauch- und Unterleibsbrüche **in der Regel nicht durch Unfälle**, sondern durch krankheits- oder genetisch bedingte Umstände auf. Sollten diese jedoch infolge eines echten Unfallereignisses auftreten, so besteht unter Erfüllung aller mitschwingenden Voraussetzungen selbstverständlich Versicherungsschutz.

Zusammenfassung

Der Unfallbegriff	
PAUKE Ein Unfall ist ein plötzliches, von außen unfreiwillig auf den Körper einwirkendes Ereignis.	**Erweiterter Unfallbegriff** Der erweiterte Unfallbegriff sieht vor, dass auch Unfallereignisse aufgrund erhöhter Kraftanstrengungen eintreten können.

+ Gesundheitsschädigung
In der Folge der o.g. Unfalldefinitionen muss eine Gesundheitsschädigung einhergehen.
= Unfall

Ausschlüsse

Ausgeschlossene Risiken
Ausgeschlossen sind die folgenden Risiken, die einen Unfall zur Folge haben können.

- Schäden infolge einer Bewusstseinsstörung
- Durchführung oder versuchte Durchführung einer Straftat
- unmittelbare und mittelbare Kriegs- oder Bürgerkriegsereignisse
- Teilnahme an Rennen mit Motorfahrzeugen
- Schäden im Zusammenhang mit Luftfahrzeugen und Luftsportgeräten
- unmittelbare und mittelbare Ereignisse im Zusammenhang mit Kernenergie

Ausgeschlossene Gesundheitsschäden
Ausgeschlossen sind explizit Gesundheitsschäden, die durch folgende Ereignisse auftreten.

- bestimmte innere Verletzungen
- Gesundheitsschädigungen durch Strahlen
- Gesundheitsschäden durch Heilmaßnahmen oder Eingriffe
- Infektionen
- Vergiftungen
- psychische Reaktionen
- Bauch- oder Unterleibsbrüche

3.4 Leistungsarten

Im Folgenden wird ein Überblick über die verschiedenen Leistungsarten der Proximus Versicherung AG gegeben. Grundsätzlich sei erwähnt, dass die Invaliditätsleistung **den Kernbaustein der Unfallversicherung** darstellt – alle anderen Leistungsarten lassen sich optional dazu versichern. **Voraussetzung für alle genannten Leistungsarten ist grundsätzlich das Vorliegen eines Unfallereignisses** gem. Ziffer 1.3 bzw. Ziff. 1.4 AUB 2022. Gemäß des in der Individualversicherung geltenden **Äquivalenzprinzips** steht die Prämienhöhe im unmittelbaren Verhältnis zur versicherten Leistung, weshalb die einzelnen Leistungsbausteine nahe am Bedarf der versicherten Personen entlang platziert werden sollten.

3.4.1 Ivaliditätsleistung

Die Leistungsart *Invaliditätsleistung* meint die Auszahlung **eines höheren Geldbetrages als Einmalzahlung** an den/die Versicherungsnehmer/-in infolge eines Unfalles einer versicherten Person. Die Notwendigkeit eines höheren Geldbetrages begründet sich in den Folgen, die ein Unfall auf das eigene Leben hat. Es dient insbesondere einem Umbau am Haus oder am Auto, zur Kompensation längerer Verdienstausfälle oder der Tilgung eines größeren Kredits, was aufgrund mangelnden Einkommens nicht mehr möglich sein könnte. Dies sind nur wenige Beispiele für Bedarfe, die bei einer sog. Invalidität infolge eines Unfalles auftreten können. Die AUB 2022 definieren den Begriff Invalidität wie folgt: *Ziffer 2.1 AUB 2022*

Definition *Ziffer 2.1.1.1 AUB 2022*

Die versicherte Person hat eine Invalidität erlitten.
Eine Invalidität liegt vor, wenn unfallbedingt
- *die körperliche oder geistige Leistungsfähigkeit*
- *dauerhaft*

beeinträchtigt ist.

Dauerhaft ist eine Beeinträchtigung, wenn
- *sie voraussichtlich länger als drei Jahre bestehen wird und*
- *eine Änderung dieses Zustands nicht zu erwarten ist.*

Die Invalidität muss demnach unfallbedingt eintreten und die körperliche und/oder geistige Leistungsfähigkeit dauerhaft (länger als drei Jahre, ohne Aussicht auf Änderung dieses Zustandes) beeinträchtigen. Mit körperlicher Leistungsfähigkeit sind die **naheliegenden körperlichen Funktionen** gemeint, wie beispielsweise die **Nutzung des Armes, der Beine** usw. Darüber hinaus kann die geistige Leistungsfähigkeit beeinträchtigt werden, wenn beispielsweise unfallbedingte Hirnblutungen zu einer dauerhaften Beeinträchtigung der kognitiven Fähigkeiten führen.

Voraussetzungen für die Auszahlung einer Invaliditätsleistung

Damit die Invaliditätsleistung ausbezahlt wird, **müssen alle folgenden Voraussetzungen erfüllt** sein:

1. Das Vorliegen einer Invalidität gem. Ziffer 2.1.1.1 AUB 2022 und
2. Eintritt der Invalidität innerhalb von **24 Monaten** nach dem Unfall und
3. **ärztliche Feststellung** (schriftlich) der Invalidität (Ziffer 2.1.1.2 AUB 2022) und
4. die Invalidität muss innerhalb der ersten 24 Monate nach dem Unfall **beim Versicherer geltend gemacht werden** (Ziffer 2.1.1.3 AUB 2022).

Achtung: Alle genannten Voraussetzungen müssen erfüllt sein. Wird auch nur eine der Voraussetzungen nicht erfüllt, entfällt in der Regel die Leistungspflicht. **Nur in Ausnahmefällen** wird dennoch eine Leistung ausbezahlt, z. B. wenn der/die Versicherungsnehmer/-in nachvollziehbar nicht in der Lage war, die genannten Voraussetzungen zu erfüllen.

Beispiel

Im Rahmen der Bundesjugendspiele nimmt Karl-Theodor am 15.06. d. J. an der Disziplin *50-Meter-Sprint* teil. Nach einem fulminanten Start jedoch bricht er winkend ab, nur wenige Meter später setzt er sich geknickt zu Boden und hält sich den Knöchel. Eine Untersuchung im Krankenhaus am selben Tag ergibt, dass Karl-Theodor einen komplizierten Achillessehnenabriss erlitten hat, der seine ohnehin nicht beabsichtigte sportliche Karriere frühzeitig beendet. Der Arzt bescheinigt ihm nach Entlassung aus dem Krankenhaus am 30.06. d. J. eine anhaltende Invalidität aufgrund seiner Verletzung, die Bewegungsfähigkeit seines rechten Beines unterhalb des Knies wird zu 50 % beeinträchtigt bleiben – Karl-Theodors Eltern reichen die Unfallanzeige sowie die Unterlagen des Arztes mit der Bitte um Leistungsbearbeitung bei der Proximus Versicherung AG ein.

Lösung

Im vorliegenden Fall ist der erweiterter Unfallbegriff gem. Ziffer 1.4.1 AUB 2022 erfüllt, weshalb grundsätzlich ein Unfallereignis vorliegt. Karl-Theodor ist als versicherte Person im Vertrag der Eltern mit 50.000,00 € Invaliditätssumme benannt und erhält eine Invaliditätssumme, wenn die o. g. Voraussetzungen erfüllt werden. Dies lässt sich anhand des Falles überprüfen:

1. Das Vorliegen einer Invalidität gem. Ziffer 2.1.1.1 AUB 2022 und
   → *Liegt hier vor, da die körperliche Leistungsfähigkeit von Karl-Theodor dauerhaft beeinträchtigt ist.*
2. Eintritt der Invalidität innerhalb von 24 Monaten nach dem Unfall und
   → *Der Unfall vollzieht sich am 15.06., am 30.06. wird bereits die Invalidität bestätigt. Dies liegt innerhalb der bestimmungsgemäßen Frist von 24 Monaten.*
3. ärztliche Feststellung (schriftlich) der Invalidität (Ziffer 2.1.1.2 AUB 2022) und
   → *Die Invalidität wird bereits bei der Entlassung schriftlich bestätigt.*
4. die Invalidität muss innerhalb der ersten 24 Monate nach dem Unfall beim Versicherer geltend gemacht werden (Ziffer 2.1.1.3 AUB 2022).
   → Durch das Einreichen der Unfallanzeige, der Unterlagen vom Arzt sowie der Bitte um Leistungsbearbeitung wird der Anspruch rechtzeitig geltend gemacht.

Die Eltern von Karl-Theodor werden voraussichtlich eine Invaliditätsleistung aus der privaten Unfallversicherung erhalten – die Frage lautet nun: Wie viel?

Höhe der Invaliditätsleistung

Damit eine Invaliditätsleistung ausbezahlt werden kann, sind zwei Informationen wesentlich: *Ziffer 2.1.2.1 AUB 2022*

- der Invaliditätsgrad und
- die versicherte Invaliditätssumme.

Bemessung des Invaliditätsgrades

Der Invaliditätsgrad gibt an, um wie viel Prozent die körperliche bzw. geistige Leistung eingeschränkt ist. Dieser Invaliditätsgrad dient anschließend als Grundlage für die Berechnung der Invaliditätsleistung. Der Unfallversicherer bedient sich an der sog. **Gliedertaxe**, damit er den einzelnen Beeinträchtigungen einen prozentualen Wert beimessen kann. *Ziffer 2.1.2.2.1 AUB 2022*

Auszug aus dem ärztlichen Gutachten für Sven Mintzlaff **Beispiel**

Allgemeines Krankenhaus Celle: Unfallstation

Sven Mintzlaff
Augustinen-Weg 196
29323 Wietze

Celle, 21.08. d.J.
Entlassungsbericht (an den behandelnden Hausarzt)

Sehr geehrter Kollege, sehr geehrte Kollegin,

unser gemeinsamer Patient Sven Mintzlaff, geb. 11.10.1988, wurde im Zeitraum vom 06.08. d.J. bis zum 19.08. d.J. stationär behandelt.

Anamnese:
Herr Mintzlaff wurde durch Rettungsdienstbegleitung mit starken körperlichen Schmerzen vorgestellt, er war beim Heimwerken mit einer Stichsäge in Kontakt gekommen und hat sich dabei einen starken Schnitt im linken Handgelenk zugezogen. Die Blutungen wurden vor Ort gestoppt, dem Patienten wurden entsprechende Medikamente verabreicht.

Behandlung:
Die Operation am linken Handgelenk verlief bedingt erfolgreich, die Nervenbahnen zur linken Hand sind derart stark beschädigt, dass die linke Hand nicht mehr funktionstüchtig hergestellt werden konnte – sie ist in der Folge amputiert worden. Die Funktionstüchtigkeit der linken Hand ist somit vollständig eingeschränkt.

Herr Mintzlaff wurde für mehrere Tage stationär aufgenommen und am 19.08. mit einem Medikamentenplan zur Schmerzbehandlung entlassen.

Mit freundlichen Grüßen

Jutta Müller

Stationsärztin

Gliedertaxe

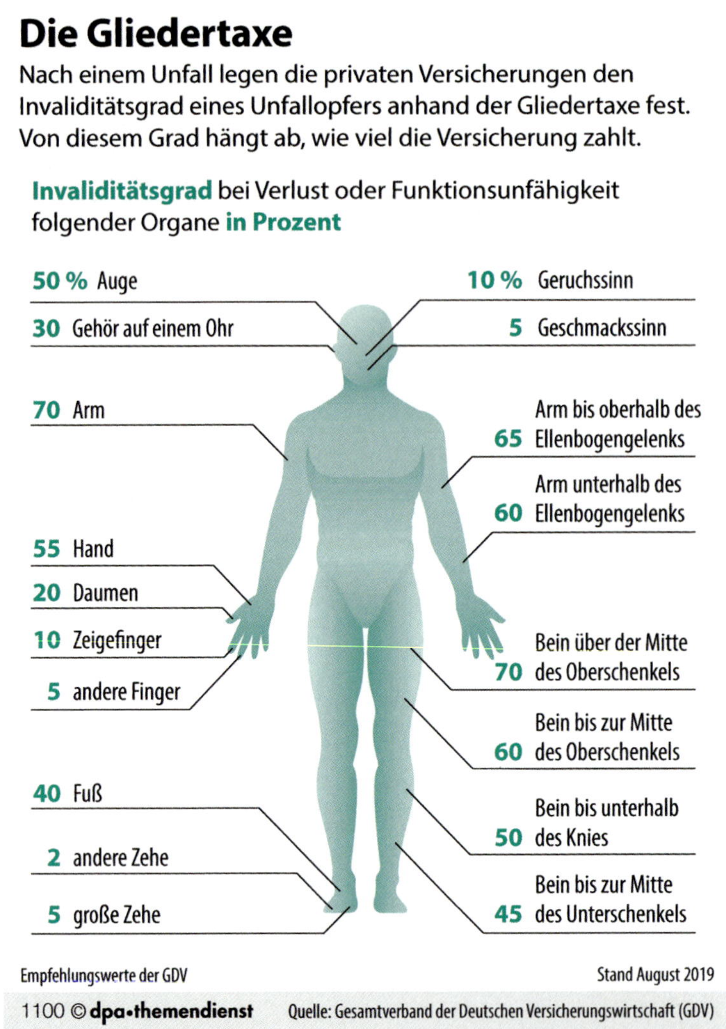

Einer Gliedertaxe kann man entnehmen, **wie hoch der Invaliditätsgrad für eine Invalidität** ist. Im vorangehenden Beispiel wird Herrn Mintzlaff die Hand amputiert, sie ist demnach zu 100 % in ihrer Funktion beeinträchtigt – und wird es auch bleiben. Die o. g. Gliedertaxe zeigt auf, dass **die vollständige Beeinträchtigung** der Hand (egal welche) mit einem Invaliditätsgrad von 55 % bewertet wird. Von einer vollständigen Invalidität (100 %) kann beim Verlust einer Hand nicht gesprochen werden, da einige Tätigkeiten des privaten und beruflichen Alltags weiterhin, wenn auch eingeschränkt, durchgeführt werden können.

Ziffer 2.1.2.2.2 AUB 2022

Hinweis: Manche Beeinträchtigungen lassen sich der Gliedertaxe nicht entnehmen, daher gilt dann Ziffer 2.1.2.2.2 AUB 2022. Medizinisch gesehen kann festgelegt werden, in welchem Umfang die körperliche bzw. geistige Leistungsfähigkeit beeinträchtig ist. Wenn z. B. die behandelnde Ärztin oder der behandelnde Arzt nach Abschluss der Heilbehandlung schriftlich bestätigt, dass die Schulter zu 50 % funktionsunfähig ist, dann kann dieser Wert für die Berechnung der Invaliditätsleistung zugrunde gelegt werden.

Achtung: Die Invaliditätsleistung wird nur bis insgesamt 100 % körperlicher bzw. geistiger Beeinträchtigung gezahlt – man kann nicht zu 105 % beeinträchtigt sein. Hätte Herr Mintzlaff (siehe vorangehendes Beispiel) bspw. beide Hände verloren, so läge kein Invaliditätsgrad von 110 % vor (zwei Hände je 55 %), sondern von 100 % vor.

Ziffer 2.1.2.2.4 AUB 2022

Beispiele

Unfall	Berechnung des Invaliditätsgrades
Die versicherte Person gerät bei einem Verkehrsunfall zwischen zwei kollidierende Autos – durch die dabei entstehenden inneren Verletzungen wird eine Niere vollständig in ihrer Funktion beeinträchtigt.	Die Gliedertaxe gem. Ziffer 2.1.2.2.1 AUB 2022 gibt an, dass die vollständige Funktionsunfähigkeit einer Niere einen Invaliditätsgrad von 20 % ergibt.
Eine versicherte Person erleidet nach Durchführung einer Infektionsschutzimpfung einen Impfschaden, der den vollständigen linken Oberarm zur Hälfte dauerhaft in seiner Bewegungsfähigkeit einschränkt.	Die Gliedertaxe gem. Ziffer 2.1.2.2.1 AUB 2022 gibt an, dass die vollständige Funktionsunfähigkeit des Oberarmes einen Invaliditätsgrad von 70 % ergibt. Hier besteht die Einschränkung des Oberarmes jedoch nur zur Hälfte, daher gilt: $\frac{50\,\%\ \text{Funktionsuntüchtikgeit} \cdot 70\,\%\ \text{Invaliditätsgrad}}{100}$ $= 35\,\%\ \text{Invaliditätsgrad}$ Man spricht hier von **Teilverlust** oder **teilweiser Funktionsbeeinträchtigung**.
Bei einem schweren Brand erleidet Frau Mayer mehrere Verletzungen: Der Arzt stellt eine Blindheit auf dem rechten Auge fest, durch die Verbrennungen wird auch das linke Ohr in Mitleidenschaft gezogen. Der Hörsinn von Frau Mayer bleibt dauerhaft zu 50 % beeinträchtigt.	Die Gliedertaxe gem. Ziffer 2.1.2.2.1 AUB 2022 gibt an, dass · die Blindheit auf dem rechten Auge einen Invaliditätsgrad von 50 % und · die Beeinträchtigung von 50 % des Hörsinnes einen Invaliditätsgrad von 15 % ergibt. Die Formel für die Berechnung des Teilverlusts des Hörsinnes lautet: $\frac{50\,\%\ \text{Funktionsuntüchtikgeit} \cdot 30\,\%\ \text{Invaliditätsgrad}}{100}$ $= 15\,\%\ \text{Invaliditätsgrad}$ Die einzelnen Invaliditätsgrade werden gem. Ziffer 2.1.2.2.4 AUB 2022 addiert und ergeben 65 %.

Versicherte Invaliditätssumme

Wie bereits aufgeführt, hängt die auszuzahlende Invaliditätsleistung gem. Ziffer 2.1.2.1 AUB 2022 von zwei wesentlichen Informationen ab:

Ziffer 2.1.2.1 AUB 2022

- vom im vorherigen Kapitel beschriebenen **Invaliditätsgrad** und
- von der **versicherten Invaliditätsleistung.**

Grundsumme und einfache Invaliditätsleistung

Als **Grundsumme** wird die Invaliditätssumme bezeichnet, die **grundsätzlich im Versicherungsvertrag abgesichert** ist. *Einfache* Invaliditätsleistung hingegen bezeichnet ein Summenmodell, bei dem die versicherte Invaliditätsleistung einfach, also ohne Verdopplung oder Verdreifachung o.Ä. ausbezahlt wird. **Bei der Festlegung der Grundsumme sind die in den jeweiligen Tarifen geltenden Höchstversicherungssummen zu beachten**. Die Höhe der auszuzahlenden Invaliditätsleistung erfolgt dann über die versicherte Invaliditätsleistung und den Invaliditätsgrad.

Form der Invalidität	Invaliditätsgrad	Versicherte Invaliditätsleistung	Leistung	Rechenweg
vollständige Beeinträchtigung der linken Hand	55 %	100.000,00 €	55.000,00 €	$\frac{100.000,00\ € \cdot 55\,\%}{100}$
vollständiger Verlust eines Armes unterhalb des Ellenbogengelenks	60 %	150.000,00 €	90.000,00 €	$\frac{150.000,00\ € \cdot 60\,\%}{100}$
Querschnittslähmung (außerhalb der Gliedertaxe)	100 %	200.000,00 €	200.000,00 €	$\frac{200.000,00\ € \cdot 100\,\%}{100}$

Progression

Insbesondere bei einem **hohen Invaliditätsgrad** kann es vorkommen, dass eine einfache Invaliditätsleistung nicht ausreicht. Bei einer Querschnittslähmung liegt der Grad der Invalidität bei 100 %, die Betroffenen sind vollständig auf Barrierefreiheit und Unterstützung angewiesen. Die beispielhafte Auszahlungssumme über 200.000,00 € reicht möglicherweise für den Umbau des Hauses, für den Umbau des Autos könnte es dann bereits knapp werden – vom Verdienstausfall und einer ständigen Betreuung ganz zu schweigen. Eine deutliche Erhöhung der einfachen Invaliditätsleistung im Versicherungsvertrag wäre zwar zunächst naheliegend, unterschiedliche Gründe stehen dem aber entgegen:

- In den einzelnen Tarifen **gelten Höchstversicherungssummen.**
- Ein hoher Kapitalbedarf bei Vollinvalidität würde die **Versicherungsprämie** exorbitant **in die Höhe steigen** lassen.
- Hohe einfache Invaliditätssummen würden bei geringen Invaliditätsgraden zu einer hohen finanziellen Kompensation führen. Ob dies dem Kerngedanken der Unfallversicherung entspricht, kann zumindest infrage gestellt werden (Existenzsicherung).

Die Versicherer bieten daher als Alternative zur einfachen Invaliditätsleistung die sog. Progression an. Der Begriff Progression beschreibt zunächst einmal den Mechanismus, **dass sich die Invaliditätsleistung an den Grad der Invalidität anpasst**. Einfach beschrieben bedeutet dies, dass bei kleinen Invaliditätsgraden weniger und bei hohen Invaliditätsgraden umso mehr Invaliditätsleistung ausbezahlt wird. Die AUB 2022 sehen neben der einfachen Invaliditätsleistung drei Modelle mit Progression vor:

- Progressive Invaliditätsstaffel **U225**
- Progressive Invaliditätsstaffel **U350**
- Progressive Invaliditätsstaffel **U500**

Die folgende Grafik veranschaulicht, welche finanziellen Auswirkungen die Progression auf die auszuzahlende Versicherungssumme hat.

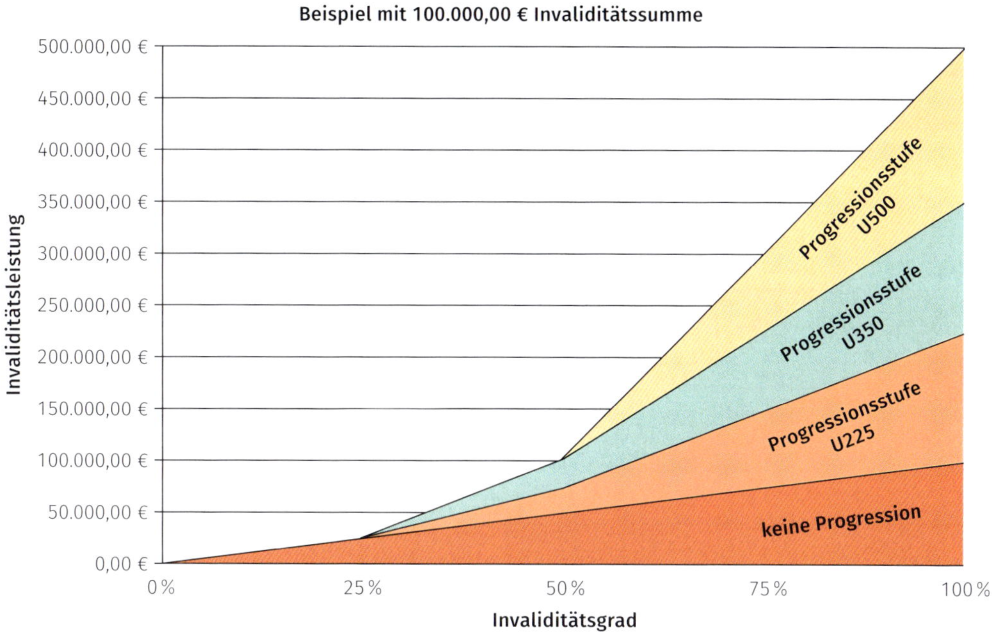

Anhand des Diagrammes wird deutlich, dass die einzelnen Progressionsstufen bis zu einem Invaliditätsgrad von 25 % keine Auswirkung auf den Auszahlungsbetrag haben. Hintergrund dessen ist die Idee, dass **bei niedrigen invaliditätsgraden der finanzielle Bedarf deutlich geringer ausfällt** als bei hohen. Ab dem 26ten Prozentpunkt ändert sich dies, das Progressionsmodell U225 sieht ab hier eine Verdoppelung der Invaliditätssumme bis 50 % vor. Das Bedingungswerk gibt die Werte in Ziffer 2.1.2.4 AUB 2022 genau vor, exemplarisch heißt es für das Progressionsmodell U225:

Definition

Ziffer 2.1.2.4.1 AUB 2022

[...]
- *Bei einem Invaliditätsgrad von über 25 % steigt die Invaliditätsleistung progressiv mit dem Invaliditätsgrad.*
- *Für den 25 % nicht übersteigenden Teil des Invaliditätsgrades ist Berechnungsgrundlage die im Versicherungsschein festgelegte Invaliditätssumme,*
- *für den 25 %, nicht aber 50 % übersteigenden Teil des Invaliditätsgrades die doppelte Invaliditätssumme,*
- *für den 50 % übersteigenden Teil des Invaliditätsgrades die dreifache Invaliditätssumme.*

Die etwas sperrig formulierten Vorgaben des Bedingungswerkes für die Progressionsstufen der einzelnen Progressionsmodelle lassen sich wie folgt darstellen:

Für die Progressionsstufe U225 gilt:

Ziffer 2.1.2.4.1 AUB 2022

Invaliditätsgrad	Auswirkung auf die Invaliditätssumme gem. U225
1 % – 25 %	**einfache** Invaliditätssumme
26 % – 50 %	**doppelte** Invaliditätssumme
51 % – 100 %	**dreifache** Invaliditätssumme

Für die Progressionsstufe U350 gilt:

Ziffer 2.1.2.4.2 AUB 2022

Invaliditätsgrad	Auswirkung auf die Invaliditätssumme gem. U350
1 % – 25 %	**einfache** Invaliditätssumme
26 % – 50 %	**dreifache** Invaliditätssumme
51 % – 100 %	**fünffache** Invaliditätssumme

Für die Progressionsstufe U500 gilt:

Ziffer 2.1.2.4.3 AUB 2022

Invaliditätsgrad	Auswirkung auf Invaliditätssumme gem. U500
1 % – 25 %	**einfache** Invaliditätssumme
26 % – 50 %	**fünffache** Invaliditätssumme
51 % – 100 %	**siebenfache** Invaliditätssumme

Beispiel

Der feuchtfröhliche Kneipenabend ging für Elise Wallmuth nicht gut aus: Beim Gang zur Toilette stürzte Sie und prallte mit ihrem Kopf gegen die Theke. Die Ärzte bescheinigten ihr eine bleibende kognitive Beeinträchtigung von 70 %. Frau Wallmuth hat bei der Proximus Versicherung AG eine Unfallversicherung mit einer Versicherungssumme (VS) von 100.000,00 € und der Progressionsstufe U225 abgeschlossen. Der Ausschlusstatbestand der Bewusstseinsstörung liegt nicht vor, da die Blutalkoholkonzentration *nur* bei 1,2‰ lag.

Lösung

Wenn alle zu erfüllenden Aspekte vorliegen, erhält Elise Wallmuth eine Invaliditätssumme von 135.000,00 €.

1 % – 25 % = 25 % von 100.000,00 € VS = 25.000,00 € · 1 = 25.000,00 €
26 % – 50 % = 25 % von 100.000,00 € VS = 25.000,00 € · 2 = 50.000,00 €
51 % – 70 % = 20 % von 100.000,00 € VS = 20.000,00 € · 3 = 60.000,00 €
135.000,00 €

Ziffer 2.1.2.4.1 AUB 2022

Achtung: Die Vereinbarung einer Progression ist **nur für die Tarife 10 und 30** möglich.

Beispiele

Berechnungsbeispiele aller Summenmodelle

Invaliditäts-grad	Tarif ohne Progression	Tarif mit 225 % Progression (U225)	Tarif mit 350 % Progression (U350)	Tarif mit 500 % Progression (U500)
10 %	10.000,00 €	10.000,00 €	10.000,00 €	10.000,00 €
30 %	30.000,00 €	35.000,00 €	40.000,00 €	50.000,00 €
50 %	50.000,00 €	75.000,00 €	100.000,00 €	150.000,00 €
70 %	70.000,00 €	135.000,00 €	200.000,00 €	290.000,00 €
90 %	90.000,00 €	195.000,00 €	300.000,00 €	430.000,00 €
100 %	100.000,00 €	225.000,00 €	350.000,00 €	500.000,00 €

3.4.2 Unfallrente 50/90

Definition und Leistungsvoraussetzungen

Das Leistungsspektrum der Unfallversicherung der Proximus Versicherung AG geht weit über die Einmalzahlung einer Invaliditätsleistung hinaus. Mit der Absicherung der sogenannten Unfallrente 50/90 beispielsweise (die Zahl steht jeweils für den für die Auszahlung notwendigen Invaliditätsgrad) wird ein potenzieller monatlicher Einkommensverlust abgesichert, der mit dem Unfall einer versicherten Person einhergehen kann. Die AUB 2022 legen für die Auszahlung einer monatlichen Rente **folgende Voraussetzungen** fest: *Ziffer 2.2 AUB 2022*

Definition *Ziffer 2.2.1 AUB 2022*

Der unfallbedingte Invaliditätsgrad beträgt mindestens 50 %. Ab einem unfallbedingten Invaliditätsgrad von mindestens 90 % verdoppelt sich die monatliche Rente, es sei denn, zum Unfallzeitpunkt bestand Versicherungsschutz nach Tarif 50.
Es gelten die Bestimmungen der Ziffern 2.1.1 sowie 2.1.2.2.

Aus den Leistungsvoraussetzungen ergibt sich, dass eine monatliche Unfallrente nur dann ausbezahlt wird, wenn ein entsprechender Invaliditätsgrad vorliegt (50 % bzw. 90 %).

Achtung: Damit wiederum eine Invalidität vorliegt, müssen zusätzlich natürlich die Voraussetzungen gem. Ziffer 2.1.1.1 AUB 2022 vorliegen.

Die **Höhe** der monatlichen Rente kann im Vertrag individuell vereinbart werden, sollte sich aber grundsätzlich an der Lebenssituation der Versicherten orientieren und dem Erhalt des Lebensstandards dienen. Der maximal zu vereinbarende Betrag beläuft sich auf 3.000,00 € – unabhängig vom jeweiligen Tarif.

Beispiel

Karl-Theodor verletzt sich beim Skaten durch einen Sturz am Arm. Das ärztliche Gutachten ergibt, dass der linke Arm durch diesen Unfall zu 100 % beeinträchtig bleiben wird. Die Gliedertaxe sieht für die vollständige Funktionsunfähigkeit des linken Armes einen Invaliditätsgrad von 70 % vor. Karl-Theodor hat in seinem Vertrag zwei Leistungen abgesichert:

- Invaliditätsleistung: 100.000,00 €, 225er Progression
- Unfallrente 50/90: 1.000,00 €

Lösung

Die versicherte Invaliditätsleistung über 100.000,00 € ergibt bei einer Invalidität von 70 % eine Auszahlung von 135.000,00 €.

– 1 % – 25 %	→ **einfache** Leistung	→ 25.000,00 € · **1** =	25.000,00 €
– 26 % – 50 %	→ **zweifache** Leistung	→ 25.000,00 € · **2** =	50.000,00 €
– 51 % – 70 %	→ **dreifache** Leistung	→ 20.000,00 € · **3** =	60.000,00 €
			135.000,00 €

Die Unfallrente über 1.000,00 € wird ebenfalls ausbezahlt, da der zugrunde liegende Invaliditätsgrad die notwendige Leistungsvoraussetzung von 50 % übersteigt. Käme Karl-Theodor durch weitere Verletzungen auf einen Invaliditätsgrad von 90 %, dann erhielte er anstelle von 1.000,00 € eine monatliche Unfallrente in Höhe von 2.000,00 €, da ab 90 % die Versicherungsleistung verdoppelt würde. Begründet wird die Verdoppelung beispielsweise mit deutlich höheren Alltagsausgaben aufgrund der starken körperlichen Beeinträchtigung.

Auszahlungsdauer

Ziffer 2.2.4 AUB 2022

Die AUB 2022 sehen vor, dass die Auszahlung der Unfallrente **rückwirkend zu dem Monat** durchgeführt wird, in dem die versicherte Person den leistungsauslösenden Unfall erleidet, die Auszahlung findet generell monatlich im Voraus statt. Die Unfallrente wird solange ausbezahlt, bis

- die versicherte Person verstirbt oder
- eine Neubemessung des Invaliditätsgrades gem. Ziffer 9.4 AUB 2022 dafür sorgt, dass der Invaliditätsgrad unter 50 % bzw. unter 90 % fällt.

3.4.3 Soforthilfe

Definition und Leistungsvoraussetzungen

Ziffer 2.3 AUB 2022

In der Praxis ergibt sich aus der zahlungsauslösenden Voraussetzung der Invalidität (für Invaliditätsleistung und Unfallrente 50/90) häufig der fade Beigeschmack, dass bei einer Vielzahl von unfallbedingten Verletzungen zwar bedingungsgemäß ein Unfall vorliegt, im Anschluss daran aber keine Invalidität einhergeht – **und somit auch keine Leistung im Bereich der Invalidität ausbezahlt wird.** Diesem Umstand Rechnung tragend bietet eine Vielzahl an Versicherern die sogenannte Soforthilfe an. Es handelt sich um eine Einmalzahlung, deren Grenze innerhalb der Tarife 10 und Tarif 30 bei 5.000,00 € liegt, in Tarif 50 bei 3.000,00 €.

Die Soforthilfe leistet bereits bei folgenden Verletzungen, auch wenn diese nicht zu einer Invalidität führen:

- Bruch bestimmter Körperteile (z. B. Becken, Schädeldach, Arm, Hand, Fuß usw.),
- Verbrennungen, Verbrühungen, Verätzungen,
- Quetschungen innerer Organe,
- Schädelhirntrauma,
- Zerreißung oder Durchtrennung von Muskeln, Sehnen, Bändern oder Kapseln an Gliedmaßen oder Wirbelsäule.

Beispiel

Daniel Blume feiert feuchtfröhlich seinen 16. Geburtstag – dabei darf gute Musik natürlich nicht fehlen. In seiner Funktion als Gastgeber will er sicherstellen, dass die Musikanlage auch mit ausreichend Strom versorgt wird, wozu er den Füllstand des Notstromgenerators hinter dem Haus mit einem Feuerzeug kontrolliert. Was er zu diesem Zeitpunkt jedoch (noch) nicht weiß: Benzin und Feuer ergänzen sich – chemisch gesehen – und führen zu einer Explosion. Dieser ausgesetzt trägt Daniel schwerwiegende Verbrennungen davon, deren Grad gemäß der am folgenden Tag durchgeführten Untersuchung auf Stufe 2 taxiert wird – eine dauerhafte Invalidität hat der Gastgeber jedoch nicht zu befürchten. Erhält Daniel gem. AUB 2022 dennoch Leistungen?

In seinem Vertrag hat Daniel folgende Leistungen abgesichert:
- Invaliditätsleistung: 150.000,00 €, 350er Progression
- Unfallrente 50/90: 1.500,00 €
- Soforthilfe: 5.000,00 €

Lösung

Da von einer Invalidität aufgrund der Verbrennungen nicht ausgegangen werden muss, werden die invaliditätsbezogenen Leistungsarten nicht tangiert, wohl aber die Soforthilfe. Bei über **25 cm² und mindestens Verbrennungsgrad 2 werden bedingungsgemäß 70 % der vereinbarten Leistung ausbezahlt** – hier also 3.500,00 €.

Achtung: Sofern sich aus unfallbedingten Verletzungen doch ein Invaliditätsgrad ergibt, so werden die bereits ausbezahlten Leistungen der Soforthilfe nicht bei den später auszuzahlenden Invaliditätsleistungen in Abzug gebracht.

3.4.4 Tagegeld

Ziffer 2.4 AUB 2022

Ein Tagegeld wird nach einem bedingungsgemäßen Unfall ausbezahlt, wenn die versicherte Person in ihrer **Arbeitsfähigkeit beeinträchtigt** ist und **sich in ärztlicher Behandlung** befindet. Im Umkehrschluss bedeutet dies, dass bei endender ärztlicher Behandlung auch die Zahlung der Leistung endet. Gemäß Ziffer 2.4.2 AUB 2022 endet diese maximal nach einem Jahr ab Tag des Unfalles. Das Tagegeld schließt in der Regel die finanzielle Lücke, die durch die Arbeitsunfähigkeit entsteht – bei Selbstständigen klafft diese Lücke in der Regel sofort, bei Angestellten nach sechswöchiger Lohnfortzahlung, wenn dann das sogenannte Krankengeld eintritt. Die AUB 2022 erlauben lediglich in Tarif 30 ein Tagegeld, dieses lässt sich mit maximal 100,00 € pro Tag absichern. Bei Tagegeldern ist eine sogenannte Karenzzeit üblich, ab der diese Leistungsart ausbezahlt wird. Die AUB 2022 sehen dazu folgende Bestimmungen vor:

- Tagegeld ab dem 1. Tag für Selbstständige,
- Tagegeld ab dem 15. Tag für Selbstständige und Hausfrauen/-männer und
- Tagegeld ab dem 43. Tag für Selbstständige, Hausfrauen/-männer und Arbeitnehmer/-innen

Besonderheiten

Zu beachten ist, dass der Grad der Beeinträchtigung der Arbeitsunfähigkeit Auswirkungen auf die von der Unfallversicherung auszuzahlende Leistung hat. Ist die versicherte Person zu 100 % in ihrer Arbeitsfähigkeit eingeschränkt, dann erhält sie das vereinbarte Tagegeld in **voller Höhe**, ist die versicherte Person jedoch noch zur Hälfte arbeitsfähig, dann erhält sie das Tagegeld auch nur im selben Verhältnis.

Beispiel

Erna Friedrich hat ein Tagegeld in Höhe von 100,00 € ab dem 43. Tag versichert, sie ist Angestellte in einem großen Autohaus und erhält ab dem 43. Tag (nach sechs Wochen) der Arbeitsunfähigkeit Lohnfortzahlung durch ihre gesetzliche Krankenversicherung. 25 Tage ist diese noch zu 100 % arbeitsunfähig, danach weitere 15 Tage zu 75 % und zehn Tage zu 50 %.

Lösung

Erna Friedrich würde 4.125,00 € Tagegeld ausbezahlt bekommen:

– 43. Tag bis 67. Tag:	2.500,00 € zu 100 %	=	2.500,00 €
– 68. Tag bis 82. Tag:	1.500,00 € zu 75 %	=	1.125,00 €
– 83. Tag bis 92. Tag:	1.000,00 € zu 50 %	=	500,00 €
			4.125,00 €

3.4.5 Krankenhaustagegeld, Rooming-in, ambulante Operation

Definition und Leistungsvoraussetzungen

Ziffer 2.5 AUB 2022

Ein Krankenhaustagegeld erhält die versicherte Person, wenn sich diese unfallbedingt in **medizinisch notwendiger vollstationärer Heilbehandlung** befindet. Es wird für jeden Kalendertag der stationären Behandlung gezahlt, der Aufnahme- und Entlassungstag werden als volle Tage angesehen. Nach den AUB 2022 wird das Krankenhaustagegeld (KHT) maximal drei Jahre lang bezahlt, die maximale Versicherungssumme beträgt in Tarif 30 je Tag 100,00 € (Tarif 10: 50,00 €; Tarif 50: 25,00 €). Das Krankenhaustagegeld soll Kosten decken, die durch den Krankenhausaufenthalt entstehen, z. B. Kosten für die Nutzung des WLAN, TV, Eigenanteil in der GKV, Mehrkosten für Einbett- /Zweibettzimmer usw.

Achtung: Aufenthalte in Kureinrichtungen, Sanatorien oder Erholungsheimen werden **nicht als medizinisch notwendige Heilbehandlungen** angesehen.

In den AUB 2022 wird auch das sog. Rooming-in versichert, was die **Unterbringung einer Begleitperson im Krankenhaus** bedeutet. Insbesondere bei Kindern ist eine optimale Behandlung im Krankenhaus nur dann gewährleistet, wenn ein Elternteil diese begleiten kann. Die Mehrkosten für die Unterbringung werden daher durch die Unfallversicherung bezuschusst (in Höhe des Krankenhaustagegeldes), jedoch darf die versicherte Person am Tag des Unfalls das 14. Lebensjahr noch nicht vollendet haben.

Beispiel

Joshua Meyer, sieben Jahre alt, fällt beim Spielen mit seinem Freund Nico unglücklich von der Treppe. Sich vor Schmerzen krümmend bringt ihn seine Mutter, Jutta Meyer, sofort in das städtische Uniklinikum zur Untersuchung. Schnell wird klar, dass eine komplizierte Fraktur des rechten Fußes vorliegt, die am nächsten Tag operativ behandelt werden muss. Joshua wird stationär aufgenommen, die OP findet am nächsten Morgen statt. Insgesamt wird Joshua für sieben Nächte stationär aufgenommen (07.10. d. J. – 14.10. d. J.), seine Mutter übernachtet die erste Nacht ebenfalls im Krankenhaus. In der privaten Unfallversicherung wurde für Joshua ein Krankenhaustagegeld über 50,00 € abgeschlossen.

Lösung

Es ergibt sich eine Auszahlung in Höhe von 500,00 €.

Joshua:	07.10. d. J. – 14.10. d. J. = 8 Tage zu jeweils 50,00 € KHT	= 400,00 €
Jutta:	07.10. d. J. – 08.10. d. J. = 2 Tage zu jeweils 50,00 € Rooming-in	= 100,00 €
		= 500,00 €

Häufig werden Operationen durchgeführt, nach denen die versicherte Person das Krankenhaus verlassen und zu Hause genesen kann (sog. ambulante Operationen). Um diese Personen leistungstechnisch nicht schlechter zu stellen, erhalten diese das vereinbarte Krankenhaustagegeld für **maximal sieben Tage**, wenn sie nach der ambulant durchgeführten OP vollständig arbeitsunfähig zu Hause bleiben.

3.4.6 Todesfallleistung

Definition und Leistungsvoraussetzungen

Eine Todesfallleistung wird in vereinbarter Höhe ausbezahlt, wenn die versicherte Person unfallbedingt **innerhalb eines Jahres** nach dem Unfall verstirbt (ab Tag des Unfalls gerechnet). Die AUB 2022 erlauben in Tarif 30 eine maximale Versicherungssumme von 100.000,00 €, in den Tarifen 10 und 50 maximal 25.000,00 €. In erster Linie sollen die Hinterbliebenen durch diese Summe hinsichtlich der Folgekosten finanziell abgesichert werden, die z. B. mit der Beerdigung der versicherten Person einhergehen. Darüber hinaus kann die **Todesfallsumme als Vorschuss ausbezahlt werden**, wenn die Leistungspflicht (z. B. Invaliditätsleistung) im Grunde schon feststeht, die Heilbehandlung an sich aber noch nicht abgeschlossen ist. Die Todesfallleistung wird i. d. R. an eine per Vertrag begünstigte Person ausbezahlt.

Ziffer 2.6 AUB 2022

Ziffer 9.3 AUB 2022

Achtung: Wenn die versicherte Person innerhalb eines Jahres nach dem Unfall aufgrund unfallfremder Ursachen verstirbt, dann wird selbstverständlich keine Todesfallsumme ausbezahlt, dafür aber gem. des voraussichtlich zu erwartenden Invaliditätsgrades eine Invaliditätssumme.

Ziffer 2.1.2.3 AUB 2022

3.4.7 Kosten für kosmetische Operation

Definition und Leistungsvoraussetzungen

Wer aufgrund eines Unfalles behandelt wird, der wird nach dem **Aspekt der medizinischen Notwendigkeit** versorgt, d. h., dass sich die medizinische Versorgung nicht unbedingt an ästhetischen Maßstäben orientiert. Wer sich nach einem Unfall einer kosmetischen OP (diese sind medizinisch nicht notwendig) unterzieht, **damit das äußere Erscheinungsbild von Beeinträchtigungen befreit** wird (z. B. Narben), der erhält dafür Leistungen aus der privaten Unfallversicherung – wenn versichert. Die maximale Versicherungssumme liegt in allen Tarifen bei 25.000,00 €. Die versicherte Person kann damit beispielsweise die Arztkosten, die Unterbringung im Krankenhaus oder die anfallenden Kosten für Zahnersatz begleichen. Ein Anspruch auf diese Leistungsart erlischt, wenn ein Dritter zur Zahlung verpflichtet ist.

Ziffer 2.7 AUB 2022

Achtung: Bei Zahnbehandlungen werden nur die Kosten berücksichtigt, die für **Schneide- und Eckzähne** anfallen. Alle anderen Zähne zählen nicht mehr zum äußeren Erscheinungsbild.

Die AUB 2022 sehen als Voraussetzungen vor, dass die Operation

- durch einen Arzt durchgeführt wird,
- nach Abschluss der eigentlichen Heilbehandlung stattfindet und
- das eigentliche Unfallereignis nicht länger als drei Jahre zurückliegt (veränderte Fristen bei Kindern).

3.4.8 Kosten für Such-, Rettungs- und Bergungseinsätze

Definition und Leistungsvoraussetzungen

Bis zu einem Betrag von 25.000,00 € sind die sog. Such-, Rettungs- und Bergungskosten prämienfrei in allen Tarifen der Proximus Versicherung AG mitversichert. Versichert sind Kosten, die anfallen, **wenn ein öffentlicher oder privater Rettungsdienst eine unfallbedingte Suche, Rettung oder Bergung durchführt**. Gleichgestellt sind Kosten, die entstehen, wenn der Unfall noch nicht eingetreten, **aber**

Ziffer 2.8 AUB 2022

im Grunde abzusehen bzw. zu vermuten war. Darüber hinaus werden Kosten übernommen, die durch ärztlich **angeordneten Transport der verletzten Person entstehen**, z. B. in ein anderes Krankenhaus oder in eine Spezialklinik. Ein Anspruch auf diese Leistungsart erlischt, wenn ein Dritter zur Zahlung verpflichtet ist.

Achtung: Die Begriffsbestimmung der Such-, Rettungs- und Bergungskosten misslingt in der Praxis häufig, z. B. werden die Begriffe Retten und Bergen synonym oder der Begriff Bergen nur im Zusammenhang mit der Bergung Toter verwendet. Beachten Sie die folgenden Begriffsdefinitionen gemäß der ständigen Konferenz für Katastrophenvorsorge und Katastrophenschutz.

Definition

Bergung umfasst Maßnahmen zur Befreiung von Menschen oder Tieren, die durch äußere Einwirkungen in ihrer Bewegungsfreiheit eingeschränkt sind.

Rettung bedeutet *das Abwenden eines lebensbedrohlichen Zustandes durch lebensrettende Maßnahmen und/oder durch Befreien aus einer lebensbedrohlichen Zwangslage.*

3.4.9 Assistance-Leistungen

Definition und Leistungsvoraussetzungen

Ziffer 2.9 AUB 2022

Mit Assistance-Leistungen sind Hilfs- und Pflegeleistungen gemeint, die der versicherten Person nach einem Unfall zustehen, wenn diese durch das Unfallereignis **hilfebedürftig** ist. Gemeint ist damit, dass die versicherte Person Unterstützung bei **gewöhnlichen und regelmäßig wiederkehrenden Verrichtungen** benötigt, z. B. der Besuch im Bürgerbüro oder der Einkauf im Supermarkt. Der Versicherer bedient sich dazu einem **von ihm gewählten Service-Dienstleister**. Der Leistungskatalog innerhalb der Assistance-Leistungen ist umfangreich und beginnt mit einem ausführlichen Erstgespräch, in dem der Bedarf individuell festgelegt wird. Darauf fußend kann die versicherte Person folgende Leistungen erhalten:

Erstgespräch

Hilfsleistungen	Pflegeleistungen
· Menüservice · Einkäufe und Besorgungen · Begleitung Arzt- und Behördengänge · Wohnungsreinigung · Wäscheservice · Hausnotruf · Organisation von Hilfsleistungen · Vermittlung von Pflegehilfsmitteln · Vermittlung einer Tierbetreuung · Gartenpflege, Kehrwochen- und Schneeräumdienst	· Grundpflege · Pflegeberatung · Hilfe- und Pflege von Partnern/ Verwandten 1. Grades

Zusammenfassung

Invaliditätsleistung **Ziffer 2.1**	*Unfallrente 50/90* **Ziffer 2.2**	*Soforthilfe* **Ziffer 2.3**	*Tagegeld* **Ziffer 2.4**	*KHT, amb. OP* **Ziffer 2.5**	*Todesfallleistung* **Ziffer 2.6**	*Kosm. OP* **Ziffer 2.7**	*Such-, Bergungs – und Rettungskosten* **Ziffer 2.8**	*Assistance-Leistungen* **Ziffer 2.9**
· Voraussetzung: unfallbedingte Invalidität · Invalidität: dauerhafte Beeinträchtigung körperlicher/geistiger Leistungsfähigkeit · Progression – 225 – 350 – 500 Voraussetzungen für Entschädigung: · Eintritt, ärztliche Feststellung und Geltendmachung innerhalb von 24 Monaten · Höhe der Leistung orientiert sich am Grad der Invalidität → Gliedertaxe	· Voraussetzung: vgl. Invaliditätsleistung · ab 50 % Invaliditätsgrad · ab 90 % doppelte Rente · 90 % nicht in Tarif 50 bzw. 67. Lebensjahr · mtl. rückwirkend ab Monat des Unfalls · im Voraus · bis zum Ende des Monats, in dem die VP stirbt · entfällt wenn Neubemessung unter 50 %/90 % (Ziffer 9.4) **BEISPIEL:** · VN hat 600,00 € Unfallrente versichert – A: 60 % Invalide – B: 90 % Invalide – je: 600,00 € mtl. Rente – B: 120,00 € mtl. Rente	· Voraussetzung: Bei unfallbedingten Verletzungen werden Soforthilfen in Höhe der Versicherungsleistung bezahlt, zum Beispiel: – 100 % bei – Becken – 75 % bei Armen – 30 % bei Brustbein – 10 % bei Zehen – 70 % bei Verbrennungen 2. Grades · Mehrere Verletzungen an einem Körperteil gelten als eine Verletzung.	· Voraussetzung: unfallbedingte Beeinträchtigung der Arbeitsfähigkeit und in ärztlicher Behandlung · zur Deckung von Einkommensverlusten – ab 1. Tag für Selbstständige – ab 15. Tag für Hausfrauen und Selbstständige – ab 43. für Selbstständige, Hausfrauen und Arbeitnehmer · Höhe: nach Grad der Einschränkung der Arbeitsfähigkeit · Dauer: Für die Dauer der ärztlichen Behandlung · längstens für ein Jahr ab Tag des Unfalls	· Voraussetzung: unfallbedingt in medizinischer vollstationärer und notwendiger Heilbehandlung · bei amb. OP wenn mindestens sieben Tage vollständig in der Berufsfähigkeit eingeschränkt · Höhe: wie vereinbart · Dauer: jeder Kalendertag ab Unfalltag inkl. Aufnahme- und Entlassungstag · längstens zwei Jahre · sieben Tage für amb. OP · NICHT: Aufenthalt in Sanatorien oder Kuranstalten **BEISPIEL:** · VN hat 50,00 € KHT · 28. März d. J. – 14. April d. J. · 18 Tage Anspruch auf KHT = 900,00 €	· Voraussetzung: unfallbedingter Tod innerhalb eines Jahres · danach keine Leistung · Höhe: wie vereinbart	· Voraussetzung: unfallbedingte Beeinträchtigung des äußeren Erscheinungsbild – bei Zähnen: nur wenn Schneide- oder Eckzähne betroffen · Heilbehandlung abgeschlossen · Erwachsene: innerhalb von drei Jahren nach Unfall · Kinder: vor Vollendung des 21. Lebensjahrs · bezahlt werden: Arzthonorare und sonst OP. Kosten · leistet nach Krankenkasse · Kosten für Unterkunft und Verpflegung im KH · Höhe: max. 25.000,00 €	· Voraussetzung: Kosten die durch Unfall entstanden sind für – Suchaktionen nach Unfallverletzten – Bergung und Rettung von Unfallverletztem – ärztlich angeordneter Transport ins Krankenhaus o. Spezialklinik · auch bei „zu vermuten“ u. unmittelbar bevorstehenden Unfällen · Höhe: max. bis 25.000,00 € · prämienfrei	· Voraussetzung: · Beeinträchtigung der körperlichen oder geistigen Leistungsfähigkeit, dadurch Einschränkung im Alltag (Hilfebedürftigkeit) · Ziel: Absicherung der Hilfsbedürftigkeit · Unterstützung durch umfangreiche Hilfs- und Pflegeleistungen, z. B.: – Einkäufe – Wohnungsreinigung – Wäscheservice – Gartenpflege

3.5 Beeinträchtigung der Invaliditätsleistung und der Unfallrente

Grundsätzlich werden die Invaliditätsleistung und die Unfallrente ausbezahlt, **wenn der Unfallbegriff PAUKE erfüllt** ist und die **Voraussetzungen für die Auszahlung** erfüllt sind (vgl. Kapitel 3.4). Für diese beiden Leistungsarten wird der **Grad der Invalidität** zugrunde gelegt, der durch Krankheiten und Gebrechen sowie durch Vorinvalidität in seiner Höhe beeinflusst werden kann. Dies hat Auswirkungen auf die auszuzahlenden Leistungen.

3.5.1 Mitwirkung von Krankheit und Gebrechen

Ziffer 3.2.1 AUB 2022

Der für die Berechnung der Invaliditätsleistung notwendige Invaliditätsgrad kann durch den sog. **Mitwirkungsanteil** beeinflusst werden. Ein solcher Mitwirkungsanteil liegt gem. Ziffer 3.2.1 AUB 2022 vor, wenn Unfallfolgen mit **Krankheiten oder Gebrechen** zusammenstoßen und der Grad der Beeinträchtigung durch diese beeinflusst wird. Der Versicherer möchte durch die sog. **Mitwirkungsklausel** unfallfremde und unfallbedingte Folgen voneinander trennen.

Beispiel

Es steht ein großes Familienfest an, Grund genug, dass Frau Hellwig einen kompletten Sack Kartoffeln für den von der Familie heiß geliebten Kartoffelauflauf schält. In einem Moment der Unachtsamkeit schneidet sich die ältere Dame mit dem Sparschäler in den Daumen, die Wunde ist tief und die Blutung kaum zu stoppen. Die medizinische Erstversorgung besteht aus Desinfizierung der Wunde und Schließen durch Nähen. Der Heilungsprozess läuft jedoch nicht so wie erhofft, denn Frau Hellwig leidet seit einigen Jahren an Diabetes Typ 2. Nach Abschluss der Heilbehandlung wird per ärztliches Gutachten festgehalten, dass der Daumen zu 50 % in seiner Funktion beeinträchtigt bleibt. Durch die schlechte Insulinversorgung der Wunde – bei Diabetiker/-innen nicht unüblich – trägt die Vorerkrankung zu 40 % zur Beeinträchtigung bei.

Lösung

Die Gliedertaxe gemäß Ziffer 2.1.2.2.1 AUB 2022 gibt an, dass eine 50 %ige Beeinträchtigung des Daumens einen Invaliditätsgrad von 10 % ergibt.

$$\frac{50\%\ \text{Funktionsuntüchtikgeit} \cdot 20\%\ \text{Invaliditätsgrad}}{100} = 10\%\ \text{Invaliditätsgrad}$$

Da die Vorerkrankung (Diabetes) an der schlechten Wundheilung mitwirkt, wird der Versicherer diese Mitwirkung in Abzug bringen – im vorliegenden Beispiel wirkt die Erkrankung zu 40 % mit.

1. Schritt:

$$\frac{10\%\ \text{Grad der Invalidität} \cdot 40\%\ \text{Mitwirkungsanteil}}{100} = 4\%\ \text{Anteil der Mitwirkung am Grad der Invalidität}$$

2. Schritt:

$$10\%\ \text{Grad der Invalidität} - 4\%\ \text{Anteil der Mitwirkung am Grad der Invalidität}$$
$$= 6\%\ \text{finaler Invaliditätsgrad}$$

Achtung: Gemäß Ziffer 3.2.2 AUB 2022 wird eine Kürzung der Leistung nur dann durchgeführt, wenn der Mitwirkungsanteil durch Krankheit oder Gebrechen bei mindestens 25 % liegt.

3.5.2 Vorinvalidität

Ziffer 2.1.2.2.3 AUB 2022

Ein weiterer Grund für die Minderung des Invaliditätsgrades kann das Vorliegen einer Vorinvalidität sein. Der Versicherer zahlt keine Invaliditätsleistung für eine Invalidität, die schon vor dem Unfall bestand. Gem. Ziffer 2.1.2.2.3 AUB 2022 ist der Versicherer berechtigt, den Grad der Invalidität um den Grad der Vorinvalidität zu kürzen. Die AUB 2022 geben hierfür folgendes Beispiel an:

Beispiel

Ist ein Arm vollständig funktionsunfähig, beträgt der Invaliditätsgrad 70 %. War dieser Arm schon vor dem Unfall um ein Zehntel in seiner Funktion beeinträchtigt, beträgt die Vorinvalidität 7 % (= ein Zehntel von 70 %). Diese 7 % Vorinvalidität werden abgezogen. Es verbleibt ein unfallbedingter Invaliditätsgrad von 63 %

3.5.3 Zusammenfallen von Mitwirkung und Vorinvalidität

Beide zur Kürzung berechtigenden Aspekte können gleichzeitig auftreten, sodass einerseits die Mitwirkung und andererseits die Vorinvalidität zu berücksichtigen sind.

Beispiel

Bei einer Mutprobe balanciert der 17-jährige Felix Jansen auf einer zwei Meter hohen Grundstückseinfriedung. „Kein Problem", erklärt dieser noch beim Anblick der von unten aus niedrig wirkenden Mauer – oben angekommen verliert er rasch das Gleichgewicht. Da die letzten Tage regnerisch waren, rutscht er auf der noch feuchten Mauer aus und stürzt hinab. Felix fällt dabei sehr unglücklich auf sein linkes Bein. Nach Abschluss der Heilbehandlung bescheinigt der Arzt die teilweise Beeinträchtigung des linken Beines (65 %). Aus den Unterlagen des Versicherungsvertrages lässt sich entnehmen, dass am linken Fuß bereits seit Geburt an der große und ein weiterer Zeh fehlen. Darüber hinaus leidet Felix trotz seines jungen Alters an Rheuma, die Mitwirkung dieser Erkrankung beträgt 30 % laut ärztlichem Gutachten.

Lösung

Die Gliedertaxe gem. Ziffer 2.1.2.2.1 AUB 2022 gibt an, dass eine 65 %ige Beeinträchtigung des linken Beines einen Invaliditätsgrad von 45,5 % ergibt.

$$\frac{65\,\%\text{ Funktionsuntüchtigkeit} \cdot 70\,\%\text{ Invaliditätsgrad}}{100} = 45{,}5\,\%\text{ Invaliditätsgrad}$$

1. Schritt

Die Vorinvalidität wird gem. Ziffer 2.1.2.2.3 AUB 2022 in Abzug gebracht. Der Invaliditätsgrad mindert sich um insgesamt 7 %.

- großer Zeh 5 % und
- anderer Zeh 2 %

Es ergibt sich ein Invaliditätsgrad nach Abzug der Vorinvalidität von 38,5 %.

2. Schritt

Der Invaliditätsgrad nach Abzug der Vorinvalidität über 38,5 % wird nun um den Anteil der Mitwirkung gekürzt.

$$\frac{38{,}5\,\%\text{ Grad der Invalidität} \cdot 30\,\%\text{ Mitwirkungsanteil}}{100} = 11{,}55\,\%\text{ Anteil der Mitwirkung am Grad der Invalidität}$$

3. Schritt

38,5 % Grad der Invalidität – 11,55 % Anteil der Mitwirkung am Grad der Invalidität = 26,95 % finaler Invaliditätsgrad

Achtung: Fallen Vorinvalidität und Mitwirkungsanteil zusammen, **so muss immer zunächst die Vorinvalidität** abgezogen werden, da ein Mitwirkungsanteil durch Krankheit und Gebrechen nicht auf eine bestehende Vorinvalidität einwirkt.

3.6 Bedarfsanalyse

Beispiel

Seit 25 Jahren schon pendelt Matthias Semrau von Hannover nach Hamburg, um dort seinem Job als Logistiker am Hamburger Hafen nachzukommen. In Hannover Vahrenwald wohnt er gemeinsam mit seiner Frau und seinen drei Kindern in einem schönen Schwedenhaus, das er zu 75 % bei seiner Hausbank finanziert hat. Vor wenigen Jahren geschieht dann das Unglück: An einem Dienstagmorgen entgleist der ICE Richtung Hamburg aufgrund einer Beschädigung am Gleiswerk und nur dank der der schnellen Hilfe der Notärzte konnte Matthias gerettet werden. Seitdem hat sich sein komplettes Leben geändert – er sitzt im Rollstuhl. Neben seelischen Herausforderungen für Matthias und seine Familie birgt ein solcher Unfall insbesondere auch hohe finanzielle Belastungen. Schon der behindertengerechte Umbau von Haus und Auto erfordert einen hohen Geldbedarf.

Kostenplanung für den behindertengerechten Umbau von Haus und Auto

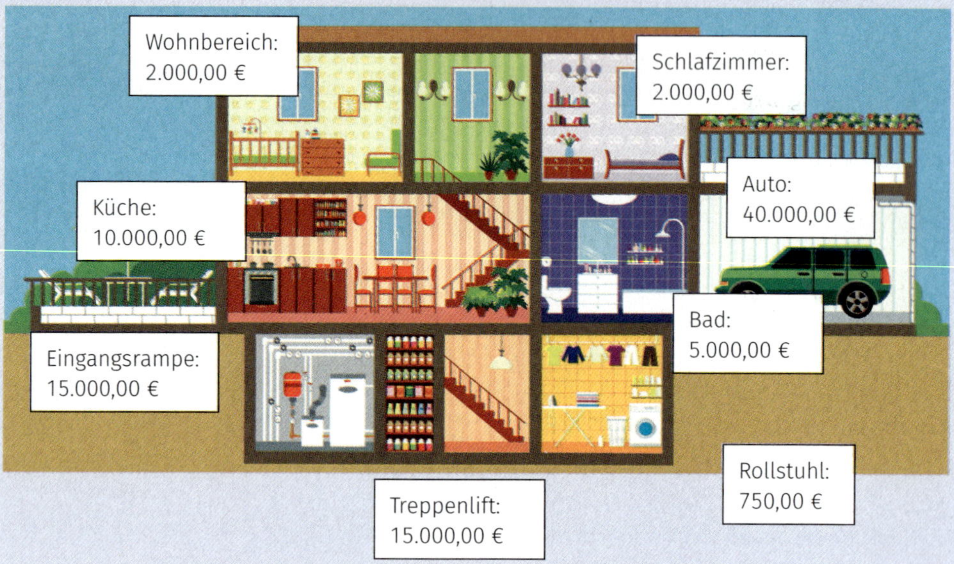

Gesamtkosten: 89.750,00 €

Hinzu kommen weitere finanzielle Aspekte wie beispielsweise
- Verdienstausfall
- ggf. Pflege
- Tilgung des Bankkredites für das Eigenheim
- generell kostspieligere Lebensführung aufgrund der Einschränkungen

Bei der Bedarfsanalyse ist
- die **Lebenssituation** der VN zu analysieren und
- auf **potenzielle Kosten** bei Unfall hinzuweisen.

Nur so kann ein **bedarfsgerechtes Angebot** erstellt werden. Am Versicherungsmarkt werden aufgrund der Komplexität dieses Themas häufig Faustformeln verwendet.

Lösung

Die **Invaliditätsleistung** kann an den folgenden Orientierungsgrößen festgelegt werden:

Alter bei Vertragsunterzeichnung	Höhe der Versicherungssumme
20 Jahre	das 6-Fache des Jahreseinkommens
30 Jahre	das 5-Fache des Jahreseinkommens
40 Jahre	das 4-Fache des Jahreseinkommens
50 Jahre	das 3-Fache des Jahreseinkommens
ab 60 Jahren	das 2-Fache des Jahreseinkommens

Bei der **Unfallrente** müssen für die korrekte Ermittlung der Bedarfslücke ggf. die Leistungen der GUV (bei Arbeitsunfall) und GRV (Erwerbsminderungsrente) berücksichtigt werden, da ansonsten eine Überversorgung vorliegen kann. Bei einem Arbeitsunfall leistet die GUV vorrangig zur GRV, gemeinsam darf der sog. Grenzbetrag nicht überschritten werden – die Unfallrente der PUV leistet zusätzlich zu den voran genannten und es ist zu prüfen, ob und inwieweit ein Bedarf besteht.

Zur Orientierung: Wenigstens 50 % eines Monatsbruttos sollten in Form einer Unfallrente abgesichert werden – ab 90 % verdoppelt sich dieser Wert noch.

Die **Todesfallsumme** sollte wenigstens 5.000,00 € betragen, da diese in erster Linie die Bestattungskosten decken soll. Eine höhere Versicherungssumme kann sinnvoll sein, wenn ausstehende langfristige Kredite zu tilgen sind oder angesichts der Tatsache, dass die Todesfallsumme in Einzelfällen als Vorauszahlung für die Invaliditätssumme dienen kann (gem. Ziffer 9.3 AUB 2022). Als Hinterbliebenenversorgung ist die Todesfallleistung nur bedingt geeignet.

Das **Tagegeld** schließt die Lücke zum Verdienstausfall, da die Lohnfortzahlung in Form des Krankengeldes eine Lücke zum bisherigen monatlichen Brutto- bzw. Nettoeinkommen verursacht. Das Tagegeld sollte mindestens 10,00 €, maximal aber 100,00 € pro Tag betragen.

Die **übrigen Leistungsarten** sind individuell zu vereinbaren, da sie, wie beispielsweise die Sofortleistung, in Abhängigkeit zum Kundenwunsch stehen und abgesehen der Mindest- und Höchstgrenzen keinen weiteren Orientierungsgrößen unterliegen.

3.7 Prämienberechnung

Für die Berechnung der Versicherungsprämie wird der *Tarifauszug zur Einzel-Unfallversicherung* in den AUB 2022 zugrunde gelegt (blaue Seiten im Bedingungswerk). Zu beachten sind insbesondere die in Tabellen angeführten Höchstversicherungssummen und die Prämiensätze.

3.7.1 Grundlagen der Prämienberechnung

Wenn der Bedarf grundsätzlich ermittelt wurde, kann die Prämie ermittelt werden. Gemäß des Äquivalenzprinzips zahlen Versicherungsnehmer/-innen eine Versicherungsprämie, die sich an den gewählten Leistungen und am Risiko orientiert. Grundsätzlich müssen für die Berechnung einer Versicherungsprämie folgende Faktoren abgeklärt werden:

- Welche **Leistungen** sollen versichert werden, in welcher Höhe und in welchem Tarif?
- Welches **Risiko** geht von den zu versichernden Personen aus? (Berufsgruppe, Alter usw.)
- Welche **Zuschläge** und Nachlässe können gewährt werden?

Tarife

Der zu wählende Tarif ist vom Alter der zu versichernden Person abhängig. In einem Versicherungsvertrag in der privaten Unfallversicherung können mehrere Personen gleichzeitig versichert sein, Versicherungsnehmer/-in ist diejenige Person, die den Vertrag mit dem Versicherer schließt – und meist auch als versicherte Person abgesichert ist.

Die Proximus Versicherung AG bietet **drei** Tarife an:

Tarifstufen gem. AUB 2022 der Proximus Versicherung AG		
Tarif 10	**Tarif 30**	**Tarif 50**
Hier werden Kinder ab der Geburt bis zur Vollendung des 16. Lebensjahres versichert. Achtung: Gem. Ziffer 6.1 AUB 2022 wird der Tarif automatisch in Tarif 30 umgestellt, sobald das Kind das 18. Lebensjahr vollendet hat. Für die Prämie bzw. den Versicherungsschutz gilt dann ein Wahlrecht, das in Kapitel 3.7.1. genauer betrachtet wird.	Der Erwachsenentarif wird für alle Personen zugrunde gelegt, die das 16. Lebensjahr bereits vollendet haben. Der Erwachsenentarif kann bis zu einem Höchstalter von 66 abgeschlossen werden. Mit Vollendung des 67. Lebensjahres muss Tarif 50 versichert werden. Achtung: Gem. Ziffer 6.2 AUB 2022 müssen Änderungen der Berufstätigkeit angezeigt werden, dies hat Auswirkungen auf den Versicherungsschutz bzw. die Prämie. Dazu mehr in Kapitel 3.7.2. Achtung: Gem. Ziffer 6.3 AUB 2022 wird der Tarif automatisch in Tarif 50 umgestellt, sobald der Erwachsene das 67. Lebensjahr vollendet hat. Für die Prämie bzw. den Versicherungsschutz gilt dann ein Wahlrecht, das in Kapitel 3.7.3. genauer betrachtet wird.	Der Rentner- bzw. Seniorentarif gilt ab Vollendung des 50. Lebensjahres. Achtung: Die Umstellung von Tarif 30 auf Tarif 50 hat verschiedene Auswirkungen auf den Versicherungsschutz. Dazu mehr in Kapitel 3.7.3.

Bei der Berechnung der Prämie ist zu berücksichtigen, dass die unterschiedlichen **Tarife unterschiedliche Höchstsummen und unterschiedliche Beitragssätze** haben.

- Bei einem 15-Jährigen kann maximal eine Todesfallleistung von 25.000,00 € versichert werden, ein Erwachsener in Tarif 30 kann 100.000,00 € absichern.
- Das Krankenhaustagegeld (KHT) kann bei einer 30-Jährigen mit 100,00 € abgesichert werden, in Tarif 10 gilt eine Höchstsumme von 50,00 €.
- Ein 68-Jähriger erhält gar keine Progression mehr, da diese in dem **für ihn vorgesehenen Tarif 50** nicht mehr vorgesehen ist.

Gefahrenguppen

In der privaten Unfallversicherung ist es üblich, dass **das berufliche Risiko als Bewertungsmaßstab für das allgemeine Unfallrisiko zugrunde gelegt** wird. Da die private Unfallversicherung **weltweit** und **rund um die Uhr** besteht, gilt der Versicherungsschutz natürlich auch während der Arbeitszeit. Statistisch gesehen verunfallen im Handwerk deutlich mehr Personen als beispielsweise in verwaltenden Berufen (dazu mehr in Kapitel 1.1). Die Proximus Versicherung AG legt daher zwei Gefahrengruppen zugrunde: A und B. Eine Unterteilung in drei oder gar fünf Gefahrengruppen ist am realen Markt nicht unüblich. Die AUB 2022 der Proximus Versicherung AG sehen für die beiden Gefahrengruppen u.a. folgende Berufe vor:

Gefahrengruppen der Proximus Versicherung AG

Gefahrengruppe A	Gefahrengruppe B
Definition Zur Gefahrengruppe A gehören Personen mit kaufmännischer oder verwaltender Berufstätigkeit im Innen- oder Außendienst, Personen mit leitender oder Aufsicht führender Tätigkeit im Betrieb oder auf Baustellen sowie Personen, die im Gesundheitswesen oder in der Schönheitspflege tätig sind, Schüler, Studenten, Arbeitsuchende und Hausmänner..	**Definition** Zur Gefahrengruppe B gehören Personen mit körperlicher oder handwerklicher Berufstätigkeit sowie Personen, die mit ätzenden, giftigen, leicht entzündlichen oder explosiblen Stoffen tätig sind. Hierbei erhöht sich die Prämie um 50 %.
Beispiele • **Kaufmännische Berufe:** Manager, Unternehmer, Geschäftsführer, Kaufleute, Vertreter, Vermittler (z.B. für Banken, Versicherungen), Angestellte der freien Wirtschaft oder der Kirche, Ein- und Verkäufer, Disponenten, Informatiker, IT-/EDV-Fachleute • **Geistes-, Natur-, Kunst-, Wirtschaftswissenschaftler: Pädagogen,** Physiker, Mathematiker, Juristen, Pastoren, Volks- und Betriebswirte • **Darstellende und künstlerische Berufe:** Kunstmaler, Musiker, Schriftsteller, Schauspieler • **Schönheitspflege:** Friseure, Kosmetiker • **Gesundheitswesen:** Ärzte (auch in Ausbildung), Pfleger, Masseure, Zahntechniker • **Öffentlicher Dienst:** Angestellte und Beamte ausschließlich mit Verwaltungsaufgaben	**Beispiele** • **Verarbeitung und Produktion:** Baugeräteführer, Bauarbeiter, Betonbauer, Straßenbauer, Tiefbauarbeiter, Dachdecker, Fliesenleger, Gerüstbauer, Klempner, Schlosser, Maurer, Maler, Monteure, Anstreicher, Lackierer, Kfz-Mechaniker, Kfz-Schlosser, Kfz-Elektriker, Zimmerer, Elektriker, Schweißer, Schreiner, Installateure, Pflasterer, Metallarbeiter, Maschinenschlosser, Tischler, Werkzeugmacher, Produktionsarbeiter, Metallbauer, Heizungs-/Lüftungsbauer, Montagearbeiter, Dreher, Industriearbeiter • **Nahrungs- und Genussmittel: Bäcker, Fleischer, Brauer** • **Öffentlicher Dienst:** alle Tätigkeiten im Truppen-, Einsatz-, Polizei- oder Vollzugsdienst bei den Hoheitskräften der Bundesrepublik Deutschland, der Länder, Gemeinden und Kommunen, der Justiz und der Feuerwehr, die nicht unter Gefahrengruppe A aufgeführt sind, also nicht ausschließlich mit Verwaltungsaufgaben betraut sind • **Gastronomie:** Kantinen- und Gastwirte, Kellner, Köche, Servicepersonal, Küchenhilfen • **Dienstleistung:** Hausmeister • **Land-/Forstwirtschaft:** Land-/Forstwirte, Landschaftspfleger, Gärtner, Winzer, Tierpfleger, Züchter, Förster, Jäger, Holzfäller • **Verkehr:** Fahrlehrer, Chauffeure, Kraftfahrer, Busfahrer

Nicht immer kann eine Entweder-oder-Entscheidung in Bezug auf die Gefahrengruppe getroffen werden, da häufig Berufsbilder Anteile der Gefahrengruppe A und der Gefahrengruppe B gleichzeitig innehaben. Die AUB 2022 sehen für diesen Fall vor, dass, wenn die Arbeiten der Gefahrengruppe B regelmäßig und geplant durchgeführt werden, **dann auch grundsätzlich von Gefahrengruppe B auszugehen** ist.

Beispiel

Ein Bauingenieur arbeitet zu 30 % im Büro, da dieser auch verwalterische Tätigkeiten wahrnehmen muss (Abrechnungen, Planungen usw.). Den überwiegenden Teil seiner Tätigkeit verbringt er jedoch auf der Baustelle, dort lenkt er schweres Baugerät und hilft bei der Pflasterung der Straßen.

Lösung

Der Bauingenieur ist aufgrund dieser regelmäßigen Tätigkeit in Gefahrengruppe B einzuordnen.

Anfragepflichtige Berufe

Neben den Gefahrengruppen A und B existieren Berufe, bei denen Vermittler/-innen erst anfragen müssen. *Anfragen* bedeutet, dass eine für das Zeichnen von Risiken verantwortliche Person individuell entscheidet, ob ein Beruf versichert werden kann und zu welchen Konditionen. Die hierfür notwendigen Kompetenzen haben meistens Abteilungsleiter/-innen, die in Landesdirektionen oder Hauptverwaltungen ihrer Tätigkeit nachkommen. Zu diesen anfragepflichtigen Berufen gehören bei der Proximus Versicherung AG:

- Berufstaucher
- Piloten
- beruflich fliegendes Personal (damit ist die Bordbesatzung gemeint, nicht der Manager, der beruflich viel fliegt)

Das Ergebnis einer solchen Anfrage ist häufig die Erhebung eines **Risikozuschlages** – oder die **Ablehnung** bzw. der **Ausschluss**.

Ausgeschlossene Berufe

Manche Berufe stellen ein derart hohes Risiko dar, dass der Versicherer im Voraus im Rahmen seiner AUB festlegt, dass diese Berufe nicht versichert werden können. Sollte eine solche berufliche Tätigkeit während der Vertragslaufzeit aufgenommen werden, **so endet der Vertrag unter Erstattung der nicht verbrauchten Prämie**.

Bei der Proximus Versicherung AG gehören zu diesen ausgeschlossenen Berufen:

- Artisten
- Berufs-, Vertrags und Lizenzsportler
- Rennfahrer
- Sprengpersonal
- Stuntmen
- Tierbändiger

Anfragepflichtige Vorerkrankungen

Die AUB 2022 sehen im Rahmen der Antragsfragen für diverse Vorerkrankungen eine Anfragepflicht vor, d. h., dass auch hier eine individuelle Anfrage gestellt werden muss. Zu diesen anfragepflichtigen Vorerkrankungen gehören

- Pflegebedürftigkeit (ab Pflegegrad 1)
- Psychosen
- Morbus Parkinson

- Manische Depressionen
- Demenz
- Angeborene erhöhte Blutungsneigung (Bluter)
- Glasknochenkrankheit
- Knochenschwund
- Diabetes
- Sehbeeinträchtigung mind. sechs Dioptrien

Der Hintergrund der anfragepflichtigen Vorerkrankungen liegt darin begründet, dass **die Unfallwahrscheinlichkeit zunimmt** bzw. die Folgen eines Unfalls ungleich höher ausfallen als bei einem Unfall ohne Vorerkrankung. Bei der Glasknochenkrankheit führen kleinste Stöße schon zu Brüchen, bei starker Beeinträchtigung der Sehfähigkeit gilt die grundsätzliche Gefahr eines Sturzes als höher usw.

Nachlässe

In der privaten Unfallversicherung bietet die Proximus Versicherung AG neben den üblichen Zahlungsweise-Nachlässen **drei weitere Nachlassmöglichkeiten** an.

Nachlässe			
	Junge-Leute-Nachlass	Ein Junge-Leute-Nachlass von 20 % wird gewährt, wenn Tarif 30 versichert wird und die versicherte Person das 25. Lebensjahr noch nicht vollendet hat. Der Rabatt endet zum Ablauf des Versicherungsjahres, in dem die versicherte Person das 25. Lebensjahr vollendet.	20 %
	Personennachlass	Ab drei versicherten Personen wird ein Personennachlass von 15 % gewährt.	15 %
	Dauernachlass	Der Versicherungsvertrag kann auf maximal drei Jahre geschlossen werden. Der/die Versicherungsnehmer/- in erhält dann einen Laufzeitrabatt über 10 %(Dauernachlass).	10 %

Die Nachlässe für die Vereinbarung einer nicht-monatlichen Zahlweise betragen:

- 2 % bei vierteljährlicher Zahlungsweise (quartalsweise)
- 3 % bei halbjährlicher Zahlungsweise
- 5 % bei jährlicher Zahlungsweise

Bei der Berücksichtigung der Rabatte bzw. Nachlässe in der Berechnung der Prämie ist zu beachten, dass mit dem größten und endend mit dem kleinsten Rabatt bzw. Nachlass gerechnet wird.

Versicherungsteuer und Mindestprämie

Die Versicherungsteuer in der Unfallversicherung beträgt 19 %, sie wird bei der Berechnung der Prämie **ganz zum Schluss addiert**. Bei der Berechnung der Prämie ist zu beachten, dass eine sowohl jährliche als auch monatliche Mindestprämie gelten – diese beziehen sich auf die Netto-Prämien der privaten Unfallversicherung. Die Proximus Versicherung AG sieht vor, dass die PUV jährlich mindestens 30,00 € kostet, bei monatlicher Zahlungsweise mindestens 2,50 €. Die Versicherungsteuer ist dann noch zu addieren.

Prämienanteile der einzelnen Leistungsarten

Wie zu Kapitelbeginn bereits beschrieben, ist die Versicherungsprämie vom Risiko und von den zu versichernden Leistungen abhängig. Die Proximus Versicherung AG sieht je nach Tarif und Leistungsumfang verschiedene Prämiensätze vor. Diese Prämiensätze werden in Netto angegeben und müssen für jede zu versichernde Person berechnet werden. Anschließend werden die Rabatte/Nachlässe und zum Schluss die Versicherungsteuer berechnet.

Hilfe zum Verständnis der Berechnungsgrundlagen – Auszug aus den AUB 2022

Prämien zur Unfallversicherung p. a. ohne VST					
Versicherungssummen in € (1)		(2) **Tarif 10** Kinder ab Geburt bis zum vollendeten 16. Lj.	**Tarif 30** Vollzeitschutz für Personen ab dem vollendeten 16. Lj. bis zum vollendeten 67 Lj.		**Tarif 50** Personen ab dem vollendeten 50. Lj.
			Gefahrengruppe A	**Gefahrengruppe B** (3)	
(4) **Invalidität d. Unfall**		(5)			
• einfache Invaliditätsleistung	1.000,00	0,80	1,32	1,98	2,10
• mit Progression					
Staffel Modell 225	1.000,00	1,29	2,16	3,24	–
Staffel Modell 350	1.000,00	1,62	2,70	4,05	–
Staffel Modell 500	1.000,00	1,76	2,94	4,41	–
Unfallrente 50/90	10,00	1,20	2,00	3,00	2,40
Soforthilfe	1.000,00	24,00	24,00	36,00	48,00
Tagegeld		(6)			
ab 1. Tag	1,00	–	10,60	15,90	–
ab 15. Tag	1,00	–	8,40	12,60	–
ab 43. Tag	1,00	–	6,68	10,02	–
Krankenhaustagegeld	1,00	0,49	0,82	1,23	0,98
Todesfallleistung	1.000,00	0,99	1,66	2,49	1,99
Kosten für kosmetische Operationen	1.000,00	0,51	0,86	1,29	1,03
Assistance-Leistungen		–	40,00	60,00	86,52
Kosten für Such-, Bergungs- oder Rettungseinsätze		bis 25.000 in allen Tarifen prämienfrei (7)			

Erläuterungen

1. Die in der privaten Unfallversicherung zu versichernden Summen werden in Euro (€) angegeben. Es ist zu beachten, dass die zugrunde liegenden Summen nach 1.000,00 €-Schritten oder 10,00 €-Schritten gestaffelt sind.
2. Hier sind die drei Tarife der AUB 2022 niedergeschrieben. Hilfreich ist, dass hier nochmals die Altersgrenzen vorgegeben sind. Die Prämiensätze variieren je nach Leistungsart, Tarif und Gefahrengruppe.
3. Die Prämiensätze hängen von der Gefahrengruppe ab, diese ist hier abzulesen.
   Gut zu wissen: Die Prämiensätze in Gefahrengruppe B sind immer 50 % höher als in Gefahrengruppe A.
4. Hier sind die jeweiligen Leistungsarten angeführt. Je nach zu versichernder Leistungsart variieren die zugrunde liegenden Rechengrößen.
5. Hier sind die jeweiligen Prämien für die verschiedenen Leistungsarten festgelegt. Im folgenden Abschnitt gibt es hierzu einige Beispiele.

6 Steht bei einer Leistungsart statt eines Tarifbeitrages ein –, so ist diese in den jeweiligen Tarifen nicht versicherbar.

7 Die Such-, Bergungs- oder Rettungskosten (SBR-Kosten) sind in allen Tarifen prämienfrei mitversichert. Eine individuelle Anpassung, z. B. 30.000,00 € oder auch nur 5.000,00 €, ist **nicht möglich.**

Beispiele

Berechnung einzelner Leistungsarten (Netto)

1. Krankentagegeld: 10,00 € ab 15. Tag, Tarif 30, Gefahrengruppe B → 10 · 12,60 € = 126,00 €
2. Invaliditätsleistung: 100.000,00 €, Tarif 10, 500er Progression → 100 · 1,76 € = 176,00 €
3. Invaliditätsleistung: 250.000,00 €, Tarif 50, 350er Progression → nicht versicherbar
4. Todesfallleistung: 10.000,00 €, Tarif 30, Gefahrengruppe A → 10 · 1,66 € = 16,60 €
5. Kosten f. kosm. OP: 50.000,00 €, Tarif 50 → 25 · 1,03 € = 25,75 €
   (maximal 25.000,00 € versicherbar!)

3.7.2 Berechnung der Prämie am Beispiel

Beispiel

Melanie Neumann, 37 Jahre alt, arbeitet für einen großen Computerspiele-Hersteller und ist tagtäglich auf deutschen Autobahnen unterwegs. „Da habe ich schon einiges gesehen", berichtet sie Leo Wagner, dem Außendienstmitarbeiter der Proximus Versicherung AG, im Beratungsgespräch, „und nicht nur Schönes." Gemeinsam mit der Kundin erarbeitet Leo Wagner die Daten für ein bedarfsgerechtes Angebot für eine private Unfallversicherung, damit Frau Neumann auch im Falle eines Unfalles – nicht ganz unwahrscheinlich, so viel wie sie unterwegs ist – für finanzielle Folgen abgesichert ist. Insbesondere der Umbau ihres Autos liegt ihr dabei am Herzen, „damit ich auch weiterhin mobil bleibe". Wichtig ist Frau Neumann, dass die Prämie überschaubar ist und kein „Schnickschnack" versichert wird. Leo Wagner wählt daher lediglich bei den Leistungsarten die Invaliditätssumme und ein Tagegeld. Frau Neumann möchte eine monatliche Zahlungsweise und eine dreijährige Vertragslaufzeit, damit die Prämie das finanzielle Budget nicht überstrapaziert.

Im Überblick:
- Tarif 30
- Invaliditätssumme über 100.000,00 € und 500er Progressionsstaffel
- Gefahrengruppe A
- Tagegeld ab 43. Tag über 75,00 €
- dreijährige Vertragslaufzeit
- monatliche Zahlungsweise
- keine weiteren Nachlässe möglich

Lösung

	Invaliditätssumme 100.000,00 € = 2,94 € je 1.000,00 € VS	→ 100 · 2,94 €	=	294,00 €
+	Tagegeld ab 43. Tag 75,00 € = 6,68 je 1,00 € VS	→ 75 · 6,68 €	=	501,00 €
=	Zwischensumme		=	795,00 €
–	10 % Dauernachlass		=	79,50 €
=	Zwischensumme		=	715,50 €
:	12 Monate		=	59,63 €
+	19 % Versicherungsteuer		=	11,33 €
=	monatliche Unfallversicherungsprämie		=	70,96 €

3.8 Vertragsänderungen während der Laufzeit

Zu den Obliegenheiten der Versicherungsnehmer/-innen gehört es u.a., dass **vertragsrelevante Änderungen** beim Versicherer angezeigt werden.

Dazu gehören insbesondere folgende Anlässe:

- Umstellung des Kinder-Tarifs (Tarif 10) auf den Erwachsenen-Tarif (Tarif 30)
- Wechsel der beruflichen Tätigkeit
- Umstellung des Erwachsenen-Tarifs (Tarif 30) auf den Senioren-Tarif (Tarif 50)
- Geburt eines Kindes (wenn dieses mitversichert werden soll)

3.8.1 Wenn Kinder zu Erwachsenen werden – Umstellung des Kinder-Tarifs

Ziffer 6.1 AUB 2022

Grundsätzlich sehen die AUB 2022 vor, dass Kinder ab der Geburt bis zur Vollendung des 16. Lebensjahres in Tarif 10 versichert werden können. Für bestehenden Versicherungsschutz in Tarif 10 gilt für versicherte Personen:

- Der Tarif wird von Tarif 10 auf Tarif 30 mit Ablauf des Versicherungsjahres **umgestellt, in dem die versicherte Person das 18. Lebensjahr vollendet**.
- Mit Umstellung auf Tarif 30 gelten **neue Prämiensätze**, weshalb die private Unfallversicherung bei gleichbleibenden Versicherungssummen eine höhere Prämie fordert. Alternativ kann die bisherige Prämie beibehalten werden, dann sinken allerdings die Versicherungsleistungen. Der/die Versicherungsnehmer/-in wird darüber rechtzeitig informiert und hat dann ein **Wahlrecht**.
- Wird vom Wahlrecht **zwei Monate vor dem neuen Versicherungsjahr** kein Gebrauch gemacht, gelten die reduzieren Versicherungssummen.

Beispiel

Egon Geiger ist 17 Jahre alt und wird am 11.10. d.J. endlich 18. Im Vertrag seiner Eltern hat er eine Invaliditätsleistung über 50.000,00 € (keine Progressionsstaffel) versichert, die aktuelle Versicherungsperiode endet am 30.11. d.J.
Die Eltern von Egon sind bereits am 01.06. über die Regelungen zur Umstellung des Kinder-Tarifs informiert worden, bisher haben sie sich aber noch nicht gekümmert. Tarif 30 gilt gem. Ziffer 6.1 AUB 2022 ab dem 01.12. d.J., entweder mit reduzierter Invaliditätsleistung oder mit höherer Prämie. Melden sich seine Eltern nicht bis zum 31.08. d.J., so gelten bedingungsgemäß reduzierte Versicherungssummen bei gleichbleibender Prämie.

Schema zum Zeitablauf bei der Umstellung von Gregor Geigers Vertrag

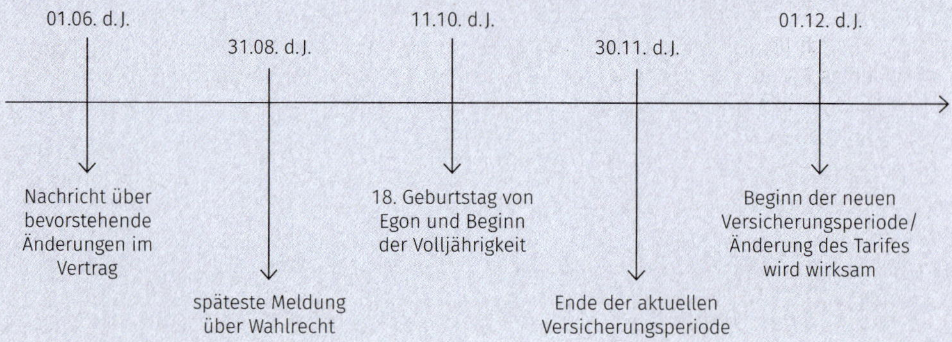

Lösung

Je nach Ausübung des Wahlrechts ergeben sich entweder eine höhere Prämie bei gleichbleibender Versicherungssumme oder eine gleichbleibende Prämie bei sinkender Versicherungssumme.

Variante A – höhere Prämie, gleichbleibende Versicherungssumme

Prämie bisher
50.000,00 € in Tarif 10 ohne Progressionsstufe = 0,80 € je 1.000,00 € VS
→ 50 · 0,80 € = 40,00 € netto

Prämie bei Umstellung in Tarif 30, Gefahrengruppe A
50.000,00 € in Tarif 30 ohne Progressionsstufe = 1,32 € je 1.000,00 € VS
→ 50 · 1,32 € = 66,00 € netto

Variante B – gleichbleibende Prämie, sinkende Versicherungssumme

50.000,00 € in Tarif 10 ohne Progressionsstufe = 0,80 € je 1.000,00 € VS
neue VS in Tarif 30 ohne Progressionsstufe = 1,32 € je 1.000,00 € VS

Damit bei gleichbleibender Prämie die neue Versicherungssumme ausgerechnet werden kann, wird die Formel zur Berechnung der neuen Versicherungssumme benötigt.

$$\text{neue Versicherungssumme} = \frac{\text{alter Prämiensatz} \cdot \text{Versicherungssumme}}{\text{neuer Prämiensatz}}$$

1,32 € in Tarif 10 ≙ 50.000,00 €
0,80 € in Tarif 30 ≙ x

$$x = \frac{0{,}80\ € \cdot 50.000{,}00\ €}{1{,}32\ €} = \underline{\underline{30.303{,}03\ €}} \text{ (= neue Versicherungssumme)}$$

Erläuterung: Da die Prämie bei Variante B gleichbleiben muss, sinkt die Versicherungssumme im Verhältnis der Prämiensätze. Als Bezugsgröße werden dafür die Prämiensätze der Tarife 10 und 30 zugrunde gelegt.

3.8.2 Wenn man den Beruf wechselt – Änderung der Berufstätigkeit

Ziffer 6.2 AUB 2022

Eine Änderung der Berufstätigkeit ist prämientechnisch nur relevant, wenn sie eine Auswirkung auf die Gefahrengruppe hat. Es kann ein Wechsel von Gefahrengruppe A nach B oder ein Wechsel von B nach A erfolgen. Grundsätzlich ist der/die Versicherungsnehmer/-in aber verpflichtet, jede Änderung der Berufstätigkeit unverzüglich anzuzeigen. Ein Wechsel von A nach A oder von B nach B hat jedoch keine versicherungstechnische Relevanz.

Für den Versicherungsschutz gelten folgende Bestimmungen:

- Errechnen sich bei gleichbleibender Prämie niedrigere Versicherungssummen, gelten diese nach Ablauf eines Monats ab der Änderung. Gemeint ist der Wechsel von Gefahrengruppe A nach B (Sprich: man erhält weniger Versicherungsschutz für dieselbe Prämie, da das Risiko in Gefahrengruppe B höher ist als in A).
- Errechnen sich höhere Versicherungssummen, dann gelten diese ab der Mitteilung, spätestens aber nach Ablauf eines Monats ab der Änderung. Hier gelten die Höchstsummen. Gemeint ist der Wechsel von B nach A (Sprich: man erhält mehr Versicherungsschutz für dieselbe Prämie, da das Risiko in Gefahrengruppe A niedriger ist als in B).
- Der/die Versicherungsnehmer/-in hat auch die Möglichkeit, dass die bisherigen Versicherungssummen beibehalten werden, dann aber die Prämie steigt (Wechsel von A nach B) bzw. sinkt (Wechsel von B nach A).

Beispiel

Elke Sommer, 40-jährige Abteilungsleiterin im Personalwesen der Eisenwaren & Holz GmbH, hat einen langen Leidensweg hinter sich gebracht. Im Sommer des letzten Jahres, kurz vor ihrem Urlaub, stellte sie sich in der Notaufnahme des städtischen Klinikums mit schweren Herz-Rhythmus-Störungen, Schwindel und starker Kurzatmigkeit vor. Die Untersuchungen ergaben: nichts. Schnell wurde klar, was Frau Sommer schon lange befürchtet hatte. Die vielen Nächte der Schlaflosigkeit, die Überstunden und der starke Leistungsanspruch an sich selbst führten bei Frau Sommer zum Burnout. Nach einer halbjährigen Arbeitspause entschied sie sich: „Das kann so nicht mehr weitergehen." Da Frau Sommer finanziell und auch sozial unabhängig ist, nahm sie an einer Umschulung zur Lackiererin teil – sie wollte schon immer auch etwas Praktisches machen. Zwar hat sie nach erfolgreichem Bestehen der Abschlussprüfung keinen vollwertigen Gesellenbrief, für eine Anstellung in einem örtlich ansässigen Autohaus reicht es aber. Ihrer Unfallversicherung teilt sie den Berufswechsel am 15.07. d.J. mit, der Arbeitsvertag ist auf den 01.07. d.J. datiert. Die Hauptfälligkeit der Unfallversicherung von Frau Sommer ist im System mit dem 01.10. eines jeden Jahres hinterlegt. Sie hat eine Invaliditätssumme über 100.000,00 € abgesichert, Invaliditätsstaffel 500 und Tarif 30. Welche Auswirkung hat der Berufswechsel auf den Versicherungsschutz bzw. auf die Versicherungsprämie?

Schema zum Zeitablauf bei der Umstellung von Elke Sommers Vertrag

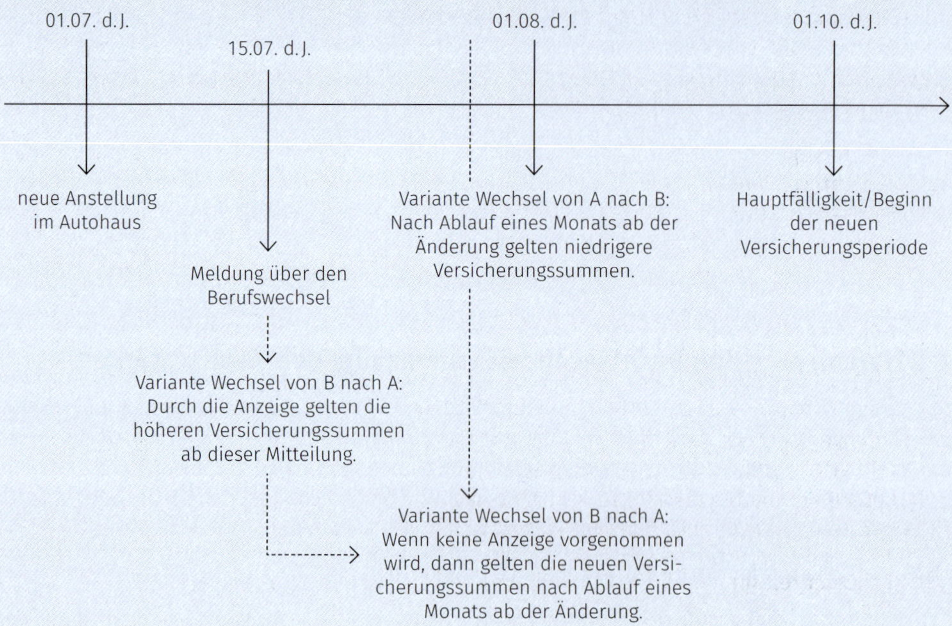

Lösung

Die Formel zur Berechnung der neuen Versicherungssumme ist in Ziffer 6.2.2 AUB 2022 hinterlegt und gleicht der Formel im Kapitel zur Umstellung des Kinder-Tarifes. Der bisherige Beruf von Frau Sommer ist Gefahrengruppe A zuzuordnen, ihr neuer Beruf in Gefahrengruppe B. Die Versicherungssummen lassen sich wie folgt berechnen.

$$\text{neue Versicherungssumme} = \frac{\text{alter Prämiensatz} \cdot \text{Versicherungssumme}}{\text{neuer Prämiensatz}}$$

100.000,00 € in Tarif 30 mit Progressionsstufe 500 in Gefahrengruppe B = 4,41 € je 1.000,00 € VS
neue VS in Tarif 30 mit Progressionsstufe 500 in Gefahrengruppe A = 2,94 € je 1.000,00 € VS

$$\text{neue Versicherungssumme} = \frac{4{,}41\ € \cdot 100.000{,}00\ €}{2{,}94\ €} = \underline{\underline{150.000{,}00\ €}}$$

Frau Sommer hat den Berufswechsel am 15.07. angezeigt, daher gilt ab diesem Tag auch die neue Versicherungssumme über 150.000,00 €.

3.8.3 Wenn Erwachsene den Ruhestand vorbereiten – Altersbedingte Tarifänderung

Wie auch bei der Umstellung von Tarif 10 auf Tarif 30 **findet eine Umstellung in Tarif 30 auf Tarif 50 statt**. Diese Umstellung vollzieht sich **automatisch** und spätestens mit Vollendung des 67. Lebensjahres. Es gilt:

Ziffer 6.3 AUB 2022

- Der Tarif wird von Tarif 30 auf Tarif 50 mit Ablauf des Versicherungsjahres umgestellt, **in dem die versicherte Person das 67. Lebensjahr vollendet**.
- In Bezug auf Prämie und Versicherungsschutz gilt dann folgendes **Wahlrecht**:
  - Es wird die bisherige Prämie fortgeführt, die Versicherungssummen werden neu berechnet, oder
  - die Versicherungssummen bleiben gleich, dafür wird die Versicherungsprämie angepasst.
- **Über dieses Wahlrecht wird rechtzeitig informiert**, der/die Versicherungsnehmer/-in hat bis zum Ablauf des aktuellen Versicherungsjahres Zeit, von diesem Wahlrecht Gebrauch zu machen. **Wird keine Wahl vorgenommen, dann gelten die bisherigen Versicherungssummen unter Erhebung der neuen Versicherungsprämie**.
- Besonderheit: Für die betroffenen versicherten Personen besteht ein **außerordentliches Kündigungsrecht**, das innerhalb eines Monats nach Zugang der Mitteilung zum Zeitpunkt des Wirksamwerdens ausgeübt werden kann. Der komplette Vertrag kann nur dann gekündigt werden, wenn die versicherte Person gleichzeitig Versicherungsnehmer/-in und einzige versicherte Person ist.

Beispiel

Sven Unterberger hat sich seinen Ruhestand mehr als verdient. Über 50 Jahre ist er im selben Betrieb, einem Hersteller für Bodenbeläge, tätig gewesen. Jetzt, mit 66 Jahren, macht er Schluss. Der neue Lebensabschnitt macht sich an vielen Stellen bemerkbar, auch seine Versicherungen brauchen nun das eine oder andere Update. Am 17.05. d. J. erhält er von der Proximus Versicherung AG ein Schreiben, das sein auf den Versicherungsschutz bezogenes Wahlrecht ankündigt. Bisher hat Herr Unterberger in Tarif 30 (Gefahrengruppe B) eine Invaliditätssumme von über 150.000,00 € (350er Progression) abgeschlossen.
Herr Unterberger hat am 10.08. Geburtstag, die Hauptfälligkeit ist der 01.12.

Schema zum Zeitablauf bei der Umstellung von Sven Unterbergers Vertrag

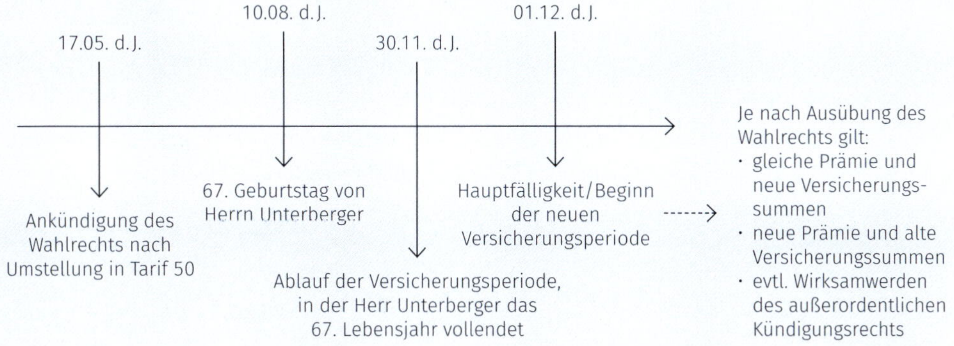

Lösung

Diese beiden Wahlmöglichkeiten werden Herrn Unterberger nun angeboten:

Variante A – gleiche Prämie, neue Versicherungssumme

150.000,00 € in Tarif 30 mit 350er Progressionsstufe, Gefahrengruppe B = 4,05 € je 1.000,00 € VS
neue VS in Tarif 50 ohne Progressionsstufe = 2,10 € je 1.000,00 € VS

Damit bei gleichbleibender Prämie eine neue Versicherungssumme ausgerechnet werden kann, wird die Formel zur Berechnung der neuen Versicherungssumme benötigt.

$$\text{neue Versicherungssumme} = \frac{\text{alter Prämiensatz} \cdot \text{Versicherungssumme}}{\text{neuer Prämiensatz}}$$

4,05 € in Tarif 30 ≙ 150.000,00 €
2,10 € in Tarif 50 ≙ x

$$x = \frac{4{,}05\ € \cdot 150.000{,}00\ €}{2{,}10\ €} = \underline{\underline{289.285{,}71\ € = 289.300{,}00\ € \text{ (aufgerundet)}}}$$

Erläuterung: Wenn die Prämie über 607,50 € Netto gleichbleiben und die Versicherungssumme angehoben werden sollen, dann ergibt sich eine **deutliche Steigerung der Versicherungssumme**. Da die Progressionsstufen in Tarif 50 wegfallen und keine Gefahrengruppe B mehr zu Grunde liegt, ergibt sich eine unrunde und deutlich höhere Versicherungssumme als zuvor.

Variante B – neue Prämie, gleiche Versicherungssumme
Prämie bisher
150.000,00 € in Tarif 30 mit 350er Progressionsstufe, Gefahrengruppe B = 4,05 € je 1.000,00 € VS
→ 150 · 4,05 € = 607,50 € netto
Prämie bei Umstellung in Tarif 50
150.000,00 € in Tarif 50 ohne Progressionsstufe = 2,10 € je 1.000,00 € VS
→ 150 · 2,10 € = 315,00 € netto

Achtung: Die Progressionsstufe fällt in Tarif 50 weg. In der Praxis ist es klug, auf den Versicherungsbedarf im Rentenalter im persönlichen Gespräch einzugehen.

3.8.4 Wenn man eine Familie gründet – die Kinder-Vorsorge-Unfallversicherung

Ziffer 2.10 AUB 2022

Wer Nachwuchs bekommt, der denkt möglicherweise nicht sofort daran, seinen kompletten Versicherungsschutz dahingehend anzupassen – gleichwohl der Zuwachs eine ungleich höhere Verantwortung bedeutet. In der privaten Unfallversicherung besteht im Rahmen der Kinder-Vorsorge-Unfallversicherung zunächst erstmal kein akuter Handlungsbedarf, sodass Eltern das neue Familienglück zunächst einmal in Ruhe genießen können. Kinder-Vorsorge-Unfallversicherung bedeutet, dass der Nachwuchs über den Vertrag der Eltern **automatisch – ganz ohne Anzeige der Geburt – für sechs Monate versichert** ist. Diese Vorsorge ist prämienfrei in den AUB 2022 versichert. Besonderheit: Wenn die Eltern die Geburt innerhalb dieser ersten sechs Monate bei der Proximus Versicherung AG anzeigen, **dann erweitert sich der Versicherungsschutz um weitere sechs Monate** – also auf ein ganzes Jahr.

Ziffer 2.10.2 AUB 2022

Die Versicherungssummen sind in Ziffer 2.10.2 AUB 2022 festgelegt:

- Invalidität mit progressiver Invaliditätsstaffel U 500 — 25.000,00 €
- bei Vollinvalidität — 125.000,00 €
- Soforthilfe — 1.000,00 €
- Krankenhaustagegeld — 12,50 €
- Todesfallleistung — 1.250,00 €

- kosmetische Operationen 10.000,00 €
- Kosten für Such-, Bergungs- und Rettungseinsätze 25.000,00 €

Sollten die Versicherungssummen nicht ausreichen, so können die Eltern das Kind mit Tarif 10 als versicherte Person – dann aber gegen Prämie – absichern.

3.9 Prämienzahlung

Die rechtlichen Bestimmungen zur Zahlung der Prämie lassen sich aus dem VVG ableiten und teilen sich auf in Zahlung der Einmal- bzw. Erstprämie und Zahlung der Folgeprämie. Je nachdem wann ein Vertrag beginnt und endet, und, ob eine Änderung im Vertrag vorgenommen wird, werden sog. Nach- bzw. Rückbeiträge fällig.

3.9.1 Erst- oder Einmalprämie

Fälligkeit

Die Erst- oder Einmalprämie wird fällig, wenn der **Versicherungsschein bei dem/der Versicherungsnehmer/-in zugegangen** ist. Die erste Prämie ist **unverzüglich** nach Ablauf von 14 Tagen zu zahlen, jedoch **nicht** vor dem im **Versicherungsschein genannten Versicherungsbeginn**. *Ziffer 10.2 AUB 2022*

Unverzüglich meint gemäß § 121 (1) BGB **„ohne schuldhaftes Zögern"**. *§ 121 (1) BGB*

Beispiel

Eva Lorenz hat eine private Unfallversicherung zum 01.05. d. J. abgeschlossen. Sie erhält die Versicherungspolice jedoch bereits am 15.04. Die Prämie wird erst unverzüglich ab dem 01.05. d. J. fällig.

Verzug der Erstprämie

Der Versicherer hat gem. Ziffer 10.2 AUB 2022 die Möglichkeit, bei nicht rechtzeitiger Zahlung der Erstprämie vom Vertrag zurückzutreten, es sei denn, der/die Versicherungsnehmer/-in hat die Nichtzahlung **nicht zu vertreten**. Sofern ein Verzug der Erstprämie vorliegt und ein Versicherungsfall eintritt, ist der Versicherer **nicht zur Leistung** verpflichtet, **wenn** der Versicherer auf dieses Recht im Versicherungsschein auffällig hingewiesen hat (oder durch gesonderte Mitteilung in Textform). Hat der/die Versicherungsnehmer/-in den Verzug nicht zu vertreten, **dann wiederum ist der Versicherer in der Leistungspflicht**. *Ziffer 10.2 AUB 2022*

3.9.2 Folgeprämie

Fälligkeit

Folgeprämien sind **immer zur vereinbarten Versicherungsperiode** zu zahlen.

Verzug der Folgeprämie

Die Regelungen zum Verzug der Folgeprämie in Ziffer 11.2 AUB 2022 entsprechen der Regelungen gem. § 38 VVG – Zahlungsverzug der Folgeprämie: *Ziffer 11.2 AUB 2022*

- Der Versicherer kann in Textform eine **Zahlungsfrist von mindestens zwei Wochen** setzen.
- Wenn nach Ablauf dieser Frist immer noch Verzug besteht, sind Versicherungsfälle nicht versichert.
- Wenn nach Ablauf dieser Zahlungsfrist immer noch Verzug besteht, kann der Versicherer dem/der Versicherungsnehmer/-in ohne Kündigungsfrist kündigen.

Ziffer 11.2.3 AUB 2022

Gemäß § 38 VVG bzw. Ziffer 11.2.3 AUB 2022 hat der/die Versicherungsnehmer/-in hat die Möglichkeit, den Vertrag nach Kündigung durch den Versicherer zu reaktivieren. Er hat dafür einen Monat nach der Kündigung Zeit (Reaktivierungsfrist). Für Unfälle zwischen Ablauf der Kündigung und Reaktivierung **besteht kein Versicherungsschutz**.

Achtung: Über das Recht der Kündigung durch den Versicherer muss dieser entsprechend belehrt haben.

3.9.3 Beginn und Ende des Vertrages

Beginn des Vertrages

Der Versicherungsschutz beginnt zu dem Zeitpunkt, der als Versicherungsbeginn in der Police angegeben ist. Voraussetzung: Die Erstprämie oder einmalige Prämie wird **rechtzeitig** gezahlt.

Ende des Vertrages

Der Versicherungsvertrag endet in der Regel mit der **ordentlichen Kündigung** des Versicherungsnehmers bzw. der Versicherungsnehmerin, indem dieser in **Textform zum Schluss der Vertragsdauer** kündigt. Die Vertragsdauer lässt sich dem Versicherungsschein entnehmen. Die Kündigungsfrist beträgt üblicherweise drei Monate. Die AUB 2022 regeln die Kündigung in Ziffer 10.3.3 AUB 2022, der Vertrag kann demnach jederzeit zum Schluss der laufenden Versicherungsperiode in Textform gekündigt werden. *Außerordentliche Kündigungen* seitens des Versicherers und des Versicherungsnehmers bzw. der Versicherungsnehmerin sind ebenfalls möglich, beispielsweise nach Abwicklung eines Schadenfalls.

Nach- und Rückbeitrag

Als **Nachbeitrag** bezeichnet man den Betrag, der erhoben wird, wenn eine Veränderung am Versicherungsvertrag vorgenommen wird. Wenn beispielsweise in der privaten Unfallversicherung die Invaliditätssumme erhöht wird, dann wird der Versicherer den auf den Rest der Versicherungsperiode entfallenden Mehrbeitrag nachfordern – deshalb Nachbeitrag.

Als **Rückbeitrag** wird der Betrag bezeichnet, der dem/der Versicherungsnehmer/-in bei vorzeitiger Beendigung des Versicherungsvertrages als Guthaben ausbezahlt wird.

Die exemplarische Berechnung des Nach- und Rückbeitrages wird in Band 1 im Rahmen von Lernfeld 4 durchgeführt.

3.10 Steuerliche Regelungen zur Unfallversicherung

Das deutsche Steuersystem gehört bekanntermaßen zu einem der komplexesten weltweit, weshalb im Folgenden nur grundlegendes in Bezug auf die steuerliche Absetzbarkeit der privaten Unfallversicherung skizziert wird.

3.10.1 Grundsätzliches zu Steuern

Grundsätzlich muss bei der Betrachtung steuerlicher Aspekte von unterschiedlichen Aspekten ausgegangen werden, denn die steuerliche Behandlung hängt ganz davon ab, **wann** eine Steuer anfällt, **wofür** eine Steuer erhoben wird und **wer** eine Steuer abführen muss. In unserem täglichen Leben begegnen uns ganz unterschiedliche Steuern:

- Steuern, die auf bestimmte **Produkte** erhoben werden: Versicherungsteuer, Kaffeesteuer, Tabaksteuer
- Steuern, die man auf seinen **Lohn** oder generell auf **Einkommen** an das Finanzamt abführen muss: Lohnsteuer, Einkommensteuer
- Steuern, die man auf **Gewinn** zahlen muss, den man mit dem Handel von Aktien macht: Kapitalertragsteuer
- Steuern, die man beim Kauf eines **Grundstücks** oder durch Besitz eines Grundstücks zahlen muss: Grunderwerbsteuer, Grundsteuer

Die jeweiligen Steuern werden entweder an die Gemeinde, an das Bundesland, an den Bund oder sogar an die EU gezahlt. Das Bundesministerium für Finanzen (BMF) kalkuliert diese Einnahmen jährlich im Rahmen der Steuerschätzung. Die Angaben sind in Mio. €, insgesamt wurden 2022 895.716 Mio. € Steuern eingenommen.

Steuerspirale 2022: Steuereinnahmen von Bund, Ländern, Gemeinden und EU

Auf den Bereich der Versicherungsteuer entfielen in 2022 15.672 Mio. € – **hierin enthalten** ist auch die für die **private Unfallversicherung** anfallende Versicherungsteuer in Höhe von 19 %.

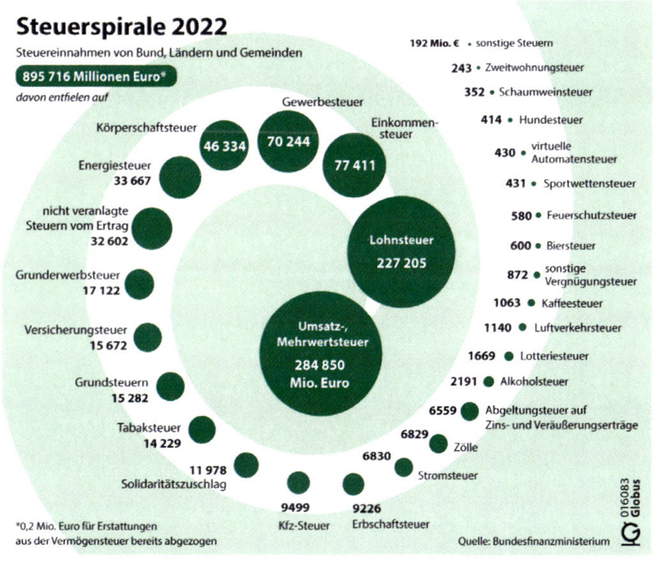

3.10.2 Versicherungen und Vorsorgeaufwendungen

Wer in Deutschland vorsorgt, der wird dadurch im Rahmen **der Vorsorgeaufwendungen in der Regel steuerlich begünstigt**. Das heißt, wer für schwierige Zeiten vorsorgt, der muss weniger Steuern bezahlen. Auf diese Weise schafft der deutsche Staat zu seiner Entlastung Anreize, um für bestimmte Lebenssituationen vorzusorgen. Auch die private Unfallversicherung gilt als eine solche Vorsorgeaufwendung, denn wer beispielsweise aufgrund eines Unfalles eine vollständige Invalidität erleidet, der kann von der Invaliditätssumme Pflegeleistungen, Umbauten, Lohnwegfall usw. zahlen, ohne dass der Staat eingreifen muss.

Zu den Vorsorgeaufwendungen gehören:

- **Altersvorsorgeaufwendungen** wie die gesetzliche Rentenversicherung, Rürup-Rente, Riester-Rente usw.
- **Basis-Kranken- und Pflegepflichtversicherung**
- **sonstige Vorsorgeaufwendungen** wie die private Unfallversicherung, private Haftpflichtversicherung usw.

Das deutsche Steuersystem unterscheidet **Werbungskosten** und **Sonderausgaben**. Diese beiden Kostenarten können die zu zahlende Steuer reduzieren. Werbungskosten stehen im direkten oder indirekten Zusammenhang mit der beruflichen Tätigkeit, Sonderausgaben sind sozusagen darüber hinausgehende Kosten, die im privaten Bereich anfallen – wie zum Beispiel die Vorsorgeaufwendungen. Auch diese sind steuerlich absetzbar. Bei beiden Kostenarten sind Höchstgrenzen zu beachten.

Wichtig: Private Unfallversicherungen sind in der Regel 24/7-Versicherungen. Ein gewisser Anteil der täglichen Zeit entfällt auf die Arbeit sowie den Hin- und Rückweg usw. Die private Unfallversicherung wird daher **anteilig** auf Werbungskosten und Vorsorgeaufwendungen verteilt – hier reicht eine ungefähre Schätzung.

Das Bundesministerium für Finanzen stellt alle für die Steuererklärung notwendigen Unterlagen digital zur Verfügung. Das hierfür notwendige Dokument, um die private Unfallversicherung absetzen zu können, trägt den Namen *Angaben zu Vorsorgeaufwendungen*. Der Vorsorgeaufwand in der privaten Unfallversicherung lässt sich im Teil *Weitere sonstige Vorsorgeaufwendungen* aufführen. Daneben ist der berufsbedingte Teil im Bereich der Werbungskosten anzumelden.

3.10.3 Steuern in der Leistungsphase

§ 22 Nr. 1 EStG

Neben der steuerlichen Begünstigung in der Phase der Prämienzahlung ist noch anzuführen, inwieweit spätere Leistungen aus der privaten Unfallversicherung zu versteuern sind. Grundsätzlich gilt in Deutschland, **dass Rentenleistungen zu versteuern sind**. Darunter fällt auch die Unfallrente der PUV, wenn diese als Leistungsart mitversichert ist. Es handelt sich dabei um die einzige Leistungsart, die als Rente ausbezahlt wird – **sie wird mit dem Ertragsanteil zum persönlichen Steuersatz versteuert**. Die anderen Leistungen der PUV gelten als Kapitalleistungen und sind nicht steuerpflichtig. Dazu gehören beispielsweise die Invaliditätsleistung, das Tagegeld oder die Soforthilfe. Eine Ausnahme bildet die Todesfallsumme, die in der Regel an die eingetragene Bezugsperson ausbezahlt wird, **daher fällt möglicherweise eine Erbschaftsteuer** an (unter Umständen mindert sich die Steuerlast durch Freibeträge). Die Grundlage für die Versteuerung der Unfallrente bildet § 22 Nr. 1 EStG.

4 Kundenberatungsgespräche in der Unfallversicherung

Vorbemerkungen und allgemeine Hinweise

Bei jedem Kundenberatungsgespräch sind gesetzliche Regelungen zu beachten.

Diese können Sie im Lehrbuch zum 1. Ausbildungsjahr in Lernfeld 2 Kapitel 7 sowie in Lernfeld 3 nachlesen.

Was allgemein bei Kundengesprächen bzgl. der Kommunikation zu beachten ist, finden Sie ebenfalls im Lehrbuch zum 1. Ausbildungsjahr in Lernfeld 3.

Die fachlichen Hintergründe zur Unfallversicherung wurden in Lernfeld 7 Teil A in den Kapiteln 1 bis 3 behandelt.

Das folgende Kapitel fasst die spezifischen Besonderheiten für Beratungen zu Unfallversicherungen in komprimierter Form zusammen, ohne den Anspruch auf Vollständigkeit zu erheben, denn es gibt so viele Arten von Kundenberatungsgesprächen wie es Kundinnen und Kunden gibt.

4.1 Zielgruppen für Unfallversicherungen

Zunächst stellt sich die Frage: Wer braucht eigentlich eine Unfallversicherung?

„Ich brauche keine Unfallversicherung, da ich ein vorsichtiger Mensch bin."

Fast jeder Außendienstmitarbeiter und jede Außendienstmitarbeiterin hat diesen oder einen ähnlichen Satz sicher schon einmal gehört. Fest steht, dass vorsichtigen Menschen seltener ein Unfall passiert. Auch gibt es Menschen mit bestimmten – meist kaufmännischen – Berufen und/oder gefahrarmen Hobbys, wie z. B. Schach oder Skat, die eben durch diese Berufe und/oder Hobbys weniger unfallträchtigen Situationen ausgesetzt sind als Menschen mit handwerklichen Berufen und/oder gefährlicheren Hobbys, wie z. B. Mountainbiking oder Bergsteigen.

Dennoch nimmt nahezu jeder Mensch am öffentlichen Straßenverkehr teil und hat auch einen Haushalt, der reichlich Unfallgefahren birgt. Selbst bei größter Vorsicht eines jeden Menschen gibt es immer noch andere Menschen, die weniger vorsichtig oder gar rücksichtslos sind und hierdurch vorsichtige Menschen in einen Unfall verwickeln.

Im Haushalt passieren die meisten Unfälle und vielfach ist es Glück, wenn diese ohne dauerhafte Folgen bleiben.

Bei der Arbeit und auf den Weg von und zu der Arbeit sind Arbeitnehmer/-innen bei der gesetzlichen Unfallversicherung versichert. Alles, was außerhalb dieser versicherten Zeiten und Tätigkeiten passiert, ist außen vor. Wer rund um die Uhr abgesichert sein möchte, muss sich mit der privaten Unfallversicherung auseinandersetzen, denn diese bietet rund um die Uhr weltweiten Versicherungsschutz.

In der Versicherungsbranche gibt es den gerne genommenen Spruch: „Selbst wenn Sie in Grönland nachts beim Erdbeerpflücken von der Leiter fallen, haben Sie Versicherungsschutz in der privaten Unfallversicherung."

Ein solcher Unfall ist zwar äußerst unwahrscheinlich, wäre aber dennoch versichert.

Nach diesen Betrachtungen sollte die Unfallversicherung in jedem Beratungsgespräch angesprochen werden, allerdings ist die Dringlichkeit abhängig von den jeweiligen Lebensumständen, die es im persönlichen Gespräch abzuklären gilt.

Begrenzte Geldmittel

Unfallversicherungen sind natürlich nicht umsonst und nicht jede Kundin bzw. jeder Kunde kann sich alle Versicherungen, die er eigentlich haben sollte, auch leisten. Hier gilt es abzuwägen und zu taktieren, ob und wann welchen Personenkreisen eine Unfallversicherung angeboten wird.

Natürlich ist eine Unfallversicherung wichtig, wenn aber bei einem/einer Berufseinsteiger/-in die Geldmittel begrenzt sind, sollte der/die Außendienstmitarbeiter/-in die Lebensumstände (Beruf, Hobbys) genauestens hinterfragen und dann gemeinsam mit der Kundin bzw. dem Kunden Prioritäten festlegen. Bei Menschen mit Berufen und/oder Hobbys, die weniger Unfallgefahren mit sich bringen, kommt die Unfallversicherung sicher nicht an erster Stelle. In solchen Fällen sollte das Thema zwar angesprochen, aber dann auf einen späteren Zeitpunkt vertagt werden.

Personen- oder Sachversicherung

Zwar sollte die Unfallversicherung generell rund um das Thema „Absicherung der Arbeitskraft" – also im Umfeld der Personenversicherungen – angesprochen werden, aber dennoch gehört diese Sparte strenggenommen zu den Sachversicherungen, auch wenn Personen versichert sind. Hier ist sich die Literatur nicht ganz einig.

Organisatorisch ist die Unfallversicherung eine Sachsparte. Verantwortlich ist der jeweilige Vorstand der Sachversicherung und auch die Fachabteilungen in den Zentralen sind dem Sachbereich angegliedert. Da die „Versicherungsgegenstände" allerdings Personen sind, wird die Unfallversicherung oftmals auch als Personenversicherung bezeichnet. Um diesem Zwiespalt aus dem Weg zu gehen, kommt vereinzelt auch der Begriff „Kompositversicherung" zum Einsatz, was es schon recht genau trifft. Auch recht verbreitet ist die Unterscheidung in Schadenversicherung und Unfallversicherung, was die Unfallversicherung in ihrer personenbezogenen Sonderstellung als Sachversicherung gut herausstellt.

Im Zusammenhang mit einer Kundenberatung ist diese Sonderstellung der Unfallversicherung ein gutes Hilfsmittel, um von den üblichen Sachsparten (also den Schadensparten Kfz, Haftpflicht, Hausrat, Wohngebäude usw.) über die Unfallversicherung auf die Person zu kommen und damit den Bogen zur Personenversicherung (Berufsunfähigkeitsversicherung, Lebensversicherung usw.) zu spannen.

4.2 Neukundinnen und -kunden für die Unfallversicherung gewinnen

Die Unfallversicherung zählt zu den sog. Edelsparten der Versicherungsbranche und steht deshalb auch bei den meisten Versicherern in der Beliebtheitsskala weit oben. Zudem kommt, dass der Unfallversicherungsmarkt weit entfernt von einer Marktsättigung ist, denn viele Kundinnen und Kunden verfügen zwar über eine Haftpflicht- und eine Hausratversicherung, haben aber im Bereich der Unfallabsicherung große Versorgungslücken. Besonders bei Erstgesprächen sollte dieses sensible Thema im Zusammenhang mit der Bestandaufnahme (Versorgungsanalyse) niemals ausgeklammert werden.

Besonders empfänglich sind Menschen, die in gefahrgeneigten Berufen arbeiten oder Hobbys der gefährlicheren Art pflegen, da hier die Wahrscheinlichkeit groß ist, dass sie zumindest den einen oder anderen Unfall miterlebt, gesehen oder zumindest gehört haben.

Personengruppen und Anlässe zur Kundenansprache

Doch welche Personengruppen sind geeignet und offen für ein Beratungsgespräch zum Thema Unfallversicherungen?

Auch stellt sich die Frage nach geeigneten Anlässen, um über das Thema Unfallversicherungen zu sprechen.

Die folgende Liste zeigt einige Möglichkeiten auf. Der Kreativität der Abschlussvermittler/-innen sind jedoch keine Grenzen gesetzt und die Liste lässt sich beliebig erweitern.

- **Empfehlungen durch Verwandte, Freunde, Bekannte und Kundschaft**
  Sprechen Sie Verwandte, Freunde und Bekannte sowie zufriedene und treue Kundinnen und Kunden auf Empfehlungen aus deren privaten und beruflichen Umfeld an. Diese Art der Kundenwerbung ist sehr effektiv, da persönliche Kontakte, familiäre und soziale Zusammenhänge sowie zufriedene Kundschaft bessere Aushängeschilder sind als jede andere Art der Werbung. Besonders interessant sind Personen, in deren Umfeld sich körperlich arbeitende Menschen oder Hobbysportlerinnen bzw. Hobbysportler befinden.
- **Kontakte aus der Vereinsarbeit**
  Die aktive Mitwirkung eines Versicherungsagenten bzw. einer Versicherungsagentin in einem Verein oder auch ein ehrenamtliches Engagement sorgt innerhalb dieser Gruppe für einen gewissen Bekanntheitsgrad. Wer Fragen zu Versicherungen hat, wendet sich tendenziell bevorzugt an Personen, die er/sie kennt. Um den eigenen Bekanntheitsgrad zu steigern, kann es hilfreich sein, z. B. in den Vereinsnachrichten oder in Festschriften, ein Inserat zu schalten. Hierdurch wird der Verein unterstützt und den Mitgliedern wird verdeutlicht, dass es einen kompetenten Vereinskameraden bzw. eine kompetente Vereinskameradin gibt, den/die man um Rat fragen kann. Hier sind besonders Sportvereine interessant, da beim Sport immer wieder Unfälle passieren, die im jeweiligen Verein dann auch Gesprächsgegenstand sind.

- **Empfehlungen von Geschäftspartnern**
  Sporthändler, die die verschiedensten Sportgeräte verkaufen sind gute Empfehlungsgeber für Unfallversicherungen.
  Besonders Fahrradhändlern kommt hier eine große Bedeutung zu, da Fahrräder in sehr vielen Arten angeboten werden. Neben Modellen, die bevorzugt für sportliche Aktivitäten (Mountainbike, Rennrad usw.) eingesetzt werden, gibt es auch zahlreiche Modelle, die der Fortbewegung im öffentlichen Straßenverkehr dienen (Citybike, Hollandrad usw.). Das Fortbewegen mit dem Fahrrad schont die Umwelt, ist nachhaltig, kostengünstig und gesund – zumindest solange man damit in keinen Unfall verwickelt wird.
  Fahrradunfälle haben im Vergleich zu Pkw-Unfällen ein entscheidendes Problem: Pkws haben eine eingebaute Knautschzone, die bei einem Unfall einen Personenschaden zumindest abmildern oder gar völlig verhindern kann. Radfahrerinnen und Radfahrer haben keine solche Knautschzone, denn sie sind selbst die Knautschzone. Personenschäden sind bei Unfällen mit dem Fahrrad quasi vorprogrammiert.
  Wer also viel Fahrrad fährt – egal zu welchem Zweck – sollte unbedingt über eine Unfallversicherung nachdenken.

Datenschutzbestimmungen

Wichtig bei hierdurch gewonnenen Neukundenkontakten ist, dass die Datenschutzbestimmungen immer eingehalten werden. An einem Stammtisch im Vereinslokal ein Versicherungsthema anzusprechen, ist eine Sache. Sobald das Gespräch aber in die Tiefe gehen könnte, sollte man einen persönlichen Termin vereinbaren und die Beratung in einem privaten Rahmen durchführen. Was hierbei gesprochen und vereinbart wird, bleibt für unbeteiligte Dritte tabu.

4.3 Gesprächsanlässe bei Bestandskundinnen und -kunden

Unter einem Bestandskunden bzw. einer Bestandskundin sind nicht unbedingt nur Personen zu verstehen, für die eine Unfallversicherung bei dem eigenen Versicherer besteht, sondern alle Personen, die bei dem eigenen Versicherer in irgendeiner Sparte versichert sind.

Bei solchen Kunden und Kundinnen gibt es zahlreiche Gesprächsanlässe, in deren Zusammenhang auch die Unfallversicherung thematisiert werden kann und sollte:

- aktualisierte Versicherungsbedingungen
- Verlängerung von abgelaufenen Verträgen
- Rabattangebote beim Abschluss mehrerer Verträge in einer Familienpolice
- neue Unfalltarife
- neue Klauseln, die für ausgewählte Kundinnen und Kunden interessant sind
- zeitlich befristete Kundenrabattaktionen

In der Praxis sind neue Versicherungsbedingungen und Vertragsverlängerungen neben Schadenmeldungen die häufigsten Gründe für Kundenkontakte. In der Regel bieten neue Bedingungen einen verbesserten Versicherungsschutz zu einem oft geringen Mehrbeitrag.

Wenn in diesem Zusammenhang der komplette Versicherungsordner durchgesehen wird, kommt zwangsläufig auch irgendwann das Thema Unfallversicherung zur Sprache.

Bestehende Unfallversicherungen sollten regelmäßig auf ihre Aktualität überprüft werden. Im Laufe der Jahre ändern sich die Lebensumstände. Berufe werden gewechselt, neue Hobbys werden entdeckt, die Familie bekommt Zuwachs, das Einkommen steigt usw. All diese Änderungen sollten bei der Unfallversicherung, deren Versicherungssummen und Einschlüsse berücksichtigt werden.

4.4 Argumentationshilfen zur Unfallversicherung

Das Auto ist bekanntermaßen „des Deutschen liebstes Kind". Für Neufahrzeuge wird in der Regel eine Vollkaskoversicherung abgeschlossen. In diesem Zusammenhang ist der Satz *„Die Unfallversicherung ist die Vollkaskoversicherung für Ihren Körper."* sehr hilfreich. Wer eine Vollkaskoversicherung abschließt, will sein Hab und Gut (hier also das Auto) im Falle eines Schadens oder gar Totalschadens absichern. Das Ganze läuft quasi unter dem Sammelbegriff „Vermögenabsicherung", das das Auto ja ein Teil des Vermögens darstellt.

Die eigene Arbeitskraft, die das Vermögen erst erschaffen und bewahren kann und soll, wird hierbei nicht berücksichtigt.

Zwar sollte das sog. „Sargdeckelklappern" bei Kundengesprächen generell vermieden werden, aber die Frage *„Was denken Sie eigentlich, was mit Ihrem Körper passiert, wenn Ihr Fahrzeug in einen schweren Unfall gerät?"* darf man schon einmal stellen und dann auf die Antwort der Kundin bzw. des Kunden warten.

Ein weiterer Punkt ist das Thema Kinder. Kinder sind im Kindergarten und in der Schule ebenso auf dem Weg von oder zu diesen Einrichtungen versichert. Aber was ist mit der Freizeit, beim Spielen oder auf der Fahrzeugrückbank bei der Fahrt in den Urlaub? Eine Unfallversicherung schützt natürlich nicht vor den Gefahren, aber sie federt den Schaden mit der Versicherungsleistung ab. Ein altes deutscher Sprichwort sagt: *„Geld ist nicht alles, aber ohne Geld ist alles nichts."*

4.5 Ablauf von Kundenberatungsgesprächen

Jedes Kundengespräch basiert auf einer anderen Gesprächsgrundlage und zu guter Letzt hat auch jeder Kundenberater und jede Kundenberaterin eine andere Persönlichkeit, ein anderes Auftreten und ein anderes Fachwissen. All diese Unterschiede machen Beratungsgespräche schwierig, aber auch interessant. Entscheidend ist, dass der/die Berater/-in einen persönlichen Zugang zum/zur jeweiligen Gesprächspartner/-in findet.

Unfallversicherungen zählen zu den Edelsparten in der Versicherungsbranche. Sie werden oft erst abgeschlossen, wenn die meisten anderen Sparten bereits abgedeckt sind. Die versicherten Leistungen sollten besonders an die finanziellen Umstände der Kundinnen und Kunden angepasst sein, was allerdings zu einem kleinen Problem führt, das besonders für unerfahrene Außendienstmitarbeiter/-innen unangenehm ist. Bei der Frage nach dem Neupreis eines Fahrzeuges oder dem Wert des Hausrates bekommt man die Antwort oft voller Stolz zu hören. Die Frage nach dem Verdienst hingegen ist unangenehm für beide Seiten, muss aber leider sein. Da sich Versicherte im Leistungsfall mit einer Unfallrente nicht besser stellen dürfen als vor dem Unfall, muss diese an das aktuelle Einkommen angepasst werden, was natürlich nur machbar ist, wenn dieses Einkommen auch bekannt ist.

Doch wie fragt man nun nach dem Einkommen? Hier gibt es leider kein Patentrezept. Als recht praktikabel hat sich erwiesen, wenn man die Fragen der Versorgungsanalyse mehr oder minder mechanisch abarbeitet. Egal ob im Notebook oder auf einem handschriftlich ausfüllbarem Formular, einfach links oben anfangen und rechts unten aufhören. Wenn bei der Frage nach dem Monatseinkommen die Gegenfrage *„Wozu müssen Sie das denn wissen."* kommt, dann hilft die einfache Erklärung mit der Versorgungslücke: *„Wenn* ***wir*** *Ihre Versorgungslücken ausfindig machen wollen, dann müssen* ***wir*** *zunächst feststellen, wie sie derzeit abgesichert sind. Dann müssen* ***wir*** *notieren, wieviel Sie verdienen. Die Differenz ergibt dann die Versorgungslücke."* In der Regel genügt das, um die benötigten Informationen zu bekommen. In dieser Erklärung kommt ganz bewusst dreimal das Wort „wir" vor, was einen besonderen Grund hat:

- **Wir** sitzen beide im selben Boot.

statt

- **Ich** hingegen sitze außerhalb des Bootes.

Mit dem „wir“ zeigt der/die Außendienstmitarbeiter/-in Betroffenheit und Interesse, was viel stärker verbindet als ein *„ich will das wissen“*. Mit diesem kleinen verkaufspsychologischem Trick sollte die Redseligkeit der meisten Gesprächspartner/-innen gefördert werden.

4.6 Nachbereitung von Kundenberatungsgesprächen

Zu der Nachbereitung von Kundenberatungsgesprächen gehören einige Routineaufgaben, die sich von Versicherer zu Versicherer unterscheiden.

In der Regel müssen Anträge und Beratungsprotokolle an die Zentrale weitergeleitet werden. Dies kann in Papierform oder digital geschehen.

Darüber hinaus sollte relevante Wünsche und Pläne der Kunden und Kundinnen notiert und bekannte Termine auf Wiedervorlage genommen werden.

4.7 Kundenberatung mit modernen Kommunikationsmitteln

Moderne Kommunikationsmittel gewinnen auch in der Kundenberatung immer mehr an Bedeutung.

Ob und wie diese Mittel bei der Kundschaft eingesetzt werden, hängt vom jeweiligen Gesprächsthema und auch von den jeweiligen Kunden und Kundinnen und deren technischen Voraussetzungen ab.

Besonders die Unfallversicherung ist ohne persönliches Gespräch kaum vermittelbar. Hier ist viel Beratung und Information gefragt.

Wenn die Kundin bzw. der Kunde hingegen nach einer Beratung und einer anschließenden Bedenkzeit einen Vertragsabschluss telefonisch, schriftlich oder auf elektronischen Weg tätigen will, ist das natürlich machbar. Ebenso verhält es sich bei Vertragsänderungen bestehender Verträge. Die richtige Mischung aus medialen und persönlichen Kontakten hängt stark von den persönlichen Präferenzen der jeweiligen Gesprächspartner/-innen ab.

Teil B: Kunden zur Berufsunfähigkeitsversicherung beraten

Vorbemerkungen zur Berufsunfähigkeitsversicherung

Bei der inhaltlichen Auseinandersetzung mit der Berufsunfähigkeitsversicherung (BU), muss man sich zunächst damit auseinandersetzen, wie man anderweitig abgesichert ist. Versicherungsschutz kann z. B. durch eine Unfallversicherung (siehe Teil A dieses Lernfeldes) aber auch durch die Gesetzliche Rentenversicherung (GRV) bestehen. In der GRV gibt es die Absicherung über die Erwerbsminderungsrente. Diese ist Inhalt der zwei nachfolgenden Kapitel.

1 Gesetzliche Rentenversicherung

Die Gesetzliche Rentenversicherung (GRV) ist im Detail Gegenstand des Lehrbuches zum 3. Ausbildungsjahr in Lernfeld 11. Hier an dieser Stelle werden lediglich die Inhalte betrachtet, die für die Absicherung der Arbeitskraft von Bedeutung sind.

Die GRV ist einer der fünf Zweige der Sozialversicherung. Hier sind u. a. alle Arbeitnehmer/-innen **pflichtversichert**. Insgesamt sind etwa 56 800 000 Menschen in der GRV versichert.

Die **Leistungen** der GRV umfassen:

- Altersrente[1]
- Hinterbliebenenversorgung[1] (Witwen-/Witwerrente sowie Halb- und Vollwaisenrente)
- Rehabilitation[1]
- Erwerbsminderungsrente

2 Erwerbsminderungsrente

Die Erwerbsminderungsrente (EM-Rente) stellt einen wesentlichen Baustein der Leistungen der gesetzlichen Rentenversicherung dar und hat im Wesentlichen das Ziel, **bei Erwerbsunfähigkeit die finanziellen Einbußen abzufedern**.

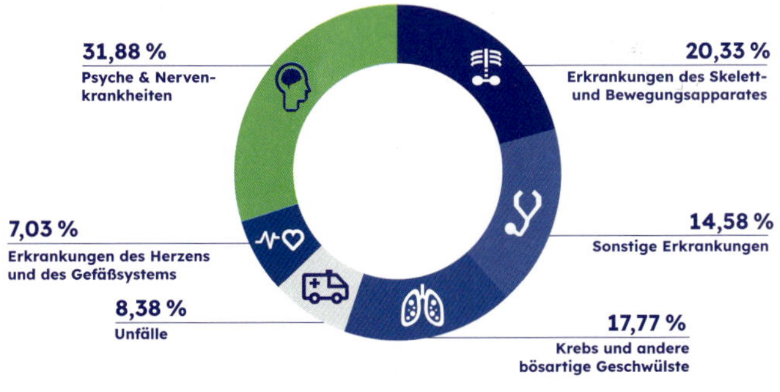

Quelle: Morgen & Morgen, Statista 05/20

1 siehe Lehrbuch zum 3. Ausbildungsjahr in Lernfeld 11

2.1 Grundlagen

Erwerbsunfähig ist jemand, der aus gesundheitlichen Gründen nicht mehr in der Lage ist, auf dem allgemeinen Arbeitsmarkt zu arbeiten. Es spielt dabei keine Rolle, was man arbeitet. Die Frage ist nur, **ob** man noch arbeiten kann – egal, was. Der erlernte Beruf ist dabei unerheblich. Die Erwerbsunfähigkeit bezieht sich damit auf **alle Tätigkeiten des aktuellen Arbeitsmarktes**.

Die **häufigsten Ursachen** für Erwerbsunfähigkeit sind psychische Erkrankungen und Nervenerkrankungen. Sie machen über 30 % aus. Aber auch Erkrankungen des Skelett- und Bewegungsapparates haben mit über 20 % einen großen Anteil aller Erwerbsgeminderten. Krebs und andere bösartige Geschwülste haben einen Anteil von fast 18 %. Der Rest verteilt sich auf Erkrankungen des Herzens und des Gefäßsystems, Unfälle und sonstige Erkrankungen.

In der EM-Rente werden **zwei Abstufungen** unterschieden:

	Teilweise EM-Rente	Volle EM-Rente
Merkmal	Man kann noch **zwischen 3 und 6** Stunden täglich an mind. 5 Tagen die Woche auf dem allgemeinen Arbeitsmarkt tätig sein. Findet man keine Teilzeitbeschäftigung und wird deswegen arbeitslos, so erhält man die **volle EM-Rente**.	Man kann **keine 3 Stunden** mehr täglich an mind. 5 Tagen die Woche auf dem allgemeinen Arbeitsmarkt tätig sein.
Voraussetzungen	· Man bezieht noch keine Altersrente. · Eine Rehabilitation hilft nicht zurück zur Arbeitsfähigkeit. · Die allgemeine Wartezeit ist erfüllt (5 Jahre versicherungsrechtliche Zeiten und in den letzten 5 Jahren vor Eintritt der EM muss man für mind. 3 Pflichtbeitragsjahre Beiträge gezahlt haben).	
Höhe der Leistung	Sie hängt von den bisher zurückgelegten Versicherungszeiten (Entgeltpunkte) ab.	

Für Versicherte, die vor dem 02.01.1961 geboren wurde, gilt der erlernte bzw. zuletzt ausgeübte Beruf – nicht der allgemeine Arbeitsmarkt.

Derzeit werden etwa 1,4 Mio. EM-Renten ausbezahlt. Dabei lag die durchschnittliche Rente wegen Erwerbsminderung im Jahr 2022 bei ca. 869,00 € im Monat.

2.2 Berechnung der Erwerbsminderungsrente

Zur Berechnung der Höhe der EM-Rente wird berechnet, wie viel **Entgeltpunkte** man bis zum Zeitpunkt des Eintritts in die Erwerbsminderung erworben hat. Man erhält pro Jahr einen Entgeltpunkt, wenn man so viel verdient hat, wie der/die Durchschnittsverdiener/-in in der GRV in dem betrachteten Jahr. Hat man mehr verdient, erhöht sich der Entgeltpunkt entsprechend – hat man weniger verdient, verringert sich der Entgeltpunkt. Hinzu werden noch die ausstehenden Berufsjahre berücksichtigt. Hier wird so getan, als wenn man im Verhältnis genauso weiterverdient, wie in den bisherigen Jahren. Die **Summe aller Entgeltpunkte** wird dann noch multipliziert mit dem **Zugangsfaktor 1**, dem **Rentenartfaktor** (1 bei voller und 0,5 bei teilweiser EM-Rente) sowie mit dem **aktuellen Rentenwert**. Dieser wird vom Bundestag mit anschließender Zustimmung durch den Bundesrat jährlich zum 1. Juli festgelegt und beträgt ab Juli 2023 37,60 € (West und Ost). Geht man aber früher als mit 67 Jahren in Rente wird der Zugangsfaktor von 1 für jeden Monat, den man früher geht, um 0,003 gekürzt (= 0,3 % monatliche Rentenkürzung). Die maximale Kürzung beträgt jedoch 0,108. Bis 2031 gibt es hier eine Übergangsfrist.

Höhe EM-Rente = Summe der Entgeltpunkte · Zugangsfaktor · Rentenartfaktor · aktueller Rentenwert

Höhe EM-Rente = Summe EP · ZF · RAF · AR

Beispiel

Frau Mila Kruse aus Hannover (40 Jahre, verheiratet, ein Kind) hat bisher 22 Jahre als Speditionskauffrau gearbeitet. Nun erkrankt sie an psychischen Belastungsstörungen und kann auf dem aktuellen Arbeitsmarkt keiner Tätigkeit mehr nachgehen. Frau Kruse ist damit voll erwerbsunfähig.
Annahme: Frau Kruse hat 22 Jahre lang, jedes Jahr, soviel verdient, wie der Durchschnittsverdienst aller in der GRV Versicherten. Damit erhält sie pro Jahr einen Entgeltpunkt. Sie hat also zum Zeitpunkt des Eintritts der Erwerbsunfähigkeit 22 Entgeltpunkte. Hinzu werden noch die fiktiv ausstehenden Berufsjahre hinzugerechnet. Man geht davon aus, dass sie weiterhin so verdient hätte, wie vorher. Bis zum 67. Lebensjahr werden also noch 27 Entgeltpunkte hinzugerechnet.

Lösung

Für Frau Mila Kruse ergibt sich daraus folgende EM-Rente:

Höhe EM-Rente = Summe EP · ZF · RAF · AR
Höhe EM-Rente = (22 + 27) · (1 – 324 · 0,003) · 1 · 37,60 € (sie geht 324 Monate früher in Rente)
= 49 · (1 – 0,972) · 1 · 37,60 €
= 49 · (1 – 0,108) · 1 · 37,60 € (maximale Kürzung beträgt 0,108)
= 49 · 0,892 · 1 · 37,60 €
= 1.643,42 € EM-Rente

Im Internet kann die Erwerbsminderungsrente mit zahlreichen Rechentools bequem und (mehr oder minder) genau berechnet werden. Wer keinen Zugang zu einem solchen Tool hat, kann von folgenden Werten ausgehen und damit eine grobe Berechnung vornehmen:

- Die volle EM-Rente beträgt circa 34 % des letzten Bruttoeinkommens.
- Die teilweise EM-Rente beträgt circa 17 % des letzten Bruttoeinkommens.

2.3 Besteuerung der Erwerbsminderungsrente

Die EM-Rente ist eine Bruttorente. Diese muss noch versteuert werden. Zudem müssen Beiträge an die Gesetzliche Krankenversicherung (GKV) und an die Gesetzliche Pflegeversicherung (GPV) (AN- und AG-Anteil) von der Rente bezahlt werden.

Die Besteuerung von Erwerbsminderungsrenten richtet sich nach dem Zeitpunkt der Bewilligung[1] der EM-Rente.

Die Rente wird nach dem **Kohortenmodell** versteuert. Dies bedeutet, dass bei einer Person, die 2023 ihre EM-Rente bewilligt bekommen hat, bis zum Lebensende 83 % deren EM-Rente zum individuellen Steuersatz versteuert wird. Dieser Prozentsatz steigt jährlich um 1 % an, sodass Personen, die 2040 ihre EM-Rente bewilligt bekommen, ihre gesamte Rente (100 %) zum individuellen Steuersatz versteuern müssen.

Steuern werden immer für das Kalenderjahr berechnet. Die zu versteuernde Rente reduziert sich zudem um einen Sonderausgabenpauschbetrag von 36,00 € (hierzu zählen Spenden, Kirchensteuer usw.), einen Werbungskostenpauschbetrag von 102,00 € und die Beiträge zur GKV und zur GPV. Hinzu kommt, dass jeder Mensch in Deutschland ein steuerfreies Existenzminimum (Grundfreibetrag) hat.

1 Der Bundesfinanzhof hat in einer Entscheidung vom 15.05.2018 entschieden, dass bei der Erwerbsminderungsrente nicht das Auszahlungsjahr entscheidend für die Bewertung des persönlichen Steuerfreibetrages an der Rente ist, sondern der Zeitpunkt der Bewilligung. (Aktenzeichen XR 18/16)

Dieses Existenzminimum wird stetig angepasst und liegt im Jahr 2023 bei 10.908,00 € – auf dieses Einkommen muss niemand Steuern zahlen. Erst Einkommen, die darüber liegen, sind zu versteuern.

Beispiel

(Fortsetzung)
Frau Mila Kruse erhält eine Brutto-EM-Rente von 1.643,42 € im Monat. Ihr Steuersatz als Rentnerin beträgt 16 %. Die EM-Rente ist 2023 bewilligt worden. Sie muss demnach, nach dem Kohortenmodell, 83 % ihrer EM-Rente zum individuellen Steuersatz versteuern und Sozialabgaben an die GKV und die GPV abführen.

Lösung

Jahresrente: 1.643,42 € · 12 = 19.721,04 €
steuerpflichtiger Rentenanteil: 83 % von 19.721,04 € = 16.368,46 €
persönlicher Rentenfreibetrag: (= Differenz) = 3.352,58 € (muss nicht versteuert werden)
Sozialabgaben:
GKV: 14,6 % : 2 von 19.721,04 € = 1.439,64 € (hälftiger Beitrag evtl. zzgl. hälftiger Zusatzbeitrag)
GPV: 3,05 % von 19.721,04 € = 601,49 € (voller Beitrag)

Berechnung der zu zahlenden Einkommensteuer aus der EM-Rente

Brutto EM-Rente	19.721,04 €
– persönlicher Rentenfreibetrag	3.352,58 €
– Beiträge zur GKV	1.439,64 €
– Beiträge zur GPV	601,49 €
– Sonderausgabenpauschbetrag	36,00 €
– Werbungskostenpauschbetrag	102,00 €
= zu versteuerndes Einkommen	14.189,33 €
– Grundfreibetrag (steuerfreies Existenzminimum)[1]	10.908,00 €
= zum individuellen Steuersatz versteuertes Einkommen	3.281,33 €
· individueller Steuersatz, hier	16 %
= zu zahlende Einkommensteuer	**525,01 €**

3 Versorgungslücke

Wird die Erwerbsminderungsrente (EM-Rente) bewilligt und ausgezahlt, so hilft sie also den Verlust der Arbeitskraft und damit der Einkommensquelle und der Existenzgrundlage abzufedern. Die EM-Rente ist aber i. d. R. zu gering, um das bisherige Leben in gewohnter Weise zu finanzieren, die bisherige Lebensstellung zu halten und Miete, Hobbys, Urlaub, Ausbildung der Kinder usw. im gewohnten Umfang zu finanzieren, denn die volle EM-Rente macht im Durchschnitt ca. nur 34 % des letzten Bruttoeinkommens aus.

Zudem wird die EM-Rente nur gezahlt, wenn man **gar keiner Tätigkeit** mehr auf dem allgemeinen Arbeitsmarkt nachgehen kann. Es stellt sich dabei die Frage, ob man dies überhaupt möchte.

Beispiel

Herr Frank Moho (35 Jahre) ist leitender Angestellter in einer großen Kaufhauskette. Er leitet dort drei Abteilungen und ist sowohl für den Einkauf der Waren als auch für das Personal (50 Mitarbeiter/-innen) verantwortlich. Leider erkrankt er an Krebs. Er kann diesen zwar besiegen, ist

1 Die hier durchgeführte Berechnung wurde aus didaktischen Gründen vereinfacht. In der Praxis wird der Grundfreibetrag nicht abgezogen, sondern ist direkt in die Steuerformel eingebaut, wodurch dessen Berücksichtigung bei der Berechnung automatisch erfolgt.

danach aber beruflich nicht mehr belastbar und kann seiner Verantwortung im Kaufhaus nicht mehr gerecht werden. Es ist ihm aber noch zuzumuten, im Lager zu arbeiten und dort Ware auszupacken oder als Paketzusteller tätig zu sein. Er ist also nicht erwerbsunfähig und erhält somit auch keine Erwerbsminderungsrente aus der GRV. Herr Moho ist also gezwungen, weit unter seiner bisherigen Lebensstellung, seiner Qualifikation, seiner Gehaltsklasse und seinem sozialen Ansehen zu arbeiten, um überhaupt existieren zu können.

Für versicherte Personen in der GRV, die die allgemeine Wartezeit von fünf Jahren noch nicht erfüllt haben oder in den letzten fünf Jahren nicht mindestens drei Jahre lang Pflichtbeiträge eingezahlt haben, wird **gar keine EM-Rente** ausgezahlt.

Beispiel

Jakob Hartmann ist 19 Jahre alt und hat vor einem Jahr seine Ausbildung zum Industriekaufmann begonnen. In seiner Freizeit fährt er gerne Motocross. Leider erleidet er dabei einen schweren Unfall, bei dem er sich die Wirbelsäule schwer verletzt. Nach einigen Operationen kann er wieder stehen, gehen und sitzen, nur alles immer nicht lange, da dann die Schmerzen zu groß werden. Sein behandelnder Arzt macht ihm wenig Hoffnung auf Besserung und attestiert ihm, dass er für viele Jahre nicht arbeiten kann.
Jakob Hartmann wird keine Erwerbsminderungsrente aus der GRV bekommen, da er die Wartezeiten nicht erfüllt hat. Er wird weiterhin auf Kosten seiner Eltern oder von Sozialhilfe leben müssen.

Das Gleiche gilt für Selbstständige, wenn sie nicht als freiwilliges Mitglied in der GRV versichert sind.

Zum Ausgleich dieser finanziellen Versorgungslücke bietet sich eine Berufsunfähigkeitsversicherung (BU) an.

4 Berufsunfähigkeitsversicherung

Die meisten Versicherungsvermittler/-innen weisen im Kundenberatungsgespräch darauf hin, dass die Berufsunfähigkeitsversicherung (BU), angesichts der durch die EM-Rente entstehenden finanziellen Einschränkungen, zu den wichtigsten Versicherungen, die ein erwachsener Mensch haben sollte, gehört. Gleichzeitig schrecken potenzielle Kundinnen und Kunden vor hohen Beiträgen und abstrakten Bedingungen zurück – das Risiko jedoch ist **alles andere als abstrakt**.

4.1 Risikoanalyse – Zahlen, Daten, Fakten

Zur Absicherung der finanziellen Lücke, die sich, auch mit eventueller EM-Rente, durch den Verlust der Arbeitskraft ergibt, ist eine **Berufsunfähigkeitsversicherung** sinnvoll. Tritt der Verlust der Arbeitskraft ein, so sind die finanziellen Einbußen unter Umständen sehr stark existenzbedrohend. Das jetzige Einkommen bricht weg: Mieten und Kredite können nicht mehr bezahlt werden, Bildung, Hobbys und Urlaube können nicht mehr finanziert werden. Aber auch das zukünftige Einkommen geht verloren: Wer zum Beispiel mit 30 Jahren nicht mehr arbeiten kann, **verliert bis zum eigentlichen Rentenein-**

tritt 37 Jahre lang sein Lebensstandard sicherndes Einkommen, kann außerdem keine Altersvorsorge betreiben und zahlt auch nicht weiter in die GRV ein. Altersarmut wird die Folge sein.

Die Wahrscheinlichkeit **während des Berufslebens** berufsunfähig zu werden, steigt mit zunehmendem Alter, da der Körper im Alter anfälliger gegen Krankheiten ist. Aber auch in jungen Jahren kann man schwer erkranken oder auch verunfallen. So liegt laut Statistik z. B. die **Wahrscheinlichkeit eines 20-jährigen Mannes bis zum 65. Lebensjahr berufsunfähig zu werden bei 43 %**.

Wahrscheinlichkeit einer Berufsunfähigkeit bis zur Rente mit 65 nach Altersgruppen (jetziges Alter)

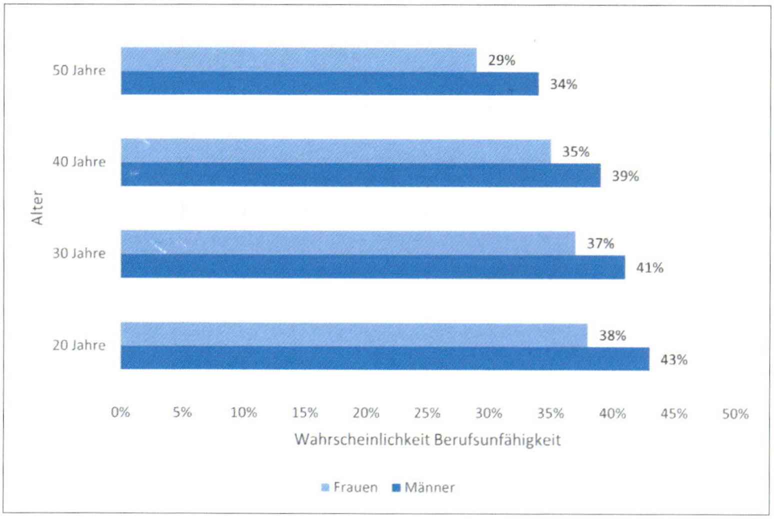

Zahlen nach: © Statista 2023

4.2 Marktchancen – der Status Quo

Im Jahr 2021 gab es etwa in rund 14,3 Mio. deutschsprachigen Haushalten eine Berufsunfähigkeitsversicherung. Damit stellt die Berufsunfähigkeitsversicherung **als Versicherungszweig ein großes Entwicklungspotenzial dar**, wenn man bedenkt, dass es in **Deutschland etwa 41 Mio. Haushalte gibt**.

4.3 Geschichte der Berufsunfähigkeitsversicherung

Die Bedeutung der Berufsunfähigkeitsversicherung ist enorm gewachsen, seitdem die GRV zum 01.01.2001 die Berufsunfähigkeitsversicherung für **alle nach dem 01.01.1961 Geborenen in eine Erwerbsunfähigkeitsversicherung umgewandelt** hat. Nun können sich auch die Angestellten, neben den Selbstständigen, nur noch über eine Berufsunfähigkeitsversicherung gegen den Verlust ihres Berufes auf Grund von gesundheitlichen Beeinträchtigungen versichern.

4.4 Leistungsumfang der Berufsunfähigkeitsversicherung

Der Leistungsumfang in der BU-Versicherung bezieht sich im Wesentlichen auf das versicherte Risiko Berufsunfähigkeit. Es ist dafür zu klären, ob tatsächlich eine vollständige Berufsunfähigkeit vorliegt und wie hoch die finanzielle Absicherung beim Vorliegen einer Berufsunfähigkeit ausfallen soll.

4.4.1 Versicherungsfall in der Berufsunfähigkeitsversicherung

Der Versicherungsfall in der Berufsunfähigkeitsversicherung ist die Berufsunfähigkeit. Bei Abschluss einer Berufsunfähigkeitsversicherung stellen sich daher einige Fragen:

- Wann ist man berufsunfähig?
- Wann leistet eine Berufsunfähigkeitsversicherung?
- Welche Leistungen zahlt die Berufsunfähigkeitsversicherung in einem Leistungsfall?

Kurzüberblick

Berufsunfähigkeit	Leistung im Versicherungsfall
Man kann seinen **Beruf** aus gesundheitlichen Gründen nicht mehr zu mindestens **50 %** für mindestens **sechs Monate** ausüben.	· Auszahlung einer vertraglich festgelegten monatlichen **Rente** **und** · **Freistellung von der Beitragspflicht** der Berufsunfähigkeitsversicherung.

4.4.2 Begriffsbestimmung: Was ist Berufsunfähigkeit?

Die Allgemeinen Bedingungen für die Berufsunfähigkeitsversicherung (ABBU) definieren Berufsunfähigkeit wie folgt:

Definition

Ziffer 2.1 ABBU

Berufsunfähigkeit liegt vor,
- wenn die versicherte Person infolge von Krankheit, Körperverletzung oder mehr als altersentsprechenden Kräfteverfalls, die ärztlich nachzuweisen sind,
- voraussichtlich mindestens sechs Monate ununterbrochen,
- ihren zuletzt ausgeübten Beruf, so wie er ohne gesundheitliche Beeinträchtigung ausgestaltet war,
- nicht mehr zu mindestens 50 % ausüben kann
- und auch keine andere Tätigkeit ausübt, die ihrer bisherigen Lebensstellung entspricht.

[...]

Dies bedeutet also, wenn eine Person beispielsweise einen Unfall oder eine Krankheit erleidet, bei dem/der schon im Vorhinein feststeht, dass die betreffende Person länger nicht in ihrem Beruf arbeiten kann, dass dann bereits Berufsunfähigkeit vorliegt und ein Anspruch auf Leistungen aus der Berufsunfähigkeitsversicherung besteht.

Beispiel

Hans-Peter Möller arbeitet als Maler und Lackierer. Beim Fussballspielen mit seinen Kindern im Garten fällt er so unglücklich auf den Rücken, dass er sich sofort im Krankenhaus einer Operation unterziehen muss. Die behandelnden Ärzte prognostizieren ihm, dass er mindestens für acht Monate keine körperlich anstrengenden Bewegungen und Tätigkeiten ausführen darf.

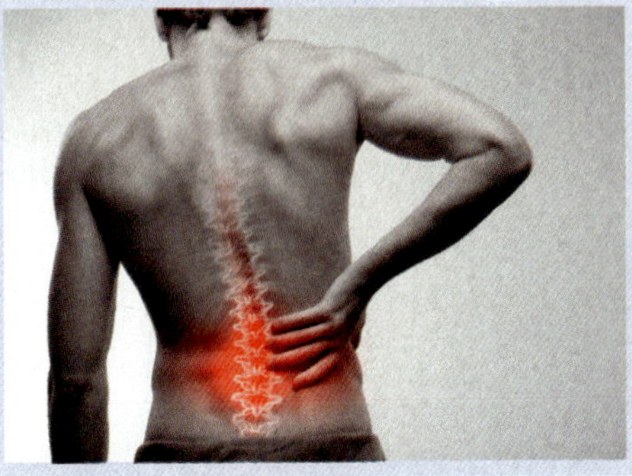

Lösung

Vom Unfallgeschehen an ist unstrittig, dass Herr Möller seine **Tätigkeit als Maler und Lackierer für mindestens sechs Monate nicht mehr ausüben kann**. Er kann **keiner körperlich** anstrengenden Tätigkeit nachgehen, damit liegt er auch unter 50 %. Schuld daran ist in diesem Fall eine Körperverletzung. All dies bescheinigen ihm auch seine **Ärzte.**
Herr Möller ist demnach vom Tag seines Unfalls an berufsunfähig.

Berufsunfähig ist man aber auch, wenn man z. B. **aufgrund einer Krankheit arbeitsunfähig** wird und diese Arbeitsunfähigkeit sich immer wieder verlängert, da sich der Genesungsprozess einfach nicht einstellt:

Definition

Ziffer 2.2 ABBU

Ist die versicherte Person
- sechs Monate ununterbrochen infolge Krankheit, Körperverletzung oder mehr als altersentsprechenden Kräfteverfalls,
- die ärztlich nachzuweisen sind,
- zu mindestens 50 % außerstande gewesen,
- ihren zuletzt ausgeübten Beruf,
- so wie er ohne gesundheitliche Beeinträchtigung ausgestaltet war, auszuüben,
- und hat sie in dieser Zeit auch keine andere Tätigkeit ausgeübt, die ihrer bisherigen Lebensstellung entspricht,
- gilt die Fortdauer dieses Zustandes als Berufsunfähigkeit.

Beispiel

Andrea Hartmann erleidet einen Bandscheibenvorfall im unteren Rückenbereich. Sie wird operiert, aber leider leidet sie weiterhin an starken Rückenschmerzen. Sie hält es vor Schmerzen nicht aus, länger als drei Stunden zu sitzen oder zu stehen. Ihrer Tätigkeit als Bankkauffrau kann sie somit nicht mehr nachgehen. Zunächst sind die Ärzte davon ausgegangen, dass sie nach einem Vierteljahr wieder genesen ist. Nun sind aber bereits schon sechs Monate vergangen. Auch für die nächsten Wochen wird sie noch bis auf weiteres krankgeschrieben.

Lösung

Frau Hartmann gilt ab dem Moment, in dem Sie die sechs Monate Krankschreibung überschreitet als berufsunfähig.

Denkbar ist auch, dass jemand seinen Beruf aufgibt. Wenn dann Leistungen aus der Berufsunfähigkeitsversicherung beantragt werden, dann ist die Leistungspflicht des Versicherers davon abhängig, dass bei Anwendung von Ziffer 2.1 und 2.2 ABBU

Ziffer 2.3 ABBU

- die versicherte Person außerstande ist,
- eine Tätigkeit auszuüben, zu der sie aufgrund ihrer Ausbildung und Fähigkeiten in der Lage ist und die ihrer bisherigen Lebensstellung entspricht.

Beispiel

Brigitte Müß ist Krankenschwester in einem städtischen Krankenhaus. Sie leidet seit Jahren unter starken Rückenschmerzen und kann schon seit acht Monaten nicht mehr arbeiten. Von ihrer Berufsunfähigkeitsversicherung erhält sie bereits Leistungen. Sie entscheidet sich schweren Herzens, ihren Beruf als Krankenschwester aufzugeben. Sie ist noch sehr unschlüssig, wie sie ihr weiteres Berufsleben gestalten soll. Sie hat drei Alternativen zur Auswahl:

1. Sie arbeitet gar nicht mehr, da ihre Rückenschmerzen dies nicht zulassen.
2. Sie arbeitet als Beschäftigungstherapeutin in einem Seniorenheim.
3. Sie arbeitet als Kassiererin an der Kasse einer Tankstelle.

Lösungen

zu 1: Sie erhält Leistungen aus der Berufsunfähigkeitsversicherung, da sie außerstande ist, eine Tätigkeit auszuüben, zu der sie aufgrund ihrer Ausbildung und Fähigkeiten in der Lage ist und die ihrer bisherigen Lebensstellung entspricht.

zu 2: Sie erhält keine Leistungen, da sie einer Tätigkeit nachgehen würde, der ihrer Ausbildung und ihren Fähigkeiten entspricht und die zudem ihrer bisherigen Lebensstellung gleichkommt.

zu 3: Sie erhält Leistungen, da sie zwar einer Tätigkeit nachgeht, diese aber nicht ihrer Ausbildung und ihren Fähigkeiten entspricht und auch nicht ihrer bisherigen Lebensstellung gleichkommt.

4.4.3 Berufsunfähigkeit infolge von Pflegebedürftigkeit

Des Weiteren leistet die Berufsunfähigkeitsversicherung auch, wenn **Pflegebedürftigkeit** vorliegt.

Definition

Ziffer 2.4 ABBU

Berufsunfähigkeit infolge Pflegebedürftigkeit liegt vor,

- wenn die versicherte Person infolge von Krankheit, Körperverletzung oder mehr als altersentsprechenden Kräfteverfalls,
- die ärztlich nachzuweisen sind,
- voraussichtlich auf Dauer,
- bei den gewöhnlich und regelmäßig wiederkehrenden Verrichtungen des täglichen Lebens
- täglich der Hilfe einer anderen Person bedarf.

Ziffer 2.6 ABBU

Die Verrichtungen des täglichen Lebens sind in Ziffer 2.6 ABBU aufgeführt und orientieren sich **nicht** an den **Pflegegraden** der gesetzlichen Pflegeversicherung.

Für die verschiedenen Tätigkeiten des täglichen Lebens, die man nicht mehr verrichten kann, gibt es Punkte. Nach der Anzahl der Punkte ergibt sich dann eine **Pflegestufe** und von dieser wiederum ist die Höhe des Leistungsanspruchs aus der Berufsunfähigkeitsversicherung abhängig.

Tätigkeiten des täglichen Lebens

- Fortbewegen im Zimmer 1 Punkt
- Aufstehen und Zubettgehen 1 Punkt
- An- und Auskleiden 1 Punkt
- Einnehmen von Mahlzeiten und Getränken 1 Punkt
- Waschen, Kämmen oder Rasieren 1 Punkt
- Verrichten der Notdurft 1 Punkt

Beispiel

Wolfang Hampel hat sich von einem Schlaganfall nicht richtig erholt. Sein Genesungsprozess ist zwar abgeschlossen und es geht ihm soweit wieder gut. Nur leider wird er für den Rest seines Lebens Hilfe bei der Verrichtung seiner Notdurft benötigen, da er seine Blase nur noch mit fremder Hilfe entleeren und er sich nach dem Stuhlgang nicht alleine säubern kann. Seine Tätigkeit als Call-Center-Agent kann er aber noch weiter im Homeoffice ausführen.

Lösung

Herr Hampel ist auf Dauer pflegebedürftig in der Pflegestufe I. Er ist damit berufsunfähig infolge seiner Pflegebedürftigkeit.

Vorstellbar ist auch, dass **nicht von Anfang an die Dauer der Pflegebedürftigkeit** feststeht. Es kann zudem sein, dass der Mensch zu seiner Selbstständigkeit zurückfindet und die Pflegebedürftigkeit somit endet.

Ebenso wie Krankheit, Körperverletzung oder mehr als altersentsprechender Kräfteverfall kann Pflegebedürftigkeit auch „schleichend" entstehen. Es ist also noch nicht sicher, ob die Pflegebedürftigkeit von Dauer sein wird.

Definition

Ziffer 2.5 ABBU

Ist die versicherte Person
- sechs Monate ununterbrochen pflegebedürftig
- mindestens mit einem Pflegepunkt (= Pflegestufe I) im Rahmen des Bewertungsmaßstabs (Ziffern 2.6 bis 2.8) gewesen,
- gilt die Fortdauer dieses Zustandes als Berufsunfähigkeit infolge Pflegebedürftigkeit.
- Die Pflegebedürftigkeit ist ärztlich nachzuweisen.

Beispiel

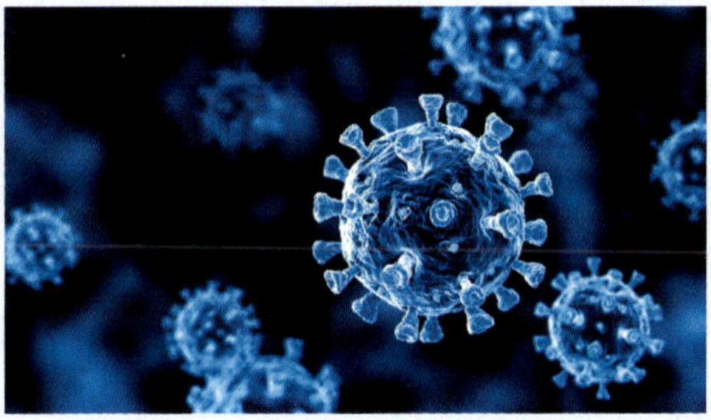

Elke Hoyer ist nach Ihrer Covid-19-Erkrankung an Long Covid erkrankt. Seit sechs Monaten benötigt sie bereits Hilfe beim An- und Ausziehen sowie beim Fortbewegen im Zimmer. Leider verändert sich Frau Hoyers Zustand nur sehr langsam, sodass die Ärzte von einem weiteren halben Jahr ausgehen, bis sie wieder völlig selbstständig leben kann. Ihren Beruf als Dolmetscherin für einen internationalen Buchverlag kann sie aber schon wieder ausführen, da sie diese Tätigkeit als Freiberuflerin schon immer von zu Hause aus ausgeübt hat.

Lösung

Frau Hoyer ist bereits seit sechs Monaten ununterbrochen pflegebedürftig in der Pflegestufe II. Dieser Zustand wir noch andauern. Nach Ablauf der ersten sechs Monate gilt Frau Hoyer als berufsunfähig infolge von Pflegebedürftigkeit in Pflegestufe II und erhält Leistungen von der Berufsunfähigkeitsversicherung solange die Pflegebedürftigkeit besteht.

Wichtig:
Eine doppelte Leistung erhält man nicht. Wenn man seinen Beruf aus gesundheitlichen Gründen nicht mehr ausüben kann und deswegen als berufsunfähig gilt und gleichzeitig pflegebedürftig ist, bekommt der Versicherte die Versicherungsleistungen nicht doppelt, **sondern maximal 100 %.**

4.4.4 Dienstunfähigkeit

Ziffer 2.9 ABBU

Beamtinnen und Beamte sind „Angestellte" eines Bundeslandes oder des Bundes. Das Bundesland oder Bund sind also der Arbeitgeber – der Dienstherr- der Beamtin bzw. des Beamten. Nun kann es sein, dass der Dienstherr eine Beamtin oder einen Beamten aus dem Dienst nimmt und sie/ihn für „dienstunfähig" erklärt. Dies passiert oft bei langen Krankheiten der Beamtin bzw. des Beamten, bei denen eine Besserung nicht als wahrscheinlich gilt. Die Beamtin bzw. der Beamte wird in den vorzeitigen Ruhestand versetzt oder entlassen. Die Berufsunfähigkeitsversicherung geht in diesem Fall – wenn eine Amtsärztin oder ein Amtsarzt die Dienstunfähigkeit attestiert hat – von einer vollständigen Berufsunfähigkeit aus und der Versicherte bekommt seine Leistungen aus der Berufsunfähigkeitsversicherung zu 100 %.

4.5 Leistungsarten und Leistungshöhe

Ziffer 1.7 ABBU

Die Berufsunfähigkeitsversicherung besteht **weltweit**. Damit ist es egal, ob der Versicherungsfall im Ausland verursacht wurde und/oder die versicherte Person sich während des Leistungsbezuges im Ausland aufhält.

Berufsunfähigkeitsrente und Befreiung von der Beitragszahlungspflicht

Liegt eine **Berufsunfähigkeit** während der Versicherungsdauer bei der versicherten Person vor, so erbringt die Berufsunfähigkeitsversicherung folgende Leistungen:

Ziffer 1.1 und 1.2 ABBU

1. Auszahlung der vereinbarten **monatlichen BU-Rente im Voraus**, längstens für die vereinbarte Leistungsdauer

Ziffer 1.1 und 1.2 ABBU

2. **Befreiung von der Beitragszahlungspflicht**, längstens für die vereinbarte Leistungsdauer

Liegt **Berufsunfähigkeit infolge Pflegebedürftigkeit** bei der versicherten Person vor, so erbringt die Berufsunfähigkeitsversicherung, je nach Pflegestufe, gestaffelte Leistungen:

Ziffer 1.3, 1.4, 1.8, 2.7 ABBU

- ab **drei** Pflegepunkten: **100%** Auszahlung der vereinbarten monatlichen BU-Rente im Voraus, längstens für die vereinbarte Leistungsdauer
- bei **zwei** Pflegepunkten: **70%** Auszahlung der vereinbarten monatlichen BU-Rente im Voraus, längstens für die vereinbarte Leistungsdauer
- bei **einem** Pflegepunkt: **40%** Auszahlung der vereinbarten monatlichen BU-Rente im Voraus, längstens für die vereinbarte Leistungsdauer
- bei **notwendiger täglicher Beaufsichtigung** wegen Eigengefährdung oder Gefährdung Anderer durch Vorliegen einer seelischen Erkrankung oder geistigen Behinderung: **70%** der BU-Rente
- bei **dauernder Bettlägerigkeit** und außerstande sein, alleine aufzustehen: **100%**
- **Befreiung von der Beitragszahlungspflicht**, längstens für die vereinbarte Leistungsdauer

Ziffer 2.8 ABBU

Sollte sich während des Leistungsbezuges die Anzahl der Pflegepunkte erhören, **so erhält die versicherte Person frühestens mit Beginn des Monats die erhöhte Leistung**, indem die Mitteilung hierüber erfolgt ist. Vorübergehende Veränderungen (kürzer als sechs Monate) bleiben unberücksichtigt.

Ziffer 1.4 und 1.6 ABBU

Anspruch auf Versicherungsleistungen (BU-Rente und Befreiung von der Beitragszahlungspflicht) hat der/die Versicherungsnehmer/-in **mit Ablauf des Monats, in dem die Berufsunfähigkeit eingetreten ist.**

Der/die Versicherungsnehmer/-in hat diese dem Versicherer in Textform mitzuteilen. Geht diese Mitteilung später als drei Monate nach Beginn der Berufsunfähigkeit ein, **so gilt die Beitragsbefreiung erst zu Beginn des Monats, indem die Mitteilung erfolgte**. Sollte die Verspätung allerdings unverschuldet sein (z.B.: ein/-e VN liegt nach einem Unfall im Koma) gilt dieser verspätete Leistungsanspruch nicht.

Bis zur Leistungsentscheidung des Versicherers müssen die Beiträge weiterhin voll von dem/der Versicherungsnehmer/-in entrichtet werden. Zuviel gezahlte Beiträge bekommt der/die Versicherungsnehmer/-in **zurückerstattet**.

Anfangshilfe

Ziffer 1.10 ABBU

Bei **erstmaliger** Auszahlung einer Berufsunfähigkeitsrente zahlt die Proximus Versicherung AG zusätzlich als **Anfangshilfe** einmalig einen **Betrag von drei garantierten BU-Monats-Renten**.

Diese Anfangshilfe soll den **finanziellen Mehraufwand**, der durch Krankheit oder Pflegebedürftigkeit in der Regel entsteht, auffangen.

Beispiel

Stefanie Schreiber hat bei ihrem Arzt die schlechte Nachricht einer Brustkrebserkrankung erhalten. Sie soll sich umgehend in einem Klinikum einer Operation unterziehen. Im Anschluss daran ist eine Chemotherapie geplant. Ihr Arzt attestiert ihr, dass sie mindestens ein Jahr nicht mehr als angestellte Physiotherapeutin arbeiten kann.

Lösung

Es steht von Anfang an fest, dass Frau Schreiber für länger als sechs Monate nicht mehr in ihrem Beruf arbeiten kann und sie bekommt deshalb eine Berufsunfähigkeitsrente.
Durch die zusätzliche Auszahlung der Anfangshilfe kann sie sich zeitnah und schnell um eine Übergangsbetreuung ihres Sohnes kümmern. Der Zeitraum, bis die Familie eine dauerhafte Lösung für die Betreuung des Sohnes gefunden hat, kann so finanziell überbrückt werden.

Wiedereingliederungshilfe

Als weitere Leistungsart ist die **Wiedereingliederungshilfe** zu nennen. Sie leistet einen einmaligen Betrag in **Höhe von sechs garantierten BU-Monats-Renten.** *Ziffer 1.11 ABBU*

Diese Wiedereingliederungshilfe wird gezahlt, wenn die versicherte Person **mindestens zwei Jahre lang eine BU-Rente bezogen hat** *und* nun die **Leistungspflicht des Versicherers entfällt**, da die Berufsunfähigkeit im Sinne der Versicherungsbedingungen nicht mehr vorliegt. Dies ist der Fall, wenn die zuletzt ausgeübte berufliche Tätigkeit oder eine andere Tätigkeit aufgenommen wird oder 50 % Berufsunfähigkeit nicht mehr vorliegt. Diese Zahlung kann auch mehrfach erfolgen, sofern die erneute Berufsunfähigkeit nicht die gleiche Ursache hat, wie die Berufsunfähigkeit in der Vergangenheit.

Beispiel

Frau Lena Heuser ist seit drei Jahren wegen einer Darmkrebserkrankung berufsunfähig und erhält von der Proximus Versicherung AG Leistungen aus ihrer Berufsunfähigkeitsversicherung (Rente und Freistellung von der Beitragszahlungspflicht). Nun hat Frau Heuser ihre Krebskrankheit überwunden und der Arzt attestiert ihr, dass sie langsam wieder in ihren Beruf als Hotelkauffrau zurückkehren kann. Ihr Arzt bescheinigt ihr, dass sie zunächst zu 70 % ihrem Beruf nachgehen kann.

Lösung

Frau Heuser ist nicht mehr berufsunfähig, da sie zu über 50 % in ihrem Beruf arbeiten kann. Dennoch hat sie durch die langsame Wiedereingliederung in ihren Beruf immer noch finanzielle Einbußen. Diese fängt die Berufsunfähigkeitsversicherung durch die Wiedereingliederungshilfe auf.

Überschüsse

Wie jede Individualversicherung legt auch der Versicherer, der eine Berufsunfähigkeitsversicherung anbietet, einen Teil der eingezahlten Beiträge am Kapitalmarkt an und erwirtschaftet so Zinsen und Gewinnzuwächse (Bewertungsreserven). Die genaue Entstehung von Überschüssen ist Gegenstand des Lehrbuches zum 3. Ausbildungsjahr in Lernfeld 11 (Lebensversicherung).

Bei der Proximus Versicherung AG werden erwirtschaftete Überschüsse als **Bonusrente** einer möglichen BU-Rente hinzugerechnet. Im Falle eines Leistungsfalles gibt es also eine garantierte BU-Rente und eine Rente mit Überschüssen. Über die Entwicklung der Überschüsse informiert die Proximus Versicherung AG den/die Versicherungsnehmer/-in jährlich. *Ziffer 1.9 ABBU Ziffer 3.9 ABBU*

Wird man allerdings während der gesamten Laufzeit der Berufsunfähigkeitsversicherung nicht berufsunfähig, dann profitiert man nicht von den erwirtschafteten Überschüssen, weil man ja keine Leistung erhält.

Deshalb werden die Überschüsse aber auch vielfach (aber nicht bei der Proximus Versicherung AG) dazu verwendet, den Beitrag zu verringern. Es gibt dann also einen garantierten Beitrag und einen um die Überschüsse reduzierten Beitrag.

4.6 Ende der Leistungspflicht

Ziffer 1.5 ABBU

Der Anspruch auf Leistungen (BU-Rente und Befreiung von der Beitragszahlungspflicht) **endet**

- wenn Berufsunfähigkeit im Sinne dieser Bedingungen **nicht mehr vorliegt**,
- wenn die versicherte Person **stirbt** oder
- die vereinbarte **Leistungsdauer abläuft**.

Beispiel

Christiane Kulasi (59 Jahre) bezieht seit einigen Jahren von der Proximus Versicherung AG eine BU-Rente in Höhe von 1.000,00 € monatlich. In Ihrem Vertrag ist festgehalten, dass die Leistungsdauer bis maximal zum 60. Lebensjahr andauert. Im nächsten Monat wird sie 60 Jahre alt.

Lösung

Mit dem 60. Geburtstag endet die Leistungspflicht der Proximus Versicherung AG.

4.7 Bedarfsanalyse: Höhe der Berufsunfähigkeitsrente und Ausbauoption

Nachdem man die Einsicht hat, dass eine Berufsunfähigkeitsversicherung notwendig ist, um die finanziellen Einbußen des Verlustes des Berufes aus gesundheitlichen Gründen abzufedern, stellt sich die Frage, wie hoch diese Rente sein sollte.

Bei der Berufsunfähigkeitsversicherung handelt es sich um eine Summenversicherung. Dabei legt der/die Versicherungsnehmer/-in zusammen mit seinem/seiner Versicherungsvermittler/-in, fest, **wie hoch die BU-Rente im Falle einer Berufsunfähigkeit ausfallen** soll. Grundsätzlich sollte sie so hoch angesetzt sein, dass die versicherte **Person ihren bisherigen Lebensstandard** halten kann: Miete oder Hauskredite, Lebensmittel, Strom, Heizung, Auto usw. – alles muss weiter finanziert werden. Sie sollte auch nicht höher sein als das bisherige Einkommen, damit man sich im Falle einer Berufsunfähigkeit finanziell nicht besser darstellt als vorher. Zugleich muss die Prämie auch noch bezahlbar sein, denn nach dem Äquivalenzprinzip (das ja in der Individualversicherung gilt) hängt der Beitrag von dem zu versichernden Risiko und von den zu versichernden Leistungen ab. **Je höher also die BU-Rente, umso höher wird auch der Beitrag sein**.

Der Gesamtverband der Deutschen Versicherungswirtschaft e. V. (GDV) schlägt als **Absicherung 70 % bis 80 % des Nettoeinkommens** vor.

Ausbauoption

Nun herrscht im Leben eines Menschen aber kein Stillstand: Lebenssituationen verändern sich, Einkommen verändern sich. Versicherungen müssen darauf reagieren – sonst werden sie weniger sinnvoll für den Menschen.

Beispiel

Max Schulze heiratet seine langjährige Freundin. Sie werden in Kürze Eltern werden. Das junge Ehepaar hat sich darauf geeinigt, dass Max Schulze in Zukunft beruflich kürzer treten wird und seine Ehefrau dafür aber zusätzliche Stunden als Abteilungsleiterin einer Spedition arbeiten wird. Dem Paar ist klar, dass ihre finanzielle Existenz nun von ihrem Einkommen abhängig ist.

Lösung

Eine Anpassung der Berufsunfähigkeitsversicherung ist nötig.

Für die sich verändernden Lebenssituationen sieht die Berufsunfähigkeitsversicherung eine **Ausbauoption** vor. Das Besondere daran ist, dass man seine Versicherungssumme (also BU-Rente) **ohne erneute Gesundheitsprüfung** erhöhen kann. Dies sieht die Proximus Versicherung AG in folgenden Fällen vor: *Ziffer 1.12 ABBU*

- Heirat
- Scheidung, Aufhebung einer eingetragenen Lebenspartnerschaft
- Geburt eines Kindes
- Adoption eines minderjährigen Kindes
- erstmaliger Abschluss einer Berufsausbildung
- Abschluss einer akademischen Weiterbildung (Bachelor, Master, Promotion), wenn eine berufliche Tätigkeit ausgeübt wird
- Wechsel in die Selbstständigkeit
- Wegfall der Versicherungspflicht in der GRV bei Handwerkern und Selbstständigen
- erstmalige Überschreitung der Beitragsbemessungsgrenze (BBG) der GRV
- Erhöhung des Bruttojahresgehaltes bei Angestellten beim gleichen Arbeitgeber um mindestens 10 %.
- Aufnahme eines Darlehens zur Finanzierung einer selbstgenutzten Immobilie
- Kürzung der Rentenanwartschaften per Gesetz

Diese Erhöhungen dürfen sich **nur innerhalb festgelegter Grenzen** bewegen (z. B: Erhöhung um max. 100 % auf max. 30.000,00 € Jahresrente und auf max. 60 % des bisherigen Einkommens, bei Beamtinnen und Beamten gelten andere Grenzen). Diese Erhöhungen kann man nur **innerhalb von sechs Monaten nach der Veränderung der Lebenssituation** vornehmen. Hat man das 50. Lebensjahr überschritten oder liegt bereits eine Erwerbsminderung oder eine Berufsunfähigkeit vor, kann die Versicherungssumme nicht mehr ohne Risikoprüfung erhöht werden.

4.8 Antragsannahme

Äquivalenzprinzip

Die Berufsunfähigkeitsversicherung ist eine freiwillige Versicherung. Niemand wird zum Abschluss gezwungen. **Auch unterliegt der Versicherer keinem Kontrahierungszwang.** Der/die Versicherungsnehmer/-in wird dem Vertrag zustimmen, wenn er mit dem Preis-/Leistungs-Verhältnis zufrieden ist. Der Versicherer wird dem Vertrag zustimmen, wenn sich die Risikotragung für ihn wirtschaftlich lohnt.

Der Beitrag in der Berufsunfähigkeitsversicherung **richtet sich nach dem Äquivalenzprinzip**. Das Äquivalenzprinzip besagt, dass die Höhe des Beitrages für eine Versicherung davon abhängt, wie hoch das zu versichernde **Risiko** ist und welche **Leistungen** über die Laufzeit versichert werden sollen.

Risiko

Das zu tragende Risiko des Versicherers ist das Risiko, dass die versicherte Person berufsunfähig wird. Verschiedene Faktoren beeinflussen dieses Risiko und hiernach fragt der Versicherer dann auch bei Antragsaufnahme. Hierzu zählen:

- Eintrittsalter
- Gesundheitszustand bei Antragstellung
- Beruf
- Hobbys (Hiernach fragen einige Versicherer, aber nicht die Proximus Versicherung AG.)

Je älter der Mensch ist, **desto höher ist sein Risiko, berufsunfähig** zu werden, da man ja mit zunehmendem Alter anfälliger für Krankheiten wird. Gleichzeitig läuft der Vertrag nur noch kürzer. Vorerkrankungen oder Gebrechen, die schon bei Antragsstellung bestehen, muss der Versicherer kennen, um einschätzen zu können, ob das Risiko für ihn tragbar ist. Haben Antragsteller/-innen schon zu

Beginn ein Rückenleiden, so ist es sehr wahrscheinlich, dass dieses **Rückenleiden irgendwann zur Berufsunfähigkeit** führen kann.

Verschiedene Berufe bringen verschiedene Risiken mit sich, so ist z. B. das Risiko einer Maurerin bzw. eines Maurers höher, berufsunfähig zu werden, als das einer Mathematikerin bzw. eines Mathematikers, da bei der Arbeit viel mehr Unfälle passieren können. Gleichzeitig kann der/die Maurer/-in mit körperlichen Gebrechen (z. B. Rückenbeschwerden) nicht mehr arbeiten, wenngleich er/sie aber noch am Schreibtisch sitzen könnte. Das Risiko im Maurergewerbe berufsunfähig zu werden, ist also deutlich höher als das beispielsweise einer Mathematikerin bzw. eines Mathematikers. Geht der/die Antragsteller/-in einem gefährlichen Hobby (z. B. Reiten) nach, so ist die Wahrscheinlichkeit durch einen Unfall berufsunfähig zu werden, auch höher, als wenn man z. B. Briefmarken sammelt. Gemäß des Äquivalenzprinzips stellt die Person mit einem körperlich fordernden Beruf oder einem gefährlichen Hobby ein höheres Risiko dar und zahlt daher auch eine höhere Prämie.

Leistung

Der Beitrag richtet sich auch nach der versicherten Leistung. Zwei Leistungsmerkmale sind hier wesentlich:

- Höhe der Berufsunfähigkeitsrente
- Laufzeit des Vertrages/Leistungsdauer

Die Höhe der BU-Rente setzt jede/-r Versicherungsnehmer/-in individuell fest (siehe Kapitel 4.7). Als Vertragslaufzeit/Leistungsdauer sieht die Proximus Versicherung AG entweder das 63. oder das 67. Lebensjahr vor. In der Praxis ist bis zum Renteneintrittsalter jede Vertragslaufzeit denkbar. Je länger die Vertragslaufzeit, umso höher wird auch der Beitrag zur Berufsunfähigkeitsversicherung.

4.9 Berechnung der Prämie und Höhe der Berufsunfähigkeitsrente

Die Proximus Versicherung AG unterscheidet bei den Berufen nur in **kaufmännische, akademische und handwerkliche Berufe** sowie **Beamtinnen/Beamte** und **Soldatinnen/Soldaten**.

Tarif S 35 ABBU

Versicherte Personen, die einem kaufmännischen Beruf nachgehen sind im sog. **Normaltarif** einzuordnen. Akademiker/-innen bekommen einen Preisnachlass von 20 %, Handwerker/-innen einen Zuschlag von 30 % und Beamtinnen und Beamte sowie Soldatinnen und Soldaten einen Zuschlag von 50 % auf den Normaltarif.

Berufliche Richtung	Beitrag
kaufmännische Berufe	Normaltarif[1]
akademische Berufe	Abschlag von 20 % von dem Normaltarif
handwerkliche Berufe	Zuschlag von 30 % auf den Normaltarif
Beamtinnen/Beamte sowie Soldatinnen/Soldaten	Zuschlag von 50 % auf den Normaltarif

Bei der Proximus Versicherung AG kann **mithilfe der Tarifbedingungen des Tarifes S 35** (Berufsunfähigkeitsversicherung) die Höhe der Rente berechnet werden:

1 Die Proximus Versicherung AG macht keine Angaben, wie hoch der Normaltarif je Eintrittsalter und Laufzeit ist. Demnach können keine Beitragsberechnungen durchgeführt werden.

Die Proximus Versicherung AG geht davon aus, dass ein/-e Versicherungsnehmer/-in 1.200,00 € pro Jahr einzahlt. In diesen 1.200,00 € sind 24,00 € Stückkosten enthalten. Stückkosten ist ein anderes Wort für Verwaltungskosten. Der Begriff **Stückkosten** wird immer genutzt, wenn es sich um eine Lebensversicherung handelt. Die Berufsunfähigkeitsversicherung ist eine Art der Lebensversicherung.

In der Lebensversicherung ist die *normale* Zahlweise die jährliche Zahlweise. Der Versicherer bekommt den Jahresbeitrag also am Anfang eines Versicherungsjahres und kann den Sparanteil des Beitrages sofort am Kapitalmarkt anlegen und erzielt dabei Zinsen. Zahlt nun ein/-e Versicherungsnehmer/-in die Prämie unterjährig, so kann der Versicherer den Sparanteil der Prämie nur *nach und nach* anlegen und hat gegenüber der jährlichen Zahlweise einen Zinsverlust.

Beispiel

Der Versicherungsnehmer Hartmut Pasch zahlt seine Versicherungsprämie von 1.200,00 € pro Jahr immer im Januar für das gesamte Jahr. Der Versicherer legt den Sparanteil der Prämie (900,00 €) am Kapitalmarkt an und generiert 4 % Zinsen:

$$Z = \frac{k \cdot p \cdot t}{100 \cdot 360}$$

$$Z = \frac{900{,}00 \cdot 4 \cdot 360}{100 \cdot 360} = 36{,}00\ €$$

Die Ehefrau Corinna Pasch zahlt ebenfalls 1.200,00 € in ihre Berufsunfähigkeitsversicherung pro Jahr ein, zahlt aber halbjährlich. Der Sparanteil beträgt ebenfalls 900,00 € und der Zinssatz beträgt ebenfalls 4 %.
Die ersten 450,00 € Sparanteil, die im Januar bezahlt werden, werden 360 Tage am Kapitalmarkt angelegt.

$$Z = \frac{450{,}00 \cdot 4 \cdot 360}{100 \cdot 360} = 18{,}00\ €$$

Die zweiten 450,00 €, die im Juli bezahlt werden, kann der Versicherer nur sechs Monate (= 180 Tage) am Kapitalmarkt anlegen:

$$Z = \frac{450{,}00 \cdot 4 \cdot 180}{100 \cdot 360} = 9{,}00\ €$$

Bei Frau Pasch kann der Versicherer also 9,00 € weniger Zinsen am Kapitalmarkt erzielen, da er die Jahresprämie nicht vollständig am Jahresanfang erhält.

Deswegen rechnet der Versicherer mit einem Umrechnungsfaktor[1] (Multiplikator):

- bei halbjährlicher Zahlweise: 1,9607843 (statt 2)
- bei vierteljährlicher Zahlweise: 3,8834951 (statt 4)
- bei monatlicher Zahlweise: 11,4285710 (statt 12)

Die Stückkosten werden einfach entsprechend der Zahlweise dividiert:

- 12,00 € für halbjährlich
- 6,00 € für vierteljährlich
- 2,00 € für monatlich

1 siehe „Erläuterungen zu den Tarifen“ auf Seite 309 im Bedingungswerk der Proximus Versicherung AG

Beispiel

Der kaufmännische Angestellte Peter Unruh ist 35 Jahre alt und möchte eine Berufsunfähigkeitsversicherung mit einem Monatsbeitrag von 200,00 € abschließen. Die BU-Rente soll bis zur regulären Altersrente gezahlt werden, also bis 67 Jahre. Herr Unruh möchte wissen, wie hoch seine BU-Rente sein wird.

Lösung

Die Proximus Versicherung AG hat die Tabelle in Tarif S 35 über die zu erwartenden Leistungen für eine Person erstellt, die 1.200,00 € jährlich zahlt.

1.200,00 € (Bruttojahresbeitrag)
− 24,00 € (Stückkosten)
= 1.176,00 € (Nettojahresbeitrag)

Nun kann man beim entsprechenden Eintrittsalter (EA = 35) ablesen, wie hoch die BU-Rente der versicherten Person ausfallen würde:

- **mit Endalter 63:** 1.430,25 € garantiert bzw. mit Überschüssen: 2.045,26 €
  oder
- **mit Endalter 67:** 977,00 € garantiert bzw. mit Überschüssen: 1.397,11 €

Allerdings möchte Herr Unruh aber keine 1.200,00 € jährlich, sondern 200,00 € monatlich zahlen:

200,00 € (Bruttomonatsbeitrag)
- 2,00 € (Stückkosten)
= 198,00 € (Nettomonatsbeitrag) → multipliziert mit 11,4285710 = 2.262,86 € (Nettojahresbeitrag)

Da bekannt ist, wie hoch die BU-Rente bei einem Nettojahresbeitrag von 1.176,00 € ausfällt, kann somit die BU-Rente bei einem Nettojahresbeitrag von 2.262,86 € mit dem Dreisatz berechnet werden:

1.176,00 € Nettojahresbeitrag ≙ 977,00 € garantierte BU-Rente bis Endalter 67
2.262,86 € Nettojahresbeitrag ≙ x € garantierte BU-Rente bis Endalter 67
x = **1.879,94 € garantierte BU-Rente bei 200,00 € Monatsbeitrag bis Endalter 67**

1.176,00 € Nettojahresbeitrag ≙ 1.397,11 € BU-Rente bis Endalter 67 mit Überschüssen
2.262,86 € Nettojahresbeitrag ≙ x € BU-Rente bis Endalter 67 mit Überschüssen
x = **2.688,32 € BU-Rente mit Überschüssen bei 200,00 € Monatsbeitrag bis Endalter 67**

Nun kann Herr Unruh, zusammen mit seinem/seiner Versicherungsvermittler/-in, überlegen, ob diese BU-Rente ausreichend, zu niedrig oder zu hoch ist und entsprechend den Beitrag anpassen.

4.10 Risikoprüfung

Bei der Risikoprüfung prüft der Versicherer, **ob das Risiko für ihn versicherbar** ist. In den allermeisten Fällen wird der Antrag ohne Einschränkungen angenommen. Als Möglichkeit zur Risikobegrenzungen (z. B. wegen Vorerkrankungen) stehen dem Versicherer mehrere Möglichkeiten zur Verfügung:

- **Ablehnung** des Antrages
- Leistungs**ausschluss**
- Risiko**zuschlag**
- **Staffelung** der Leistung

Etwa 78 % aller Anträge auf eine BU-Versicherung werden ohne Erschwernis angenommen.

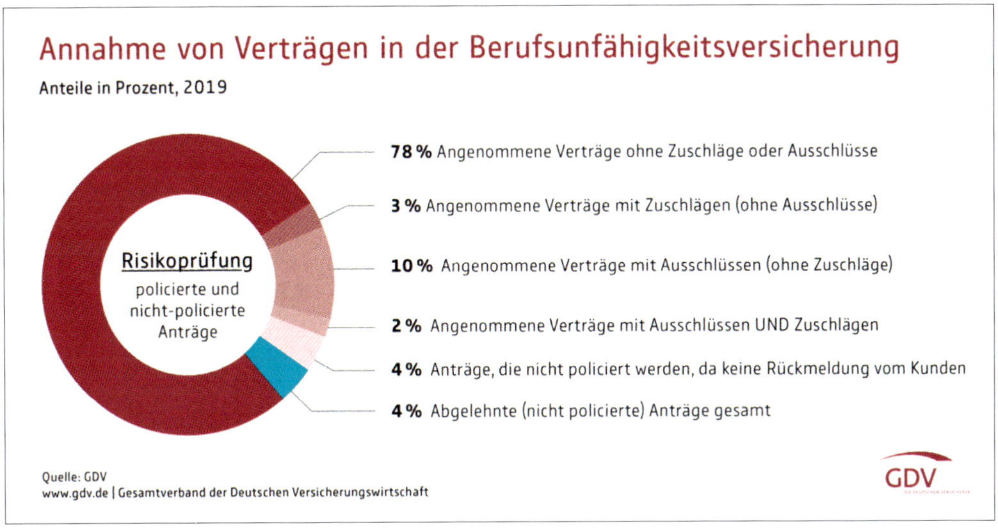

4.11 Leistungsfall

Im Leistungsfall in der Berufsunfähigkeitsversicherung wird **die vereinbarte Rente** ausbezahlt und der/die Versicherungsnehmer/-in wird von der **Beitragszahlungspflicht befreit**.

Bevor der Versicherer jedoch seiner Leistungsverpflichtungen nachkommt, führt er eine umfangreiche Leistungsprüfung durch und prüft darüber hinaus, ob der Anerkennung der Leistungspflicht Ausschlüsse entgegenstehen.

4.11.1 Allgemeine Ausschlüsse

Berufsunfähigkeit ist **grundsätzlich immer versichert**. *Ziffer 5 ABBU*

Der Versicherer fragt nicht nach der Ursache. Lediglich einige grundlegende Ursachen führen zur **Leistungsfreiheit** des Versicherers:

- Vorsatz
- Ausführung oder Versuch einer Straftat
- innere Unruhen, wenn versicherte Person in den Reihen der Unruhestifter war
- absichtliche Herbeiführung (es sei denn, der freie Wille war durch krankhafte Störung der Geistestätigkeit eingeschränkt)
  - von Krankheiten
  - von mehr als altersentsprechenden Kräfteverfalls
  - von Selbstverletzung
  - versuchte Selbsttötung
- widerrechtliche Handlung des Versicherungsnehmers bzw. der Versicherungsnehmerin, um bei der versicherten Person eine Berufsunfähigkeit herbeizuführen
- kernenergetische Strahlen, die das Leben oder die Gesundheit zahlreicher Menschen gefährden, und dass zur Abwehr der Gefährdung eine Katastrophenschutzbehörde tätig wurde
- Kriegsereignisse (außer, die versicherte Person war außerhalb Deutschlands und nicht aktiv am Krieg beteiligt)
- durch vorsätzlichen Einsatz atomarer, biologischer oder chemischer Waffen oder Stoffen, wenn es das Ziel war, mehrere Menschen zu schädigen/töten (außer, die versicherte Person war außerhalb Deutschlands und nicht aktiv am Krieg beteiligt)

4.11.2 Leistungsprüfung

Bevor der konkrete Leistungsfall vom Versicherer im Detail geprüft wird, muss zunächst eine **formelle Leistungsprüfung** vorgenommen werden. Diese ist in jeder Versicherungssparte ähnlich:

- Ist die berufsunfähige Person eine versicherte Person?
- Fällt die Berufsunfähigkeit in den Leistungszeitraum?
- Ist die Prämie bezahlt?
- Sind keine Obliegenheiten verletzt?

Erst wenn alle Fragen mit „ja" beantwortet worden sind, dann werden sich Sachbearbeiter/-innen mit der Prüfung beschäftigen, ob eine Berufsunfähigkeit im Sinne der Versicherungsbedingungen vorliegt. Damit diese **materielle Risikoprüfung** auch durchgeführt werden kann, ist der/die Versicherungsnehmer/-in verpflichtet folgenden **Obliegenheiten im Schadenfall** nachzukommen:

Ziffer 7 ABBU

- Geburtsurkunde
- Ursache für Eintritt der Berufsunfähigkeit
- Arztberichte über das Leiden bzgl.
  - Ursache
  - Beginn
  - Art
  - Verlauf
  - voraussichtliche Dauer
  - Grad (in %) der Berufsunfähigkeit oder
  - Pflegepunkte + Bescheinigung der Betreuung und Umfang der Pflege
- Beschreibung des zuletzt ausgeübten Berufs
  - Stellung
  - Tätigkeit
  - mögliche Veränderungen seit der Berufsunfähigkeit
  - Einkommen
- Aufstellung über
  - behandelnde Ärzte, Krankenhäuser, Pflegeeinrichtungen usw.
  - Versicherungen, leistungspflichtige Sozialversicherungen
  - derzeitiger Arbeitgeber
  - frühere Arbeitgeber
- zusätzlich auf Kosten des Versicherers
  - weitere Arztberichte
  - Auskünfte über wirtschaftliche Verhältnisse
- evtl., falls gesetzlich vorgeschrieben Angaben über die steuerliche Ansässigkeit

Ziffer 18 ABBU

All diese Unterlagen sind für den Versicherer bedeutsam, um die Leistungspflicht zu prüfen. Anhand der Informationen versucht der Versicherer zu überprüfen, ob alles seine Richtigkeit hat und ob er leistungspflichtig ist.

§ 19 VVG Ziffer 6 ABBU

Große Bedeutung kommt dabei der Verletzung der **vorvertraglichen Anzeigepflicht**[1] nach § 19 VVG zu. Die Frage, die sich also stellt, ist folgende: Hat der/ Versicherungsnehmer/-in alle Fragen im Antrag wahrheitsgemäß beantwortet, sodass der Versicherer das Risiko richtig einschätzen konnte? Oder hat der/die Versicherungsnehmer/-in vielleicht den Versicherungsschutz durch unwahre oder unvollständige Angaben im Antrag „erschlichen"?

1 Das Thema vorvertragliche Anzeigepflichtverletzung wird im Lehrbuch zum 1. Ausbildungsjahr in Lernfeld 2 behandelt.

Der Gesamtverband der deutschen Versicherer (GDV) hat nach einer Umfrage bei seinen Mitgliedsunternehmen berechnet, dass 81 % aller Anträge auf Leistungen stattgegeben wird.

Nur etwa 2,3 % aller Leistungsanfragen werden vor Gericht verhandelt und davon werden 58 % in einem Vergleich (Einigung zwischen Versicherer und Versicherungsnehmer/-in) im Einvernehmen beendet. In 12 % der Fälle vor Gericht hat der/die Versicherungsnehmer/-in die Versicherungsleistung zugesprochen bekommen in 25 % der Fälle vor Gericht wurde die Leistungsablehnung des Versicherers bestätigt.

Ist der Versicherer im Falle eines Versicherungsfalls leistungspflichtig, so gibt dieser seine Leistungszusage in Textform gegenüber dem/der Versicherungsnehmer/-in ab. Der Versicherer erklärt darin die Höhe seiner Leistung. Eventuelle Befristungen werden festgesetzt. Dies ist z. B. sinnvoll, wenn es sich um Krankheiten handelt, die i. d. R. wieder ausheilen, wie z. B.: bestimmte Krebsarten. *Ziffer 8 ABBU*

Ablehnungsgründe in der Leistungsprüfung der Berufsunfähigkeitsversicherung

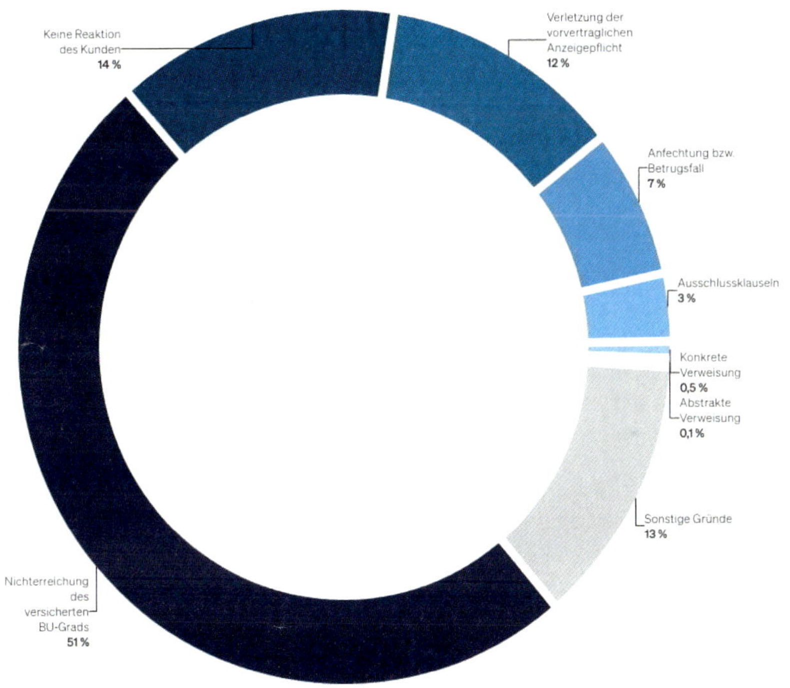

Quelle: GDV → Über die Daten ↗ Download / Share

Aber auch, wenn der Versicherer sein Leistungsversprechen unbefristet abgegeben hat, darf er dieses einmal jährlich, auf seine Kosten, überprüfen. Diese **Nachprüfung** kann der Versicherer durchführen, indem er: *Ziffer 9 ABBU*

- neue Auskünfte anfordert (z. B.: Arztberichte),
- prüft, ob die Berufsunfähigkeit noch besteht,
- prüft, ob die Pflegebedürftigkeit noch besteht,
- prüft, ob einer anderen beruflichen Tätigkeit nachgegangen wird.

4.11.3 Konkrete und abstrakte Verweisung

Bei der Leistungsprüfung wird auch überprüft, ob die versicherte Person einer anderen Tätigkeit nachgeht oder nachgehen könnte. *Ziffer 2 ABBU*

Bei der **abstrakten Verweisung** ist der Versicherer schon dann leistungsfrei, wenn die versicherte Person **theoretisch** eine **andere Tätigkeit ausüben könnte,** die der bisherigen Lebensstellung, Erfahrung und Qualifikation entspricht. Der Versicherer ist beim Recht auf abstrakte Verweisung also auch schon leistungsfrei, obwohl die versicherte Person gar keiner Tätigkeit nachkommt, dies aber könnte. Hat der Versicherer das Recht auf abstrakte Verweisung, hat dieser somit das Recht, die versicherte Person auf eine andere Tätigkeit zu verweisen, die der bisherigen Lebensstellung, Erfahrung und Qualifikation entspricht.

Die Proximus Versicherung AG verzichtet auf die abstrakte Verweisung, denn hier wird eindeutig festgelegt, dass die Tätigkeit der **theoretisch** nachgegangen werden könnte, der bisherigen Ausgestaltung entspricht. Dies bedeutet, dass die Proximus Versicherung AG nicht prüft, ob eine Abänderung der theoretisch möglichen Tätigkeit möglich ist.

Anders sieht das allerdings bei der Proximus Versicherung AG aus, wenn die versicherte Person **tatsächlich** einer anderen Tätigkeit nachgeht, die ihrer bisherigen Lebensstellung, Erfahrung und Qualifikation (auch neu erworbene Qualifikationen) entspricht. Das ist dann die **konkrete Verweisung,** da die versicherte Person ganz **konkret** einer neue Tätigkeit nachgeht. Diese führt bei der Proximus Versicherung AG zur Leistungsfreiheit.

Ziffer 9.4 ABBU

Auch bei der Nachprüfung des Versicherers, ob der Leistungsfall noch zutrifft, prüft die Proximus Versicherung AG, ob einer anderen Tätigkeit nachgegangen wird (vgl. letzter Punkt von Kap. 4.11.2). Wenn dies der Fall ist, dann endet die Leistungspflicht des Versicherers nach Ablauf von drei Monaten nach Zugang der Mitteilung hierüber. Der Versicherer stellt dann die BU-Rente ein und der/die Versicherungsnehmer/-in wird wieder beitragszahlungspflichtig.

Bei der Nachprüfung verzichtet kein Versicherer auf die konkrete Verweisung. Da es hier aber um eine Tätigkeit geht, die der bisherigen Lebensstellung, Erfahrung und Qualifikation entspricht, ist dies auch nicht weiter problematisch, denn die Person ist dann ja auch finanziell nicht mehr von einer BU-Rente abhängig. Es ist in der Praxis demnach bedeutend, auf die Definition der bisherigen Lebensstellung (z.B. wie viel Gehaltseinbußen sind zumutbar, wie weit darf der Arbeitsweg sein usw.) in den Versicherungsbedingungen zu achten.

Zusammenfassung

Abstrakte Verweisung	Konkrete Verweisung
De Versicherer ist **leistungsfrei**, wenn eine andere Tätigkeit (die der bisherigen Lebensstellung, Erfahrung und Qualifikation entspricht) **ausgeübt werden könnte**.	Der Versicherer nur dann **leistungsfrei**, wenn eine andere Tätigkeit (die der bisherigen Lebensstellung, Erfahrung und Qualifikation entspricht) **konkret ausgeübt wird**. Neue berufliche Fähigkeiten sind dabei zu berücksichtigen.
Der Versicherer kann versicherte Person auf eine andere Tätigkeit verweisen.	–
Beispiel Wegen rheumatischer Beschwerden kann eine Chirurgin keine Operationen mehr durchführen. Ihr ist es aber möglich, in der Verwaltung einer Klinik einen gehobenen Posten anzunehmen.	**Beispiel** Ein Staubsaugervertreter im Außendienst ist durch ein chronisches Rückenleiden nicht mehr in der Lage, lange Autofahrten durchzuführen. Ihm wird eine Stelle (bei gleichem Gehalt) im Innendienst angeboten, die er annimmt.

Lösung	Lösung
Sehen die Versicherungsbedingungen die abstrakte Verweisung vor, so ist der Versicherer leistungsfrei. Dabei ist es unabhängig, ob diese Verweisungstätigkeit auch angenommen wird.	Der Versicherer ist durch die konkrete Verweisung leistungsfrei, da konkret einer neuen Tätigkeit nachgegangen wird. Sollte der Versicherer abstrakt auf eine Innendiensttätigkeit verweisen (obwohl er auf die abstrakte Verweisung verzichtet hat), dann bleibt der Versicherer leistungspflichtig, solange dieser Tätigkeit nicht auch tatsächlich nachgegangen wird.

4.12 Berufswechsel

Bei der Proximus Versicherung AG muss ein Berufswechsel während der Vertragslaufzeit nicht angezeigt werden, **es ist immer automatisch der zuletzt ausgeübte Beruf versichert.** Dies ist auch gängige Praxis.

Vereinzelt sehen einige Versicherer noch vor, dass Berufswechsel angezeigt werden müssen. Dies ist z.B. der Fall, wenn Schüler/-innnen oder Studierende eine Berufsunfähigkeitsversicherung abschließe. Manchmal kann diese Anzeige auch sinnvoll sein, z.B. wenn ein/-e Versicherungsnehmer/-in von einem handwerklichen in einen kaufmännischen Beruf wechselt, denn dies kann zu einer Minderung des Beitrages führen.

4.13 Steuerliche Aspekte

§ 22 Nr. 1 Satz 3a EStG

Wie das Produkt der Berufsunfähigkeitsversicherung steuerlich behandelt wird, ist davon anhängig in welcher **Vorsorgeschicht** das Produkt eingebunden wird (auf das Vorsorgeschichtenmodell wird Lehrbuch zum 3. Ausbildungsjahr in Lernfeld 11 eingegangen). Dabei ist zudem in die Einzahlungs- und Auszahlungsphase zu unterscheiden. In der Auszahlungsphase gilt die BU-Rente als **sonstige Einkunft** nach § 22 Nr. 1 Satz 3a EStG.

Vorsorge-schicht	Inhalt	Art der BU-Absicherung	Einzahlungsphase	Auszahlungsphase
3	Renten- und Lebensversicherungen	eigenständige BU-Versicherung oder Berufsunfähigkeitszusatzversicherung zu einer Lebens- oder Rentenversicherung	als Vorsorgeaufwand steuerlich absetzbar bis max. 1.900,00 €/ 2.800,00 € p.a. für alle Vorsorgeaufwendungen nach § 10 EStG (siehe unten)	Nur der Ertragsteil (also Zinsen – nicht die eingezahlten Beiträge) wird versteuert.
2	Betriebliche Altersvorsorge (BAV) und Riester-Versicherung)	BU in Zusammenhang mit BAV	Die Beiträge sind steuer- und sozialabgabenfrei (in Grenzen).	Rente muss voll versteuert werden und Sozialabgaben werden auf die Rente fällig.
		BU in Zusammenhang mit Riester	Die Beiträge sind bis 2.100,00 € steuerfrei.	Die Rente muss voll versteuert werden.

Vorsorge-schicht	Inhalt	Art der BU-Absicherung	Einzahlungsphase	Auszahlungsphase
1	GRV und Rürup-Versicherung	BU in Zusammenhang mit Rürup-Versicherung	Die Beiträge sind ab dem Jahr 2023 steuerfrei. Anmerkung: Nach dem Jahressteuergesetz 2022 sind die Altersvorsorgeaufwendungen i. S. d. § 10 Abs.1 Nr. 2 EStG bereits ab dem Jahr 2023 (statt wie geplant ab Jahr 2025) voll steuerlich absetzbar.	Die BU-Rente ist im Rahmen des Kohortenmodells zu versteuern. Im Jahr 2023 sind 83 % der Rente zu versteuern. Der zu versteuernde Anteil steigt jährlich – ab 2040 sind 100 % der Rente zu versteuern.

§ 10 EStG

Der **Beitrag** zur Berufsunfähigkeitsversicherung mindert als **sonstiger Vorsorgeaufwand** die Steuerlast nach § 10 EStG. Allerdings gilt hier ein Höchstbetrag von 1.900,00 € für Angestellte und 2.800,00 € für Selbstständige pro Jahr. Dieser Betrag gilt für alle Vorsorgeaufwendungen (z. B. Kranken-, Pflege-, Haftpflichtversicherung) außer GRV, Rürup, Riester, BAV und vor dem 01.01.2005 abgeschlossene Lebens- und Rentenversicherungen, zusammen. Die meisten Steuerzahler werden also auch schon ohne einen Berufsunfähigkeitsversicherung an diese Grenze stoßen und damit wirkt sich der Beitrag zur Berufsunfähigkeitsversicherung dann nicht mehr steuermindernd aus.

Vorsorgeaufwendungen als Sonderausgaben nach § 10 Einkommensteuergesetz (EStG)

Sonstige Vorsorgeaufwendungen
Beiträge zur • Krankenversicherung • Pflegeversicherung • Arbeitslosenversicherung • Unfallversicherung • Haftpflichtversicherung • Risikolebensversicherung • eigenständigen Erwerbsminderungsversicherung (also nicht in der GRV) • eigenständigen Berufsunfähigkeitsversicherung (also nicht in der GRV) • kapitalbildenen Lebensversicherung mit Abschluss vor dem 01.01.2005 und erster Beitragszahlung bis zum 31.12.2004
Höchstbetrag Arbeitnehmer: 1.900,00 € Selbstständige: 2.800,00 €

Sollte man eine **BU-Rente beziehen**, so ist diese nur bedingt zu versteuern. Die reine BU-Versicherung ist nur mit ihrem sog. Ertragsanteil zu versteuern. Die Berechnung des Ertragsteils richtet sich nach der restlichen Vertragslaufzeit der Berufsunfähigkeitsversicherung.

Ertragsanteil der Berufsunfähigkeitsrente (Auszug aus EStDV 1955)[1]

Restlaufzeit BU-Vertrag	Höhe Ertragsanteil	Restlaufzeit BU-Vertrag	Höhe Ertragsanteil
1 Jahr	**0 %**	24 Jahre	**25 %**
2 Jahre	**1 %**	25 Jahre	**26 %**
3 Jahre	**2 %**	26 Jahre	**27 %**
4 Jahre	**4 %**	27 Jahre	**28 %**
5 Jahre	**5 %**	28 Jahre	**29 %**
6 Jahre	**7 %**	29 Jahre	**30 %**
7 Jahre	**8 %**	30 Jahre	**30 %**
8 Jahre	**9 %**	31 Jahre	**31 %**
9 Jahre	**10 %**	32 Jahre	**32 %**
10 Jahre	**12 %**	33 Jahre	**33 %**
11 Jahre	**13 %**	34 Jahre	**34 %**
12 Jahre	**14 %**	35 Jahre	**35 %**
13 Jahre	**15 %**	36 Jahre	**35 %**
14 Jahre	**16 %**	37 Jahre	**36 %**
15 Jahre	**16 %**	38 Jahre	**37 %**
16 Jahre	**18 %**	39 Jahre	**38 %**
17 Jahre	**18 %**	40 Jahre	**39 %**
18 Jahre	**19 %**	41 Jahre	**39 %**
19 Jahre	**20 %**	42 Jahre	**40 %**
20 Jahre	**21 %**	43 Jahre	**41 %**
21 Jahre	**22 %**	44 Jahre	**41 %**
22 Jahre	**23 %**	45 Jahre	**42 %**
23 Jahre	**24 %**	46 Jahre	**43 %**

Beispiel

Marietta Kolpa wird mit 49 Jahren berufsunfähig und sie bekommt eine BU-Rente (Brutto) in Höhe von 2.000,00 €. Ihr BU-Vertrag läuft noch bis zum 67. Lebensjahr (also noch 18 Jahre). Damit wird der Ertragsanteil bei 19 % liegen (siehe vorstehende Tabelle „Ertragsanteil der Berufsunfähigkeitsrente“). Die BU-Rente ist die einzige Einkommensquelle von Frau Kolpa.

Lösung

Das heißt, bei einer monatlichen Berufsunfähigkeitsrente von 2.000,00 € müsste Frau Kolpa nur 380,00 € **zum individuellen Steuersatz** versteuern (Rechnung: 2.000,00 € BU-Rente · 19 % Ertragsanteil = 380,00 €). Auf diesen Betrag allein wird aufgrund des steuerlichen Grundfreibetrags von monatlich 909,00 € (Stand: 2023) noch keine Steuer fällig. Dies bedeutet die Berufsunfähigkeitsrente wäre in unserem Beispiel steuerfrei (siehe rote Markierung in der Tabelle).
Hätte Frau Kulpa noch weitere Einnahmen, wie z. B. eine Erwerbsminderungsrente aus der GRV oder Mieteinnahmen, dann könnte sie insgesamt **über den steuerlichen Grundfreibetrag** kommen und müsste dann auch Steuern zahlen.

1 Die vollständige Tabelle kann unter https://www.gesetze-im-internet.de/estdv_1955/__55.html aufgerufen werden.

4.14 Ende der Versicherung

Die Berufsunfähigkeitsversicherung endet **automatisch mit Ablauf der Laufzeit** der Versicherung. Dies kann z.B.: das **Erreichen der Regelaltersgrenze**, also der Eintritt in die Rente sein. Es können beim Vertragsabschluss auch **kürzere Laufzeiten** zwischen Versicherungsnehmer/-in und Versicherer vereinbart werden, um z.B. das Risiko zu begrenzen und Beiträge zu reduzieren.

Ziffer 15 ABBU

Der/die Versicherungsnehmer/-in hat auch die Möglichkeit zur **vollen oder teilweisen Kündigung** seiner/ihrer BU-Versicherung. So kann jederzeit zum Ende der laufenden Versicherungsperiode in Schriftform gekündigt werden. Bei einer teilweisen Kündigung (also Reduzierung der Versicherungssumme), ist darauf zu achten, dass die versicherte BU-Rente noch mindestens 50,00 € pro Monat beträgt. Der Versicherer zahlt keine Beiträge zurück – daher kann man nicht kündigen, wenn man eine BU-Versicherung gegen Einmalbeitrag abgeschlossen hat. Eine Kündigung ist auch nicht mehr möglich, wenn eine BU-Rente bezogen wird.

§ 38 VVG

Eine ordentliche Kündigung sowie eine Kündigung nach einem Versicherungsfall durch Versicherer sind nicht vorgesehen. Der Versicherer kündigt den Vertrag lediglich im Falle der Nichtzahlung der Beiträge nach § 38 VVG.

5 Alternativen zur Berufsunfähigkeitsversicherung

Eine große Hürde beim Abschluss von Berufsunfähigkeitsversicherungen ist das **Durchlaufen der Risikoprüfung**. Hat man bereits bei Antragsstellung eine Erkrankung oder ein Leiden, so kommt es evtl. nur unter Ausschluss dieses Leidens zum Vertragsabschluss. Alternativ kann es auch zu Risikozuschlägen kommen, die den Versicherungsschutz teurer machen. Aber auch ohne Erschwerungen ist der Versicherungsschutz einer Berufsunfähigkeitsversicherung für viele Menschen zu teuer und sie können (oder wollen) sich diesen nicht leisten. Hier bieten sich als Alternativen die Unfallversicherung, die Dread-Disease-Versicherung oder die Grundfähigkeitenversicherung an.

5.1 Unfallversicherung

Die Unfallversicherung ist Gegenstand von Teil A dieses Lernfeldes.

5.2 Dread-Disease-Versicherung

Bei einer Dread-Disease-Versicherung (Schwere-Krankheiten-Versicherung) versichert man sich gegen den **finanziellen Verlust durch das Eintreten bestimmter Krankheiten**, wie z.B. Krebs, Multiple-Sklerose, Schlaganfall. Das Auftreten dieser Krankheiten führt in den allermeisten Fällen zu längeren Ausfällen im Beruf und damit auch zu Einkommensverlusten. Die Versicherung leistet dann einen vorher festgelegten Geldbetrag bei Auftreten einer der versicherten Krankheiten.

5.3 Grundfähigkeitenversicherung

Die Proximus Versicherung AG bietet auch eine Grundfähigkeitenversicherung an. Bei dieser Versicherung ist die Leistungspflicht des Versicherers nicht an das „Ausfallen“ im Berufsleben geknüpft, sondern lediglich **an den Verlust einer Grundfähigkeit.** Grundfähigkeiten sind Fähigkeiten für alltägliche

Tätigkeiten, wie z. B. Sehen oder Gehen. Die Grundfähigkeitenversicherung bietet aber auch Schutz bei **Pflegebedürftigkeit**, schweren **psychischen Erkrankungen** und **schweren Krankheiten** an. Die Bedingungen sind in den Allgemeine Bedingungen für die Grundfähigkeitenversicherung (ABGV) geregelt.

Die Proximus Versicherung AG bietet verschiedene Optionen des Versicherungsschutzes an: *Ziffer 1.2 ABGV*

- Schutz bei Verlust einer Grundfähigkeit in den Grundfähigkeitenpaketen „Basis", „Plus" und „Premium",
- Schutz bei Pflegebedürftigkeit,
- Schutz bei Eintritt einer schweren psychischen Erkrankung,
- Schutz bei Eintritt einer schweren Krankheit.

5.3.1 Verlust einer Grundfähigkeit

Den Verlust von Grundfähigkeiten kann man bei der Proximus Versicherung AG in den verschiedenen Grundfähigkeitenpaketen „Basis", „Plus" und „Premium" absichern. Die Pakete unterscheiden sich in der Auswahl der versicherten Grundfähigkeiten.

Übersicht zu den Grundfähigkeitenpaketen

Ziffer 1.6 bis 1.8 2.2.1 2.1.5 ff. ABGV

Basis	Plus	Premium
· Sehen · Hören · Sprechen · Gehen · Treppen steigen · Stehen · Knien/Bücken · Heben/Tragen · Intellekt · eigenverantwortliches Handeln	alle Grundfähigkeiten aus dem Basistarif + · Armgebrauch · Händegebrauch · Sitzen · Gleichgewichtssinn	alle Grundfähigkeiten aus dem Basistarif + alle Grundfähigkeiten aus dem Plustarif + · Schreiben · Tippen · Bildschirmtätigkeit · Autofahren · Mobilität + · schwerer Unfall, der zu einer der folgenden Beeinträchtigungen führt: → vollständiger und vermutlich permanenter Verlust eines Armes oder Beines ***oder*** → Kopfverletzung mit irreversibler Hirnschädigung ***oder*** → tiefe Bewusstlosigkeit für mindestens 96 Stunden **oder** → künstliches oder therapeutisches Koma für mindestens eine Woche
Der Verlust muss dauerhaft, mindestens länger als zwölf Monate bestehen.	Der Verlust muss dauerhaft, mindestens länger als sechs Monate bestehen.	Der Verlust muss dauerhaft, mindestens länger als sechs Monate bestehen.

Diese Grundfähigkeiten müssen **dauerhaft** verloren sein. Die Bedingungen der Proximus Versicherung AG definieren zudem den Verlust einer Grundfähigkeit für jede versicherte Grundfähigkeit genau:

Dabei müssen die Einschränkung durch Befundberichte eines **Facharztes belegt** werden und es muss bestätigt werden, dass die Beschwerden ***durch krankhafte Befunde erklärbar*** sind.

Wann liegt der Verlust einer Grundfähigkeit oder Pflegebedürftigkeit im Sinne der Allgemeinen Bedingungen für die Grundfähigkeitenversicherung (ABGV) vor?

Ziffer gemäß ABGV	Grund-fähigkeit	Ausprägung
2.2.1	**Sehen**	· Je Auge verbleibt eine Sehschärfe von höchstens 3/60 (0,05), **oder** · das Gesichtsfeld je Auge beträgt höchstens 15 Grad vom Zentrum in alle Richtung. Ein Verlust der Sehfähigkeit liegt nicht vor, wenn diese Einschränkungen durch Sehhilfen (Brille, Kontaktlinsen) vermieden werden können.
2.2.2	**Hören**	· Je Ohr besteht nur noch ein Hörvermögen von höchstens 20 %. Ein Verlust der Hörfähigkeit liegt nicht vor, wenn diese Einschränkung durch geeignete Hilfsmittel (Hörgerät) vermieden werden kann.
2.2.3	**Sprechen**	· Es können keine verständlichen Worte mehr geformt und ausgesprochen werden **oder** · die gesprochenen Worte ergeben keinen Sinn mehr (sogenannte Wernicke-Aphasie).
2.2.4	**Gehen**	· Es kann keine Entfernung von 400 Meter über einen festen, ebenen Boden gehend zurücklegt werden, ohne sich abzustützen oder zu setzen. Ein Verlust der Fähigkeit des Gehens liegt nicht vor, wenn diese Einschränkung durch die Verwendung zumutbarer Hilfsmittel (Gehstock, Prothese) vermieden werden kann. Als solche Hilfsmittel zählen nicht die Unterarmstützen und Rollatoren.
2.2.5	**Treppen steigen**	· Die versicherte Person kann keine Treppe (DIN 18065 zulässige) mit zwölf Stufen gleichen Abstands von normaler Stufenhöhe (ca. 20 cm) hinauf- und hinabsteigen, ohne eine Pause von mindestens einer Minute machen zu müssen. Es liegt kein Verlust der Fähigkeit des Treppensteigens vor, wenn diese Einschränkung durch die Verwendung zumutbarer Hilfsmittel (z. B. Handlauf, Prothese) vermieden werden kann.
2.2.6	**Stehen**	· Die versicherte Person ist, auch mit Veränderung der Körperhaltung nicht mehr in der Lage, zehn Minuten frei zu stehen, ohne sich dabei abzustützen. Ein Verlust der Fähigkeit des Stehens liegt nicht vor, wenn diese Einschränkung durch die Verwendung zumutbarer Hilfsmittel (Prothese) vermieden werden kann. Unterarmgehstützen zählen nicht zu solchen Hilfsmitteln.

Ziffer gemäß ABGV	Grund-fähigkeit	Ausprägung
2.2.7	Knien/ Bücken	· Der versicherten Person ist es nicht mehr möglich, sich eigenständig auf den Boden zu knien, d. h., mit einem oder beiden Knien den Boden zu berühren **oder** · sich soweit mit gebeugten Knien zu bücken, dass mit den Fingerspitzen der Boden berühren kann **und** · danach wieder eigenständig aufzustehen.
2.2.8	Heben/ Tragen	· Die versicherte Person ist nicht mehr in der Lage, mit ihren Händen ein Gewicht von 5 kg von einem Tisch zu heben **und** · 5 m weit über einen festen, ebenen Boden zu tragen
2.2.9	Intellekt	· Die geistige Leistungsfähigkeit (Auffassung, Konzentration, Orientierung, Gedächtnis, Handlungsplanung) ist so stark beeinträchtigt, dass die versicherte Person nicht mehr in der Lage ist, alltagsrelevante Tätigkeiten auszuführen, wie z. B.: – Selbstorganisation, – Körperhygiene, – Selbstversorgung, – Einkaufen, – Putzen, – Zubereitung von Essen. Ist der Verlust der geistigen Leistungsfähigkeit durch einem Missbrauch von Alkohol, Drogen oder Medikamenten entstanden, so ist dieser ausgeschlossen.
2.2.10	eigenverant-wortliches Handeln	· Die versicherte Person muss wegen einer Einschränkung ihrer psycho-intellektuellen Leistungsfähigkeit mindestens zwölf Monate lang ununterbrochen gesetzlich betreut werden Im Tarif „Plus" oder „Premium" tritt der Leistungsfall schon bei mind. sechs Monaten ein. Ist der Verlust des eigenverantwortlichen Handelns durch einem Missbrauch von Alkohol, Drogen oder Medikamenten entstanden, so ist dieser ausgeschlossen.
2.2.11	Arm-gebrauch	· Die versicherte Person ist nicht mehr in der Lage, den linken oder den rechten Arm mehr bis auf Schulterhöhe zu heben und mindestens zehn Sekunden halten, um diesen in Schulterhöhe zu nutzen (z. B. ein Glas aus dem Schrank zu nehmen).
2.2.12	Hände-gebrauch	· Die versicherte Person kann die rechte oder die linke Hand nicht mehr für alltägliche Verrichtungen einsetzen, z. B. eine Flasche mit Schraubverschluss schließen und wieder öffnen oder ein Türschloss mit einem Schlüssel öffnen.
2.2.13	Sitzen	· Die versicherte Person ist auch mit Veränderung der Sitzhaltung oder Abstützen auf Armlehnen nicht mehr in der Lage, 20 Minuten zu sitzen.

Ziffer gemäß ABGV	Grundfähigkeit	Ausprägung
2.2.14	**Gleichgewichtssinn**	• Der Gleichgewichtssinn ist so stark beeinträchtigt, dass die versicherte Person nicht mehr in der Lage ist, ohne „stark erhöhte Unfallgefahr" – Leitern mit einer Arbeitshöhe von einem Meter besteigen zu können **oder** – auf Gerüsten in einer Arbeitshöhe von einem Meter arbeiten zu können. Ausgeschlossen vom Versicherungsschutz ist der Verlust des Gleichgewichtes wegen psychischer Erkrankungen oder durch Missbrauch von Alkohol, Drogen oder Medikamenten.
2.2.15	**Schreiben**	• Die versicherte Person kann wegen einer körperlichen Ursache weder mit der rechten noch mit der linken Hand mindestens fünf dreisilbige Wörter in Druckbuchstaben schreiben, • sodass ein unbeteiligter Dritter diese lesen kann.
2.2.16	**Tippen**	• Die versicherte Person ist nicht mehr in der Lage, wegen einer körperlichen Ursache, eine Minute ohne Pause zielgerichtet mit einem Finger auf einer Tastatur zu tippen. • Zielgerichtet heißt z. B., eine vorgegebene Reihe von Buchstaben tippen zu können.
2.2.17	**Bildschirmtätigkeit**	• Die versicherte Person ist nicht mehr in der Lage, für einen Zeitraum von mehr als zwei Stunden Wörter und Symbole an einem Bildschirm abzulesen. Ein Verlust der Fähigkeit zur Bildschirmtätigkeit liegt nicht vor, wenn diese Einschränkung durch die Verwendung geeigneter Hilfsmittel (Brille, Kontaktlinsen, Bildschirmlupe) vermieden werden kann.
2.2.18	**Autofahren**	• Der versicherten Person wurde nachweislich aus gesundheitlichen Gründen die Fahrerlaubnis entzogen oder nicht erteilt. Dies muss ein verkehrsmedizinisches Gutachten bestätigen. Ausdrücklich vom Versicherungsschutz ausgeschlossen sind diese Fälle: • Der versicherten Person wurde die Fahrerlaubnis aufgrund des Konsums von Drogen oder aufgrund des Missbrauchs von Alkohol oder Medikamenten entzogen. • Die versicherte Person ist wegen einer psychischen Erkrankung nicht in der Lage, einen Personenkraftwagen oder ein Kraftrad zu führen. Ein Verlust der Fähigkeit zum Autofahren liegt auch vor, wenn • Die versicherte Peron ist nicht mehr in der Lage ist, ohne ein Hilfsmittel wie Umsetz- oder Aufrichthilfe in einen Personenkraftwagen mit normaler Einstiegshöhe ein- oder auszusteigen. • Ein erhöhter oder niedriger Einstieg, wie z. B. bei einem SUV oder Sportwagen, zählt im Sinne dieser Regelung nicht zur normalen Einstiegshöhe.

Ziffer gemäß ABGV	Grund-fähigkeit	Ausprägung
2.2.19	Mobilität	**Fahrradfahren** · Die versicherte Person ist wegen motorischen Einschränkungen nicht mehr in der Lage, sich auf ein Fahrrad zu setzen und damit auf ebener Strecke auf einem für Radwege üblichen Bodenbelag zu fahren **und** · auf diese Weise eine Strecke von einem Kilometer innerhalb von zehn Minuten auf dem Fahrrad zurückzulegen. Ist die versicherte Person ist in der Lage, statt mit einem Fahrrad mit einem Therapie-/Sessel-Dreirad zu fahren, ist der Versicherungsfall nicht eingetreten. **Öffentliche Verkehrsmittel** · Die versicherte Person ist aufgrund motorischer Einschränkungen nicht mehr in der Lage, ohne fremde Hilfe in eines der Transportmittel des öffentlichen Personennah- und -fernverkehrs ein- oder auszusteigen oder durch sie befördert zu werden. Ein Verlust der Fähigkeit zur Nutzung des öffentlichen Personennah- und -fernverkehrs liegt nicht vor, wenn die Mobilität durch die Verwendung geeigneter Hilfsmittel (Gehhilfen, Haltegriffe, reservierte Sitzplätze) erreicht werden kann.

5.3.2 Eintritt von Pflegebedürftigkeit

Pflegebedürftigkeit im Sinne der Versicherungsbedingungen liegt vor, wenn die versicherte Person wegen Krankheit, Körperverletzung oder mehr als altersentsprechendem Kräfteverfalls für voraussichtlich länger als sechs Monate tägliche Hilfe im erheblichen Umfang bei mindestens **vier** der folgenden **neun Tätigkeiten** bedarf. *Ziffer 2.3 ABGV*

- Fortbewegen im Zimmer
- Aufstehen und Positionswechsel
- An- und Auskleiden
- Einnehmen von Mahlzeiten und Getränken
- Waschen
- Verrichten der Notdurft
- Kommunizieren
- Denkvermögen
- Umgang mit Emotionen

Pflegebedürftigkeit liegt auch vor, wenn die versicherte Person unter schwerer Demenz leidet.

5.3.3 Eintritt einer schweren psychischen Erkrankung

Als Extrabaustein ist es bei der Proximus Versicherung AG möglich, den Eintritt einer schweren psychischen Erkrankung finanziell abzusichern. Als schwere psychische Erkrankung werden folgende Krankheiten anerkannt: *Ziffer 3 ABGV*

- Psychose des Schizophrenen Formenkreises
- Depressionen

Sollten diese Erkrankungen durch Drogen, Betäubungsmittel, Alkohol oder Medikamente entstanden sein, so führt die daraus entstandene psychische Erkrankung nicht zur Leistungspflicht des Versicherers.

5.3.4 Eintritt einer schweren Krankheit

Ziffer 4.2 ABGV

Zusätzlich ist es bei der Proximus Versicherung AG möglich, den Eintritt einer schweren Krankheit finanziell abzusichern. In diesem Falle sind folgende Krankheiten versichert:

- Krebs
- Herzinfarkt
- Schlaganfall
- Multiple Sklerose

5.3.5 Leistungen

Ziffer 1.2.1 und 1.2.2 ABGV

Die Proximus Versicherung AG leistet bei voraussichtlich dauerhaftem Verlust (zwölf Monate im Basis-Grundfähigkeitenpaket, sechs Monate im *Plus*- bzw. *Premium*-Grundfähigkeitenpaket) ***einer* versicherten Grundfähigkeit**. folgende Leistungen:

- **vereinbarte Rente** (je nach Vereinbarung: monatlich, vierteljährlich oder jährlich)

und

- **Befreiung von der Beitragszahlungspflicht** ab nächster Hauptfälligkeit

Ziffer 21.1 ABGV

Die Versicherungsleistung wird an den/die Versicherungsnehmer/-in ausgezahlt. Diese/-r kann allerdings auch einen Bezugsberechtigten ausgezahlt werden. Unabhängig vom gewählten Grundfähigkeitenpaket bekommt der/die Versicherungsnehmer/-in die Leistungen auch, wenn **Pflegebedürftigkeit** eingetreten ist.

Ziffer 1.2.2 und 3.2 ABGV

Hat der/die Versicherungsnehmer/-in auch den Eintritt einer **schweren psychischen Erkrankung** im Versicherungsvertrag vereinbart, so bekommt er/sie auch bei Eintritt einer psychischen Erkrankung die oben erwähnten Leistungen ab Beginn dieser Erkrankung.

Ziffer 1,4 und 1.5 ABGV

Die vereinbarte Rente erhält die versicherte Person so lange, wie ein **Verlust einer versicherten Grundfähigkeit** oder **Pflegebedürftigkeit** oder (wenn versichert) eine **psychische Krankheit** vorliegt, **aber längsten bis zum Ablauf der im Versicherungsschein vereinbarten Leistungsdauer**. Ebenso wird die vereinbarte Rente, wenn mehrere Grundfähigkeiten verloren gegangen sind oder gleichzeitig Pflegebedürftigkeit vorliegt, nicht doppelt oder dreifach ausgezahlt.

Ziffer 12.3 ABGV

Hat der/die Versicherungsnehmer/-in auch den Eintritt einer **schweren Krankheit** versichert und tritt diese bei der versicherten Person ein, so zahlt die Proximus Versicherung AG einmalig die versicherte Jahresrente bei Verlust einer Grundfähigkeit aus. Zusätzlich kann (wenn vereinbart) auch eine Überschussbeteiligung in Höhe des Sofortbonus ausgezahlt werden. Der/die Versicherungsnehmer/-in hat 14 Tage nach der Diagnosestellung einen Anspruch auf die o.g. Leistungen. Verstirbt die versicherte Person innerhalb dieser 14 Tage, besteht kein Anspruch auf Leistungen.

Nachdem diese Leistung von der Proximus Versicherung AG erbracht worden ist, endet der „Baustein“ der schweren Krankheiten“ und kann auch nicht erneut abgeschlossen werden.

Ziffer 10 ABGV

Die Proximus Versicherung AG hat das Recht, den Verlust einer Grundfähigkeit, die Pflegebedürftigkeit bzw. den Eintritt einer **schweren psychischen Erkrankung erneut zu prüfen**, um festzustellen ob noch eine Leistungspflicht besteht. Hierzu kann der Versicherer alle notwendigen Auskünfte einholen und die versicherte Person einmal im Jahr ärztlich untersuchen lassen. Besteht danach keine Leistungspflicht des Versicherers mehr, so endet diese drei Monate nachdem der Versicherer den/die Versicherungsnehmer/-in hierüber informiert hat.

Ebenso ist der/die Versicherungsnehmer/-in verpflichtet **unverzüglich** anzuzeigen, wenn bei der versicherten Person der Verlust der Grundfähigkeit, Pflegebedürftigkeit oder eine schwere psychische Erkrankung nicht mehr vorliegt. In diesem Fall **endet die Leistungspflicht** des Versicherers sofort.

Zusammenfassung

Leistungspflicht des Versicherers tritt ein bei:

· Verlust einer versicherten Grundfähigkeit **oder** · Eintritt von Pflegebedürftigkeit **oder, wenn zusätzlich versichert** · Eintritt einer schweren psychischen Erkrankung	→	**Leistungen** · vereinbarte Rente · Befreiung von der Beitragszahlungspflicht
oder, wenn zusätzlich versichert · Eintritt einer schweren Krankheit	→	**Leistungen** · einmalige Zahlung einer Jahresrente (so hoch, wie in der Grundfähigkeitenversicherung versichert) · wenn vereinbart: Auszahlung des Überschusses in Form des Sofortbonus

5.3.6 Ausschlüsse vom Versicherungsschutz

Grundsätzlich fragt der Versicherer nicht danach, **wieso** oder **wie** es zu einem Verlust einer Grundfähigkeit, einem Eintritt von Pflegebedürftigkeit, dem Eintritt einer schweren psychischen Erkrankung oder einer schweren Erkrankung gekommen ist. **Versicherungsschutz besteht bis auf wenige Ausnahmen immer**. Die Proximus Versicherung AG nennt in den Bedingungen folgende **Ausschlüsse**:

Ziffer 5 ABGV

- **Bei inneren Unruhen**, wenn die versicherte Person aufseiten der Unruhestifter teilgenommen hat.
- **Bei kriegerischen Ereignissen** – es sei denn die versicherte Person war nicht aktiv an den kriegerischen Ereignissen beteiligt und die kriegerischen Ereignisse waren nicht in Deutschland. Geleistet wird auch, wenn der Versicherungsfall durch eine humanitäre, friedensichernde oder eine friedenserhaltende Maßnahme außerhalb der NATO-Mitgliedstaaten als Mitarbeiter/-in bei der Polizei, Bundeswehr, Bundespolizei oder anderer staatlich beauftragten Organisation mit Mandat erfolgte.
- Bei **vorsätzlichen Einsatz von atomaren, biologischen oder chemischen Waffen**, oder bei dem vorsätzlichen Einsatz oder dem **vorsätzlichen Freisetzen von radioaktiven, biologischen oder chemischen Stoffen,** wenn der Einsatz oder das Freisetzen darauf gerichtet war, das Leben oder die Gesundheit einer Vielzahl von Personen zu gefährden. Zudem muss dieses Einsetzen oder Freisetzen dazu führen, dass insgesamt hohe Versicherungsleistungen fällig werden würden.
- Bei **Absicht**, es sei denn, die versicherte Person hat die Herbeiführung eines Versicherungsfalls in einem Zustand krankhafter Störung der Geistestätigkeit begangen.
- Bei dem vorsätzlichen Versuch oder der Durchführung eines **Verbrechens** und dessen krankhaften **Folgen.**
- Bei **Strahlungen**, wenn das Leben oder die Gesundheit zahlreicher Menschen gefährdet oder schädigt werden sollte und die Strahlung so hoch ist, dass eine Katastrophenschutzbehörde aktiv geworden ist.

5.3.7 Veränderungen des Bedarfes am Versicherungsschutz

Wie bei jedem bestehenden Vertrag kann sich der Bedarf des Versicherungsschutzes im Laufe der Zeit und des Lebens verändern. Die Grundfähigkeitenversicherung der Proximus Versicherung AG sieht daher verschiedene **Anpassungsmöglichkeiten** vor:

- Dynamik
- Erhöhung der Versicherungsleistungen
- Änderungen der Versicherungsleistungen
- Verlängerung der Vertragslaufzeit

Dynamik

Ziffer 17 ABGV

Unter dem Einschluss einer Dynamik in den Versicherungsvertrag versteht man die **automatische Erhöhung** der Versicherungsleistungen und damit auch des Beitrages. Dies bedeutet, dass bei Abschluss des Vertrages zur Grundfähigkeitenversicherung die Dynamik bereits vereinbart wird. Die Erhöhungen geschehen **jährlich automatisch und ohne erneute Gesundheitsprüfung**, solange noch kein Versicherungsfall eingetreten ist.

Der Einschluss einer Dynamik soll gewährleisten, dass sich die versicherten Versicherungssummen automatisch an den **steigenden Lebensstandard** anpassen und zudem der **Inflation** entgegen wirken. Die Proximus Versicherung AG begrenzt die Dynamik auf maximal 250 % der ursprünglich vereinbarten Leistungen und insgesamt dürfen 80 % des Bruttoeinkommens nicht überschritten werden. Es besteht die Möglichkeit, **auf die Erhöhung innerhalb von zwei Monaten nach dem Erhöhungstermin** zu verzichten. Möchte man die Dynamik dann aber doch noch nachholen, so ist dies, mit Zustimmung des Versicherers möglich.

Erhöhung der Versicherungsleistungen

Es gibt viele Gründe, warum einer versicherten Person der bereits abgeschlossene Versicherungsumfang nicht mehr ausreicht. Lebensumstände verändern sich z. B. durch Heirat oder der Geburt von Kindern und als Folge davon **steigt der Absicherungsbedarf**. Ebenso steigen (im besten Falle) das Einkommen, damit der Lebensstandard und somit auch die Höhe des Versicherungsbedarfs. Der/die Versicherungsnehmer/-in kann eine gewünschte Erhöhung in Textform beantragen. Stimmt der Versicherer dieser Erhöhung der Leistungen zu, so kommt es auch zu einer Erhöhung des Beitrages.

Die Proximus Versicherung AG erkennt die Erhöhung zum einen anlassunabhängig und zum anderen anlassabhängig an.

Anlassunabhängige Erhöhung

Ziffer 18.1 und 18.4 ABGV

Der Versicherungsschutz kann ohne das Vorliegen eines bestimmten Ereignisses unter folgenden Bedingungen erhöht werden:

- nur einmalig
- nur innerhalb der ersten fünf Versicherungsjahre
- ohne erneute Gesundheitsprüfung
- nur für zukünftige Versicherungsfälle
- nur, wenn bei Vertragsabschluss eine umfassende Gesundheitsprüfung stattgefunden hat
- Die Erhöhung beträgt mindestens 300,00 € und maximal 6.000,00 € pro Jahr. Sollte eine höhere Erhöhung gewünscht sein, muss eine erneute Risikoprüfung vorgenommen werden, maximal können aber nur 30.000,00 € pro Jahr insgesamt versichert werden.

Anlassabhängige Erhöhungen

Ziffer 18.2 und 18.4 ABGV

Der Versicherungsschutz kann beim Vorliegen von bestimmten Ereignissen unter folgenden Bedingungen erhöht werden:

- kann mehrmals vorgenommen werden
- muss 15 Jahre vor Ablauf der Versicherungsdauer erfolgen (wenn die Versicherungsdauer kürzer als 25 Jahre ist, dann nur innerhalb der ersten zehn Versicherungsjahre)
- ohne erneute Gesundheitsprüfung
- nur für zukünftige Versicherungsfälle
- Die Erhöhung beträgt mindestens 300,00 € und maximal 6.000,00 € pro Jahr. Maximal können aber nur 30.000,00 € pro Jahr insgesamt versichert werden.
- Die Erhöhung muss innerhalb von sechs Monaten nach dem Anlass von dem/der Versicherungsnehmer/-in beantragt werden.

Folgende Anlässe zur Erhöhung des Versicherungsschutzes lässt die Proximus Versicherung AG zu:

- Heirat oder Eintrag einer eingetragenen Lebensgemeinschaft
- Ehe oder eingetragene Lebensgemeinschaft wird geschieden/aufgelöst
- Geburt oder Adoption eines Kindes
- Erreichen der Volljährigkeit
- Aufnahme einer selbstständigen Tätigkeit (Erhöhung nur einmal möglich)
- Abschluss einer akademischen Ausbildung (Erhöhung nur einmal möglich)
- Bestehen der Meisterprüfung
- Bestehen einer beruflichen Qualifikation, die eine Gehaltserhöhung zur Folge hat
- Aufnahme eines Darlehens zum Erwerb einer selbstgenutzten Immobilie von mindestens 50.000,00 €
- Erhöhung des Bruttoeinkommens um mindestens 10 % innerhalb eines Jahres
- Der durchschnittliche Gewinn vor Steuern der letzten der Jahre ist bei einem Selbstständigen um mindestens 30 % im Vergleich der drei zurückliegenden Jahre gestiegen.
- Aufnahme eines Darlehens im gewerblichen Bereich von mindestens 50.000,00 €
- Berufsstart; eine Erhöhung ist nur innerhalb der ersten fünf Jahre nach Vertragsabschluss möglich und nur, wenn ein für mindestens zwei Jahre, unbefristeter Vertrag folgt. Eine Verdopplung der Versicherungssumme bis zu einer Erhöhung um maximal 12.000,00 € ist möglich.

Änderung der Versicherungsleistungen

Auf Wunsch des Versicherungsnehmers bzw. der Versicherungsnehmerin ist es bei der Proximus Versicherung AG möglich, den Umfang seiner Versicherungsleistungen zu erhöhen oder zu reduzieren. Es ist daher möglich, folgendes hinzuzufügen (zu erweitern) oder auch abzuwählen:

- Wechsel des Grundfähigkeitenpakets (Basis, Plus, Premium)
- Eintritt einer schweren psychischen Krankheit
- Eintritt einer schweren Krankheit

Eine **Erhöhung ohne erneute Gesundheitsprüfung** kann unter folgenden Bedingungen vorgenommen werden:

- innerhalb der ersten fünf Versicherungsjahre *Ziffer 19.1 ABGV*
- mit einer Wartezeit von sechs Monaten, außer bei Unfall (für die hinzugekommenen Leistungen)
- gilt nur für zukünftige Versicherungsfälle

Für eine **Erhöhung mit Gesundheitsprüfung**

- fallen keine Wartezeiten an und
- die Erhöhung ist auch nach fünf Versicherungsjahren noch möglich.
- Der Einschluss einer schweren psychischen Krankheit oder schweren Krankheit ist nur mit erneuter Gesundheitsprüfung **möglich.**
- Bei Einschluss innerhalb der ersten fünf Versicherungsjahre werden allerdings nur Fragen gestellt, die beim ersten Vertragsabschluss unterblieben sind.

Eine **Reduzierung** des Versicherungsschutzes zieht eine Reduktion des Beitrages nach sich und ist: *Ziffer 19.2 ABGV*

- zum nächsten Fälligkeitstermin der Prämie möglich und
- muss 15 Jahre vor Ablauf der Versicherungsdauer erfolgen.
- Wenn die Versicherungsdauer kürzer als 25 Jahre ist, dann nur innerhalb der ersten zehn Versicherungsjahre.

Verlängerung der Vertragslaufzeit

Da die statistische Lebenserwartung der Menschen steigt, ist davon auszugehen, dass sich zukünftig das Rentenregeleintrittsalter im Laufe der Jahre nach hinten verschiebt. Für diesen Fall sieht die Pro- *Ziffer 20 ABGV* ximus Versicherung AG vor, dass man entsprechend die Laufzeit und Leistungsdauer seiner Grundfähigkeitenversicherung verlängern kann. Unter folgenden Bedingungen ist dies möglich:

- innerhalb von sechs Monaten nach Verlängerung der gesetzlichen Lebensarbeitszeit
- nur bis fünf Jahre vor Ablauf der ursprünglichen Versicherungsdauer
- Verlängerung so lange wie Verlängerung der gesetzlichen Lebensarbeitszeit
- es wurden noch keine Leistungen aus dem Vertrag erbracht
- nur für zukünftige Versicherungsfälle
- der Vertrag wurde nicht vorzeitig beitragsfrei gestellt

5.3.8 Ende der Versicherung

Ziffer 15 ABGV

Die Grundfähigkeitenversicherung endet automatisch mit **Ablauf der Laufzeit der Versicherung**. Dies kann z.B. das Erreichen der Regelaltersgrenze, also der Eintritt in die Rente sein. Kürzere Laufzeiten können auch bei Vertragsabschluss zwischen Versicherungsnehmern bzw. Versicherungsnehmerinnen und Versicherer vereinbart werden, um z.B. das Risiko zu begrenzen und Beiträge zu reduzieren.

Der/die Versicherungsnehmer/-in hat auch die Möglichkeit zur vollen oder teilweisen **Kündigung** seiner/ihrer Grundfähigkeitenversicherung. So kann jederzeit zum Ende der laufenden Versicherungsperiode in Schriftform gekündigt werden. Ist die Beitragszahlung unterjährig vereinbart, so gilt der Zeitraum entsprechend der Zahlweise. Der Versicherer zahlt keine Beiträge zurück, sondern stellt den Vertrag „beitragsfrei". Einen Rückkaufswert erhält der/die Versicherungsnehmer/-in nicht.

§ 38 VVG

Eine ordentliche Kündigung des Versicherers ist nicht vorgesehen, ebenso ist keine Kündigung nach einem Versicherungsfall möglich. Der Versicherer kündigt den Vertrag lediglich im Falle der Nichtzahlung der Beiträge nach § 38 VVG.

6 Kundenberatungsgespräche in der Berufsunfähigkeitsversicherung

Vorbemerkungen und allgemeine Hinweise

Bei jedem Kundenberatungsgespräch sind gesetzliche Regelungen zu beachten.

Diese können Sie im Lehrbuch zum 1. Ausbildungsjahr in Lernfeld 2 Kapitel 7 sowie in Lernfeld 3 nachlesen.

Was allgemein bei Kundengesprächen bzgl. der Kommunikation zu beachten ist, finden Sie ebenfalls im Lehrbuch zum 1. Ausbildungsjahr in Lernfeld 3.

Die fachlichen Hintergründe zur Berufsunfähigkeitsversicherung wurden in Lernfeld 7 Teil B in den Kapiteln 1 bis 5 behandelt.

Das folgende Kapitel fasst die spezifischen Besonderheiten für Beratungen zu Berufsunfähigkeitsversicherungen in komprimierter Form zusammen, ohne den Anspruch auf Vollständigkeit zu erheben, denn es gibt so viele Arten von Kundenberatungsgesprächen wie es Kundinnen und Kunden gibt.

6.1 Zielgruppen für Berufsunfähigkeitsversicherungen

Zunächst stellt sich die Frage: Wer braucht eigentlich eine Berufsunfähigkeitsversicherung?

In Teil A dieses Lernfeldes wurde bereits die Unfallversicherung ausführlich behandelt. Alles was hinsichtlich der Arbeitskraft und deren Beeinträchtigung durch einen Unfall gilt, kann auch als Argument für den Abschluss einer Berufsunfähigkeitsversicherung herangezogen werden.

Leider gibt es neben Unfällen auch andere Problemzonen im täglichen Leben, vor denen kein Mensch wirklich sicher ist.

Schwere Krankheiten treten auf und haben mitunter zur Folge, dass der bisher ausgeübte Beruf nicht mehr ausgeübt werden kann. Zwar ist die Erwerbsminderungsrente ein Bestandteil der Gesetzlichen Rentenversicherung (GRV), aber diese Rente bedeutet massive finanzielle Einschnitte, die nur mit einer Berufsunfähigkeitsversicherung ausgeglichen werden können.

Das Thema Berufsunfähigkeit sollte daher in jedem Beratungsgespräch im Rahmen der Bestandsaufnahme (Vorsorgeanalyse) angesprochen werden.

Begrenzte Geldmittel

Berufsunfähigkeitsversicherungen sind wie alle Versicherungen nicht umsonst und nicht jede Kundin bzw. jeder Kunde kann sich eine Berufsunfähigkeitsversicherung leisten. Besonders kurz nach dem Berufseinstieg fällt daher in vielen Fällen die Wahl auf die Unfallversicherung, da diese deutlich kostengünstiger ist. Allerdings sollte in Beratungsgesprächen den Kundinnen und Kunden immer vermittelt werden, dass bei der Berufsunfähigkeitsversicherung der Zeitfaktor eine bedeutende Rolle spielt:

- Je später ein/-e Versicherungsnehmer/-in eine BU-Versicherung abschließt, desto höher ist sein Eintrittsalter, was zu einem höheren Beitrag führt.
- Mit zunehmendem Eintrittsalter steigt auch das Risiko, dass bereits Umstände eingetreten sind, die den Abschluss einer BU-Versicherung unmöglich machen bzw. nur mit Ausschlüssen oder einem Prämienzuschlag ermöglichen.

Alternative Angebote

Seit einigen Jahren bieten zahlreiche Versicherer die Grundfähigkeitenversicherung in verschiedenen Grundfähigkeitenpaketen an (z.B. bei der Proximus Versicherung AG in den Paketen Basis, Plus und Premium). Diese sog. „kleine Berufsunfähigkeitsversicherung" deckt zwar nicht alle Risiken, die zu einer Berufsunfähigkeit führen können, ab, bietet aber dennoch einen Einstieg in die Absicherung der Arbeitskraft und ist dabei kostengünstiger als eine herkömmliche BU-Versicherung.

6.2 Neukundinnen und -kunden für die Berufsunfähigkeitsversicherung gewinnen

Bei Neukundinnen und -kunden bietet sich die Berufsunfähigkeitsversicherung unter dem Aspekt der Absicherung der eigenen Arbeitskraft an, wird aber in der Regel auf einen späteren Zeitpunkt vertagt. Hier ist es hilfreich, die geeigneten Personengruppen und konkrete Anlässe für eine Kundenansprache ausfindig zu machen.

Personengruppen und Anlässe zur Kundenansprache

Die folgende Liste zeigt einige Möglichkeiten auf. Der Kreativität der Abschlussvermittler/-innen sind jedoch keine Grenzen gesetzt und die Liste lässt sich beliebig erweitern.

- **Berufseinsteiger/-innen**
  Viele Berufseinsteiger/-innen sind zunächst offen für Sachsparten, wie z. B. Kfz-, Haftpflicht-, Hausrat-oder auch Unfallversicherung. Spricht man bei der Beratung den Zeitfaktor eine Altersvorsorge an, steigen viele Kundinnen und Kunden mit einer kleinen Lebensversicherung in diesen Versicherungszweig ein. Hier sollte das Thema BU-Versicherung angesprochen werden. Es gibt in der Praxis (und auch bei der Proximus Versicherung AG) ja nicht nur die Möglichkeit einer selbstständigen BU-Versicherung, sondern auch den Einschluss einer BU-Rente in eine Lebensversicherung (näheres hierzu im Lehrbuch zum 3. Ausbildungsjahr in Lernfeld 11). Selbst eine kleine BU-Rente als Einschluss in einer kleinen Lebensversicherung federt das finanzielle Risiko im Falle einer Berufsunfähigkeit zumindest etwas ab.

- **Berufsaufsteiger/-innen**
  Nach dem Berufseinstieg kommt (hoffentlich) der Aufstieg, der ein höheres Gehalt bedeutet und damit verbunden auch besserer finanzielle Möglichkeiten, um das Thema der Absicherung der Arbeitskraft anzusprechen.

- **junge Familien**
  Wer eine Familie gründet, plant in aller Regel einige Anschaffungen. Kredite für Pkws und/oder Wohnungseinrichtungen werden aufgenommen, Urlaube werden gebucht usw. Hier würde eine Berufsunfähigkeit massive finanzielle Einschnitte nach sich ziehen und die komplette Lebensplanung müsste neu durchdacht werden.

- **Existenzgründer/-innen**
  Wer den Weg in die berufliche Selbstständigkeit wagt, muss sich in vielen Fällen nicht bei der GRV versichern. Zwar wird auch hier das Thema Berufsunfähigkeit (und oft auch das Thema Altersvorsorge) gerne verdrängt oder auf „lange Bank geschoben“, aber mit der richtigen Kundenansprache wird besonders Existenzgründerinnen und Existenzgründern schnell klar, dass die penibelst ausgearbeiteten Geschäftspläne hinfällig werden, wenn die eigene Arbeitskraft aus welchen Gründen auch immer nur noch eingeschränkt oder gar nicht mehr zur Verfügung steht. Im Falle einer Berufsunfähigkeit können Firmenkredite nicht mehr bedient werden und die komplette Existenz steht auf der Kippe.

- **Immobilienerwerber/-innen**
  Der Traum vom eigenen Haus ist für viele Familien ein Lebensziel. Ein eigenes Haus mit Garten ist toll für die ganze Familie. Ist das Traumobjekt gefunden, geht es um eine geeignete Finanzierung. Doch reicht die bisherige Absicherung der Arbeitskraft auch aus, um die Hausfinanzierung und die damit verbundenen Kreditraten auch im Falle einer Berufsunfähigkeit weiterhin zu zahlen? Bei jeder Finanzierung muss dies abgeklärt und auch abgesichert werden, damit der Traum vom Eigenheim im Falle eines Falles nicht zum Albtraum wird.

- **Empfehlungen aus dem Umfeld**
  Wie auch in allen anderen Sparten sind Empfehlungen von Kundinnen und Kunden oder aus dem persönlichen Umfeld die beste Werbung. In persönlichen Gesprächen (Stichwort „Smalltalk“) wird oft beiläufig erwähnt, wer im Umfeld demnächst heiratet, Nachwuchs erwartet, den Weg in die Selbstständigkeit wagt oder einen beruflichen Aufstieg geschafft hat. Hier lauern die Empfehlungen und Tipps für Neugeschäfte, die erfahrene Außendienstmitarbeiter/-innen nicht ungenutzt ignorieren sondern nutzen sollten.

Datenschutzbestimmungen

Wichtig bei hierdurch gewonnenen Neukundenkontakten ist, dass die Datenschutzbestimmungen immer eingehalten werden. An einem Stammtisch im Vereinslokal ein Versicherungsthema anzusprechen ist eine Sache. Sobald das Gespräch aber in die Tiefe gehen könnte, sollte man einen persönlichen Termin vereinbaren und die Beratung in einem privaten Rahmen durchführen. Was hierbei gesprochen und vereinbart wird, bleibt für unbeteiligte Dritte tabu.

6.3 Gesprächsanlässe bei Bestandskundinnen und -kunden

Unter einem Bestandskunden bzw. einer Bestandskundin sind nicht unbedingt nur Personen zu verstehen, für die eine Berufsunfähigkeitsversicherung bei dem eigenen Versicherer besteht, sondern alle Personen, die bei dem eigenen Versicherer in irgendeiner Sparte versichert sind.

Bei solchen Kunden und Kundinnen gibt es zahlreiche Gesprächsanlässe, in deren Zusammenhang auch die Unfallversicherung thematisiert werden kann und sollte:

- aktualisierte Versicherungsbedingungen
- Verlängerung von abgelaufenen Verträgen
- Rabattangebote beim Abschluss mehrerer Verträge in einer Familienpolice
- neue Tarife, wie z. B. die Grundfähigkeitenversicherung
- neue Klauseln, die für ausgewählte Kundinnen und Kunden interessant sind
- zeitlich befristete Kundenrabattaktionen

In der Praxis sind neue Versicherungsbedingungen und Vertragsverlängerungen neben Schadenmeldungen die häufigsten Gründe für Kundenkontakte. In der Regel bieten neue Bedingungen einen verbesserten Versicherungsschutz zu einem oft geringen Mehrbeitrag.

Wenn in diesem Zusammenhang der komplette Versicherungsordner durchgesehen wird, kommt zwangsläufig auch irgendwann das Thema Berufsunfähigkeitsversicherung zur Sprache.

Bestehende BU-Verträge (auch Lebensversicherung mit Berufsunfähigkeitszusatzversicherungen) sollten regelmäßig auf ihre Aktualität überprüft werden. Im Laufe der Jahre ändern sich die Lebensumstände. Berufe werden gewechselt, neue Hobbys werden entdeckt, die Familie bekommt Zuwachs, das Einkommen steigt usw. All diese Änderungen sollten bei der BU-Versicherung, deren Versicherungssummen und Einschlüsse berücksichtigt werden.

6.4 Argumentationshilfen zur Berufsunfähigkeitsversicherung

Die eigene Arbeitskraft, die das Vermögen erst erschaffen und bewahren kann und soll, ist wie auch bei der Unfallversicherung essenziell. Die meisten Kundinnen und Kunden haben in ihrem Umfeld schon Fälle mit schweren Erkrankungen erlebt, die mitunter zu einem frühen Eintritt in die Erwerbsminderungsrente geführt haben.

Der mögliche Verlust des bisherigen Lebensstandards und ein damit verbundener sozialer Abstieg ist ein mögliches Szenario, das ein engagierter Kundenberater bzw. eine engagierte Kundenberaterin seiner Kundschaft unbedingt darlegen sollte, ja sogar muss, denn das Aufzeigen solcher Eventualitäten und das Anbieten von geeigneten Versicherungslösungen zählt zu den ureigensten Aufgaben in der Versicherungsbranche.

6.5 Ablauf von Kundenberatungsgesprächen

Jedes Kundengespräch basiert auf einer anderen Gesprächsgrundlage und zu guter Letzt hat auch jeder Kundenberater und jede Kundenberaterin eine andere Persönlichkeit, ein anderes Auftreten und ein anderes Fachwissen. All diese Unterschiede machen Beratungsgespräche schwierig, aber auch interessant. Entscheidend ist, dass der/die Berater/-in einen persönlichen Zugang zum/zur jeweiligen Gesprächspartner/-in findet.

Wie bereits bei der Beratung zur Unfallversicherung braucht der/die Kundenberater/-in unbedingt genaue Angaben zum Einkommen. Wenn dies einmal in der Vorsorgeanalyse erfasst wurde, sollten die

Angaben immer wieder in Sachen Aktualität überprüft werden. Hieraus kann sich dann ein Handlungsbedarf, z. B. eine Summenanpassung, ergeben.

6.6 Nachbereitung von Kundenberatungsgesprächen

Zu der Nachbereitung von Kundenberatungsgesprächen gehören einige Routineaufgaben, die sich von Versicherer zu Versicherer unterscheiden.

In der Regel müssen Anträge und Beratungsprotokolle an die Zentrale weitergeleitet werden. Dies kann in Papierform oder digital geschehen.

Darüber hinaus sollte relevante Wünsche und Pläne der Kunden und Kundinnen notiert und bekannte Termine auf Wiedervorlage genommen werden.

6.7 Kundenberatung mit modernen Kommunikationsmitteln

Moderne Kommunikationsmittel gewinnen auch in der Kundenberatung immer mehr an Bedeutung.

Ob und wie diese Mittel bei der Kundschaft eingesetzt werden, hängt vom jeweiligen Gesprächsthema und auch von den jeweiligen Kundinnen und Kunden und deren technischen Voraussetzungen ab.

Ähnlich wie auch die Unfallversicherung ist die Berufsunfähigkeitsversicherung eine Versicherung, die man zwar braucht und haben sollte, aber eigentlich besser nie in Anspruch nehmen möchte, denn die Ereignisse, die einem Leistungsfall vorausgehen sind meistens unangenehm. Eine Berufsunfähigkeitsversicherung ist ohne persönliches Gespräch kaum vermittelbar, denn bei dieser speziellen Sparte ist es besser, wenn der/die Versicherungsvermittler/-in der Kundin, dem Kunden oder der kompletten Familie gegenüber sitzt, um ein sehr persönliches Thema auch persönlich zu besprechen.

Wenn die Kundin bzw. der Kunde hingegen nach einer Beratung und einer anschließenden Bedenkzeit einen Vertragsabschluss telefonisch, schriftlich oder auf elektronischen Weg tätigen will, ist das natürlich machbar. Ebenso verhält es sich bei Vertragsänderungen bestehender Verträge. Die richtige Mischung aus medialen und persönlichen Kontakten hängt stark von den persönlichen Präferenzen der jeweiligen Gesprächspartner/-innen ab.

Lernfeld 8

Kunden im Bedarfsfeld Gesundheit beraten

Zielbeschreibung:

Die Schülerinnen und Schüler verfügen über die Kompetenz, Kundinnen und Kunden über Vorsorgemöglichkeiten im Falle der Entstehung von Krankheitskosten und bei Eintritt von Pflegebedürftigkeit zu beraten, notwendige Vertragsänderungen zu berücksichtigen und Leistungsfälle dem Grunde nach zu beurteilen.

8

Es folgen die Inhalte des Rahmenlehrplans für Lernfeld 8:

Kunden im Bedarfsfeld Gesundheit beraten

Die Schülerinnen und Schüler **analysieren** die Lebenssituation der Kundinnen und Kunden im Hinblick auf die allgemeine Krankenversicherungspflicht. Sie unterscheiden zwischen Pflichtversicherten, freiwillig Versicherten und Familienversicherten in der gesetzlichen Krankenversicherung *(Beitragsbemessungsgrenze, Versicherungspflichtgrenze)* und Versicherten in der privaten Krankenversicherung. Sie grenzen in diesem Zusammenhang die Träger der gesetzlichen Krankenversicherung *(Krankenkassen, Pflegekassen der Krankenkassen)* von denen der privaten Krankenversicherung *(Krankenversicherer, Pflegeversicherer)* ab und vergleichen die Leistungen von gesetzlicher und privater Krankenversicherung.

Die Schülerinnen und Schüler **planen** die Bedarfsdeckung für die Zielgruppen der privaten Kranken- und Pflegeversicherung und bieten maßgeschneiderten Versicherungsschutz *(Vollversicherung, beihilfekonforme Restkostenversicherung, Anwartschaftsversicherung, Zusatzversicherungen)* an. Sie ermitteln dabei auch die Versorgungslücken bei Arbeitsunfähigkeit und Pflegebedürftigkeit. Sie vergleichen traditionelle und neue Produkte in der Krankenversicherung.

Im Beratungsgespräch **unterbreiten** die Schülerinnen und Schüler Vorschläge zur Risikobewältigung. Sie erfassen unter Beachtung der Datenschutzregelungen die zur Risikobeurteilung notwendigen Daten *(objektive Risikomerkmale, subjektive Risikomerkmale)*, nehmen Anträge auf und bereiten den Abschluss von Kranken- und Pflegeversicherungen vor.

Die Schülerinnen und Schüler **erläutern** den Versicherungsumfang der angebotenen Produkte und ermitteln deren Beiträge *(Tarife, Selbstbehalte)*. Sie informieren die Kundinnen und Kunden in der Vollversicherung über den Aufbau von Alterungsrückstellungen und die Voraussetzungen, unter denen sie am Verfahren der Beitragsrückerstattung teilnehmen.

Es folgen weitere Inhalte des Rahmenlehrplans für Lernfeld 8:

Im Rahmen der Bestandspflege **kontrollieren** die Schülerinnen und Schüler den Versicherungsschutz ihrer Kundinnen und Kunden und beraten diese bei Änderungen der individuellen Lebenssituation *(Heirat, Geburt, Adoption, Wegzug, finanzielle Notlage)*. Im Sinne einer langfristigen Kundenbindung optimieren sie den Versicherungsschutz ihrer Kundinnen und Kunden und informieren diese über ordentliche und außerordentliche Kündigungsmöglichkeiten von Versicherungsnehmerin und -nehmer sowie Versicherer *(Versicherewechsel, Mitnahme von Alterungsrückstellungen, Beendigung des Vertrages)*.

Im Leistungsfall führen die Schülerinnen und Schüler die formelle und materielle Deckungsprüfung *(Geltungsbereich, Versicherungsbeginne, Wartezeiten, Ausschlüsse)* durch. Sie **beurteilen** den Leistungsfall dem Grunde nach, informieren die Versicherungsnehmerinnen und Versicherungsnehmer – auch mithilfe digitaler Medien – über die Regulierung und weisen sie auf ihre Rechte *(Ombudsmann private Kranken- und Pflegeversicherung) und Pflichten (Prämienzahlung, Obliegenheiten)* hin.

In Hinblick auf Kundenzufriedenheit und Kundenbindung **reflektieren** die Schülerinnen und Schüler ihr Service- und Kommunikationsverhalten im Beratungsgespräch und holen sich ein Kundenfeedback ein. Sie entwickeln Strategien zur lösungsorientierten Kommunikation in konfliktbehafteten Beratungsgesprächen.

Teil A: Kunden zu Krankenversicherungen beraten

1 Bedeutung der Gesundheit

Alle kennen den Spruch: *„Gesundheit ist nicht alles – aber ohne Gesundheit ist alles nichts!“*

Gesundheit und deren Erhaltung ist eines unserer höchsten Güter. Der Mensch möchte in einem gesunden, kraftvollen Körper ohne Schmerzen und Einschränkungen leben.

In den letzten Jahren hat uns die Corona-Pandemie gezeigt, wie verletzlich eine Gesellschaft ist, wenn deren Gesundheit in Gefahr ist. Alles hängt davon ab: die Wirtschaft, die Bildung, die Zufriedenheit usw. Nicht zuletzt ist die Gesundheit der Menschen in einer Gesellschaft die Voraussetzung für ein Leben in Wohlstand und sozialem Frieden.

Als Folge dieser Erkenntnis ist das System der Absicherung der Gesundheit in einer Gesellschaft eine der wesentlichen Aufgaben des Sozialstaates.

1.1 Geschichte der Krankenversicherung in Deutschland

In Deutschland ist die Absicherung der Gesellschaft durch zwei Krankenversicherungssysteme, die nebeneinander existieren, sichergestellt. Zum einen gibt es die Gesetzlichen Krankenversicherungen (GKV) in Form einer Sozialversicherung. Zum anderen gibt es die Privaten Krankenversicherungen (PKV) in Form der Individualversicherung.

Die gesetzliche Krankenversicherung ist in ihren Grundzügen im Wilhelminischen Kaiserreich entstanden und ist mit ihrer Gründung durch den damaligen Reichskanzler Otto von Bismarck im Jahr 1883 die älteste Säule der Sozialversicherungen in Deutschland. Bismarck hat per Gesetz ab diesem Zeitpunkt Industriearbeitende und Beschäftigte von Handwerksbetrieben und Gewerbebetreibenden für krankenversicherungspflichtig erklärt. Dies waren damals etwa 10 % der Bevölkerung. Damals zahlte der/die Arbeitnehmer/-in zwei Drittel des Beitrages und der Arbeitgeber beteiligte sich mit einem Drittel.

Heute sind etwa 88 % der Bevölkerung in der GKV versichert. Das entspricht ca. 73 Mio. Versicherten. Der Beitrag wird von dem/der Arbeitnehmer/-in und dem Arbeitgeber paritätisch, d. h. zu gleichen Teilen, finanziert. In Deutschland gibt es 79 GKVs (Stand 01.01.2022). Sie sind Körperschaften des öffentlichen Rechts und finanziell sowie organisatorisch unabhängig und eigenverantwortlich in ihrer Selbstverwaltung.

Die restlichen 12 % der Bevölkerung sind in der PKV oder in der Freien Heilfürsorge (= Krankenversorgung der Polizisten, Soldaten und ähnlich gefährdeter Berufsgruppen im öffentlichen Dienst) abgesichert.

Die PKVs haben sich, sozusagen als Antwort, parallel ab 1883 gegründet, da sich die nicht in der GKV versicherungspflichtigen Menschen ebenfalls gegen das finanzielle Risiko von Krankheiten absichern wollten. Die ersten Impulse gingen von Verbeamteten und Angehörigen des Mittelstandes aus – diese gründeten die ersten Versicherungseinrichtungen auf privatwirtschaftlicher Grundlage. Die erste Aktiengesellschaft (AG) gründete sich 1913. Heute dürfen die PKVs in der Rechtsform der AG oder auch des Versicherungsvereins auf Gegenseitigkeit (VVaG) betrieben werden. Alle PKVs werden durch die Bundesanstalt für Finanzdienstleistungsaufsicht (BaFin) beaufsichtigt.

In den PKVs sind heute nicht nur krankenvollversicherte, sondern auch viele zusatzversicherte Menschen, die den Versicherungsschutz aus der GKV verbessern wollen.

Krankenversicherungsschutz der Bevölkerung
in Prozent und Millionen
2021

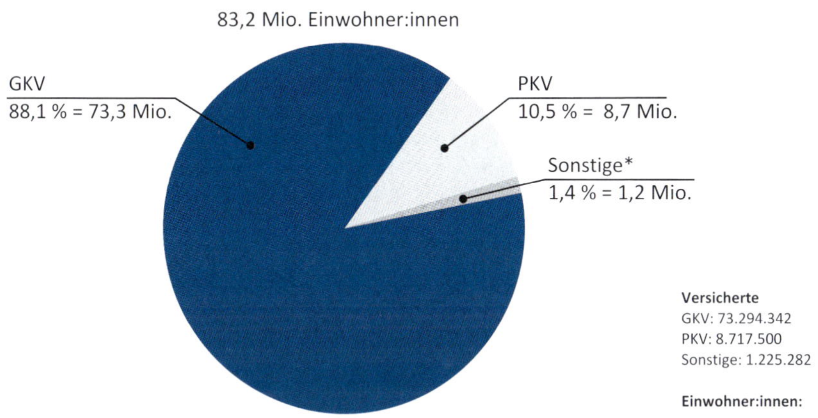

*Sonstige: Anspruch auf Krankenversorgung als Sozialhilfeempfänger:innen, Kriegsschadenrentner:innen, Empfänger:innen von Unterhaltshilfe aus dem Lastenausgleich, freie Heilfürsorge der Polizei und Bundeswehr, nicht krankenversicherte Personen, ohne Angabe zum Vorhandensein einer

Quelle: Eigene Berechnung und Darstellung nach: BMG, StBA und PKV.

1.2 Aufbau des Krankenversicherungssystems in Deutschland

Sowohl das System der GKVs als auch das System der PKVs haben das Ziel, die Gesundheit der Menschen finanziell abzusichern. Gleichzeitig arbeiten aber beide Versicherungen sehr unterschiedlich.

Beiträge der Gesetzlichen Krankenversicherungen

In der GKV sind die Menschen i. d. R. per Gesetz versichert. Wer dies genau ist, wird in Kapitel 2.2 behandelt. Wer nicht in der GKV versichert ist, der muss sich in der PKV versichern, denn in Deutschland gibt es seit dem 01.01.2009 die Pflicht zur Krankenversicherung (und auch Pflegeversicherung). *§ 193 VVG*

Der Beitrag in der GKV richtet sich nach dem Bruttoeinkommen. Der Beitragssatz beträgt 14,6 % vom Bruttogehalt, maximal von der Beitragsbemessungsgrenze. Diese Grenze liegt 2023 bei 59.850,00 €/Jahr bzw. 4.987,50 €/Monat. Darüber hinaus verlangen die GKVs i. d. R. einen Zusatzbeitrag von durchschnittlich 1,6 % vom Bruttoeinkommen. Die Höhe des Zusatzbeitrages richtet sich nach den erwarteten Ein- und Ausgaben einer jeden GKV. Der Arbeitgeber zahlt vom Gesamtbeitrag seines Arbeitnehmers bzw. seiner Arbeitnehmerin die Hälfte – aber maximal bis zur Beitragsbemessungsgrenze. Der Arbeitgeber zahlt also 2023 bei einem Zusatzbeitrag von 1,6 % monatlich maximal 403,99 € (= 8,1 % aus 4.987,50 €) zur GKV dazu.

Prozentual vom Einkommen zahlt also jeder Versicherte in der GKV gleich viel. Hierbei wird das sogenannte Umlageverfahren angewandt. Dies bedeutet, dass das Geld, das durch Beiträge in die GKVs eingezahlt wird, sofort wieder in Form von Leistungen ausgezahlt wird. Die GKVs bilden also keine Rücklagen, sondern arbeiten kostendeckend. Zudem gibt es auch Menschen, die in der GKV ohne Beitrag versichert sind (siehe Kapitel 2.2). Die Beiträge der Versicherten werden von den Beitragszahlern

(Arbeitgeber, Rentenversicherungen, Versicherte) nicht direkt an die einzelnen GKVs gezahlt, sondern fließen zunächst in einem Gesundheitsfonds zusammen. Aus diesem Gesundheitsfonds heraus werden die Beiträge den einzelnen GKVs zugewiesen. Hierbei wird nicht nur berücksichtigt, wie viele Menschen in den einzelnen GKVs versichert sind, sondern auch wie alt, welches Geschlecht und wie krank und chronisch krank sowie einkommensstark bzw. einkommensschwach die Menschen je GKV sind. So wird ein Risikostrukturausgleich zwischen den einzelnen GKVs erreicht, denn das System der GKV lehnt niemanden aufgrund seiner Vorerkrankungen ab – es herrscht Kontrahierungszwang (Annahmezwang). Zusätzlich zu diesen vom Gesundheitsfonds zugewiesenen Beiträgen kann jede einzelne GKV einen kassenindividuellen Zusatzbeitrag (s. o.) erheben, wenn dieser zur Finanzierung der Krankheitskosten der Versicherten notwendig ist.

Zudem erhalten die GKVs einen Bundeszuschuss aus Steuermitteln. Von diesem Bundeszuschuss werden Leistungen finanziert, die nicht mit Krankheiten in Verbindung stehen, z. B. für beitragsfreie Versicherte, Mutterschaft, Schwangerschaft. Man nennt diese Leistungen „versicherungsfremde Leistungen".

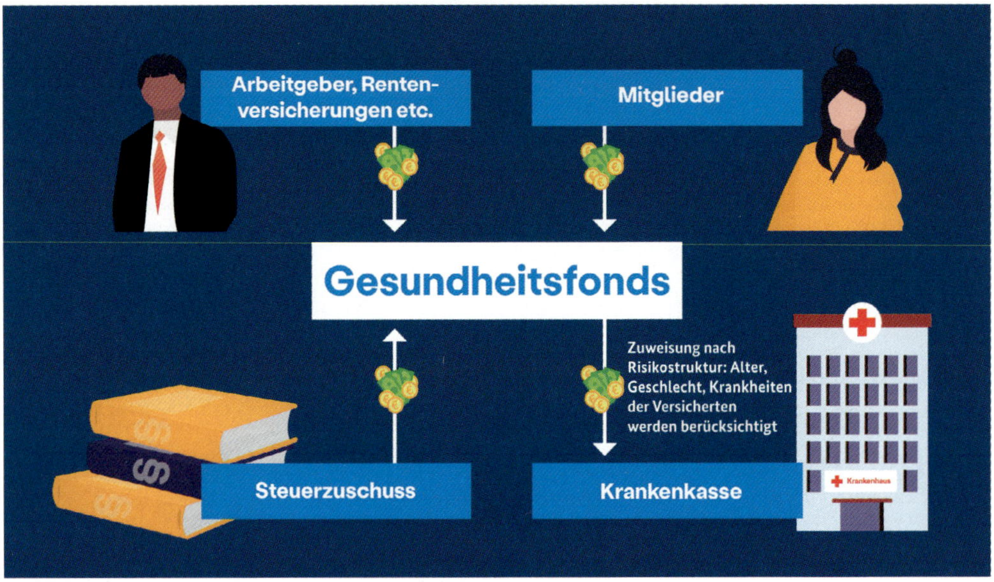

Beiträge der Privaten Krankenversicherungen

In der PKV richtet sich der Beitrag, wie in jeder Individualversicherung, nach dem Äquivalenzprinzip.

Die Beitragshöhe ist also bei jeder Person abhängig von dem zu versichernden Risiko und den zu versichernden Leistungen. Der PKV-Versicherer unterliegt (i. d. R.) nicht dem Kontrahierungszwang. Aus diesem Grunde findet nach Antragstellung immer eine Risikoprüfung statt. Der Beitrag wird mathematisch nach Art der Lebensversicherung berechnet. Es wird demnach berücksichtigt, dass die Schadenhäufigkeit und die Schadenhöhe in der Krankenversicherung mit zunehmendem Alter der versicherten Person ansteigen. Aus diesem Grunde werden die Beiträge so berechnet, dass Alterungsrückstellungen gebildet werden können (siehe Kapitel 4.7). Für die Kapitalanlage dieser Rückstellungen gelten wieder die gleichen Grundsätze wie in der Lebensversicherung (vgl. Lernfeld 11 im Lehrbuch für das 3. Ausbildungsjahr). Lediglich im Bereich der Zusatzversicherungen werden viele Tarife ohne Alterungsrückstellungen kalkuliert. Die Beiträge erhöhen sich dann nach Art des Schadens.

Unterschiede bei den Leistungen

Benötigt ein Mensch, der in der **GKV** versichert ist, medizinische Versorgung, so geht dieser zu einer Ärztin oder zu einem Arzt bzw. ins Krankenhaus und wird dort behandelt. Er gibt seine elektronische Gesundheitskarte (eGK, vormals Krankenversicherungskarte) ab und sobald man wieder gesund ist, ist der „Vorgang" hiermit für den/die Versicherte/-n abgeschlossen. Die Ärztin bzw. der Arzt oder das Krankenhaus bekommt ihr oder sein Honorar über die GKVs (Kassenärztliche Vereinigung) überwiesen. Dieses System nennt man **„Sachleistungssystem"**, da der Patient lediglich die medizinische Versorgung (Sache) erhält.

Der Versicherte in der **PKV** geht bei Krankheit ebenfalls in eine Arztpraxis oder ein Krankenhaus und erhält medizinische Versorgung. Im Anschluss daran aber erhält er von der Arztpraxis oder dem Krankenhaus eine Rechnung und muss diese dann anschließend selbst bezahlen. Anschließend leitet der/die Versicherte diese Rechnung an seine/ihre PKV weiter. Diese erstattet dann den Rechnungsbetrag an den Versicherten bzw. die Versicherte. Die Arztpraxis oder das Krankenhaus hat keine vertragliche Beziehung zu der PKV. Lediglich bei der Behandlung im Krankenhaus kann der/die Versicherte zustimmen, dass das Krankenhaus direkt mit der PKV abrechnet (vgl. Kapitel 10.3.). Dieses System nennt man **„Kostenerstattungssystem"**, da der Versicherte hier von der PKV die Kosten der medizinischen Behandlung erstattet bekommt. Die versicherte Person hat somit Einsicht in die Arztrechnungen und erlangt Transparenz und Kontrolle hierüber.

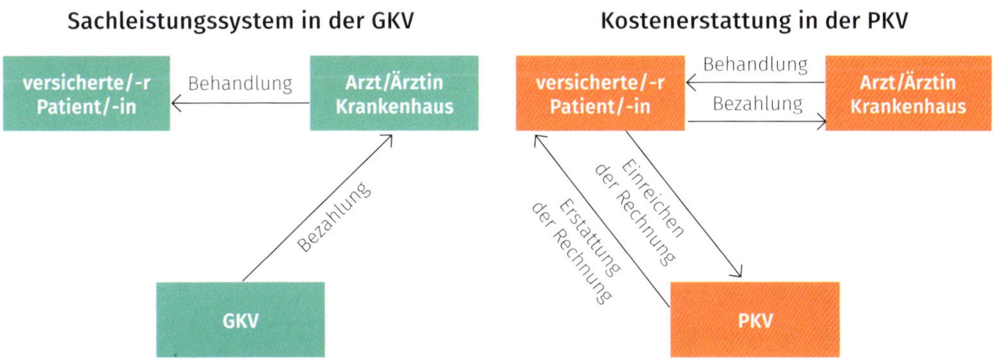

Unterschiede	GKV	PKV
Zustandekommen des Versicherungsverhältnisses	· per Gesetz · Kontrahierungszwang (i. d. R.)	· per Vertrag · nach Risikoprüfung
Beitrag	· prozentualer Anteil vom Einkommen · Verteilung über Gesundheitsfonds an die einzelnen GKVs, um untereinander einen Risikostrukturausgleich zu schaffen	· nach dem Äquivalenzprinzip · jede PKV arbeitet voneinander unabhängig
Finanzierung	· Umlageverfahren	· nach Art der Lebensversicherung mit Bildung von Alterungsrückstellungen
Abrechnungssystem	· Sachleistungsprinzip	· Kostenerstattungsprinzip

Zusammenfassung

2 Absicherungen in der Sozialversicherung

Die Versicherten der GKV erhalten im Bedarfsfall viele unterschiedliche Leistungen. Dabei können die Versicherten ihre Ärztinnen und Ärzte frei auswählen, solange diese mit den GKVs zusammenarbeiten, also eine kassenärztliche Zulassung haben.

2.1 Leistungen der GKV

Folgende Leistungen werden u.a. von der GKV übernommen:

- **Ambulante Behandlungen** durch eine Ärztin oder einen Arzt übernimmt die GKV. Für Spezialärztinnen oder Spezialärzte benötigt man eine entsprechende Überweisung.
- **Kontrolluntersuchungen** zur frühzeitigen Erkennung und Verhütung von Krankheiten
- **Standardimpfungen** werden übernommen.
- **Krankenhausbehandlung** im Mehrbettzimmer und allgemeiner Pflegeleistung. Ab Vollendung des 18. Lebensjahres muss ein Eigenanteil von 10,00 € pro Tag für maximal 28 Tage im Jahr gezahlt werden.
- **Medikamente**, sofern von einer Ärztin oder einem Arzt verschrieben und nicht frei verkäuflich mit einem Eigenanteil von 10% - mindestens aber 5,00 € und höchstens 10,00 € pro Packung. Alle Zuzahlungen pro Jahr sollen nicht mehr als 2% des Bruttoeinkommens betragen – für chronisch Kranke nur 1%. Für Kinder bis 18 Jahre entfallen die Zuzahlungen.
- **Krebsvorsorgeuntersuchungen** werden bei Frauen ab dem 20. Lebensjahr, bei Männern ab dem Alter von 35 Jahren bezahlt.
- **Heilmittel**, z.B.: Physio-, Ergotherapie oder logopädische Behandlungen werden übernommen. Ab Vollendung des 18. Lebensjahres zahlt man einem Selbstbehalt von 10% der Kosten plus 10,00 € pro Verordnung pro Jahr.
- **Hilfsmittel** (z.B. Hörgeräte, Prothesen, Krücken und Rollstühle) müssen von einer Ärztin oder einem Arzt verordnet sein. Die Zuzahlung beträgt 10% der Kosten, mindestens 5,00 € und maximal 10,00 €, jedoch nicht mehr als die Kosten des Hilfsmittels.
- **Kinderkrankengeld**, das bedeutet Lohnfortzahlung im Krankheitsfall eines Kindes (wenn dieses in der GKV versichert ist und unter zwölf Jahre alt ist; bei Kindern, die akut krank werden und wegen einer Behinderung Hilfe bedürfen, gibt es keine Altersgrenze), wenn wegen der Kinderbetreuung ein Elternteil zu Hause bleiben muss. Eltern können je Kind pro Kalenderjahr zehn Arbeitstage, Alleinerziehende 20 Arbeitstage Kinderkrankengeld beantragen. Bei mehreren Kindern besteht der Anspruch je Elternteil für maximal 25 Arbeitstage, für Alleinerziehende für maximal 50 Arbeitstage.
- **Zahnbehandlungen** werden von der Krankenkasse wie jede andere ärztliche Behandlung übernommen.
- **Zahnersatzbehandlungen** werden mit „Festzuschüssen" erstattet – also feste Beträge abhängig vom Befund. Die Höhe des Festzuschusses entspricht etwa 60% der Kosten der sogenannten Standardtherapie – also der einfachen und zweckmäßigen Lösung.
  Durch das Führen des Bonusheftes wird die Erstattung erhöht (auf 70% bei fünf lückenlosen Jahren im Bonusheft bzw. 75% bei zehn lückenlosen Jahren).
  - Implantate werden nicht von der GKV übernommen.
- **Kieferorthopädie** wird für Jugendliche unter 18 Jahren gezahlt, ab Indikationsgruppe 3 (es gibt die Gruppen 1 bis 5) bei Abschluss der Behandlung aber bis zu 100%.

- **Fahrtkosten** werden übernommen, wenn sie in Zusammenhang mit einer medizinischen Behandlung zwingend notwendig sind und der/die Patient/-in nicht alleine fahren kann.
- **Ambulante Kuren** und **Rehabilitationsmaßnahmen** werden alle vier Jahre für drei Wochen übernommen, um einer drohenden Behinderung vorzubeugen, diese zu beseitigen oder zu verringern.
- **Stationäre Kuren** und **Rehabilitationsmaßnahmen** werden übernommen, wenn eine ambulante Kur nicht zielführend ist. Ab 18 Jahren hat der/die Versicherte pro Tag einen Eigenanteil von 10,00 € zu tragen.
- **Psychotherapie** wird nur bei vorheriger Zustimmung der GKV für eine begrenzte Anzahl von Stunden übernommen.
  - **Alternative Behandlungsmethoden** sind grundsätzlich nicht erstattungsfähig – manche GKVs zahlen aber freiwillig einige Behandlungsmethoden.
  - **Heilpraktikerbehandlungen** zahlen die GKVs nicht.
- **Schutz im Ausland** besteht grundsätzlich bei Aufenthalt in einem anderen EU-Staat, maximal in Höhe der Kosten, die auch in Deutschland angefallen wären. Für eine Krankenhausbehandlung benötigt man eine Genehmigung durch die GKV.
  - Ein Rücktransport aus dem Ausland wird nicht erstattet.

2.2 Versicherter Personenkreis in der GKV

In der GKV sind drei Formen der Mitgliedschaft zu unterscheiden:

- **per Gesetz** versicherte Personen
- **familienversicherte** Personen
- **freiwillig versicherte** Personen

Festgelegt werden diese Personengruppen durch das Sozialgesetzbuch in § 5 ff. SGB V. *§ 5 ff. SGB V*

Versicherungspflichtige Versicherte per Gesetz nach § 5 SGB V	Freiwillig Versicherte nach § 9 SGB V	Familienversicherte nach § 10 SGB V
· Arbeitnehmende, Angestellte, Auszubildende gegen Entgelt unterhalb der JAEG[1] · Personen, die Arbeitslosengeld beziehen · Personen, die Bürgergeld beziehen · landwirtschaftlich Beschäftigte und mitarbeitende Familienangehörige sowie Altenteiler/-innen[2] · Künstlerinnen und Künstler · Publizistinnen und Publizisten · Personen in der Jugendhilfe	· Personen, die aus der Versicherungspflicht ausgeschieden sind **und** in den letzten fünf Jahren vor dem Ausscheiden mindestens zwölf Monate ununterbrochen versichert waren · Personen, die aus der Familienversicherung ausscheiden · Personen, die erstmals eine Beschäftigung aufnehmen und über der JAEG liegen · schwerbehinderte Menschen, wenn sie selbst, ein Elternteil	· **Ehe-/Lebenspartner/-innen** und **Kinder** von Versicherten in der GKV, wenn diese – ihren Wohnsitz im Inland haben – nicht selbst versichertes Mitglied in der GKV sind – nicht versicherungsfrei sind – nicht selbstständig sind – kein eigenes Einkommen haben (über 520,00 €) · **Bei Kindern gilt zusätzlich** – bis zur Vollendung des 18. Lebensjahres

1 JAEG siehe Kapitel 3

2 Ein/-e Altenteiler/-in ist eine ehemalige Bäuerin oder ein ehemaliger Bauer, der/die sich bei der Betriebsübergabe einen Anteil am Besitz vorbehalten hat. In der Regel beinhaltet der Altenteil ein Wohnrecht, regelmäßige Zahlungen und/oder Sachzuwendungen.

Versicherungspflichtige Versicherte per Gesetz nach § 5 SGB V	Freiwillig Versicherte nach § 9 SGB V	Familienversicherte nach § 10 SGB V
· Personen in einer Teilhabe zur Rückkehr in das Arbeitsleben · behinderte Menschen, die in Anstalten, Heimen o. Ä. tätig sind · Studierende, die in Deutschland ihren Wohnsitz haben (i. d. R. bis zur Vollendung des 30. Lebensjahres) · Personen, die einer in der Studien- oder Prüfungsordnung vorgeschriebenen Tätigkeit ohne Arbeitsentgelt nachgehen · Rentnerinnen und Rentner in der GRV · Personen, die Waisenrente beziehen ·	oder ihr/-e Ehe- oder Lebenspartner/-in in den letzten fünf Jahren mindestens drei Jahre in der GKV versichert waren · Arbeitnehmende, die aus dem Ausland zurückkehren und innerhalb von zwei Monaten wieder eine Beschäftigung aufnehmen, wenn sie vor dem Auslandsaufenthalt in der GKV waren · ... · Der freiwillige Beitritt in die GKV ist der GKV innerhalb von drei Monaten anzuzeigen.	– bis zur Vollendung des 23. Lebensjahres, wenn das Kind nicht erwerbstätig ist – bis zur Vollendung des 25. Lebensjahres, wenn sich das Kind in Schul- oder Berufsausbildung befindet sowie ein freiwilliges ökologisches Jahr ableistet. · Dies kann sich noch verlängern bei einer Unterbrechung durch den freiwilligen Wehrdienst bzw. Bundesfreiwilligendienst. · ohne Altersgrenze bei Menschen mit Behinderungen, wenn diese außerstande sind, sich selbst zu unterhalten · Als Kinder gelten auch Stiefkinder, Enkelkinder und Pflegekinder, die der/die Versicherte in seinem/ihrem Haushalt aufgenommen hat.

3 Private Krankenversicherung

Personen, die sich nicht in der GKV versichern, weil sie versicherungsfrei sind oder sich von der Versicherungspflicht befreien haben lassen, müssen sich trotzdem versichern. In Deutschland besteht seit dem 01.01.2009 die **Pflicht zur Kranken- und Pflegeversicherung**. Diese Versicherung muss den Versicherungsschutz der GKV ersetzen – man sagt auch substituieren. Deswegen spricht man bei einer **Krankenvollversicherung** in der PKV von einer **substitutiven Krankenversicherung**. Der Versicherungsschutz in der PKV muss also mindestens den ambulanten und stationären Bereich abdecken. Mit Beginn der Krankenversicherungspflicht in Deutschland haben die PKVs den Basistarif (siehe Kapitel 4.3) eingeführt. Im Basistarif herrscht für die PKVs Kontrahierungszwang.

3.1 Versicherter Personenkreis

§§ 6 und 7 SGB V

Versicherungsfrei, also nicht per Gesetz in der GKV, sind die nach §§ 6 und 7 SGB V benannten Personen.

Die GKV weist die/den Versicherte/-n auf das Ende der Versicherungspflicht hin. Der Austritt aus der GKV ist dann innerhalb von zwei Wochen zu erklären.

Folgende Personen können sich in der PKV versichern:

- Arbeitnehmende und Angestellte, die regelmäßig über der Jahresarbeitsentgeltgrenze (JAEG) verdienen.

Fallbeispiel

Die **Jahresarbeitsentgeltgrenze (JAEG)** – auch Versicherungspflichtgrenze genannt – wird jeweils zum 1. Januar eines Jahres an die Veränderung der Bruttogehälter angepasst.

Im Jahr 2023 beträgt sie 66.600,00 € jährlich.

Wird die JAEG überschritten, dann endet die Versicherungspflicht am Ende des Kalenderjahres, in dem die JAEG überschritten wird, wenn voraussichtlich auch die JAEG des Folgejahres überschritten wird.

- Selbstständige
- Freiberuflerinnen und Freiberufler (z. B.: Rechtsanwältinnen und Rechtsanwälte, Architektinnen und Architekten, niedergelassene Ärztinnen und Ärzte, ...)
- nicht-deutsche Besatzungsmitglieder deutscher Schiffe, die ihren Wohnsitz nicht in der EU, dem europäischen Wirtschaftsraum oder der Schweiz haben
- Beamtinnen und Beamte sowie Pensionärinnen und Pensionäre
- Soldatinnen und Soldaten auf Zeit
- Berufssoldatinnen und Berufssoldaten
- Studierende, die nebenbei gegen Arbeitsentgelt bei einer Hochschule oder der fachlichen Ausbildung dienenden Schule beschäftigt sind
- Personen mit geringfügiger Beschäftigung
- Personen, die arbeitslos geworden sind und Arbeitslosengeld 1 beziehen können, wenn sie in den letzten fünf Jahren vor der Arbeitslosigkeit von der Versicherungspflicht in der GKV befreit waren.
- Personen, die nach Vollendung des 55. Lebensjahres versicherungspflichtig werden und in den letzten fünf Jahren vor Eintritt der Versicherungspflicht nicht in der GKV waren **und** mindestens die Hälfte dieser Zeit versicherungsfrei, von der Versicherungspflicht befreit oder nicht versicherungspflichtig waren. *SGB V § 6 (3a)*

Dies bedeutet, dass Menschen ab dem 55. Lebensjahr oft nicht zurück in die GKV kommen, auch nicht, wenn sie wieder eine versicherungspflichtige Beschäftigung aufnehmen und evtl. sogar nur wenig verdienen.

Beispiele

- Frau Hilke Möller ist 55 Jahre alt, hat ihr gesamtes Erwerbsleben bisher als freiberufliche Rechtsanwältin gearbeitet und ist seit mehr als 25 Jahren bei der PKV versichert. Nach einer längeren Krankheit möchte sie kürzertreten und lässt sich für 20 Stunden die Woche bei einer Kanzlei als Mitarbeiterin anstellen.
  → Da Frau Möller in der GKV versicherungsfrei und bereits länger als fünf Jahre in der PKV versichert war, wird sie in der GKV nicht mehr aufgenommen. Sie muss weiterhin in der PKV bleiben, auch wenn ihr Einkommen jetzt niedrig ist.
- Herr Hannes Jakobi ist 56 Jahre alt und hat sich die letzten 15 Jahre als Hausmann um seine Zwillinge Jule und Marie gekümmert. Seine Frau ist eine erfolgreiche Wirtschaftsmathematikerin. Die ganze Familie ist seit Geburt der Kinder vor 15 Jahren in der PKV versichert. Nun möchte Herr Jakobi seinen alten Beruf als Bankkaufmann wieder aufnehmen. Sein Bruttoverdienst liegt bei 3.000,00 € monatlich.
  → Obwohl Herr Jakobi nun wieder selbst verdient und unterhalb der JAEG liegt, kann er nicht in die GKV zurück. Er muss weiterhin in der PKV versichert bleiben, da er in den letzten fünf Jahren versicherungsfrei und nicht in der GKV versichert war.

§ 8 SGB V

Von der **Versicherungspflicht in der GKV befreien lassen** können sich nach § 8 SGB V folgende Personen. Diese können sich ebenfalls in der PKV versichern:

- Personen, die durch Anhebung der JAEG versicherungspflichtig werden
- bei Bezug von Arbeitslosen- oder Unterhaltsgeld, wenn man in den letzten fünf Jahren davor in der PKV versichert war
- in der Elternzeit, wenn man nebenbei und nicht voll arbeitet
- durch Herabsetzen der wöchentlichen Arbeitszeit während der Freistellung zur Familienpflegezeit, um Angehörige zu pflegen
- weil die Wochenarbeitszeit auf mindestens die Hälfte herabgesetzt wird, wenn vorher mindestens fünf Jahre Versicherungsfreiheit bestand
- bei Antrag auf Rente bzw. Bezug von Rente
- bei Teilnahme an einer Maßnahme zur Teilhabe am Arbeitsleben
- als Studentin oder Student oder bei der berufspraktischen Tätigkeit
- als Ärztin oder als Arzt im Praktikum
- bei Tätigkeit in einer Einrichtung für behinderte Menschen

§ 8 (1) und (2) SGB V

Ein Antrag auf **Befreiung von der Versicherungspflicht** ist innerhalb von drei Monaten nach Beginn der Versicherungspflicht bei der Krankenkasse zu stellen. Die Befreiung wirkt vom Beginn der Versicherungspflicht an, wenn seit diesem Zeitpunkt noch keine Leistungen in Anspruch genommen wurden, sonst vom Beginn des Kalendermonats an, der auf die Antragstellung folgt. Die Befreiung kann nicht widerrufen werden. Die Befreiung wird nur wirksam, wenn das Mitglied das Bestehen eines anderweitigen Anspruchs auf Absicherung im Krankheitsfall nachweist.

Studierende

Ab Vollendung des 25. Lebensjahres fallen Kinder aus der Familienversicherung in der GKV oder auch aus der Beihilfe ihrer Eltern heraus. Sie können sich dann gegen Entgelt (ca. 88,00 €) in der GKV versichern. Diese studentische Versicherung in der GKV gilt bis zum 30. Geburtstag. Ab dann kostet die Versicherung in der GKV ca. 180,00 € monatlich.

§ 5 (1) Nr. 9 SGB V

Alternativ können sich Studierende von der Versicherungspflicht in der GKV befreien lassen und sich in der PKV krankenvollversichern. Die Befreiung von der Versicherungspflicht muss innerhalb der ersten drei Monate nach Ersteinschreibung an der Universität erfolgen und die Befreiung kann nicht rückgängig gemacht werden.

Studierende können in der PKV normale Tarife wählen oder sich aus Kostengründen den brancheneinheitlichen Tarif **„Private Studentische Krankenversicherung" (PSKV)** wählen. Die PSKV kann zwischen dem 25. und 34. Lebensjahr abgeschlossen werden. Dieser Tarif leistet im ähnlichen Umfang wie die GKV, rechnet aber privatärztlich ab. In Abhängigkeit vom Eintrittsalter kostet die PSKV zwischen ca. 67,00 € und 145,00 € monatlich. Sollte sich nach dem Studium eine Versicherung in der PKV anschließen, müssen keine erneute Gesundheitsprüfung durchlaufen und keine neuen Wartezeiten/erneute Staffeln (z. B. Zahnstaffeln) abgeleistet werden. Das Eintrittsalter wird allerdings neu berechnet.

Die Proximus Versicherung AG bietet keinen PSKV-Tarif an.

Beamtinnen und Beamte

Für Beamtinnen und Beamte gilt in Deutschland ein gesondertes Krankenversicherungssystem. Der Dienstherr der Beamtinnen und Beamten, also die Bundesrepublik Deutschland oder ein Bundesland, kommt, wie jeder Arbeitgeber, auch für einen Teil des Krankenversicherungsschutzes seiner Beamtinnen und Beamten auf. Diesen Teil nennt man **Beihilfe**. Der Dienstherr zahlt keinen Zuschuss zum Beitrag zur Krankenversicherung, sondern stellt selbst eine Versicherung, die sog. Beihilfe, zur Verfügung. Wie viel Beihilfe zur Verfügung gestellt wird, hängt vom Familienstand und vom Bundesland ab. Im Folgenden wird die Beihilfe des Bundes dargestellt. Auf die Beihilfevorschriften der einzelnen Bundesländer wird nicht im Detail eingegangen.

Beamtin oder Beamter	Beihilfe	Private Absicherung
Beamtin/Beamter ist Single	50 %	50 %
Beamtin/Beamter ist verheiratet	50 %	50 %
Ehe- oder Lebenspartner/-in ist selbst berufstätig und verdient über 20.000,00 € p. a.	0 %	100 % PKV oder GKV je nach Einkommen
Beamtin/Beamter ist verheiratet	50 %	50 %
Ehe- oder Lebenspartner/-in ist nicht berufstätig oder verdient unter 20.000,00 € p. a.	70 %	30 %
Beamtin/Beamter ist verheiratet	50 %	50 %
Ehe- oder Lebenspartner/-in ist selbst berufstätig und verdient über 20.000,00 € p. a.	0 %	100 % PKV oder GKV je nach Einkommen
ein Kind	80 %	20 %
Beamtin/Beamter ist verheiratet	50 %	50 %
Ehe- oder Lebenspartner/-in ist nicht berufstätig oder verdient unter 20.000,00 € p. a.	70 %	30 %
ein Kind	80 %	20 %
Beamtin/Beamter hat zwei Kinder oder mehr 1. Kind 2. Kind 3. Kind ...	70 % 80 % 80 % 80 % ...	30 % 20 % 20 % 20 % ...
Pensionärin/Pensionär	70 %	30 %
Pensionärin/Pensionär ist verheiratet	70 %	30 %
Ehe- oder Lebenspartner/-in war berufstätig und hat eine eigene Rente über 20.000,00 € p. a.	0 %	100 % PKV oder GKV, je nach Absicherung im Erwerbsleben
Pensionärin/Pensionär ist verheiratet	70 %	30 %
Ehe- oder Lebenspartner/-in war nicht berufstätig oder hat eine eigene Rente unter 20.000,00 € p .a.	70 %	30 % PKV oder GKV, je nach Absicherung im Erwerbsleben

Bei Beamtinnen und Beamten gibt es demnach nur eine eingeschränkte Familienversicherung. Die Beamtin oder der Beamte muss immer für einen Teil der Beiträge für den Krankenversicherungsschutz seiner nicht arbeitenden Familienmitglieder selbst aufkommen. Die Beamtin oder der Beamte unterliegt zudem der **Pflicht**, die verbleibenden Prozente im Krankenversicherungsschutz abzusichern – er kann nicht darauf verzichten. In den Bundesländern Hamburg, Bremen, Berlin, Thüringen und Brandenburg können sich Neu-Beamtinnen und Neu-Beamte (Beamtenanwärterinnen und Beamtenanwärter) dazu entscheiden, dass sie nicht Beihilfe in Anspruch nehmen, sondern dass der Dienstherr 50 % zur GKV zuzahlt. Diese Entscheidung ist unwiderruflich. Grundsätzlich ist diese Entscheidung aber freiwillig. Sie ist auch nicht aufgrund von Vorerkrankungen notwendig, da es eine Öffnungsaktion für Beamtinnen und Beamte sowie für deren Angehörige in der PKV gibt. Dieser **Öffnungsaktion** haben sich viele PKVs angeschlossen und hier werden Beamtinnen und Beamte sowie Beamtenanwärterinnen und Beamtenanwärter, auch bei Vorerkrankungen, versichert und müssen maximal einen **Risikozuschlag** von 30 % zahlen. Leistungsausschlüsse sind nicht vorgesehen.

Staatsbedienstete der Polizei, Feuerwehr, Justizvollzug und Soldatinnen und Soldaten erhalten wegen ihrer besonderen Gefährdung in vielen Bundesländern einen 100-prozentigen Krankenversicherungsschutz vom Dienstherren. Diese Versorgungsform nennt man **Freie Heilfürsorge**. Die Freie Heilfürsorge endet im Ruhestand – hier müssen sich die Personen dann in der PKV versichern. Damit der Beitrag im Alter dann bezahlbar bleibt (wegen des hohen Eintrittsalters und eventuellen Vorerkrankungen) schließt man schon früh einen Tarif ab, der einem den Gesundheitszustand und das Eintrittsalter garantiert. Diesen Tarif nennt man **Anwartschaftsversicherung** (siehe Kapitel 8.4).

3.2 Wechsel von der GKV zur PKV

In Deutschland besteht die Pflicht zur Kranken- und Pflegeversicherung. Daher kann man zwischen der GKV und der PKV grundsätzlich nur wechseln, wenn man der bisherigen Versicherung nachweist, dass man eine neue Versicherung abgeschlossen hat. Als Arbeitnehmer/-in ist ein Eintritt in die PKV nur möglich, wenn man aus der Beschäftigung heraus mehr verdient als die JAEG (2023: 66.600,00 €). Entscheidend ist das Jahresbruttoeinkommen, wobei wiederkehrende, zugesagte Zahlungen (wie z. B. Weihnachtsgeld) mit einbezogen werden. Verheirateten- und Kinderzuschläge sowie erfolgsabhängige Bonifikationen werden nicht berücksichtigt. Überstunden werden ebenfalls nicht berücksichtigt, es sei denn, sie werden pauschal vergütet.

Es muss abzusehen sein, dass in den nächsten zwölf Monaten die JAEG und im darauffolgenden Jahr die neue JAEG voraussichtlich ebenfalls überschritten wird.

Beispiele

Hans Rüger verdient als Veranstaltungskaufmann 4.990,00 € brutto im Monat. Sein Arbeitgeber zahlt ihm zusätzlich 40,00 € Vermögenswirksame Leistungen und 25,00 € in die betriebliche Altersvorsorge (BAV), ein halbes Gehalt Urlaubsgeld und ein Gehalt Weihnachtsgeld. Am Ende eines jeden Jahres erhält er eine Bonifikation von 2.000,00 €, wenn die Auftragslage des Unternehmens gut war. In diesem Falle fallen oft auch Überstunden an, die dann auch vergütet werden.

Kann Herr Rüdiger in die PKV wechseln?

Lösung

Berechnung des Brutto-Jahresarbeitsverdienstes

	4.990,00 € · 12 =	59.880,00 €	
+	4.990,00 € · 0,5 =	2.495,00 €	
+	4.990,00 € · 1 =	4.990,00 €	
+	40,00 € · 12 =	480,00 €	
=		67.845,00 €	→ über der JAEG von 66.600,00 €

→ Herr Rüger kann in die PKV wechseln.

Zeitpunkt des Wechsel in die PKV

- Als **freiwillig Versicherter in der GKV** (z.B. Selbstständige, Freiberufler/-innen, Beschäftigte über der JAEG): Die Kündigung der GKV und ein Wechsel zu einer PKV ist jederzeit zum Ende des übernächsten Monats möglich. § 6 SGB V

Beispiel

Linda Brauer hat sich mit einer kleinen Modeboutique selbstständig gemacht. Sie kündigt am 12.04. ihre Krankenversicherung bei einer GKV. Das Schreiben geht am 14.04. bei der GKV ein.

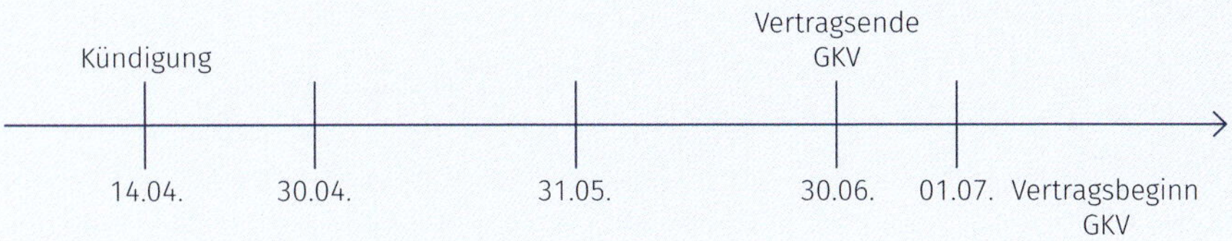

Die Krankenversicherung bei der GKV endet am 30.06.

- Als **Arbeitnehmer/-in bei Überschreiten der JAEG**: Die Versicherungspflicht in der GKV endet zum Ende des Kalenderjahres, in dem die JAEG überschritten wird, wenn auch im nachfolgenden Jahr die dann geltende JAEG voraussichtlich überschritten wird. Hierüber informiert die GKV den Versicherten. Dieser hat dann folgende Möglichkeiten:
  1. **Möglichkeit:** Der/die Arbeitnehmer/-in tritt innerhalb der nächsten zwei Wochen aus der GKV aus und versichert sich bei einer PKV.
  2. **Möglichkeit:** Der/die Arbeitnehmer/-in bleibt als freiwilliges Mitglied in der GKV und kann dann jederzeit zum Ende des übernächsten Monats kündigen.
- Als **Berufseinsteiger/-in**: Überschreitet man als Berufseinsteiger/-in (z.B. nach dem Studium) die JAEG, kann man sich von Beginn der Beschäftigung an in der PKV versichern.

3.3 Wechsel von der PKV zur GKV

Bei der Entscheidung für den Eintritt in eine PKV muss berücksichtigt werden, dass eine Rückkehr in die GKV nur möglich ist, wenn man wieder versicherungspflichtig in der GKV wird, also unterhalb der JAEG verdient.

Von der Möglichkeit zur Rückkehr in die GKV sind ausgeschlossen:

- Personen ab Vollendung des 55. Lebensjahres

  und

- Personen, die in den letzten fünf Jahren nicht in der GKV versichert waren

  und

- Personen, die mindestens die Hälfte dieser Zeit versicherungsfrei, von der Versicherungspflicht befreit oder hauptberuflich selbstständig waren.

Dies bedeutet, dass es möglich sein kann, dass man ab dem 55. Lebensjahr für immer in der PKV versichert bleiben muss. Dies kann finanziell sehr belastend sein, wenn sich die persönliche Einkommenssituation negativ verändert hat, denn in der PKV wird der Beitrag nach dem Äquivalenzprinzip berechnet – die private Einkommenssituation spielt hierbei keine Rolle. Die Rückkehr in die GKV, in der der Beitrag entsprechend des Einkommens berechnet wird, ist dann nicht mehr möglich.

Beispiel

Beate Rüttich erfüllt sich mit 45 Jahren endlich ihren Traum vom eigenen Kosmetiksalon. Der Salon läuft hervorragend. Sie verdient sehr gut und beschließt daher in die PKV zu wechseln, um die Annehmlichkeiten einer privaten Absicherung im Krankheitsfall genießen zu können. Mit 55 Jahren trennt sich ihr langjähriger Freund von ihr. Beate Rüttich kommt über die Trennung nicht hinweg und wird depressiv. Immer häufiger muss sie ihren Salon für einige Tage, und später Wochen, schließen. Nach einem halben Jahr verkauft sie ihren Kosmetiksalon. Die neue Besitzerin stellt Beate Rüttich aber mit einer Halbtagsstelle als Angestellte ein. Sie verdient nun noch 2.200,00 € brutto im Monat.

Trotz des geringen Einkommens kommt Frau Rüttich nicht zurück in die GKV, da sie über 55 Jahre alt ist, in den letzten fünf Jahren nicht in der GKV versichert und die ganze Zeit über selbstständig war.

§ 204 VVG

Frau Rüttich kann nun, um Beiträge zu sparen, lediglich ihren Versicherungsschutz in der PKV reduzieren. Dies kann sie über einen Tarifwechsel mit weniger umfangreichen Leistungen oder mit der Vereinbarung einer Selbstbeteiligung erreichen (siehe Kapitel 8.3).

Viele Juristinnen und Juristen haben sich in den vergangenen Jahren mit der **Rückkehrmöglichkeit** in die GKV ab dem 55. Lebensjahr befasst: Hiernach ist die Rückkehr in die GKV nahezu unmöglich und nur unter ganz bestimmten Voraussetzungen denkbar:

- Die Person war in den letzten fünf Jahren mindestens einen Tag in der GKV versichert.

  oder

- Die Person war in den letzten fünf Jahren weniger als zweieinhalb Jahre von der Versicherungspflicht befreit, versicherungsfrei oder selbstständig.

  oder

- Die Person verdient weniger als 520,00 € pro Monat und der/die Ehe-/Lebenspartner/-in ist in der GKV. Dann kann die Person als Familienversicherte/-r in die GKV zurückkehren.

  oder

- Die Person lebt vorübergehend in den Niederlanden, in Österreich, in Spanien, der Schweiz oder in Schweden und war dort in der gesetzlichen Krankenversicherung. Dann wird diese Zeit als Vorversicherungszeit in der GKV angerechnet und die Person kann sich im Anschluss wieder in der GKV versichern.

Rückkehrmöglichkeit

In Deutschland ist im SGB V eine von der EU geforderte Möglichkeit verankert, wie man auch als über 55-Jähriger wieder in die GKV zurückkehren kann. Diese Möglichkeit ist aber nicht in einem Paragrafen nachzulesen, sondern ergibt sich durch das Weglassen von Bedingungen. Hierdurch ist dieses Schlupfloch für den Laien nur sehr schwer ersichtlich.

3.4 Versicherung von Kindern

Die Antwort auf die Frage, ob die Kinder in der GKV oder in der PKV versichert werden, hängt von der Krankenversicherung und dem Einkommen der Eltern ab.

Merke

Die **Krankenversicherung der Kinder** richtet sich grundsätzlich immer nach dem/der **besserverdienenden** Ehe-/Lebenspartner/-in, wenn diese/-r **über der JAEG** verdient.

Beispiele

- Das Ehepaar Kütter hat eine elfjährige Tochter, Sofie. Beide Elternteile sind berufstätig. Veronika Kütter ist als selbstständige Unternehmensberaterin tätig und verdient im Jahr 70.000,00 € brutto (also über der JAEG 2023: 66.600,00 €). Frau Kütter ist in der PKV versichert. Ihr Ehemann, Paul Kütter, ist Altenpfleger, verdient 35.000,00 € brutto im Jahr und ist demnach in der GKV pflichtversichert.
  → Die Tochter Sofie wird in der PKV (gegen einen eigenen Beitrag) krankenversichert, da hier der Elternteil (die Mutter Veronika Kütter) versichert ist, der mehr verdient. Alternativ kann Sofie gegen Beitrag auch in der GKV versichert werden. Dieser Beitrag beträgt je nach Krankenkasse ca. 210,00 € im Monat (Stand 2023). Eine beitragsfreie Versicherung in der Familienversicherung der GKV ist nicht mehr möglich.
- Das Ehepaar Möckulla hat drei Söhne. Max, Benjamin und Lasse. Beide Elternteile sind berufstätig. Tatjana Möckulla arbeitet halbtags bei einem Discounter und verdient 2.500,00 € brutto im Monat und ist damit in der GKV pflichtversichert. Xaver Möckulla ist selbstständiger Versicherungsvermittler und verdient 50.000,00 € brutto im Jahr. Er ist in der PKV krankenversichert.
  → Die drei Söhne können in der GKV als Familienversicherte, d. h. ohne Beitrag versichert werden, da der besserverdienende Elternteil nicht über der JAEG verdient. Die Kinder könnten aber auch in der PKV versichert werden. Dies macht allerdings wirtschaftlich keinen Sinn. Hier bieten sich zur Optimierung des Versicherungsschutzes eher Zusatzversicherungen an.
- Das Elternpaar Lüssig ist geschieden. Die beiden Kinder Marie und Paul leben bei der Mutter und sind nur an jedem zweiten Wochenende und in den Ferien bei ihrem Vater. Dieser geht voll in seinem eigenen Tischlerbetrieb auf. Er verdient damit im Jahr über 100.000,00 €. Herr Lüssig ist in der PKV krankenversichert. Die Mutter arbeitet als Verkäuferin halbtags und verdient 1.500,00 € brutto im Monat. Sie ist in der GKV pflichtversichert.
  → Die Kinder können in der GKV familienversichert werden, da die Eltern nicht verheiratet sind.

3.5 Pflegeversicherung

Die Pflegeversicherung wird im Detail in Teil B dieses Lernfeldes inhaltlich behandelt.

Wichtig ist es aber zu wissen, dass die Pflegeversicherung der Krankenversicherung folgt. Dies bedeutet, dass jemand, der sich in der PKV vollversichert, also die GKV substituiert, sich auch in der Pflegeversicherung privat absichern muss.

Merke

Pflegeversicherung folgt Krankenversicherung

Bei Kindern von in der PKV vollversicherten Eltern ist die private Pflegepflichtversicherung beitragsfrei eingeschlossen (siehe Proximus 5 Privatkunden, Seite 432, Fußnote 1, 4. Spiegelstrich).

4 Tarife der PKV

Tarifüberblick Proximus 5 Privatkunden, Seite 424

In der PKV unterscheidet man vor allem die Bereiche der **Vollversicherungstarife** und der **Zusatztarife**. Daneben gibt es noch **gesetzlich vorgeschriebene Tarife**, wie den **Standardtarif** und **Basistarif**. Die Proximus Versicherung AG bietet zudem noch einen **Beitragsentlastungstarif** sowie das **Krankentagegeld** und das **Krankenhaustagegeld** an. Für beitragssäumige Versicherungsnehmer/-innen gibt es noch den **Notlagentarif**.

Die Tarife gewähren Versicherungsschutz für Krankheiten, Unfälle und andere im Vertrag genannte Ereignisse (z.B. Schwangerschaft und Geburt) und ersetzen dem/der Versicherungsnehmer/-in die Aufwendungen für Heilbehandlung und weitere vereinbarte Leistungen, ein Krankenhaustagegeld oder ein Krankengeld.

Rechtsgrundlage

Ziffer 1 (a) und (b) AVB MB/KK 2009
Ziffer 1 (1) AVB MB/KT 2009

Für die Private Krankenversicherung gelten die Allgemeinen Versicherungsbedingungen (AVB) Bedingungsteil MB/KK 2009 für die Krankheitskostenversicherung und für die Krankenhaustagegeldversicherung (Stand: Januar 2022), Ziffer 1 (a) und (b) sowie die Allgemeinen Versicherungsbedingungen (AVB) Bedingungsteil MB /KT 2009 für die Krankentagegeldversicherung (Stand: Januar 2022), Ziffer 1 (1).

4.1 Vollversicherungstarife

Möchte sich jemand in der PKV vollversichern, so muss der Versicherungsschutz mindestens so umfassend sein wie in der GKV. Der Versicherungsschutz in der PKV **substituiert** (ersetzt) demnach den Versicherungsschutz der GKV. Selbstbehalte sind aber möglich.

Merke

Der **substitutive Versicherungsschutz** muss mindestens einen ambulanten und einen stationären Tarif enthalten. Zudem muss auch die Pflegeversicherung substituiert werden.

Ambulante Vollversicherung

Im **ambulanten** Bereich werden bei der Proximus Versicherung AG die Tarife **A0**, **A1** und **A2** angeboten. Die Tarife unterscheiden sich lediglich in der Höhe ihrer Selbstbeteiligung (SB):

- A0: keine SB
- A1: 500,00 € SB (Kinder die Hälfte)
- A2: 1.000,00 € SB (Kinder die Hälfte)

Alle ambulanten Tarife haben folgenden Leistungsumfang:

- ärztliche Behandlung zu 100 %
- Vorsorgeuntersuchungen zu 100 %
- Psychotherapie zu 100 %, max. 50 Sitzungen pro Kalenderjahr
- Heilpraktikerbehandlungen zu 100 %
- Osteopathie zu 100 %
- Arzneimittel zu 100 %
- Sehhilfen zu 100 %, max. 200,00 €, immer bei Veränderung der Sehschärfe um 0,5 Dioptrien auf einem Auge, sonst alle zwei Jahre

- Lasik (Sehschärfenkorrektur) zu 100 %, bis 1.000,00 € (Wartezeit vier Jahre), danach für fünf Jahre keine Erstattung von Sehhilfen
- Heilmittel zu 100 % (z. B. Massagen, Krankengymnastik)
- Hilfsmittel zu 100 % (ohne Sehhilfen)
- drei Entziehungsmaßnahmen (ambulant)
- Beitragsrückerstattung von drei Monatsbeiträgen, wenn ein Kalenderjahr keine Leistungen außer Vorsorgeuntersuchungen in Anspruch genommen werden

Stationäre Vollversicherung

Im stationären Bereich werden bei der Proximus Versicherung AG die Tarife **S1**, **S2** und **S3** angeboten. Alle Tarife sind ohne Selbstbehalt und haben folgenden Leistungsumfang:

- privatärztliche Behandlung im Krankenhaus zu 100 %
- Mehrbettzimmer im Krankenhaus zu 100 %
- stationäre Psychotherapie zu 100 %
- Kur- und Sanatoriumsaufenthalte 40,00 € pro Tag
- drei Entziehungsmaßnahmen (stationär)
- Beitragsrückerstattung von drei Monatsbeiträgen, wenn ein Kalenderjahr keine Leistungen außer Vorsorgeuntersuchungen in Anspruch genommen werden
- im Tarif S1: Ein- und Zweibettzimmer
- im Tarif S2: Zweibettzimmer
- Ersatzkrankenhaustagegeld
  - im Tarif S1: 50,00 €/Tag bei Verzicht auf die Unterbringung in Ein- oder Zweibettzimmer und 25,00 €/Tag bei Verzicht auf die privatärztliche Behandlung
  - im Tarif S1: 50,00 €/Tag bei Verzicht auf die Unterbringung im Zweibettzimmer und 25,00 €/Tag bei Verzicht auf die privatärztliche Behandlung
  - im Tarif S1: 25,00 €/Tag bei Verzicht auf die privatärztliche Behandlung

Zahn-Vollversicherung

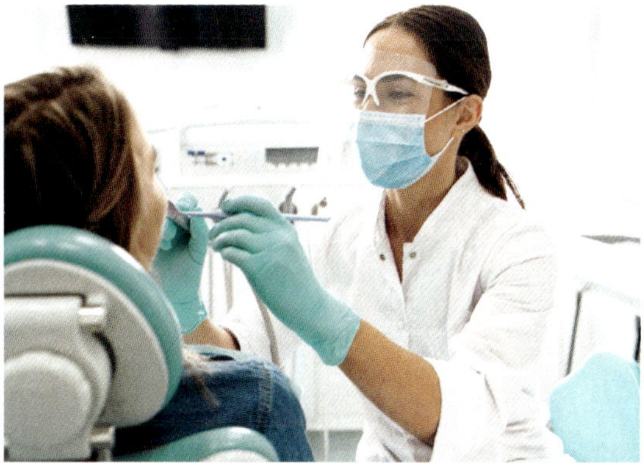

Die Proximus Versicherung AG bietet drei verschiedene Zahntarife in der Vollversicherung an. Die Leistungen umfassen Zahnbehandlungen, Zahnersatz, Kieferorthopädie und professionelle Zahnreinigung und Beitragsrückerstattung von drei Monatsbeiträgen, wenn in einem Kalenderjahr keine Leistungen außer Vorsorgeuntersuchungen in Anspruch genommen werden. Alle Tarife haben keinen festen Selbstbehalt, aber verschieden hohe prozentuale Selbstbehalte (SB). Die Leistungen der einzelnen Tarife zeigt die nachfolgende Tabelle.

Tarif	Z1	Z2	Z3
Zahnbehandlung inkl. Kronen und Inlays	100 %	100 %	100 %
Zahnersatz	85 % → 15 % SB	75 % → 25 % SB	50 % → 50 % SB
Kieferorthopädie	85 % → 15 % SB	75 % → 25 % SB	50 % → 50 % SB
Professionelle Zahnreinigung	100 %	100 %	100 %

Kompakttarif

Der Kompakttarif **(KPT)** deckt den ambulanten, stationären und zahnmedizinischen Bereich ab.

Im ambulanten Bereich werden die Kosten zu 80 % übernommen, der maximale Selbstbehalt beträgt 1.200,00 € pro Jahr (Kinder: 600,00 €) – danach werden die Kosten zu 100 % erstattet. Zahnbehandlungen werden zu 100 %, Zahnersatz wird zu 50 % und Kieferorthopädie wird zu 80 % übernommen. Im stationären Bereich leistet der Tarif KPT 100 % bei Unterbringung im Mehrbettzimmer und ohne privatärztliche Behandlung.

Krankentagegeldversicherung

Die Krankentagegeldversicherung (Tarif **KT**) soll den Einkommensverlust bei Krankheit ausgleichen. Beschäftigte erhalten im Krankheitsfall von ihrem Arbeitgeber sechs Wochen Lohnfortzahlung. Nach Ablauf dieser 42 Tage erhalten in der PKV vollversicherte Personen keine Zahlungen mehr. Dieser Einkommensverlust ab dem 43. Tag ist entsprechend abzusichern. Bei der Proximus Versicherung AG kann man zwischen 5,00 € und 260,00 € pro Tag absichern.

Selbstständige bekommen im Krankheitsfall keine Lohnfortzahlung vom Arbeitgeber, denn sie haben ja keinen Arbeitgeber. Deswegen kann das Krankentagegeld auch bereits ab dem 8., 15. oder 22. Tag abgesichert werden.

Beitragsentlastungsvereinbarung

Die Beitragsentlastungsvereinbarung (Tarif **BEV**) sorgt dafür, dass der Beitrag ab dem 65. Lebensjahr sinkt. Man spart Geld an, das im Alter dafür verwendet wird, den PKV-Beitrag in der **Krankenvollversicherung** zu reduzieren. Der/die Versicherungsnehmer/-in kann den Tarif BEV in 50,00 €-Schritten wählen (z. B. 4 · 50,00 € = 200,00 €). Der Tarif kann ab dem 20. Lebensjahr bis zum 59. Lebensjahr abgeschlossen werden.

Der Tarif ist nicht mit der gesetzlich vorgeschriebenen Alterungsrückstellung zu verwechseln. Diese wird in Kapitel 4.4 erläutert.

Pflegepflichtversicherung

Wer sich privat krankenversichert, der muss sich auch privat pflegeversichern.

Merke

Pflegeversicherung folgt Krankenversicherung

Der Tarif **PVN** bietet den gleichen Versicherungsschutz wie die Gesetzliche Pflegeversicherung (GPV). Der Tarif **PVB** ist ein Quotentarif für Beamtinnen und Beamte, hat aber auch den gleichen Umfang wie der Versicherungsschutz in der GPV.

Die Pflegeversicherung wird ausführlich in Teil B dieses Lernfeldes behandelt.

4.2 Zusatztarife

Zusatztarife haben das Ziel, den Versicherungsschutz der Versicherten in der GKV aufzubessern. Sie ergänzen also den Versicherungsschutz der GKV.

Ambulante Zusatzversicherung

Als Zusatztarif im ambulanten Bereich bietet die Proximus Versicherung AG den Tarif **AEV** (ambulante Krankenergänzungsversicherung) an.

Der Tarif AEV hat folgenden Leistungsumfang:

- ärztliche Behandlung zu 100 % **nach Vorleistung der GKV**
- Vorsorgeuntersuchungen zu 100 % nach Vorleistung der GKV
- Heilpraktikerbehandlungen zu 80 % bis maximal 1.000,00 € pro Kalenderjahr
- Osteopathie zu 80 % bis maximal 1.000,00 € pro Kalenderjahr
- Sehhilfen zu 100 %, maximal 200,00 €, immer bei Veränderung der Sehschärfe um 0,5 Dioptrien auf einem Auge, sonst alle zwei Jahre
- Lasik (Sehschärfenkorrektur) zu 100 %, bis maximal 1.000,00 € (Wartezeit vier Jahre), danach für fünf Jahre keine Erstattung von Sehhilfen

Stationäre Zusatzversicherung

Der stationäre Zusatztarif bei der Proximus Versicherung AG ist der **SEV** (stationäre Krankenergänzungsversicherung).

Der Tarif SEV hat folgenden Leistungsumfang:

- privatärztliche Behandlung im Krankenhaus zu 100 %
- Unterbringung im Ein- oder Zweibettzimmer
- 50,00 €/Tag bei Verzicht auf die Unterbringung im Ein- oder Zweibettzimmer und 25,00 €/Tag bei Verzicht auf die privatärztliche Behandlung

Zahn-Zusatzversicherung

Der Zahnzusatztarif **ZEV** der Proximus Versicherung AG zahlt:

- Zahnbehandlungen (inkl. Kronen und Inlays)
- Zahnersatz bis zu 85 % des Rechnungsbetrages
- professionelle Zahnreinigung bis maximal 50,00 €
- Kieferorthopädie

Diese Leistungen werden bis 100 % des Rechnungsbetrages **nach Vorleistung der GKV** erbracht. Dies bedeutet, dass zunächst die GKV die Rechnung zahlt und der Restbetrag dann im Rahmen des Leistungskataloges des Tarifes ZEV von der Proximus Versicherung AG übernommen wird.

Krankenhaustagegeldversicherung

Die Absicherung eines Krankenhaustagegeldes bietet der Zusatztarif **KHT** für Versicherte in der GKV und ist gleichzeitig ein Extrabaustein für Versicherte in der PKV.

Das Krankenhaustagegeld kann bei der Proximus Versicherung AG zwischen 5,00 € und 55,00 € pro Tag im Krankenhaus abgesichert werden. Der Einlieferungstag und der Entlassungstag zählen dabei mit.

Die Höhe des Krankenhaustagegeldes kann man selbst wählen und ist davon abhängig, was man davon bezahlen möchte. Es gibt Menschen, die möchten sich nur mal etwas vom Krankenhauskiosk kaufen, z. B. eine Zeitung oder etwas zum Naschen. Andere hingegen nutzen das Krankenhaustagegeld, um die Besuchsfahrten ihrer Angehörigen zu finanzieren oder die Hunde- oder Kinderbetreuung in ihrer Abwesenheit von zu Hause zu zahlen.

Auslandsreisekrankenversicherung

Die Auslandsreisekrankenversicherung gibt es in zwei Formen: Bei dem Tarif **AKV I und AKV II** versichert man Auslandsaufenthalte bis zu zwei Monaten pro Reise. Den Tarif **AKV I** kann man tageweise abschließen. Der Tarif **AKV II** ist eine Jahresversicherung.

Eine Auslandsreisekrankenversicherung ist für GKV-versicherte Menschen sinnvoll, da die GKV nur Versicherungsschutz in der Europäischen Union und einigen weiteren Ländern, mit denen ein Sozialversicherungsabkommen besteht, bietet. Die PKV bietet Versicherungsschutz in Europa und für einen bzw. zwei Monate im außereuropäischen Ausland, es sei denn der Aufenthalt muss aus gesundheitlichen Gründen verlängert werden, da eine Rückreise aus medizinischen Gründen nicht möglich ist. Diese Verlängerung kann noch maximal weitere zwei Monate andauern.

Eine Auslandsreisekrankenversicherung schließt man zudem ab, da im Ausland zu anderen Gebührensätzen abgerechnet wird. Ohne AKV kann es dazu kommen, dass der Versicherer nicht alle Kosten, die aus medizinischen Gründen im Ausland entstanden sind, übernimmt.

Krankentagegeldversicherung

Das Krankentagegeld (Tarif **KT**) ab dem 43. Tag können auch Personen, die in der GKV versichert sind, als Zusatztarif abschließen, um das Krankengeld der GKV aufzustocken.

Beamtenversicherung

Bei Beamten decken die **Beihilfetarife BA/BZ** und **BS** den Prozentsatz der medizinischen Behandlungskosten ab, die jeweils nicht von der Beihilfe übernommen werden (siehe hierzu auch Kapitel 3.1).

Die Beihilfetarife leisten entsprechend der Tarife A0, Z1 und S1.

Zusammenfassung

Versicherungssparte	Tarife	Voll-versicherte	Zusatz-versicherte
ambulante Vollversicherung	A0, A1 und A2	X	
stationäre Vollversicherung	S1, S2 und S3	X	
Zahn-Vollversicherung	Z1, Z2 und Z3	X	
Kompakttarif	KPT	X	
Krankentagegeldversicherung	KT ab 43. Tag	X	X
Krankentagegeldversicherung	KT ab 8., 15. und 22. Tag	X	
Beitragsentlastungsvereinbarung	BEV	X	
ambulante Zusatzversicherung	AEV		X
stationäre Zusatzversicherung	SEV		X
Zahn-Zusatzversicherung	ZEV		X
Krankenhaustagegeldversicherung	KHT	X	X
Auslandsreisekrankenversicherung	AKV	X	X
Beamtenversicherung	BA/BZ und BS	X (prozentual)	

4.3 Basistarif

Seit dem 01.01.2009 ist jeder PKV-Versicherer in Deutschland verpflichtet, einen Basistarif anzubieten. In diesem Tarif sind die Leistungen mit den Leistungen in der GKV in Art, Umfang und Höhe vergleichbar. Ebenso darf der Beitrag im Basistarif den Höchstbeitrag in der GKV nicht überschreiten. Sind Versicherte im Basistarif hilfebedürftig (Grundsicherung, Sozialhilfe, Bürgergeld) oder die Hilfebedürftigkeit wird durch den Beitrag für den Basistarif ausgelöst, so reduziert sich der Beitrag um die Hälfte.

Jeder, der in Deutschland wohnt und nicht versicherungspflichtig in der GKV ist bzw. dem System der PKV zuzurechnen ist, hat Anspruch auf Zugang zum Basistarif. Beamtinnen und Beamte können als Ergänzung zu ihrem Beihilfeanspruch den Basistarif wählen. Zudem können Menschen den Basistarif wählen, die ihren Versicherungsschutz in der PKV vor dem 01.01.2009 abgeschlossen haben und das 55. Lebensjahr vollendet haben oder das 55. Lebensjahr nicht vollendet haben **und** eine Rente aus der GRV bekommen oder Anspruch auf eine Rente haben und diese beantragt haben oder hilfebedürftig nach SGB II oder XII sind.

Der Versicherer unterliegt hier dem Kontrahierungszwang und darf weder Risikozuschläge noch Leistungsausschlüsse vereinbaren. Selbstbehalte im Basistarif sind möglich, reduzieren in der Praxis den Beitrag aber in der Regel nur geringfügig, sodass diese nicht sehr sinnvoll sind.

Als **Bedingungswerk** für den Basistarif gelten die Allgemeinen Versicherungsbedingungen (AVB) Bedingungsteil für den Basistarif AVB/BT 2009 (Stand: Januar 2022). *AVB AVB/BT 2009*

Zusammenfassung

Versicherungsfähiger Personenkreis

- alle freiwillig in der GKV Versicherten, wenn sie innerhalb von sechs Monaten nach Eintritt der freiwilligen Versicherung in der GKV den Wechsel in den Basistarif beantragen.
- alle Personen, die weder versicherungspflichtig in der GKV sind noch anderen Krankenversicherungsschutz haben, ehemals in der PKV waren oder der PKV systematisch zuzuordnen sind.
- alle in der PKV versicherten Personen, wenn der Vertrag **ab** dem 01.01.2009 geschlossen wurde
- alle in der PKV versicherten Personen, wenn der Vertrag **vor** dem 01.01.2009 geschlossen wurde, wenn
  - die versicherte Person das 55. Lebensjahr vollendet hat
    oder
  - die versicherte Person das 55. Lebensjahr nicht vollendet hat
    und
  - eine Rente aus der GRV bekommt
    oder
  - einen Anspruch auf die Rente und diese beantragt hat
    oder
  - hilfebedürftig nach SGB II oder XII ist.

Versicherte Leistungen

Die Leistungen sind in Art, Umfang und Höhe vergleichbar mit den Leistungen der GKV.

Höhe des Beitrags

- maximal so hoch wie der Höchstbeitrag in der GKV
- bei Hilfebedürftigkeit = 50 % des vorgenannten Beitrags
- Risikozuschläge und Leistungsausschlüsse sind nicht möglich

4.4 Standardtarif

Der Standardtarif muss, genau wie der Basistarif, von jedem PKV-Versicherer in Deutschland angeboten werden. Dieser Tarif ist aber nur noch für Personen zugänglich, die vor dem 01.01.2009 bereits in der PKV vollversichert waren und mindestens zehn Jahre substitutiv in der PKV versichert waren. Dies gilt auch für Beamtinnen und Beamte. Für den Standardtarif gilt für den Versicherer Kontrahierungszwang. Allerdings kann der Versicherer Risikozuschläge für den neu hinzugekommenen Leistungsteil vereinbaren bzw. bereits bestehende Vereinbarungen hierüber können im Standardtarif fortgeführt werden. Bestehende Leistungsausschlüsse werden bei Umwandlung in den Standardtarif in Risikozuschläge umgewandelt. Versicherte können nur in **ihrer** PKV in den Standardtarif wechseln.

Der Beitrag darf auch nicht höher sein als der Höchstbeitrag in der GKV und ist bei Ehepaaren auf 150 % des Beitrages in der GKV beschränkt. Die konkrete Beitragshöhe ist abhängig von den Vorversicherungszeiten. Risikozuschläge und Leistungsausschlüsse können vereinbart werden.

Die Leistungen sind mit denen in der GKV vergleichbar.

AVB AVB/ST 2009

Als **Bedingungswerk** für den Standardtarif gelten die Allgemeinen Versicherungsbedingungen (AVB) Bedingungsteil für den Basistarif AVB/ST 2009 (Stand: Januar 2022).

Zusammenfassung

Versicherungsfähiger Personenkreis

- Personen mit einer Vorversicherungszeit in der PKV von mindestens zehn Jahren und einem Vertragsabschluss vor dem 01.01.2009

und

- die das 65. Lebensjahr vollendet haben

oder

- Personen, die das 55. Lebensjahr vollendet haben und die JAEG unterschreiten

oder

- Personen, die das 55. Lebensjahr nicht vollendet haben

und

- eine Rente aus der GRV erhalten oder die Voraussetzungen für eine Rente erfüllen und diese beantragt haben

und

- die JAEG unterschreiten.

Versicherte Leistungen

Die Leistungen sind in Art, Umfang und Höhe vergleichbar mit den Leistungen der GKV.

Höhe des Beitrags

- maximal so hoch wie der Höchstbeitrag in der GKV
- bei Ehepaaren maximal 150 % des Höchstbeitrages in der GKV, wenn das Einkommen unterhalb der JAEG liegt
- Risikozuschläge und Leistungsausschlüsse sind möglich

4.5 Selbstbeteiligungssysteme

Es gibt sehr verschiedene Modelle der Selbstbeteiligungen (SB) im Bereich der PKV. Vereinbart der/die Versicherungsnehmer/-in eine SB, so geschieht dies mit der Absicht, den Beitrag zu reduzieren, indem die Leistung reduziert wird. Selbstbeteiligungen (auch Selbstbehalte) werden i. d. R. auf das Kalenderjahr bezogen. SB-Systeme sehen entweder eine prozentuale SB oder eine feste SB in Euro vor.

Vielfach sind schon innerhalb der Tarife bestimmte Selbstbeteiligungen vorgesehen, indem z. B. eine Leistung nicht zu 100 % übernommen wird. Zudem gibt es Tarife, in denen sich die Leistungen mit zunehmender Vertragslaufzeit erhöhen. (Staffelung). Hierdurch soll vermieden werden, dass die versicherte Person gleich in den ersten Vertragsjahren sehr hohe Leistungen in Anspruch nimmt.

Formen der Selbstbeteiligungen

Form der SB	Beschreibung	Beispiel
feste SB	VN übernimmt eine feste maximale SB pro Jahr in Euro	VN übernimmt 500,00 €, danach tritt erst die Leistungspflicht des VR ein
feste SB	VR übernimmt nur einen festen Betrag einer Leistung, danach muss VN alles zahlen	VR übernimmt 300,00 € pro Sehhilfe alle zwei Jahre
feste SB mit Staffelung	VR übernimmt pro Jahr einen festen Betrag, dieser steigert sich von Jahr zu Jahr	VR zahlt im ersten Jahr 100,00 € für eine Leistung, im 2. Jahr 200,00 €, im 3. Jahr 300,00 € usw.
prozentuale SB	VN übernimmt einen festen maximalen Prozentsatz pro Jahr	VN übernimmt 20 % vom Rechnungsbetrag
prozentuale SB mit Staffelung	VR übernimmt pro Jahr einen festen Prozentsatz, dieser steigert sich von Jahr zu Jahr	VR zahlt im ersten Jahr 10 % für eine Leistung, im 2. Jahr 20 %, im 3. Jahr 30 % usw.
prozentuale SB mit fester Grenze	VN übernimmt einen festen maximalen Prozentsatz pro Jahr mit einer Obergrenze	VN übernimmt 20 % vom Rechnungsbetrag, aber maximal 2.000,00 €
prozentuale SB bis zu einer festen Grenze	VR übernimmt einen festen maximalen Prozentsatz pro Jahr bis zu einer festen Obergrenze	VR übernimmt 20 % vom Rechnungsbetrag bis zu 1.000,00 €, danach muss VN 100 % selbst zahlen
prozentuale SB ab einer festen Grenze	VR übernimmt 100 % Leistung bis zu einer festen Grenze, danach nur noch einen festgelegten Prozentsatz	VR übernimmt 100 % vom Rechnungsbetrag bis 1.000,00 €, danach muss VN 20 % selbst zahlen

4.6 Beitragsrückerstattungen

Rückstellungen für erfolgsabhängige Beitragsrückerstattungen

§ 151 VAG

Ziffer 8c AVB MB/KK 2009

In der PKV werden die Überschüsse eines Geschäftsjahres zu 90 % wieder an die Versicherungsnehmer/-innen zurückgegeben. Dies ist gesetzlich vorgeschrieben, was aber nicht bedeutet, dass die Versicherungsnehmer/-innen ihr Geld zwingend zurückbekommen, sondern dass die Tarifgemeinschaften dieses Geld erhalten, z. B. indem die Beitragserhöhungen weniger hoch ausfallen oder ganz wegfallen. Die Überschüsse fließen in die „Rückstellungen für erfolgsabhängige Beitragsrückerstattung" und die Zuteilung erfolgt jährlich mit Zustimmung des Treuhänders.

Auszahlung von gezahlten Beiträgen

Eine weitere Form der Beitragsrückerstattung ist die Auszahlung von gezahlten Beiträgen. Diese Form der Beitragsrückerstattung wird mit dem/der Versicherungsnehmer/-in vertraglich vereinbart. Aus Sicht des Versicherers soll hiermit ein kostenbewusstes Verhalten der versicherten Personen unterstützt werden, z.B., dass der/die Versicherungsnehmer/-in nicht wegen jedem „Wehwehchen" zu einer Ärztin oder einem Arzt geht und vor allem kleinere Rechnungen selbst begleicht, da hierdurch weniger Verwaltungskosten beim Versicherer anfallen. Üblich ist z.B. eine Rückzahlung von drei bis fünf Monatsbeiträgen (MB) in ambulanten, stationären und zahnmedizinischen Tarifen. Bei mehreren aufeinanderfolgenden Jahren mit Anspruch auf Beitragsrückerstattung können diese auch gestaffelt sein.

Ziffer 8c AVB MB/KK 2009

Die Auszahlung ist an mehrere Bedingungen geknüpft:

- Es wurden im betrachteten Jahr keine Leistungen erbracht.

und

- Der Vertrag bestand das ganze betrachtete Jahr und besteht darüber hinaus noch mindestens bis zum 30.06. des Folgejahres (keine Voraussetzung bei Eintritt der Versicherungspflicht in der GKV oder bei Tod).

und

- Die Beiträge für das betrachtete Jahr sind gezahlt worden.

Beitragsrabatt

Es gibt auch Versicherer, die ihren Versicherungsnehmerinnen und Versicherungsnehmern von Anfang an einen Beitragsrabatt (z.B. 2 % pro Monat) einräumen, wenn sich diese verpflichten, die Leistungen gebündelt pro Jahr ein- bis maximal zweimal einzureichen. Sollte dies dann aber nicht möglich sein, da in einem Jahr zu viele Leistungen angefallen sind, sodass der/die Versicherungsnehmer/-in diese nicht so lange auslegen kann, so wird der bereits gewährte Beitragsrabatt nachträglich wieder abgezogen.

4.7 Alterungsrückstellungen

In der PKV gilt, wie in allen Individualversicherungen, das Äquivalenzprinzip.
(Ausgenommen sind hiervon der Standard-, der Basis- und der Notlagentarif.)

Dies bedeutet, dass sich der Beitrag nach dem zu versichernden Risiko und der zu versichernden Leistung richtet. In der PKV wird darüber hinaus das Äquivalenzprinzip über die **gesamte Laufzeit** hinweg kalkuliert. Dies ist auch notwendig, denn eine Krankenversicherung schließt man für einen sehr langen Zeitraum – im besten Falle – bis zum Ende seines Lebens ab. Deswegen muss der Beitrag so kalkuliert werden, dass er immer ausreichend ist, um das Krankheitsrisiko in jedem Alter zu decken. Jede/-r Versicherte deckt in der PKV ihr/sein Risiko selbst ab und belastet keine zukünftigen Generationen. Dabei muss also berücksichtigt werden, dass der Mensch mit zunehmendem Alter i.d.R. vermehrt Gesundheitsleistungen abruft. Zudem zeigt die demographische Entwicklung, dass der Mensch immer älter wird und somit also auch länger Versicherungsleistungen abrufen wird. Diesen steigenden Gesundheitskosten tritt die PKV entgegen, indem sie Alterungsrückstellungen bildet. Würden die PKVs keine Vorsorge für das Alter treffen und in der Folge die Beiträge im Alter sehr stark ansteigen, dann würde wohl niemand in jungen Jahren eine Krankenversicherung bei einer PKV abschließen.

Das VAG legt in § 149 fest, wer wie viel Zuschlag für die Alterungsrückstellungen zahlen muss: Danach muss jede versicherte Person zwischen dem 21. und 60. Lebensjahr, die in der substitutiven Krankenversicherung versichert ist, einen Zuschlag von mindestens 10 % für die Alterungsrückstellungen zahlen. Diese 10 % sind von der jährlich gezillmerten[1] Bruttoprämie zu berechnen. *§ 149 VAG*

Alterungsrückstellungen sind nur auf die Tarife zu zahlen, die substitutiv sind, nicht zeitlich begrenzt sind und im Alter noch Bestand haben. Damit sind auf den Krankentagegeldtarif (KT) keine Alterungsrückstellungen zu zahlen. Auch der Notlagentarif (siehe Kapitel 8.5) ist von der Zahlung der Alterungsrückstellungen ausgenommen. Für den Beitragsentlastungstarif im Alter müssen nur dann Alterungsrückstellungen gezahlt werden, wenn diese Tarifbeiträge im Alter weitergezahlt werden müssen – dies ist bei der Proximus Versicherung AG nicht der Fall.

In der Realität gibt es viele PKVs, die deutlich mehr (ca. 40 % über die vorgeschriebenen 10 %) als 10 % des Beitrages für die Alterungsrückstellungen verwenden und dennoch wettbewerbsfähige Preise am Markt anbieten können.

Zudem bieten die PKVs auch in den Zusatztarifen die Option der Tarife mit Alterungsrückstellungen an. Die Kundinnen und Kunden können dann wählen, ob sie den Tarif nach Art des Schadens oder mit Alterungsrückstellungen abschließen.

Prinzip der Alterungsrückstellungen zur Aufrechterhaltung einer konstanten Versicherungsprämie

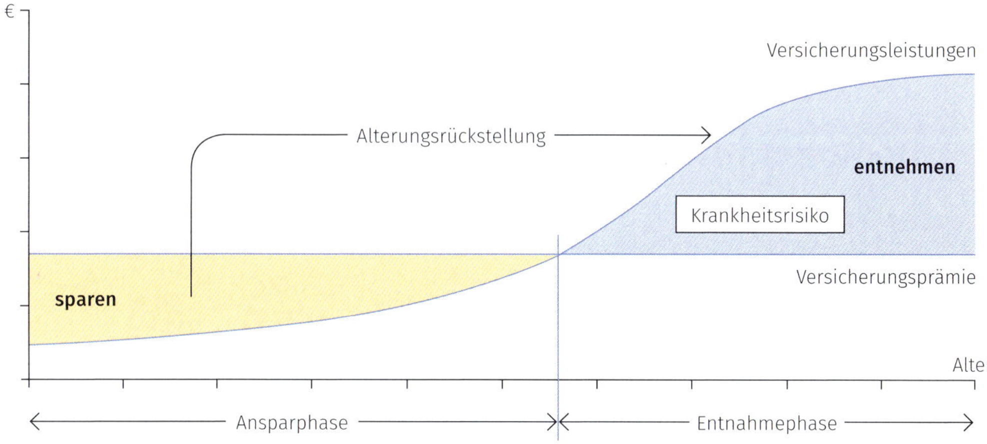

Anlage der Alterungsrückstellungen am Kapitalmarkt

Die Alterungsrückstellungen müssen nach § 150 VAG nach **Art der Lebensversicherung** am Kapitalmarkt angelegt werden. Dies bedeutet, dass der Versicherer die Anlage der Alterungsrückstellungen am Kapitalmarkt sicher, qualitativ hochwertig, liquide und rentabel anlegen muss. Die Anlagen müssen offengelegt und transparent sein und im Interesse der Versicherungsnehmer/-innen angelegt sein. Alle Kapitalanlagen müssen so gemischt und gestreut werden, dass keine Abhängigkeiten von einem bestimmten Vermögenswert oder Emittenten[2] entstehen kann (siehe hierzu auch Lernfeld 10 und 11 im Lehrbuch zum 3. Ausbildungsjahr). *§ 150 VAG* *§ 124 VAG*

1 Gezillmert ist eine Prämie dann, wenn die Abschlusskosten über die ersten fünf Jahre verteilt werden. Intensiv wird das Thema der Zillmerung in Lernfeld 11 im Lehrbuch zum 3. Ausbildungsjahr behandelt.

2 Ein Emittent ist der Herausgeber von Wertpapieren.

Die PKVs müssen bei der Kapitalanlage der Alterungsrückstellungen alle Vorgaben des VAG § 124 einhalten bzw. eine Ausgewogenheit zwischen den einzelnen Anforderungen erreichen. Alles gleichzeitig zu realisieren, ist nicht möglich – deshalb spricht man auch von einem „Magischen Dreieck".

§ 150 VAG Die Zinserträge aus diesen Kapitalanlagen sind dem/der Versicherungsnehmer/-in zu 90 % gutzuschreiben. Dies geschieht nicht durch Auszahlung, sondern durch Zuführung zu den Alterungsrückstellungen.

Ab dem 65. Lebensjahr werden die Alterungsrückstellungen dafür verwendet, um den Beitrag zur PKV stabil zu halten, ab dem 80. Lebensjahr sollen die Alterungsrückstellungen zur Beitragssenkung eingesetzt werden.

Magisches Dreieck der Geldanlage

Trotz der Alterungsrückstellungen steigt i. d. R. der Beitrag zur PKV stetig. Dies liegt jedoch nicht daran, dass der Beitrag fehlerhaft berechnet wurde oder die Alterungsrückstellungen nicht ausreichen. Die Gründe für die Beitragserhöhungen liegen vor allem in dem **medizinisch-technischen Fortschritt**, denn vor allem die Gerätemedizin ist teuer. Die Alterungsrückstellungen in der PKV wachsen stetig an und sichern so die Finanzierbarkeit der steigenden Gesundheitskosten im Alter der Versicherten in der PKV.

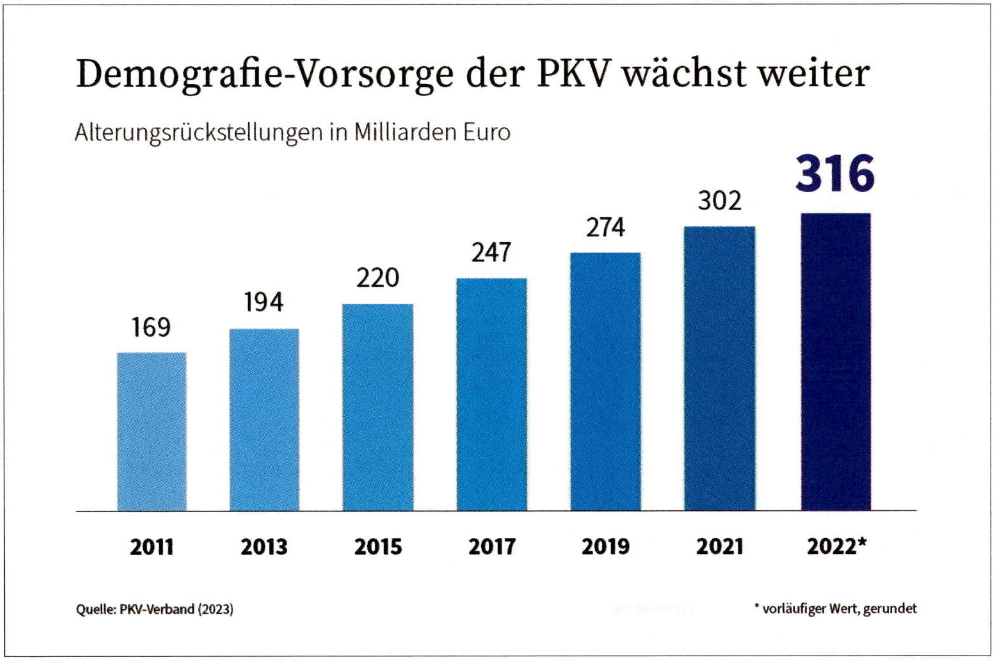

Portabilität (Mitnahmemöglichkeit)

Bei einem Wechsel zu einem anderen Versicherer gehen ein Teil der gesammelten Alterungsrückstellungen für die versicherte Person verloren. Bei einem Tarifwechsel innerhalb der gleichen Versicherungsgesellschaft bleiben die Alterungsrückstellungen erhalten (siehe Kapitel 8.3).

Personen, die nach dem 01.01.2009 eine Krankenvollversicherung abgeschlossen haben, nehmen einen Teil der angesparten Alterungsrückstellungen (Übertragungswert) mit, wenn sie bei einem anderen Versicherer erneut eine substitutive Krankenversicherung abschließen. Es wird dann der Teil der Alterungsrückstellungen mitgegeben, der bei einer Versicherung im Basistarif angefallen wäre. *§ 204 (2a) VVG*

Der Rest der Alterungsrückstellungen kommt der Versichertengemeinschaft zugute. Möchte man dies nicht, so kann man bei seinem bisherigen Versicherer einen Zusatztarif abschließen. Hier werden die Alterungsrückstellungen dann beibehalten (siehe Kapitel 8.3). *§ 204 (2b) VVG*

Der **Übertragungswert** ist der Anteil der Altersrückstellungen, der mitgenommen werden kann. Wie hoch er ist, hängt vom individuellen Versicherungsschutz ab. Der Übertragungswert ist somit nicht identisch mit den Alterungsrückstellungen.

Der Übertragungswert umfasst nur die Alterungsrückstellungen, die im (brancheneinheitlichen) Basistarif angefallen wären.

Zusammenfassung

- Alterungsrückstellungen müssen für die substitutiven Vollversicherungen (ambulant, stationär und Zahn) gebildet werden.
- Falls ein Beitragsentlastungstarif im Alter weiterhin bezahlt werden muss, müssen auch für diesen Rückstellungen gebildet werden.
- Die gesetzlich vorgeschriebene Rückstellungshöhe beträgt 10 % der Versicherungsprämie der jeweiligen Tarife.
- Die Rückstellungen werden zwischen dem 21. und dem 60. Lebensjahr gebildet.
- Ab dem 65. Lebensjahr sollen die Beiträge stabil bleiben.
- Ab dem 80. Lebensjahr sollen die Beiträge sinken.
- Die Alterungsrückstellungen sind portabel (mitnahmemöglich) für Personen, die nach dem 01.01.2009 Versicherungsschutz abgeschlossen haben, allerdings nur in Höhe des Basistarifes.

5 Risikoprüfung

Möchte sich eine Person in der PKV versichern, so muss diese im Antrag alle gestellten Fragen zum Gesundheitszustand wahrheitsgemäß beantworten. Die Person muss ihrer **vorvertraglichen Anzeigepflicht** nachkommen. Die PKV führt eine Risikoprüfung durch, um den Beitrag entsprechend des Äquivalenzprinzips festzulegen. Eine sorgfältige Risikoprüfung sorgt dafür, dass die jeweilige PKV über „gute" Kundenbestände verfügt. *§ 19 VVG*

5.1 Objektives Risiko

Das objektive Risiko fragt der Versicherer im Antrag ab. Dies sind alles Risikomerkmale, die nachprüfbar sind.

Im Antrag möchte der Versicherer wissen, wann die versicherte Person geboren wurde, es wird also das **Eintrittsalter** der versicherten Person bei Antragstellung erfragt. Zudem erhebt der Versicherer einige **Gesundheitsdaten**, wie z. B. ob die versicherte Person in den letzten fünf Jahren im **Kranken-**

haus war oder in den letzten drei Jahren **Untersuchungen/Behandlungen** wegen **Krankheiten**, **Beschwerden**, **Unfallfolgen** oder sonstiger Beschwerden stattgefunden haben oder angeraten waren. Zudem muss die versicherte Person angeben, ob sie **Arzneimittel** nimmt, eine **Fehlsichtigkeit**, **chronische Leiden** hat oder eine **HIV-Infektion** besteht. Ebenso müssen die **Größe** und das **Gewicht** angegeben werden, damit der Versicherer sehen kann, ob Über- oder Untergewicht vorliegt. Der Versicherer möchte zudem wissen, ob in den letzten drei Jahren eine **Zahnbehandlung** oder **Zahnersatzbehandlung** stattgefunden hat, ob **Zahnlücken** bestehen und ob zahnmedizinische Maßnahmen beabsichtigt oder angeraten sind.

Beabsichtigte oder angeratene Behandlungen werden grundsätzlich nicht versichert, da der Versicherungsfall bei Antragsstellung noch nicht eingetreten sein darf.

Auszüge aus dem Krankenversicherungsantrag der Proximus Versicherung AG

Angaben zu den versicherten Personen		Name, Vorname	m	w	Geburtsdatum	Berufstätigkeit	Berufliche Stellung
	1		○	○			
	2		○	○			

		Person 1 nein ▼	Person 1 ja ▼	Person 2 nein ▼	Person 2 ja ▼
1	Hat in den letzten 5 Jahren ein Krankenhaus-, Heilstätten-, Kur- oder Sanatoriumsaufenthalt stattgefunden?	○	○	○	○
2	Haben in den letzten 5 Jahren Operationen (auch ambulant) stattgefunden?	○	○	○	○
3	Wurde in den letzten 5 Jahren eine Psychotherapie oder Suchtbehandlung durchgeführt?	○	○	○	○
4	Bestanden in den letzten 3 Jahren oder bestehen gegenwärtig Krankheiten, Beschwerden, Unfallfolgen, sonstige Gesundheitsstörungen oder haben Untersuchungen/Behandlungen stattgefunden?	○	○	○	○
5	Werden Arzneimittel *(z. B. Tabletten, Salben)* angewendet? Wenn ja, welche und aufgrund welcher Diagnose?	○	○	○	○
6	Ist eine ambulante/stationäre Behandlung oder Untersuchung angeraten oder beabsichtigt?	○	○	○	○
7	Wurde jemals eine HIV-Infektion festgestellt *(z. B. durch einen AIDS-Test)*?	○	○	○	○
8	Besteht eine Fehlsichtigkeit von 8 Dioptrien oder mehr?	○	○	○	○
9	Besteht ein körperlicher/organischer Fehler, ein chronisches Leiden, eine Wehrdienstbeschädigung, eine Minderung der Erwerbsfähigkeit/Grad der Behinderung? Wenn ja, bitte Bescheid beifügen.	○	○	○	○
10	Größe und Gewicht cm/kg				
	Fragen 11 - 13 nur beantworten, wenn Tarife mit zahnärztlichen Leistungen beantragt werden				
11	Hat in den letzten 3 Jahren ein Zahnarztbesuch stattgefunden?	○	○	○	○
12	Findet zurzeit eine Zahnbehandlung, die Anfertigung oder Erneuerung von Zahnersatz, eine Parodontosebehandlung oder eine Kiefer-(Zahn-)Regulierung statt, oder sind solche Maßnahmen beabsichtigt oder angeraten worden?	○	○	○	○
13	Fehlen Zähne, die noch nicht ersetzt sind (außer Milch- und Weisheitszähnen sowie Zähnen, bei denen die Lücken durch benachbarte Zähne geschlossen wurden)?	○	○	○	○
	Wenn ja, Anzahl				

Nähere Angaben zu den Gesundheitsfragen 1-9 und 12, wenn mit „ja" beantwortet	Person	zu Frage	Art der Krankheit, Arzneimittel, Verletzung, Beschwerden, Untersuchung (was wurde festgestellt?), Höhe der Dioptrienwerte? Frage 12: Welche Maßnahmen?	Behandlungen/ Beschwerden von-bis	Name, Anschrift der Ärzte, Krankenhäuser, wer kann Auskunft geben?	Seit wann behandlungs- / beschwerdefrei?

5.2 Annahmerichtlinien

Der Versicherer prüft anhand der Angaben im Antrag, ob ein Vertrag zustande kommen kann und wenn ja, unter welchen Bedingungen. Der Versicherer hat grundsätzlich mehrere Möglichkeiten:

- Annahme ohne Erschwernis
- Annahme mit Risikozuschlag (RiZ)
- Annahme mit Leistungsausschluss (LA)
- Ablehnung des Antrags

In der Praxis hat jede PKV ihre eigenen Annahmerichtlinien und der/die Sachbearbeiter/-in trifft auf Grundlage dieser eine Entscheidung. In unklaren Fällen hält er/sie Rücksprache mit der Gesellschaftsärztin oder dem Gesellschaftsarzt.

Annahmerichtlinien der Proximus Versicherung AG

Annahmerichtlinien Proximus 5 Seite 423

Bei der Proximus Versicherung AG dürfen Risikozuschläge für Beschwerden oder Krankheiten erhoben werden, wenn bereits mindestens vier beschwerde- und behandlungsfreie Monate vergangen sind. Ist dies nicht der Fall, kann ein Leistungsausschluss vereinbart werden. Müssen mehrere Risikozuschläge für verschiedene Krankheiten oder Gebrechen vereinbart werden, so wird nur der höchste Risikozuschlag erhoben.

Leistungsausschlüsse sind nur im Bereich der Zusatzversicherungen vorgesehen, in der substitutiven Krankenversicherung können keine Leistungsausschlüsse vereinbart werden.

Ein Antrag muss abgelehnt werden, wenn mehr als vier Leistungsausschlüsse erforderlich wären oder auch bei weniger Leistungsausschlüssen, wenn der Versicherungsschutz keinen Sinn mehr ergeben würde, da der Schutz zu stark „ausgehöhlt" wäre oder sich das Risiko gar nicht erfassen lässt.

Bei der Proximus Versicherung AG können die Erschwerungen (Risikozuschläge und Leistungsausschlüsse) auch wieder entfallen. Umgewandelt werden können sie aber nicht, d.h. ein Leistungsausschluss bleibt ein Leistungsausschluss und ein Risikozuschlag bleibt ein Risikozuschlag. Ob der Wegfall eines Risikozuschlages oder Leistungsausschlusses möglich ist, hängt von der beschwerde- und behandlungsfreien Zeit ab. Diese Zeit nennt man Rezidivfrist[1].

Ist als Rezidivfrist eine „0" angegeben, ist die Wahrscheinlichkeit 0. Eine Erschwerung ist nicht notwendig. Sind die Ziffern von 1 bis 5 angegeben, so geben die einzelnen Ziffern die Anzahl der erforderlichen behandlungs- und beschwerdefreien Jahre an, die seit dem Ende der letzten Behandlung/dem letzten Auftreten von Beschwerden bis zum Versicherungs- bzw. Umwandlungsbeginn verstrichen sein müssen, bevor eine Annahme ohne Erschwerungen erfolgen kann. Ist dieser Zeitraum kleiner als die angegebene Rezidivfrist, muss eine Erschwerung vereinbart werden.

Von der Rezidivfrist wird die Zeit abgezogen, die seit der letzten Behandlung bzw. seit dem letzten Auftreten von Beschwerden bis zum Versicherungsbeginn bzw. Umwandlungsbeginn verstrichen ist.

Können die Risikozuschläge und Leistungsausschlüsse nicht entfallen, so ist dies in den Annahmerichtlinien mit einem „D" (Dauer) gekennzeichnet.

1 (lat.) recidere = zurückfallen

Zusammenfassung

Art der Antragsannahme	Erklärung	Beispiel
Risikozuschlag (RiZ)	· Mehr als vier Monate sind seit letzter Behandlung vergangen.	· Die Kundin oder der Kunde stellt einen Antrag, obwohl die Kniegelenkbeschwerden erst zuletzt vor zwei Monaten aufgetreten sind.
	· Bei mehreren RiZ wird nur der höchste RiZ vereinbart.	· Es soll ein RiZ für „Gicht" = 100 % und für „Harnblasenentzündung" = 50 % erhoben werden. Insgesamt wird ein RiZ von 100 % erhoben.
	· Rezidivfrist D: RiZ auf Dauer	· Laut Annahmerichtlinien werden Unterleibserkrankungen auf Dauer (D), d. h. für die gesamte Laufzeit des Vertrages erhoben.
	· Rezidivfrist (1–5): Riz entfällt nach ein bis fünf Jahren, die beschwerde- und behandlungsfrei waren.	· Für eine Kniegelenksentzündung soll ein RiZ von 90 % erhoben werden, so lange, bis vier beschwerde- und behandlungsfreie Jahre vorbei sind (RiZ 90 %, [4]).
	· Rezidivfrist (1–5): Riz entfällt nach ein bis fünf Jahren, die beschwerde- und behandlungsfrei waren seit Vertragsbeginn.	· Für Rheumatismus soll ein RiZ von 180 % erhoben werden, so lange, bis fünf beschwerde- und behandlungsfreie Jahre ab Versicherungsbeginn vorbei sind (RiZ 180 %, [5]).
Leistungsausschluss (LA)	· nur in der Zusatzversicherung möglich	· nur in AEV, SEV, ZEV, KHT
	· Wird erhoben, wenn – kein RiZ vereinbart werden kann, da noch keine vier beschwerde- und behandlungsfreie Monate vergangen sind,	· Die Kundin oder der Kunde stellt einen Antrag, obwohl die Kniegelenkbeschwerden erst vor zwei Monaten zuletzt aufgetreten sind.
	– die Gesellschaftsärztin oder der Gesellschaftsarzt (GA) dies anrät, – eine schwerwiegende Krankheit einen Versicherungsschutz nicht zulässt.	· Der GA rät bei einer Herzschwäche, nach genauer Begutachtung des Krankheitsbildes zu einem LA. · Kropf (Erkrankung der Schulddrüse) ist laut Annahmerichtlinien, wenn nicht operiert, nicht versicherbar und führt zu einem LA (in der Zusatzversicherung).
Ablehnung (A)	· wenn mehr als vier LA vereinbart werden müssten	· Der VR möchte vier LA vereinbaren, da vier verschiedene Krankheiten/Beschwerden vorliegen.
	· wenn der Vertrag keinen Sinn ergibt, da der Versicherungsschutz durch LA zu sehr „ausgehöhlt" werden würde	· Die zu versichernde Person hat Krebs, dieser müsste ausgeschlossen werden und der Versicherungsschutz wird sinnlos, da die hohen Kosten für die Behandlung von der versicherten Person alleine aufgebracht werden müssten.
	· wenn sich das Risiko nicht erfassen lässt	· Die zu versichernde Person hat derart viele verschiedene Krankheiten und Beschwerden, dass man keine exakte Risikoprüfung vornehmen kann.

5.3 Subjektives Risiko

Ob die versicherte Person im Laufe ihres Lebens während der Vertragslaufzeit erkrankt, kann die versicherte Person zum Teil selbst, durch das **individuelle Verhalten**, beeinflussen. So haben das Essverhalten (Menge und Auswahl der Lebensmittel), das Trinkverhalten (was und wie viel), der Alkoholkonsum, sonstiger Drogenkonsum, sportliche Aktivität, Schlafverhalten, Risikobereitschaft (z. B.: gefährliche Hobbys, Motorradfahren) usw. großen Einfluss auf das Risiko der Gesundheitsbeeinträchtigung. Die Versicherer versuchen, Einfluss auf das subjektive Risiko zu nehmen, indem sie Anreize zum kostenbewussten Verhalten durch Beitragsrückerstattungen (siehe Kapitel 4.6) setzen. Einige Versicherer zahlen auch Ernährungs- oder Sportkurse für ihre Versicherten.

6 Bedarfsanalyse und Angebotsberechnung

Der Versicherungsschutz in der PKV ist ein individueller Versicherungsschutz. Jede Versicherungsnehmerin bzw. jeder Versicherungsnehmer und jede versicherte Person kann sich „seinen bzw. ihren" Versicherungsschutz selbst zusammenstellen. Im besten Falle wird der optimale Versicherungsschutz mit dem/der Vermittler/-in gemeinsam gefunden, sodass diese/-r auf Besonderheiten, aber auch auf gesetzliche Vorgaben hinweisen kann.

6.1 Substitutiver Versicherungsschutz

Die Krankheitskostenvollversicherung in der PKV substituiert (= ersetzt) den Versicherungsschutz in der GKV. In Deutschland ist man verpflichtet, eine Krankenversicherung abzuschließen, die mindestens ambulante, stationäre und eine zahnmedizinische Heilbehandlung umfasst. Zudem muss die Pflegepflichtversicherung abgeschlossen werden. Dies gilt auch für die Restkostenabsicherung bei Beamtinnen und Beamten. Innerhalb dieses Versicherungsschutzes kann die versicherte Person jedoch über Art und Umfang entscheiden. So kann zwischen einfachen oder besonderen Tarifleistungen und auch über Selbstbehalte selbst und individuell entschieden werden.

Beispiel 1

David Röhlke möchte sich zukünftig in der PKV versichern. Er hat sich selbstständig gemacht und steht noch ganz am Anfang seiner beruflichen Karriere. Seine Intention, sich in der PKV zu versichern, ist es, möglichst wenig Geld für die Krankenkostenvollversicherung auszugeben.

Lösung

Herr Röhlke wird bei der Proximus Versicherung AG im ambulanten Bereich einen Tarif mit einem hohen Selbstbehalt wählen (Tarif A2) und im stationären Tarif auf das Ein- oder Zweibettzimmer und die Chefarztbehandlung verzichten (Tarif S3). Im zahnmedizinischen Bereich wird Herr Röhlke hohe Selbstbehalte (Tarif Z3) wählen. Das Krankentagegeld wird so minimal ausfallen, dass es nur die notwendigsten Lebenshaltungskosten (Wohnen, Versicherungen, Essen) abdeckt.

Beispiel 2

Elena Seifert möchte gerne in der PKV eine Krankenkostenvollversicherung abschließen, da sie sich in der Vergangenheit immer wieder geärgert hat, dass sie in der GKV zu viel zuzahlen muss. Zudem hat sie sich bei ihrem letzten Krankenhausaufenthalt darüber geärgert, dass sie im Mehrbettzimmer untergebracht war und durch die schnarchende Zimmernachbarin nachts nicht schlafen konnte. Ihre komplizierte Knie-OP wurde von dem diensthabenden Stationsarzt durchgeführt. Frau Seifert hätte hier ein sichereres Gefühl gehabt, wenn ein Spezialist ihr Knie operiert hätte.

Lösung

Frau Seifert wird bei der Proximus Versicherung AG im ambulanten und im zahnmedizinischen Bereich Tarife ohne Selbstbehalte wählen (Tarif A0 und Tarif Z1). Im stationären Bereich wird Frau Seifert einen Tarif wählen, der das Einbettzimmer und die Chefarztbehandlung absichert (Tarif S1).

6.2 Zusatzversicherungsschutz

Zusatzversicherungen in der PKV sind freiwillig. Niemand muss diese abschließen. Der Abschluss von Zusatzversicherungen dient dazu, den Versicherungsschutz der GKV zu ergänzen. So können Zuzahlungen gemindert und Behandlungsmethoden versichert werden, die in der GKV gar nicht bzw. nur eingeschränkt versichert sind.

Beispiele

- Melanie Küster ist Brillenträgerin. Zudem möchte sie hin und wieder eine osteopathische Behandlung erhalten. Aus diesem Grunde wird sie einen ambulanten Zusatztarif auswählen (Tarif AZV).
- Marcel Krümm hat von seinem Nachbarn Claus Ritter mitbekommen, dass dieser 9.000,00 € zu einer Zahnbehandlung dazuzahlen musste. Dies möchte Herr Krumm für sich nicht und schließt daher eine Zahnzusatzversicherung ab (Tarif ZEV).
- Lisa Schneider möchte im Krankenhaus gern im Einbettzimmer liegen, da sie sehr geräuschempfindlich ist und sich gerade im Krankheitsfall nicht vorstellen kann, mit anderen Menschen auf einem Zimmer zu sein. Frau Schneider wird eine Zusatzversicherung für den stationären Bereich abschließen, der das Einbettzimmer absichert (Tarif SEV).

6.3 Berechnung der Krankentagegeldhöhe

Ziffer 4 (2) AVB MB/KT 2009

Die finanzielle Absicherung im Krankheitsfall ist freiwillig, aber von großer Bedeutung, um bei Arbeitsunfähigkeit aus gesundheitlichen Gründen seinen Lebensunterhalt weiterhin bestreiten zu können: Miete, Darlehen, Lebensmittel, Bildung usw. müssen auch im Krankheitsfall weitergezahlt werden. Die Höhe des Krankentagegeldes darf zusammen mit anderen Krankengeldern (aus der GKV) und Krankentagegeldern (aus der PKV) das auf den Tag umgerechnete Nettoeinkommen nicht übersteigen. Maßgeblich ist hierbei der Durchschnitt der letzten zwölf Monate vor Antragstellung bzw. Arbeitsunfähigkeit.

Beschäftigte, die in der GKV versichert sind

§§ 47 und 48 SGB V

Die Beschäftigten bekommen im Krankheitsfall sechs Wochen (= 42 Tage) Lohnfortzahlung vom Arbeitgeber. Anschließend bekommen die in der GKV versicherten Beschäftigten Krankengeld.

Das Krankengeld der GKV beträgt **70 % vom Brutto**, aber **maximal 90 % vom Netto**. Dabei werden Einmalzahlungen, wie z.B. Weihnachtsgeld und Urlaubsgeld berücksichtigt. Das Krankengeld wird wegen derselben Krankheit maximal für 72 Wochen innerhalb von drei Jahren gezahlt und beträgt maximal 3.491,25 € brutto pro Monat bzw. 116,38 € pro Tag (2023). Dies sind 70 % der Beitragsbemessungsgrenze (BBG). Erkrankt man nach den drei Jahren erneut an derselben Krankheit, erhält man erneut Krankengeld. Vom Krankengeld müssen die Beschäftigte dann noch Sozialabgaben (GRV, ALV und GPV) zahlen. Steuern hingegen sind nicht abzuführen.

Beispiel

Iris Kogel (28, ledig, keine Kinder) ist angestellte Bankkauffrau und verdient durchschnittlich (inkl. Weihnachtsgeld) 3.100,00 € brutto/2.011,00 € netto im Monat.

Ihre beste Freundin ist langfristig an einem Bandscheibenvorfall erkrankt und muss sich finanziell einschränken, da das gezahlte Krankengeld der GKV nicht alle ihre Lebenshaltungskosten deckt.

Nun möchte Frau Kogel wissen, wie sie bei langer Krankheit in der GKV abgesichert wäre, ob sie eine Versorgungslücke hätte und wie diese geschlossen werden könnte.

Lösung

- Frau Kogel bekommt sechs Wochen Lohnfortzahlung von ihrem Arbeitgeber.
- Danach erhält sie Krankengeld von der GKV: 70 % vom Brutto, aber maximal 90 % vom Netto.

Berechnung des Krankengeldes	monatlich	täglich
90 % vom Netto (2.011,00 €)	1.809,90 €	60,33 €
70 % vom Brutto (3.100,00 €)	2.170,00 €	72,33 €
Krankengeld pro Monat vom Netto	**1.809,90 €**	**60,33 €**
– GRV (18,6 % / 2)	168,32 €	5,61 €
– ALV (2,6 % / 2)	23,53 €	0,78 €
– GPV (3,4 % / 2) + 0,6 % (Kinderlosenzuschlag)	41,63 €	1,39 €
GKV (ist nicht vom Krankengeld zu zahlen)	0,00 €	0,00 €
= **Krankengeld netto**	**1.576,42 €**	**52,55 €**

Berechnung der Versorgungslücke	monatlich	täglich
monatliches Nettoeinkommen bei Gesundheit und Lohnfortzahlung	2.011,00 €	67,03 €
monatliches Nettoeinkommen bei Bezug von Krankentagegeld	1.576,42 €	52,55 €
Versorgungslücke ab 43. Tag der Arbeitsunfähigkeit	434,58 €	14,48 €

Schließen der Versorgungslücke durch Abschluss eines Krankentagegeldes in der PKV

Frau Kogel müsste ein KT ab dem 43. Tag in Höhe von 14,48 € pro Tag abschließen.
Bei den meisten PKVs kann man das Krankentagegeld in 5,00 €-Schritten versichern. Hier wären also 10,00 € bzw. besser 15,00 € pro Tag zu empfehlen. Das Tagegeld darf nicht höher sein als das Nettogehalt. Die 0,52 € pro Tag bereichern aber nicht signifikant und sind vermutlich mit der nächsten Gehaltserhöhung auch ausgeglichen und somit zu vernachlässigen.

Beschäftigte, die in der PKV versichert sind

Beschäftigte, die in der PKV versichert sind, benötigen ebenfalls ab dem 43. Tag eine Krankentagegeldversicherung. Die ersten sechs Wochen zahlt der Arbeitgeber den Lohn weiter. Danach, also ab dem 43. Tag, müssen die Versicherten ein Krankentagegeld abschließen, das das gesamte Einkommen absichert. Zudem fällt auch der Arbeitgeberzuschuss zur PKV und PPV weg. Dies bedeutet, dass auch diese Zuschüsse in das Krankentagegeld einkalkuliert werden müssen, da die Beiträge zur PKV und PPV weitergezahlt werden müssen. Den Beitrag zur ALV muss die PKV übernehmen. Diese leitet den Beitrag direkt an die Bundesagentur für Arbeit ab.

Bezieht man kein Arbeitseinkommen mehr, so zahlt man keine automatischen Beiträge mehr zur GRV. Allerdings wirkt sich dies negativ auf eine spätere Rente aus, weshalb daher Rentenversicherungsbeiträge freiwillig selbst gezahlt werden können.

Beispiel

Hans Petersen ist angestellter Werbegrafiker in einer großen Werbeagentur. Er verdient 7.000,00 € brutto pro Monat. Herr Petersen ist ledig und hat keine Kinder. Er zahlt 1.912,35 € Steuern pro Monat. Sein Anteil zur GRV beträgt 651,00 € und zur ALV 91,00 € im Monat. Sein PKV-Beitrag und PPV-Beitrag betragen zusammen 600,00 € monatlich. Sein Arbeitgeber zahlt hiervon die Hälfte.

Herr Petersen fragt sich, wie hoch und ab wann er ein Krankentagegeld versichern sollte.

Lösung

Berechnung des Nettolohnes	monatlich	täglich
Brutto	**7.000,00 €**	**233,33 €**
– Steuern (Lohn-, Kirchensteuer und Solidaritätszuschlag)	1.912,35 €	63,75 €
– GRV (18,6 % / 2)	651,00 €	21,70 €
– ALV (2.6 % / 2)	91,00 €	3,03 €
= Netto	**4.345,65 €**	**144,86 €**
+ AG-Anteil zur PKV und PPV	300,00 €	10,00 €
– Beitrag PKV und PPV	600,00 €	20,00 €
= monatlich zur Verfügung	**4.045,65 €**	**134,86 €**

Berechnung der Versorgungslücke

Herr Petersen bekommt 42 Tage Lohnfortzahlung vom Arbeitgeber. Danach zahlt der Arbeitgeber nichts mehr. Dies bedeutet, dass Herr Petersen alleine für die Kranken- und Pflegeversicherung aufkommen muss. Die Arbeitslosenversicherung übernimmt die PKV. Rentenversicherungsbeiträge müssen nicht gezahlt werden. Allerdings verliert Herr Petersen auch den Anspruch auf Leistungen.

134,86 € + 20,00 € (PKV + PPV) = **154,86 €**

Schließen der Versorgungslücke durch Abschluss eines Krankentagegeldes in der PKV

Herr Petersen müsste ein Krankentagegeld ab dem 43. Tag in Höhe von 154,86 € pro Tag abschließen. Hier wären also 150,00 € pro Tag zu empfehlen.

Bei der Proximus Versicherung AG kann man ein Krankentagegeld ab dem 43. Tag bis maximal 250,00 € pro Tag abschließen.

Selbstständige, die in der PKV versichert sind

Selbstständige haben keinen Arbeitgeber und erhalten damit im Krankheitsfall auch keine Lohnfortzahlung. Im schlimmsten Fall haben Selbstständige ab dem ersten Tag einer Arbeitsunfähigkeit kein Einkommen mehr. Die Krankentagegeldversicherung muss daher früh greifen. Es gibt PKVs, die ein Krankentagegeld bereits ab dem ersten Tag anbieten. Bei der Proximus Versicherung AG kann man das Krankengeld frühestens ab dem achten Tag versichern.

Die Höhe des Krankentagegeldes muss dabei so bemessen sein, dass man seine gesamten festen Ausgaben pro Tag versichert hat. Hierzu zählen nicht nur die Ausgaben für Wohnen, Mobilität usw., sondern auch Versicherungsbeiträge für die Kranken-, Pflege- und Altersvorsorge.

Beispiel

Hans Sallis ist selbstständiger Tischlermeister mit einer kleinen Möbeltischlerei. Herr Sallis ist alleinstehend und hat keine Kinder. Sein Jahresgewinn liegt bei 45.000,00 € pro Jahr. Einkommen- und Gewerbesteuer machen im Jahr 10.000,00 € aus. Für seine PKV zahlt er 350,00 € im Monat, seine PPV kostet 70,00 € im Monat. Er zahlt zudem für seine Rürup-Versicherung einen monatlichen Sparbeitrag von 200,00 €.

Herr Sallis fragt sich, in welcher Höhe er sein Krankentagegeld abschließen sollte.

Lösung

Berechnung der Versorgungslücke

45.000,00 € – 10.000,00 € = 35.000,00 € pro Jahr

→ umgerechnet auf den Monat: 35.000,00 € / 12 = 2.916,67 €
→ umgerechnet auf den Tag: 2.916,67 € / 30 = **97,22 €**

Die Versorgungslücke liegt bei 97,22 € am Tag. Herr Sallis sollte ein Krankentagegeld in Höhe von 95,00 € oder 100,00 € abschließen. Die Karenzzeit sollte so kurz wie möglich sein, da Herr Sallis vom ersten Krankheitstag an kein Geld mehr verdienen (tischlern) kann.

Bei der Proximus Versicherung AG kann Herr Sallis das Krankentagegeld ab dem achten Tag absichern.

Selbstständige, die freiwillig in der GKV versichert sind

Selbstständige, die freiwillig in der GKV versichert sind, können frei bestimmen, ob sie das Krankentagegeld in der GKV oder in der PKV versichern möchten. Wer auf das Krankengeld in der GKV verzichtet, zahlt dort einen reduzierten Beitrag. Entscheiden sich Selbstständige dazu, das Krankengeld in der GKV mit abzusichern, dann wird dieses erst ab dem 43. Tag gezahlt und die Höhe wird individuell mit der GKV festgelegt.

6.4 Beitragsberechnung

Sobald sich eine Kundin oder ein Kunde für den Abschluss einer Krankenversicherung in der PKV entschlossen hat, interessiert sie oder ihn neben den versicherten Leistungen auch der zu zahlende Beitrag.

Der Beitrag ist, gemäß des Äquivalenzprinzips, abhängig von den zu versichernden Leistungen und dem zu versichernden Risiko. Das Risiko wird durch die Gesundheitsfragen im Antrag vom Versicherer eingeschätzt (siehe Kapitel 5). Daneben ist das Alter beim Abschluss des Vertrages von Bedeutung: Das Eintrittsalter (EA) beeinflusst maßgeblich den Versicherungsbeitrag.

Die Versicherungsperiode beträgt ein Jahr, dennoch ist der Versicherungsbeitrag ein Monatsbeitrag. Rabatte wegen der Zahlungsweise sind nicht vorgesehen. Eine Versicherungsteuer ist auch nicht zu berücksichtigen. Dafür muss der Zuschlag von 10 % für die Alterungsrückstellungen auf den Tarifbeitrag der substitutiven Tarife, die im Alter noch bestehen, hinzugerechnet werden, wenn die versicherte Person zwischen 21 und 60 Jahre alt ist (siehe Kapitel 4.7). Auf eventuelle Risikozuschläge werden keine Alterungsrückstellungen berechnet.

Zusammenfassung

- Die Beiträge sind Monatsbeiträge.
- Es wird keine Versicherungsteuer erhoben.
- Das Eintrittsalter (EA) ist zu berücksichtigen.
- Bei den substitutiven Tarifen sind zwischen dem 21. und 60. Lebensjahr 10 % Altersrückstellungen zu berücksichtigen.
- Für Risikozuschläge sind keine Alterungsrückstellungen zu berücksichtigen.

6.5 Arbeitgeberzuschuss

In der Krankheitskostenvollversicherung versichern sich sowohl Selbstständige als auch Arbeitnehmer/-innen. Wenn die Beschäftigten in der GKV versichert wären, dann würde der Arbeitgeber 50 % zum Beitrag dazugeben. Die Kinder und die Ehe-/Lebenspartner/-innen wären evtl. familienversichert. Der Beitrag in der GKV beträgt zu Zeit (2023) 14,6 % von der Beitragsbemessungsgrenze (2023: 59.850,00 € im Jahr /4.987,50 € im Monat). Zusätzlich verlangen die einzelnen GKVs noch einen Zusatzbeitrag von bis zu 1,6 %. Sollte ein/-e Beschäftigte/-r bei einer GKV versichert sein, die diesen Zusatzbeitrag erhebt, so beteiligt sich der Arbeitgeber an diesem Zusatzbeitrag ebenfalls zur Hälfte. Daraus ergibt sich, dass der maximale Arbeitgeberzuschuss zur GKV im Jahr 2023 403,99 € im Monat beträgt. Der maximale AG-Zuschuss zur Pflegeversicherung beträgt 76,06 € im Monat.

Beispiel

Andrea Fraser ist angestellte Chemikerin in einem großen Chemiekonzern. Sie verdient im Jahr 70.000,00 € und ist freiwilliges Mitglied in der GKV.

Ihre GKV erhebt den Zusatzbeitrag von 1,6 %.

Lösung

Berechnung des Beitrages in der GKV:
14,6 % + 1,6 % von der BBG in der GRV / 2 = Arbeitgeber- und Arbeitnehmeranteil zur GKV
14.6 % + 1,6 % von 4.987,50 € / 2 = 403,99 €

Sowohl Frau Fraser als auch ihr Arbeitgeber zahlen 403,99 € für die gesetzliche Krankenversicherung.

Da es für den Arbeitgeber unerheblich sein soll, ob sein/-e Mitarbeiter/-in in der GKV oder in der PKV versichert ist, ist der maximaler Arbeitgeberzuschuss auch der Betrag, den der Arbeitgeber maximal dazu zahlen muss, wenn sich der/die Arbeitnehmer/-in in der PKV versichert.

Hat der/die Beschäftigte auch seine/-n Ehe-/Lebenspartner/-in und/oder seine/ihre Kinder in der PKV krankenvollversichert, dann beteiligt sich der Arbeitgeber auch an dessen/deren Beiträgen – allerdings zahlt der Arbeitgeber nie mehr, als er zahlen müsste, wenn seine Mitarbeiter/-in in der GKV versichert wäre.

Merke

Der Arbeitgeber beteiligt sich **zur Hälfte** am Beitrag der PKV, zahlt aber **höchstens so viel**, wie **maximal in der GKV** angefallen wäre (2023: 403,99 € pro Monat).

Damit der Arbeitgeber den Zuschuss zur PKV auch zahlt, muss der/die Angestellte ihm eine **Bescheinigung** der PKV vorlegen, die beinhaltet,

- welche Versicherungsleistungen versichert sind,
- wer zuschussberechtigt versichert ist und
- wie hoch die Beiträge sind.

Zudem muss die Versicherung bescheinigen, dass sie

§ 257 SGB V

- die Krankenversicherung nach Art der Lebensversicherung betreibt (siehe Kapitel 4.7) (d.h. auch Alterungsrückstellungen bildet),
- einen Basistarif anbietet,
- nach Vertragsabschluss ein amtliches Informationsblatt, das über die verschiedenen Prinzipien der GKV und der PKV aufklärt, aushändigt,
- über einen Standardtarif verfügt,
- sich verpflichtet, den überwiegenden Teil der Überschüsse zugunsten der Versicherten zu verwenden.
- auf das ordentliche Kündigungsrecht verzichtet,
- die Spartentrennung beachtet und
- ihren Sitz in Deutschland hat.

Beamtinnen und Beamte erhalten den Arbeitgeberzuschuss nicht, da sie von ihren Dienstherren den Zuschuss in Form von Beihilfe bekommen.

Rentnerinnen und Rentner haben keinen Arbeitgeber mehr. Hier zahlt die Rentenversicherung einen Zuschuss zur PKV (wie auch zur GKV) in Höhe von 7,95 % der Rente. Dies ist die Hälfte des reduzierten Beitragssatzes für Rentner (= 15,9 %) in der GKV, da ja das Krankengeld nicht mehr versichert werden muss.

Der Arbeitgeber beteiligt sich auch zur Hälfte an den Beiträgen zur PPV. Die Pflegeversicherung ist Gegenstand von Teil B dieses Lernfeldes.

Zusammenfassung

	Tarif	Arbeitgeberzuschuss § 257 SGB V und § 61 SGB XI
substitutive Krankenversicherung	ambulant	x
	stationär, inkl. Ein- bzw. Zweibettzimmer und Chefärztin/Chefarzt	x
	zahnmedizinische Behandlung inkl. Zahnersatz	x
	Krankentagegeld	x
	Krankenhaustagegeld	x
	Kurtagegeld	x
	Altersentlastung	x
substitutive Pflegeversicherung	Pflegepflicht	x
	Pflegeergänzung	
	Ergänzungstarife zur GKV	

7 Versicherungsbeginn und Wartezeiten

Ziffer 2 (1) AVB MB/KK 2009

Der Versicherungsschutz (materieller Versicherungsbeginn) beginnt mit dem im Versicherungsschein angegebenen Zeitpunkt (technischer Versicherungsbeginn), jedoch nicht, bevor der Vertrag durch Zugang der Police oder Annahmeerklärung von der PKV abgeschlossen wurde (formeller Versicherungsbeginn). Der materielle Versicherungsbeginn kann sich durch das Ableisten von Wartezeiten nach hinten verschieben.

In den Versicherungsbedingungen zur PKV sind Wartezeiten vorgesehen. Wartezeiten dienen dazu, zu verhindern, dass sich Menschen versichern, weil sie wissen, dass sie „in Kürze" medizinische Behandlung in Anspruch nehmen werden und sich nur deshalb versichern oder ihren Versicherungsschutz erhöhen bzw. ausweiten.

Beispiel

Heike Perske ist in der GKV pflichtversichert. Bei ihrem letzten Zahnarztbesuch hat dieser ihr erklärt, dass im hinteren rechten Oberkiefer eine umfangreiche Zahnersatzbehandlung über drei Zähne notwendig ist und auch nicht mehr lange gewartet werden kann, wenn man die restlichen Zähne noch erhalten möchte. Frau Perske beschließt, schnell eine Zahnzusatzversicherung abzuschließen.

→ Der Versicherer wird die Versicherung abschließen. Um diese „kurzfristigen" Behandlungen auszuschließen, gilt aber eine Wartezeit.

Anmerkung: Sollte Frau Perske die angeratene Zahnersatzbehandlung im Antrag angeben, so wird der Versicherer diese ausschließen oder einen Risikozuschlag verlangen.
Sollte Frau Perske die angeratene Zahnersatzbehandlung im Antrag verschweigen, so liegt eine Verletzung der vorvertraglichen Anzeigepflicht vor.

Es gibt in der PKV **zwei Arten von Wartezeiten**:

Ziffer 3 AVB MB/KK 2009

Ziffer 3 AVB MB/KT 2009

	Krankheitskostenversicherung und Krankenhaustagegeldversicherung	Krankentagegeldversicherung
allgemeine Wartezeit	**drei Monate**	**drei Monate**
besondere Wartezeit	**acht Monate** gilt für: · Zahnbehandlung · Zahnersatz · Kieferorthopädie · Psychotherapie · Entbindung	**acht Monate** gilt für: · Zahnbehandlung – Zahnersatz – Kieferorthopädie – Psychotherapie
Wegfall der **allgemeinen** Wartezeit bei	· Unfällen · Ehegattennachversicherung (siehe Kapitel 8.1) · Kindesnachversicherung (siehe Kapitel 8.2)	· Unfällen

	Krankheitskostenversicherung und Krankenhaustagegeldversicherung	Krankentagegeldversicherung
Wegfall der **allgemeinen** und **besonderen** Wartezeiten bei	· Vorlage eines ärztlichen Zeugnisses über den Gesundheitszustand. Dies muss beim VR beantragt werden und innerhalb von zwei Wochen nach der Beantragung beim VR vorgelegt werden. · unmittelbarem Übergang aus einer anderen privaten Krankenvollversicherung, der gesetzlichen Krankenversicherung oder der freien Heilfürsorge. Die dort nachweislich ununterbrochene Versicherungszeit wird auf die Wartezeit angerechnet.	· Vorlage eines ärztlichen Zeugnisses über den Gesundheitszustand. Dies muss beim VR beantragt werden und innerhalb von zwei Wochen nach der Beantragung beim VR vorgelegt werden. · unmittelbarem Übergang aus einer anderen privaten Krankenvollversicherung, der gesetzlichen Krankenversicherung oder der freien Heilfürsorge. Die dort nachweislich ununterbrochene Versicherungszeit wird auf die Wartezeit angerechnet.

Beispiel

Corinna Jost hat zum 01.05. d.J. eine Krankenvollversicherung bei der Proximus Versicherung AG abgeschlossen. Zuvor war sie für drei Jahre in Argentinien.

Sie reicht der Proximus Versicherung AG folgende Rechnungen ein:

- Arztbesuch am 20.04. d.J. wegen akuter Magen-Darm-Beschwerden
- Arztbesuch wegen erneuter Migräne-Attacke am 05.06. d.J.
- Artbesuch wegen eines Armbruchs nach einem Fahrradsturz am 29.07. d.J.
- Zahnarztbesuch am 13.12. d.J. wegen akuter Zahnschmerzen
- Zahnarztbesuch am 05.01. des Folgejahres zum Einsetzen einer Krone

Ein ärztliches Gesundheitszeugnis hat Frau Jost nicht vorgelegt.

Welche Wartezeiten hat Frau Jost einzuhalten?

Lösung

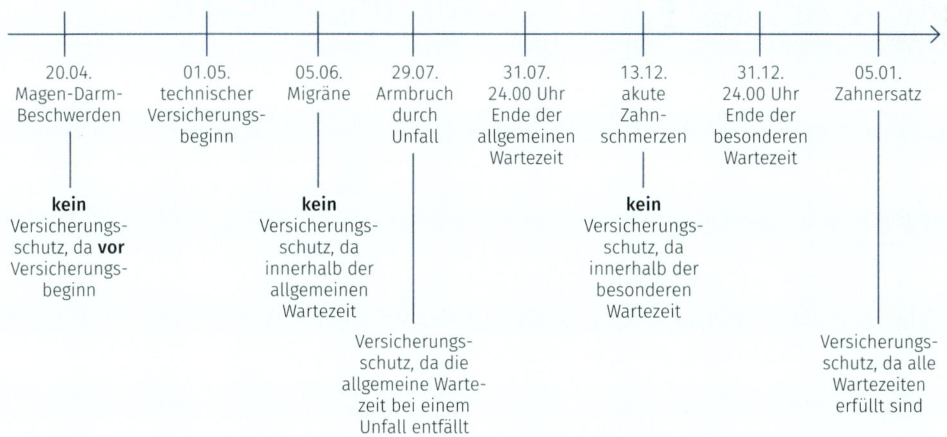

In der Krankenversicherung ist es oft so, dass eine Krankheit nicht nach einer ärztlichen Behandlung überwunden ist. Stattdessen können sich die Behandlungen über einen sehr langen Zeitraum erstrecken. Man spricht von einem **„gedehnten Versicherungsfall"**. Behandlungen, die in die Wartezeit fallen, werden bedingungsgemäß nicht von der PKV übernommen. Alle Behandlungen, die nach Ablauf der Wartezeiten stattfinden, sind aber von der PKV zu übernehmen, obwohl es sich um einen Versicherungsfall handelt, der innerhalb der Wartezeit eingetreten ist.

Beispiel

Ines Meyer hat ein KHT in Höhe von 40,00 € bei der Proximus Versicherung AG abgeschlossen. Versicherungsbeginn ist laut Antrag ist der 01.06. d. J. und Frau Meyer muss Wartezeiten einhalten. Am 20.08. d. J. wird sie mit einem Magendurchbruch in ein Krankenhaus eingeliefert. Der stationäre Aufenthalt dauert bis einschließlich 15.09. d. J.

Ab wann leistet die Proximus Versicherung AG?

Lösung

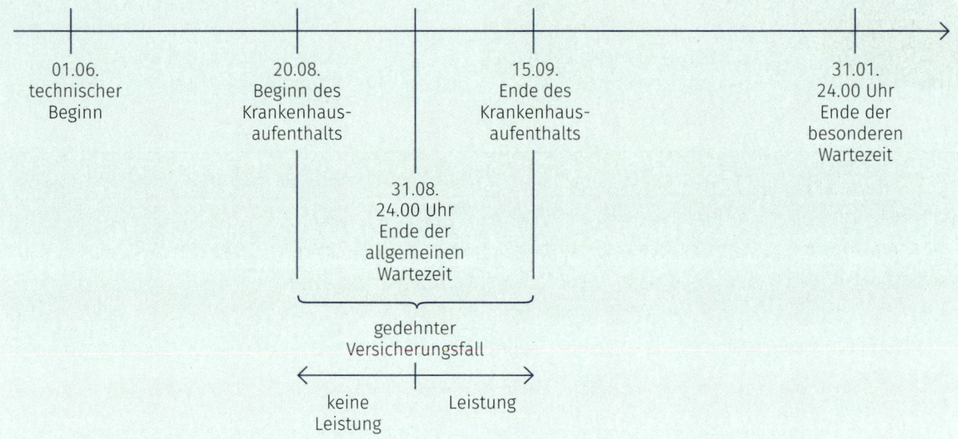

8 Änderungen des Versicherungsbedarfs

Während der Vertragslaufzeit in der PKV, die ja oft bis zum Lebensende andauert, kommt es zu veränderten Lebenssituationen und damit auch zu veränderten Ansprüchen an die PKV.

So ist z. B. denkbar, dass eine versicherte Person im Laufe ihres Lebens mehr Einkommen verdient und sich daher auch ausgedehnteren und erhöhten Versicherungsschutz leisten kann und möchte. Auch umgekehrt ist denkbar, dass bei einem Einkommensrückgang nach Einsparpotenzial im Krankenversicherungsschutz gesucht wird. Die versicherte Person wird in beiden Fällen einen **Tarifwechsel**, **Tarifneuabschluss** oder **Tarifstreichung** (Zusatztarife) vornehmen wollen.

Eine **Heirat** und/oder die **Geburt** oder **Adoption** eines Kindes führen oft ebenso dazu, dass der Versicherungsschutz auf diese neuen Familienmitglieder erweitert werden muss.

8.1 Ehegattennachversicherung

Ziffer 3 (2b) AVB MB/KK 2009

Heiratet eine versicherte Person, so ist es ja denkbar, dass der/die Ehe-/Lebenspartner/-in auch in der PKV versichert werden möchte oder muss. In diesem Fall entfällt die **allgemeine Wartezeit** für den/die Ehe-/Lebenspartner/-in, wenn die Versicherung innerhalb von zwei Monaten nach Eheschließung beantragt wird und die versicherte Person bereits seit drei Monaten in der PKV versichert ist. Der Entfall der **allgemeinen Wartezeit** gilt nur für den Teil des Versicherungsschutzes, der gleichartig dem Versicherungsschutz des versicherten Ehe-/Lebenspartners bzw. der versicherten Ehe-/Lebenspartnerin ist.

Beispiel

Hans Klein ist schon seit mehreren Jahren bei der Proximus Versicherung AG mit dem Tarif AEV zusatzversichert. Nun hat Herr Klein endlich die Frau seines Lebens (Christina) gefunden und am 16.02. d.J. haben sie sich das „Ja-Wort" gegeben.

Am 05.03. d.J. beantragt Christina Klein Versicherungsschutz in den Tarifen AEV und SEV.

Muss Frau Klein Wartezeiten erfüllen?

Lösung

Christina Klein wird in dem Tarif AEV keine allgemeine Wartezeit ableisten müssen, da der Versicherungsschutz innerhalb von zwei Monaten nach Eheschließung beantragt wurde, Herr Klein schon länger als drei Monate versichert ist und ebenfalls den Tarif AEV versichert hat. Im Tarif SEV wird Frau Klein die allgemeine Wartezeit ableisten müssen, da dieser Tarif den Versicherungsschutz nicht gleichartig, sondern umfassender macht.

8.2 Kindesnachmeldung

Geburt eines Kindes

Ziffer 2 (2) AVB MB/KK 2009

Wenn eine in der PKV versicherte Person Mutter oder Vater wird, dann kann das Kind ebenfalls, **ab Vollendung der Geburt**, in der PKV versichert werden. Das Kind kann **ohne Wartezeiten** und **ohne Risikoprüfung** (ohne Risikozuschläge oder Leistungsausschlüsse) versichert werden. Dies ist von besonderer Bedeutung in der Vollkostenversicherung, insbesondere, wenn das Kind mit gesundheitlichen Beeinträchtigungen geboren wird oder direkt nach der Geburt erkrankt.

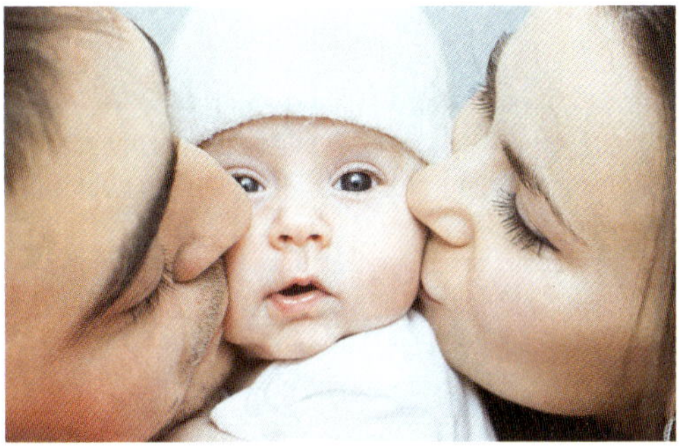

Dieser Versicherungsschutz ohne Wartezeiten und ohne Risikozuschläge/Leistungsausschlüsse ist nur möglich, wenn

- am Tage der Geburt mindestens ein Elternteil seit mindestens drei Monaten beim Versicherer versichert ist

  und

- die Anmeldung zur Versicherung des Kindes spätestens zwei Monate nach der Geburt rückwirkend erfolgt

  und

- der Versicherungsschutz nicht höher oder umfassender ist als der des versicherten Elternteils.

Beispiel

Der Versicherungsnehmer Peter Sauer ruft in einer Agentur der Proximus Versicherung AG an und teilt mit, dass seine Frau und er vorgestern ihren kleinen Sohn Max bekommen haben. Die Geburt von Max ist ohne Komplikationen verlaufen. Bei der U1 stellt sich allerdings heraus, dass Max an einem Herzfehler leidet. Max soll, wie sein Vater, in der PKV vollversichert werden.

Herr Sauer ist seit zwei Jahren mit den Tarifen A1, S1, Z1, KT (ab 8. Tag/80,00 €/Tag) und PVN versichert.

Für Max möchten die Eltern die Tarife A1, S1, Z1 und PVN abschließen.

Ist dies ohne Wartezeiten möglich?

Lösung

Max wird ab Vollendung der Geburt ohne Wartezeiten und ohne Risikozuschläge/Leistungsausschlüsse in der PKV zu den gewünschten Tarifen versichert, da diese nicht höher oder umfassender sind als die Tarife seines Vaters. Sein Vater hat die Geburt auch rechtzeitig angezeigt.

Adoption eines Kindes

Ziffer 2 (3) AVB MB/KK 2009

Für adoptierte **minderjährige** Kinder beginnt der Versicherungsschutz auch ohne Wartezeiten. Die Meldung beim Versicherer muss ebenfalls zwei Monate nach der Adoption rückwirkend erfolgen und der Versicherungsschutz des adoptierten Kindes darf nicht höher oder umfassender sein als der des versicherten Elternteils. Das Elternteil muss ebenfalls mindestens drei Monate beim Versicherer versichert sein. Die Adoption steht also, bezogen auf die Wartezeiten, der Geburt gleich.

Dennoch darf bei adoptierten Kindern ein **Risikozuschlag** erhoben werden. Dieser darf **maximal 100 %** der einfachen Beitragshöhe betragen.

Beispiel

Das Ehepaar Krause hat sich entschlossen, einen kleinen Jungen zu adoptieren. Herr Krause ruft in der Agentur der Proximus Versicherung AG an und schildert, dass seit einer Woche der kleine Benjamin bei ihnen ist. Benjamin ist zwei Jahre alt. Seine leiblichen Eltern sind bei einem Autounfall ums Leben gekommen. Benjamin selbst hat, wie durch ein Wunder, den Autounfall überlebt. Lediglich seine Lunge wurde stark gequetscht, sodass Benjamin sein Leben lang mit Einschränkungen leben wird und Medikamente benötigt.

Frau Krause hat seit vielen Jahren die Tarife AEV, SEV und ZEV bei der Proximus Versicherung AG versichert. Benjamin soll nun ebenfalls bei der Proximus Versicherung AG zusatzversichert werden.

Ist dies ohne Wartezeiten und Beitragszuschläge möglich?

Lösung

Benjamin wird ab dem Tag der Adoption bei der Proximus Versicherung AG zu den Tarifen AEV, SEV und ZEV versichert. Er hat keine Wartezeiten abzuleisten. Die Proximus Versicherung AG darf aber einen Risikozuschlag für die kranke Lunge erheben. Dieser darf maximal so hoch sein wie der eigentliche Versicherungsbeitrag für Benjamin.

8.3 Tarifwechel

Bei Eintritt in die PKV kann die versicherte Person den gewünschten Versicherungsschutz individuell festlegen. Aber auch während der Laufzeit des Vertrages können die Versicherten in der PKV ihren Versicherungsschutz jederzeit ihren Bedürfnissen anpassen und müssen demnach nicht immer im gleichen Tarif versichert sein.

Die PKVs machen ihre Versicherungsnehmer/-innen bei Beitragserhöhungen auf die Möglichkeit eines Tarifwechsels gemäß § 204 VVG aufmerksam. Bei versicherten Personen für über 60-Jährige (bei vielen PKVs auch schon ab 55 Jahren) informiert die PKV zudem, wenn es günstigere Tarife gibt. *§ 204 (1) VVG*

Gründe für einen Tarifwechsel

Es gibt verschiedene Gründe, warum eine versicherte Person gerne ihren Krankenversicherungstarif wechseln möchte. Der Krankenversicherungsschutz ist ein Schutz, der auf viele Jahre – oft auch für den Rest des Lebens – angelegt ist. Nun ist es aber so, dass sich im Laufe einer solch langen Zeit die Bedürfnisse verändern können:

- Die versicherte Person wünscht einen höheren Versicherungsschutz.
- Die versicherte Person wünscht einen niedrigeren Versicherungsschutz.

Oftmals wird aber auch ein Wechsel in einen anderen Tarif gewünscht, weil sich die Tarifwelt des Versicherers verändert oder verbessert hat. Private Krankenversicherer stehen alle in Konkurrenz zueinander und versuchen sich durch immer bessere Produkte voneinander abzusetzen. Die Folge ist, dass neue Tarife entwickelt werden, die zum Teil bessere Leistungen als die alten Tarife beinhalten. Zudem gibt es seit 2009 keine Möglichkeit mehr, einen Unisextarif abzuschließen. Dies bedeutet, dass die alten Unisextarife nicht mehr verkaufsoffen sind und in diesem Tarifbestand keine jungen Versicherten mehr hinzukommen. Als Folge überaltern diese Unisextarife und Beitragsanpassungen können die Folge sein. Es kann also demnach sein, dass ein Tarifwechsel gewünscht wird, um in neuere Tarife zu wechseln:

- Die versicherte Person wünscht einen moderneren Versicherungsschutz.
- Die versicherte Person wünscht einen Versicherungsschutz im Bisextarif.

Tarifwechsel und Alterungsrückstellungen

Übt die versicherte Person ihr Recht zum Tarifwechsel innerhalb ihrer PKV aus, so bleiben alle erworbenen Rechte und Alterungsrückstellungen im vollen Umfang erhalten und gehen mit in den neuen Tarif über. Im neuen Tarif wird man dadurch zum ursprünglichen Eintrittsalter versichert.

- Wenn man in einen Tarif wechselt, der ein **geringeres Leistungsniveau** hat als der alte Tarif, werden die angesparten Alterungsrückstellungen auf den neuen Tarif angerechnet und als Folge senkt sich der Beitrag zusätzlich.

- Denkbar ist auch der Fall, dass eine versicherte Person, die schon einige Jahre vollversichert war, nun versicherungspflichtig in der GKV wird (z.B. durch Aufnahme eines Angestelltenverhältnisses unterhalb der JAEG und unter 55 Jahren). Diese Person bekommt ihre Alterungsrückstellungen nicht ausgezahlt. Schließt diese Person nun aber **Zusatztarife** beim gleichen Versicherer ab, so gehen die angesparten Alterungsrückstellungen auf die Zusatztarife über: Das ursprüngliche Eintrittsalter gilt und da der Versicherungsumfang erheblich geringer ist als in Vollversicherungstarifen, wird der noch zu zahlende Beitrag für die Zusatztarife reduziert.

- Wünscht die versicherte Person zukünftig einen Tarif mit höheren Leistungen, so reduzieren die bisher angesammelten Alterungsrückstellungen auch das Eintrittsalter im neuen Tarif.
  Der Versicherer kann für **diese Mehrleistungen** eine Risikoprüfung vornehmen und Risikozuschläge bzw. Leistungsausschlüsse verlangen und zudem Wartezeiten vereinbaren. Der/die Versicherungsnehmer/-in kann dies umgehen, indem er/sie den Teil der Höherversicherung im neuen Tarif ausschließt.

8.4 Anwartschaften

§ 204 (5) VVG

Eine Besonderheit in der PKV sind die Anwartschaften. Eine Anwartschaft schließt man ab, wenn man seine PKV-Versicherung unterbrechen möchte, aber weiß, dass man später wieder eine PKV benötigt. Man weiß also, dass man zu einem späteren Zeitpunkt Versicherungsschutz in der PKV benötigt und „konserviert“ seinen Gesundheitszustand. Schließt man dann zu einem späteren Zeitpunkt den Versicherungsschutz ab, wird keine erneute Gesundheitsprüfung mehr durchgeführt. Zudem sichert man mit dieser sog. **kleinen Anwartschaft** Alterungsrückstellungen, wenn man schon welche gebildet hat. Darüber hinaus kann man in der sog. **großen Anwartschaft** zusätzlich sein Eintrittsalter „konservieren“, indem hier weitere Alterungsrückstellungen gebildet werden. Man kann dann bei einem späteren Versicherungseintritt (Wiederaufleben) mit dem ursprünglichen Eintrittsalter einsteigen.

Während der Anwartschaft hat man keinen Anspruch auf Versicherungsleistungen.

Verschiedene Gründe können dazu führen, dass eine Anwartschaft sinnvoll sein kann, so z. B.

- temporärer Auslandsaufenthalt
- temporäre Versicherungspflicht (z. B. durch kurzfristige und zeitlich begrenzte Aufnahme einer versicherungspflichtigen Beschäftigung oder Teilzeitbeschäftigung in der Elternzeit)
- vorübergehender Anspruch auf Familienversicherung
- Aufnahme einer Ausbildung
- Aufnahme eines Studiums
- zeitlich begrenzte freie Heilfürsorge (z. B. Zeitsoldat/-in)
- freie Heilfürsorge, um die Tarife für das Rentenalter vorzubereiten

Fällt der Grund für die Anwartschaft weg, so muss innerhalb von zwei Monaten nach dem Entfall die Anwartschaft in eine vollwertige Versicherung umgewandelt werden.

Zusammenfassung

	Kleine Anwartschaft	Große Anwartschaft
Gesundheitszustand	keine Gesundheitsprüfung bei Rückkehr	keine Gesundheitsprüfung bei Rückkehr
Eintrittsalter (EA)	aktuelles EA bei Rückkehr	Konservierung des ursprünglichen Eintrittsalters → Rückkehr zum ursprünglichen Eintrittsalter
Alterungsrückstellungen	· Bereits gebildete Alterungsrückstellungen bleiben erhalten. · Neue Alterungsrückstellungen werden **nicht** gebildet.	· Bereits gebildete Alterungsrückstellungen bleiben erhalten. · Neue Alterungsrückstellungen werden gebildet.

8.5 Zahlungsverzug – Notlagentarif

§ 193 (3) VVG

Auch in der PKV kommt es vor, dass Versicherungsnehmer/-innen ihren Versicherungsbeitrag nicht (mehr) bezahlen (können). Jedoch besteht in Deutschland die Pflicht zur Krankenversicherung. Hiernach müssen zumindest ein ambulanter und ein stationärer Tarif abgeschlossen werden und mögliche vereinbarte Selbstbehalte dürfen 5.000,00 € pro Kalenderjahr nicht überschreiten. Dies bedeutet für die substitutive Krankenversicherung, dass es zu keiner Kündigung wegen Nichtzahlung der Beiträge nach § 38 VVG kommen kann, da man ansonsten keine Krankenversicherung hätte. Für die substitutive Krankenversicherung legt hier § 193 (6) VVG die Rechtsfolgen fest.

Rechtsfolgen

- Sobald der/die Versicherungsnehmer/-in mit zwei Monatsbeiträgen im Rückstand ist, mahnt der Versicherer diese an. Zusätzlich verlangt er für jeden angefangenen Monat mit Beitragsrückstand einen Säumniszuschlag von 1 % des Prämienrückstandes. *§ 193 (6) VVG*
- Sollte der/die Versicherungsnehmer/-in zwei Monate später immer noch mit mehr als einem Monatsbeitrag im Rückstand sein, so mahnt der Versicherer erneut und weist dabei auch auf die Rechtsfolgen hin.
- Ist einen Monat nach dieser zweiten Mahnung der Rückstand immer noch größer als ein Monatsbeitrag, „ruht" der Vertrag ab dem ersten Tag des nachfolgenden Monats, es sei denn der/die Versicherungsnehmer/-in wird hilfebedürftig nach SGB II (Arbeitslosigkeit) oder SGB XII (Sozialhilfe).
- Während des Ruhens des Vertrages wird der/die Versicherungsnehmer/-in im Notlagentarif versichert.
- Alle nicht substitutiven Tarife kann der VR nach § 38 VVG kündigen (siehe Lernfeld 2 im Lehrbuch zum 1. Ausbildungsjahr).

Versicherungsschutz im Notlagentarif

Der Versicherungsschutz im Notlagentarif bietet nur einen Mindestversicherungsschutz. Jede PKV in Deutschland muss diesen Tarif anbieten und den Mindestversicherungsschutz gewähren – auch wenn der/die Versicherungsnehmer/-in gar nicht zahlt. Im Notlagentarif gibt es keine Wartezeiten. Auch für Beamtinnen und Beamte gibt es Notlagentarife mit 50 %, 30 % und 20 % Erstattung. *§ 153 VAG*

Leistungen des Notlagentarifs

Ziffer 1 AVB AVB/NTL 2013

- Behandlung akuter Erkrankungen und Schmerzen
- Behandlung wegen Schwangerschaft und Mutterschaft
- Vorsorgeuntersuchungen und Früherkennungsuntersuchungen bei Kindern
- Schutzimpfungen bei Kindern
- Teilstationäre und stationäre Versorgung im Hospiz
- ambulante Palliativversorgung
- Behandlung von chronischen Krankheiten, wenn eine Nichtbehandlung zu Verschlechterungen des Gesundheitszustands und zu akuter Erkrankung führen würde.

Der Versicherungsschutz im Notlagentarif muss einheitlich kalkuliert werden und kostet ca. 100,00 € (95,13 € bei der Proximus Versicherung AG) im Monat. Zusätzlich kann der Versicherer den Notlagentarif mit bis zu 25 % des Monatsbeitrags für den Notlagentarif aus den bereits angesammelten Alterungsrückstellungen finanzieren. Sollten die entstandenen Kosten im Notlagentarif noch nicht damit gedeckt sein, so werden diese Kosten durch alle Versicherten im substitutiven Versicherungsschutz finanziert.

Die Rückkehr zum ersten des übernächsten Monats in die ursprünglichen substitutiven Tarife findet statt, wenn alle Beitragsschulden, Säumniszuschläge und Mahnkosten gezahlt sind. Der Beitrag kann allerdings höher ausfallen als ursprünglich, da ja für die Finanzierung des Notlagentarifes Alterungsrückstellungen verbraucht wurden und zusätzlich keine weiteren angespart worden sind. *§ 193 (8) und (9) VVG*

Nicht substitutive Tarife, die der Versicherer nach § 38 VVG gekündigt hat, leben nicht wieder auf. Bei einem Neuabschluss wird eine Risikoprüfung durchgeführt und Wartezeiten fallen an.

Zusammenfassung

Rechtsfolgen bei Zahlungsverzug in der substitutiven Krankenversicherung – Notlagentarif

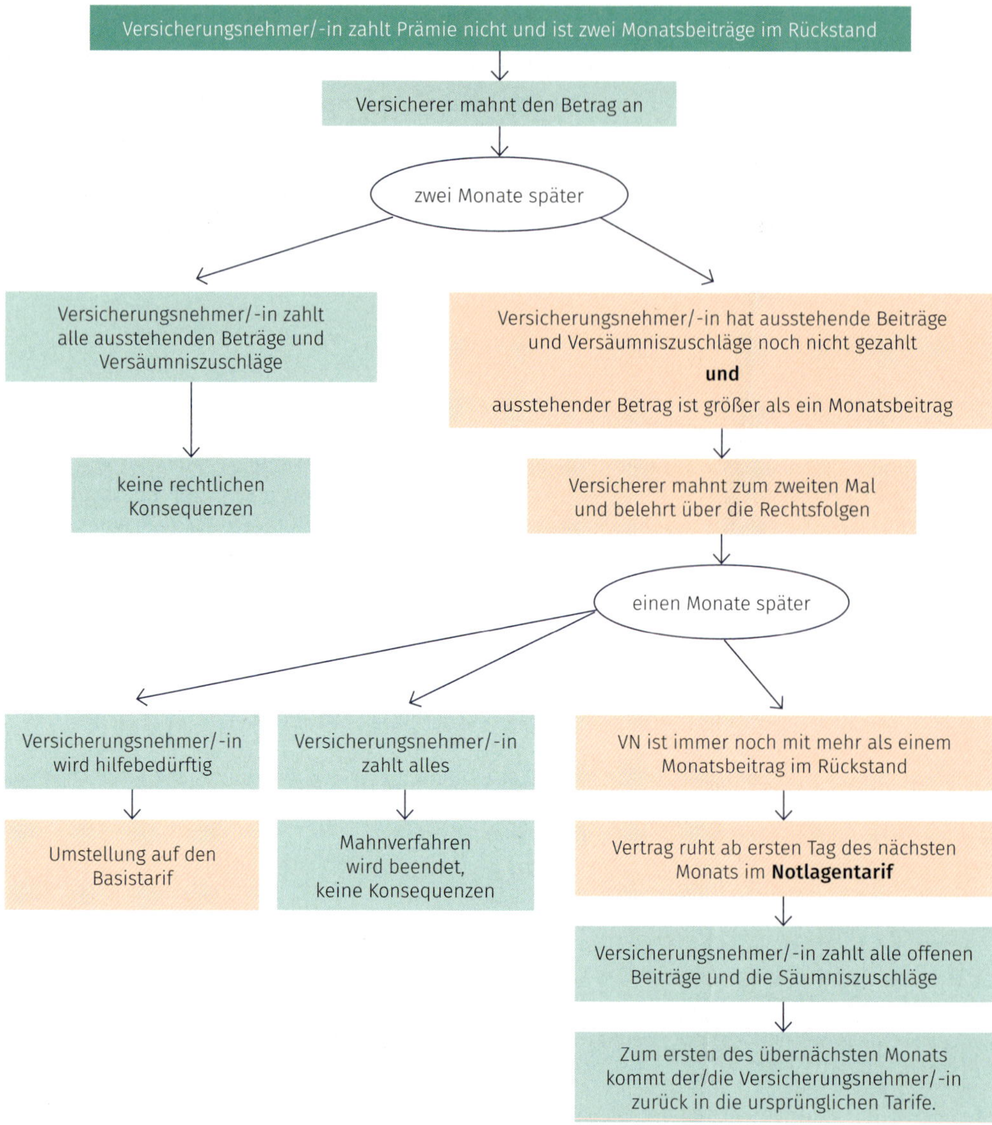

9 Medicator

Nicht nur der/die Versicherungsnehmer/-in kann in eine finanzielle Schieflage geraten. Ganz auszuschließen ist dies auch nicht für den Versicherer. Sollte ein PKV-Versicherer in die Insolvenz gehen und damit seinen Leistungsversprechen nicht mehr nachkommen können, so wäre dies eine große Katastrophe für die Versicherten:

Der Versicherungsschutz ist auf sehr viele Jahre - oft für den Rest des Lebens – ausgelegt. Eine ältere versicherte Person mit Vorerkrankungen würde nur mühsam einen neuen Versicherer finden, der sie versichert und oft müssten Risikozuschläge und Leistungsausschlüsse vereinbart werden. Viele Versicherte würden keinen neuen Versicherungsschutz mehr abschließen können. Zudem wären alle gesammelten Alterungsrückstellungen verschwunden.

Würde dieses Szenario auch nur einmal so eintreten, würde vermutlich niemand mehr eine PKV abschließen. Es ist völlig unstrittig, dass diese Situation niemals eintreten darf.

Der PKV-Verband hat aus diesem Grunde 2003 eine Auffanggesellschaft gegründet. Diese Auffanggesellschaft heißt **MEDICATOR AG**. Aufgabe der MEDICATOR AG ist es, zu helfen, wenn ein PKV-Versicherer in eine finanzielle Schieflage gerät und seine Leistungen entsprechend den abgeschlossenen Verträgen nicht mehr erfüllen kann. Die MEDICATOR AG übernimmt in diesem Fall den gesamten Bestand des notleidenden PKV-Versicherers und erfüllt dessen Leistungsversprechen gegenüber den Versicherten. Der Bestand des insolventen Versicherers wird auf einen oder mehrere PKVs übertragen. Dies wird im Einzelfall entschieden.

Seit der Gründung der MEDICATOR AG ist es zu keinem Einsatz dieser Auffanggesellschaft gekommen, da kein deutscher PKV-Versicherer in finanzielle Engpässe geraten ist.

Alleiniger Aktionär dieser Gesellschaft ist der Verband der privaten Krankenversicherer e.V. (PKV-Verband).

Alle PKVs, die in Deutschland tätig sind, müssen sich, entsprechend ihren Beitragseinnahmen, an der Finanzierung der MEDICATOR AG beteiligen. Die MEDICATOR AG verfügt über ein Haftungskapital in Höhe von 1 Mrd. €.

10 Leistungsabrechnung

In der PKV ist die Leistungsbearbeitung und Leistungsabrechnung ein sehr großes Arbeitsfeld, denn jede versicherte Person begibt sich i.d.R. mehrfach im Jahr in medizinische Behandlung. Nicht nur schwere Krankheiten führen zur Leistungsbearbeitung, sondern auch Arztbesuche wegen Erkältungen, kleineren Unfällen oder auch Vorsorgeuntersuchungen und Impfungen werden bei der PKV eingereicht und der versicherten Person erstattet.

10.1 Gebührenordnung

Im Rahmen der Tarifbeschreibungen bei der Proximus Versicherung AG werden alle vertraglich vereinbarten Leistungen im Rahmen der Gebührenordnungen übernommen.

Es gibt die Gebührenordnung für Ärztinnen und Ärzte (GOÄ), die Gebührenordnung für Zahnärztinnen und Zahnärzte (GOZ) und die Gebührenordnung für Heilpraktikerinnen und Heilpraktiker (GebüH) sowie weitere Gebührenordnungen für alternative Heilmethoden.

GOÄ-Abrechnungsziffern der Inneren und Allgemeinmedizin (Auszug)

Ziffer	Leistung	GOÄ 1-fach
1	Beratung, auch mittels Fernsprecher	4,66 €
2	Ausstellung von Wiederholungsrezepten und/oder Überweisungen und/oder Übermittlung von Befunden oder ärztlichen Anordnungen	1,75 €
3	eingehende, das gewöhnliche Maß übersteigende Beratung – auch mittels Fernsprecher	8,74 €
4	Erhebung der Fremdanamnese über eine/-n Kranke/-n und/oder Unterweisung und Führung der Bezugsperson(en) – im Zusammenhang mit der Behandlung eines/einer Kranken	12,82 €
5	symptombezogene Untersuchung	4,66 €
6	vollständige körperliche Untersuchung mindestens eines der folgenden Organsysteme: alle Augenabschnitte, der gesamte HNO-Bereich, das stomatognathe System, die Nieren und ableitenden Harnwege (bei Männern auch gegebenenfalls einschließlich der männlichen Geschlechtsorgane) oder Untersuchung zur Erhebung eines vollständigen Gefäßstatus – gegebenenfalls einschließlich Dokumentation	5,83 €
7	vollständige körperliche Untersuchung mindestens eines der folgenden Organsysteme: das gesamte Hautorgan, die Stütz- und Bewegungsorgane, alle Brustorgane, alle Bauchorgane, der gesamte weibliche Genitaltrakt (gegebenenfalls einschließlich Nieren und ableitende Harnwege) – gegebenenfalls einschließlich Dokumentation	9,33 €
8	Untersuchung zur Erhebung des Ganzkörperstatus, gegebenenfalls einschließlich Dokumentation	15,15 €
11	Digitaluntersuchung des Mastdarms und/oder der Prostata	3,50 €
15	Einleitung und Koordination flankierender therapeutischer und sozialer Maßnahmen während der kontinuierlichen ambulanten Betreuung eines/einer chronisch Kranken	17,49 €
23	erste Vorsorgeuntersuchung in der Schwangerschaft mit Bestimmung des Geburtstermins – einschließlich Erhebung der Anamnese und Anlegen des Mutterpasses sowie Beratung der Schwangeren über die Mutterschaftsvorsorge, einschließlich Hämoglobinbestimmung	17,49 €
25	Neugeborenen-Erstuntersuchung – gegebenenfalls einschließlich Beratung der Bezugsperson(en)	11,66 €
26	Untersuchung zur Früherkennung von Krankheiten bei einem Kind bis zum vollendeten 14. Lebensjahr (Erhebung der Anamnese, Feststellung der Körpermaße, Untersuchung von Nervensystem, Sinnesorganen, Skelettsystem, Haut, Brust-, Bauch- und Geschlechtsorganen) – gegebenenfalls einschließlich Beratung der Bezugsperson(en)	26,23 €
27	Untersuchung einer Frau zur Früherkennung von Krebserkrankungen der Brust, des Genitales, des Rektums und der Haut – einschließlich Erhebung der Anamnese, Abstrichentnahme zur zytologischen Untersuchung, Untersuchung auf Blut im Stuhl und Urinuntersuchung auf Eiweiß, Zucker und Erythrozyten, einschließlich Beratung	18,65 €

Ziffer	Leistung	GOÄ 1-fach
28	Untersuchung eines Mannes zur Früherkennung von Krebserkrankungen des Rektums, der Prostata, des äußeren Genitales und der Haut – einschließlich Erhebung der Anamnese, Urinuntersuchung auf Eiweiß, Zucker und Erythrozyten sowie Untersuchung auf Blut im Stuhl, einschließlich Beratung	16,32 €
29	Gesundheitsuntersuchung zur Früherkennung von Krankheiten bei einem Erwachsenen – einschließlich Untersuchung zur Erhebung des vollständigen Status (Ganzkörperstatus), Erörterung des individuellen Risikoprofils und verhaltensmedizinischer orientierter Beratung	25,65 €
30	Erhebung der homöopathischen Erstanamnese mit einer Mindestdauer von einer Stunde nach biographischen und homöopathisch-individuellen Gesichtspunkten mit schriftlicher Aufzeichnung zur Einleitung einer homöopathischen Behandlung	52,46 €
31	homöopathische Folgeanamnese mit einer Mindestdauer von 30 Minuten	26,23 €
32	Untersuchung nach §§ 32 bis 35 und 42 des Jugendarbeitsschutzgesetzes	23,31 €
45	Visite im Krankenhaus	4,08 €
48	Besuch eines Patienten auf einer Pflegestation	6,99 €

In den Gebührenordnungen wird jede medizinische Leistung mit einem Betrag beziffert.

Beispiele

Die GOÄ sieht folgende Regelungen vor:

- für persönlich ärztliche Leistungen (z. B. Untersuchung, Beratung)
  → 2,3-fach bis 3,5-fach
- für medizinisch-technische Leistungen (z. B. mit einem Dialysegerät)
  → 1,8-fach bis 2,5-fach
- Laboratoriumsleistungen (z. B. Blutanalysen)
  → 1,15-fach bis 1,3-fach

Wenn der Regelsatz (z. B. 2,3-fach bei persönlich ärztlichen Leistungen) überschritten wird, dann muss die Ärztin oder der Arzt dies begründen. Eine derartige Begründung könnte z. B. die besondere Angst des Patienten oder ein vermehrter Schluckreflex bei einer Zahnbehandlung sein. Mit Begründung darf dann bis zum Höchstwert (hier 3,5-fach) abgerechnet werden.

Gebührenrahmen für Ärzte und Zahnärzte (GOÄ/GOZ)

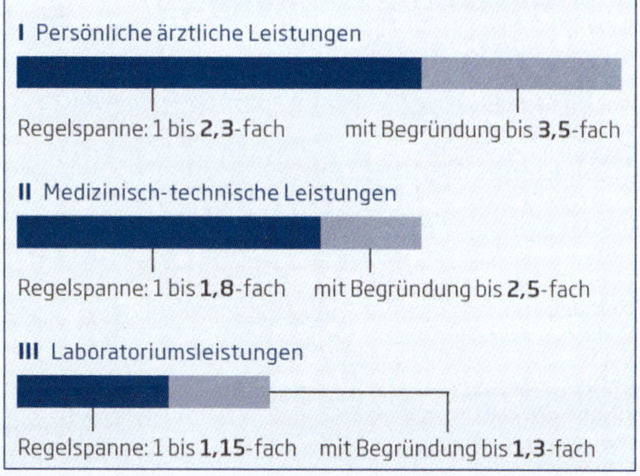

Für den Basistarif gelten andere Gebührensätze.

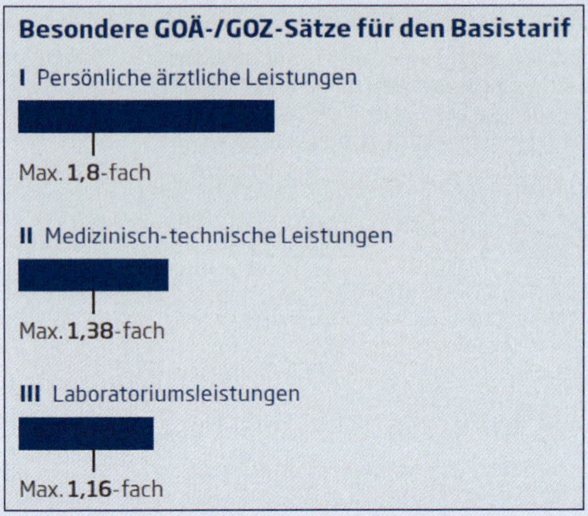

In der Praxis (nicht bei der Proximus Versicherung AG) gibt es einige PKVs, die Tarife anbieten, die über diese Gebührenordnungssätze hinaus erstatten.

10.2 Formelle Deckungsprüfung

Bei der formellen Deckungsprüfung werden zunächst folgende Sachverhalte geprüft:

- Ist die behandelte Person die versicherte Person?
- Ist der Vertrag „ruhend" im Notlagentarif?
- Bestehen noch Wartezeiten?
- Wurde eine vorvertragliche Anzeigepflichtverletzung begangen?
- Kommen noch andere Kostenträger als Leistungserbringer infrage?
  (z. B.: GUV, Haftpflichtversicherer)

10.3 Materielle Deckungsprüfung

Bei der materiellen Deckungsprüfung geht es um die Detailfragen.

- Hat die versicherte Person Leistungen bezogen, die auch versichert sind?

10.3.1 Leistungsumfang

Grundsätzlich hat eine versicherte Person (je nach Tarif) Versicherungsschutz für:

- Krankheiten
- Unfälle
- Schwangerschaft
- Entbindung
- Tod

Ziffer 1 AVB MB/KK 2009

Die PKV übernimmt den Ersatz von **medizinisch notwendigen** Aufwendungen (je nach Tarif) für:

- Heilbehandlungen
- Krankenhaustagegeld (wenn vereinbart) bei stationärem Aufenthalt

- ambulante Vorsorgeuntersuchungen
- stationäres Hospiz (nur bei Vollversicherung)
- Impfungen von STIKO (Ständige Impfkommission) empfohlen
- Zahnprophylaxe
- vereinbartes Krankentagegeld für die Dauer der Arbeitsunfähigkeit (in KT-Versicherung)
- vereinbartes Krankentagegeld für die Dauer der Schutzfristen nach § 3 Abs.1 und 2 des Mutterschutzgesetzes und des Entbindungstages (in KT-Versicherung), allerdings werden alle anderen gezahlten Leistungen (Mutterschaftsgeld, Elterngeld usw.) gegen das Krankentagegeld gegengerechnet

Ziffer 1 und 1a AVB MB/KT 2009

Im Detail wird der Leistungsumfang in Ziffer 4 der Versicherungsbedingungen festgelegt:

Ziffer 4 AVB MB/KK 2009

- Die Leistungen sind abhängig vom versicherten Tarif.
- Die versicherte Person hat **freie Arztwahl** und **freie Heilpraktikerwahl**.
- ambulante **Psychotherapie** durch eine/-n niedergelassene/-n approbierte/-n Ärztin/Arzt mit einer Facharzt- oder Zusatzbezeichnung
- stationäre Psychotherapie nach schriftlicher Zusage des Versicherers – maximal 50 Sitzungen pro Kalenderjahr
- Wegegeld von Ärztinnen und Ärzten
- Transporte zur ambulanten Notfallbehandlung
- **Arznei-**, **Verbands-** sowie **Heil-** und **Hilfsmittel** (müssen aus Apotheke bezogen werden und vom Arzt verordnet sein)
- stationäre Heilbehandlung in privaten oder öffentlichen Krankenhäusern **(freie Krankenhauswahl)**
- stationäre **Kuren-** und **Sanatoriumsbehandlungen** nach vorheriger schriftlicher Zusage des Versicherers
- medizinisch notwendige Weiterbehandlung nach einem Aufenthalt im Akutkrankenhaus
- medizinische Methoden und Arzneimittel, die über die anerkannte Schulmedizin hinaus gehen, wenn sie sich in Praxis bewährt haben oder keine schulmedizinischen Behandlungsmöglichkeiten zur Verfügung stehen (kann aber reduziert werden auf Höhe der Kosten, die in Schulmedizin angefallen wären)

10.3.2 Geografischer Geltungsbereich

Der Versicherungsschutz für Heilbehandlungen gilt

- in **Europa**.
- Im **außereuropäischen Ausland** besteht, ohne weitere Vereinbarung, Versicherungsschutz für den Aufenthalt im **ersten Monat**.
- In den Tarifen A, S, Z, KPT, AEV, SEV, ZEV, BA/BZ, BS, AKV und KHT besteht Versicherungsschutz für die **ersten zwei Monate** ohne weitere Vereinbarung.
- Im **außereuropäischen Ausland** besteht Versicherungsschutz über einen Monat hinaus, wenn aus medizinischen Gründen **keine Rückreise** möglich ist, maximal aber für **weitere zwei Monate**.
- Bei **Umzug** in einen anderen Staat der Europäischen Union oder einen Staat mit Abkommen über den europäischen Wirtschaftsraum setzt sich das Vertragsverhältnis fort, aber nur zu den Leistungsverpflichtungen, die der Versicherer auch im Inland übernommen hätte.

Ziffer 1 (4), (4.1) und (5) AVB MB/KK 2009

Der Versicherungsschutz für das Krankentagegeld gilt.

- in **Deutschland**.
- Bei vorübergehendem Aufenthalt im **europäischen Ausland** wird das **Krankentagegeld** gezahlt, solange man in einer medizinisch notwendigen **stationären Heilbehandlung** ist.
- Für das **außereuropäische Ausland** können mit dem Versicherer **besondere Vereinbarungen** getroffen werden
- Bei **Umzug** in einen anderen Staat der Europäischen Union oder einen Staat mit Abkommen über den europäischen Wirtschaftsraum wird das **Krankentagegeld** gezahlt, solange man in einer medizinisch notwendigen **stationären Heilbehandlung** ist.

10.3.3 Ausschlüsse

Für den Versicherer besteht keine Leistungspflicht für:

Ziffer 5 (1) und (2) AVB MB/KK 2009

- Krankheiten, Unfälle und Tod durch **Kriegsereignisse** (es sei denn, sie sind ausdrücklich in den Versicherungsschutz eingeschlossen) oder
- **Vorsatz**.
- Insgesamt werden bis zu drei ambulante oder stationäre **Entziehungsmaßnahmen** geleistet, wenn der Versicherer dies schriftlich zugesagt hat.
- Behandlungen durch Ärztinnen und Ärzte, Krankenhäuser usw., die der Versicherer vom Versicherungsschutz ausgeschlossen hat
- Bei Kur- und Sanatoriumsbehandlungen der gesetzlichen Rehabilitationsträger, wenn diese ärztlich verordnet werden, wird für maximal 28 Tage innerhalb von drei aufeinanderfolgenden Jahren ein Kurtagegeld von 40,00 €/Tag geleistet.
- ambulante Heilbehandlung in Heilbad oder Kurort, außer dies ist der Wohnsitz der versicherten Person oder Aufenthalt ist dort aus medizinischen Gründen notwendig
- Für Behandlung durch **Ehe-/Lebenspartner/-innen**, **Eltern** oder **Kinder** werden nachgewiesene Sachkosten erstattet.
- Unterbringung wegen **Pflegebedürftigkeit** oder Verwahrung
- Bei überteuerten Rechnungen, die das medizinisch notwendige Maß überschreiten, kann der Versicherer den Erstattungsbetrag herabsetzen.

10.3.4 Zusammentreffen mehrerer Kostenträger

Denkbar ist, dass bei einem Versicherungsfall auch andere Versicherungen leistungspflichtig sind, z. B. die Gesetzliche Unfallversicherung (GUV) oder eine Haftpflichtversicherung nach einem Unfall. Insgesamt darf die Gesamtleistung die angefallenen Aufwendungen nicht übersteigen.

Erstattungsregelungen

Zusammentreffen der Kostenträger	Erstattung
GUV und PKV	PKV erstattet den Teil, der nach Erstattung der GUV noch verbleibt und KHT → **GUV ist vorleistungspflichtig**
GRV und PKV	PKV erstattet den Teil, der nach Erstattung der GRV noch verbleibt und KHT → **GRV ist vorleistungspflichtig**
PUV und PKV	**PKV ist vorleistungspflichtig**
PKV und PKV	**Maximale Erstattung der angefallenen Aufwendungen**; der/die Versicherungsnehmer/-in kann entscheiden, bei welchem Versicherer er/sie die Originalrechnungen einreicht. Danach kann er/sie eine Kopie der Rechnung mit einem Vorleistungsvermerk der anderen PKV beim zweiten Versicherer einreichen.
PHV und PKV	Beide Versicherer müssen leisten: Tritt die PKV zuerst ein, dann nimmt sie **Regress** beim Verursacher (PHV).

Ziffer 5 (3), (4) und (5) Ziffer 6 (1.1) AVB MB/KK 2009

§§ 78, 86 und 200 VVG

10.3.5 Einzelheiten der Leistungsabrechnung

Möchte die versicherte Person Leistungserstattung von der PKV erhalten, so müssen Belege (Rechnungen) eingereicht werden, anhand derer der Versicherer eine Leistungsprüfung vornehmen kann.

Die Auszahlung der Versicherungsleistungen ist an verschiedene Bedingungen geknüpft:

Ziffer 6 AVB MB/KK 2009

- Nachweise sind in Urschrift einzureichen
- Nachweise werden Eigentum des Versicherers
- Rechnungen müssen Folgendes enthalten:
  - Name der/des behandelnden Ärztin/Arztes
  - Name der behandelten Person
  - Behandlungszeit
  - einzelne Leistungen
  - Angabe der angewandten Gebührenordnung und Steigerungssätze
  - Bezeichnung der Krankheit (Diagnose)
  - Rezepte sind zusammen mit der Arztrechnung einzureichen
  - Rechnungen über Heil- und Hilfsmittel sind zusammen mit der Verordnung einzureichen
  - Auf dem Rezept müssen der Preis des Medikaments, der Stempel der Apotheke und das Datum der Abgabe des Medikaments ersichtlich sein.
  - Bei Folgebezug einer Brille oder von Kontaktlinsen genügt die Angabe des Brechkraftwertes und die Optikerrechnung.
  - Bei stationärer Behandlung müssen die Art der Unterkunft (Ein-, Zwei- oder Mehrbettzimmer) und die Fallpauschale ersichtlich sein.
- Für das Krankenhaustagegeld ist eine Bescheinigung der stationären Einrichtung mit dem Beginn und dem Ende des Aufenthaltes sowie eine Diagnose erforderlich.
- Der Versicherer zahlt an die versicherte Person aus, wenn diese von dem/der Versicherungsnehmer/-in als empfangsberechtigt benannt wurde – sonst wird nur an den/die Versicherungsnehmer/-in ausgezahlt.
- Eine in ausländischer Währung eingereichte Rechnung wird zum Kurs des Tages in Euro umgerechnet, an dem die Rechnung beim Versicherer eingeht.

Beispiel

Leistungsabrechnung im ambulanten Bereich

Der VN Max Schuster ist seit zehn Jahren bei der Proximus Versicherung AG in den Tarifen A0, S1, Z1, KHT 30 und KT 50/43. Tag sowie PVN versichert.

Er reicht der Proximus Versicherung AG folgende Rechnung ein:

Dr. med Horst Class
Allgemeinmediziner und Hausarzt
Ahornweg 1
30 159 Hannover

Hannover, 24.11.20..

Herr Max Schuster
Goethestraße 13
30159 Hannover

Rechnung Nr. 12345

Behandelte Person: Max Schuster

Für meine ärztlichen Bemühungen erlaube ich mir entsprechend der GOÄ zu berechnen: 231,69 €

Diagnose: Mittelhandbruch und Ausschluss Oberschenkelfraktur nach Fahrradunfall

Behandlungs-datum	GOÄ-Ziffer	Leistungsbezeichnung	Faktor	Gebühr	Anzahl	Betrag
14.10.20..	1	Beratung auch mittels Fernsprecher	2,3	4,66	1	10,72
14.10.20..	7	Vollständige körperliche Untersuchung	2,3	9,33	1	21,45
14.10.20..	5020	Röntgen: Mittelhand und Finger	2,5 (erhöhter Zeitaufwand wegen starken Zitterns durch sehr starke Schmerzen)	12,82	1	32,06
14.10.20..	5030	Röntgen: Oberschenkel, zwei Ebenen	1,8	20,98	1	37,76
14.10.20..	232	Anlegen eines zirkulären Gipsverbandes	2,3	25,06	1	57,65
1.11.20..	5020	Röntgen: Mittelhand und Finger	1,8	12,82	1	23,08
1.11.20	247	Änderung des Gips-verbandes	2,3	6,41	1	14,75
20.11.20..	246	Abnahme eines Gips-verbandes	2,3	8,74	1	20,11
20.11.20..	5020	Röntgen: Mittelhand und Finger	1,8	12,82	1	23,04
					Summe	**240,62**

Zahlbar innerhalb von 14 Tagen auf nachfolgendes Konto:
Sparkasse Hannover, IBAN DE12 2505 0180 0073 7941 23

Lösung

Die Rechnung entspricht allen Anforderungen nach Ziffer 6 (1.2) der Versicherungsbedingungen. Aus dieser Rechnung kann der/die Sachbearbeiter/-in der Proximus Versicherung AG eine formelle und materielle Leistungsprüfung vornehmen:

- **formelle Leistungsprüfung**
  - Die behandelte Person ist bei der Proximus Versicherung AG versichert.
  - Wartezeiten sind nicht abzuleisten.
  - Die vorvertragliche Anzeigepflicht ist nicht verletzt.
  - Die Beiträge sind laufend gezahlt.
  - Sofern es sich um einen Freizeitunfall handelt, besteht kein Versicherungsschutz bei der GUV.
  - Der Behandlungszeitraum liegt im Versicherungszeitraum.
- **materielle Leistungsprüfung**
  - Die Diagnose ist versichert.
  - Die medizinischen Leistungen passen zur Diagnose.
    - Die GOÄ-Ziffern sind angegeben und beschrieben.
    - Das Behandlungsdatum ist angegeben.
    - Die persönlich-ärztlichen Leistungen sind korrekt mit dem 2,3-fachen Satz berechnet.
    - Die medizintechnischen Leistungen sind korrekt mit dem 1,8-fachen Satz berechnet.
    - Die Überschreitung bis zum 2,5-fachen Satz ist schlüssig begründet.

Die Proximus Versicherung AG wird Max Schuster 240,62 € erstatten.

Leistungsabrechnung im stationären Bereich

Durch das herrschende System der Geldleistung (siehe Kapitel 1.2) ist die bei einer PKV versicherte Person bei einem stationären Aufenthalt direkte/-r Vertragspartner/-in mit dem Krankenhaus. Dies bedeutet, dass die stationäre Einrichtung eigentlich direkt mit dem/der Versicherten abrechnet. Da aber Kosten bei einer stationären Behandlung sehr schnell sehr hoch werden können, ist es üblich, dass die Krankenhäuser die **allgemeinen Krankenhausleistungen** direkt mit der PKV abrechnen. Als PKV-Versicherte/-r unterschreibt man zu diesem Zweck eine Abtretungserklärung. Mit dieser Erklärung erklärt der/die Patient/-in sein/ihr Einverständnis, dass das Krankenhaus direkt mit der PKV abrechnen kann.

Die Rechnungen über die **Wahlleistungen** für das Ein- oder Zweibettzimmer sowie die Behandlung durch die Chefärztin oder den Chefarzt bekommt immer der/die PKV-Versicherte selbst zugestellt, muss diese begleichen und dann sie anschließend selbst bei der PKV einreichen.

Die **allgemeinen Krankenhausleistungen** werden für PKV-Versicherte genauso berechnet wie für GKV-Versicherte. Hierzu zählen:

- ärztliche Leistungen durch die diensthabende Ärztin bzw. den diensthabenden Arzt
- Unterkunft
- Verpflegung
- Krankenpflege

Diese **allgemeinen Krankenhausleistungen** werden nach verbindlichen Entgeltsystemen berechnet:

- Rein somatische (rein **körperliche Behandlungen**) werden über sog. diagnoseorientierte Fallpauschalen, die DRG (Diagnosis Related Groups) vergütet. Die Krankenhausleistungen werden dazu nach Art und Schweregrad der diagnostizierten Krankheiten eingestuft. Es findet also keine tageweise Abrechnung tatsächlich erbrachter einzelner Leistungen statt. Stattdessen schaut das Krankenhaus, welche Fallpauschale zu ihrer Diagnose und der Behandlungsart passt, und stellt dann die entsprechende Pauschale in Rechnung. Über die Fallpauschalen werden die ärztlichen Leistungen, die Unterkunft und die Verpflegung vergütet – also Kosten, die bei jedem stationären Aufenthalt entstehen. Aber auch nicht-ärztliche Behandlungen wie medizinische Fußpflege oder Krankengymnastik sind über die DRG abgegolten. Das Fallpauschalensystem soll einen Anreiz bieten, die Verweildauer der Patientinnen und Patienten zu verkürzen und damit medizinisch nicht erforderliche Liegezeiten zu verkürzen.

- **Psychosomatische** oder **psychiatrische** Behandlungen, die auch oder ausschließlich auf seelische Leiden abzielen, werden nach dem Pauschalierenden Entgeltsystem Psychiatrie und Psychosomatik (PEPP-Entgeltkatalog) abgerechnet. Dieses Vergütungssystem ist ebenfalls pauschalierend. Allerdings wird nicht fallbezogen abgerechnet, sondern je Behandlungstag. Die Deutsche Krankenhausgesellschaft (GKG), der GKV-Spitzenverband und der Verband der Privaten Krankenversicherung (PKV) vereinbaren jährlich einen aktuellen PEPP-Entgeltkatalog und einigen sich über die dazugehörigen Abrechnungsbestimmungen.

Die Kosten für das **Pflegepersonal** werden über ein krankenhausindividuelles Pflegebudget finanziert. Dieses Budget unterliegt dem Selbstkostendeckungsprinzip und wird von den Vertragspartnern auf der Ortsebene ausgehandelt. Die Kosten für das Pflegepersonal sollen hierdurch nur noch zweckgebunden für die Pflege verwendet werden können.

§ 6a GOÄ

Für die Kosten für die **Wahlleistungen** schließen der/die Patient/-in und das Krankenhaus vertragliche Vereinbarungen über wahlärztliche Leistungen ab. Dies führt dazu, dass in der Regel von den Ärztinnen und Ärzten, die an der wahlärztlichen Behandlung beteiligt sind, gesonderte Rechnungen nach der GOÄ erstellt werden und an den Patienten bzw. die Patientin verschickt werden. Diese Rechnungen sind zusätzlich zur normalen Krankenhausvergütung zu zahlen. Auch für nicht-ärztliche Wahlleistungen (Ein- oder Zweibettzimmer) ist eine gesonderte Berechnung mit dem Krankenhaus zu vereinbaren. Weil in den Entgelten des Krankenhauses für die allgemeinen Krankenhausleistungen bereits ein Anteil für die Vergütung der ärztlichen Behandlung enthalten ist, sind die Rechnungen über wahlärztliche Leistungen um 25 % bzw. 15 % bei Leistungen durch Belegärzte zu ermäßigen.

Zusammenfassung

Allgemeine Krankenhausleistungen	Abrechnung	Wahlleistungen	Abrechnung
ärztliche Leistungen durch die diensthabende Ärztin bzw. den diensthabenden Arzt	nach Fallpauschalen: DRG und PEPP-Entgeltkatalog	Behandlung durch Chefärztin oder Chefarzt	nach GOÄ
Unterkunft	in Fallpauschalen integriert	Unterbringung im Ein- oder Zweibettzimmer	Extrarechnung vom Krankenhaus
Verpflegung	in Fallpauschalen integriert		
Krankenpflege	krankenhausindividuelles Pflegebudget		
Die Abrechnung erfolgt i. d. R. mit der PKV direkt, nachdem der/die Patient/-in eine Abtretungserklärung unterschrieben hat.		Die Zustellung der Rechnungen erfolgt direkt an den Patienten/die Patientin.	

11 Steuern

Die Beiträge zur substitutiven PKV können als Vorsorgeaufwand steuerlich geltend gemacht werden. Dabei werden die Beiträge soweit steuerlich anerkannt, wie sie dem Leistungsniveau der GKV entsprechen. Für alle Vorsorgeaufwendungen insgesamt (z. B.: auch PHV, PUV) werden 1.900,00 € pro Jahr bei Angestellten und 2.800,00 € bei Selbstständigen steuerlich berücksichtigt.

Nicht absetzbar sind z. B. die Beiträge für die Behandlung durch eine Chefärztin oder einen Chefarzt, Unterbringung im Ein- und Zweibettzimmer, hochwertiger Zahnersatz und Krankentagegeld.

Die PKV teilt dem/der Versicherungsnehmer/-in jährlich mit, welche Höhe und welcher Teil des Beitrags in der Steuererklärung angegeben werden kann. Hierzu hinterlegt der/die Versicherungsnehmer/-in beim Versicherer seine/ihre persönliche Steuer-ID. Der Versicherer übermittelt die Beiträge (Basisabsicherung) elektronisch an das Finanzamt und der/die Versicherungsnehmer/-in erhält eine Bescheinigung nach § 10 Abs. 1 Nr. 3 Einkommensteuergesetz und kann diese bei seiner/ihrer Steuererklärung nutzen.

Die Leistungen aus der PKV sind nicht zu versteuern.

12 Beendigung des Versicherungsverhältnisses

In der PKV haben sowohl der/die Versicherungsnehmer/-in als auch der Versicherer verschiedene Möglichkeiten, das bestehende Versicherungsverhältnis zu beenden.

12.1 Kündigung

Kündigung durch den/die Versicherungsnehmer/-in

Ziffer 13 (1) und (2) AVB MB/KK 2009

Der/die Versicherungsnehmer/-in kann das Versicherungsverhältnis zum Ende eines jeden Versicherungsjahres mit einer Frist von drei Monaten **ordentlich kündigen**, frühestens aber zum Ablauf von einer Vertragsdauer von zwei Jahren. Dabei endet das erste Versicherungsjahr immer am 31.12. eines Jahres in der Krankheitskostenvollversicherung und beim Krankenhaustagegeld. In der Krankentagegeldversicherung kann zum Ende eines jeden Versicherungsjahres gekündigt werden. Das erste Jahr endet mit Ablauf des elften vollen Monats nach Versicherungsbeginn. Danach beginnt das nächste Versicherungsjahr. Es ist zudem möglich, nur einzelne Tarife oder versicherte Personen zu kündigen.

Ziffer 13 (3) bis (6) AVB MB/KK 2009

Ein Sonderkündigungsrecht hat der/die Versicherungsnehmer/-in, wenn

- eine Versicherungspflicht eintritt (Die Kündigung muss binnen drei Monaten erfolgen und der GKV-Schutz ist binnen zwei Monaten nachzuweisen.),
- sich der Beitrag durch Erreichen einer Altersgrenze erhöht,
- sich der Beitrag durch eine Beitragsanpassungsklausel erhöht.
- sich die Leistungen vermindern oder
- ein Teilrücktritt, eine Teilanfechtung oder eine Teilkündigung erfolgt.

Ziffer 13 (5) AVB MB/KK 2009

Bei Kündigung der Versicherungsnehmerin oder des Versicherungsnehmers können **mitversicherte Personen** verlangen, dass sie den Vertrag, unter Nennung der neuen Versicherungsnehmerin oder des neuen Versicherungsnehmers, fortführen können. Diese Erklärung muss innerhalb von zwei Monaten nach Kündigung durch den/die Versicherungsnehmer/-in erfolgen.

Kündigung durch den Versicherer

Ziffer 14 (1), (1.1) und (1.2) AVB MB/KK 2009

Der Versicherer hat in der substitutiven Krankenversicherung **kein ordentliches Kündigungsrecht**. Dies gilt auch für die **Krankenhaustagegeldversicherung**, wenn diese neben einer substitutiven Krankenversicherung besteht. Sofern die einzelnen Tarife nichts anderes vorsehen, hat der Versicherer auch kein ordentliches Kündigungsrecht in den nicht substitutiven Tarifen.

Ziffer 14 (2) und (4) AVB MB/KK 2009

Liegen diese Voraussetzungen nicht vor, so hat der Versicherer nur innerhalb der ersten drei Versicherungsjahre ein ordentliches Kündigungsrecht mit einer Frist von drei Monaten zum Ende eines jeden Versicherungsjahres. Der Versicherer kann auch nur einzelne Tarife oder Personen kündigen.

Ziffer 14 (1), (1.1) und (1.2) AVB MB/KT 2009

In der Krankentagegeldversicherung hat der Versicherer nur dann ein ordentliches Kündigungsrecht, wenn die versicherte Person keinen Anspruch auf einen Beitragszuschuss des Arbeitgebers hat. Wenn dieser nicht gezahlt wird, dann kann der Versicherer innerhalb der ersten drei Versicherungsjahre mit einer Frist von drei Monaten zum Versicherungsjahresende ordentlich kündigen. Bestand schon eine Vorversicherung, beschränkt sich das ordentliche Kündigungsrecht auf den neu hinzugekommenen Teil der Krankentagegeldversicherung.

§ 38 VVG

Eine außerordentliche Kündigung seitens des Versicherers ist wegen Nichtzahlung der Beiträge nach § 38 VVG in der nicht-substitutiven Krankenversicherung möglich.

Zusammenfassung

	Kündigung durch Versicherungsnehmer/-in	Kündigung durch Versicherer
ordentliche Kündigung	zum Ende eines jeden Versicherungsjahres mit einer Frist von drei Monaten zum Ende des Versicherungsjahres	· in substitutiver Krankenversicherung ausgeschlossen · i. d. R. auch in allen anderen Tarifen ausgeschlossen · in Krankentagegeldversicherung ausgeschlossen, wenn AG-Zuschuss gewährt wird · wenn nicht ausgeschlossen, dann nur innerhalb der ersten drei Versicherungsjahre mit Frist von drei Monaten zum Ende des Versicherungsjahres möglich
außerordentliche Kündigung	· Eintritt einer Versicherungspflicht · Erhöhung des Beitrages durch Erreichen einer Altersgrenze · Erhöhung des Beitrags durch Beitragsanpassungsklausel · Verminderung der Leistungen · bei Teilrücktritt, Teilanfechtung oder Teilkündigung	bei Nichtzahlung der Beiträge bei der nicht-substitutiven Krankenversicherung

12.2 Tod

Beim Tod der Versicherungsnehmerin oder des Versicherungsnehmers endet das Versicherungsverhältnis. Versicherte Personen können das Vertragsverhältnis unter Benennung einer neuen Versicherungsnehmerin oder eines neuen Versicherungsnehmers fortsetzen. Diese Erklärung muss innerhalb von zwei Monaten nach dem Tod der Versicherungsnehmerin oder des Versicherungsnehmers angegeben werden.

Ziffer 15 (1) und (2) AVB MB/KK 2009

Verstirbt eine versicherte Person, so endet das Versicherungsverhältnis für diese Person.

12.3 Wegzug

Bei Umzug einer versicherten Person in einen Staat, der nicht Mitglied der EU ist, oder in einen Staat, der nicht zum europäischen Wirtschaftsraum gehört, endet das Versicherungsverhältnis. Der/die Versicherungsnehmer/-in und der Versicherer können auch eine Vereinbarung über den Fortbestand der Versicherung treffen. Der Versicherer kann im Rahmen dieser Vereinbarung einen angemessenen Beitragszuschlag verlangen.

Ziffer 15 (3) AVB MB/KK 2009

12.4 Sonstige Beendigungsgründe

In der **Krankentagegeldversicherung** endet das Versicherungsverhältnis zudem,

Ziffer 15 (2.1) AVB MB/KT 2009

- wenn die Voraussetzungen für die Krankentagegeldversicherung weggefallen sind (z. B., weil das Einkommen gesunken oder weggefallen ist),
- bei Eintritt einer Berufsunfähigkeit oder
- mit Bezug der Altersrente.

Der/die Versicherungsnehmer/-in kann verlangen, dass das Versicherungsverhältnis in eine Anwartschaft umgewandelt wird, wenn die vorübergehende Aufgabe der Erwerbstätigkeit, der Bezug einer Berufsunfähigkeitsrente oder der vorübergehende Wegzug aus Deutschland vorliegen. Der Antrag auf Anwartschaftsversicherung ist innerhalb von zwei Monaten nach Eintritt eines dieser Ereignisse zu stellen.

13 Kundenberatungsgespräche in der Krankenversicherung

Vorbemerkungen und allgemeine Hinweise

Bei jedem Kundenberatungsgespräch sind gesetzliche Regelungen zu beachten.

Diese können Sie in Lernfeld 2 Kapitel 7 sowie in Lernfeld 3 nachlesen.

Was allgemein bei Kundengesprächen bzgl. der Kommunikation zu beachten ist, finden Sie in Lernfeld 3.

Die fachlichen Hintergründe zur Krankenversicherung wurden in Lernfeld 8 Teil A in den Kapiteln 1 bis 12 behandelt.

Das folgende Kapitel fasst die spezifischen Besonderheiten für Beratungen zu Krankenversicherungen in komprimierter Form zusammen, ohne den Anspruch auf Vollständigkeit zu erheben, denn es gibt so viele Arten von Kundenberatungsgesprächen wie es Kunden und Kundinnen gibt.

13.1 Zielgruppen für Krankenversicherungen

Zunächst stellt sich die Frage: **Wer braucht eigentlich eine Krankenversicherung?**

Die Antwort ist in diesem Fall besonders einfach: Jeder, denn seit 01.01.2009 gibt es in Deutschland eine Krankenversicherungspflicht. Bis zu diesem Zeitpunkt gab es immer wieder Personengruppen, die nicht krankenversichert waren, was durch die Versicherungspflicht beendet wurde.

Wer abhängig beschäftigt ist, also Angestellte und Arbeiter/-innen, und unterhalb der Jahresarbeitsentgeltgrenze (JAEG) verdient, ist in der Gesetzlichen Krankenversicherung (GKV) versichert. Wer oberhalb der JAEG verdient, kann in eine Private Krankenversicherung (PKV) wechseln.

Selbstständige und Freiberufler/-innen können selbst wählen, ob sie in der GKV oder in der PKV versichert sein wollen.

Das Gleiche gilt für Beamtinnen und Beamte. Diese bekommen von ihrem Dienstherren (Bund oder Bundesland) eine Beihilfe zwischen 50 % und 80 % der Krankheitskosten erstattet. Der Rest kann entweder über die GKV oder eine PKV abgesichert werden.

13.2 Neukunden und -kundinnen für die Private Krankenversicherung gewinnen

Krankenversicherungen sind eine sehr persönliche Angelegenheit, weshalb hier viel Fingerspitzengefühl notwendig ist.

Grundsätzlich sollten bei der Kundenansprache zwei Gruppen beachtet und auch unterschiedlich angesprochen werden.

- potenzielle Kundinnen und Kunden für eine Krankenzusatzversicherung
- potenzielle Kundinnen und Kunden für eine Krankenvollversicherung

Der Hauptunterschied besteht darin, dass bei einer Krankenzusatzversicherung der Hauptversicherungsschutz weiterhin beim gewohnten Versicherer bestehen bleibt. In der Regel ist dies eine GKV. Mit einer Zusatzversicherung kann hier die bestehende Krankenversicherung aufgebessert werden.

Beispiel

Hardy Klein ist seit 14 Jahren in der GKV versichert. Er verdient zwar oberhalb der JAEG, möchte aber bei seiner Krankenversicherung bleiben, weil ihm das mit den Arztrechnungen, die er zuerst bezahlen und dann beim Versicherer einreichen muss, zu viel Aufwand ist.

Allerdings möchte er bei einem Krankenhausaufenthalt gerne in einem Einbettzimmer untergebracht werden.

Die Mehrkosten, die durch eine solche Unterbringung entstehen, kann er mit einer Krankenzusatzversicherung absichern. Er geht also wie gewohnt in seine Arztpraxis und legt seine elektronische Gesundheitskarte vor und wird behandelt wie bisher. Die Abrechnung mit der Krankenversicherung übernimmt die Arztpraxis. Lediglich bei einem Krankenhausaufenthalt bekommt er eine Rechnung für die Mehrkosten des Einbettzimmers geschickt, die er dann bei seiner Zusatzversicherung zur Erstattung einreichen kann.

Der Wechsel zu einer Krankenkostenvollversicherung bedeutet hingegen auch einen Wechsel des Leistungssystems, denn bei der GKV wird nach dem Sachleistungssystem und bei der PKV nach dem Kostenerstattungssystem reguliert. Privat Versicherte gehen in die Arztpraxis, werden behandelt und bekommen anschließend eine Rechnung geschickt, die sie zunächst aus eigener Tasche bezahlen müssen. Anschließend können sie die Rechnung bei ihrem Versicherer zur Erstattung einreichen. Da es i.d.R. Beitragsrückerstattungen gibt, wenn keine Rechnungen eingereicht werden, warten die meisten Versicherten bis zum Jahresende ab und rechnen dann die Arztrechnungen des Versicherungsjahres zusammen. Liegt die Summe unterhalb der Rückerstattung, sollte man die Rechnungen nicht einreichen. Dieses System der PKV bedeutet im Vergleich zur GKV einen Mehraufwand, den einige Kundinnen und Kunden nicht auf sich nehmen möchten.

Beispiel

Luisa Klein, die Schwester von Hardy Klein aus dem vorangehenden Beispiel, arbeitet als Buchhalterin in einem Chemieunternehmen. Sie verdient oberhalb der JAEG und möchte in die PKV wechseln. Den Mehraufwand mit den Rechnungen nimmt sie gerne in Kauf, da für sie die Vorteile einer PKV überwiegen. Als Buchhalterin hat sie sich in ihrem privaten PC eine EXCEL-Datei eingerichtet, in der sie jede Arztrechnung erfasst und am Jahresende quasi per Knopfdruck entscheiden kann, ob sie die Rechnungen nun einreicht oder nicht.

Hier sollten Außendienstmitarbeiter/-innen im persönlichen Gespräch herausfinden, ob der/die jeweilige Gesprächspartner/-in willens und auch in der Lage ist, die Vorgehensweise bei einer PKV zu bewältigen.

Wechselkunden und -kundinnen von der GKV zur PKV

Zunächst einmal können GKV-Versicherte nicht generell zur PKV wechseln. Abhängig Beschäftigte können nur wechseln, wenn sie oberhalb der JAEG verdienen. Selbstständige und Freiberufler/-innen können zwar zur PKV wechseln, zahlen aber besonders am Anfang ihres Berufslebens i. d. R. in der GKV nur einen geringen Beitrag, der sich nach ihrem Einkommen richtet. Hier kann ein Wechsel mit erheblichen Mehrkosten verbunden sein, besonders auch deshalb, weil u. U. der/die Ehe-/Lebenspartner/-in sowie die Kinder nicht mehr über die Familienversicherung mitversichert sind, sondern gegen einen eigenen Beitrag versichert werden müssen.

Auch bei Vorerkrankungen der versicherten Personen ist Vorsicht geboten, da diese zu Leistungsausschlüssen oder Mehrbeiträgen führen können. In der Praxis wird in solchen Fällen mit einer Voranfrage in der Zentrale des jeweiligen Versicherers oder mit einem sog. Probeantrag gearbeitet. Erst bei einer positiven Antwort sollte der endgültige Versicherungsantrag bei der PKV gestellt und der Vorvertrag bei der GKV gekündigt werden.

Ansprechbare Personengruppen

- **Nichtselbstständig Beschäftigte oberhalb der JAEG**
  Wie bereits erwähnt, kann diese Personengruppe in die PKV wechseln.
  Hierzu muss der/die Kundenberater/-in das Einkommen, die Familien- und auch die Gesundheitsverhältnisse seiner/ihrer Gesprächspartnerin bzw. seines/ihres Gesprächspartners kennen. Es ist nicht immer einfach, diese sehr persönlichen Fragen zu stellen und auch wahrheitsgemäß beantwortet zu bekommen. In den meisten Fällen besteht zwischen der Kundin bzw. dem Kunden und dem/der Berater/-in bereits ein Vertrauensverhältnis durch bestehende Verträge in anderen Versicherungssparten. Als Erstgeschäft bei völligen Neukunden kommt die Krankenvollversicherung in der Praxis eher selten vor.
  Ein Einstieg über eine Zusatzversicherung ist aber durchaus denkbar.
- **Selbstständige und Freiberufler/-innen**
  Diese Personengruppe kann auch unterhalb der JAEG in die PKV wechseln.
  Für sie gilt das Gleiche wie für die vorgenannte Personengruppe.
- **Beamtinnen und Beamte**
  Die meisten Beamtinnen und Beamten bevorzugen die PKV, um ihre Beihilfe so aufzustocken, dass sie zu 100 % versichert sind. Hier ist es wichtig und sinnvoll, diese Personengruppe möglichst frühzeitig zu gewinnen. Wenn ein/-e Außendienstmitarbeiter/-in sein/ihr Umfeld genau beobachtet und seinen/ihren Kundenstamm genau kennt, erfährt er/sie rechtzeitig, wer als Beamtenanwärter/

-in eine berufliche Laufbahn im öffentlichen Dienst beginnt. In den meisten Fällen bleiben die Anwärter/-innen nach ihrer Ausbildung beim gleichen Krankenversicherer, weshalb ein späterer Wechsel des Versicherers oft mit einer erheblichen Überzeugungsarbeit verbunden ist. Zudem sind Beamtenanwärter/-innen interessante junge Kunden, die neben der Krankenversicherung noch zahlreiche Versicherungen in anderen Sparten benötigen. Die meisten Versicherer bieten außerdem in vielen Sparten spezielle Beamtentarife – oft auch als Versicherungspaket – an.

13.3 Gesprächsanlässe bei Bestandskundinnen und -kunden

Bei den Bestandskunden sind zwei Gruppen zu unterscheiden:

- Bestandskundinnen und -kunden ohne eine PKV
- Bestandskundinnen und -kunden mit einer PKV (Krankenvoll- oder Zusatzversicherung)

Bestandskundinnen und -kunden ohne eine PKV

Bei Bestandskundinnen und -kunden, die noch keine PKV haben, bietet sich ein Einstieg über die Krankenzusatzversicherungen an. Wer kennt nicht die schnarchende Zimmernachbarin, die im Krankenhaus für schlaflose Nächte sorgt oder den lebhaften Zimmernachbarn, der täglich von seinen Skatfreunden reichlich Besuch bekommt. Wer solch einen Krankenhausaufenthalt einmal erlebt hat, ist für eine Zusatzversicherung, die eine Unterbringung in einem Einbettzimmer ermöglicht, mehr als dankbar.

Auch sind vielen Kundinnen und Kunden die horrenden Kosten, die bei einem Zahnersatz anfallen, bekannt. Wer in jungen Jahren eine Zahnzusatzversicherung abschließt, kann für einen überschaubaren und vor allem kalkulierbaren Versicherungsbeitrag einen Großteil dieser Behandlungskosten absichern.

Bestandskundinnen und -kunden mit einer PKV

Bei Bestandskundinnen und -kunden mit einer Krankenzusatzversicherung sollte regelmäßig überprüft werden, ob der Versicherungsschutz noch aktuell ist. Zudem sollte der/die Außendienstmitarbeiter/-in abklären, ob die Kundin oder der Kunde für einen Wechsel in die Krankenvollversicherung infrage kommt. Ein beruflicher Aufstieg, der ein Einkommen oberhalb der JAEG mit sich bringt, ist ein guter Anlass für eine umfassende Beratung, natürlich immer unter Berücksichtigung der persönlichen und auch gesundheitlichen Umstände.

Bei Bestandskundinnen und -kunden mit einer Krankenvollversicherung gilt es, die Aktualität des Versicherungsschutzes zu überprüfen. So kann es u. U. notwendig sein, den Tarif zu wechseln, etwa wenn die Kundin bzw. der Kunde einen besseren Versicherungsschutz haben möchte oder auch im Falle eines finanziellen Engpasses weniger bezahlen möchte und dafür auf bestimmte Leistungen verzichtet oder eine Selbstbeteiligung in Kauf nimmt.

Es geht generell darum, in allen Lebenslagen und für alle veränderbaren Parameter eine bestmögliche Lösung zu finden.

Hier hilft generell das regelmäßige Überprüfen des Versicherungsstatus' anhand einer Versorgungsanalyse. Dieses Beratungstool – egal ob traditionell in Papierform oder modern am PC – sollte bei jedem Kundengespräch auf den neuesten Stand gebracht werden, um auf Veränderungen rechtzeitig reagieren zu können.

13.4 Argumentationshilfen zur Krankenversicherung

Neben den bereits genannten Argumenten für ein Leistungsupgrade der GKV durch eine Krankenzusatzversicherung, gibt es zahlreiche Argumente, die für eine Krankenvollversicherung in der PKV sprechen. Abhängig von der Tarifwahl sind die Leistungen i. d. R. wesentlich umfangreicher als bei der GKV.

Einen weiteren Aspekt sollte man allerdings auch nicht vergessen:
Die Terminvergabe bei Ärztinnen und Ärzten.

Zwar sollte es nach geltendem Recht keinerlei Unterschiede bei der Terminvergabe und der Behandlung zwischen PKV-Versicherten und GKV-Versicherten geben.

GKV-Versicherte (gerne auch Kassenpatienten genannt) haben das gleiche Anrecht auf einen zeitnahen Termin und eine optimale Behandlung wie PKV-Versicherte (auch Privatpatienten genannt). Patientenverbände fordern dies seit Jahren, aber die Praxis sieht anders aus. GKV-Versicherte warten oft monatelang auf einen Facharzttermin und bei PKV-Versicherten geht das ungleich schneller. Zudem bleiben einige Behandlungsmethoden den PKV-Versicherten vorbehalten.

Doch warum ist das so?

Gehen GKV-Versicherte beispielsweise im Januar in eine Arztpraxis, erfolgt Anfang April die Abrechnung des ersten Quartals bei der Kassenärztlichen Verrechnungsstelle. Die Arztpraxis bekommt dann Ende April bis Anfang Mai die entsprechende Auszahlung. In vielen Fällen wird nur eine Fallkostenpauschale erstattet.

Gehen hingegen PKV-Versicherte im Januar in eine Arztpraxis, stellt diese zeitnah eine Rechnung aus oder veranlasst deren Ausstellung bei einer Privatärztlichen Verrechnungsstelle. Die Arztpraxis bekommt die Auszahlung von den PKV-Versicherten direkt und je nach Zahlungsmoral ist die Rechnung im Februar bezahlt. Ob und wann sich die PKV-Versicherten im Einzelfall das Geld bei der PKV wieder auszahlen lassen, spielt für die Arztpraxis keine Rolle. Auch gibt es in der PKV in den meisten Fällen keine Fallkostenpauschalen.

Die Arztpraxis bekommt also bei PKV-Versicherten früher und auch mehr Geld.

Aus wirtschaftlichen Gründen werden also Privatpatienten und -patientinnen immer noch bevorzugt.

Arztpraxen, deren Patientinnen und Patienten überwiegend aus GKV-Versicherten bestehen, haben in der Vergangenheit immer öfter den dritten Monat eines Quartals ihre Praxis geschlossen, weil sie ihr Limit der Fallkostenpauschalen erreicht haben. Eine solche Limitierung kennt die PKV nicht.

Man kann hier, entgegen aller Aussagen aus der Politik immer noch von einer Zweiklassenmedizin sprechen.

13.5 Ablauf von Kundenberatungsgesprächen

Es gibt keine zwei identischen Kundenberatungsgespräche!

Jeder Kunde und jede Kundin ist anders, hat andere Wünsche, andere Lebensziele und auch andere Ängste.

Jedes Kundengespräch basiert zudem auf einer anderen Gesprächsgrundlage und zu guter Letzt hat auch jede Kundenberaterin und jeder Kundenberater eine andere Persönlichkeit, ein anderes Auftreten und ein anderes Fachwissen. All diese Unterschiede machen Beratungsgespräche schwierig, aber auch interessant. Entscheidend ist, dass der/die Berater/-in einen persönlichen Zugang zu seinem/seiner Gesprächspartner/-in (oder zu seinen Gesprächspartnern) findet.

Für Kundenberatungsgespräche sollte zwar immer ein roter Faden gelten, aber bei einem konkreten Gesprächsanlass und gezielten Fragen und Wünschen des Kunden bzw. der Kundin sollte hierauf vordergründig und zügig eingegangen werden, damit der Kunde bzw. die Kundin erkennt, dass man ihn/sie beachtet und auf ihn/sie eingeht. Bei komplexen Fragen, die sich erst in einem bestimmten Zusammenhang beantworten lassen, können diese auch zurückgestellt werden, sollten aber am Ende niemals vergessen werden und unbeantwortet bleiben.

13.6 Nachbereitung von Kundenberatungsgesprächen

Bei der Nachbereitung von Kundenberatungsgesprächen gelten die gleichen Grundsätze wie in allen anderen Versicherungssparten.

13.7 Kundenberatung mit modernen Kommunikationsmitteln

Krankenversicherungen sind sehr empfindliche und persönliche Produkte. Eine Beratung via Skype o.Ä. sollte man nur ins Auge fassen, wenn man den Kunden bzw. die Kundin gut kennt. Ansonsten ist hier der persönliche Kontakt zu bevorzugen.

Teil B: Kunden zu Pflegeversicherungen beraten

1 Bedeutung der Pflege

In Deutschland haben die Menschen das Glück, in einem Land zu leben, in dem die Menschen immer älter werden. Prognosen zur Bevölkerungsentwicklung sagen voraus, dass in Deutschland die Anzahl älterer Personen (67 Jahre und älter) bis zum Jahr 2040 voraussichtlich auf knapp 21,5 Mio. steigen wird. Dies ist aus heutiger Sicht rund ein Viertel der Bevölkerung. Ein jeder wünscht sich, alt zu werden und dabei gesund zu bleiben. Statistiken zeigen aber, dass das Risiko einer Pflegebedürftigkeit im Alter stark ansteigt, wenngleich auch junge Menschen dem Risiko unterliegen, zu einem Pflegefall zu werden, z.B. durch einen Unfall, einen Zeckenbiss oder eine schwere Krankheit.

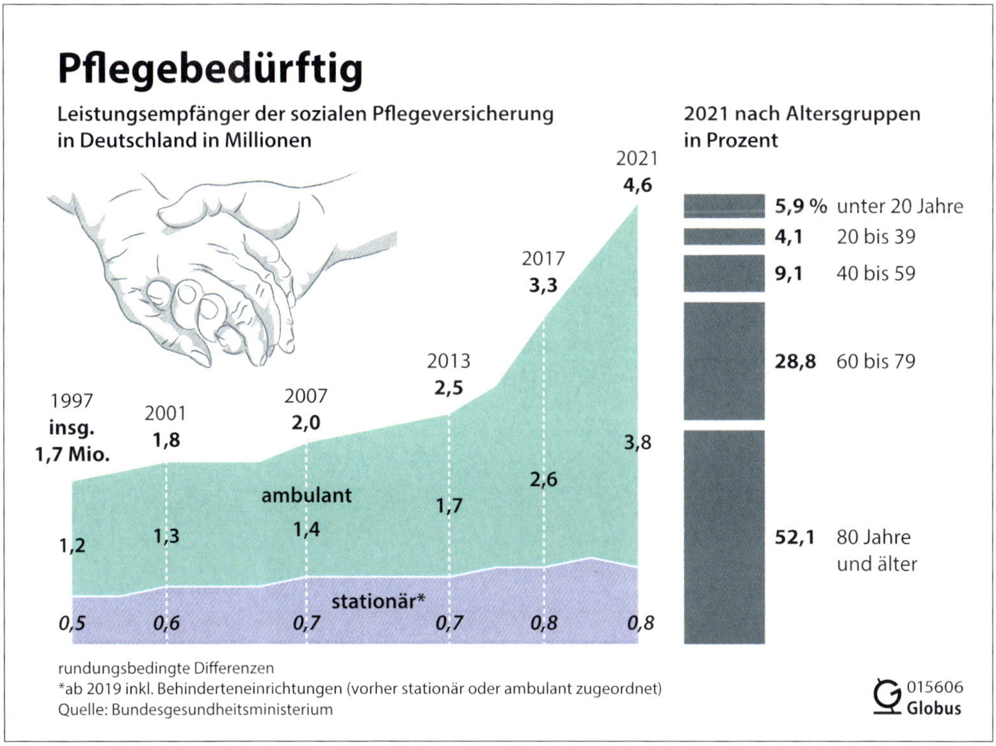

Die **Pflegeversicherung** soll die pflegebedürftige Person dabei unterstützen, die notwendige **Pflege** zu **finanzieren**. Dabei kann der Bedarf der Pflege sehr unterschiedlich sein. Manche Menschen benötigen nur bei bestimmten Tätigkeiten Unterstützung, andere hingegen sind Tag und Nacht auf fremde Hilfe angewiesen. Manche Menschen können in ihrer Wohnung gepflegt werden, andere gehen in ein Pflegeheim. Wenn man die Wahl hat, dann kann man auch entscheiden, ob man durch Fachpersonal oder durch Angehörige gepflegt werden möchte.

Ca. 4,6 Mio. Menschen nehmen jeden Monat Leistungen der Pflegeversicherung in Anspruch. Rund 3,8 Mio. erhalten ambulante Leistungen. Stationär gepflegt werden rund 0,8 Mio. Menschen.

2 Aufbau des Pflegeversicherungssystems in Deutschland

Die Pflegeversicherung gibt es in Deutschland seit dem 01.01.1995. Sie gilt als eigener Versicherungszweig sowohl in der Sozialversicherung als auch in der Individualversicherung, ist aber der Krankenversicherung angegliedert. Es besteht die **Pflicht**, sich gegen das Risiko der Pflege zu versichern – man muss also eine Pflegepflichtversicherung abschließen, und dies je nach Krankenversicherung in der Sozial- oder Individualversicherung.

Es gilt der folgende Grundsatz:

Merke

Pflegeversicherung folgt Krankenversicherung

Dies bedeutet, dass sich derjenige, der in der GKV versichert ist, auch in der Gesetzlichen Pflegeversicherung (GPV) zu versichern hat und derjenige, der in der PKV krankenversichert ist, sich in der Privaten Pflegeversicherung (PPV) versichern muss. Dabei sind die Leistungen der Pflegepflichtversicherung in der GPV und PPV gleich.

Von Beginn an (seit 1995) gibt es sowohl die GPV als auch die PPV.

BVG-Beschluss vom 07.04.2022, AZ. 1 BvL 3/18 u. a.

In der **GPV** sind etwa 71 Millionen Bürger/-innen versichert. Hier bemisst sich der Beitrag nach dem Einkommen. Der Beitragssatz beträgt für Versicherte ohne Kinder 4 % (ab 01.07.2023) vom Bruttoeinkommen, maximal von der Beitragsbemessungsgrenze (BBG). Der Arbeitgeber zahlt immer 1,7 %. Rentner/-innen und Selbstständige müssen ihren Beitrag alleine zahlen. Wer Kinder hat, muss weniger Beitrag zahlen. Der niedrigere Beitrag begründet sich damit, dass Menschen, die Kinder haben, nachweislich später und/oder weniger Leistungen in Anspruch nehmen als Menschen ohne Kinder, da die Kinder ihre Eltern im Alter häufig unterstützen – sei es durch das Einkaufen oder die Reinigung der Wohnung usw.

Durch den neuen Beitragssatz und die Differenzierung der Arbeitnehmeranteile nach der Anzahl der Kinder wird zum 01.07.2023 ein Urteil des Bundesverfassungsgerichts vom 04.07.2022 umgesetzt.

Die Höhe des Rabatts und damit des Beitragssatzes für den/die Arbeitnehmer/-in hängt von der Anzahl der Kinder ab. Hat man ein Kind, so liegt der Beitragssatz dauerhaft bei 3,4 %. Arbeitgeber und Arbeitnehmer/-innen teilen sich in diesem Fall den Beitrag paritätisch. Ab jedem weiteren Kind reduziert sich der Beitrag für den/die Arbeitnehmer/-in um 0,25 % pro Kind – solange die Kinder unter 25 Jahre alt sind. Hiermit soll ein Teil des wirtschaftlichen Aufwandes durch Kindererziehung „aufgefangen" werden. Zudem ist mit steigender Kinderzahl die Wahrscheinlichkeit, durch die Kinder bei der Pflege unterstützt zu werden auch höher als ohne Kinder oder mit nur einem Kind.

Übersicht über die Verteilung des GPV-Beitrags ab 01.07.2023

Arbeitnehmer/-innen ...	Beitragssatz	Arbeitnehmeranteil	Arbeitgeberanteil
ohne Kinder	4,00 %	2,30 %	1,70 %
mit einem Kind	3,40 %	1,70 %	1,70 %
mit zwei Kindern	3,15 %	1,45 %	1,70 %
mit drei Kindern	2,90 %	1,20 %	1,70 %
mit vier Kindern	2,65 %	0,95 %	1,70 %
mit fünf oder mehr Kindern	2,40 %	0,70 %	1,70 %

Der zusätzliche Rabatt ab dem zweiten Kind in Höhe von 0,25 % entfällt, sobald das Kind über 25 Jahre alt ist. Danach gilt dann dauerhaft der Beitragssatz für Personen mit einem Kind – also 3,4 %.

Für Sachsen gibt es eine Sonderregelung. Hier beträgt der Beitragssatz des Arbeitgebers generell 1,2 % und die Beitragssätze der Arbeitnehmer/-innen sind um jeweils 0,5 %-Punkte höher als in der vorstehenden Tabelle angegeben.

In der **PPV** sind etwa 10 Mio. Menschen versichert. Die PPV finanziert sich nach dem **Äquivalenzprinzip**. Das Eintrittsalter und das individuelle Pflegerisiko werden bei Vertragsabschluss berücksichtigt. Die zu versichernden Leistungen sind einheitlich.

Es werden zudem **Alterungsrückstellungen** gebildet, um ein Ansteigen der Beiträge aufgrund des zunehmenden Alters und des damit verbundenen erhöhten Pflegerisikos zu verhindern.

Der/die Arbeitnehmer/-in, der/die in der PPV versichert ist, erhält die Hälfte des Beitrages als Zuschuss vom Arbeitgeber. Dieser AG-Zuschuss ist aber maximal so hoch, wie er wäre, wenn der/die Arbeitnehmer/-in in der GPV versichert wäre. Der maximale AG-Zuschuss beträgt im Jahr 2023 monatlich 84,79 € (Ausnahme Sachsen: 59,85 €).

Kinder von pflegepflichtversicherten Personen sind in beiden Systemen (GPV und PPV) beitragsfrei mitversichert.

3 Absicherungen in der Sozialversicherung

Sowohl die GPV als auch die PPV haben als gesetzliche Grundlage das elfte Sozialgesetzbuch (SGB XI).

3.1 Leistungen der GPV

Die Leistungen in der GPV entsprechen den Leistungen in der PPV. Diese werden in Kapitel 4.4 beschrieben.

3.2 Versicherter Personenkreis in der GPV

Der versicherte Personenkreis in der GPV entspricht dem versicherten Personenkreis in der GKV. Dies liegt an dem Grundsatz:

Merke

Pflegeversicherung folgt Krankenversicherung

4 Private Pflegeversicherung

Personen, die in der PKV versichert sind, müssen sich in der privaten Pflegepflichtversicherung (PPV) versichern. Auch für privat krankenversicherte Personen ist die PPV eine **Pflichtversicherung**. Man kann sich hiervon nicht befreien lassen. Zusätzlich kann man den Versicherungsschutz erweitern. Die Pflegezusatzversicherungen werden in Kapitel 6.2 beschrieben.

4.1 Versicherungsfall

Der Versicherungsfall in der PPV ist die **Pflegebedürftigkeit**.

Definition

Ziffer 1a AVB MB/EPV 2017

- Pflegebedürftig ist eine Person, wenn sie gesundheitlich bedingte Beeinträchtigungen der Selbstständigkeit oder der Fähigkeiten aufweist und deshalb der Hilfe durch andere bedarf.
- Pflegebedürftigkeit besteht nur, wenn die Person die körperlichen, kognitiven oder psychischen Beeinträchtigungen oder gesundheitlich bedingten Belastungen oder Anforderungen nicht selbstständig kompensieren oder bewältigen kann.
- Die Pflegebedürftigkeit muss auf Dauer, voraussichtlich für mindestens sechs Monate, und mindestens mit einer festgelegten Schwere bestehen.

Ziffer 1 (2) AVB MB/EPV 2017

Der Versicherungsfall tritt auch ein, wenn:

- die versicherte Person an einer Erkrankung leidet, die progredient (voranschreitend, verschlechternd) verläuft
  und
- bereits ein weit fortgeschrittenes Stadium erreicht hat,
- bei der eine Heilung ausgeschlossen ist
  und
- eine palliativ-medizinische Behandlung notwendig ist
  und
- lediglich eine begrenzte Lebenserwartung von Wochen oder wenigen Monaten erwarten lässt.

§ 3 Abs. 6 PflegeZG

Bei Vorliegen dieser Voraussetzungen bekommen Beschäftigte, die sich von der Arbeit freistellen lassen, Versicherungsleistungen aus der Pflegeversicherung der zu pflegenden Person.

4.2 Feststellung der Pflegebedürftigkeit

Ziffer 6 (2) AVB MB/PPV 2022

Der **Grad der Pflegebedürftigkeit** muss durch eine/-n vom Versicherer **beauftragte Ärztin oder beauftragten Arzt** oder durch eine Gutachterin bzw. einen Gutachter des medizinischen Dienstes der PPV **(MEDICPROOF)** erfolgen. Das Verfahren zur Feststellung des Grades des Pflegebedürftigkeit unterscheidet sich dabei nicht vom Begutachtungsverfahren der GPV und dem von der GPV beauftragten Medizinischen Dienst (MD). Zur Feststellung des Pflegegrades kommt der oder die vom Versicherer beauftragte Ärztin oder Arzt oder MEDICPROOF nach vorheriger Terminvereinbarung in der Regel in die Wohnung oder in die Pflegeeinrichtung der zu pflegenden Person.

§ 18 (3) SGB XI

Die Pflegeversicherung muss sich an die gesetzlich vorgegebene Bearbeitungsfrist für Anträge zur Feststellung der Pflegebedürftigkeit von **25 Tagen** halten.

Die Einstufung des Grades der Pflegebedürftigkeit muss innerhalb einer Woche abgeschlossen sein,

- wenn die versicherte Person im Krankenhaus oder in einer stationären Rehabilitation ist
  und
- eine ambulante oder stationäre Weiterversorgung notwendig ist, um eine Betreuung sicherzustellen
  oder
- eine Inanspruchnahme von Pflegezeit nach dem Pflegezeitgesetz (PflegeZG) besteht
  oder
- nach dem Familienpflegezeitgesetz (FpfZG) vereinbart ist
  oder
- wenn sich die antragstellende Person in einem Hospiz befindet oder ambulant palliativ versorgt wird.

Innerhalb von **zwei Wochen** ist eine Begutachtung nach Antragsstellung durchzuführen,

- wenn die antragstellende Person in häuslicher Umgebung gepflegt wird (ohne palliativ versorgt zu werden)
  und

- die pflegende Person mit ihrem Arbeitgeber eine Freistellung nach dem Pflegezeitgesetz angekündigt hat
  oder
- nach dem Familienpflegezeitgesetz vereinbart ist.

Ziffer 6 (2a) AVB MB/PPV 2022

Ziffer 12 Tarifbedingungen Tarifstufen PVN und PVB

Erfolgt die Leistungsmitteilung des Versicherers nicht innerhalb dieser Fristen, so hat der/die Anspruchsteller/-in einen Anspruch auf zusätzliche Leistungen je begonnene Woche in Höhe von 70,00 €. Es sei denn, der Versicherer hat die Verzögerung nicht zu vertreten oder die versicherte Person befindet sich bereits in stationärer Pflege und ist mindestens in Pflegegrad 2 eingestuft.

4.3 Begutachtungsverfahren zur Feststellung des Pflegegrades

Die Leistungen in der PPV hängen davon ab, wie viel Hilfe und Pflege eine versicherte Person im Alltag benötigt. Dies wird sehr aufwendig ermittelt, da viele Faktoren im Leben eines Menschen dazu führen können, dass dieser auf die Hilfe anderer Menschen in seinem Alltag angewiesen ist. Dabei kann die benötigte Hilfe sehr unterschiedlich in ihrer Art und Intensität sein und sich zudem im Zeitverlauf auch ständig verändern.

Die oder der vom Versicherer beauftragte Ärztin oder Arzt oder MEDICPROOF überprüft, in **welchen Lebensbereichen** die versicherte Person in ihrer **Selbstständigkeit** und/oder ihren **Fähigkeiten** eingeschränkt ist und wie **stark diese Beeinträchtigungen jeweils** ausfallen. Die Stärke der Einschränkungen in Selbstständigkeit und Fähigkeiten wird in **Pflegegraden** ausgedrückt.

4.3.1 Lebensbereiche

Man unterscheidet **sechs Lebensbereiche (Module)**, die das selbstständige Leben eines Menschen beeinflussen. Dies sind:

Ziffer 1 (3) AVB MB/PPV 2022

§§ 14 bis 15 SGB XI

1. **Mobilität**
   Hier werden motorische Aspekte untersucht. Kann sich die betroffene Person beispielsweise im Bett umdrehen, alleine aufstehen und sich selbstständig in den eigenen vier Wänden bewegen? Ist Treppensteigen möglich?
2. **Kognitive und kommunikative Fähigkeiten**
   Hierbei geht es um Denkprozesse.
   Kann sich die betroffene Person beispielsweise zeitlich und räumlich orientieren? Versteht sie Sachverhalte, erkennt sie Risiken und kann sie Gespräche mit anderen Menschen führen, Informationen aufnehmen und verarbeiten? Kann sie Entscheidungen treffen und Risiken und Gefahren richtig einschätzen? Kann die Person mehrschrittige Alltagshandlungen durchführen?
3. **Verhaltensweisen und psychische Problemlagen**
   Hierunter fallen unter anderem Unruhe in der Nacht oder Ängste und Aggressionen, Wahnvorstellungen, Antriebslosigkeit sowie Depression; zudem Abwehrreaktionen bei pflegerischen Maßnahmen.
4. **Selbstversorgung**
   Es wird beurteilt, ob die Person sich zum Beispiel waschen und anziehen, selbstständig die Toilette benutzen, bzw. mit Harn- und/oder Stuhlinkontinenz umgehen kann. Wichtig ist hier auch, ob die Person eigenständig essen und trinken kann.

5. **Bewältigung von und selbstständiger Umgang mit krankheits- oder therapiebedingten Anforderungen**
   Können beispielsweise Arzneimittel selbst eingenommen werden, kann sich die Person selbstständig einreiben, Temperatur und Blutzucker usw. messen und deuten? Kann sie Verbandswechsel und Wundversorgung vornehmen, Therapien in häuslicher Umgebung durchführen, mit einem Rollator umgehen usw.? Kann sie Arztbesuche o.Ä. eigenständig durchführen oder benötigt sie hierbei Hilfe? Ist die Person in der Lage, therapeutische Verhaltensvorschriften einzuhalten, z.B. Diäten?

6. **Belastungen und Gestaltung des Alltagslebens und sozialer Kontakte**
   Kann die Person den Tagesablauf noch selbstständig gestalten, planen und durchführen? Kann sie mit anderen Menschen in direkten Kontakt und in Interaktion treten, beispielsweise ein Gespräch führen oder Skat spielen?

In diesen sechs Lebensbereichen wird genau betrachtet, wie stark die versicherte Person
- in ihrer **Selbstständigkeit** und
- in ihren **Fähigkeiten**

eingeschränkt ist.

Der/die Mitarbeiter/-in von MEDICPROOF oder die beauftragte Ärztin bzw. der beauftragte Arzt geht jeden der oben genannten sechs Lebensbereiche mit dem/der Antragsteller/-in durch und legt fest, **wie stark** die **Einschränkungen** der Fähigkeiten und der Selbstständigkeit sind. Die Einschätzungen unterscheiden
- selbstständig,
- überwiegend selbstständig,
- überwiegend unselbstständig und
- unselbstständig.

Jede Einschätzung wird bepunktet und die Anzahl der Punkte wird ermittelt. Es ergeben sich die sogenannten „ungewichteten Punkte". Diese „ungewichteten Punkte" der sechs Lebensbereiche werden anschließend gewichtet. Die Gewichtung ist so gestaltet, dass am Ende
- die Mobilität mit 10 %,
- die kognitiven und kommunikativen Fähigkeiten sowie die Verhaltensweisen und psychische Problemlagen mit 15 %,
- (Es wird hier ein gemeinsamer Wert festgelegt und zwar der höhere Wert der beiden Werte.)
- die Selbstversorgung mit 40 %,
- die Bewältigung von und selbstständiger Umgang mit krankheits- oder therapiebedingten Anforderungen und Belastungen mit 20 % und
- die Gestaltung des Alltagslebens und sozialer Kontakte mit 15 %

in die Berechnung einbezogen werden.

Ziffer 1 (3) bis (8) AVB MB/PPV 2022

Die gewichteten Punkte werden addiert und aus der **Gesamtzahl der Punkte** ergibt sich im Anschluss der **Pflegegrad**:

- ab 12,5 bis unter 27 Punkte → **Pflegegrad 1**
- 27 bis unter 47,5 Punkte → **Pflegegrad 2**
- 47,5 bis unter 70 Punkte → **Pflegegrad 3**
- 70 bis unter 90 Punkte → **Pflegegrad 4**
- 90 bis 100 Punkte oder Pflegebedürftige mit besonderen Bedarfskonstellationen, die einen spezifischen, außergewöhnlich hohen Hilfebedarf mit besonderen Anforderungen an die pflegerische Versorgung aufweisen → **Pflegegrad 5**

Beispiel

Der MEDICPROOF-Mitarbeiter Tobias Unken besucht Frau Rosi Käster, die einen Antrag auf Begutachtung gestellt hat. Gemeinsam gehen sie die nachfolgenden Fragebögen durch und Herr Unken berechnet den Pflegegrad.

Lebensbereich 1: Mobilität

Fähigkeit	Selbst-ständig	Überwiegend selbstständig	Überwiegend unselbstständig	Unselbst-ständig
Positionswechsel im Bett	0 ☑	1 ☐	2 ☐	3 ☐
Halten der stabilen Sitzposition	0 ☑	1 ☐	2 ☐	3 ☐
Umsetzen	0 ☑	1 ☐	2 ☐	3 ☐
Fortbewegen innerhalb des Wohnbereichs	0 ☐	1 ☑	2 ☐	3 ☐
Treppensteigen	0 ☐	1 ☑	2 ☐	3 ☐

Summe der Punkte	2

Gewichtung der Punkte im Lebensbereich 1: Mobilität

Summe der ungewichteten Punkte	Beeinträchtigung von Selbstständigkeit/Fähigkeiten	Gewichtete Punkte
0 bis 1	keine	0 Punkte
2 bis 3	geringe	2,5 Punkte
4 bis 5	erhebliche	5 Punkte
6 bis 9	schwere	7,5 Punkte
10 bis 15	schwerste	10 Punkte

Summe der gewichteten Punkte aus Lebensbereich 1	2,5

Lebensbereich 2: Kognitive und kommunikative Fähigkeiten

Fähigkeit	Selbst-ständig	Überwiegend selbstständig	Überwiegend unselbstständig	Unselbst-ständig
Erkennen von Personen aus dem näheren Umfeld	0 ☑	1 ☐	2 ☐	3 ☐
Örtliche Orientierung	0 ☑	1 ☐	2 ☐	3 ☐
Zeitliche Orientierung	0 ☑	1 ☐	2 ☐	3 ☐
Erinnern an wesentliche Ereignisse oder Beobachtungen	0 ☑	1 ☐	2 ☐	3 ☐
Steuern von mehrschrittigen Alltagshandlungen	0 ☑	1 ☐	2 ☐	3 ☐

Fähigkeit	Selbstständig	Überwiegend selbstständig	Überwiegend unselbstständig	Unselbstständig
Treffen von Entscheidungen im Alltagsleben	0 ☑	1 ☐	2 ☐	3 ☐
Verstehen von Sachverhalten und Informationen	0 ☑	1 ☐	2 ☐	3 ☐
Erkennen von Risiken und Gefahren	0 ☑	1 ☐	2 ☐	3 ☐
Mitteilen von elementaren Bedürfnissen	0 ☑	1 ☐	2 ☐	3 ☐
Verstehen von Aufforderungen	0 ☑	1 ☐	2 ☐	3 ☐
Beteiligen an einem Gespräch	0 ☑	1 ☐	2 ☐	3 ☐

Summe der Punkte	0

Gewichtung der Punkte im Lebensbereich 2: Kognitive und kommunikative Fähigkeiten

Summe der ungewichteten Punkte	Beeinträchtigung von Selbstständigkeit/Fähigkeiten	Gewichtete Punkte
0 bis 1	keine	0 Punkte
2 bis 5	geringe	3,75 Punkte
6 bis 10	erhebliche	7,5 Punkte
11 bis 16	schwere	11,25 Punkte
17 bis 33	schwerste	15 Punkte

Summe der gewichteten Punkte aus Lebensbereich 2	0

Lebensbereich 3: Verhaltensweisen und psychische Problemlagen

Fähigkeit	Nie oder sehr selten	Selten (ein- bis dreimal innerhalb von zwei Wochen	Häufig (zweimal bis mehrmals wöchentlich, aber nicht täglich)	Täglich
Motorisch geprägte Verhaltensauffälligkeiten	0 ☑	1 ☐	3 ☐	5 ☐
Nächtliche Unruhe	0 ☐	1 ☑	3 ☐	5 ☐
Selbstschädigendes und autoaggressives Verhalten	0 ☑	1 ☐	3 ☐	5 ☐

Fähigkeit	Nie oder sehr selten	Selten (ein- bis dreimal innerhalb von zwei Wochen	Häufig (zweimal bis mehrmals wöchentlich, aber nicht täglich)	Täglich
Beschädigen von Gegenständen	0 ☑	1 ☐	3 ☐	5 ☐
Psychisch aggressives Verhalten gegenüber anderen Personen	0 ☑	1 ☐	3 ☐	5 ☐
Verbale Aggressionen	0 ☑	1 ☐	3 ☐	5 ☐
Andere pflegerelevante vokale Auffälligkeiten	0 ☑	1 ☐	3 ☐	5 ☐
Abwehr pflegerischer und anderer unterstützender Maßnahmen	0 ☑	1 ☐	3 ☐	5 ☐
Wahnvorstellungen	0 ☑	1 ☐	3 ☐	5 ☐
Ängste	0 ☐	1 ☑	3 ☐	5 ☐
Antriebslosigkeit bei depressiver Stimmungslage	0 ☐	1 ☑	3 ☐	5 ☐
Sozial inadäquate Verhaltensweisen	0 ☑	1 ☐	3 ☐	5 ☐
Sonstige pflegerelevante inadäquate Handlungen	0 ☑	1 ☐	3 ☐	5 ☐

Summe der Punkte	3

Gewichtung der Punkte im Lebensbereich 3: Verhaltensweisen und psychische Problemlagen

Summe der ungewichteten Punkte	Beeinträchtigung von Selbstständigkeit/Fähigkeiten	Gewichtete Punkte
0	keine	0 Punkte
1 bis 2	geringe	3,75 Punkte
3 bis 4	erhebliche	7,5 Punkte
5 bis 6	schwere	11,25 Punkte
7 bis 65	schwerste	15 Punkte

Summe der gewichteten Punkte aus Lebensbereich 3	7,5

Lebensbereich 2 und 3: Kognitive und kommunikative Fähigkeiten sowie Verhaltensweisen und psychische Problemlagen werden gemeinsam betrachtet. Der höhere Wert fließt in die Gesamtbewertung ein:

Summe der gewichteten Punkte aus Lebensbereich 2 und 3	7,5

Lebensbereich 4: Selbstversorgung

Fähigkeit	Selbstständig	Überwiegend selbstständig	Überwiegend unselbstständig	Unselbstständig
Waschen des vorderen Oberkörpers	0 ☐	1 ☑	2 ☐	3 ☐
Körperpflege im Bereich des Kopfes	0 ☐	1 ☑	2 ☐	3 ☐
Waschen des Intimbereichs	0 ☐	1 ☑	2 ☐	3 ☐
Duschen und Baden einschließlich Waschen der Haare	0 ☐	1 ☐	2 ☑	3 ☐
An- und Auskleiden des Oberkörpers	0 ☐	1 ☐	2 ☑	3 ☐
An- und Auskleiden des Unterkörpers	0 ☐	1 ☑	2 ☐	3 ☐
Mundgerechtes Zubereiten der Nahrung und Eingießen von Getränken	0 ☐	1 ☑	2 ☐	3 ☐
Essen	0 ☑	3 ☐	6 ☐	9 ☐
Trinken	0 ☑	2 ☐	4 ☐	6 ☐
Benutzen einer Toilette oder eines Toilettenstuhls	0 ☐	2 ☑	4 ☐	6 ☐
Bewältigen der Folgen einer Harninkontinenz und Umgang mit Dauerkatheter und Urostoma	0 ☐	1 ☑	2 ☐	3 ☐
Bewältigen der Folgen einer Stuhlinkontinenz und Umgang mit Stoma	0 ☐	1 ☑	2 ☐	3 ☐

Summe der Punkte	13

Gewichtung der Punkte im Lebensbereich 4: Selbstversorgung

Summe der ungewichteten Punkte	Beeinträchtigung von Selbstständigkeit/Fähigkeiten	Gewichtete Punkte
0 bis 2	keine	0 Punkte
3 bis 7	geringe	10 Punkte
8 bis 18	erhebliche	20 Punkte
19 bis 36	schwere	30 Punkte
37 bis 54	schwerste	40 Punkte

Summe der gewichteten Punkte aus Lebensbereich 4	20

Lebensbereich 5: Bewältigung von und selbstständiger Umgang mit krankheits- oder therapiebedingten Anforderungen und Belastungen

Fähigkeit	Entfällt	Selbstständig	Häufigkeit der Hilfe (Anzahl)		
			Pro Tag	Pro Woche	Pro Monat
Medikation		✓			
Injektionen	✓				
Versorgung intravenöser Zugänge (z. B. Port)	✓				
Absaugen und Sauerstoffzugabe	✓				
Einreiben oder Kälte- und Wärmebehandlungen	✓				
Messung und Deutung von Körperzuständen		✓			
Körpernahe Hilfsmittel	✓				
Verbandswechsel und Wundversorgung	✓				
Versorgung mit Stoma	✓				
Regelmäßige Einmalkatheterisierung und Nutzung von Abführmethoden	✓				
Therapiemaßnahmen in häuslicher Umgebung	✓				
Zeit- und technikintensive Maßnahmen in häuslicher Umgebung	✓				

Fähigkeit	Entfällt	Selbst-ständig	Häufigkeit der Hilfe (Anzahl)		
			Pro Tag	Pro Woche	Pro Monat
Arztbesuche				✓	
Besuche anderer medizinischer oder therapeutischer Einrichtungen (bis zu drei Stunden)	✓				
Besuche anderer medizinischer oder therapeutischer Einrichtungen (länger als drei Stunden)	✓				

Summe der Punkte	1

Gewichtung Punkte im der Lebensbereich 5: Bewältigung von und selbstständiger Umgang mit krankheits- oder therapiebedingten Anforderungen und Belastungen

Summe der ungewichteten Punkte	Beeinträchtigung von Selbstständigkeit/Fähigkeiten	Gewichtete Punkte
0	keine	0 Punkte
1	geringe	5 Punkte
2 bis 3	erhebliche	10 Punkte
4 bis 5	schwere	15 Punkte
6 bis 15	schwerste	20 Punkte

Summe der gewichteten Punkte aus Lebensbereich 5	5

Lebensbereich 6: Gestaltung des Alltagslebens und sozialer Kontakte

Fähigkeit	Selbst-ständig	Überwiegend selbstständig	Überwiegend unselbstständig	Unselbst-ständig
Gestaltung des Tagesablaufs und Anpassung an Veränderungen	0 ☑	1 ☐	2 ☐	3 ☐
Ruhen und Schlafen	0 ☑	1 ☐	2 ☐	3 ☐
Sich beschäftigen	0 ☑	1 ☐	2 ☐	3 ☐
Vornehmen von in die Zukunft gerichteten Planungen	0 ☑	1 ☐	2 ☐	3 ☐

Fähigkeit	Selbstständig	Überwiegend selbstständig	Überwiegend unselbstständig	Unselbstständig
Interaktion mit Personen im direkten Kontakt	0 ☑	1 ☐	2 ☐	3 ☐
Kontaktpflege zu Personen außerhalb des direkten Umfeldes	0 ☑	1 ☐	2 ☐	3 ☐

Summe der Punkte	0

Gewichtung der Punkte im Lebensbereich 6: Gestaltung des Alltagslebens und sozialer Kontakte

Summe der ungewichteten Punkte	Beeinträchtigung von Selbstständigkeit/Fähigkeiten	Gewichtete Punkte
0	keine	0 Punkte
1 bis 3	geringe	3,5 Punkte
4 bis 6	erhebliche	7,5 Punkte
7 bis 11	schwere	11,25 Punkte
12 bis 18	schwerste	15 Punkte

Summe der gewichteten Punkte aus Lebensbereich 6	0

Ergebnis der gewichteten Punkte aller Lebensbereiche

Bewertung der Lebensbereiche	Gewichtete Punkte
1. Mobilität	2,5
2. Kognitive und kommunikative Fähigkeiten 3. Verhaltensweisen und psychische Problemlagen	7,5
4. Selbstversorgung	20
5. Bewältigung von und selbstständiger Umgang mit krankheits- oder therapiebedingten Anforderungen und Belastungen	5
6. Gestaltung des Alltagslebens und sozialer Kontakte	0
Summe der gewichteten Punkte	35

Feststellung des Pflegegrads

Pflegegrad 1	Pflegegrad 2	Pflegegrad 3	Pflegegrad 4	Pflegegrad 5
ab 12,5 bis unter 27 Punkte	27 bis unter 47,5 Punkte	47,5 bis unter 70 Punkte	70 bis unter 90 Punkte	90 bis 100 Punkte oder Pflegebedürftige mit besonderen Bedarfskonstellationen, die einen spezifischen, außergewöhnlich hohen Hilfebedarf mit besonderen Anforderungen an die pflegerische Versorgung aufweisen
☐	☒	☐	☐	☐

Zusammenfassung

So funktioniert die Einstufung in die fünf Pflegegrade		
Sechs Lebensbereiche	**Bewertung der einzelnen Unterpunkte**	**Gewichtung der Lebensbereiche**
1. Mobilität	· Positionswechsel im Bett · Halten stabiler Sitzposition · ...	maximal 10 Punkte
2. Kognitive und kommunikative Fähigkeiten	· Erkennen von Personen aus dem näheren Umfeld · örtliche Orientierung · ...	Der höhere Wert wird übernommen. maximal 15 Punkte
3. Verhaltensweisen und psychische Problemlagen	· motorisch geprägte Verhaltensauffälligkeiten · selbstschädigendes und autoaggressives Verhalten · ...	
4. Selbstversorgung	· Waschen des vorderen Oberkörpers · Körperpflege im Bereich des Kopfes · ...	maximal 40 Punkte
5. Bewältigung von und selbstständiger Umgang mit krankheits- oder therapiebedingten Anforderungen und Belastungen	· Medikation · Injektionen · ...	maximal 20 Punkte
6. Gestaltung des Alltagslebens und sozialer Kontakte	· Gestaltung des Tagesablaufes und sozialer Kontakte · Ruhen und Schlafen · ...	maximal 15 Punkte
	Summe	**maximal 100 Punkte**

Zuordnung Pflegegrad	Punkte
Pflegegrad 1	ab 12,5 bis unter 27 Punkte
Pflegegrad 2	27 bis unter 47,5 Punkte
Pflegegrad 3	47,5 bis unter 70 Punkte
Pflegegrad 4	70 bis unter 90 Punkte
Pflegegrad 5	90 bis 100 Punkte oder Pflegebedürftige mit besonderen Bedarfskonstellationen

4.3.2 Feststellung der Pflegebedürftigkeit bei Kindern

Bei pflegebedürftigen Kindern wird der Pflegegrad durch einen **Vergleich** der Beeinträchtigungen der Selbstständigkeit oder der Fähigkeiten mit der Selbstständigkeit oder den Fähigkeiten altersentsprechend entwickelter Kinder ermittelt. *Ziffer 1 (9) AVB MB/PPV 2022*

Kinder in der Altersgruppe bis zu 18 Monaten sind von Natur aus in allen Bereichen des Alltagslebens unselbstständig. Hier gelten dann andere Zuordnungen zu den Pflegegraden: *Ziffer 1 (10) AVB MB/PPV 2022*

- ab 12,5 bis unter 27 Punkte → **Pflegegrad 2**
- ab 27 bis unter 47,5 Punkte → **Pflegegrad 3**
- ab 47,5 bis unter 70 Punkte → **Pflegegrad 4**
- ab 70 bis 100 Punkte → **Pflegegrad 5**

4.4 Umfang des Versicherungsschutzes

Der Versicherungsschutz in der PPV umfasst **ambulante, teilstationäre** und **vollstationäre Leistungen**[1]. Zudem gibt es Leistungen, die diesen Versicherungsschutz noch ergänzen, z.B. **Beratungs-** und **Hilfsangebote**.

4.4.1 Leistungen bei häuslicher Pflege

Pflegegeld

Das **Pflegegeld** wird ab Pflegegrad 2 ausgezahlt. Hiermit kann die Pflege zu Hause finanziert werden. Hierzu gehören körperbezogene Pflegemaßnahmen, pflegerische Betreuungsmaßnahmen und Hilfe bei der Haushaltsführung. *Ziffer 4 (2) AVB MB/PPV 2022*

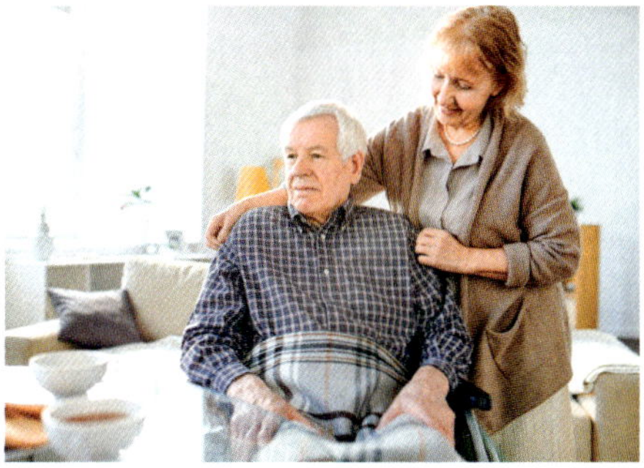

1 Da die Leistungen der PPV per Gesetz identisch mit den Leistungen der GPV sind, werden diese bei Leistungsänderungen gemäß SGB XI immer angepasst. Sollten sich die Leistungen ändern, finden Sie diese im SGB XI oder in den entsprechenden offiziellen Mitteilungen des Bundesministeriums für Gesundheit (BMG).

Das monatliche Pflegegeld (Stand Frühjahr 2023) beträgt bei

Ziffer 2 (2.1) Tarifbedingungen Tarifstufen PVN und PVB

- Pflegegrad 1: 0,00 €
- Pflegegrad 2: 316,00 €
- Pflegegrad 3: 545,00 €
- Pflegegrad 4: 728,00 €
- Pflegegrad 5: 901,00 €

Zum 01.01.2024 erhöhen sich diese Beträge um jeweils 5 %.

Pflegeberatung

Ziffer 4 (4) und (19) AVB MB/PPV 2022

Pflegebedürftige, die lediglich Pflegegeld beziehen, sind in den Pflegegraden 2 und 3 verpflichtet, einmal halbjährlich sowie in den Pflegegraden 4 und 5 einmal vierteljährlich eine **Beratung in der eigenen Häuslichkeit** in Anspruch zu nehmen. Zusätzlich haben Pflegebedürftige, die Pflegeleistungen von einem ambulanten Pflegedienst beziehen, sowie Pflegebedürftige des Pflegegrades 1, einmal pro Halbjahr den Anspruch auf einen pflegefachlichen Beratungsbesuch zu Hause. Jede zweite Beratung darf per Videokonferenz erfolgen. Die erstmalige Beratung muss aber in der eigenen Häuslichkeit durchgeführt werden.

Pflegesachleistungen

Ziffer 4 (1) und (5) AVB MB/PPV 2022

Die zu pflegende Person kann bei ambulanter Pflege auch **Pflegesachleistungen** in Anspruch nehmen. Pflegesachleistungen haben nichts mit „Sachen" zu tun. Der Name kommt aus dem Sachleistungsprinzip, der auch in der GKV vorherrscht (siehe in diesem Lernfeld Teil A Kapitel 1.2). Pflegesachleistungen können für die häusliche Pflege durch einen zugelassenen ambulanten Pflegedienst verwendet werden. Häusliche Pflege umfasst in diesem Zusammenhang auch die Pflege in einem fremden Haushalt (z. B. bei den Kindern) oder in einer Pflege-Wohngemeinschaft.

Der monatliche Höchstbetrag für Pflegesachleistungen (Stand Frühjahr 2023) beträgt bei

Ziffer 1 Tarifbedingungen Tarifstufen PVN und PVB

- Pflegegrad 1: 0,00 €
- Pflegegrad 2: 724,00 €
- Pflegegrad 3: 1.363,00 €
- Pflegegrad 4: 1.693,00 €
- Pflegegrad 5: 2.095,00 €

Zum 01.01.2024 erhöhen sich diese Beträge um jeweils 5 %.

Pflegegeld und Pflegesachleistungen können kombiniert werden. Dann werden Pflegegeld und Pflegesachleistungen prozentual anteilig gezahlt.

Beispiel

Marianne Bergmann ist in Pflegegrad 2 eingestuft. Damit bekommt sie bei häuslicher Pflege monatlich entweder 316,00 € Pflegegeld oder maximal 724,00 € an Sachleistungen. Da Frau Bergmann von einem Pflegedienst täglich eine Insulinspritze und weitere kleinere Hilfen in Anspruch nimmt, stellt der Pflegedienst monatlich 362,00 € für Sachleistungen in Rechnung. Dies sind 50 % des Höchstbetrages für Sachleistungen. Hierdurch erhält Frau Bergmann nur noch 50 % des Pflegegeldes, also 158,00 €.

Pflegehilfsmittel

Zur Finanzierung des **Verbrauchs von Pflegehilfsmitteln** (z. B. Bettunterlagen, Einmalhandschuhe) zahlt die Pflegeversicherung bis zu 40,00 € im Monat in den Pflegegraden 1 bis 5.

Ziffer 4 (7) AVB MB/PPV 2022

Technische Pflegehilfsmittel (z. B. Pflegebett, Rollstuhl) werden in der Regel von der Pflegeversicherung verliehen. Manchmal ist eine Zuzahlung nötig, dann hat die zu pflegende Person einen maximalen Eigenanteil von 10 %, maximal aber 25,00 €.

Ziffer 4 (4.1) und (4.2) Tarifbedingungen Tarifstufen PVN und PVB

Verbessernde Maßnahmen im Wohnumfeld

Ziffer 4 (7) AVB MB/PPV 2022

Um die Pflege zu Hause oder in einer Pflege-WG zu erleichtern, zahlt die Pflegeversicherung in den Pflegegraden 1 bis 5 je Maßnahme 4.000,00 € zu, die das Wohnumfeld verbessert. Dies kann z. B. ein fester Stuhl in der Dusche, die Wegnahme von Türschwellen oder der Einbau eines Treppenlifts sein. Wenn mehrere Personen zusammenleben, ist der Betrag auf 16.000,00 € begrenzt.

Ziffer 4 (4.3) Tarifbedingungen Tarifstufen PVN und PVB

Verhinderungspflege

Macht eine private Pflegeperson Urlaub oder ist sie durch Krankheit oder aus anderen Gründen vorübergehend an der Pflege gehindert, übernimmt die Pflegeversicherung für Pflegebedürftige der Pflegegrade 2 bis 5 die Kosten einer notwendigen **Ersatzpflege** (ambulant, teilstationär oder stationär) für längstens sechs Wochen je Kalenderjahr.

Ziffer 4 (6) AVB MB/PPV 2022

Voraussetzung ist, dass die pflegebedürftige Person vor der erstmaligen Verhinderung mindestens sechs Monate in ihrer häuslichen Umgebung gepflegt wurde und die pflegebedürftige Person zum Zeitpunkt der Verhinderung mindestens in Pflegegrad 2 eingestuft ist.

Die Verhinderungspflege durch nahe **Angehörige** oder **Haushaltsmitglieder** wird für bis zu sechs Wochen im Kalenderjahr mit maximal folgenden Beträgen jährlich bezuschusst:

- Pflegegrad 1: 0,00 €
- Pflegegrad 2: 474,00 € (1,5-faches[1] von 316,00 €)
- Pflegegrad 3: 817,50 € (1,5-faches von 545,00 €)
- Pflegegrad 4: 1.092,00 € (1,5-faches von 728,00 €)
- Pflegegrad 5: 1.351,50 € (1,5-faches von 901,00 €)

Ziffer 3 Tarifbedingungen Tarifstufen PVN und PVB

Zum 01.01.2024 erhöhen sich diese Beträge um jeweils 5 %.

Verhinderungspflege durch **sonstige Personen (auch Pflegeeinrichtungen)** wird in den Pflegegraden 2 bis 5 für bis zu sechs Wochen im Kalenderjahr mit bis zu 1.612,00 € jährlich bezuschusst.

Bis zu 806,00 € können aus nicht in Anspruch genommenen Mitteln der Kurzzeitpflege (siehe Kapitel 4.4.2) für die Verhinderungspflege pro Jahr genutzt werden (ab 01.01.2025 stehen für die Verhinderungs- und Kurzzeitpflege insgesamt 3.539,00 € jährlich zur Verfügung. Bei pflegebedürftigen Kindern gilt diese Änderung schon ab dem 01.01.2024).

1 Das 1,5-fache des regulären Pflegegeldes ergibt sich aus der maximalen Dauer der Verhinderungspflege von sechs Wochen, also 1,5 Monaten. Demnach beträgt der maximale Zuschuss das 1,5-fache des jeweiligen monatlichen Pflegegeldes.

4.4.2 Leistungen bei teilstationärer Pflege

Teilstationäre Pflege (Tages- und Nachtpflege)

Ziffer 4 (8) AVB MB/PPV 2022

Die häusliche Pflege kann unterstützt werden, indem im Tagesverlauf eine vorübergehende Betreuung in einer Pflegeeinrichtung stattfindet. So kann die zu pflegende Person z. B. tagsüber oder auch nachts in einer Pflegeeinrichtung betreut und gepflegt werden. Dies kann nötig sein, wenn z. B. die pflegende Person tagsüber einer Erwerbstätigkeit nachgeht oder nachts kleine Kinder zu betreuen hat. Erstattungsfähig sind dabei die Beförderungskosten, die pflegebedingten Aufwendungen, nicht aber Kosten für Verpflegung. Folgende allgemeine Pflegeleistungen werden je Kalendermonat erstattet:

Ziffer 5 Tarifbedingungen Tarifstufen PVN und PVB

- Pflegegrad 1: 125,00 € (= Entlastungsbetrag)
- Pflegegrad 2: 689,00 €
- Pflegegrad 3: 1.298,00 €
- Pflegegrad 4: 1.612,00 €
- Pflegegrad 5: 1.995,00 €

Kurzzeitpflege

Ziffer 4 (10) AVB MB/PPV 2022

Ziffer 6 Tarifbedingungen Tarifstufen PVN und PVB

Viele pflegebedürftige Personen benötigen die vollstationäre Pflege nur zeitweise, z. B., wenn sich zu Hause die Situation kurzzeitig verändert oder nach einem Krankenhausaufenthalt. Pro Kalenderjahr werden in den Pflegegraden 2 bis 5 für maximal acht Wochen 1.774,00 € gezahlt. In Pflegegrad 1 kann der Entlastungsbetrag von 125,00 € hierfür verwendet werden.

Wurden keine Leistungen für Verhinderungspflege in Anspruch genommen oder voll ausgeschöpft, so können diese zur Kurzzeitpflege verwendet werden.

4.4.3 Leistungen bei vollstationärer Pflege

Ziffer 4 (11) AVB MB/PPV 2022

Für die vollstationäre Pflege im Pflegeheim zahlt die Pflegeversicherung pro Kalendermonat:

Ziffer 7 (7.1) Tarifbedingungen Tarifstufen PVN und PVB

- Pflegegrad 1: 125,00 € (= Entlastungsbetrag)
- Pflegegrad 2: 770,00 €
- Pflegegrad 3: 1.262,00 €
- Pflegegrad 4: 1.775,00 €
- Pflegegrad 5: 2.005,00 €

In der Regel reichen diese Zahlungen nicht aus und die zu pflegenden Personen haben einen Eigenanteil zu tragen. Dieser ist in jedem Pflegegrad gleich hoch – variiert aber in den einzelnen Pflegeeinrichtungen. Im Durchschnitt lag der tatsächliche Eigenanteil im Bundesdurchschnitt bei 2.248,00 € im Monat (Stand: Juli 2022). Der zu entrichtende Eigenanteil setzt sich zusammen aus:

- EEE = Einrichtungseinheitlicher Eigenanteil → ca. 290,00 € bis 920,00 € (je nach Aufenthaltsdauer)
- Investitionskosten → ca. 470,00 €
- Unterkunft und Verpflegung → ca. 820,00 €

§ 43c SGB XI

Die Pflegeversicherung gibt einen **Zuschuss zu den Eigenanteilen** der Pflegekosten in Höhe von

- 5 % im ersten Jahr (ab 01.01.2024: 15 %),
- 25 % im zweiten Jahr (ab 01.01.2024: 30 %),
- 45 % im dritten Jahr (ab 01.01.2024: 50 %) und
- 70 % ab dem vierten Jahr (ab 01.01.2024: 75 %).

Vollstationäre Pflege und Pauschalleistungen für die Pflege von Menschen mit Behinderungen

Menschen mit Behinderungen und der Einstufung in die Pflegegrade 2 bis 5 erhalten 266,00 € monatlich, wenn sie in vollstationären Einrichtungen leben und dort am Arbeitsleben, an Bildung und sozialem Leben teilhaben oder Leistungen zur Eingliederungshilfe erhalten.

Ziffer 7 (7.2) Tarifbedingungen Tarifstufen PVN und PVB

4.4.4 Leistungen zur sozialen Sicherung der Pflegepersonen

Zuschuss zu den Sozialversicherungen

Personen, die eine zu pflegende Person zu Hause pflegen, erhalten einen **Zuschuss** für die Einzahlung ihrer **Sozialversicherungen**, da sie in der Regel weniger oder auch gar nicht mehr einer Erwerbstätigkeit nachgehen können. Dieser Zuschuss wird gewährt, wenn man mindestens zehn Stunden in der Woche, verteilt auf mindestens zwei Tage pro Woche eine zu pflegende Person pflegt und wenn die pflegende Person selbst nicht mehr als 30 Stunden pro Woche einer Erwerbstätigkeit nachgeht.

Ziffer 4 (13) AVB MB/PPV 2022

Geht man keiner Erwerbstätigkeit mehr nach, so zahlt die Pflegeversicherung einen Zuschuss zur Arbeitslosenversicherung. Wenn man nach dem Pflegezeitgesetz von der Arbeit freigestellt ist, dann erhält man einen Zuschuss zu der GKV und der GPV für längstens sechs Monate. Die pflegende Person ist während ihrer pflegerischen Tätigkeit beitragsfrei in der GUV unfallversichert.

Ziffer 8 Tarifbedingungen Tarifstufen PVN und PVB

Übersicht über die Höhe der Zuschüsse zu den Sozialversicherungen (Stand 2023)

Pflegegrad	GRV (wenn man weniger als 30 Std. pro Woche arbeitet)	ALV (wenn man gar nicht mehr arbeitet)	GKV (wenn man von der Arbeit freigestellt ist)	GPV (wenn man von der Arbeit freigestellt ist)	GUV
Pflegegrad 1	0,00 €	0,00 €	182,05 €	38,03 €	beitragsfrei
Pflegegrad 2	170,50 € West 165,22 € Ost	44,14 € West 42,78 € Ost	182,05 €	38,03 €	beitragsfrei
Pflegegrad 3	271,53 € West 263,13 € Ost	44,14 € West 42,78 € Ost	182,05 €	38,03 €	beitragsfrei
Pflegegrad 4	442,02 € West 428,36 € Ost	44,14 € West 42,78 € Ost	182,05 €	38,03 €	beitragsfrei
Pflegegrad 5	631,49 € West 611,94 € Ost	44,14 € West 42,78 € Ost	182,05 €	38,03 €	beitragsfrei

Ziffer 4 (14) AVB MB/PPV 2022

Ziffer 9 Tarifbedingungen Tarifstufen PVN und PVB

Leistungen bei Pflegezeit der Pflegeperson und kurzzeitiger Arbeitsverhinderung

Wenn sich Angehörige kurzfristig von ihrem Arbeitsverhältnis freistellen lassen müssen, um die Pflege eines pflegebedürftigen Angehörigen zu organisieren, dann haben sie Anrecht auf ein **Pflegeunterstützungsgeld** aus der Pflegeversicherung der zu pflegenden Person. Das Pflegeunterstützungsgeld beträgt 90 % des Nettoeinkommens, aber maximal 70 % der BBG in der GPV und wird bis zu zehn Arbeitstage gezahlt.

Ziffer 4 (15) AVB MB/PPV 2022

4.4.5 Pflegekurse für Angehörige und ehrenamtliche Pflegepersonen

Angehörige und ehrenamtliche Pflegepersonen können **Pflegekurse** absolvieren. Diese bietet entweder der Versicherer an oder er erstattet die Kosten, wenn die Kurse bei anderen Versicherern angeboten werden.

Ziffer 10 Tarifbedingungen Tarifstufen PVN und PVB

4.4.6 Angebote zur Unterstützung im Alltag und Anspruch auf einen Entlastungsbetrag

Ziffer 4 (16) und (17) AVB MB/PPV 2022

Ziffer 11 Tarifbedingungen Tarifstufen PVN und PVB

Personen, die in häuslicher Pflege gepflegt werden, haben Anspruch auf einen **Entlastungsbetrag** von bis zu 125,00 € pro Monat in allen Pflegegraden, wenn die angefallenen Kosten durch Belege nachgewiesen werden. Der Entlastungsbetrag wird nicht mit anderen Leistungen verrechnet. Nicht verbrauchte Entlastungsbeträge werden in den jeweils nächsten Monat übertragen und können noch bis zum Ende des darauffolgenden Monats verbraucht werden.

In den **Pflegegraden 2 bis 5** ist der Betrag zweckgebunden einzusetzen für

- qualitätsgesicherte Leistungen zur **Entlastung** (z. B. Tages- oder Nachtpflege, Kurzzeitpflege) pflegender Angehöriger und vergleichbar Nahestehender in ihrer Eigenschaft als Pflegende

  und/oder

- zur **Förderung der Selbstständigkeit** und Selbstbestimmtheit der Pflegebedürftigen bei der Gestaltung ihres Alltags (z. B. Wäsche waschen, Wohnung reinigen, Einkaufen, Vorlesen, Friseurbesuche).

In **Pflegegrad 1** kann der Entlastungsbetrag für Leistungen zugelassener ambulanter Pflegedienste im Bereich der körperbezogenen Selbstversorgung (z. B. Körperhygiene) genutzt werden. Dazu gehört zum Beispiel die Unterstützung beim Duschen oder beim Baden.

4.4.7 Pflegeberatung

Ziffer 4 (18) AVB MB/PPV 2022

Es ist oft schwierig, die Pflege eines Angehörigen zu organisieren, und ein Leistungsüberblick über die Leistungen der Pflegeversicherung fällt häufig schwer. Aus diesem Grund haben versicherte Personen einen Anspruch auf individuelle Beratung und Hilfestellung.

4.4.8 Förderung der Gründung von ambulant betreuten Wohngruppen

Ziffer 4 J AVB MB/PPV 2022

Ziffer 14 Tarifbedingungen Tarifstufen PVN und PVB

Bei Gründung einer Pflege-Wohngruppe wird in den Pflegegraden 1 bis 5 ein Zuschuss in Höhe von 2.500,00 € pro Person und maximal von 10.000,00 € pro Wohngruppe als **Anschubfinanzierung** gewährt, um die Wohnung altersgerecht und barrierefrei zu gestalten.

4.4.9 Digitale Pflegeanwendungen und ergänzende Unterstützungsleistungen

Ziffer 15 AVB MB/PPV 2022

Ziffer 15 Tarifbedingungen Tarifstufen PVN und PVB

In den Pflegegraden 1 bis 5 haben die zu pflegenden Personen Anspruch auf **Versorgung mit digitalen Pflegeanwendungen und ergänzende Unterstützungsleistungen**. Dies können z. B. Apps sein, aber auch Bewegungsmelder, automatisches Licht oder Abschaltautomatik. Pro Monat erhält die zu pflegende Person maximal 50,00 €.

5 Versicherungslücke in der Pflegepflichtversicherung

Pflegepflichtversicherungen muss man abschließen, was schon der Name erkennen lässt. Man spricht hier auch von einer Ausschnittsversicherung, da die Leistungen der PPV (und auch der GPV) die tatsächlich anfallenden Kosten nicht decken.

Beispiel

Luise Müller aus Lüneburg hat den Pflegegrad 5 und wird stationär in einem Pflegeheim gepflegt. Sie erhält 2.005,00 € monatlich von der PPV. Das Altenheim mit dem niedrigsten Eigenanteil in Pflegestufe 5 hat einen Eigenanteil von rund 1.350,00 € monatlich und das Heim mit dem höchsten Eigenanteil im Lüneburger Raum hat einen Eigenanteil von rund 2.690,00 € monatlich.

Einen Eigenanteil von 1.350,00 € hat Frau Müller also in jedem Fall zu zahlen. In der Regel übersteigt schon dieser Betrag die Höhe der eigenen Rente. Möchte Frau Müller aber vielleicht sogar ein anderes (besseres) Altenheim auswählen, so steigt ihr Eigenanteil weiter.

Ohne einen Rückgriff auf Erspartes, ohne Pflegezusatzversicherung und/oder ohne die finanzielle Unterstützung von ihren Kindern wird sich Frau Müller über eine Auswahl eines Pflegeheims für ihren Lebensabend keine Gedanken machen können.

Der Eigenanteil ist in der Regel in den Pflegegraden 2 bis 5 gleich hoch und in Pflegegrad 1 noch etwas höher.

Auch im Bereich der ambulanten Pflege reicht die finanzielle Unterstützung der Pflegepflichtversicherung in der Regel nicht aus und die zu pflegende Person hat hohe Eigenanteile zu tragen.

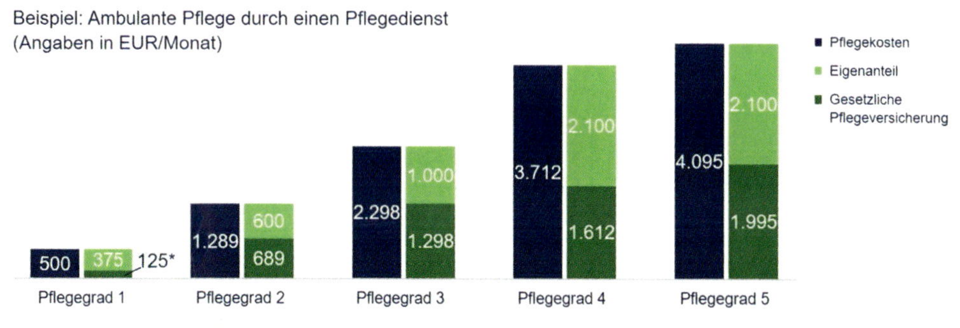

*Entlastungsbetrag 125 EUR; dieser ist in den Pflegegraden 2 bis 5 auch möglich, aber nicht berücksichtigt.

Quelle: Assekurata (2020), Absicherung im Pflegefall – Mit der Pflegezusatz-Versicherung von der Teil- zur Vollkasko (Stand Februar 2020 – Werte kaufmännisch auf volle Euro-Beträge gerundet)

Pflegeunterhalt

Wenn die Pflegepflichtversicherungen, die eigene Rente und das eigene Vermögen die Kosten für die notwendige Pflege nicht vollständig abdecken können, dann übernimmt zunächst das Sozialamt die offenen Kosten. Das Sozialamt prüft dann, ob die eigenen Kinder (oder auch Eltern für ihre Kinder) pflegeunterhaltspflichtig sind. Nach dem Angehörigen-Entlastungsgesetz müssen Kinder ihren pflegebedürftigen Eltern ab einem Einkommen von 100.000,00 € im Jahr Unterhalt zahlen. Das Sozialamt geht in Vorkasse und holt sich den Betrag von den unterhaltsverpflichteten Kindern zurück. Das Sozialamt kann nur an die Kinder – nicht an Enkelkinder, Schwiegerkinder usw. – herantreten.

Unabhängig von der finanziellen Hilfe der Kinder ist zudem oftmals die pflegerische Hilfe der eigenen Kinder auch nicht oder nur sehr eingeschränkt möglich, etwa wenn die eigenen Kinder weit weg wohnen, eigene (kleine) Kinder zu versorgen haben, einer Erwerbstätigkeit nachgehen oder andernfalls auch schon jenseits der 50 Jahre alt sind und damit i. d. R. oft selbst weniger Kräfte haben.

Daher ist in jedem Fall der Abschluss einer **Pflegezusatzversicherung** empfehlenswert, um sich seinen Lebensabend trotz Pflegebedürftigkeit so optimal gestalten zu können, wie man sich das persönlich vorstellt – ohne nach Möglichkeit von der Sozialhilfe oder den eigenen Kindern abhängig zu sein.

6 Tarife in der Pflegeversicherung

In der Tarifwelt der Pflegeversicherung muss man unterscheiden, ob es sich um die **Pflegepflichtversicherung** oder um **Pflegezusatzversicherungen** handelt.

6.1 Pflegepflichtversicherung

In der Pflegepflichtversicherung gibt es zwei Tarife:

- **PVN** (Pflegepflichtversicherung „Normal")
- **PVB** (Pflegepflichtversicherung „Beamte")

Beide Tarife umfassen die gleichen Leistungen und unterliegen den gleichen rechtlichen Grundlagen, wie die gesetzliche Pflegeversicherung. Der Tarif PVB ist dabei entsprechend der Beihilfe ein Quotentarif.

6.2 Pflegezusatzversicherungen

Pflegezusatzversicherungen sind sinnvoll, da die gesetzlich festgelegten Leistungen der Pflegepflichtversicherung in der Regel nicht ausreichen. Dabei wächst der Anteil der Menschen mit einer Pflegezusatzversicherung zwar stetig, wobei aber die Mehrzahl der Menschen in Deutschland noch keine Pflegezusatzversicherung abgeschlossen hat.

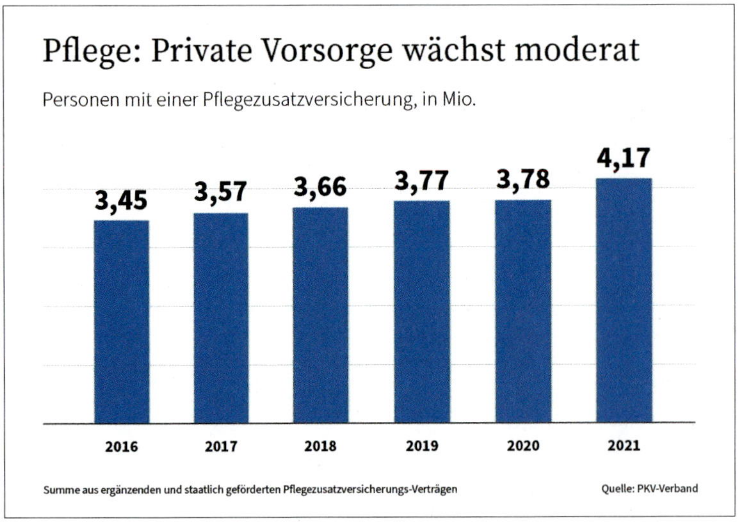

In der Praxis werden die verschiedensten Modelle von Zusatzversicherungen im Bereich der Pflegeversicherung angeboten. So gibt es neben **Pflegetagegeldversicherungen** und der **gesetzlich geförderten ergänzenden Pflegeversicherung (GEPV, auch: Pflege-Bahr)** auch die **Pflegekostenversicherung**. Die Pflegekostenversicherung übernimmt einen festgelegten prozentualen Anteil der entstandenen Pflegekosten. Zudem gibt es auch **betriebliche Pflegeversicherungen**.

Die Proximus Versicherung AG bietet folgende Pflegezusatzversicherungen an:

- das **Pflegeergänzungstagegeld** (PET) und
- die **Gesetzlich geförderte ergänzende Pflegeversicherung** (GEPV).

6.2.1 Pflegeergänzungstagegeld

In der Versicherung des Pflegeergänzungstagegeldes (PET) wird ein Pflegetagegeld (Pflege-TG) pro Tag, an dem man pflegebedürftig ist, versichert. Das Pflegetagegeld kann in 5,00-€-Schritten gewählt werden.

Im Pflegefall erhält man folgende Leistungen:

Ziffer 1 (3) und (4) Tarifbedingungen PET

- **Pflegegrad 1:** 10 % des versicherten Pflege-TG
- **Pflegegrad 2:** 30 % des versicherten Pflege-TG
- **Pflegegrad 3:** 60 % des versicherten Pflege-TG **plus** Befreiung von der Beitragszahlungspflicht
- **Pflegegrad 4:** 90 % des versicherten Pflege-TG **plus** Befreiung von der Beitragszahlungspflicht
- **Pflegegrad 5:** 100 % des versicherten Pflege-TG **plus** Befreiung von der Beitragszahlungspflicht

Ziffer 3 AVB MB/EPV 2017

Bei Vertragsabschluss muss man eine **Gesundheitsprüfung** durchlaufen und **Leistungsausschlüsse** sowie **Risikozuschläge** sind möglich.

Die **Wartezeit**, die man ableisten muss, bevor man Leistungen erhält, beträgt **drei Jahre**.

Beispiel

Herbert Küster hat bei der Proximus Versicherung AG ein Pflegeergänzungstagegeld (PET) in Höhe von 80,00 €/Tag seit zehn Jahren versichert. Nach einem schweren Schlaganfall erholt sich Herr Küster nicht mehr vollständig und wird pflegebedürftig. Der Medizinische Dienst der GPV hat ihm den Pflegegrad 3 bescheinigt.

Herr Küster erhält als Versicherungsleistung von der Proximus Versicherung AG 48,00 € (60 % von 80,00 €) pro Tag und muss zudem seinen Versicherungsbeitrag zum Pflegeergänzungstagegeld nicht mehr zahlen.

6.2.2 Gesetzlich geförderte ergänzende Pflegeversicherung

Ziffer 9 (1) und 13 AVB MB/GEPV 2022

§ 127 SGB XI

Die **Gesetzlich geförderte ergänzende Pflegeversicherung (GEPV)** wurde 2013 vom damaligen Gesundheitsminister Daniel Bahr als staatlich geförderte Pflegezusatzversicherung eingeführt. Sie wird daher auch als **Pflege-Bahr** bezeichnet. Sie ist auch unter der Bezeichnung **Förderpflege** bekannt, weil der Staat sich am Monatsbeitrag mit 5,00 € beteiligt, wenn der eigene Beitrag mindestens 10,00 € im Monat beträgt.

Die GEPV soll die Pflegepflichtversicherung ergänzen und ist dabei insbesondere für die Personen gedacht, die entweder wenig Einkommen haben und/oder aufgrund der Gesundheitsprüfung keine andere Pflegezusatzversicherung abschließen können.

In der Gesetzlich geförderten ergänzenden Pflegeversicherung (GEPV) (Pflege-Bahr, Förderpflege) **verzichtet der Versicherer auf eine Gesundheitsprüfung**. Damit gilt:

Ziffer 1 (1) AVB MB/GEPV 2022 § 126 SGB XI

- Es besteht Kontrahierungszwang.
  Der/die Antragsteller/-in muss in der GPV oder PPV versichert sein, muss mindestens 18 Jahre alt sein und keine Leistungen aus der Pflegeversicherung beziehen oder bezogen haben.

Ziffer 10 (3) AVB MB/GEPV 2022

- Es werden keine Risikozuschläge erhoben.

Ziffer 10 (1) und (2) AVB MB/GEPV 2022

- Die Beiträge werden „nach Art der Lebensversicherung" kalkuliert. Dies bedeutet, dass das Äquivalenzprinzip gilt und Alterungsrückstellungen gebildet werden.

Ziffer 5 AVB MB/GEPV 2022

- Die Wartezeit beträgt maximal fünf Jahre.

Ziffer 6 (4) AVB MB/GEPV 2022

- Die Höhe der Leistungen darf bei Versicherungsabschluss nicht höher sein als die Leistungen der gesetzlichen Pflegeversicherung im jeweiligen Pflegegrad.

Ziffer 6 (4) AVB MB/GEPV 2022

- Eine Dynamik ist in Höhe der Inflationsrate zulässig.

Ziffer 6 (1) AVB MB/GEPV 2022

- Die Versicherung muss für jeden Pflegegrad individuelle Leistungen in Form eines **Pflegemonatsgeldes** vorsehen. Die Höhe beträgt:
  - **Pflegegrad 1:** 10 % von 600,00 €, mindestens 60,00 € monatlich
  - **Pflegegrad 2:** 20 % von 600,00 €, mindestens 120,00 € monatlich
  - **Pflegegrad 3:** 30 % von 600,00 €, mindestens 180,00 € monatlich
  - **Pflegegrad 4:** 40 % von 600,00 €, mindestens 240,00 € monatlich
  - **Pflegegrad 5:** 100 % von 600,00 €, mindestens 600,00 € monatlich

Tarifbedingungen GEPV Seite 438

Bei der Proximus Versicherung AG sind die Leistungen höher als das gesetzlich vorgeschriebene Mindestmaß:

- **Pflegegrad 1:** 10 % des versicherten Pflegetagessatzes
- **Pflegegrad 2:** 20 % des versicherten Pflegetagessatzes
- **Pflegegrad 3:** 40 % des versicherten Pflegetagessatzes
- **Pflegegrad 4:** 70 % des versicherten Pflegetagessatzes
- **Pflegegrad 5:** 100 % des versicherten Pflegetagessatzes

Die monatlich vereinbarte Leistung (Pflegegeld) beträgt bei einem Eintrittsalter von 18 Jahren 1.500,00 €. Tritt man später den Versicherungsschutz in der GEPV an, so reduziert sich die Versicherungssumme mit jedem Jahr um 30,00 €. Ab einem Eintrittsalter von 43 Jahren beträgt die Versicherungssumme dann den Mindestbetrag von 600,00 € im Monat.

7 Risikoprüfung in der privaten Pflegepflichtversicherung

In der **Pflegepflichtversicherung** der PPV gilt **Kontrahierungszwang**, d.h. auch kranke oder pflegebedürftige Personen müssen angenommen werden.

Dennoch wird eine **Gesundheitsprüfung** durchgeführt und der Beitrag richtet sich nach dem Äquivalenzprinzip.

Bei einem erschwerten Risiko können **Risikozuschläge** erhoben werden. **Leistungsausschlüsse dürfen nicht vereinbart werden**.

8 Beitragsberechnung in der privaten Pflegepflichtversicherung

Der zu zahlende Beitrag ist ein Monatsbeitrag und richtet sich nach dem Eintrittsalter.

Ziffer 8a AVB MB/PPV 2022

§ 110 SGB XI

Das Eintrittsalter wird mit folgender Formel berechnet:

Eintrittsalter = Jahr des Versicherungsbeginns – Jahr der Geburt

Es werden **Alterungsrückstellungen** gebildet, um einem Anstieg des Beitrags wegen der Zunahme des Alters entgegenzuwirken.

Für Personen, die **seit Einführung der Pflegepflichtversicherung in der PPV versichert sind**, gilt, dass der Beitrag in der PPV nicht höher sein darf als in der GPV.

Für **Ehe-/Lebenspartner/-innen, die kein eigenes Einkommen haben** oder nur geringfügig beschäftigt sind, gilt, dass das Ehepaar bzw. die Lebenspartnerschaft zusammen nicht mehr als **150 % des Höchstbeitrages in der GPV** zu zahlen hat.

Für Personen **ab einer Versicherungsdauer von fünf Jahren** gilt, dass der **Beitrag** in der PPV nicht höher sein darf als der Beitrag in der GPV.

8.1 Beitragsfreiheit der Kinder

Kinder einer in der privaten Pflegepflichtversicherung versicherten Person, sowie die Kinder von beitragsfrei versicherten Kindern, sind beitragsfrei mitversichert, wenn:

Ziffer 8 AVB MB/PPV 2022

- sie nicht selbst versicherungspflichtig sind
  und
- nicht von der Versicherungspflicht befreit sind (z.B. über der JAEG)
  und
- nicht in der GPV familienversichert sind
  und
- nicht selbstständig sind
  und
- kein Gesamteinkommen haben, das höher ist als 1/7 des Durchschnittseinkommens der in der GRV Versicherten (monatliche Bezugsgröße nach § 18 SGB IV)
  und

- unter 18 Jahre alt sind
  oder
- unter 23 Jahre alt sind und nicht erwerbsfähig sind
  oder
- unter 25 Jahre alt sind, wenn sie sich in Schul- oder Berufsausbildung, im „Freiwilligen Sozialen Jahr", „Freiwilligen Ökologischen Jahr" befinden
  oder
  - ab 25 Jahre, wenn die Schul- oder Berufsausbildung durch Bundeswehr oder Bundesfreiwilligendienst unterbrochen wird (längstens für zwölf Monate)
    oder
  - bei körperlicher, geistiger oder seelischer Behinderung (ohne Altersbegrenzung).

Als Kind gelten auch Stiefkinder und Enkelkinder, wenn die versicherte Person diese überwiegend unterhält.

8.2 Arbeitgeberzuschuss

Bei versicherten Personen in der PPV, die sich in einem Beschäftigungsverhältnis befinden, beteiligt sich der Arbeitgeber an den Beiträgen zur PPV. Dabei zahlt der Arbeitgeber grundsätzlich 1,7 % – maximal aber so viel, wie er höchstens zahlen müsste, wenn sein/-e Mitarbeiter/-in in der GPV versichert wäre. Dieser Betrag liegt ab 01.07.2023 bei 84,79 € monatlich (in Sachsen gilt ein maximaler Arbeitgeberzuschuss von 59,85 € monatlich).

9 Zahlungsverzug

Ziffer 8 (6), (7) und (8) sowie 15 (3) AVB MB/PPV 2022

In der PPV gilt die **erweiterte Einlöseklausel**, d. h., dass der/die Versicherungsnehmer/-in den Erstbeitrag unverzüglich nach Ablauf von zwei Wochen nach Zugang des Versicherungsscheins (formeller Beginn) zu zahlen hat. Dann gilt der Versicherungsschutz (materieller Beginn) zum vereinbarten Zeitpunkt (technischer Beginn), sofern keine Wartezeiten einzuhalten sind.

Wird ein Beitrag (Erst- oder Folgebeitrag) nicht rechtzeitig gezahlt, so muss der/die Versicherungsnehmer/-in die Kosten der Beitragseintreibung bezahlen.

Ist der/die Versicherungsnehmer/-in mit sechs oder mehr Monatsbeiträgen in Verzug, kann von der zuständigen Verwaltungsbehörde ein Bußgeld in Höhe von 2.500,00 € verlangt werden. Wurde eine besondere Vereinbarung über den Versicherungsschutz im Ausland getroffen, so kann der Versicherer kündigen.

Ziffer 9 und 23 AVB MB/GEPV 2022

Auch in der **staatlich geförderten ergänzenden Pflegeversicherung (GEPV)** hat der/die Versicherungsnehmer/-in eventuelle Mahnkosten zu tragen. Zusätzlich gilt in dieser (nicht substitutiven) Zusatzversicherung, dass die Nichtzahlung der Beiträge zu dem Rücktritt bzw. der Kündigung des Versicherungsschutzes nach §§ 37 und 38 VVG führen können. Die GEPV kann bis zu drei Jahren ruhend gestellt werden, wenn der/die Versicherungsnehmer/-in hilfebedürftig nach SGB II oder SGB XII geworden ist.

Die Rücktritts- und Kündigungsmöglichkeiten nach §§ 37 und 38 VVG gelten auch für die **Pflegetagegeldversicherung**, da es sich um eine freiwillige Versicherung handelt.

10 Leistungsfall

Wenn der Leistungsfall eintritt, beginnt die Leistung des Versicherers nicht automatisch, sondern diese muss beantragt werden und ist zudem an bestimmte Voraussetzungen gebunden, die der/die Versicherungsnehmer/-in beachten muss.

10.1 Beginn des Leistungsfalls

Der Versicherungsfall in der Pflegeversicherung beginnt mit der **Feststellung der Pflegebedürftigkeit**. *Ziffer 1 (11) AVB MB/PPV 2022*

Bei **kurzzeitiger Arbeitsverhinderung** beginnt der Versicherungsfall frühestens mit dem in der ärztlichen Bescheinigung angegebenen Zeitpunkt der Arbeitsverhinderung.

Für Leistungen bei Pflegezeit der Pflegepersonen beginnt der Versicherungsfall frühestens mit der **Freistellung von der Beschäftigung nach dem Pflegezeitgesetz**.

Beginn der Leistungspflicht des Versicherers

Ziffer 6 (1) AVB MB/PPV 2022 § 33 (1) SGB XI

Leistungen werden in der Pflegeversicherung auf Antrag erbracht. Die Leistungen werden ab Antragstellung erbracht, spätestens mit der Feststellung der Pflegebedürftigkeit.

Beispiel 1

Elvira Hesse beantragt am 25.08.20.. Pflegeleistungen. MEDICPROOF besucht Frau Hesse am 10.09.20.. zu Hause und führt eine Begutachtung durch. MEDICPROOF stellt fest, dass die Pflegebedürftigkeit nach Pflegegrad 2 ab dem 15.08.20.. vorliegt.

Lösung

Leistungsbeginn der Pflegeversicherung ist der 25.08.20.., da an diesem Tag der Antrag auf Pflegeleistungen gestellt wurde.

Beispiel 2

Herbert Rolper beantragt am 03.11.20.. Pflegeleistungen. MEDICPROOF begutachtet Herrn Rolper am 24.12.20.. und bestätigt Pflegegrad 3 ab dem 20.12.20. An diesem Tag wurde Herr Rolper aus dem Krankenhaus nach Hause entlassen.

Lösung

Leistungsbeginn der Pflegeversicherung ist der 20.12.20.., da zu diesem Zeitpunkt der Pflegegrad 3 bestätigt wurde.

Wird der Antrag auf Pflegeleistungen verspätet, d.h. nicht in dem Kalendermonat, in dem die Pflegebedürftigkeit eingetreten ist, gestellt, so ist der Leistungsbeginn der 1. des Monats, in dem der Antrag gestellt wurde.

Beispiel

Manfred Kupper ist Witwer und schon seit November des Vorjahres auf die Hilfe seiner Tochter und seines Schwiegersohnes angewiesen, da er seinen Einkauf, das Sauberhalten seiner Wohnung usw. nicht mehr alleine bewältigen kann. Seine Kinder helfen ihm gerne, auch wenn dies sehr viel Zeit und Geld (Fahrtkosten) kostet, den Vater/Schwiegervater zu versorgen.
Herrn Kuppers Tochter kommt auf die Idee, Pflegeleistungen zu beantragen und ihr Vater stellt mit ihrer Hilfe am 28.03.20.. einen Antrag auf Pflegeleistungen. MEDICPROOF stellt am 12.04.20.. Pflegegrad 2 fest.

Lösung Leistungsbeginn der Pflegeversicherung ist der 01.03.20.., da der Antrag nicht in dem Kalendermonat gestellt wurde, in dem die Pflegebedürftigkeit eingetreten ist.

10.2 Wartezeiten

Ziffer 3 AVB MB/PPV 2022

Um Leistungen aus der PPV zu erhalten, muss der/die Versicherte in den **letzten zehn Jahren** vor der Antragstellung **zwei Jahre als Mitglied in die PPV** eingezahlt haben oder familienversichert gewesen sein. Damit hat die versicherte Person die **Wartezeit** abgeleistet.

Bei Kindern gilt die Wartezeit als erfüllt, wenn ein Elternteil diese erfüllt hat. Vorversicherungszeiten aus der GPV oder einen anderen PPV werden auf die Wartezeiten angerechnet.

10.3 Geltungsbereich

Der Versicherungsschutz erstreckt sich auf die Pflege in **Deutschland**. Die Leistungen der deutschen Pflegepflichtversicherung können nicht beliebig in ein anderes Land mitgenommen werden.

Ziffer 5 (1) AVB MB/PPV 2022

Bei einem Aufenthalt im **Ausland von bis zu sechs Wochen** insgesamt im Kalenderjahr werden

- Pflegegeld,
- anteiliges Pflegegeld sowie
- Leistungen zur sozialen Sicherung der Pflegepersonen und
- Leistungen bei Pflegezeit von Pflegepersonen

gezahlt.

Bei Aufenthalt in der **EU**, einem Vertragsstaat des Abkommens über den **Europäischen Wirtschaftsraum (EWR) (Island, Lichtenstein, Norwegen)** und der **Schweiz** werden

- Pflegegeld,
- anteiliges Pflegegeld,
- Pflegesachleistungen, sofern die Pflegekraft, die sonst die Pflege durchführt, die zu pflegende Person begleitet,

gezahlt.

Pflegesachleistungen werden damit im Ausland in der Regel **nicht bezahlt**, wenn man sich länger als sechs Wochen nicht in der EU, im EWR oder in der Schweiz aufhält. Innerhalb der EU und im EWR können allerdings Pflegesachleistungen im neuen Aufenthaltsstaat beantragt werden. Fließen Pflegesachleistungen am neuen Aufenthaltsort, wird das Pflegegeld aus Deutschland entsprechend gekürzt oder fällt ganz weg.

11 Steuern

Beiträge zur GPV und PPV sowie zu Pflegezusatzversicherungen können als Sonderausgaben angesetzt werden und vermindern so das zu versteuernde Einkommen. Insgesamt (mit anderen Vorsorgeaufwendungen zusammen) können bis zu 1.900,00 € in der Steuererklärung angegeben werden. Selbstständige haben die Möglichkeit bis zu 2.800,00 € steuerlich geltend zu machen.

Die **Leistungen** aus der Pflegeversicherung sind für die zu pflegende Person steuerfrei.

12 Beendigung des Versicherungsschutzes in der Pflegeversicherung

Der Versicherungsschutz kann in der PPV aufgrund von **Wegzug**, **Tod** oder **Kündigung** erfolgen. In den Zusatztarifen kommt zudem das Ende der Versicherung wegen Nichtzahlung der Beiträge hinzu.

Kündigungen können dabei immer auf einzelne Personen beschränkt werden.

12.1 Kündigung einer Pflegepflichtversicherung

Kündigung durch den/die Versicherungsnehmer/-in

Grundsätzlich kann eine Pflegepflichtversicherung nicht einfach gekündigt werden, denn sie ist ja eine Pflichtversicherung. Dennoch gibt es verschiedene Gründe, die zu einer Kündigung führen können.

Kündigung durch den/die Versicherungsnehmer/-in

Der/die Versicherungsnehmer kann die private Pflegepflichtversicherung kündigen, wenn

Ziffer 13 AVB MB/PPV 2022

- Versicherungspflicht in der GKV eingetreten ist
  oder
- der Versicherungsschutz bei einem anderen PPV-Versicherer weitergeführt wird.

Die versicherte Person muss bei Eintritt der Versicherungspflicht in der GKV oder bei Weiterführung des Versicherungsschutzes bei einem anderen PPV-Versicherer innerhalb von drei Monaten seine private Pflegepflichtversicherung kündigen und den neuen Versicherungsschutz nachweisen.

Bei einem Wechsel des PPV-Versicherers hat die versicherte Person ein Recht auf Mitnahme der gebildeten Alterungsrückstellungen in Höhe des Übertragungswertes.

Kündigung durch den Versicherer

Der **Versicherer verzichtet auf das ordentliche Kündigungsrecht**, solange es sich um eine Pflichtversicherung mit Kontrahierungszwang handelt.

Ziffer 14 (1) und (2) AVB MB/PPV 2022

Liegt eine **vorvertragliche Anzeigepflichtverletzung** vor, so kann der Versicherer in diesem Fall einen erhöhten Beitrag ab Beginn der Versicherung verlangen – ein Rücktritt oder eine Kündigung ist nicht möglich.

Tritt die **Versicherungspflicht** ein oder hat die versicherte Person bei einem **anderen Versicherer** eine Pflegepflichtversicherung abgeschlossen, kann der Versicherer innerhalb von drei Monaten kündigen, später nur mit einer Frist von drei Monaten zum Ende des Versicherungsjahres.

12.2 Tod

Beim **Tod** des Versicherungsnehmers bzw. der Versicherungsnehmerin endet das Versicherungsverhältnis. Eine im Vertrag mitversicherte Person hat allerdings das Recht, den Vertrag unter **Benennung des zukünftigen Versicherungsnehmers bzw. der zukünftigen Versicherungsnehmerin fortzusetzen**, wenn für ihn/sie eine substitutive Krankenversicherung in der PKV besteht. Der Antrag auf Fortführung muss innerhalb von zwei Monaten nach Tod des Versicherungsnehmers bzw. der Versicherungsnehmerin erfolgen. Bei Tod einer versicherten Person endet das Versicherungsverhältnis für diese Person.

Ziffer 15 (1) und (2) AVB MB/PPV 2022

12.3 Wegzug

Ziffer 15 (3) und (4), 13 (4) und 14 (3) AVB MB/PPV 2022

Aufgrund einer besonderen Vereinbarung kann bei einem Wegzug aus Deutschland innerhalb eines Monats ein Antrag auf Fortführung des Versicherungsverhältnisses gestellt werden. Leistungspflicht besteht in dieser Zeit nicht. Der Leistungspflicht ruht – allerdings kann die versicherte Person den Versicherungsschutz ohne Wartezeiten und ohne erneute Gesundheitsprüfung wieder aufleben lassen. Diese Vereinbarung kann der/die Versicherungsnehmer/-in zum Ende eines jeden Versicherungsjahres, frühestens aber nach Ablauf von zwei Jahren, mit einer Frist von drei Monaten kündigen.

Der Versicherer verzichtet auf sein ordentliches Kündigungsrecht.

Wird eine derartige Vereinbarung nicht getroffen, endet das Versicherungsverhältnis mit Verlegung des gewöhnlichen Aufenthaltes ins Ausland.

12.4 Kündigung von Pflegezusatzversicherungen

Kündigung durch den/die Versicherungsnehmer/-in

Ziffer 17 und 23 AVB MB/GEPV 2022

Die **staatlich geförderte Pflegeversicherung** kann von dem/der Versicherungsnehmer/-in zum Ende eines jeden Versicherungsjahres, frühestens aber nach Ablauf von zwei Jahren, mit einer Frist von drei Monaten **gekündigt** werden.

Gerät der/die Versicherungsnehmer/-in in eine finanzielle Notlage und wird **hilfsbedürftig** nach SGB II oder SGB XI, kann er/sie mit einer Frist von drei Monaten rückwirkend zum Eintritt der Hilfsbedürftigkeit kündigen oder für maximal drei Jahre ruhend stellen.

Bei einer **Beitragserhöhung** oder einer Leistungsminderung kann die betroffene Person innerhalb von zwei Monaten zum Änderungszeitpunkt kündigen.

Sofern der Versicherer den Vertrag für einzelne Personen gekündigt hat oder zurückgetreten ist, kann der/die Versicherungsnehmer/-in die Aufhebung des restlichen Vertrages innerhalb von zwei Wochen verlangen.

Bei **Erreichen einer vertraglich vereinbarten Änderung von Altersgruppen** und damit Erhöhung des Beitrages kann der/die Versicherungsnehmer/-in innerhalb von zwei Monaten zum Wirksamwerden der Erhöhung kündigen.

Kündigung durch den Versicherer

Ziffer 18 AVB MB/GEPV 2022

Der **Versicherer verzichtet auf das ordentliche Kündigungsrecht**. Das außerordentliche Kündigungsrecht (z. B. bei Nichtzahlung der Beiträge) bleibt bestehen und kann auf einzelne versicherte Personen beschränkt werden.

13 Kundenberatungsgespräche in der Pflegeversicherung

Vorbemerkungen und allgemeine Hinweise

Bei jedem Kundenberatungsgespräch sind gesetzliche Regelungen zu beachten.

Diese können Sie in Lernfeld 2 Kapitel 7 sowie in Lernfeld 3 nachlesen.

Was allgemein bei Kundengesprächen bzgl. der Kommunikation zu beachten ist, finden Sie in Lernfeld 3.

Die fachlichen Hintergründe zur Pflegeversicherung wurden in Lernfeld 8 Teil B in den Kapiteln 1 bis 12 behandelt.

Das folgende Kapitel fasst die spezifischen Besonderheiten für Beratungen zu Pflegeversicherungen in komprimierter Form zusammen, ohne den Anspruch auf Vollständigkeit zu erheben, denn es gibt so viele Arten von Kundenberatungsgesprächen, wie es Kunden und Kundinnen gibt.

13.1 Pflegeversicherung folgt Krankenversicherung

Es gilt der Grundsatz „Pflegeversicherung folgt Krankenversicherung".

Dies bedeutet, dass für die Themen Neukundengewinnung und Bestandskundenpflege das Gleiche gilt wie bei der Krankenversicherung (siehe in diesem Lernfeld Teil A Kapitel 13).

Wer von der GKV zu einer PKV wechselt, muss auch beim gleichen Versicherer die Pflegepflichtversicherung in der GPV bzw. der PPV abschließen.

Aus diesem Grund werden an dieser Stelle nur noch die Besonderheiten der PPV behandelt.

13.2 Entscheidungen im Pflegefall

Tritt bei einem/einer nahen Angehörigen der Pflegefall ein, stehen einige Entscheidungen bei den betroffenen Personen an.

Entscheidungen der zu pflegenden Person

- Möchte ich zu Hause gepflegt werden oder gehe ich in ein Pflegeheim?
- Wer kann und will die häusliche Pflege übernehmen?
- Kann ich mir die Pflege, für die ich mich entschieden habe, auch leisten?

Entscheidungen der pflegenden Person/-en

- Möchte/-n ich/wir unsere/-n Angehörige/-n zu Hause pflegen oder schaue/-n ich/wir mich/uns nach einem geeigneten Pflegeheim um?
- Wer kann und will die häusliche Pflege wo übernehmen?
- Was kosten die verschiedenen Formen der Pflege?
- Reichen die Leistungen aus der Pflegepflichtversicherung, die Rente und/oder das Vermögen aus, um die Pflege zu finanzieren?

Die zu pflegende Person kann diese Entscheidungen leider nicht immer selbst treffen. Beispielsweise nach einem schweren Schlaganfall oder bei Demenz müssen i. d. R. die Angehörigen diese Fragen beantworten.

Bei den Angehörigen (meistens Kind/-er oder auch Enkel) spielt oftmals auch die räumliche Entfernung eine Rolle, zudem sind die meisten Angehörigen selbst noch berufstätig und/oder können die Pflege nicht selbst übernehmen.

Die Pflege eines/einer Angehörigen bringt neben dem Kostenaspekt auch starke psychische und physische Belastungen mit sich.

Bei dem Stichwort Pflege geht der erste Gedanke meistens in Richtung Seniorenpflege. Es gibt allerdings auch unzählige Pflegefälle, die die jüngere Generation betreffen. Jede Person kann theoretisch jederzeit zu einem Pflegefall werden.

Beispiele

- Sven Lehmann (35 Jahre alt) lebt mit seiner Frau und zwei Kindern (vier und acht Jahre alt) in Oldenburg in einem neu gebauten Haus. Als er an einem Sonntagmorgen in die Küche kommt, wird ihm plötzlich schwindelig und er sackt regelrecht in sich zusammen. Der hinzugerufene Notarzt attestiert die vorläufige Diagnose Schlaganfall, die im Krankenhaus bestätigt wird. Da sich Herr Lehmann von seinem Schlaganfall nicht ganz erholt und die linke Körperhälfte vollständig gelähmt ist, ist er nun ein Pflegefall.
  → Frau Lehmann steht nun vor einigen Entscheidungen:
  Kann sie ihren Mann zu Hause pflegen?
  Ist die Belastung durch ihren Beruf, die Kinder und den Haushalt zu bewältigen?
  Welche finanziellen Belastungen kommen auf sie zu?

- Die kleine Jessica Burgmann ist gerade zur Welt gekommen. Leider haben die Ärzte nach eingehenden Untersuchungen keine guten Nachrichten für die Eltern. Jessica hat einen schweren Hirnschaden und wird ihr ganzes Leben lang auf fremde Hilfe angewiesen sein.
  → Jessicas Eltern stehen nun vor einigen Entscheidungen:
  Können sie ihre Tochter zu Hause pflegen?
  Sind sie den physischen und psychischen Belastungen gewachsen?
  Welche finanziellen Belastungen kommen auf sie zu?

13.3 Argumentationshilfen für Pflegezusatzversicherungen

Die Pflegepflichtversicherung (GPV und PPV) bietet in Abhängigkeit vom Pflegegrad verschiedene Leistungen an.

Leider reichen diese Leistungen in den seltensten Fällen aus.

- Bei häuslicher Pflege muss die pflegende Person häufig beruflich kürzer treten und verdient somit weniger. Das Pflegegeld kann dies nicht ausgleichen.
- Wird ein ambulanter Pflegedienst hinzugezogen, zahlt die Pflegepflichtversicherung entsprechend weniger Pflegegeld.
- Bei teilstationärer Pflege fallen ebenfalls hohe Kosten für Sachleistungen an, die das Pflegegeld reduzieren.
- Bei der stationären Pflege steigen seit Jahren die Kosten ständig an und monatliche Zuzahlungen von 2.000,00 € und mehr sind keine Seltenheit.

Spricht ein/-e Außendienstmitarbeiter/-in das Thema Pflege an, besteht besonders bei jungen Kundinnen und Kunden das Problem, dass diese zeitlich von einem möglichen Pflegefall weit entfernt sind. „Alt werde ich erst in 30 oder 40 Jahren sein und bis dahin ist noch lange Zeit."

Dieser Irrtum kann sehr teuer werden.

Egal wann ein Pflegefall eintritt, es stellt sich ganz lapidar gesprochen immer die Frage:

Was hält länger – der Pflegefall oder das Geld?

Das mag hart klingen, aber bei einem Pflegefall spielen immer zwei Komponenten eine Rolle:

- die emotionale Komponente und
- die finanzielle Komponente.

Nur die wenigsten Menschen können sich vorstellen, ihren Lebensabend in einem Pflegeheim zu verbringen, aber er gibt auch viele Menschen, die ihren nahen Angehörigen nicht zu Last fallen wollen und fremde Pflegepersonen zu Hause oder in einem Pflegeheim bevorzugen.

Auch fällt es vielen Angehörigen schwer, den Vater oder die Mutter in einem Pflegeheim pflegen zu lassen. In vielen Fällen gibt es leider kaum eine andere Wahl. Spätestens wenn eine Rund-um-die-Uhr-Betreuung notwendig ist, ist eine häusliche Pflege kaum noch außerhalb eines Pflegeheims zu bewältigen.

Egal wie die Entscheidung bei dem Vorliegen eines Pflegefalles ausfällt, die finanzielle Komponente bleibt in jedem Fall ein wichtiges Thema.

Hierbei spielen Pflegezusatzversicherungen eine entscheidende Rolle, denn wer beispielsweise in jungen Jahren eine Pflegetagegeldversicherung in ausreichender Höhe abschließt, hat gute Chancen, dass die Leistungen aus der Pflegepflichtversicherung, der eigenen Rente und dem Pflegetagegeld ausreichen, um die gewünschte Art der Pflege zu finanzieren.

Natürlich gibt es immer wieder Personen, die über ein gut gefülltes Bankkonto und/oder Immobilien verfügen. In Zeiten kaum vorhandener Zinsen können die Kosten einer Pflege nicht aus diesen Zinsen bestritten werden, sondern es muss ein Kapitalverzehr erfolgen. Bei Immobilien steigen zwar die Preise, aber wenn man sein eigenes Haus beleiht, ist auch dieses Geld irgendwann aufgebraucht. Auch die Mieteinnahmen von vermieteten Immobilien können nur begrenzt für die Pflege verwendet werden, da besonders vor dem Hintergrund bevorstehender Gesetzesänderungen in den kommenden Jahren energetische Renovierungen den Großteil dieser Einnahmen aufbrauchen.

An dieser Stelle sollten Außendienstmitarbeiter/-innen nicht in die komplexe Welt der Finanzmathematik einsteigen, sondern auf eine ganz simple Berechnung zurückgreifen, wie sie das folgende Beispiel zeigt.

Beispiel

Oliver Baum, 32 Jahre alt, verheiratet, zwei Kinder, bewohnt mit seiner Familie eine eigene Doppelhaushälfte in einem Vorort von Heidelberg. Herr Baum verdient gut und geht davon aus, dass er, falls er im Alter zu einem Pflegefall wird, genügend Rücklagen gebildet hat, um die Kosten zusammen mit den Leistungen auffangen kann.

Kann er das wirklich?
Welche Alternative bietet sich zur Lösung dieses Problems an?

Lösung

Angenommen Herr Baum wird im Alter von 75 Jahren zu einem Pflegfall. Es fällt bei der Pflege in einem Pflegeheim ein monatlicher Eigenanteil in Höhe von 1.500,00 € an, was aktuell ein realistischer Wert an der unteren Grenze ist. Dieser Wert ist tendenziell steigend, wo er allerdings in 43 Jahren liegt, können auch Spezialisten heute noch nicht zuverlässig prognostizieren.

Pro Jahr fallen also 12 · 1.500,00 € = 18.000,00 € an.

Lebt Herr Baum bei guter Pflege noch 15 Jahre, kommen 15 · 18.000,00 € = 270.000,00 € zusammen. Eine stolze Summe, die für sich spricht.

Um 1.500,00 € monatliches Pflegegeld zu erhalten, müsste Her Baum ein Pflegeergänzungstagegeld in Höhe von 50,00 € absichern.

Gemäß dem Tarif PET bei der Proximus Versicherung AG zahlt er für jeweils 10,00 € Tagegeld monatlich 5,27 €. Die benötigten 50,00 € Pflegeergänzungstagegeld kosten also monatlich 5 · 5,27 € = 26,35 €.

Aus dem Beispiel ist ersichtlich, dass sich die Versicherungsbeiträge für diese Pflegezusatzversicherung in einem erschwinglichen Rahmen bewegen.

Zeitfaktor

Bei allen Personenversicherungen, deren Beiträge vom Eintrittsalter abhängig sind, spielt der Faktor Zeit in zweierlei Hinsicht eine entscheidende Rolle:

- Die Beiträge steigen mit zunehmendem Eintrittsalter.

Beispiel

Im vorangehenden Beispiel zahlt Herr Baum bei einem Eintrittsalter von 32 Jahren für 50,00 € Pflegeergänzungstagegeld einen Monatsbeitrag in Höhe von 26,35 €.

Würde Herr Baum mit dem Vertragsabschluss noch zehn Jahre warten, wäre sein Monatsbeitrag schon auf 36,15 € gestiegen.

- Das Risiko einer Vorerkrankung steigt von Jahr zu Jahr. Je älter eine Person wird, desto höher ist auch die Wahrscheinlichkeit, dass es wegen einer Vorerkrankung zu einem Risikozuschlag oder einem Leistungsausschluss kommt.

Hier sollte der Außendienst seine Kundinnen und Kunden eingehend beraten und auf einen möglichst frühzeitigen Vertragsabschluss hinarbeiten.

13.4 Beratung von Bestands- und Neukunden bzw. -kundinnen

Da die Pflegezusatzversicherungen immer noch nicht besonders stark verbreitet sind, sollten alle Kundinnen und Kunden im Zusammenhang mit einer Versorgungsanalyse und der daraus resultierenden Rundumberatung auf diese Versicherungsart aufmerksam gemacht werden.

Bei Bestandskunden hat man in der Regel den Vorteil, die Familienverhältnisse zu kennen. Wer von seiner Kundin oder seinem Kunden weiß, dass diese/-r bereits mit dem Thema Pflege konfrontiert wurde, kann darauf aufbauen und entsprechende Angebote unterbreiten.

Bei Neukunden fehlen solche Informationen, aber auch hier muss dieses Thema angesprochen werden.

Übrigens können Pflegezusatzversicherungen, die nicht staatlich gefördert oder bezuschusst werden, bei jeder beliebigen PPV abgeschlossen werden. Wer also Kundinnen oder Kunden antrifft, die die Pflegepflichtversicherung bei der GPV oder einer PPV abgeschlossen haben, kann die Versicherungslücken unabhängig davon schließen.

Lernfeld 9

Geschäftsprozesse erfassen und dokumentieren

Zielbeschreibung:

Die Schülerinnen und Schüler verfügen über die Kompetenz, Geschäftsprozesse zu erfassen und zu dokumentieren sowie den kaufmännischen Erfolg einer Vertriebseinheit zu bewerten.

9

Es folgen die Inhalte des Rahmenlehrplans für Lernfeld 9:

Geschäftsprozesse erfassen und dokumentieren

Die Schülerinnen und Schüler **analysieren** die Vermögens- und Kapitalstruktur einer Vertriebseinheit *(Bilanz)*. Sie erschließen sich die Veränderungen des Vermögens und der Schulden *(Bestandsveränderungen)* sowie erfolgswirksamer Geschäftsvorfälle *(Veränderungen des Geschäftserfolgs, Privatkonto)*.

Die Schülerinnen und Schüler stellen die Zusammenhänge der Zahlungsströme *(Provisionen)* zwischen Direktion, Vertriebseinheit und deren Mitarbeiterinnen und Mitarbeiter sowie externen Personen dar.

Die Schülerinnen und Schüler **bereiten** den Jahresabschluss einer Vertriebseinheit vor *(zeitliche Abgrenzungen, Rückstellungen)* und planen mögliche Investitionen *(Kauf, Leasing)*.

Die Schülerinnen und Schüler **ermitteln** den Erfolg einer Vertriebseinheit anhand der Grundsätze ordnungsmäßiger Buchführung. Sie ermitteln die Anschaffungskosten und berücksichtigen die Wertminderung des Anlagevermögens *(steuerrechtlich zulässige planmäßige und außerplanmäßige Abschreibungen, geringwertige Wirtschaftsgüter)*. Sie erstellen Gehaltsabrechnungen für Mitarbeiterinnen und Mitarbeiter auch mithilfe digitaler Medien und bewerten die Auswirkungen auf den Erfolg der Vertriebseinheit.

Sie **kontrollieren** die Auswirkungen sämtlicher Geschäftsvorfälle auf die Gewinn- und Verlustrechnung, das Eigenkapital und die Bilanz.

Die Schülerinnen und Schüler **bewerten** die Dokumentations- und Informationsfunktion der Finanzbuchführung für unterschiedliche Adressaten.

1 Aufgaben und Bereiche des Rechnungswesens in einer Versicherungsagentur

Grundlage in diesem Schulbuch ist die Direktion der Proximus Versicherung AG, die durch viele Agenturen vertreten wird. Wir nehmen in diesem Lernfeld die **Sichtweise verschiedener Versicherungsagenturen** ein, die u. a. im Namen der Proximus Versicherung AG Versicherungsverträge vermitteln, Schadenzahlungen vornehmen sowie Mitarbeiter/-innen im Innen- und Außendienst beschäftigen.

Da eine Versicherungsagentur vielfältige Geschäftsprozesse durchläuft, z. B. Bezahlung der Mitarbeiterinnen und Mitarbeiter, Regulierung von Schäden oder Zahlung der Miete für das Agenturbüro, müssen diese festgehalten werden. Im **Rechnungswesen** geschieht das zahlenmäßig und damit dies gelingt, ist jede Versicherungsagentur dazu verpflichtet, eine ordnungsmäßige Buchführung durchzuführen.

1.1 Aufgaben des Rechnungswesens

Zu den Aufgaben des Rechnungswesens zählen:

- **Entscheidungsvorbereitung (Disposition)**
  Auf der Basis bereits bestehender Zahlen und durch Vorschaurechnungen werden künftige Entwicklungen wichtiger betrieblicher Bereiche geplant.
- **Rechenschaftslegung (Dokumentation)**
  Es erfolgt eine lückenlose zeitliche sowie sachliche Aufzeichnung aller Geschäftsfälle aufgrund von Belegen. So muss ein Unternehmen schriftlich festhalten, wohin welche Gelder geflossen sind und woher diese kamen.
- **Überwachung/Kontrollfunktion**
  Die Wirtschaftlichkeit und die Liquidität des Unternehmens wird kontrolliert. Ein Unternehmen weiß durch die Gewinn- und Verlustrechnung, ob es rentabel arbeitet und durch die Aufstellung der Bilanz, wie liquide es ist.
- **Lenkung (Steuerung des wirtschaftlichen Geschehens)**
  Die Ergebnisse der Buchführung und der Kosten- und Leistungsrechnung werden aufbereitet und dienen als Grundlage für die Planung, Steuerung und Überwachung des Unternehmens.

1.2 Dokumentations- und Informationspflicht des Rechnungswesens

Die Schlussbilanz und die Gewinn- und Verlustrechnung bilden den Jahresabschluss ab. Sie geben Auskunft darüber, wie es um die Agentur steht.

Bei einer Versicherungsagentur gehört ebenfalls ein Anhang zum Jahresabschluss, indem angewandte Bilanzierungs- und Bewertungsmethoden sowie Erläuterungen und Ergänzungen zu einzelnen Posten festgehalten werden.

Die Führung der Bücher und das Erstellen der Bilanz sowie der GuV sorgen für eine lückenlose und zeitlich geordnete Festhaltung aller Geschäftstätigkeiten. Hierdurch wird die Aufbewahrungsfrist eingehalten und die Dokumentation aller Geschäftsfälle anhand von Belegen dient der Beweispflicht, falls Unstimmigkeiten auftreten.

Die Versicherungsagentur kann damit nachweisen, dass sie den Betrieb in einer Weise führt, wie es von einem „ordentlichen" Kaufmann erwartet werden kann.

Bei einer AG oder GmbH ist die Informationspflicht noch wichtiger. Laut Aktiengesetz und GmbH-Gesetz muss der Vorstand (bzw. die Geschäftsführung) den Jahresabschluss der Gesamtheit der Gesellschafter vorlegen.

Der Jahresabschluss erfüllt somit nicht nur die gesetzlichen Forderungen, sondern unterrichtet auch die Anteilseigner, die Öffentlichkeit, die Unternehmensführung, die Versicherungsaufsicht und letztlich auch den Versicherungsnehmer über die wesentlichen Teile des wirtschaftlichen Erfolges.

1.3 Vier Bereiche des betrieblichen Rechnungswesens

Das betriebliche Rechnungswesen gliedert sich in vier Bereiche, die miteinander verknüpft sind.

Buchführung	Kosten- und Leistungsrechnung	Statistik	Controlling
Dokumentation aller Geschäftsfälle	**Ermittlung des reinen Betriebserfolges**	**Erstellung von Zahlenmaterial zu Vergleichszwecken**	**Überwachung der Unternehmensaktivitäten**
Hier werden alle relevanten Zahlen gesammelt und dokumentiert. Die Buchführung stellt die Grundlage für die drei weiteren Bereiche des Rechnungswesens dar.	Hier kann die Versicherungsagentur betriebsfremde Tätigkeiten aus ihrem Unternehmenserfolg herausrechnen, um besser prüfen zu können, ob sie adäquat arbeitet (z. B. Herausrechnen von Verlusten aus Aktien oder Mieteinnahmen eines vermieteten Hauses).	Hier werden Veränderungen im Zeitvergleich, z. B. des Vermittlungserfolges im Laufe der Zeit, oder der Erfolg mehrerer Agenturen miteinander verglichen.	Hier wird die Agentur anhand der vom Rechnungswesen erfassten Geldströme überwacht. Die Ergebnisse dieser Kontrollfunktion werden für die Planung des zukünftigen betrieblichen Geschehens benötigt.

2 Aufgaben und gesetzliche Grundlagen der Buchführung

Die Buchführung hat zahlreiche Aufgaben zu erfüllen. Hierbei sind gesetzliche Vorschriften und Regelungen zu beachten.

2.1 Aufgaben der Buchführung

Definition Die **Aufgabe der Buchführung** ist die lückenlose zeitliche sowie sachliche Erfassung sämtlicher Geschäftsfälle anhand von Belegen.

Die Buchführung erfasst aufgrund der Belege die Geschäftsfälle der Versicherungsagentur und ermöglicht so am Ende des Jahres einen Überblick über das Vermögen und das Kapital sowie über alle Aufwendungen und Erträge des Unternehmens.

Die Buchführung liefert die Datengrundlage für die übrigen Bereiche des Rechnungswesens:

- Jahresabschluss
- Kosten und Leistungsrechnung
- Statistik
- Planungsrechnung
- Controlling

Diese Daten sind eine wichtige **Grundlage für unternehmerische Entscheidungen**.

2.2 Buchführungspflicht für Kaufleute

Kaufmannseigenschaften

Kaufleute und Handelsgewerbe § 1 HGB §

(1) Kaufmann im Sinne dieses Gesetzbuchs ist, wer ein Handelsgewerbe betreibt.

(2) Handelsgewerbe ist jeder Gewerbebetrieb, es sei denn, dass das Unternehmen nach Art oder Umfang einen in kaufmännischer Weise eingerichteten Geschäftsbetrieb nicht erfordert.

Personen die ein Handelsgewerbe laut § 1 HGB betreiben nennt man auch **Istkaufmann**. Aufgrund ihrer Tätigkeit wird diese Person zu einem Kaufmann bzw. einer Kauffrau.

Lässt sich ein Unternehmen im Handelsregister eintragen, obwohl es kein Handelsgewerbe im Sinne des HGB darstellt, erlangt es durch die Eintragung in das Handelsregister die Kaufmannseigenschaften mit allen Rechten und Pflichten. In diesem Zusammenhang spricht man auch von einem **Kannkaufmann**, weil die Eintragung ins Handelsregister kein Muss darstellt. Dies ist oft der Fall bei einem Kleingewerbe.

Für Versicherungsgesellschaften mit der Rechtsform einer Aktiengesellschaft ergibt sich die Kaufmannseigenschaft aus § 6 HGB. *§ 6 HGB*

In diesem Zusammenhang spricht man von einem **Formkaufmann**, denn dieser Kaufmann erlangt sein Recht durch die Eintragung im Handelsregister.

Buchführungspflicht

Buchführungspflicht § 238 Abs.1 HGB §

Jeder Kaufmann ist verpflichtet, Bücher zu führen und in diesen seine Handelsgeschäfte und die Lage seines Vermögens nach den Grundsätzen ordnungsmäßiger Buchführung ersichtlich zu machen. Die Buchführung muss so beschaffen sein, dass sie einem sachverständigen Dritten innerhalb angemessener Zeit einen Überblick über die Geschäftsvorfälle und über die Lage des Unternehmens vermitteln kann. Die Geschäftsvorfälle müssen sich in ihrer Entstehung und Abwicklung verfolgen lassen.

Die Buchführungspflicht betrifft alle Kaufleute, die im Handelsregister eingetragen sind. Jede Versicherung, ob OHG, Versicherung AG, Versicherungsverein auf Gegenseitigkeit (VVaG) oder öffentlich-rechtliche Versicherer, hat daher eine Buchführungspflicht gemäß dem Handelsgesetzbuch (HGB).

Ebenfalls besteht für **Einzelkaufleute** eine Buchführungspflicht, wenn diese zwei Jahre hintereinander *§ 241a HGB*

- Umsatzerlöse größer als 600.000,00 €
  und
- einen Gewinn größer als 60.000,00 €

erzielt haben. Bei Neugründungen besteht die Buchführungspflicht bereits nach dem ersten Jahr der Überschreitung dieser Grenzen.

§ 241a HGB Sollte ein Einzelkaufmann bzw. eine Einzelkauffrau diese Grenzen nicht übersteigen, reicht eine einfache Einnahmen-Überschuss-Rechnung, in der die Betriebseinnahmen abzüglich der Betriebsausgaben ermittelt werden.

§

Buchführungspflicht bestimmter Steuerpflichtiger § 141 Abs.1 AO
(1) Gewerbliche Unternehmer sowie Land- und Forstwirte, die nach den Feststellungen der Finanzbehörde für den einzelnen Betrieb
1. einen Gesamtumsatz im Sinne des § 19 Absatz 3 Satz 1 des Umsatzsteuergesetzes von mehr als 600.000,00 € im Kalenderjahr oder
[...]
4. einen Gewinn aus Gewerbebetrieb von mehr als 60.000 Euro im Wirtschaftsjahr oder
[...]
gehabt haben, sind auch dann verpflichtet, für diesen Betrieb Bücher zu führen und auf Grund jährlicher Bestandsaufnahmen Abschlüsse zu machen [...]

Nach dem Steuerrecht und der Abgabenordnung sind auch **Nichtkaufleute** zur Buchführung verpflichtet, wenn im Wirtschaftsjahr

- die Umsatzerlöse größer als 600.000,00 € waren
  oder
- der Gewinn größer als 60.000,00 € war.

2.3 Grundsätze ordnungsmäßiger Buchführung

Wer zur Buchführung verpflichtet ist, muss die **Grundsätze ordnungsmäßiger Buchführung (GoB)** beachten:

§ 146 AO

1. Klarheit und Übersichtlichkeit der Buchführung
- sachgerechte und überschaubare Organisation
- Verwendung einer verständlichen Sprache und eindeutigen Abkürzungen, Ziffern, Buchstaben oder Symbole
- übersichtliche Gliederung des Jahresabschlusses
- Verrechnungsverbot von Vermögensgegenständen und Schulden sowie von Aufwendungen und Erträgen
- Nachvollziehbarkeit von Veränderungen bei Buchungen, sodass der ursprüngliche Inhalt feststellbar ist

2. Keine Buchung ohne Beleg
Sämtliche Buchungen müssen anhand der Belege jederzeit nachprüfbar sein

3. Ordnungsmäßige Erfassung aller Geschäftsfälle
Alle Geschäftsfälle müssen vollständig, richtig, zeitgerecht und geordnet erfasst werden.

4. Ordnungsgemäße Aufbewahrung der Buchführungsunterlagen

Alle Buchungsbelege sind zehn Jahre aufzubewahren. Die Aufbewahrungsfrist beginnt mit dem Schluss des Kalenderjahres.
Mit Ausnahme der Eröffnungsbilanzen und der Jahresabschlüsse dürfen die Buchungsunterlagen in elektronischer Form aufbewahrt werden.

3 Inventur, Inventar und Bilanz

Gemäß § 240 HGB ist die Versicherungsagentur dazu verpflichtet ihre Vermögensgegenstände und Schulden zu Beginn und Ende des Geschäftsjahres in einem Inventar zu erfassen. Dies wird meist durch die Erstellung einer Bestandsaufnahme vorgenommen, die man auch als **Inventur** bezeichnet. *§ 240 HGB*

3.1 Inventur

Definition

Die **Inventur** ist die mengen- und wertmäßige Bestandsaufnahme des Vermögens und der Schulden mit Beginn des Handelsgewerbes und am Schluss eines jeden Geschäftsjahres.

Arten der Inventur

- **Körperliche Inventur**
  mengenmäßige Aufnahme aller körperlichen Vermögensgegenstände (z. B. Anzahl der Computer) bewertet in Euro
- **Buchinventur**
  Aufnahme der Bestände von nicht körperlichen Vermögensgegenständen (z. B. Bankguthaben) und Schulden

Formen der Inventur

- **Stichtagsinventur**
  Die Bestandsaufnahme muss innerhalb von zehn Tagen vor bzw. zehn Tagen nach dem Bilanzstichtag durchgeführt werden.
- **Stichprobeninventur** (Handels- und Industriebetriebe)
  Die Bestände werden mithilfe anerkannter mathematisch-statistischer Verfahren aufgrund von Stichproben geschätzt und bewertet.
- **Permanente Inventur**
  Laufende Erfassung der Zu- und Abgänge; die körperliche Bestandsaufnahme findet zu einem beliebigen Zeitpunkt im Jahr statt.
- **Verlegte Inventur**
  Die Inventur wird innerhalb von drei Monaten vor oder zwei Monaten nach dem Abschlussstichtag durchgeführt.

Bedeutung der Inventur

Anlässlich der Inventur wird überprüft, ob die Aufzeichnungen in der Buchführung mit den in der Inventur festgestellten Vermögens- und Schuldenwerten übereinstimmen. Gegebenenfalls muss eine Korrektur stattfinden.

Mithilfe der Inventur werden die Bestände einzelner Vermögensgegenstände und Schulden ermittelt und in einem besonderen Bestandsverzeichnis, dem **Inventar** zusammengefasst.

3.2 Inventar

Definition

Im **Inventar** ist das Bestandsverzeichnis der Vermögens- und der Schuldenwerte (mengen- und wertmäßig) innerhalb eines Geschäftsjahres erfasst.

Das Inventar besteht in der Regel aus drei Teilen:

A. Vermögen	B. Schulden	C. Eigenkapital (Reinvermögen)

Gliederung des Inventars

A. Vermögen
- I. Anlagevermögen (Grundstücke, Kraftfahrzeuge, BGA)
- II. Umlaufvermögen (Forderungen [Anspruch auf eine Leistung], Bank, Kasse)

B. Schulden
- I. Langfristige Schulden (Hypotheken, Darlehen)
- II. Kurzfristige Schulden (Verb. b. UV [Schulden], Sonstige Verbindlichkeiten)

C. Reinvermögen

Erläuterungen zum Inventar

A. Vermögen

Das Vermögen gliedert sich in Anlage- und Umlaufvermögen. Das Anlagevermögen bildet die wesentliche Grundlage der unternehmerischen Tätigkeit und umfasst alle Vermögensgegenstände, die dem Unternehmen dauernd, also langfristig, dienen.

Auszug aus dem Kontenrahmenplan

aktive Bestandskonten
Bank
Betriebs- und Geschäftsausstattung (BGA)
Grundstücke und Bauten (GuB)
Kasse
Kraftfahrzeuge (Kfz)
sonstige Forderungen (sonst. Ford.)

Anlagevermögen

Zum Anlagevermögen zählen **Vermögensgegenstände, die dauernd dem Geschäftsbetrieb dienen**. In einer Versicherungsagentur sind dies beispielsweise:

- Grundstücke und Bauten
- Kraftfahrzeuge
- Betriebs- und Geschäftsausstattung

Umlaufvermögen

Zum Umlaufvermögen zählen **Vermögensgegenstände, die sich mengen- und wertmäßig infolge betrieblicher Tätigkeit laufend verändern**. Diese Vermögensgegenstände befinden sich ständig im **Umlauf**, weil sie nur kurz bestehen oder für Zahlungszwecke bestimmt sind. Sie werden im Inventar nach dem Prinzip **steigender Liquidität** geordnet, d.h. nach der Möglichkeit, sie in Geld umzuwandeln. Hierzu zählen beispielsweise

- Forderungen gegen Direktion (Forderungen = Ansprüche)
- Bank
- Kasse

B. Schulden

Die Schulden werden in langfristige und kurzfristige Schulden eingeteilt.

Auszug aus dem Kontenrahmenplan

passive Bestandskonten
Darlehensverbindlichkeiten (Darlehen) Hypothekenverbindlichkeiten (Hypothek) sonstige Verbindlichkeiten (sonst. Verb.) Verbindlichkeiten bei Untervertretern (Verb. UV)

Langfristige Schulden
→ Fälligkeitsfrist über vier Jahre (Hypotheken, Grundschulden, langfristige Darlehen)

Kurzfristige Schulden
→ Fälligkeitsfrist bis zu vier Jahren

Schulden werden nach **zunehmender Fälligkeit** (Dringlichkeit der Zahlung) geordnet, d. h. nach der Frist, wann die Schuld fällig ist. Je eher die Zahlung fällig ist, umso weiter unten steht diese.

C. Reinvermögen

Das Reinvermögen (Eigenkapital) ist die Summe des Vermögens abzüglich der Summe der Schulden.

Inventar der Agentur Klee zum 31.12.20..		
	€	€
A. Vermögen		
I. Anlagevermögen		
1. Grundstücke und Bauten		395.000,00
2. Kraftfahrzeuge		
Pkw: K-DM 512	50.955,00	
Pkw: K-DD 204	47.000,00	
Pkw: K-LD 216	39.500,00	137.455,00
3. Betriebs-und Geschäftsausstattung		45.000,00
II. Umlaufvermögen		
1. Forderungen gegen Direktion		6.555,00
2. Bank		16.200,00
3. Kasse		2.950,00
Summe des Vermögens		**603.160,00**
B. Schulden		
I. Langfristige Schulden		
1. Hypothekenverbindlichkeit bei der Stadtsparkasse Köln		225.000,00
2. Darlehen bei der Stadtsparkasse Köln		54.500,00
II. Kurzfristige Schulden		
1. Verbindlichkeiten bei Untervertretern		33.500,00
Summe der Schulden		**313.000,00**
C. Reinvermögen		
Summe des Vermögens		**603.160,00**
– Summe der Schulden		**– 313.000,00**
= Reinvermögen (Eigenkapital)		**290.160,00**

3.3 Bilanz

Um das Inventar abzubilden, wird als übersichtliche Kurzform das **Bilanzkonto** verwendet. Diese Übersicht über die Geschäftsfälle zeigt das Verhältnis zwischen Vermögen und Schulden sehr anschaulich.

Der Kaufmann ist zur Aufstellung einer Bilanz verpflichtet.

§

Pflicht zur Aufstellung § 242 HGB

(1) Der Kaufmann hat zu Beginn seines Handelsgewerbes und für den Schluss eines jeden Geschäftsjahrs einen das Verhältnis seines Vermögens und seiner Schulden darstellenden Abschluss (Eröffnungsbilanz, Bilanz) aufzustellen. Auf die Eröffnungsbilanz sind die für den Jahresabschluss geltenden Vorschriften entsprechend anzuwenden, soweit sie sich auf die Bilanz beziehen.
(2) Er hat für den Schluss eines jeden Geschäftsjahrs eine Gegenüberstellung der Aufwendungen und Erträge des Geschäftsjahrs (Gewinn- und Verlustrechnung) aufzustellen.
[...]

Gemäß HGB muss somit jede Versicherungsagentur zu Beginn und zum Ende des Geschäftsjahres eine Bilanz aufstellen.

Während die Bilanz zu Beginn des Jahres **Eröffnungsbilanz** genannt wird, heißt sie am Ende des Jahres **Schlussbilanz**.

Jede Bilanz hat eine **Aktiv- und eine Passivseite**:

- **Aktivseite (Aktiva)** → Gibt die Investitionen an.
- **Passivseite (Passiva)** → Gibt an, wie die Investitionen finanziert wurden.

Das Eigenkapital bildet hier die Differenz zwischen Vermögen und Schulden ab.

§§ 243, 247, 266 HGB

Gemäß HGB muss eine Bilanz immer klar und übersichtlich gegliedert sein. Das Anlage- und das Umlaufvermögen, das Eigenkapital und die Verbindlichkeiten sind immer gesondert auszuweisen. Die Schlussbilanz muss immer am Ende des Jahres aufgestellt werden.

Aktiva	**Bilanz der Agentur Klee zum 31.12.20.. (in €)**		**Passiva**
I. Anlagevermögen		**I. Eigenkapital**	290.160,00
1. Grundstücke und Bauten	395.000,00		
2. Kraftfahrzeuge	137.455,00	**II. Fremdkapital**	
3. Betriebs-und Geschäftsausstattung	45.000,00	Hypothekenverbindlichkeit	225.000,00
		Darlehen	54.500,00
II. Umlaufvermögen		Verbindlichkeiten bei Untervertretern	33.500,00
1. Forderungen gegen Direktion	6.555,00		
2. Bank	16.200,00		
3. Kasse	2.950,00		
	603.160,00		**603.160,00**

Mittelverwendung **Mittelherkunft**

Die Bilanz bildet einen Überblick über die Mittelherkunft, also woher das Geld stammt, das die Versicherungsagentur hat, und die Mittelverwendung, also für was das Geld ausgegeben wurde.

Die Bilanzsumme muss immer auf beiden Seiten gleich sein! → Sollte dies nicht der Fall sein, hat sich irgendwo ein Fehler eingeschlichen.

Beurteilung der Bilanz

- In der vorstehenden Bilanz der Agentur Klee ist sofort erkennbar, wie hoch die Forderungen gegen die Direktion und die Verbindlichkeiten bei den Untervertretern sind. Die Versicherungsagentur schuldet ihren Untervertretern sehr viel Geld, während sie aber von der Direktion nur einen geringen Betrag zu erwarten hat.
- Das Anlagevermögen ist Grundlage für die Betriebsbereitschaft und sollte im Idealfall durch das Eigenkapital abgedeckt sein. Dies ist aber nur dann der Fall, wenn die Versicherungsagentur kein eigenes Gebäude hat oder dieses bereits bezahlt ist.
- Das Fremdkapital der Agentur Klee ist höher als das Eigenkapital, daher sind die Abhängigkeit von Gläubigern und auch die Zinsbelastung hoch.
- Ein hohes Bankguthaben sorgt für eine hohe Liquidität. So können kurzfristige Ausgaben gedeckt werden.

Die Bilanz stellt somit übersichtlich dar:

- die Vermögensformen und Vermögensquellen
- die Investitionen und Finanzierungen
- die Mittelverwendung und die Mittelherkunft

Von der Inventurliste zur Bilanz

Das folgende Beispiel zeigt die Schritte, die vorgenommen werden müssen, um aus der Inventurliste das Inventar und schlussendlich die Bilanz zu erstellen.

Beispiel

Die Versicherungsagentur Krusius hat folgende Inventurliste zum 31.12. .. erstellt:

Inventurliste der Agentur Krusius zum 31.12.20..	
Grundstück und Agenturgebäude in der Mittelstraße 15	320.000,00 €
ein Pkw (VW Passat)	18.500,00 €
Büromöbel	7.000,00 €
3 Computer	4.000,00 €
3 Monitore	1.500,00 €
Drucker, Fotokopierer	1.100,00 €
Forderungen gegen die Proximus Versicherung AG wegen bereits verdienter aber noch nicht bezahlter Provisionen	29.600,00 €
Kassenbestand laut Kassenbericht vom 31.12.20..	3.210,00 €
Bankguthaben bei der Sparkasse	19.275,00 €
Bankguthaben bei der Postbank	6.795,00 €
Hypothekenverbindlichkeiten bei der Sparkasse	150.000,00 €
Darlehen bei der Sparkasse (rückzahlbar innerhalb von drei Jahren)	27.900,00 €
Verbindlichkeiten bei Untervertreter H. Neuberger wegen noch nicht bezahlter Provision	1.290,00 €

Vorgehensweise:
1. **Übertragung der Daten in das Inventar und Berechnung des Reinvermögens**
2. **Übertragung des Anlage- und des Umlaufvermögens auf die Aktivseite der Bilanz**
3. **Eintragung des Eigenkapitals (Reinvermögen) auf der Passivseite der Bilanz**
4. **Eintragung des Fremdkapitals auf der Passivseite der Bilanz**

Inventar der Agentur Krusius zum 31.12.20..	€	€
A. Vermögen		
I. Anlagevermögen		
1. Grundstücke und Bauten		320.000,00
2. Kraftfahrzeuge		18.500,00
3. Betriebs-und Geschäftsausstattung		13.600,00
II. Umlaufvermögen		
1. Forderungen gegen Direktion lt. Anlage 2		29.600,00
2. Bank		
Sparkasse	19.275,00	
Postbank	6.795,00	26.070,00
3. Kasse		3.210,00
Summe des Vermögens		**410.980,00**
B. Schulden		
I. Langfristige Schulden		
1. Hypothekenverbindlichkeit bei der Stadtsparkasse Köln		150.000,00
II. Kurzfristige Schulden		
1. Darlehen		27.900,00
2. Verbindlichkeiten bei Untervertretern		1.290,00
Summe der Schulden		**179.190,00**
C. Reinvermögen		
Summe des Vermögens		**410.980,00**
– Summe der Schulden		**– 179.190,00**
= Reinvermögen (Eigenkapital)		**231.790,00**

Aktiva	Bilanz der Agentur Krusius zum 31.12.20.. (in €)		Passiva
I. Anlagevermögen		**I. Eigenkapital**	231.790,00
1. Grundstücke und Bauten	320.000,00		
2. Kraftfahrzeuge	18.500,00	**II. Fremdkapital**	
3. Betriebs-und Geschäftsausstattung	13.600,00	Hypothekenverbindlichkeit	150.000,00
		Darlehen	27.900,00
II. Umlaufvermögen		Verbindlichkeiten bei Untervertretern	1.290,00
1. Forderungen gegen Direktion lt. Anlage 2	29.600,00		
2. Bank	26.070,00		
3. Kasse	3.210,00		
	410.980,00		**410.980,00**

4 Auswirkungen von Geschäftsfällen auf die Bilanz

Jeder Geschäftsfall während eines Geschäftsjahres, jede Zahlung, jeder Kauf eines Firmenwagens, jede Tilgung von Schulden oder dergleichen hat Auswirkungen auf die Bilanz.

Die Ausgangslage für die folgenden Geschäftsfälle ist die Bilanz der Agentur Klee:

Aktiva	Bilanz der Agentur Klee zum 01.01.20.. (in €)		Passiva
I. Anlagevermögen		**I. Eigenkapital**	182.310,00
1. GuB	335.000,00		
2. Kraftfahrzeuge	29.600,00	**II. Fremdkapital**	
3. BGA	21.400,00	1. Hypothek	210.000,00
		2. Darlehen	2.000,00
II. Umlaufvermögen		3. Verb. UV	3.940,00
1. Ford. Dir	6.390,00		
2. Kasse	1.300,00		
3. Bank	4.560,00		
	398.250,00		**398.250,00**

Folgende vier Geschäftsfälle ereignen sich im Geschäftsjahr:

1. Bareinzahlung auf das Bankkonto 500,00 €

2. Aufnahme eines kurzfristigen Darlehens zum Ausgleich der Verbindlichkeiten bei einem Untervertreter 2.000,00 €.

3. Tilgung eines kurzfristigen Darlehens per Banküberweisung 1.500,00 €

4. Ein weiteres Hypothekendarlehen wird aufgenommen und der Betrag wird dem Bankkonto gutgeschrieben: 20.000,00 €

Jeder Geschäftsfall betrifft immer zwei Konten, niemals nur eines.

4.1 Aktivtausch

1. Geschäftsfall
Bareinzahlung auf das Bankkonto: 500,00 €

- Tauschvorgang auf der Aktivseite = Aktivtausch
- Ein Aktivposten wird mehr, dafür wird ein anderer Aktivposten weniger
- (Aktivposten +/Aktivposten –).
- Der Geschäftsfall betrifft somit lediglich die Aktivseite.
- Die Bilanzsumme bleibt gleich, da sich nur die Geldbeträge auf der Aktivseite verschieben.

Durch den obigen Geschäftsfall wird sich das Konto Kasse reduzieren, da Bargeld entnommen wird und das Bankkonto wird sich durch die Einzahlung erhöhen.

Kasse 500,00 € weniger, Bank 500,00 € mehr

Dies wirkt sich auf die Bilanz folgendermaßen aus:

Aktiva	Bilanz der Agentur Klee nach der Buchung des 1. Geschäftsfalls (in €)		Passiva
I. Anlagevermögen		**I. Eigenkapital**	182.310,00
1. GuB	335.000,00		
2. Kraftfahrzeuge	29.600,00	**II. Fremdkapital**	
3. BGA	21.400,00	1. Hypothek	210.000,00
		2. Darlehen	2.000,00
II. Umlaufvermögen		3. Verb. UV	3.940,00
1. Ford. Dir	6.390,00		
2. Kasse	**800,00**		
3. Bank	**5.060,00**		
	398.250,00		**398.250,00**

4.2 Passivtausch

2. Geschäftsfall
Aufnahme eines kurzfristigen Darlehens zum Ausgleich der Verbindlichkeiten bei einem Untervertreter: 2.000,00 €.

- Tauschvorgang auf der Passivseite = Passivtausch
- Ein Passivposten wird mehr, dafür wird ein anderer Passivposten weniger
- (Passivposten +/Passivposten −).
- Der Geschäftsfall betrifft somit lediglich die Passivseite.
- Die Bilanzsumme bleibt gleich, da sich nur die Geldbeträge auf der Passivseite verschieben.

Durch den obigen Geschäftsfall wird sich das Darlehenskonto erhöhen, während sich die Verbindlichkeiten bei Untervertretern vermindern.

Verb. UV 2.000,00 € weniger, Darlehen 2.000,00 € mehr

Dies wirkt sich auf die Bilanz folgendermaßen aus:

Aktiva	Bilanz der Agentur Klee nach der Buchung des 2. Geschäftsfalls (in €)		Passiva
I. Anlagevermögen		**I. Eigenkapital**	182.310,00
1. GuB	335.000,00		
2. Kraftfahrzeuge	29.600,00	**II. Fremdkapital**	
3. BGA	21.400,00	1. Hypothek	210.000,00
		2. Darlehen	**4.000,00**
II. Umlaufvermögen		3. Verb. UV	**1.940,00**
1. Ford. Dir	6.390,00		
2. Kasse	800,00		
3. Bank	5.060,00		
	398.250,00		**398.250,00**

4.3 Aktiv-Passiv-Minderung

3. Geschäftsfall
Tilgung eines kurzfristigen Darlehens per Banküberweisung: 1.500,00 €

- Minderung auf beiden Bilanzseiten = Aktiv-Passiv-Minderung
- Ein Aktivkonto wird weniger und ein Passivkonto ebenfalls
- (Aktivposten –/Passivposten –).
- Weil ein Aktiv- sowie ein Passivkonto weniger wird, muss sich die Bilanzsumme verändern.
- Die Bilanzsumme sinkt.

Durch den obigen Geschäftsfall wird sich das Bankkonto reduzieren, aber auch das Darlehenskonto.

Darlehen 1.500,00 € weniger, Bank 1.500,00 € weniger

Dies wirkt sich auf die Bilanz folgendermaßen aus:

Aktiva	Bilanz der Agentur Klee nach der Buchung des 3. Geschäftsfalls (in €)		Passiva
I. Anlagevermögen		**I. Eigenkapital**	182.310,00
1. GuB	335.000,00		
2. Kraftfahrzeuge	29.600,00	**II. Fremdkapital**	
3. BGA	21.400,00	1. Hypothek	210.000,00
		2. Darlehen	**2.500,00**
II. Umlaufvermögen		3. Verb. UV	1.940,00
1. Ford. Dir	6.390,00		
2. Kasse	800,00		
3. Bank	**3.560,00**		
	396.750,00		**396.750,00**

4.4 Aktiv-Passiv-Mehrung

4. Geschäftsfall
Ein weiteres Hypothekendarlehen wird aufgenommen und der Betrag wird dem Bankkonto gutgeschrieben: 20.000,00 €

- Mehrung der beiden Bilanzseiten = Aktiv-Passiv-Mehrung
- Ein Aktivkonto erhöht sich und ein Passivkonto ebenfalls
- (Aktivposten +/Passivposten +).
- Weil ein Aktiv- sowie ein Passivkonto an Wert gewinnen, muss sich die Bilanzsumme verändern.
- Die Bilanzsumme steigt.

Durch den obigen Geschäftsfall wird sich das Hypothekenkonto erhöhen, aber auch das Bankkonto.

Hypotheken 20.000,00 € mehr, Bank 20.000,00 € mehr

Dies wirkt sich auf die Bilanz folgendermaßen aus:

Aktiva	Bilanz der Agentur Klee nach der Buchung des 4. Geschäftsfalls (in €)		Passiva
I. Anlagevermögen		**I. Eigenkapital**	182.310,00
1. GuB	335.000,00		
2. Kraftfahrzeuge	29.600,00	**II. Fremdkapital**	
3. BGA	21.400,00	1. Hypothek	**230.000,00**
		2. Darlehen	2.500,00
II. Umlaufvermögen		3. Verb. UV	1.940,00
1. Ford. Dir	6.390,00		
2. Kasse	800,00		
3. Bank	**23.560,00**		
	416.750,00		**416.750,00**

Falls in diesem Geschäftsjahr keine weiteren Geschäftsfälle zu verbuchen gewesen wären, wäre diese letzte Bilanz die Schlussbilanz.

5 Bestandskonten

In Kapitel 4 wurde nach jedem Geschäftsfall eine neue Bilanz erstellt. In der Praxis wäre diese Vorgehensweise zu umständlich. Aus diesem Grund wird die Schlussbilanz des alten Geschäftsjahres als Eröffnungsbilanz verwendet und in einzelne Konten aufgelöst.

5.1 Eröffnungsbilanz

Ausgangslage ist hier wieder die Versicherungsagentur Klee, die ihr neues Geschäftsjahr mit folgender **Eröffnungsbilanz eröffnet**:

Aktiva	Bilanz der Agentur Klee zum 01.01.20.. (in €)		Passiva
I. Anlagevermögen		**I. Eigenkapital**	182.310,00
1. GuB	335.000,00		
2. Kraftfahrzeuge	29.600,00	**II. Fremdkapital**	
3. BGA	21.400,00	1. Hypothek	210.000,00
		2. Darlehen	2.000,00
II. Umlaufvermögen		3. Verb. UV	3.940,00
1. Ford. Dir	6.390,00		
2. Kasse	1.300,00		
3. Bank	4.560,00		
	398.250,00		**398.250,00**

Wenn eine Eröffnungsbilanz erstellt wird, können die Begriffe Anlage- und Umlaufvermögen sowie Fremdkapital weggelassen werden.

5.2 Auflösung der Eröffnungsbilanz in Bestandkonten

Auszug aus dem Kontenrahmenplan

aktive Bestandskonten	passive Bestandskonten
aktive Rechnungsabgrenzung (ARA)	Darlehensverbindlichkeiten (Darlehen)
Bank	Eigenkapital (EK)
Betriebs- und Geschäftsausstattung (BGA)	Hypothekenverbindlichkeiten (Hypothek)
Forderungen gegen Arbeitnehmer (Ford. AN)	passive Rechnungsabgrenzung (PRA)
Forderungen gegen Direktion (Ford. Dir.)	sonstige Rückstellungen (sonst. Rückst.)
geringwertige Wirtschaftsgüter (GWG)	sonstige Verbindlichkeiten (sonst. Verb.)
geringwertige Wirtschaftsgüter -Sammelposten (GWG-SP)	Verbindlichkeiten beim Finanzamt (Verb. FA)
Grundstücke und Bauten (GuB)	Verbindlichkeiten beim Sozialversicherungsträger (Verb. SV)
Kasse	Verbindlichkeiten bei Untervertretern (Verb. UV)
Kraftfahrzeuge (Kfz)	
Postbank (PBank)	
sonstige Forderungen (sonst. Ford.)	

Den vollständigen **Kontenrahmenplan für die Agenturbuchführung**, der für die unterschiedlichen Versicherungsagenturen der Proximus Versicherung AG verwendet wird, finden Sie auf der letzten Seite dieses Schulbuches.

5.2.1 Aktive Bestandskonten

Ein aktives Bestandskonto bildet den aktuellen Bestand des Vermögens ab.

Die aktiven Bestandskonten (kurz: Aktivkonten) sind alle einzelnen Konten, die auf der Aktivseite der Eröffnungsbilanz stehen.

Aktivkonten = Vermögenskonten

Zu Beginn des neuen Geschäftsjahres muss eine Versicherungsagentur im **Hauptbuch** alle Aktivkonten einzeln in Konten abbilden und eröffnen.

Die Darstellung erfolgt, wie bei der Bilanz, als T-Konto, nur heißen deren Seiten nicht Aktiva und Passiva, sondern **Soll** und **Haben**.

Bei Aktivkonten enthält die Sollseite den Anfangsbestand aus der Eröffnungsbilanz und alle Wertzuwächse (Mehrungen). Die Wertabgänge (Minderungen) stehen auf der Habenseite.

Soll	**Aktivkonto**	**Haben**
Anfangsbestand (AB) **+ Mehrung**	**– Minderung**	

Die Soll- und Habenseite kann bei der Erstellung der Konten mit S (Soll) und H (Haben) abgekürzt werden.

Für jeden Vermögensposten wird ein eigenes Konto eröffnet (sachliche Ordnung auf Konten).

S	Grundstücke und Bauten		H
AB	335.000,00		

S	Kraftfahrzeuge		H
AB	29.600,00		

S	Betr.- u. Geschäftsausstattung		H
AB	21.400,00		

S	Forderungen gegen Direktion		H
AB	6.390,00		

S	Bank		H
AB	4.650,00		

S	Kasse		H
AB	1.300,00		

5.2.2 Passive Bestandskonten

Ein passives Bestandskonto bildet den aktuellen Bestand der Schulden ab.

Die passiven Bestandskonten (kurz: Passivkonten) sind alle einzelnen Konten, die auf der Passivseite der Eröffnungsbilanz stehen.

Passivkonten = Kapitalkonten

Sie werden genau andersherum gestaltet als die Aktivkonten.

Hier steht der Anfangsbestand immer auf der Habenseite, alle Mehrungen werden ebenfalls auf der Habenseite eingetragen und die Minderungen auf der Sollseite.

Soll	**Passivkonto**	**Haben**
– Minderung	**Anfangsbestand (AB)** **+ Mehrung**	

Auch hier wird für jeden Posten – in diesem Fall Eigenkapital und Schulden – ein eigenes Konto eröffnet.

S	Eigenkapital		H
		AB	182.310,00

S	Hypothek		H
		AB	210.000,00

S	Darlehen		H
		AB	2.000,00

S	Verb. bei Untervertretern		H
		AB	3.940,00

Zusammenfassung

Eröffnung der Bestandskonten

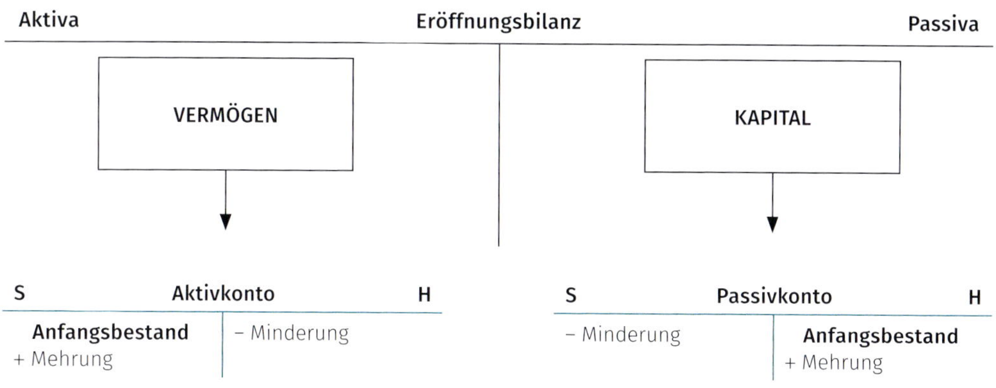

5.3 Buchungssätze

Im **Grundbuch** (auch Journal genannt) werden die Buchungssätze zu allen Geschäftsfällen chronologisch notiert. Ein Buchungssatz ist die verkürzte Darstellung eines Geschäftsfalles.

5.3.1 Einfacher Buchungssatz

Bei jedem Buchungssatz wird zuerst das Sollkonto (kurz: Soll) genannt, danach erfolgt das Habenkonto (kurz: Haben). Dazwischen steht das Wörtchen „an". Außerdem muss immer ein Geldbetrag angegeben werden.

Demnach lautet ein korrekter Buchungssatz:

Soll **an** Haben

Es werden also grundsätzlich immer ein Konto und ein Gegenkonto angesprochen. Dieser Grundsatz wird auch **Doppik** genannt.

Es gilt somit die Regel:

Keine Buchung ohne Gegenbuchung!

Beispiel

Die Versicherungsagentur Salvius kauft einen neuen Schreibtisch für das Agenturbüro. Der Betrag von 1.250,00 € wird per Banküberweisung bezahlt.

Zunächst sind folgende Fragen zu beantworten:

1. **Welche Konten sind von dem Geschäftsfall betroffen?**
   Betriebs- und Geschäftsausstattung (BGA)
   Bank
2. **Um welche Kontenart handelt es sich (Aktiv-/Passivkonto)?**
   Betriebs-und Geschäftsausstattung (BGA) = Aktivkonto
   Bank = Aktivkonto

3. **Liegt eine Mehrung oder eine Minderung vor?**
   Betriebs-und Geschäftsausstattung (BGA) = Mehrung
   Bank = Minderung
4. **Auf welcher Kontenseite ist zu buchen?**
   Betriebs-und Geschäftsausstattung (BGA) = Soll, da eine Mehrung auf einem Aktivkonto im Soll gebucht wird.
   Bank = Haben, da eine Minderung auf einem Aktivkonto im Haben gebucht wird.

Der korrekte Buchungssatz lautet demnach

BGA **an** Bank 1.250,00 €

5.3.2 Zusammengesetzter Buchungssatz

Von einem zusammengesetzten Buchungssatz spricht man immer dann, wenn nicht nur zwei, sondern mehrere Konten angesprochen werden.

Wie beim einfachen Buchungssatz erfolgt jede Buchung auf einem Konto immer mit einer Gegenbuchung.

Hier gilt der Grundsatz:

Die Summe der Sollbuchungen muss immer der Summe der Habenbuchungen entsprechen. Auf beiden Seiten muss also der gleiche Geldbetrag stehen.

Beispiel

Die Versicherungsagentur Salvius kauft einen neuen Firmenwagen für 20.000,00 €. Diesen bezahlt sie, indem sie 15.000,00 € direkt per Banküberweisung und 5.000,00 € auf Rechnung mit einem Zahlungsaufschub von sechs Wochen bezahlt.

Zunächst sind folgende Fragen zu beantworten:

1. **Welche Konten sind von dem Geschäftsfall betroffen?**
   Kraftfahrzeuge (Kfz)
   Bank
   sonstige Verbindlichkeiten (sonst. Verb.)
2. **Um welche Kontenart handelt es sich (Aktiv-/Passivkonto)?**
   Kraftfahrzeuge (Kfz) = Aktivkonto
   Bank = Aktivkonto
   sonstige Verbindlichkeiten (sonst. Verb.) = Passivkonto
3. **Liegt eine Mehrung oder eine Minderung vor?**
   Kraftfahrzeuge (Kfz) = Mehrung
   Bank = Minderung
   sonstige Verbindlichkeiten (sonst. Verb.) = Mehrung
4. **Auf welcher Kontenseite ist zu buchen?**
   Kraftfahrzeuge (Kfz) = Soll
   Bank = Haben
   sonstige Verbindlichkeiten (sonst. Verb.) = Haben

Der korrekte Buchungssatz lautet demnach

Kfz		20.000,00 €	
an	Bank		15.000,00 €
	sonst. Verb.		5.000,00 €

Die Summen der Eurobeträge sind auf beiden Seiten gleich hoch!

Auf den T-Konten sieht dieser Buchungssatz wie folgt aus:

S	Kfz		H
AB	...		
Bank/sonst. Verb.	20.000,00		

S	Bank		H
AB	...	Kfz	15.000,00

S	sonst. Verb.		H
		AB	...
		Kfz	5.000,00

5.4 Buchung von Geschäftsfällen

Erinnern wir uns an die Geschäftsfälle der Agentur Klee in Kapitel 4, bei denen wir die Auswirkung auf die Bilanz überprüft haben. Um diese vier Geschäftsfälle auf den Bestandskonten verbuchen zu können, müssen zunächst die Buchungssätze gebildet werden.

5.4.1 Bildung von Buchungssätzen

Um einen Buchungssatz zu bilden, müssen folgende Fragen beantwortet werden:

1. Welche Konten sind von dem Geschäftsfall betroffen?
2. Um welche Kontenart handelt es sich (Aktiv-/Passivkonto)?
3. Liegt eine Mehrung oder eine Minderung vor?
4. Auf welcher Kontenseite ist zu buchen?

1. Geschäftsfall
Bareinzahlung auf das Bankkonto: 500,00 €

Beantwortung der vier Fragen

1. Kasse und Bank
2. Kasse = Aktivkonto; Bank= Aktivkonto
3. Kasse = Minderung; Bank = Mehrung
4. Kasse = Haben; Bank= Soll

Somit lautet der Buchungssatz

Bank **an** Kasse 500,00 €

2. Geschäftsfall
Aufnahme eines kurzfristigen Darlehens zum Ausgleich der Verbindlichkeiten bei einem Untervertreter: 2.000,00 €.

Beantwortung der vier Fragen
1. Darlehen und Verbindlichkeiten bei Untervertretern (Verb. UV)
2. Darlehen = Passivkonto; Verb. UV= Passivkonto
3. Darlehen = Mehrung; Verb. UV= Minderung
4. Darlehen = Haben; Verb. UV= Soll

Somit lautet der Buchungssatz

Verb. UV **an** Darlehen 2.000,00 €

3. Geschäftsfall
Tilgung eines kurzfristigen Darlehens per Banküberweisung: 1.500,00 €

Beantwortung der vier Fragen
1. Darlehen und Bank
2. Darlehen = Passivkonto; Bank = Aktivkonto
3. Darlehen = Minderung; Bank = Minderung
4. Darlehen = Soll; Bank = Haben

Somit lautet der Buchungssatz

Darlehen **an** Bank 1.500,00 €

4. Geschäftsfall
Ein weiteres Hypothekendarlehen wird aufgenommen und der Betrag wird dem Bankkonto gutgeschrieben: 20.000,00 €

Beantwortung der vier Fragen
1. Hypothek und Bank
2. Hypothek = Passivkonto; Bank= Aktivkonto
3. Hypothek = Mehrung; Bank = Mehrung
4. Hypothek = Haben; Bank= Soll

Somit lautet der Buchungssatz

Bank **an** Hypothek 20.000,00 €

5.4.2 Vom Grundbuch zum Hauptbuch

Nachdem nur alle Buchungssätze erstellt wurden, sieht das Grundbuch wie folgt aus:

Grundbuch der Agentur Klee (in €)			
Geschäftsfall	**Konto**	**Soll**	**Haben**
❶	Bank	500,00	
	an Kasse		500,00
❷	Verb. UV	2.000,00	
	an Darlehen		2.000,00
❸	Darlehen	1.500,00	
	an Bank		1.500,00
❹	Bank	20.000,00	
	an Hypothek		20.000,00

Konten des Hauptbuchs

Um nun die Buchungen der einzelnen Geschäftsfälle auf den entsprechenden Konten des Hauptbuchs vorzunehmen, gilt folgende Vorgehensweise:

- Um den Buchungssatz ❶ in die beiden Konten einzutragen, nehmen Sie als erstes das Konto Bank.
- Hier wird die **Mehrung** auf der Sollseite eingetragen
- Damit nachvollzogen werden kann, woher das Geld stammt, tragen Sie das Gegenkonto, hier Kasse, ein.
- Danach tragen Sie die **Minderung** auf der Habenseite im Konto Kasse ein
- Auch hier notieren Sie das Gegenkonto, hier Bank, ein.
- Verfahren Sie mit den restlichen Geschäftsfällen analog.
- Zur besseren Erkennung haben wir hier jeweils die Nummern der Geschäftsfälle und die Kontobezeichnung notiert, Sie können aber auch die Bezeichnungen weglassen und nur die Nummern verwenden.

Hinweis: Falls eine Bilanzposition in der Eröffnungsbilanz nicht vertreten ist (z.B. wenn kein Konto Sonstige Verbindlichkeiten vorhanden ist), kann das Konto dennoch bei Bedarf eröffnet werden, allerdings dann ohne den Anfangsbestand. Ein Geschäftsfall, in dem das Konto Sonstige Verbindlichkeiten erstmals enthalten ist, kann wie gehabt verbucht werden (Anfangsbestände aus der Eröffnungsbilanz Seite 338).

S	**Bank**		H
AB	4.560,00	❸ Darlehen	1.500,00
❶ Kasse	500,00		
❹ Hypothek	20.000,00		

S	**Verb. UV**		H
❷ Darlehen	2.000,00	AB	3.940,00

S	**Kasse**		H
AB	1.300,00	❶ Bank	500,00

S	**Darlehen**		H
❸ Bank	1.500,00	AB	2.000,00
		❷ Verb. UV	2.000,00

S	**Hypothek**		H
		AB	210.000,00
		❹ Bank	20.000,00

5.5 Abschluss von Bestandskonten

Am Ende des Geschäftsjahres muss die Agentur Klee die eröffneten Bestandskonten, in denen während des Geschäftsjahres Buchungen vorgenommen wurden, abschließen.

Abschluss von Aktivkonten

Da der Anfangsbestand bei den Aktivkonten immer im Soll steht, steht automatisch der Schlussbestand grundsätzlich auf der Habenseite.

Soll	Aktivkonto	Haben
Anfangsbestand (AB) **+ Mehrung**		**– Minderung** **= Schlussbestand (SB)**

Gehen Sie wie folgt vor:

1. Addieren Sie die Euro-Beträge der Sollseite.
2. Notieren den Wert als Kontensaldo.
3. Übertragen Sie diesen Wert auch auf die Habenseite.
   Auch hier gilt: Der Kontensaldo muss auf beiden Seiten gleich hoch sein!
4. Ziehen Sie nun die auf der Habenseite gebuchten Beträge vom Kontensaldo ab und tragen Sie das Ergebnis als Schlussbestand (SB) auf der Habenseite ein.

S	Bank		H
AB	4.560,00	Darlehen	1.500,00
Kasse	500,00	**SB**	**23.560,00**
Hypothek	20.000,00		
	25.060,00		**25.060,00**

S	Kasse		H
AB	1.300,00	Bank	500,00
		SB	**800,00**
	1.300,00		**1.300,00**

Abschluss von Passivkonten

Da der Anfangsbestand bei den Passivkonten immer im Haben steht, steht automatisch der Schlussbestand grundsätzlich auf der Sollseite.

Soll	Passivkonto	Haben
– Minderung **= Schlussbestand**		**Anfangsbestand (AB)** **+ Mehrung**

Gehen Sie wie folgt vor:

1. Addieren Sie die Euro-Beträge der Habenseite.
2. Notieren den Wert als Kontensaldo.
3. Übertragen Sie diesen Wert auch auf die Sollseite.
   Auch hier gilt: Der Kontensaldo muss auf beiden Seiten gleich hoch sein!

4. Ziehen Sie nun die auf der Sollseite gebuchten Beträge vom Kontensaldo ab und tragen Sie das Ergebnis als Schlussbestand (SB) auf der Sollseite ein.

S	Verb. UV		H
Darlehen	2.000,00	AB	3.940,00
SB	**1.940,00**		
	3.940,00		**3.940,00**

S	Darlehen		H
Bank	1.500,00	AB	2.000,00
SB	**2.500,00**	Verb. UV	2.000,00
	4.000,00		**4.000,00**

S	Hypothek		H
SB	**230.000,00**	AB	210.000,00
		Bank	20.000,00
	230.000,00		**230.000,00**

5.6 Erstellung der Schlussbilanz

Die Schlussbilanz bildet alle Schlussbestände der Bestandskonten ab und wird immer zum Ende des Geschäftsjahres erstellt. Die Schlussbilanz eines Jahres ist zugleich immer die Eröffnungsbilanz des darauffolgenden Geschäftsjahres.

Hier werden alle Bestände gesammelt und geben dem Unternehmen eine Übersicht, über dessen Vermögen und Kapital.

Buchungssätze für den Abschluss der Bestandskonten

Buchungssatz bei Aktivkonten

Schlussbilanzkonto (SBK) **an** Aktivkonto

Buchungssatz bei Passivkonten

Passivkonto **an** Schlussbilanzkonto (SBK)

Aus Kapitel 5.5 ergeben sich folgende Abschlussbuchungen:

SBK **an** Bank 23.560,00 €
SBK **an** Kasse 800,00 €

Verb. UV **an** SBK 1.940,00 €
Darlehen **an** SBK 2.500,00 €
Hypothek **an** SBK 230.000,00 €

Nach der Buchung dieser fünf Positionen auf das Schlussbilanzkonto ergibt sich folgende Schlussbilanz:

Aktiva	Schlussbilanz der Agentur Klee (in €)		Passiva
I. Anlagevermögen		**I. Eigenkapital**	182.310,00
1. GuB	335.000,00		
2. Kraftfahrzeuge	29.600,00	**II. Fremdkapital**	
3. BGA	21.400,00	1. Hypothek	230.000,00
		2. Darlehen	2.500,00
II. Umlaufvermögen		3. Verb. UV	1.940,00
1. Ford. Dir	6.390,00		
2. Kasse	800,00		
3. Bank	23.560,00		
	416.750,00		**416.750,00**

Ausgehend von der Eröffnungsbilanz hat sich durch die **Veränderung einiger Bilanzpositionen** eine **neue Bilanzsumme** ergeben. Das Eigenkapital hat sich allerdings nicht verändert, da die bisherigen Geschäftsfälle keinen Einfluss auf den Erfolg der Agentur Klee hatten.

Dies ändert sich nun im folgenden Kapitel.

6 Erfolgskonten

Wenn man sich überlegt, woran man den Erfolg einer Versicherungsagentur messen könnte, dann denken viele sofort an die Vermittlung von Versicherungsverträgen und das Verdienen von Provisionen.

Bisher wurden aber immer nur Geschäftsfälle verbucht, die gar keinen Einfluss auf den Erfolg, also das Eigenkapital der Agentur, hatten. Bestandskonten haben dieses bisher nicht beeinflusst.

Daher kommen jetzt die Erfolgskonten ins Spiel. Diese sind **Unterkonten des Eigenkapitals**.

Auszug aus dem Kontenrahmenplan

Aufwandskonten	Ertragskonten
Abschreibungen auf Anlagen (Abschr. A)	außerordentlicher Ertrag (aoE)
Abschreibungen auf geringwertige Wirtschaftsgüter (Abschr. GWG)	Haus- und Grundstücksertrag (HuGE)
Abschreibungen auf geringwertige Wirtschaftsgüter -Sammelposten (Abschr. GWG-SP)	Kassendifferenzenertrag (Kassendif. E)
Abschreibungen auf Kfz (Abschr. Kfz)	Provisionsertrag (ProvE)
außerordentlicher Aufwand (aoA)	Zinsertrag (ZinsE)
Energieaufwand (EnergieA)	
Gehälter	
Haus- und Grundstücksaufwand (HuGA)	
Kassendifferenzenaufwand (Kassendif. A)	
Kfz-Aufwand (KfzA)	

Aufwandskonten	Ertragskonten
Mietaufwand (MietA) Provisionsaufwand (ProvA) sozialer Aufwand (soz. A) Steueraufwand (SteuerA) Verwaltungsaufwand (VA) Werbe- und Reiseaufwand (WuRA) Zinsaufwand (ZinsA)	

Wie man in dem Kontenrahmenplan gut erkennen kann, gibt es nur wenige Ertragskonten, im Gegensatz zu sehr vielen Aufwandskonten.

Ertrag

Definition

Ein **Ertrag** ist jeder Tatbestand, der das Vermögen einer Versicherungsagentur vergrößert (z. B. Provisionsertrag). Somit erhöht sich durch einen Ertrag der Gewinn.

- **außerordentlicher Ertrag (aoE)**
  alle außergewöhnlichen Erträge
  Beispiel: eine Schenkung an den Betrieb
- **Haus-und Grundstücksertrag (HuGE)**
  alle Erträge, die die Versicherungsagentur aufgrund des Besitzes einer eigenen Immobilie erwirtschaftet
  Beispiel: Mieteinnahmen
- **Kassendifferenzenertrag (Kassendif. E)**
  alle Erträge aufgrund einer positiven Kassendifferenz
  Beispiel: Überschuss in der Kasse
- **Zinsertrag (ZinsE)**
  alle Erträge, die eine Versicherungsagentur aufgrund von Zinsen für Kapitalanlagen erwirtschaftet
  Beispiel: Guthabenzinsen bei der Bank
- **Provisionsertrag (ProvE)**
  alle Erträge die eine Versicherungsagentur aufgrund von Abschluss- und Folgeprovisionen sowie Bonifikationen erwirtschaftet
  Beispiel: Direktionsüberweisung der Provision an die Agentur

Aufwand

Definition

Ein **Aufwand** ist jeder Tatbestand, der das Vermögen einer Versicherungsagentur verkleinert (z. B. Provisionsaufwand). Somit schmälert sich durch einen Aufwand der Gewinn.

- **Zinsaufwand (ZinsA)**
  alle Aufwendungen, die eine Versicherungsagentur aufgrund von Darlehen oder Kontoüberziehungen zahlen muss
  Beispiel: Zahlung von Darlehenszinsen.
- **Abschreibungen auf Anlagen (Abschr. A)**
  Berücksichtigung des Werteverzehrs von Anlagen.
  Beispiel: Ein Gebäude wird in einem Jahr um 5.000,00 € abgeschrieben (siehe Kapitel 13.2).

- **Abschreibungen auf geringwertige Wirtschaftsgüter (Abschr. GWG)**
  Berücksichtigung des Werteverzehrs von geringwertigen Wirtschaftsgütern.
  Beispiel: Ein Schrank wird in einem Jahr um 150,00 € abgeschrieben (siehe Kapitel 13.6).

- **Abschreibungen auf geringwertige Wirtschaftsgüter Sammelposten (Abschr. GWG SP)**
  Berücksichtigung des Werteverzehrs von geringwertigen Wirtschaftsgütern, die in diesem Fall als Sammelposten angeschrieben werden.
  Beispiel: Im Geschäftsjahr werden verschiedene Büromöbel für insgesamt 4.200,00 € angeschafft, diese werden nun fünf Jahre lang mit jeweils 840,00 € (= 20 %) als Sammelposten abgeschrieben (siehe Kapitel 13.6).

- **Abschreibungen auf Kfz (Abschr. Kfz)**
  Berücksichtigung des Werteverzehrs eines Kraftfahrzeugs
  Beispiel: Ein Auto wird in einem Jahr um 6.000,00 € abgeschrieben (siehe Kapitel 13.2).

- **außerordentlicher Aufwand (aoA)**
  alle außergewöhnlichen Aufwendungen
  Beispiel: Diebstahl eines Laptops

- **Energieaufwand (EnergieA)**
  alle Aufwendungen für den Energieverbrauch in der Agentur
  Beispiel: Zahlung der Stromrechnung

- **Gehälter**
  alle Aufwendungen für Gehälter
  Beispiel: Zahlung der Gehälter der Angestellten

- **Haus- und Grundstücksaufwand (HuGA)**
  alle Aufwendungen, die die Versicherungsagentur aufgrund des Besitzes einer eigenen Immobilie hat
  Beispiele: Hypothekenzinsen, Grundsteuer, Hausmeisterkosten, Reparaturaufwendungen, Versicherungen

- **Kassendifferenzenaufwand (Kassendif. A)**
  Aufwendungen die aufgrund eines Fehlbetrags in der Kasse gebucht werden müssen
  Beispiel: In der Kasse fehlen 100,00 €

- **Kfz-Aufwand (KfzA)**
  alle Aufwendungen die im Zusammenhang mit den Firmenfahrzeugen getätigt werden
  Beispiele: Kraftstoffrechnungen, Parkgebühren, Kfz-Steuer, Versicherungsbeiträge, Garagenmiete, Reparaturen

- **Mietaufwand (MietA)**
  alle Aufwendungen die die Versicherungsagentur an Mietkosten hat
  Beispiel: Mietzahlung der Büroräume für die Agentur

- **Provisionsaufwand (ProvA)**
  Aufwendungen für Provisionen aufgrund von Vermittlungstätigkeiten
  Beispiel: Die Versicherungsagentur bezahlt die Provision an einen Untervertreter.

- **sozialer Aufwand (soz. A)**
  alle Sozialversicherungsbeiträge die aufgewendet werden müssen
  Beispiel: Die Versicherungsagentur überweist die Sozialversicherungsbeiträge der Mitarbeiter an die Sozialversicherungsträger.

- **Steueraufwand (SteuerA)**
  Aufwendungen ausschließlich für die Gewerbesteuer
  Beispiel: Die Agentur überweist die Gewerbesteuer.
- **Verwaltungsaufwand (VA)**
  alle Aufwendungen die die Versicherungsagentur aufwendet, um eine Agentur führen zu können
  Beispiele: Büromaterial, Telefon, Fachzeitschriften, Kontoführungsgebühren, Geschäftsversicherungen, Renovierungskosten von gemieteten Büroräumen
- **Werbe- und Reiseaufwand (WuRA)**
  Aufwendungen für Werbemaßnahmen oder Reisekosten
  Beispiel: Die Versicherungsagentur überweist 500,00 € für eine Werbekampagne.

6.1 Buchen auf Erfolgskonten

Definition

Erfolgskonten sind Unterkonten des Passivkontos Eigenkapital.
Der **Ertrag** steht immer im **Haben** und der **Aufwand** immer im **Soll**.

Erfolgskonten sind ähnlich aufgebaut wie Bestandskonten, allerdings haben sie **keinen Anfangsbestand**.

S	Ertragskonto H
	Mehrungen = Ertrag
Saldo	↑

Erträge stehen im Buchungssatz im **Haben**.

S Aufwandskonto	H
Mehrungen = Aufwendungen	
↑	**Saldo**

Aufwendungen stehen im Buchungssatz im **Soll**.

Beispiel

Die Versicherungsagentur Krusius überweist ihrem Untervertreter Gehalt in Höhe von 3.000,00 €. Betroffen ist hier ein Aufwandskonto, da die Versicherungsagentur Gehälter zahlt.

Der Buchungssatz lautet:

Gehälter **an** Bank 3.000,00 €

S	Gehälter		H
Bank	3.000,00		

Der **Aufwand** steht hier im **Soll** des Erfolgskontos.

S	Bank		H
AB	10.000,00	Gehälter	3.000,00

6.2 Buchung von Geschäftsfällen

Um einen Buchungssatz zu bilden, müssen zunächst folgende Fragen beantwortet werden:

1. Welche Konten sind von dem Geschäftsfall betroffen?
2. Um welche Kontenart handelt es sich (Erfolgs- oder Bestandskonto)?
3. Liegt eine Mehrung oder eine Minderung eines Bestandskontos vor?
4. Auf welcher Kontenseite ist zu buchen?

Bei der Versicherungsagentur Krusius ereignen sich folgende Geschäftsfälle:
1. Zinsgutschrift der Bank: 2.500,00 €
2. Kauf von Büromaterial in bar: 100,00 €
3. Bezahlung der Tankrechnung für den Firmenwagen per Banküberweisung: 120,00 €
4. Bezahlung der Miete für die Agenturräume per Banküberweisung: 1.400,00 €

1. Geschäftsfall
Zinsgutschrift der Bank: 2.500,00 €

Beantwortung der vier Fragen
1. Zinsertrag (ZinsE) und Bank
2. Zinsertrag = Erfolgskonto; Bank = Bestandskonto
3. Bank = Mehrung
4. Zinsertrag = Haben; Bank = Soll

Somit lautet der Buchungssatz

Bank **an** ZinsE 2.500,00 €

2. Geschäftsfall
Kauf von Büromaterial in bar: 100,00 €

Beantwortung der vier Fragen
1. Verwaltungsaufwand (VA) und Kasse
2. VA = Erfolgskonto; Kasse = Bestandskonto
3. Kasse = Minderung
4. VA = Soll; Kasse = Haben

Somit lautet der Buchungssatz

VA **an** Kasse 100,00 €

3. Geschäftsfall
Bezahlung der Tankrechnung für den Firmenwagen per Banküberweisung: 120,00 €

Beantwortung der vier Fragen
1. Kfz-Aufwand (KfzA) und Kasse
2. KfzA = Erfolgskonto; Kasse = Bestandskonto
3. Kasse = Minderung
4. KfzA =Soll; Kasse = Haben

Somit lautet der Buchungssatz

KfzA **an** Kasse 120,00 €

4. Geschäftsfall
Bezahlung der Miete für die Agenturräume per Banküberweisung: 1.400,00 €

Beantwortung der vierFragen
1. Mietaufwand (MietA) und Bank
2. MietA = Erfolgskonto; Bank = Bestandskonto
3. Bank = Minderung
4. MietA =Soll; Bank = Haben

Somit lautet der Buchungssatz

MietA **an** Bank 1.400,00 €

Vom Grundbuch zum Hauptbuch

Nachdem nur alle Buchungssätze erstellt wurden, sieht das Grundbuch wie folgt aus:

Grundbuch der Agentur Krusius (in €)			
Geschäftsfall	**Konto**	**Soll**	**Haben**
1	Bank	2.500,00	
	an ZinsE		2.500,00
2	VA	100,00	
	an Kasse		100,00
3	KfzA	120,00	
	an Kasse		120,00
4	MietA	1.400,00	
	an Bank		1.400,00

Konten des Hauptbuchs

Um nun die Buchungen der einzelnen Geschäftsfälle auf den entsprechenden Konten des Hauptbuchs vorzunehmen, gilt die gleiche Vorgehensweise wie in Kapitel 5.4.2.

Bestandskonten

S	Bank		H
❶ ZinsE	2.500,00	❹ MietA	1.400,00

S	Kasse		H
		❷ VA	100,00
		❸ KfzA	120,00

Aufwandskonten ← **Erfolgskonten** → **Ertragskonten**

S	VA		H
❷ Kasse	100,00		

S	KfzA		H
❸ Kasse	120,00		

S	MietA		H
❹ Bank	1.400,00		

S	ZinsE		H
		❶ Bank	2.500,00

6.3 Abschluss von Erfolgskonten auf das GuV-Konto

Im nächsten Schritt werden die Erfolgskonten auf das Gewinn- und Verlustkonto (GuV-Konto) abgeschlossen. Die Erstellung einer **Gewinn- und Verlustrechnung** ist gesetzlich vorgeschrieben.

§ **Pflicht zur Aufstellung § 242 Abs. 2 HGB**
Er [Der Kaufmann] hat für den Schluss eines jeden Geschäftsjahrs eine Gegenüberstellung der Aufwendungen und Erträge des Geschäftsjahrs (Gewinn- und Verlustrechnung) aufzustellen.

Der Abschluss der Erfolgskonten auf das GuV-Konto erfolgt analog der Vorgehensweise in Kapitel 5.5.

In das GuV-Konto werden nur die Erfolgskonten eingetragen, die Bestandskonten (hier Kasse und Bank) bleiben unberücksichtigt, da sie über die Schlussbilanz abgeschlossen werden und können bei diesem Schritt weggelassen werden.

S	VA		H
Kasse	100,00	**GuV**	**100,00**
	100,00		**100,00**

S	ZinsE		H
GuV	**2.500,00**	Bank	2.500,00
	2.500,00		**2.500,00**

S	KfzA		H
Kasse	120,00	**GuV**	**120,00**
	120,00		**120,00**

S	MietA		H
Bank	1.400,00	**GuV**	**1.400,00**
	1.400,00		**1.400,00**

Buchungssätze für den Abschluss der Erfolgskonten

Buchungssatz bei Ertragskonten

Ertragskonto **an** GuV

Buchungssatz bei Aufwandskonten

GuV **an** Aufwandskonto

Nach der Umbuchung der Schlussbestände sieht das GuV-Konto wie folgt aus:

S	GuV		H
VA	100,00	ZinsE	2.500,00
KfzA	120,00		
MietA	1.400,00		

Abschluss des GuV-Kontos

Nun wird das GuV-Konto abgeschlossen.

Gehen Sie wie folgt vor:

1. Addieren Sie jeweils die Werte, die auf der Soll- und der Habenseite stehen.
2. Der höhere Wert wird auf beiden Seiten als Kontensaldo eingetragen.
3. Die Differenz der beiden Werte wird auf der Seite mit dem geringeren Wert eingetragen.
4. Steht dieser Wert im **Haben**, handelt es sich um einen **Verlust**.
5. Steht dieser Wert im **Soll**, handelt es sich um einen **Gewinn**.

S	GuV		H
VA	100,00	ZinsE	2.500,00
KfzA	120,00		
MietA	1.400,00		
Gewinn (EK)	**880,00**		
	2.500,00		**2.500,00**

Da die Habenseite den höheren Wert aufweist, steht die Differenz auf der Sollseite.

Da die Differenz **im Soll** steht, handelt es sich um einen **Gewinn**. Die Agentur Krusius hatte höhere Erträge als Aufwendungen. Das Eigenkapital erhöht sich somit.

Der Buchungssatz für die Buchung des Gewinns auf das Bestandskonto Eigenkapital sieht wie folgt aus:

GuV **an** EK 880,00 €

S	Eigenkapital (EK)		H
		AB	
		GuV	**880,00**

Um diesen Betrag erhöht sich das Eigenkapital.

Die Buchführung weist also den **Jahreserfolg** einer Versicherungsagentur **durch** Gegenüberstellung der Aufwendungen und Erträge im **GuV-Konto** nach.

Durch die Schlussbilanz und die Gewinn- und Verlustrechnung wird der **Jahresabschluss** eines Unternehmens gebildet (siehe Beispiel in Kapitel 17).

Zusammenfassung

Erfolgskonten

- Aufwendungen und Erträge können **nicht direkt** auf dem **Eigenkapitalkonto** gebucht werden, da dies sonst zu **unübersichtlich** wäre.
- Aufwendungen und Erträge werden zunächst in den Erfolgskonten verbucht.
- Man unterscheidet bei den Erfolgskonten zwischen Ertragskonten und Aufwandskonten.
- Erträge erhöhen den Gewinn.
- Aufwendungen schmälern den Gewinn.
- Erfolgskonten haben **keine Anfangsbestände**.
- Die Salden der Erfolgskonten werden zum Ende des Geschäftsjahres auf das **Gewinn- und Verlustkonto (GuV)** gebucht.
- In dem GuV-Konto stehen die **Ertragskonten im Haben** und die **Aufwandskonten im Soll**.
- Das GuV-Konto wird anschließend über das Eigenkapitalkonto angeschlossen.
- Weist das GuV-Konto einen Gewinn aus, erhöht sich das Eigenkapital, bei einem Verlust hingegen verringert sich das Eigenkapital.

7 Buchungen beim Immobilienkauf

Der Kauf einer Immobilie ist zum Zeitpunkt des Erwerbs mit seinen Anschaffungskosten festzuhalten. Diese **Anschaffungskosten** setzen sich aus folgenden Elementen zusammen:

  Anschaffungspreis
\+ Anschaffungsnebenkosten
= **Anschaffungskosten**

Anschaffungsnebenkosten

Die **Anschaffungsnebenkosten** setzen sich aus verschiedenen Bestandteilen zusammen:

- **Maklercourtage**
  Je nach Bundesland ist bei einem Immobilienkauf über ein Maklerbüro eine Courtage zwischen 2 % und 6 % des Kaufpreises zuzüglich Umsatzsteuer fällig, also zwischen 2,38 % und 7,14 % inkl. Umsatzsteuer. Diese Courtage wird in einigen Bundesländern jeweils hälftig von Käufer/-in und Verkäufer/-in getragen. In anderen Bundesländern müssen von Käufern bzw. Käuferinnen größere Anteile oder auch die volle Courtage übernommen werden.

- **Grunderwerbsteuer**
  Die Grunderwerbsteuer beträgt je nach Bundesland zwischen 3,5 % und 6,5 % des Kaufpreises und wird komplett von dem/der Käufer/-in getragen.

- **Notargebühren**
  Die Notargebühren können leicht variieren und betragen in der Regel etwa 1 % des Kaufpreises. Dieser Betrag ist komplett von dem/der Käufer/-in zu tragen.

- **Gerichtsgebühren**
  Die Gerichtsgebühren betragen rund 0,5 % des Kaufpreises und sind ebenfalls von dem/der Käufer/-in zu tragen.

Beispiel

Der Inhaber einer Agentur der Proximus Versicherung AG kauft ein Gebäude zu einem Preis von 600.000,00 €. Die Anschaffungsnebenkosten stellen sich wie folgt dar:

3,57 % Maklercourtage	21.420,00 €
5,00 % Grunderwerbsteuer	+ 30.000,00 €
1,00 % Notargebühren	+ 6.000,00 €
0,50 % Gerichtsgebühren	+ 3.000,00 €
Anschaffungsnebenkosten =	**60.420,00 €**

Finanzierung durch ein Hypothekendarlehen

In der Regel werden Immobilienkäufe nicht bar bezahlt, sondern mit einem Hypothekendarlehen finanziert.

Da die Anschaffungsnebenkosten für die Anschaffung einer Immobilie notwendig sind, werden die gesamten Anschaffungskosten auf folgenden Konten verbucht:

Mehrung auf dem Aktivkonto Grundstücke und Bauten (GuB)
Mehrung auf dem Passivkonto Hypothekenverbindlichkeiten (Hypothek)

Somit lautet der Buchungssatz:

GuB **an** Hypothek

Beispiel (Fortsetzung)

Im vorangegangenen Beispiel werden die gesamten Anschaffungskosten in Höhe von 660.420,00 € (600.000,00 € Anschaffungspreis + 60.420,00 € Anschaffungsnebenkosten) mit einem Hypothekendarlehen finanziert.

Somit lautet der Buchungssatz:

GuB **an** Hypothek 660.420,00 €

Obwohl die Anschaffungsnebenkosten beim Haus- und Grundstückskauf einen Aufwand darstellen, werden sie dennoch über das Konto Grundstücke und Bauten gebucht.

Verbuchung von wertsteigenden Maßnahmen

Auch spätere An- oder Umbauten werden auf dem Konto Grundstücke und Bauten berücksichtigt, da sie den Wert der Immobilie erhöhen.

Beispiel (Fortsetzung)

Der Agenturinhaber lässt an dem gekauften Gebäude im Jahr nach der Anschaffung einen Anbau für 100.000,00 € errichten. Dieser wird durch ein Darlehen finanziert.

Der Buchungssatz lautet:

GuB **an** Darlehen 100.000,00 €

Das Konto Grundstücke und Bauten sieht nach der Buchung wie folgt aus:

S	GuB		H
AB	660.420,00	SB	760.420,00
Darlehen	100.000,00		
	760.420,00		**760.420,00**

Zudem werden alle Reparaturen am Haus, die **wertsteigernd** sind (neue Heizungsanlagen, neues Dach, Ausbauten, Anbauten usw.) nicht als Haus- und Grundstücksaufwand (HuGA) gebucht, sondern auf das Konto Grundstücke und Bauten (GuB).

Kosten für Strom und Wasser für das Gebäude werden allerdings auf das Konto Energieaufwand gebucht.

8 Korrekturbuchungen bei Kassendifferenzen

In nahezu jeder Versicherungsagentur gibt es eine Kasse, in der sich (meist nur) geringe Bargeldbeträge befinden, um kleinere Käufe (z. B. Briefmarken, Kaffee für die Kundenbewirtung) zu bezahlen. Es kann passieren, dass es in der Kasse einen Fehlbetrag gibt.

Dies kommt vor, wenn entweder mehr (Kassendifferenzertrag) oder weniger (Kassendifferenzenaufwand) Bargeld vorhanden ist, als eigentlich der Fall sein sollte.

Das folgende Beispiel zeigt den Buchungssatz und die Auswirkungen auf die Konten bei einem **Kassenfehlbetrag**.

Beispiel

Der Kassenbestand laut Buchführung sollte 400,00 € sein, tatsächlich sind aber nur 300,00 € in der Kasse. Es fehlen somit 100,00 €.

Dies bedeutet, dass das Konto Kasse an den eigentlichen Kassenbestand angepasst werden muss.

Der Buchungssatz lautet:

Kassendifferenzenaufwand (Kassendif. A) **an** Kasse 100,00 €

S	Kassendiff. A		H
Kasse	100,00	SB	100,00

S	Kasse		H
Bestand	400,00	Kassendif. A	100,00
		Saldo	300,00

Das folgende Beispiel zeigt den Buchungssatz, wenn zu viel Geld in der Kasse ist **(Kassenüberschuss)**.

Beispiel

Der Kassenbestand laut Buchführung beträgt 200,00 €, obwohl tatsächlich 250,00 € in der Kasse sind.

Es sind also 50,00 € zu viel in der Kasse.

In diesem Fall lautet der Buchungssatz

Kasse **an** Kassendifferenzenertrag (Kassendif. E) 50,00 €

9 Provisionsabrechnung

Wenn ein/-e Untervertreter/-in einer Versicherungsagentur einen Versicherungsvertrag vermittelt, dann erhält er/sie hierfür Provisionen. Die Agentur leitet den Vertrag weiter. Die Direktion prüft und policiert diesen und erst dann wird die Provision fällig.

Genau genommen wird die Provision erst mit Zahlung des Erstbeitrages durch den/die Versicherungsnehmer/-in fällig.

§

§ 92 Abs. 4 HGB
Der Versicherungsvertreter hat Anspruch auf Provision (§ 87a Abs. 1), sobald der Versicherungsnehmer die Prämie gezahlt hat, aus der sich die Provision nach dem Vertragsverhältnis berechnet.

In der Praxis sind zwei grundsätzliche Verfahren der Provisionsabrechnung üblich:

- Provisionskonto mit Sammelzahlung
- Provisionsabrechnungen mit Direktzahlungen

9.1 Provisionskonto mit Sammelzahlung

Die Provisionsansprüche des Versicherungsvertreters bzw. der Versicherungsvertreterin werden auf einem speziellen Provisionskonto gesammelt und per monatlichem Abschlag ausgezahlt (Sammelzahlung) zu einem festgelegten Zeitpunkt ausgezahlt. Der/die Versicherungsvertreter/-in erhält von der Direktion ebenfalls eine Übersicht, eine Art Kontoauszug, über gutgeschriebene Provisionen und Stornos.

Beispiel

Kontoauszug der Agentur Klee vom 01.10.20.. bis zum 07.10.20..			
Sparte	**Abschlussprovision**	**Rückprovision**	**Gesamt**
Hausrat	255,00 H		255,00 H
Wohngebäude	465,00 H		465,00 H
Haftpflicht	240,58 H	40,45 S	200,13 H
Kfz	140,38 H		140,38 H
Unfall	244,77 H		244,77 H
Gesamt	**1.345,73 H**	**40,45 S**	**1.305,28 H**

Hinweis
Aus Sicht der Direktion zählen die Provisionsgutschriften als Schuld bei dem/der Versicherungsvertreter/-in (das schuldet die Direktion dem/der Versicherungsvertreter/-in), daher haben Gutschriften den Zusatz „H" (Haben).
Rückprovisionen, die aufgrund einer Stornobuchung vorgenommen werden, schuldet der/die Versicherungsvertreter/-in der Direktion. Diese werden im Soll gebucht. Daher der Zusatz „S".

9.2 Provisionsabrechnung mit Direktzahlungen

Sobald der Provisionsanspruch fällig ist, wird er von der Direktion an den/die Versicherungsvertreter/-in überwiesen.

Hier wird deutlich, dass nicht die Versicherungsagentur selbst die Provision zahlt, sondern die Direktion.

Eine Agentur bucht aber die Provisionen mit der Direktion und auch mit dem/der Untervertreter/-in, da sie hier praktisch als Mittelsperson fungiert. Diese Vorgänge werden unterschiedlich verbucht.

9.3 Buchung der Provisionsabrechnungen in der Agentur

Verbuchungen von Provisionen vor Zahlung

Wenn die Agentur von der Direktion Provision zu erhalten hat, aber noch nicht bekommen hat, lautet der Buchungssatz:

Forderungen gegen Direktion (Ford. Dir.) **an** Provisionsertrag (ProvE)

Die Agentur schreibt dem Untervertreter dann die Provision gut. Der Buchungssatz lautet:

Provisionsaufwand (ProvA) **an** Verbindlichkeiten bei Untervertretern (Verb. UV)

Überweist danach die Direktion die Provision an die Agentur, lautet der Buchungssatz:

Verbindlichkeiten bei Untervertretern (Verb. UV) **an** Bank

Zahlung von Provisionen

Wenn die Agentur Provision (auch Abschlagszahlung) von der Direktion **erhält (es fließt Geld)**, lautet der Buchungssatz:

Bank **an** Provisionsertrag (ProvE)

Wenn die Agentur wiederum diese Provision dem/der Untervertreter/-in **überweist**, lautet der Buchungssatz:

Provisionsaufwand (ProvA) **an** Bank

Buchungen im Fall von Stornierungen von Versicherungsverträgen

Wenn die Agentur eine Forderung gegen Direktion über 2.000,00 € gebucht hat, aber ein Storno über 200,00 € Provision eingefordert wird, muss dies zurück gebucht werden. Der Buchungssatz lautet dann:

Provisionsertrag (ProvE) **an** Forderungen gegen Direktion (Ford. Dir.) 200,00 €

Wenn die Provision von 2.000,00 € bereits als Verbindlichkeit bei dem/der Untervertreter/-in gebucht wurde, muss dies ebenfalls korrigiert werden. Der Buchungssatz lautet dann:

Verbindlichkeiten bei Untervertretern (Verb. UV) **an** V Provisionsaufwand (ProvA) 200,00 €

9.4 Provisionsbuchungen auf Konten

In einer Versicherungsagentur ereignen ständig unterschiedliche Geschäftsfälle bezüglich der Provisionsabrechnungen. Das folgende Beispiel zeigt die Buchungssätze und die dazu gehörenden Kontenbewegungen.

1. Geschäftsfall
Die Direktion überweist der Agentur Provision: 500,00 €

Der Buchungssatz lautet:

❶ Bank **an** Provisionsertrag (ProvE) 500,00 €

2. Geschäftsfall
Die Agentur hat von der Direktion noch Provision zu erhalten: 1.000,00 €

Der Buchungssatz lautet:

❷ Forderungen gegen Direktion (Ford. Dir.) **an** Provisionsertrag (ProvE) 1.000,00 €

3. Geschäftsfall
Die Agentur überweist die Provision aus Geschäftsfall 1 an eine Unteragentur: 500,00 €

Der Buchungssatz lautet:

❸ Provisionsaufwand (ProvA) **an** Bank 500,00 €

Kontenbewegungen

S	Bank		H
❶ ProvE	500,00	❸ ProvA	500,00

S	Ford. Dir.		H
❷ ProvE	1.000,00		

Abschluss über die Schlussbilanz

S	ProvA		H
❸ Bank	500,00		

S	ProvE		H
		❶ Bank	500,00
		❷ Ford. Dir.	1.000,00

Abschluss über die Gewinn- und Verlustrechnung

10 Schadenzahlungen

Jeder Versicherung werden täglich Versicherungsschäden gemeldet. Um schnell und effizient arbeiten zu können, regulieren Versicherungsagenturen Kleinschäden oft selbst. Hierzu haben sie eine **Regulierungsvollmacht** bis circa 1.000,00 €.

Alle Schäden, die darüber hinausgehen, müssen zuerst von der Direktion geprüft werden.

Für die Abwicklung eines Schadens geht die Versicherungsagentur meistens in Vorleistung, reguliert den Schaden bei dem/der Versicherungsnehmer/-in und holt sich dann das Geld in regelmäßigen Abständen von der Direktion wieder.

Keine Versicherungsagentur zahlt einen Schaden letztendlich aus eigener Kasse, sondern lässt sich dies von der Direktion erstatten.

Konten für die Schadenregulierung

Wird ein **Schaden** beglichen, nutzt man hierzu das **Konto Entschädigungen (Entsch.)**.

Beispiel

Die Versicherungsagentur reguliert einen Hausratschaden in Höhe von 2.000,00 € und überweist den Betrag an seinen Kunden bzw. seine Kundin.

Der Buchungssatz hierzu lautet:

❶ Entsch. **an** Bank 2.000,00 €

Kommen dann auch noch sonstige Kosten hinzu, die nötig waren, um den Schaden regulieren zu können (z. B. **Gutachterkosten, Kosten für einen Kostenvoranschlag**), dann wird das **Konto Regulierungsaufwand (RegA)** verwendet.

Beispiel

Für die Regulierung eines Wohngebäudeschadens sind Gutachterkosten in Höhe von 300,00 € entstanden, die die Versicherungsagentur überweist.

Der Buchungssatz hierzu lautet:

❷ RegA **an** Bank 300,00 €

Die beiden **Konten Entschädigungen und Regulierungsaufwand** sind **Sonderkonten** und dem eigentlichen Konto **Forderungen gegen Direktion untergeordnet**, denn letztlich zahlt die Direktion den Schaden.

Sie werden also **niemals in das GuV-Konto eingetragen**, sondern auf das Konto Forderungen gegen Direktion (Ford. Dir.).

Kontenbewegungen

Die Buchungssätze aus den beiden vorangegangen Beispielen werden nun wie im folgenden Beispiel gebucht.

S	Bank		H
		❶ Entsch.	2.000,00
		❷ RegA	300,00

Auch wenn das Konto „Regulierungsaufwand“ heißt, wird es trotzdem nicht über die GuV abgeschlossen!

S	Entsch.		H
❶ Bank	2.000,00	SB	2.000,00
	2.000,00		**2.000,00**

S	RegA		H
❷ Bank	300,00	SB	300,00
	300,00		**300,00**

Die Forderungen gegen die Direktion steigen somit.

S	Ford. Dir.		H
Entsch.	2.000,00		
RegA	300,00		

Zusammenfassung

Schadenzahlungen

- Alle Zahlungen, die in einem Zusammenhang mit Schäden stehen (Schadenzahlungen, Gutachterkosten usw.) werden über die beiden Konten **Entschädigungen (Entsch.)** und **Regulierungsaufwand (RegA)** gebucht.
- Diese beiden Konten sind Unterkonten des Kontos **Forderungen gegen Direktion (Ford. Dir.)**.
- Anschließend werden diese beiden Konten über das Konto **Forderungen gegen Direktion (Ford. Dir.)** abgeschlossen und **niemals direkt über das GuV-Konto**.
- Das Konto **Forderungen gegen Direktion (Ford. Dir.)** wird über das Schlussbilanzkonto abgeschlossen.

11 Privatkonto

Privatentnahmen

Selbstständige Versicherungsunternehmer/-innen erhalten kein Gehalt (Unternehmensformen: e. Kfm., OHG, KG usw.). Daher entnehmen Sie der Agentur Geld, die sogenannten Privatentnahmen.

Tätigt ein/-e Unternehmer/-in für den privaten Bereich Entnahmen von Geld oder Gütern, vermindert dies das Eigenkapital, hat aber nichts mit dem Unternehmen zu tun und verursacht daher auch keinen Verlust.

Somit wird das Konto GuV nicht beeinflusst!

Beispiel

Ein/-e Unternehmer/-in entnimmt 5.000,00 € monatlich, um seinen/ihren Lebensunterhalt zu bestreiten.

Er/sie zahlt sich sozusagen selbst ein Gehalt.

Die Folge ist eine **Minderung des Eigenkapitals**.

Privateinlagen

Bringt ein/-e Unternehmer/-in Geld oder Güter aus seinem/ihrem privaten Bereich in das Unternehmen ein, erhöht sich das Eigenkapital des Unternehmens.

Diese Einlagen sind jedoch nicht vom Unternehmen erwirtschaftet worden und stellen somit keinen Gewinn dar.

Somit wird auch in diesem Fall das GuV-Konto nicht beeinflusst.

Beispiel

Ein/-e Unternehmer/-in bringt einen Privatwagen in die Versicherungsagentur ein.

Die Folge ist eine **Erhöhung des Eigenkapitals**.

Das Konto **Privat** ist damit ein **Unterkonto** des Kontos **Eigenkapital** und hat damit Einfluss auf das Eigenkapital.

Da das Eigenkapitalkonto ein Passivkonto ist, stehen auch im Privatkonto **Minderungen im Soll** und **Mehrungen im Haben**.

S	Privat H
Privat**entnahme**	Privat**einlage**

Beispiel

Folgende Geschäftsfälle haben sich in der Versicherungsagentur Klee ereignet:

1. Herr Klee zahlt sich sein „Gehalt“ und nimmt dies von dem Bankkonto der Agentur: 5.000,00 €
2. Herr Klee hebt für private Zweck Geld vom Bankkonto ab: 300,00 €
3. Herr Klee bringt seinen privaten Pkw in die Agentur ein, Wert: 10.000,00 €
4. Herr Klee überweist vom Bankkonto den Kaufpreis für seine neue private Küche: 8.000,00 €
5. Vom Bankkonto der Agentur wird eine Tankrechnung für den Firmenwagen bezahlt: 200,00 €. Diesen Firmenwagen nutzt Herr Klee zu 30 % privat.

Die Buchungssätze lauten:

❶ Privat **an** Bank 5.000,00 €

❷ Privat **an** Bank 300,00 €

❸ Kfz **an** Privat 10.000,00 €

❹ Privat **an** Bank 8.000,00 €

❺ Privat 60,00 €
KfzA 140,00 € **an** Bank 200,00 €

Kontobewegungen nach Privatentnahmen und -einlagen

S	Bank H
	❶ Privat 5.000,00
	❷ Privat 300,00
	❹ Privat 8.000,00
	❺ Privat 60,00
	❺ KfzA 140,00

S	Kfz H
❸ Privat 10.000,00	

Die Konten **Bank** und **Kfz** sind Bestandskonten und werden über das Schlussbilanzkonto abgeschlossen.

S	KfzA		H
❺ KfzA	140,00		

Das Konto **KfzA** ist ein Erfolgskonto und wird über das GuV-Konto abgeschlossen.

S	Privat		H
❶ Bank	5.000,00	❸ Kfz	10.000,00
❷ Bank	300,00	**EK**	**3.360,00**
❹ Bank	8.000,00		
❺ Bank	60,00		
	13.360,00		**13.360,00**

S	Eigenkapital		H
Privat	3.360,00		

Das Konto **Privat** wird als Unterkonto des Eigenkapitalkontos über das Konto Eigenkapital abgeschlossen.
Da die Agentur Klee mehr Privatentnahmen als -einlagen hatte, wird das Eigenkapital gemindert.

Zusammenfassung

Privatkonto

- Alle Privatentnahmen oder Privateinlagen, die ein Unternehmer tätigt, werden zunächst über das Konto **Privat** gebucht.
- Das Konto **Privat** ist ein Unterkonto des Kontos **Eigenkapital (EK)**.
- Anschließend wird das Konto über das Konto **Eigenkapital (EK)** abgeschlossen.
- Sind die Entnahmen höher als die Einlagen, vermindert sich das Eigenkapital.
- Übersteigen die Einlagen die Entnahmen, erhöht sich das Eigenkapital.

12 Personalaufwendungen

Die meisten Versicherungsagenturen haben angestellte Versicherungsvertreter/-innen, die ein Gehalt beziehen.

Eine Versicherungsagentur hat zahlreiche Zahlungen monatlich für ihre Angestellten zu leisten. Hierzu zählen nicht nur der Nettolohn, der den Angestellten überwiesen wird, sondern auch sämtliche Sozialleistungen und Steuerabgaben.

Während der/die Versicherungsvertreter/-in lediglich den Nettolohn per Banküberweisung erhält, wird ihm/ihr gleichzeitig die Gehaltsabrechnung ausgehändigt, auf der er/sie nachvollziehen kann, welche Abzüge vom Bruttogehalt getätigt wurden.

12.1 Gehaltstarif

Grundlage der Gehaltsberechnung in einer Versicherungsagentur ist der Gehaltstarifvertrag für das private Versicherungsgewerbe.

Der Gehaltstarif ist in verschiedene Gehaltsgruppen von I bis VIII eingeteilt, je nachdem wie viele Kompetenzen ein/-e Mitarbeiter/-in für die Ausübung einer Tätigkeit benötigt.

Eine Gehaltssteigerung innerhalb der Gehaltsgruppe erfolgt dann im Laufe der Jahre durch die erlangte Berufserfahrung.

Beispiel

Benötigt ein/-e Mitarbeiter/-in für seine/ihre Tätigkeit nur eine kurze Einweisung wird er/sie in Gehaltsgruppe I eingeordnet.
Hat eine Tätigkeit hohe Anforderungen und trägt Die- oder Derjenige erweiterte Fach- und Führungsverantwortung, erfolgt die Einordnung in Gehaltsgruppe VI.

Gehaltstarifvertrag für das private Versicherungsgewerbe (Auszüge)

Gehaltstarifvertrag gültig seit 01.09.2022 (Beträge in €)								
Berufsjahr	**Gehaltsgruppe**							
	I	**II**	**III**	**IV**	**V**	**VI**	**VII**	**VIII**
im 1.	2.803,00	2.830,00	2.918,00	2.986,00	-	-	-	-
im 2. und 3.	-	2.987,00	2.998,00	3.112,00	-	-	-	-
im 4. und 5.	-	-	3.163,00	3.233,00	3.425,00	-	-	-
im 6. und 7.	-	-	3.331,00	3.353,00	3.548,00	3.741,00	3.940,00	-
im 8. und 9.	-	-	-	3.470,00	3.697,00	3.936,00	4.169,00	4.539,00
im 10. und 11.	-	-	-	3.590,00	3.859,00	4.135,00	4.409,00	4.851,00
im 12. und 13.	-	-	-	3.708,00	4.023,00	4.338,00	4.654,00	5.160,00
vom 14. an	-	-	-	-	4.191,00	4.539,00	4,890,00	5.473,00

Gehaltstarifvertrag gültig ab 01.09.2023 (Beträge in €)								
Berufsjahr	**Gehaltsgruppe**							
	I	**II**	**III**	**IV**	**V**	**VI**	**VII**	**VIII**
im 1.	2.859,00	2.887,00	2.976,00	3.046,00	-	-	-	-
im 2. und 3.	-	3.047,00	3.058,00	3.174,00	-	-	-	-
im 4. und 5.	-	-	3.226,00	3.298,00	3.494,00	-	-	-
im 6. und 7.	-	-	3.398,00	3.420,00	3.619,00	3.816,00	4.019,00	-
im 8. und 9.	-	-	-	3.539,00	3.771,00	4.015,00	4.252,00	4.630,00
im 10. und 11.	-	-	-	3.662,00	3.936,00	4.218,00	4.497,00	4.948,00
im 12. und 13.	-	-	-	3.782,00	4.103,00	4.423,00	4.747,00	5.263,00
vom 14. an	-	-	-	-	4.275,00	4.630,00	4,988,00	5.582,00

Vergütung für Auszubildende	gültig seit 01.09.2022 (in €)	gültig ab 01.09.2023 (in €)
im 1. Ausbildungsjahr	1.120,00	1.170,00
im 2. Ausbildungsjahr	1.195,00	1.245,00
im 3. Ausbildungsjahr	1.280,00	1.330,00

Eigene Darstellung nach Daten vom Arbeitgeberverband der Versicherungsunternehmen in Deutschland e. V. Den kompletten Gehaltstarifvertrag für das private Versicherungsgewerbe finden Sie als Download unter: https://www.agv-vers.de/fileadmin/doc/tarifvertraege_downloads/tarifvertraege/gehaltstarifvertrag_in_der_ab_02_04_2022_geltenden_Fassung.pdf

Beispiel

Seit dem 01.09.2022 erhält eine Versicherungsvertreterin mit achtjähriger Berufserfahrung und Gehaltsstufe V laut Gehaltstariftabelle 3.697,00 € (3.771,00 € ab dem 01.09.2023) brutto, während einer ihrer Kollegen mit lediglich vier Jahren Berufserfahrung und der Gehaltsstufe III nur 3.163,00 € (3.226,00 € ab dem 01.09.2023) verdient.

12.2 Vermögenswirksame Leistungen

Zusätzlich zum Tarifgehalt wird in der Versicherungsbranche den Arbeitnehmerinnen und Arbeitnehmern ein Betrag von monatlich 40,00 € für vermögenswirksame Leistungen (VL) ausgezahlt. Dies ist der höchste Beitrag, der hierfür genutzt werden kann und der Arbeitgeber zahlt diese zusätzlich zu dem Bruttogehalt des Arbeitnehmers. Im Vergleich dazu erhalten Beamte lediglich monatlich 6,50 € an vermögenswirksamen Leistungen.

Die vermögenswirksamen Leistungen werden in eine vom Arbeitnehmer ausgewählte Anlageform investiert.

Anlageformen für die vermögenswirksamen Leistungen sind in § 2 des Fünften Vermögensbildungsgesetzes geregelt. Hierzu zählen: *§ 2 VermBG*

- Kapitallebensversicherungen
- Bausparvertrag
- Aktienfondssparplan
- Banksparplan

Die vermögenswirksamen Leistungen von 40,00 € werden dem Bruttogehalt des Arbeitnehmers hinzugerechnet und dann am Ende vom Nettolohn wieder abgezogen. Dies bedeutet, dass die vermögenswirksamen Leistungen komplett versteuert werden und dass für sie auch Sozialabgaben entrichtet werden.

12.3 Steuern

12.3.1 Lohnsteuer

Definition

Der **Lohn** wird nach Stunden berechnet und findet überwiegend im gewerblichen Bereich Anwendung.
Das **Gehalt** ist ein fester monatlicher Betrag und findet in der Regel bei Angestellten Anwendung.
Die **Lohnsteuer** (die eigentlich Lohn- und Gehaltssteuer heißen müsste) wird sowohl bei Lohn- als auch bei Gehaltsempfängerinnen und -empfängern gleichermaßen angewendet.

Nahezu jede/-r Angestellte in Deutschland muss auf sein/ihr Gehalt Lohnsteuer (LSt) bezahlen.

Diese richtet sich nach der Höhe der Einkünfte, der Steuerklasse und möglicher Freibeträge. Der **Grundfreibetrag** ist lohnsteuerfrei und liegt bei Ledigen bei 10.908,00 € und bei Verheirateten und Lebenspartnerschaften bei 21.816,00 € (Stand: Januar 2023).

Die Lohnsteuer unterteilt sich in die **Lohnsteuerklassen I bis VI** und die Einstufung in eine dieser Klassen hängt von den persönlichen Lebensumständen der Arbeitnehmerin bzw. des Arbeitnehmers ab.

Lohnsteuerklassen	
Steuerklasse	**Personengruppen**
I	ledige, verwitwete, geschiedene sowie verheiratete Arbeitnehmer/-innen, die dauernd getrennt leben
II	Arbeitnehmer/-innen der Steuerklasse I mit mindestens einem Kind
III	verheiratete Arbeitnehmer/-innen, die nicht dauernd getrennt leben und deren Ehepartner/-innen keinen Arbeitslohn beziehen oder auf gemeinsamen Antrag in der Steuerklasse V eingestuft werden
IV	Verheiratete, beide sind Arbeitnehmer/-innen
V	Arbeitnehmer/-innen der Steuerklasse IV, wenn einer der Eheleute auf gemeinsamen Antrag in die Steuerklasse III eingestuft wird
VI	für eine zweite und alle weiteren Lohnsteuerkarten einer Arbeitnehmerin bzw. eines Arbeitnehmers, die/der Arbeitslohn von mehreren Arbeitgebern bezieht
Die vorgenannten Regelungen gelten nicht nur für Eheleute, sondern gleichermaßen auch für Lebenspartnerschaften.	

Jede/-r Arbeitnehmer/-in hat eine **Steueridentifikationsnummer (Steuer-ID)**, über die das **Bundeszentralamt für Steuern (BZSt)** alle nötigen Daten speichert, um die anfallende Steuer berechnen zu können.

Anmerkung zur Steuerklassenkombination

Verheiratete können, wenn beide arbeiten, die Steuerklassenkombination III/V oder auch IV + IV plus Faktor (Faktorverfahren) wählen. Zurzeit ist eine Steuerreform im Gespräch, die bereits im Juli 2023 umgesetzt werden soll.

Hierbei sollen die Steuerklassen 3 und 5 gestrichen werden, sodass Ehepaare nur noch Steuerklasse 4 wählen können und das Ehegattensplitting nicht mehr möglich ist. Dies sorgt dafür, dass beide Ehepartner jeweils den Lohnsteueranteil zahlen, den sie auch verdienen.

Die sinnvollste Kombination ist, wenn der besserverdienende Ehepartner die günstigere Steuerklasse III und der andere Ehepartner die teurere Steuerklasse V wählt. Verdienen beide ähnlich viel, sollte die Steuerklassenkombination IV / IV plus Faktor gewählt werden.

Steuerpflichtige Einnahmen

Grundsätzlich sind alle Einnahmen, die ein/-e Arbeitnehmer/-in aus seinem/ihrem Arbeitsverhältnis erzielt steuerpflichtig. Dies betrifft also nicht nur das Tarifgehalt, sondern auch

- Urlaubsgeld,
- Weihnachtsgeld,
- Zulagen,
- Zuschläge durch Überstunden und
- Beihilfen jeder Art.

Lohn/Gehalt bis €*	Abzüge an Lohnsteuer, Solidaritätszuschlag (SolZ) und Kirchensteuer (8%, 9%) in den Steuerklassen																							
	I – VI					I, II, III, IV																		
			ohne Kinderfreibeträge					mit Zahl der Kinderfreibeträge . . .																
								0,5			1			1,5			2			2,5			3	
		LSt	SolZ	8%	9%		LSt	SolZ	8%	9%	SolZ	8%	9%	SolZ	8%	9%	SolZ	8%	9%	SolZ	8%	9%	SolZ	8%	9%
3 491,99	I,IV	463,—	—	37,04	41,67	I	463,—	—	28,20	31,73	—	19,88	22,37	—	12,08	13,59	—	4,84	5,45	—	—	—	—	—	—
	II	363,83	—	29,10	32,74	II	363,83	—	20,73	23,32	—	12,87	14,48	—	5,54	6,23	—	0,03	0,03	—	—	—	—	—	—
	III	178,33	—	14,26	16,04	III	178,33	—	7,53	8,47	—	2,09	2,35	—	—	—	—	—	—	—	—	—	—	—	—
	V	833,50	—	66,68	75,01	IV	463,—	—	32,56	36,63	—	28,20	31,73	—	23,98	26,97	—	19,88	22,37	—	15,92	17,91	—	12,08	13,59
	VI	876,75	—	70,14	78,90																				
3 494,99	I,IV	463,75	—	37,10	41,73	I	463,75	—	28,26	31,79	—	19,94	22,43	—	12,12	13,64	—	4,88	5,49	—	—	—	—	—	—
	II	364,50	—	29,16	32,80	II	364,50	—	20,78	23,38	—	12,92	14,53	—	5,59	6,29	—	0,06	0,06	—	—	—	—	—	—
	III	178,83	—	14,30	16,09	III	178,83	—	7,57	8,51	—	2,12	2,38	—	—	—	—	—	—	—	—	—	—	—	—
	V	834,50	—	66,76	75,10	IV	463,75	—	32,61	36,68	—	28,26	31,79	—	24,03	27,03	—	19,94	22,43	—	15,96	17,96	—	12,12	13,64
	VI	877,75	—	70,22	78,99																				
3 497,99	I,IV	464,41	—	37,15	41,79	I	464,41	—	28,31	31,85	—	19,99	22,49	—	12,18	13,70	—	4,93	5,54	—	—	—	—	—	—
	II	365,16	—	29,21	32,86	II	365,16	—	20,83	23,43	—	12,97	14,59	—	5,63	6,33	—	0,09	0,10	—	—	—	—	—	—
	III	179,50	—	14,36	16,15	III	179,50	—	7,61	8,56	—	2,14	2,41	—	—	—	—	—	—	—	—	—	—	—	—
	V	835,50	—	66,84	75,19	IV	464,41	—	32,67	36,75	—	28,31	31,85	—	24,08	27,09	—	19,99	22,49	—	16,02	18,02	—	12,18	13,70
	VI	878,75	—	70,30	79,08																				
3 500,99	I,IV	465,25	—	37,22	41,87	I	465,25	—	28,37	31,91	—	20,04	22,55	—	12,22	13,75	—	4,97	5,59	—	—	—	—	—	—
	II	365,91	—	29,27	32,93	II	365,91	—	20,89	23,50	—	13,02	14,64	—	5,68	6,39	—	0,12	0,13	—	—	—	—	—	—
	III	180,16	—	14,41	16,21	III	180,16	—	7,65	8,60	—	2,18	2,45	—	—	—	—	—	—	—	—	—	—	—	—
	V	836,58	—	66,92	75,29	IV	465,25	—	32,73	36,82	—	28,37	31,91	—	24,14	27,16	—	20,04	22,55	—	16,07	18,08	—	12,22	13,75
	VI	879,83	—	70,38	79,18																				
3 503,99	I,IV	465,91	—	37,27	41,93	I	465,91	—	28,42	31,97	—	20,09	22,60	—	12,28	13,81	—	5,02	5,64	—	—	—	—	—	—
	II	366,58	—	29,32	32,99	II	366,58	—	20,94	23,56	—	13,07	14,70	—	5,72	6,44	—	0,14	0,16	—	—	—	—	—	—
	III	180,66	—	14,45	16,25	III	180,66	—	7,69	8,65	—	2,21	2,48	—	—	—	—	—	—	—	—	—	—	—	—
	V	837,58	—	67,—	75,38	IV	465,91	—	32,78	36,88	—	28,42	31,97	—	24,20	27,22	—	20,09	22,60	—	16,12	18,13	—	12,28	13,81
	VI	880,83	—	70,46	79,27																				
3 506,99	I,IV	466,66	—	37,33	41,99	I	466,66	—	28,48	32,04	—	20,14	22,66	—	12,32	13,86	—	5,06	5,69	—	—	—	—	—	—
	II	367,33	—	29,38	33,05	II	367,33	—	20,99	23,61	—	13,12	14,76	—	5,76	6,48	—	0,17	0,19	—	—	—	—	—	—
	III	181,33	—	14,50	16,31	III	181,33	—	7,73	8,69	—	2,25	2,53	—	—	—	—	—	—	—	—	—	—	—	—
	V	838,58	—	67,08	75,47	IV	466,66	—	32,84	36,95	—	28,48	32,04	—	24,25	27,28	—	20,14	22,66	—	16,17	18,19	—	12,32	13,86
	VI	881,83	—	70,54	79,36																				
3 509,99	I,IV	467,41	—	37,39	42,06	I	467,41	—	28,54	32,10	—	20,20	22,72	—	12,38	13,92	—	5,10	5,74	—	—	—	—	—	—
	II	368,08	—	29,44	33,12	II	368,08	—	21,05	23,68	—	13,17	14,81	—	5,81	6,53	—	0,20	0,22	—	—	—	—	—	—
	III	181,83	—	14,54	16,36	III	181,83	—	7,77	8,74	—	2,28	2,56	—	—	—	—	—	—	—	—	—	—	—	—
	V	839,66	—	67,17	75,56	IV	467,41	—	32,90	37,01	—	28,54	32,10	—	24,30	27,34	—	20,20	22,72	—	16,22	18,25	—	12,38	13,92
	VI	882,91	—	70,63	79,46																				

Quelle: Stollfuß Tabellen, Gesamtabzug 2023, Monat, Allgemeine Tabelle, 112. Auflage, Stollfuß Medien, Bonn 2023, S. T 55.

Beispiel

Ein/-e angestellte/-r Versicherungsvertreter/-in mit einem Einkommen von 3.500,00 € brutto und der Lohnsteuerklasse I zahlt 465,25 € Lohnsteuer, während ein/-e verheiratete/-r Angestellte/-r mit Lohnsteuerklasse III lediglich 180,16 € bezahlt.

Steuerermäßigung durch Steuerfreibetrag

Beim Finanzamt kann unter bestimmten Voraussetzungen ein Antrag auf Lohnsteuerermäßigung gestellt werden.

Ermäßigungsgründe können sein:

- außergewöhnliche Belastungen (Unterstützung von Angehörigen, Ausbildungsfreibetrag für Kinder)
- Behinderung
- erhöhte Sonderausgaben
  - Vorsorgeaufwendungen (Versicherungsbeiträge)
  - Unterhaltsleistungen
  - Kinderbetreuungskosten
- erhöhte Werbungskosten
  - Hierzu zählen alle Aufwendungen, die ein Arbeitnehmer machen muss, um seine Tätigkeit ausüben zu können, z. B. Fahrtkosten oder Arbeitskleidung.

Beim Vorliegen einer oder mehrerer der vorgenannten Ermäßigungsgründe wird ein **Freibetrag** unter der persönlichen Steuer-ID der Arbeitnehmerin bzw. des Arbeitnehmers eingetragen. Auf diesen Betrag muss dann **keine Lohnsteuer** gezahlt werden. Das Bruttoentgelt wird für die Lohnsteuerberechnung um diesen Betrag gemindert, allerdings nicht für die Berechnung der Sozialversicherungsbeiträge. Durch den Steuerfreibetrag steigt das Nettogehalt der Arbeitnehmerin bzw. des Arbeitnehmers.

12.3.2 Kirchensteuer

Jede/-r Angestellte, die/der Mitglied einer Kirche ist, muss Kirchensteuer (KiSt) bezahlen. Dieser Betrag von **8 % in Baden-Württemberg und Bayern** beziehungsweise **9 % in allen anderen Bundesländern** wird von der Lohnsteuer berechnet.

Angestellte mit Kindern erhalten Kinderfreibeträge, die auch bei der Kirchensteuer berücksichtigt werden. Diese sind in die Lohnsteuertabelle bei der Kirchensteuer eingerechnet und verringern die Beträge.

Beispiel Zahlt ein/-e Angestellte/-r aus Köln (NRW) auf sein/ihr Bruttogehalt 500.00 € Lohnsteuer, so errechnet sich hieraus folgende Kirchensteuer: 500.00 € · 9 % = **45,00 €**.

12.3.3 Solidaritätszuschlag

Der Solidaritätszuschlag (SolZ) wurde ab dem 01.01.2021 gestrichen, wenn der monatliche Lohnsteuerbetrag 1.413,00 € bei ledigen Arbeitnehmerinnen und Arbeitnehmern nicht übersteigt. Dies entspricht einem Jahreseinkommen von etwa 75.000,00 €. Für Verheiratete verdoppeln sich diese Beträge. Oberhalb dieser Beträge steigt der Solidaritätszuschlag langsam an, bis er 5,5 % der Lohnsteuer beträgt.

12.4 Gesetzliche Sozialversicherungen

Jede/-r angestellte Versicherungsvertreter/in ist in Deutschland gesetzlich sozialversichert.

Die gesetzliche Sozialversicherung besteht aus den Versicherungszweigen

- Krankenversicherung (GKV)
- Pflegeversicherung (GPV)
- Rentenversicherung (GRV)
- Arbeitslosenversicherung (ALV)

Die Beiträge hierzu zahlt jede/-r Arbeitnehmer/-in (AN) zur Hälfte[1], während die andere Hälfte der Arbeitgeber (AG) trägt.

Die Sozialversicherungsbeiträge richten sich nach einem festen **Beitragssatz**, der vom Bruttoentgelt berechnet wird. So zahlt jeder Arbeitnehmer den gleichen Prozentsatz für die Sozialversicherung.

Die Beiträge für die gesetzliche Unfallversicherung, die ebenfalls zu den gesetzlichen Sozialversicherungen gehört, trägt der Arbeitgeber alleine.

Beitragsbemessungsgrenze

In den Sozialversicherungszweigen GKV, GPV, GRV und ALV werden die Beiträge bis zur Beitragsbemessungsgrenze (BBG) erhoben. Einkünfte, die oberhalb dieser Grenze liegen, werden nicht mehr mit Versicherungsbeiträgen belegt.

Versicherungspflichtgrenze

In der Kranken- und Pflegeversicherung gibt es neben der Beitragsbemessungsgrenze noch eine Versicherungspflichtgrenze (auch Jahresarbeitsentgeltgrenze [JAEG]). Arbeitnehmer/-innen, deren Einkommen oberhalb dieser Grenze liegen, sind nicht mehr pflichtversichert und können sich entweder bei einer gesetzlichen Krankenversicherung freiwillig oder in einer privaten Krankenversicherung versichern. Da die GPV immer der GKV folgt, gilt diese Möglichkeit für beide Versicherungszweige.

1 Es gibt einige Ausnahmen bei der Pflegeversicherung, bei denen der AN mehr als die Hälfte der Beiträge zahlt, siehe hierzu weiter unten die Tabelle mit den Sozialversicherungsdaten sowie die Beispiele 2 und 3.

Sozialversicherungsdaten ab 01.07.2023				
(Beträge in €)			West	Ost
Rentenversicherung				
Beitragsbemessungsgrenze		jährlich	87.600,00	85.200,00
		monatlich	7.300,00	7.100,00
Beitragssatz			18,6 %	
Höchstbeitrag	AG(9,3 %)	monatlich	678,90	660,30
	AN (9,3 %)	monatlich	678,90	660.30
Arbeitslosenversicherung				
Beitragsbemessungsgrenze		jährlich	87.600,00	85.200,00
		monatlich	7.300,00	7.100,00
Beitragssatz			2,6 %	
Höchstbeitrag	AG (1,3 %)	monatlich	94,90	92,30
	AN (1,3 %)	monatlich	94,90	92,30
Krankenversicherung				
Versicherungspflichtgrenze (Jahresarbeitsentgeltgrenze)		jährlich	66.600,00	
		monatlich	5.550,00	
Arbeitnehmer, die ein Jahr lang mehr als die Versicherungspflichtgrenze verdienen, können in die private Krankenversicherung wechseln.				
Beitragsbemessungsgrenze		jährlich	59.850,00	
		monatlich	4.987,50	
Beitragssatz			14,6 %	
Höchstbeitrag	AG (7,3 %)	monatlich	364,09	
	AN (7,3 %)	monatlich	364,09	
Die gesetzlichen Krankenkassen können einen kassenindividuellen Zusatzbeitrag erheben, der bei durchschnittlich 1,6 % liegt. Dieser Beitrag wird ebenfalls jeweils hälftig von AG und AN getragen.				
Höchstbeitrag (beim Durchschnittsbeitrag) AG (0,8 %)		monatlich	39,90	
Höchstbeitrag (beim Durchschnittsbeitrag) AN (0,8 %)		monatlich	39,90	
Pflegeversicherung				
Versicherungspflichtgrenze (Jahresarbeitsentgeltgrenze)		jährlich	66.600,00	
		monatlich	5.550,00	
Beitragsbemessungsgrenze		jährlich	59.850,00	
		monatlich	4.987,50	

Beitragssätze (Die Beitragssätze sind ab dem 01.07.2023 nach der Anzahl der Kinder gestaffelt.)

	Gesamtbeitragssatz	**Beitragssatz AN**	**Höchstbeitrag AN**
AN ab dem 23. Lebensjahr ohne Kinder	4,00 %	2,30 %	114,71 €
AN unter dem 23. Lebensjahr oder mit 1 Kind	3,40 %	1,70 %	84,79 €
AN mit 2 Kindern	3,15 %	1,45 %	72,32 €
AN mit 3 Kindern	2,90 %	1,20 %	59,95 €
AN mit 4 Kindern	2,65 %	0,95 %	47,38 €
AN ab 5 Kindern	2,40 %	0,70 %	34,91 €

Der Beitragssatz des AG beträgt generell 1,7 % (Höchstbeitrag 84,79 €).

Der in der Tabelle bereits eingerechnete Beitragsnachlass in Höhe von 0,25 %-Punkten ab dem 2. Kind entfällt, sobald das jeweilige Kind das 25. Lebensjahr vollendet hat.

Sonderregelung für Sachsen: Der Beitragssatz des AG beträgt generell 1,2 %.
Die Beitragssätze der AN erhöhen sich jeweils um 0,5 %-Punkte.

Beispiel 1

Peter Weinmann, Angestellter einer Agentur der Proximus Versicherung AG in Düsseldorf, 35 Jahre alt, ein Kind, zahlt bei einem Bruttoeinkommen in Höhe von 3.500,00 € folgende Sozialversicherungsbeiträge:

Sozialversicherung (SV)	Beitragssatz	SV-Beiträge
Krankenversicherung	7,3 % + Zusatzbeitrag 0,8 %	283,50 €
Pflegeversicherung	1,7 %	59,50 €
Rentenversicherung	9,3 %	325,50 €
Arbeitslosenversicherung	1,3 %	45,50 €
Gesamt		**714,00 €**

Der Arbeitgeber bezahlt ebenfalls noch einmal den gleichen Beitrag von insgesamt 714,00 € an Sozialversicherungsbeiträgen.

Beispiel 2

Petra Weinmann, die Zwillingsschwester von Peter Weinmann, ist ebenfalls Angestellte einer Agentur der Proximus Versicherung AG in Düsseldorf, 35 Jahre alt, keine Kinder, zahlt bei einem Bruttoeinkommen in Höhe von 3.500,00 € folgende Sozialversicherungsbeiträge:

Sozialversicherung (SV)	Beitragssatz	SV-Beiträge
Krankenversicherung	7,3 % + Zusatzbeitrag 0,8 %	283,50 €
Pflegeversicherung	2,3 %	80,50 €
Rentenversicherung	9,3 %	325,50 €
Arbeitslosenversicherung	1,3 %	45,50 €
Gesamt		**735,00 €**

Da Petra Weinmann keine Kinder hat und älter als 23 Jahre ist, zahlt sie für die Pflegeversicherung einen Zusatzbeitrag in Höhe von 0,6 %, den sie alleine tragen muss und somit insgesamt 2,3 % zahlt.

Der Arbeitgeber bezahlt 1,7 % für die Pflegeversicherung und damit insgesamt 714,00 € an Sozialversicherungsbeiträgen.

Beispiel 3

Annika Berg ist Angestellte einer Agentur der Proximus Versicherung AG in Mainz (RLP), 42 Jahre alt, keine Kinder, zahlt bei einem Bruttoeinkommen in Höhe von 5.500,00 € folgende Sozialversicherungsbeiträge:

Sozialversicherung (SV)	Beitragssatz	SV-Beiträge
Krankenversicherung	7,3 % plus Zusatzbeitrag 0,8 % (BBG 4.987,50 €)	403,99 €
Pflegeversicherung	2,3 % (BBG 4.987,50 €)	114,71 €
Rentenversicherung	9,3 %	511,50 €
Arbeitslosenversicherung	1,3 %	71,50 €
Gesamt		**1.101,70 €**

Das Einkommen von Annika Berg liegt oberhalb der BBG für die GKV und die GPV, deshalb zahlt sie jeweils den Höchstbeitrag und für das Einkommen oberhalb der BBG werden keine Beiträge mehr erhoben.

Da ihr Einkommen allerdings unterhalb der für die GRV und die ALV geltenden BBG liegt, zahlt sie für diese beiden Versicherungszweige jeweils die Beiträge aus ihrem kompletten Bruttoeinkommen.

Da Annika Berg keine Kinder hat und älter als 23 Jahre ist, zahlt sie für die Pflegeversicherung einen Zusatzbeitrag in Höhe von 0,6 %, den sie alleine tragen muss.

Der Arbeitgeber bezahlt 1.071,78 € an Sozialversicherungsbeiträgen.

Beispiel 4

Tobias Schlosser ist angestellter Abteilungsleiter der Proximus Versicherung AG in Wiesbaden (Hessen), 59 Jahre alt, zwei Kinder, zahlt bei einem Bruttoeinkommen in Höhe von 7.900,00 € folgende Sozialversicherungsbeiträge:

Sozialversicherung (SV)	Beitragssatz	SV-Beiträge
Krankenversicherung	7,3 % plus Zusatzbeitrag 0,8 % (BBG 4.987,50 €)	403,99 €
Pflegeversicherung	1,45 % (BBG 4.987,50 €)	72,32 €
Rentenversicherung	9,3 % (BBG 7.300,00 €)	678,90 €
Arbeitslosenversicherung	1,3 % (BBG 7.300,00 €)	94,90 €
Gesamt		**1.250,11 €**

Das Einkommen von Tobias Schlosser liegt oberhalb der BBG für die GKV und die GPV, deshalb zahlt er jeweils den Höchstbeitrag und für das Einkommen oberhalb der BBG werden keine Beiträge mehr erhoben. Außerdem zahlt er aufgrund der beiden Kinder einen niedrigeren Beitrag für die Pflegeversicherung.

Das Einkommen liegt auch oberhalb der BBG für die GRV und die ALV, deshalb zahlt er auch hier jeweils den Höchstbeitrag und für das Einkommen oberhalb der BBG werden keine Beiträge mehr erhoben.

Der Arbeitgeber bezahlt 1.262,58 € an Sozialversicherungsbeiträgen.

12.5 Berechnungsschema der Gehaltsabrechnung

Gehaltsabrechnungen werden nach folgendem Schema berechnet:

Bruttogehalt
\+ Arbeitgeberzuschuss VL ❶
= **sozialversicherungspflichtiges und steuerpflichtiges Bruttoeinkommen** ❷
– Lohnsteuer (LSt) ❸
– Kirchensteuer (KiSt) ❹
– Solidaritätszuschlag (SolZ, falls er anfällt) ❹
– Rentenversicherung (GRV) ❺
– Arbeitslosenversicherung (ALV) ❺
– Krankenversicherung (GKV) ❺
– Pflegeversicherung (GPV) ❻
= Nettogehalt
– vermögenswirksame Leistungen (VL) ❻
= **Auszahlungsbetrag**

Erläuterungen zum Berechnungsschema

❶ Für die VL sind ebenfalls Steuern und Sozialabgaben zu entrichten. Falls ein AG nicht den vollen Betrag bezuschusst, kann der/die Arbeitnehmer/-in dennoch den vollen Betrag auf seine/ihre gewählte Sparform einzahlen. An dieser Stelle wird der vom AG übernommene Betrag eingetragen.

❷ Aus dem steuerpflichtigen Bruttoeinkommen wird die Lohnsteuer berechnet.
Vorsicht: Wenn ein Steuerfreibetrag eingetragen ist, reduziert sich für die Berechnung dieser Betrag um den Freibetrag.
Für die Berechnung der Sozialabgaben ist immer dieser Betrag ohne Berücksichtigung eines Freibetrages maßgebend. In solchen Fällen unterscheiden sich also das steuerpflichtige und das sozialversicherungspflichtige Bruttoeinkommen.

❸ Die Lohnsteuer kann man mit der Steuerformel berechnen. In der Praxis werden allerdings meistens Steuertabellen verwendet. Alternativ kann die Lohnsteuer auch bequem unter https://www.bmf-steuerrechner.de/ berechnet werden. In der Regel weichen die Beträge im Centbereich voneinander minimal ab.

❹ Die Kirchensteuer wird aus der Lohnsteuer berechnet (8 % oder 9 % je nach Bundesland).
Falls ein Solidaritätszuschlag anfällt, beträgt dieser bis zu 5,5 % aus der Lohnsteuer.
Wird die Lohnsteuer mit dem in ❸ genannten Steuerrechner berechnet, errechnet dieser auch KiSt und SolZ.

❺ GRV, ALV, GKV und GPV werden aus dem sozialversicherungspflichtigen Bruttoeinkommen berechnet.
Bei GKV sind die Zusatzbeiträge je nach Versicherer unterschiedlich hoch.
Bei der GPV ist der Zusatzbeitrag für Kinderlose zu beachten.
Vorsicht: Immer die Beitragsbemessungsgrenzen für GKV/GPV und GRV/ALV beachten.

❻ Hier wird der Sparbeitrag abgezogen, der in die von dem/der Arbeitnehmer/-in gewählte Anlageform eingezahlt werden soll. Die Überweisung in den Sparvertrag übernimmt der AG.

Beispiel

Gehaltsabrechnung

Von Lisa Kempinski liegen folgende Daten vor:

- Bruttogehalt: 3.500,00 €
- Steuerklasse: I
- Alter: 35 Jahre
- Wohnort: Köln
- Konfession: römisch-katholisch
- Kinder: keine
- VL AG-Anteil: 40,00 €
- Zusatzbeitrag in der GKV: 0,5 %

Bruttogehalt	3.500,00 €
+ VL AG-Anteil	40,00 €
= sozialversicherungspflichtiges und steuerpflichtiges Bruttoeinkommen	3.540,00 €
– LSt	475,66 €
– KiSt 9 % aus der LSt	42,80 €
– GRV 9,3 %	329,22 €
– ALV 1,3 %	46,02 €
– GKV 7,3 %+ 0,5 % Zusatzbeitrag	276,12 €
– GPV 1,7 % + 0,6 % Zusatzbeitrag (kinderlos)	81,42 €
= Nettogehalt	2.288,76 €
– VL	40,00 €
= Auszahlungsbetrag	**2.248,76 €**

Gehaltsabrechnung mit und ohne Steuerfreibetrag — Beispiel

Von Lars Wagner liegen folgende Daten vor:
- Bruttogehalt: 5.000,00 €
- Steuerklasse: I
- Steuerfreibetrag: 300,00 €
- Alter: 42 Jahre
- Wohnort: Hamburg
- Konfession: evangelisch
- Kinder: keine
- VL AG-Anteil: 40,00 €
- Zusatzbeitrag in der GKV: 0,8 %

	Berechnung **mit** Steuerfreibetrag	Berechnung **ohne** Steuerfreibetrag
Bruttogehalt	5.000,00 €	5.000,00 €
+ VL AG-Anteil	40,00 €	40,00 €
= sozialversicherungspflichtiges Bruttoeinkommen	5.040,00 €	5.040,00 €
– Steuerfreibetrag	300,00 €	0,00 €
= steuerpflichtiges Bruttoeinkommen	4.740,00 €	5.040,00 €
– LSt	797,08 €	886,16 €
– KiSt 9 % aus der LSt	71,73 €	79,75 €
– GRV 9,3 %	468,72 €	468,72 €
– ALV 1,3 %	65,52 €	65,52 €
– GKV 7,3 %+ 0,8 % Zusatzbeitrag	403,99 €	403,99 €
– GPV 1,7 % + 0,6 % Zusatzbeitrag (kinderlos)	114,71 €	114,71 €
= Nettogehalt	3.118,25 €	3.021,15 €
– VL	40,00 €	40,00 €
= Auszahlungsbetrag	**3.078,25 €**	**2.981,15 €**

Demnach stehen Lars Wagner monatlich **97,10 €** mehr zur Verfügung.
Einen Steuerfreibetrag sollte man aber nur eintragen lassen, wenn man z. B. hohe Werbungskosten im Jahr absetzen kann. Falls die tatsächlich angefallenen Kosten deutlich niedriger sind als der eingetragene Steuerfreibetrag, führt dies zu einer Steuernachzahlung.

Zusammenfassung

Abrechnung	Anmerkungen
Bruttogehalt	· Gewerkschaft Verdi · Gehaltstarifvertrag für das private Versicherungsgewerbe · Einteilung nach Berufsjahren und Tätigkeiten in die Gehaltsgruppe I bis VIII
+ VL AG-Anteil	· tarifvertraglich werden auch vermögenswirksame Leistungen gewährt (40,00 € monatlich AG-Anteil)
= sozialversicherungspflichtiges und steuerpflichtiges Bruttoeinkommen	· Falls ein Steuerfreibetrag eingetragen ist, reduziert sich das steuerpflichtige Bruttoeinkommen. · Das sozialversicherungspflichtige Bruttoeinkommen bleibt in diesen Fällen unverändert.
– Lohnsteuer	· Festlegung nach Lohnsteuerformel, Lohnsteuertabelle oder Steuerrechner nach dem Einkommensteuergesetz (EStG) · Mithilfe der Steuer-Identifikationsnummer (Steuer-ID) und dem Geburtsdatum des Arbeitnehmers kann der Arbeitgeber die Daten abrufen. · Die Höhe der Lohnsteuer wird vom Arbeitgeber ermittelt, einbehalten und an das Finanzamt abgeführt. · Für die Ermittlung der Lohnsteuer wird die Lohnsteuerklasse sowie die Anzahl der Kinderfreibeträge benötigt.
– Solidaritätszuschlag	· Seit 2021 zahlen den SolZ nur noch Besserverdienende. · Kein SolZ für Alleinstehende, die 75.000,00 € Jahreseinkommen nicht überschreiten (Verheiratete: 150.000,00 €). · Zuschlagssteuer (Ergänzungssteuer) von bis zu 5,5 % auf die Lohnsteuer
– Kirchensteuer	· Zuschlagssteuer von 9 % auf die Lohnsteuer (Ausnahme Bayern u. Baden-Württemberg 8 %) · Wird nur erhoben, wenn die/der Steuerpflichtige Kirchenmitglied ist.
– Rentenversicherung	· Träger: Deutsche Rentenversicherung · Versicherungspflicht: alle Arbeitnehmer/-innen, Azubis · Beiträge werden bis zur Beitragsbemessungsgrenze erhoben.
– Arbeitslosenversicherung	· Träger: Bundesagentur für Arbeit · Versicherungspflicht: alle Arbeitnehmer/-innen, Azubis · Beiträge werden bis zur Beitragsbemessungsgrenze erhoben.
– Krankenversicherung	· Träger: AOK, Innungs-, Betriebs-, Ersatzkrankenkassen · Versicherungspflicht: alle Arbeitnehmer/-innen bis zur Versicherungspflichtgrenze (Jahresarbeitsentgeltgrenze) · Beiträge werden bis zur Beitragsbemessungsgrenze erhoben.
– Pflegeversicherung	· Träger: Pflegekassen bei den Krankenkassen · Versicherungspflicht: alle Arbeitnehmer/-innen bis zur Versicherungspflichtgrenze (Jahresarbeitsentgeltgrenze) · Beiträge werden bis zur Beitragsbemessungsgrenze erhoben.
= Nettogehalt	
– VL	· Geldleistungen, die der Arbeitgeber für den/die Arbeitnehmer/-in aus dem Gehalt in verschiedene Anlageformen überweist
= Auszahlungsbetrag	· Dieser Betrag wird an den/die Arbeitnehmer/-in überwiesen.

Unfallversicherung	· Träger ist die Berufsgenossenschaft · Wird von dem Arbeitgeber alleine getragen. · Der Beitragssatz wird nach den Unfallgefahren ermittelt.

12.6 Buchungen im Personalbereich

Die Versicherungsagentur Klee muss nun auch die gezahlten Gehälter, die Sozialversicherungsbeiträge sowie die Steuerabzüge buchhalterisch festhalten.

Hierfür werden die Konten

- Gehälter
- Verbindlichkeiten beim Sozialversicherungsträger (Verb. SV)
- Verbindlichkeiten beim Finanzamt (Verb. FA)
- sozialer Aufwand (soz. A)
- Bank

benötigt.

Vorgehensweise bei der Verbuchung von Gehaltsabrechnungen

- Das **Bruttogehalt** wird auf dem Aufwandskonto **Gehälter** gebucht
- Die **Lohnsteuer und die Kirchensteuer** werden zum 10. des Folgemonats vom Arbeitgeber an das Finanzamt überwiesen. Hierzu nutzt er das Konto **Verbindlichkeiten beim Finanzamt (Verb.FA)**.
- Der **Arbeitnehmeranteil für die Sozialversicherungsbeiträge** wird vom Arbeitgeber einbehalten, auf dem Konto **Verbindlichkeit beim Sozialversicherungsträger (Verb.SV)** gebucht und bis spätestens zum drittletzten Bankarbeitstag des laufenden Monats gezahlt.
- Der **Arbeitgeberanteil für die Sozialversicherungsbeiträge** wird auf dem Konto **sozialer Aufwand (soz. A)** gebucht. Hier ist zu beachten, dass es einen Arbeitgeber- und einen Arbeitnehmeranteil gibt, da der Arbeitgeber ebenfalls noch einmal die Hälfte der Sozialversicherungsbeiträge bezahlt. Zudem muss berücksichtigt werden, dass der Arbeitgeber nicht den Zusatzbeitrag zur Pflegeversicherung trägt. Sollte der/die Angestellte kinderlos sein, trägt diese/-r diesen Zusatzbeitrag alleine.
- Der Arbeitgeber führt die vermögenswirksamen Leistungen an das von dem/der Arbeitnehmer/-in ausgesuchte Anlageinstitut per Banküberweisung ab.

Beispiel

Aus der Gehaltsabrechnung von Lisa Kempinski ergeben sich folgende Daten

Gehaltsabrechnung Lisa Kempinski	
Bruttogehalt	3.500,00 €
+ VL AG-Anteil	40,00 €
= sozialversicherungspflichtiges und steuerpflichtiges Bruttoeinkommen	3.540,00 €
– LSt	475,66 €
– KiSt 9 % aus der LSt	42,80 €
– GRV 9,3 %	329,22 €
– ALV 1,3 %	46,02 €
– GKV 7,3 %+ 0,5 % Zusatzbeitrag	276,12 €
– GPV 1,7 % + 0,6 % Zusatzbeitrag (kinderlos)	81,42 €
= Nettogehalt	2.288,76 €
– VL	40,00 €
= Auszahlungsbetrag	**2.248,76 €**

Da Lisa Kempinski kinderlos und über 23 Jahre alt ist, zahlt sie für die Pflegeversicherung einen Zusatzbetrag in Höhe von 0,60 %, den sie alleine tragen muss. Somit ergeben sich für den Arbeitnehmer- und den Arbeitgeberanteil unterschiedliche Werte.

Sozialversicherungsbeiträge			
Arbeitnehmeranteil		**Arbeitgeberanteil**	
GRV 9,3 %	329,22 €	GRV 9,3 %	329,22 €
ALV 1,3 %	46,02 €	ALV 1,3 %	46,02 €
GKV 7,3 %+ 0,5 % Zusatzbeitrag	276,12 €	GKV 7,3 %+ 0,5 % Zusatzbeitrag	276,12 €
GPV 1,7 % + 0,6 % Zusatzbeitrag (kinderlos)	81,42 €	GPV 1,7 %	60,18 €
Summe	732,78 €	Summe	711,54 €

Die zu entrichtenden Steuerbeträge von Lisa Kempinski betragen 518,46 € (475,66 € LSt + 42,80 € KiSt).

Für den vorliegenden Fall ergeben sich somit folgende Buchungssätze:

❶ Gehälter	3.540,00 €	**an**	Verb. FA	518,46 €
			Verb. SV	732,78 €
			Bank	40,00 €
			Bank	2.248,76 €

❷ soz. A **an** Verb. SV 711,54 €

Kontobewegungen bei der Gehaltsbuchung

S	Bank		H
		❶ Gehälter	2.248,76
		❶ Gehälter	40,00

Die drei Konten **Bank, Verb. SV und Verb. FA** sind Bestandskonten und werden über das Schlussbilanzkonto abgeschlossen.

S	Verb. SV		H
		❶ Gehälter	732,78
		❷ Soz. A	711,54

S	Verb. FA		H
		❶ Gehälter	518,46

S	soz. A		H
❷ Verb. SV	711,54		

Das Konto **soz. A** ist ein Erfolgskonto und wird über das Gewinn-und Verlustkonto abgeschlossen.

Für den vorliegenden Fall ergeben sich hieraus folgende Abschlussbuchungen:

GuV **an** soz. A 711,54 €

SBK 4.251,54 €	**an**	Bank.	2.288,76 €
		Verb. SV	1.444,32 €
		Verb. FA	518,46 €

12.7 Zahlung eines Gehaltsvorschusses

Sollte die Agentur an eine/-n Untervertreter/-in einen Gehaltsvorschuss zahlen, muss dies buchhalterisch ebenfalls festgehalten werden.

Beispiel

Der Mitarbeiterin Lisa Kempinski (Gehaltsabrechnung siehe Beispiel im vorangehenden Kapitel) wird ein Vorschuss von 300,00 € auf ihr Gehalt gewährt und überwiesen.

Der Buchungssatz für diesen Vorgang lautet:

Ford. AN **an** Bank 300,00 €

Da Lisa Kempinski Geld bekommt, das ihr noch nicht zusteht, muss das Aktivkonto **Forderungen gegen Arbeitnehmer (Ford. AN)** benutzt werden.

Wenn nun das Gehalt von Lisa Kempinski gezahlt wird, müssen der bereits gebuchte Vorschuss von 300,00 € und die damit verbundene Forderung ausgebucht werden damit diese gelöscht ist.

Für den vorliegenden Fall ergeben sich folgende Buchungssätze:

❶ Gehälter	3.540,00 €	**an**	Verb. FA	518,46 €
			Verb. SV	732,78 €
			Bank	40,00 €
			Bank	1.948,76 €
			Ford. AN	300,00 €

❷ soz. A **an** Verb. SV 711,54 €

Nach diesen Buchungen ist das Konto **Forderungen gegen Arbeitnehmer (Ford. AN)** wieder ausgeglichen und sieht wie folgt aus:

S	**Ford. AN**		**H**
Bank	300,00	Gehälter	300,00

13 Abschreibungen

Beispiel

Die Versicherungsagentur Klee kaufte vor sechs Jahren einen Firmenwagen für 20.000,00 € per Banküberweisung.

Der Buchungssatz hierzu lautete damals:

Kfz **an** Bank 20.000,00 €

Das Konto Kfz sieht also seitdem folgendermaßen aus:

S	**Kfz**		**H**
KFZ	20.000,00	SB	20.000,00
	20.000,00		**20.000,00**

Allerdings ist der Firmenwagen inzwischen deutlich weniger wert!

13.1 Notwendigkeit der Abschreibung

Um die Vermögenslage einer Versicherungsagentur richtig darzustellen, müssen die **Wertminderungen der Anlagegüter** (Ausnahme: Grundstücke) erfasst und in der Buchführung entsprechend berücksichtigt werden.

Eine Abschreibung betrifft in einer Versicherungsagentur **Gebäude, Firmenfahrzeuge, Büroausstattung und geringwertige Wirtschaftsgüter**.

Ursachen für die Wertminderung

Für die Wertminderung von Anlagegütern gibt es zahlreiche Gründe:

- technische Wertminderung (technischer Verschleiß)
- wirtschaftliche Wertminderung (technischer Fortschritt, neue Standards)
- außergewöhnliche Wertminderungen (höhere Gewalt, Fehlbedienung usw.)

Beispiel (Fortsetzung)

Der Firmenwagen, der bereits seit sechs Jahren genutzt und gefahren wird, hat inzwischen erheblich an Wert verloren. Dies wurde bisher noch nicht berücksichtigt und muss am **Ende des Jahres** durch eine **Abschreibung**, also die **Berücksichtigung der Wertminderung, korrigiert werden**.

13.2 Berechnung des Abschreibungsbetrages

Bewertungsmaßstab für die Abschreibung sind die Anschaffungskosten.

§

Bewertungsmaßstäbe § 255 Abs. 1 HGB

(1) Anschaffungskosten sind die Aufwendungen, die geleistet werden, um einen Vermögensgegenstand zu erwerben und ihn in einen betriebsbereiten Zustand zu versetzen, soweit sie dem Vermögensgegenstand einzeln zugeordnet werden können. Zu den Anschaffungskosten gehören auch die Nebenkosten sowie die nachträglichen Anschaffungskosten. Anschaffungspreisminderungen, die dem Vermögensgegenstand einzeln zugeordnet werden können, sind abzusetzen.

Rechenschema für die Ermittlung der Anschaffungskosten

Anschaffungspreis (Listenpreis)
+ Anschaffungsnebenkosten
– Anschaffungspreisminderungen
+ Umsatzsteuer
= Anschaffungskosten

Beispiel

Am 01.01.2023 hat die Versicherungsagentur Klee einen neuen Firmenwagen gekauft.

Folgende Rechnung liegt dazu vor:

Fahrzeugpreis	22.250,00 €
+ Überführungskosten	750,00 €
+ Sonderausstattung	3.900,00 €
+ Tankfüllung	100,00 €
= Anschaffungswert	27.000,00 €
+ 19 % Umsatzsteuer	5.130,00 €
= Bruttopreis	**32.130,00 €**

Ermittlung der Anschaffungskosten

	27.000,00 €	Anschaffungswert
–	100,00 €	Tankfüllung ◄
=	26.900,00 €	Anschaffungskosten netto
+	5.111,00 €	Umsatzsteuer
=	32.011,00 €	Anschaffungskosten brutto

Die Tankfüllung muss herausgerechnet werden, da sie nicht notwendig ist, um den Wagen kaufen zu können.

Falls die Versicherungsagentur den PKW per Banküberweisung bezahlt, lautet der Buchungssatz:

Kfz **an** Bank 32.011,00 €

In der Praxis werden allerdings Firmenwagen oft auch per Leasing oder Finanzierung gekauft (siehe hierzu Kapitel 14).

Lineare Abschreibung

Bei der linearen Abschreibung werden die Anschaffungskosten buchhalterisch gleichmäßig auf die Jahre der Nutzung verteilt.

Dies sorgt dafür, dass der **Abschreibungsbetrag** in gleichbleibender Höhe jährlich angesetzt werden kann. Nach Ablauf der Nutzungsdauer ist der Buchwert gleich 0,00 €. Sollte sich der Gegenstand weiterhin in der Agentur befinden, kann er mit einem **Erinnerungswert** von 1,00 € auf dem Bestandskonto ausgewiesen werden. Dieser Erinnerungswert sorgt dafür, dass man anhand der Buchhaltung noch erkennen kann, dass das betreffende Anlagegut immer noch vorhanden ist.

Die Nutzungsdauer kann aus einer Abschreibungstabelle (AfA-Tabelle), hier die der Finanzverwaltung, abgelesen werden:

Anlagegüter	Nutzungsdauer
Pkw	6 Jahre
Personalcomputer, Notebook	3 Jahre
Kopierer	7 Jahre
Telefonanlagen	10 Jahre
Büromöbel	13 Jahre
Gebäude	30 Jahre

Die Abkürzung **AfA** steht für **Absetzung für Abnutzung** oder auch **Abschreibung für Abnutzung**. In der Praxis wird dieser Vorgang in der Regel kurz als **Abschreibung** bezeichnet.

Bei der Berechnung der linearen Abschreibung wird wie folgt vorgegangen:

$$\text{Abschreibungsbetrag in €} = \frac{\text{Anschaffungskosten in €}}{\text{Nutzungsdauer in Jahren}}$$

oder

$$\text{Abschreibungssatz in \%} = \frac{100\,\%}{\text{Nutzungsdauer in Jahren}}$$

Beispiel (Fortsetzung)

Der Pkw aus dem vorangehenden Beispiel soll gemäß AfA-Tabelle über sechs Jahre Nutzungsdauer abgeschrieben werden.

$$\text{Abschreibungsbetrag} = \frac{32.011{,}00\ €}{6\ \text{Jahre}} = 5.335{,}17\ € \approx 5.335{,}00\ €$$

$$\text{Abschreibungssatz} = \frac{100\,\%}{6\ \text{Jahre}} = 16{,}67\,\%$$

Aus Vereinfachungsgründen darf dieser Betrag auf einen vollen Eurobetrag gerundet werden.

Bei der linearen Abschreibung sind der Abschreibungsbetrag und der Abschreibungssatz im gesamten Abschreibungszeitraum gleich hoch.

Aus diesen errechneten Werten ergibt sich folgender **Abschreibungsplan** (in diesem Fall entspricht das Jahr 1 dem Anschaffungsjahr 2023):

Jahr	Abschreibungsbetrag	Buchwert
1	5.335,00 €	32.011,00 € – 5.335,00 € **26.676,00 €**
2	5.335,00 €	26.676,00 € – 5.335,00 € **21.341,00 €**
3	5.335,00 €	21.341,00 € - 5.335,00 € **16.006,00 €**
4	5.335,00 €	16.006,00 € – 5.335,00 € **10.671,00 €**
5	5.335,00 €	10.671,00 € – 5.335,00 € **5.336,00 €**
6	5.336,00 €	5.336,00 € – 5.336,00 € **0,00 €**

Falls der Pkw nach sechs Jahren weiterhin genutzt wird, wird in der Praxis der letzte Abschreibungsbetrag um 1,00 € reduziert. Hierdurch bleibt ein Restbuchwert als Erinnerungswert in Höhe von 1,00 € auf dem Bestandkonto bestehen. Wird das Fahrzeug zu einem späteren Zeitpunkt verkauft, erfolgt die Ausbuchung dieses Betrages.

Degressive Abschreibung

Bei der degressiven Abschreibung werden die Abschreibungsbeträge mit einem gleichbleibenden Prozentsatz vom jeweiligen **Buchwert** berechnet. Dies führt dazu, dass die Abschreibungsbeträge anfangs hoch sind und im Laufe der Nutzungszeit stetig fallen.

So werden zu Beginn der Nutzung wesentlich höhere Abschreibungsbeträge erzielt als bei der linearen Abschreibung.

Da es sich bei Abschreibungen um Aufwendungen handelt, fallen diese bei der degressiven Abschreibung anfangs höher aus, wodurch der Gewinn geschmälert wird, was zu einer geringeren Steuerschuld führt. Der Gesetzgeber setzt die Möglichkeit der degressiven Abschreibung in der Regel bei schwachem Wirtschaftswachstum oder gar einem Wirtschaftsrückgang ein. Das Ziel ist, dass durch diese höhere Abschreibungsmöglichkeit bei den Unternehmen Anreize zu Investitionen geschaffen werden, die dann die Wirtschaft wieder zu einem höheren Wachstum bringen.

Zuletzt wurde dieses Mittel während der Corona-Pandemie eingesetzt. Mit dem zweiten Corona-Steuerhilfegesetz konnte in den Jahren 2020 und 2021 für jedes angeschaffte Wirtschaftsgut entschieden werden, ob die lineare oder die degressive AfA genutzt wird.

Seit **Januar 2022** ist keine degressive Abschreibung mehr möglich.

Höchstsätze der degressiven Abschreibung

Anschaffungsjahr	Abschreibungshöchstsatz
2001 bis 2005	das 2-Fache der linearen Abschreibung maximal 20 % vom Buchwert
2006 und 2007	das 3-Fache der linearen Abschreibung maximal 30 % vom Buchwert
2008	keine degressive Abschreibung möglich
2009 und 2010	das 2,5-Fache der linearen Abschreibung maximal 25 % vom Buchwert
2011 bis 2019	keine degressive Abschreibung möglich
2020 und 2021	das 2,5-Fache der linearen Abschreibung maximal 25 % vom Buchwert
seit 2022	keine degressive Abschreibung möglich

Vergleich von linearer und degressiver Abschreibung

Der Unterschied zwischen den beiden Abschreibungsmethoden ist am besten an einem konkreten Beispiel zu erkennen.

Beispiel (Fortsetzung)

Für Pkw aus dem vorangehenden Beispiel soll gemäß AfA-Tabelle über sechs Jahre Nutzungsdauer eine **lineare Abschreibung** vorgenommen werden.

$$\textbf{Abschreibungsbetrag linear} = \frac{32.011{,}00\ €}{6\ \text{Jahre}} = \underline{\underline{\textbf{5.335,00 €}}}\ \text{(gerundet)}$$

$$\textbf{Abschreibungssatz linear} = \frac{100\,\%}{6\ \text{Jahre}} = \underline{\underline{\textbf{16,67 \%}}}$$

Da bei der linearen Abschreibung der Abschreibungsbetrag mit dem Abschreibungsprozentsatz aus den **Anschaffungskosten** berechnet wird, bleibt der Abschreibungsbetrag im gesamten Abschreibungszeitraum gleich hoch.

Alternativ kann für im Jahr 2021 (in der Tabelle = Jahr 1) angeschaffte Wirtschaftsgüter auch eine degressive Abschreibung vorgenommen werden. Der Abschreibungsprozentsatz bleibt zwar konstant (hier 25 %), aber die Berechnung des Abschreibungsbetrages erfolgt aus dem Restbuchwert des Vorjahres. Hierdurch sinkt der Abschreibungsbetrag von Jahr zu Jahr.

Es ergibt sich folgender **Abschreibungsplan** (Beträge gerundet):

Jahr	Abschreibungsbetrag linear	Buchwert bei lin. AfA	Abschreibungsbetrag degressiv	Buchwert bei deg. AfA
1	5.335,00 €	32.011,00 € – 5.335,00 € **26.676,00 €**	25 % aus 32.011,00 € = 8.003,00 €	32.011,00 € – 8.003,00 € **24.008,00 €**
2	5.335,00 €	26.676,00 € – 5.335,00 € **21.341,00 €**	25 % aus 24.008,00 € = 6.002,00 €	24.008,00 € – 6.002,00 € **18.006,00 €**

Jahr	Abschreibungsbetrag linear	Buchwert bei lin. AfA	Abschreibungsbetrag degressiv	Buchwert bei deg. AfA
3	5.335,00 €	21.341,00 € – 5.335,00 € **16.006,00 €**	25 % aus 18.006,00 € = 4.502,00,00 €	18.006,00 € – 4.502,00 € **13.504,00 €**
4	5.335,00 €	16.006,00 € – 5.335,00 € **10.671,00 €**	25 % aus 13.504,00 € = 3.376,00 €	13.504,00 € – 3.376,00 € **10.128,00 €**
5	5.335,00 €	10.671,00 € – 5.335,00 € **5.336,00 €**	25 % aus 10.128,00 € = 2.532,00 €	10.128,00 € – 2.532,00 € **7.596,00 €**
6	5.336,00 €	5.336,00 € – 5.336,00 € **0,00 €**	25 % aus 7.596,00 € = 1.899,00 €	7.596,00 € – 1.899,00 € **5.697,00 €**

Während das Fahrzeug am Ende der sechsjährigen Nutzungsdauer bei der linearen Abschreibung vollständig abgeschrieben ist, steht es bei der degressiven Abschreibung immer noch mit dem Restbuchwert in den Büchern. Im vorangehenden Beispiel sind dies 5.697,00 €. Da immer 25 % des Restbuchwertes aus dem Vorjahr abgeschrieben werden dürfen, bleibt theoretisch dauerhaft ein Restbuchwert in Höhe von 75 % des Vorjahreswertes bestehen.

Hier lässt der Gesetzgeber zwei Möglichkeiten zu:

1. Das Fahrzeug wird im letzten Jahr mit dem kompletten Restbuchwert abgeschrieben.
2. Während der Nutzungsdauer erfolgt ein Wechsel von der degressiven zu der linearen Abschreibung.

§

§ 7 Abs. 3 EStG

Der Übergang von der Absetzung für Abnutzung in fallenden Jahresbeträgen zur Absetzung für Abnutzung in gleichen Jahresbeträgen ist zulässig. In diesem Fall bemisst sich die Absetzung für Abnutzung vom Zeitpunkt des Übergangs an nach dem dann noch vorhandenen Restwert und der Restnutzungsdauer des einzelnen Wirtschaftsguts. Der Übergang von der Absetzung für Abnutzung in gleichen Jahresbeträgen zur Absetzung für Abnutzung in fallenden Jahresbeträgen ist nicht zulässig.

Der Wechsel macht immer dann Sinn, wenn der linearere Abschreibungsbetrag höher wäre als der degressive.

Beispiel (Fortsetzung)

Im vorliegenden Beispiel wäre ein Wechsel im 3. Jahr sinnvoll.

Der Restbuchwert zum Jahresanfang des 3. Jahres beträgt 18.006,00 €. Verteilt man diesen Wert auf die vier verbleibenden Nutzungsjahre (= Abschreibungsjahre), ergibt sich folgende Berechnung:

$$\frac{18.006{,}00\ €}{4} = 4.501{,}50\ € \approx 4.502{,}00\ €$$ linearer Abschreibungsbetrag (gerundet).

Im dritten Jahr sind beide Abschreibungsbeträge gleich hoch, weshalb in diesem Jahr der Wechsel zur linearen Abschreibung erfolgen sollte.

In den letzten vier Jahren würde das Fahrzeug somit mit 4.502,00 € jährlich abgeschrieben werden und wäre am Ende des sechsten Jahres vollständig abgeschrieben.

13.3 Buchung der Abschreibung

Bei einer Abschreibung handelt es sich um eine Wertminderung und damit um einen Aufwand für die Agentur. Das Anlagegut ist nicht mehr so viel wert und damit hat die Agentur eine Art Verlust gemacht.

Daher sind alle Konten, die die Abschreibung betreffen, Aufwandskonten, die über das Gewinn- und Verlustkonto abgeschlossen werden.

- Das Konto „Abschreibungen auf Anlagen (Abschr. A)" wird für Häuser genutzt
- Die Konten „Abschreibungen auf geringwertige Wirtschaftsgüter (Abschr. GWG)" und „Abschreibungen auf geringwertige Wirtschaftsgüter - Sammelposten" (Abschr. GWG-SP) werden für geringwertige Wirtschaftsgüter benutzt (vgl. Kapitel 13.6).
- Das Konto „Abschreibungen auf Kfz (Abschr. Kfz)" wird für angeschaffte Pkws genutzt.

Beispiel (Fortsetzung)

Die Abschreibung für den angeschafften neuen Pkw aus dem Beispiel des vorangehenden Kapitels wird nun im Anschaffungsjahr mit folgendem Buchungssatz gebucht:

❶ Abschr. Kfz **an** Kfz 5.335,00 €

Hieraus ergeben sich folgende Abschlussbuchungen:

❷ GuV **an** Abschr. Kfz 5.335,00 €
❸ SBK **an** Kfz 5.335,00 €

Kontobewegungen

S	Kfz		H
Kfz	32.011,00	❶ Abschr. Kfz	5.335,00
		SB	26.676,00
	32.011,00		**32.011,00**

Jetzt ist die Wertminderung berücksichtigt und der neue Buchwert des Kfz liegt am Ende des Jahres bei 26.676,00 €.

S	Abschr. Kfz		H
❶ Kfz	5.335,00	❷ GuV	5.335,00

S	GuV		H
❷ Abschr. Kfz	5.335,00		

Durch die Abschreibung wird ein Aufwand gebucht. Damit reduziert sich der Gewinn der Versicherungsagentur.

13.4 Zeitanteilige Abschreibung

Wenn das Anlagegut nicht zu Beginn des Jahres erworben wird, sondern erst später, dann darf auch nicht für das komplette Jahr abgeschrieben werden. Hier muss die Abschreibung zeitanteilig vorgenommen werden.

§

Absetzung für Abnutzung oder Substanzverringerung § 7 Abs. 1 Satz 4 EStG
Im Jahr der Anschaffung oder Herstellung des Wirtschaftsguts vermindert sich für dieses Jahr der Absetzungsbetrag nach Satz 1 um jeweils ein Zwölftel für jeden vollen Monat, der dem Monat der Anschaffung oder Herstellung vorangeht.

Definition

Nur jeder Monat ab dem Kauf, darf im Anschaffungsjahr bei der Abschreibung berücksichtigt werden.

Beispiel

Die Versicherungsagentur Klee kauft den vorgenannten Pkw nicht zum 01.01.2022, sondern erst am 15.04.2023.

Der Pkw darf also für neun Monate abgeschrieben werden, da die drei Monate vor dem Kauf abgezogen werden müssen.

Abschreibung für das Anschaffungsjahr: $\frac{32.011{,}00\ €}{6\ \text{Jahre}} \approx 5.335{,}00\ € \cdot \frac{9}{12} = \mathbf{4.001{,}00\ €}$

13.5 Außerplanmäßige Abschreibung

Eine planmäßige Abschreibung nimmt ein Unternehmen regelmäßig vor, indem das Wirtschaftsgut über seine Nutzungsdauer abgeschrieben wird.

Eine außerplanmäßige Abschreibung muss ein Unternehmen immer dann vornehmen, wenn das Wirtschaftsgut dauerhaft unbrauchbar geworden ist. Dies könnte durch einen irreparablen Schaden oder auch durch Diebstahl geschehen.

Ist dies der Fall, dann darf das Unternehmen außerplanmäßig über den gesamten Werteverlust abschreiben. Hierbei muss ein eventueller Restwert berücksichtigt werden.

Beispiel (Fortsetzung)

Bei linearer Abschreibung beträgt der Restbuchwert des Fahrzeugs im vierten Jahr 16.006,00 €. Falls der Pkw gestohlen würde, dürfte die Versicherungsagentur die vollen 16.006,00 € außerplanmäßig abschreiben, da dies die Höhe des Wertverlustes darstellen würde.

Würde das Fahrzeug nicht gestohlen werden, sondern bei einem Unfall stark beschädigt werden, sodass ein Restwert des Fahrzeugs von 2.000,00 € verbleibt, dann dürfte die Versicherungsagentur den Pkw außerplanmäßig mit (16.006,00 € – 2.000,00 € =) 14.006,00 € abschreiben.

13.6 Abschreibung geringwertiger Wirtschaftsgüter

Definition

Geringwertige Wirtschaftsgüter (GWG) sind bewegliche Gegenstände, die

- einen bestimmten Anschaffungswert nicht übersteigen (Stand 2023: 1.000,00 €) und
- selbstständig nutzbar sind.

Beispiel

Eine Telefonanlage ist selbstständig nutzbar, während aber eine Druckerpatrone auch einen Drucker braucht, um genutzt zu werden. Daher wäre die Telefonanlage ein geringwertiges Wirtschaftsgut, während es die Druckerpatrone nicht ist.

Man könnte ein geringwertiges Wirtschaftsgut auch planmäßig über die Nutzungsdauer linear abschreiben.

Aber:
Laut AfA-Tabelle sollen beispielsweise Büromöbel 13 Jahre lang abgeschrieben werden. Bei der Anschaffung eines Aktenschranks für 975,00 € würde dies bedeuten, dass dieser 13 Jahre lang mit 75,00 € abgeschrieben werden müsste.

Das Einkommensteuergesetz bietet hier eine alternative Abschreibungsmöglichkeit

Anschaffungskosten	Abschreibung	
Die Anschaffungskosten ohne USt betragen bis 250,00 €.	Die Anschaffungskosten können komplett mit Hilfe des Kontos **Verwaltungsaufwand (VA)** abgeschrieben werden.	
Die Anschaffungskosten ohne USt liegen über 250,00 €, aber unter 800,00 €.	Die Anschaffungskosten können komplett über das Konto **Abschreibungen auf geringwertige Wirtschaftsgüter (Abschr. GWG)** gebucht werden.	*§ 6 Abs. 2 EStG*
	Die Anschaffungskosten können über fünf Jahre abgeschrieben werden. Hierzu dient das Konto **Abschreibungen auf gering-wertige Wirtschaftsgüter - Sammelposten (Abschr. GWG-SP)**.	*§ 6 Abs. 2a EStG*
Die Anschaffungskosten ohne USt liegen über 800,00, aber unter 1.000,00 €.	Die Anschaffungskosten müssen über fünf Jahre abgeschrieben werden. Hierzu dient das Konto **Abschreibungen auf gering-wertige Wirtschaftsgüter- Sammelposten (Abschr. GWG-SP)**.	

Hinweis
Die beiden Methoden dürfen **nicht gleichzeitig** verwendet werden.
Also entweder „Abschreibungen auf geringwertige Wirtschaftsgüter" gemäß § 6 Abs. 2 EStG oder „Abschreibungen auf geringwertige Wirtschaftsgüter - Sammelposten" § 6 Abs. 2a EStG.

Beispiel 1

Eine Agentur kauft einen Bürostuhl im Wert von 200,00 € per Barzahlung.

Der Wert des Bürostuhls liegt unter 250,00 € und kann somit sofort abgeschrieben werden. Hierzu wird das Konto Verwaltungsaufwand (VA) genutzt. Dadurch, dass der Verwaltungsaufwand später über das GuV-Konto abgeschlossen wird, ist damit der komplette Betrag praktisch abgeschrieben und steht somit nicht mehr in den Büchern der Buchhaltung.

Buchungssatz beim Kauf:

VA **an** Kasse 200,00 €

Hier wird also **nicht das Konto „Betriebs- und Geschäftsausstattung (BGA)** benutzt!

Beispiel 2

Eine Agentur kauft einen Schreibtisch im Wert von 600,00 € per Banküberweisung.

Bei diesem Schreibtisch handelt es sich um ein geringwertiges Wirtschaftsgut.

Bei dem Betrag von 600,00 € hat die Agentur durch das EStG neben der planmäßigen Abschreibung **zwei weitere Möglichkeiten** den Schreibtisch abzuschreiben:

Möglichkeit 1

Die Abschreibung erfolgt innerhalb eines Jahres über den kompletten Betrag.

Vorgehensweise

1. Das Wirtschaftsgut wird sofort auf das Konto „geringwertige Wirtschaftsgüter (GWG)“ gebucht, anstatt auf das Konto BGA.
2. Am Ende des Jahres wird das GWG komplett abgeschrieben.

Buchungssatz beim Kauf:

GWG **an** Bank 600,00 €

Buchungssatz für die Abschreibung:

Abschr. GWG **an** GWG 600,00 €

Möglichkeit 2

Die Abschreibung erfolgt über fünf Jahre und die Buchung als Sammelposten. Das Jahr der Anschaffung wird ebenfalls notiert, hier: Abschr. GWG-SP 2023.

Vorgehensweise

1. Das Wirtschaftsgut wird sofort auf das Konto „geringwertige Wirtschaftsgüter - Sammelposten (GWG-SP 2023)“ gebucht, anstatt auf das Konto BGA.
2. Die Anschaffungskosten werden auf fünf Jahre verteilt und pro Jahr über das Konto „Abschr. GWG-SP 2023“ abgeschrieben.

Buchungssatz beim Kauf:

GWG-SP 2023 **an** Bank 600,00 €

Buchungssatz für die Abschreibung:

Abschr. GWG-SP 2023 **an** GWG-SP 2023 120,00 €

Beispiel 3 Die Agentur kauft per Banküberweisung einen Aktenschrank im Wert von 900,00 €.

Bei diesem Betrag muss die Agentur das geringwertige Wirtschaftsgut über fünf Jahre als Sammelposten buchen.

Vorgehensweise

1. Das Wirtschaftsgut wird sofort auf das Konto „geringwertige Wirtschaftsgüter – Sammelposten (GWG SP 2023)“ gebucht, anstatt auf das Konto BGA.
2. Die Anschaffungskosten werden auf fünf Jahre verteilt und pro Jahr über das Konto Abschr. GWG-SP 2023 abgeschrieben.

Buchungssatz beim Kauf:

GWG-SP 2023 **an** Bank 900,00 €

Buchungssatz für die Abschreibung:

Abschr. GWG-SP 2023 **an** GWG-SP 2023 180,00 €

Verkauf eines geringwertigen Wirtschaftsgutes, das als Sammelposten gebucht war

Ein GWG als Sammelposten wird über fünf Jahre abgeschrieben. Sollte das Wirtschaftsgut vorzeitig verkauft werden, muss die Abschreibung trotzdem weiterlaufen. Die Abschreibung über fünf Jahre bei einem Sammelposten ist Pflicht.

Die Einnahmen aufgrund des vorzeitigen Verkaufs müssen auf dem Konto „außerordentlicher Ertrag (aoE)" gebucht werden.

Beispiel

Der zu einem Preis von 900,00 € angeschaffte Aktenschrank (siehe Beispiel 3) wird bereits nach zwei Jahren wieder per Barzahlung zum Restbuchwert (3 · 180,00 € = 540,00 €) verkauft.

Die Abschreibung des Sammelposten über 180,00 € läuft unverändert weiter!

Buchungssatz für den Verkauf:

Kasse **an** außerordentlicher Ertrag 540,00 €

14 Leasing und Finanzierung von Fahrzeugen

Besonders die Anschaffung von Fahrzeugen wird in den wenigsten Fällen per Barzahlung getätigt. Hier kommt entweder das Leasing oder die Finanzierung in Frage.

14.1 Leasing

Beim Leasing schließt die Versicherungsagentur als Leasingnehmer einen befristeten Mietvertrag mit einem Leasinggeber ab und zahlt eine monatliche Leasingrate für ein Fahrzeug.

Mit der Leasingrate zahlt man die Nutzung des Fahrzeugs, nicht weil man irgendwann Eigentümer wird. Der Leasingnehmer wird lediglich Besitzer, während der Leasinggeber der rechtliche Eigentümer des Fahrzeugs bleibt. Dies bedeutet, dass sich der Leasingnehmer an strikte Regeln bezüglich der Nutzung des Fahrzeugs, Werkstattbesuchen oder Kilometerleistung halten muss. Er darf den Wagen lediglich nutzen.

Die Laufzeit eines Leasingvertrages liegt meist bei zwei bis vier Jahren. Ist diese Zeit abgelaufen, wird das Fahrzeug wieder an den Leasinggeber zurückgegeben und es wird ein neuer Leasingvertrag für ein neues Fahrzeug abgeschlossen. Bei der Rückgabe des Wagens muss der Leasingnehmer für entstandene Schäden, die über die Nutzung des Wagens hinausgehen, haften und diese auf eigene Kosten beseitigen.

Da der Wagen nie gekauft wird, werden lediglich die Leasingraten über das Konto Kfz-Aufwand gebucht.

Ein Buchungssatz hierzu sieht dann beispielsweise folgendermaßen aus:

KfzA **an** Bank 500,00 €

Die beiden häufigsten **Leasingarten** sind das Kilometerleasing und das Restwertleasing.

Kilometerleasing

Die gängigste Form des Leasings ist das Kilometerleasing. Bei der Erstellung des Leasingvertrages wird eine Kilometerleistung vereinbart, die jährlich mit dem Fahrzeug gefahren werden darf. Anhand dieser

Kilometerleistung berechnet sich die Höhe der Leasingrate. Je mehr Kilometer vereinbart werden, desto höher ist die Leasingrate.

Vereinbart man beispielsweise eine Kilometerleistung von 20000 km pro Jahr und eine Laufzeit von drei Jahren, dann sollte der Kilometerstand des Fahrzeugs zum Ende der drei Jahre, also zum Ende der Leasingzeit, lediglich 60000 km betragen. Wurden mehr Kilometer mit dem Fahrzeug zurückgelegt, wird eine Nachzahlung zum Ausgleich der erhöhten Fahrzeugnutzung fällig.

Restwertleasing

Bei dieser Leasingart wird bereits beim Abschluss des Leasingvertrages der Restwert des Fahrzeugs nach der vereinbarten Leasingzeit vereinbart. Daher berechnet sich die Höhe der Leasingrate aus dem Unterschiedsbetrag, der zwischen dem Neupreis und dem vereinbarten Restwert liegt. Sollte am Ende der Leasingzeit der angesetzte Restwert höher sein als der noch zu erzielende Verkaufspreis, muss der Leasingnehmer die Differenz ausgleichen.

Hinweis:

Im Privatbereich werden auch Leasingverträge angeboten, bei denen der Leasingnehmer am Ende der Vertragslaufzeit die Möglichkeit hat, das Fahrzeug zum Restwert zu kaufen. Beim Leasing von Geschäftsfahrzeugen ist dies weniger üblich.

14.2 Finanzierung

Bei einer Finanzierung eines Pkw wird ein Darlehen in Form eines Ratenkredits vereinbart und der Kreditnehmer, hier die Versicherungsagentur, wird Eigentümer des Fahrzeugs.

Die Höhe der Raten errechnet sich aus der Höhe der Anzahlung für das Fahrzeug, der Laufzeit des Kredites und des Kaufpreises.

Der Unterschied zum Leasing ist, dass der Wagen am Ende der Laufzeit nicht abgegeben wird, sondern die Versicherungsagentur Eigentümer wird. Sie kann somit flexibel entscheiden, ob der Wagen im Unternehmen bleibt oder verkauft wird. Letzteres ist mit Arbeit verbunden, daher wählen Firmen gerne den Weg des Leasings.

Außerdem sind Leasingraten meistens geringer als Finanzierungsraten, da hier lediglich die Nutzung des Wagens gezahlt wird, wohingegen bei der Finanzierung der tatsächliche Wert des Fahrzeugs in Raten gezahlt wird.

Der Kauf des Fahrzeugs per Finanzierung und die monatliche Abzahlung des Kredits werden wie folgt gebucht:

Kauf

Kfz **an** Darlehen 32.011,00 €

monatliche Kreditrate

Darlehen **an** Bank 420,00 €

monatliche Zinsrate

KfzA **an** Bank 80,00 €

Da die Versicherungsagentur für das Darlehen Zinsen bezahlt, gelten diese als Kfz-Aufwand und werden gesondert verbucht.

15 Rückstellungen

Definition

Rückstellungen sind Verbindlichkeiten, die im laufenden Geschäftsjahr bzgl. ihrer Höhe und ihres Zeitpunktes noch unsicher sind, aber im neuen Geschäftsjahr erwartet werden.

Das HGB sieht aufgrund der Vorschrift einer **periodengerechten Buchführung** vor, dass Rückstellungen gebildet werden dürfen.

§

Rückstellungen § 249 HGB

(1) Rückstellungen sind für ungewisse Verbindlichkeiten und für drohende Verluste aus schwebenden Geschäften zu bilden. Ferner sind Rückstellungen zu bilden für

1. im Geschäftsjahr unterlassene Aufwendungen für Instandhaltung, die im folgenden Geschäftsjahr innerhalb von drei Monaten, oder für Abraumbeseitigung, die im folgenden Geschäftsjahr nachgeholt werden,
2. Gewährleistungen, die ohne rechtliche Verpflichtung erbracht werden.

(2) Für andere als die in Absatz 1 bezeichneten Zwecke dürfen Rückstellungen nicht gebildet werden. Rückstellungen dürfen nur aufgelöst werden, soweit der Grund hierfür entfallen ist.

Somit dürfen Rückstellungen gebildet werden für

- **ungewisse Verbindlichkeiten,**
- **drohende Verluste aus schwebenden Geschäften,**
- **für Gewährleistungen,**
- **für Abraumbeseitigung und**
- **für im Geschäftsjahr unterlassene Instandhaltungskosten, die nachgeholt werden.**

Rückstellungen, die aufgrund anderer Gründe gebildet werden, sind nicht zulässig.

Bei dem Konto „sonstige Rückstellungen (sonst. Rückst.)" handelt es sich um ein passives Bestandskonto. Hier werden Beträge gebucht, die im nächsten Jahr vermutlich ausgegeben werden müssen.

Beispiel

Ein Schaden an den Büroräumen der Versicherungsagentur Klee wird laut Kostenvoranschlag auf 5.000,00 € geschätzt, kann aber erst im Januar nächsten Jahres repariert werden.

Im alten Jahr wird gebucht:

Verwaltungsaufwand **an** sonstige Rückstellungen 5.000,00 €

Nun gibt es **drei Möglichkeiten**, die eintreffen könnten.

Möglichkeit 1

Die Reparatur kostet tatsächlich **genau** 5.000,00 €.

Der Buchungssatz hierzu lautet:

sonstige Rückstellungen **an** Bank 5.000,00 €

Möglichkeit 2

Die Reparatur kostet nur 4.700,00 €, also **weniger**.

Der Buchungssatz hierzu lautet:

sonstige Rückstellungen 5.000,00 €	**an**	außerordentlicher Ertrag	300,00 €
		Bank	4.700,00 €

Da die Agentur Rückstellungen in Höhe von 5.000,00 € gebildet hat, muss sie diese komplett auflösen. Weil die Rechnung aber lediglich 4.700,00 € beträgt wurde ein **außerordentlicher Ertrag in Höhe von 300,00 €** erwirtschaftet.

Möglichkeit 3

Die Reparatur kostet 5.200,00 €, also **mehr**.

Der Buchungssatz hierzu lautet:

sonstige Rückstellungen	5.000,00 €		
außerordentlicher Aufwand	200,00 €	**an**	Bank 5.200,00 €

Da die Agentur Rückstellungen in Höhe von 5.000,00 € gebildet hat, muss sie diese komplett auflösen. Weil die Rechnung aber 5.200,00 € beträgt, ist ein **außerordentlicher Aufwand in Höhe von 200,00 €** entstanden, da nicht genug Geld zurückgestellt wurde.

16 Rechnungsabgrenzung

§

Rechnungsabgrenzungsposten § 250 HGB

(1) Als Rechnungsabgrenzungsposten sind auf der Aktivseite Ausgaben vor dem Abschlussstichtag auszuweisen, soweit sie Aufwand für eine bestimmte Zeit nach diesem Tag darstellen.

(2) Auf der Passivseite sind als Rechnungsabgrenzungsposten Einnahmen vor dem Abschlussstichtag auszuweisen, soweit sie Ertrag für eine bestimmte Zeit nach diesem Tag darstellen.

[...]

Jede Versicherungsagentur ist dadurch gezwungen, Erträge und Aufwendungen, die ein Geschäftsjahr überschreiten, periodengerecht zu ermitteln, damit der Gewinn bzw. der Verlust laut GuV den **Erfolg der Agentur nur für das betreffende Geschäftsjahr** widerspiegelt.

16.1 Transitorische Posten

Definition

Transitorische Posten (transitorisch = lat. hinübergehend) sind Zahlungen oder Einnahmen im aktuellen Geschäftsjahr, die ganz oder teilweise Aufwendungen oder Erträge des neuen Geschäftsjahres sind.

16.1.1 Aktive Rechnungsabgrenzung

Zahlungen im aktuellen Jahr (a. J.), die ganz oder teilweise **Aufwendungen des neuen Geschäftsjahres** (n. J.) sind, z.B. im Voraus gezahlte Steuern, Gebühren, Versicherungsbeiträge und Zinsen, werden über das Konto „aktive Rechnungsabgrenzung (ARA)" gebucht.

Beispiel

Am 28.02. a. J. wird die Kraftfahrzeugsteuer in Höhe von 210,00 € für den Zeitraum vom 01.03. a. J. bis zum 28.02. n. J. vom Bankkonto einer Versicherungsagentur abgebucht.

Der bisherige Buchungssatz hierzu lautet:

Kfz-Aufwand (KfzA) **an** Bank 210,00 €

Aber:
Der Kfz-Aufwand betrifft zwei Geschäftsjahre: zehn Monate im aktuellen und zwei Monate im neuen Geschäftsjahr.

Vorgehensweise zur Rechnungsabgrenzung:
- Betrag ausrechnen, der das aktuelle Geschäftsjahr betrifft
- Buchungssatz für das aktuelle Geschäftsjahr erstellen
- Buchungssatz für das neue Geschäftsjahr erstellen

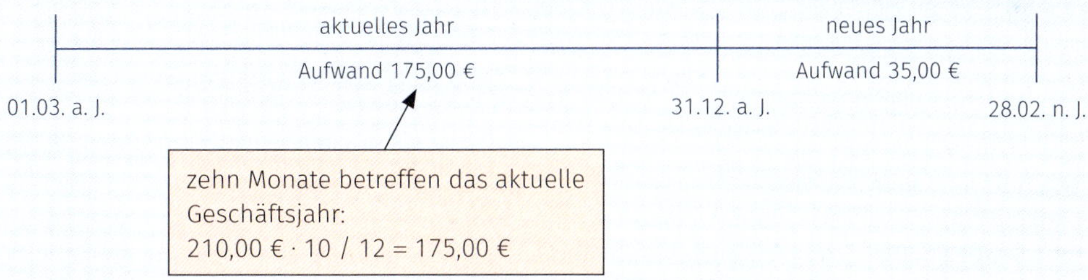

Somit dürfen lediglich 175,00 € im aktuellen Geschäftsjahr als Kfz-Aufwand berücksichtigt werden anstatt 210,00 €, weil die restlichen 35,00 € das neue Geschäftsjahr betreffen. Der Aufwand für das aktuelle Geschäftsjahr reduziert sich somit um 35,00 €.

Die Buchungssätze für das aktuelle Geschäftsjahr (Abgrenzung) lauten:

ARA **an** Kfz-Aufwand	35,00 €
GuV **an** Kfz-Aufwand	35,00 €
SBK **an** ARA	35,00 €

Der Erfolg des Unternehmens steigt, da der Aufwand des aktuellen Geschäftsjahres gemindert wird.

Das Konto ARA weist den Teil der Ausgabe aus, der im neuen Jahr zu einem **Aufwand** wird.

Der Buchungssatz im neuen Geschäftsjahr lautet:

Kfz-Aufwand **an** ARA 35,00 €

Der Aufwand wird vom aktuellen Geschäftsjahr in das neue Geschäftsjahr übertragen (transitorischer Posten).

16.1.2 Passive Rechnungsabgrenzung

Einnahmen im aktuellen Jahr (a. J.), die ganz oder teilweise **Erträge des neuen Geschäftsjahres** (n. J.) sind, z.B. im Voraus erhaltene Zinsen, Mieten, Provisionen, werden über das Konto „passive Rechnungsabgrenzung (PRA)“ gebucht.

Beispiel

Eine Versicherungsagentur hat an der Außenfassade des Gebäudes eine Werbefläche vermietet. Vereinbart ist eine jährliche Miete in Höhe von 1.200,00 €. Die Zahlung erfolgt am 01.10. eines jeden Jahres im Voraus per Banküberweisung.

Der bisherige Buchungssatz hierzu lautet:

Bank **an** Haus- und Grundstücksertrag (HuGE) 1.200,00 €

Aber:
Der Haus- und Grundstücksertrag betrifft zwei Geschäftsjahre: drei Monate im aktuellen und neun Monate im neuen Geschäftsjahr.

Vorgehensweise zur Rechnungsabgrenzung:
- Betrag ausrechnen, der das aktuelle Geschäftsjahr betrifft
- Buchungssatz für das aktuelle Geschäftsjahr erstellen
- Buchungssatz für das neue Geschäftsjahr erstellen

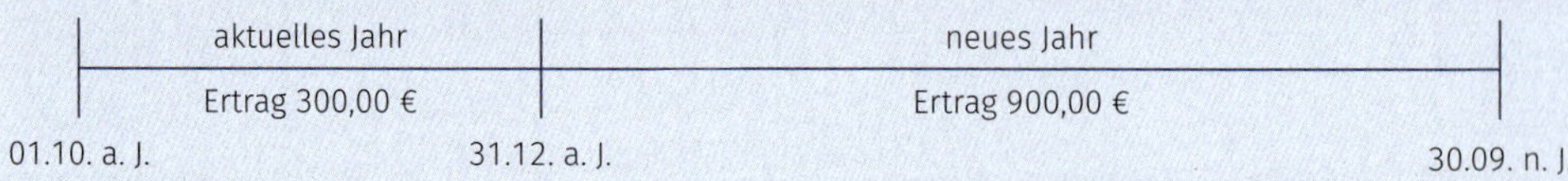

Somit dürfen lediglich 300,00 € im aktuellen Geschäftsjahr als Haus- und Grundstücksertrag berücksichtigt werden anstatt 1.200,00 €, weil die restlichen 900,00 € das neue Geschäftsjahr betreffen. Der Ertrag für das aktuelle Geschäftsjahr reduziert sich somit um 900,00 €.

Die Buchungssätze für das aktuelle Geschäftsjahr (Abgrenzung) lauten:

HuGE **an** PRA 900,00 €
HuGE **an** GuV 900,00 €
PRA **an** SBK 900,00 €

Der Erfolg des Unternehmens sinkt, da der Ertrag des aktuellen Geschäftsjahres gemindert wird.

Das Konto PRA weist den Teil der Einnahme aus, der im neuen Jahr zu einem **Ertrag** wird.

Der Buchungssatz im neuen Geschäftsjahr lautet:

PRA **an** HuGE 900,00 €

Der Ertrag wird vom aktuellen Geschäftsjahr in das neue Geschäftsjahr übertragen (transitorischer Posten).

16.2 Antizipative Posten

Definition

Antizipative Posten (antizipativ = lat. vorwegnehmed) sind Aufwendungen und Erträge des aktuellen Geschäftsjahres, deren Zahlungen oder Einnahmen ganz oder teilweise im neuen Geschäftsjahres erfolgen.

16.2.1 Sonstige Forderungen

Erträge des aktuellen Geschäftsjahres (a. J.), denen erst im neuen Geschäftsjahr (n. J.) eine Einnahme folgt (z. B. nachträglich erhaltene Zinsen, Mieten, Provisionen), werden am Bilanzstichtag als sonstige Forderungen (sonst. Ford.) gebucht.

Beispiel

Eine Versicherungsagentur erhält erst am 30.04. n. J. die Zahlung von Zinserträgen in Höhe von 720,00 € rückwirkend für die letzten sechs Monate.

Aber:
Der Zinsertrag betrifft zwei Geschäftsjahre: zwei Monate im aktuellen und vier Monate im neuen Geschäftsjahr.

Vorgehensweise zur Rechnungsabgrenzung:
- Betrag ausrechnen, der das aktuelle Geschäftsjahr betrifft
- Buchungssatz für das aktuelle Geschäftsjahr erstellen
- Buchungssatz für das neue Geschäftsjahr erstellen

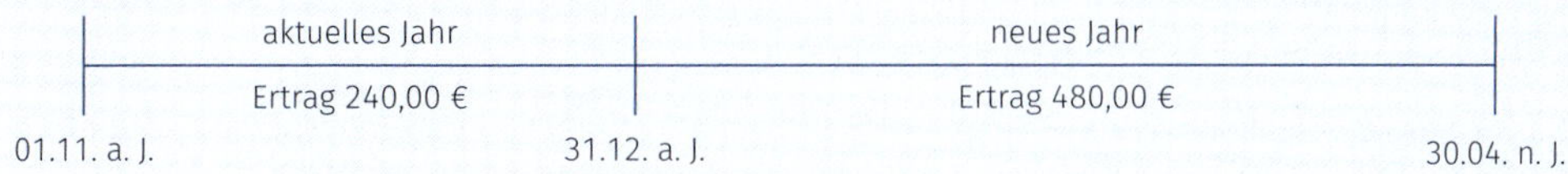

Die Buchungssätze für das aktuelle Geschäftsjahr lauten:

Sonst. Ford.	**an**	Zinsertrag	240,00 €
Zinsertrag	**an**	GuV	240,00 €
SBK	**an**	sonst. Ford.	240,00 €

Der Erfolg des Unternehmens steigt, da der Aufwand des aktuellen Geschäftsjahres gemindert wird.

Hier wird der Zinsertrag erhöht, da ein Teil des Zinsertrags, der im neuen Geschäftsjahr fließt, bereits im aktuellen Geschäftsjahr erwirtschaftet wurde.

Der Erfolg des Unternehmens im aktuellen Geschäftsjahr steigt dadurch.

Der Ertrag wird vorweggenommen (antizipiert).

Die sonstigen Forderungen erhöhen sich, da das Geld erst im Nachhinein gezahlt wird.

Der Buchungssatz beim Zahlungseingang auf dem Bankkonto im neuen Geschäftsjahr lautet:

Bank 720,00 €	**an**	sonst. Ford.	240,00 €
		Zinsertrag	480,00 €

16.2.2 Sonstige Verbindlichkeiten

Aufwendungen des aktuellen Geschäftsjahres (a. J.), denen erst im neuen Geschäftsjahr (n. J.) eine Zahlung folgt (z. B. nachträglich gezahlte Zinsen, Mieten, Provisionen), werden am Bilanzstichtag als sonstige Verbindlichkeiten (sonst. Verb.) gebucht.

Beispiel

Eine Versicherungsagentur zahlt am 31.01. n. J. die Zinsen für ihr Hypothekendarlehen für den Zeitraum vom 01.11. a. J. bis 31.01. n. J. in Höhe von 480,00 €.

Aber:
Der Zinsaufwand betrifft zwei Geschäftsjahre: zwei Monate im aktuellen und einen Monat im neuen Geschäftsjahr.

Vorgehensweise zur Rechnungsabgrenzung:
- Betrag ausrechnen, der das aktuelle Geschäftsjahr betrifft
- Buchungssatz für das aktuelle Geschäftsjahr erstellen
- Buchungssatz für das neue Geschäftsjahr erstellen

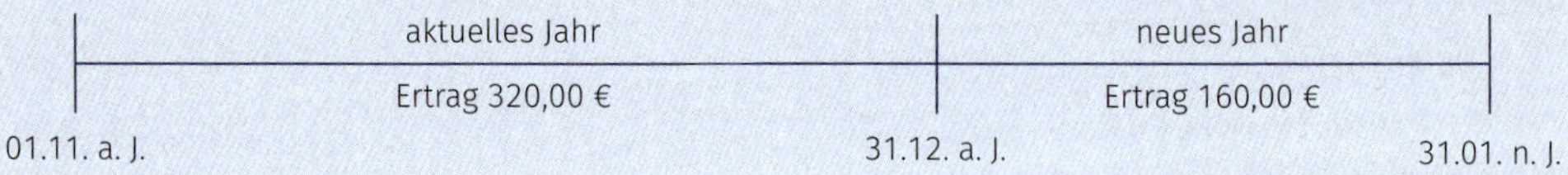

Die Buchungssätze für das aktuelle Geschäftsjahr lauten:

Zinsaufwand	**an**	sonst. Verb.	320,00 €
GUV	**an**	Zinsaufwand	320,00 €
SBK	**an**	sonst. Verb.	320,00 €

Der Erfolg des Unternehmens steigt, da der Aufwand des aktuellen Geschäftsjahres gemindert wird.

Hier wird der Zinsaufwand erhöht, da ein Teil des Aufwands, der im neuen Geschäftsjahr fließt, bereits das aktuelle Geschäftsjahr betrifft.

Der Erfolg des Unternehmens im aktuellen Geschäftsjahr sinkt dadurch.

Der Aufwand wird vorweggenommen (antizipiert)

Die sonstigen Verbindlichkeiten erhöhen sich, da das Geld erst im Nachhinein gezahlt wird.

Der Buchungssatz bei Überweisung vom Bankkonto im neuen Geschäftsjahr lautet:

sonst. Verb.	320,00 €			
Zinsaufwand	160,00 €	**an**	Bank	420,00 €

Merke
„Fließt die Kohle dieses Jahr, buche ARA oder PRA; fließt die Kohle nach Silvester, buche Sonstiges mein Bester."

→ ARA **oder** PRA

→ sonstige Forderungen **oder** sonstige Verbindlichkeiten

17 Lernfeldzusammenfassender Beispielfall

In der Versicherungsagentur Klee liegen zu Beginn des Geschäftsjahres folgende Buchführungsdaten vor:

• Grundstücke und Bauten (GuB)	550.000,00 €
• Kasse	1.500,00 €
• Hypothekenverbindlichkeiten (Hypothek)	300.000,00 €
• Betriebs- und Geschäftsausstattung (BGA)	18.000,00 €
• Bank	5.250,00 €
• Kraftfahrzeuge (Kfz)	45.000,00 €
• Darlehensverbindlichkeiten (Darlehen)	5.000,00 €
• Forderungen gegen Direktion (Ford. Dir.)	13.000,00 €
• Verbindlichkeiten bei Untervertretern (Verb. UV)	10.000,00 €

1. Schritt
Die Eröffnungsbilanz wird erstellt und die Anfangsbestände werden dort eingetragen. Hierbei wird die Höhe des Eigenkapitals errechnet.

Hieraus ergibt sich folgende Eröffnungsbilanz:

Aktiva	Eröffnungsbilanz der Agentur Klee (in €)		Passiva
GuB	550.000,00	Eigenkapital	364.500,00
BGA	18.000,00	Hypothek	300.000,00
Kfz	45.000,00	Darlehen	5.000,00
Ford. Dir	13.000,00	Verb. UV	10.000,00
Bank	52.000,00		
Kasse	1.500,00		
	679.500,00		**679.500.00**

Während des Geschäftsjahres ereignen sich folgende Geschäftsfälle:

Nummer	Geschäftsfall	Betrag
1.	Barzahlung einer Tankrechnung für ein Agenturfahrzeug	100,00 €
2.	Kauf eines Firmenwagens per Banküberweisung	15.000,00 €
3.	Barkauf einer Computeranlage	1.300,00 €
4.	Barkauf von Büromaterial (Druckerpapier)	150,00 €
5.	Zinsgutschrift durch die Bank	800,00 €
6.	Kauf einer Büroeinrichtung per Bankabbuchung	7.500,00 €
7.	Zahlung von Darlehenszinsen per Banküberweisung	600,00 €
8.	Abbuchung der Telefonrechnung per Banklastschrift	200,00 €
9.	Darlehenstilgung per Banküberweisung	500,00 €
10.	Barzahlung einer Kfz-Versicherung	250,00 €
11.	Eingang von Provisionszahlungen der Direktion auf dem Bankkonto	22.000,00 €
12.	Banküberweisung von Mitarbeitergehältern, Büromaterial und Werbeanzeigen	7.500,00 € 350,00 € 780,00 €
13.	Der Agenturleiter überweist die Miete für das Agenturbüro. Darin sind 2.000,00 € für seine Privatwohnung enthalten.	5.000,00 €
14.	Gutschrift von Provisionen durch die Direktion	2.000,00 €
15.	Der Agenturleiter bringt Bargeld in das Vermögen der Agentur ein.	10.000,00 €

2. Schritt
Erstellung der Buchungssätze im Grundbuch

Die zugehörigen Buchungssätze lauten:

Nummer	Grundbuch (Buchungssätze)	Soll	Haben
1	Kfz-Aufwand (KfzA)	100,00 €	
	an Kasse		100,00 €
2	Kraftfahrzeuge (Kfz)	15.000,00 €	
	an Bank		15.000,00 €
3	Betriebs- und Geschäftsausstattung (BGA)	1.300,00 €	
	an Kasse		1.300,00 €
4	Verwaltungsaufwand (VA)	150,00 €	
	an Kasse		150,00 €
5	Bank	800,00 €	
	an Zinsertrag (ZinsE)		800,00 €
6	Betriebs- und Geschäftsausstattung (BGA)	7.500,00 €	
	an Bank		7.500,00 €
7	Zinsaufwand (ZinsA)	600,00 €	
	an Bank		600,00 €
8	Verwaltungsaufwand (VA)	200,00 €	
	an Bank		200,00 €
9	Darlehensverbindlichkeiten (Darlehen)	500,00 €	
	an Bank		500,00 €
10	Kfz-Aufwand (KfzA)	250,00 €	
	an Kasse		250,00 €
11	Bank	22.000,00 €	
	an Provisionsertrag (ProvE)		22.000,00 €
12	Gehälter	7.500,00 €	
	Verwaltungsaufwand (VA)	350,00 €	
	Werbe- und Reiseaufwand (WuRA)	780,00 €	
	an Bank		8.630,00 €
13	Haus- und Grundstücksaufwand (HuGA)	3.000,00 €	
	Privat	2.000,00 €	
	an Bank		5.000,00 €
14	Forderungen gegen Direktion (Ford. Dir.)	2.000,00 €	
	an Provisionsertrag (ProvE)		2.000,00 €
15	Kasse	10.000,00 €	
	an Privat		10.000,00 €

3. Schritt
Berechnung der Abschreibungsbeträge und Erstellung der Buchungssätze für die Abschreibungen

Für folgende im Geschäftsjahr angeschafften Wirtschaftsgüter sind **Abschreibungen** zu buchen: (Es wird unterstellt, dass die Anschaffungen alle im Januar vorgenommen wurden, also muss keine zeitanteilige Abschreibung erfolgen.

- Der Firmenwagen aus dem Buchungssatz ❷ wird über sechs Jahre abgeschrieben
  Abschreibung Firmenwagen: 15.000,00 € : 6 Jahre = **2.500,00 €**
- Die Computeranlage aus dem Buchungssatz ❸ wird über drei Jahre abgeschrieben.
  Abschreibung Computeranlage: 1.300,00 € : 3 Jahre = 433,33 € = **433,00 €** gerundet
- Die Büroeinrichtung aus dem Buchungssatz ❻ wird über 13 Jahre abgeschrieben.
  Abschreibung Büroeinrichtung: 7.500,00 € : 13 Jahre = 576,92 € = **577,00 €** gerundet

Die Buchungssätze für die Abschreibungen lauten:

Nummer	Grundbuch (Buchungssätze)	Soll	Haben
⓰	Abschreibungen auf Kfz (Abschr. Kfz)	2.500,00 €	
	an Kraftfahrzeuge (Kfz)		2.500,00 €
⓱	Abschreibungen auf Anlagen (Abschr. A)	433,00 €	
	an Betriebs- und Geschäftsausstattung (BGA)		433,00 €
⓲	Abschreibungen auf Anlagen (Abschr. A)	577,00 €	
	an Betriebs- und Geschäftsausstattung (BGA)		577,00 €

4. Schritt
Eröffnen der Bestandskonten und verbuchen aller Buchungssätze in den Bestands- und Erfolgskonten.
Am besten geht man hier pro Buchungssatz vor, damit nichts vergessen wird.
Danach erfolgen der Abschluss aller Konten, die Erstellung der Gewinn- und Verlustrechnung sowie die Erstellung der Schlussbilanz.

Kontenbewegungen auf den Bestandskonten

Aktivkonten

S GuB H

AB	550.000,00	SB	**550.000,00**
	550.000,00		**550.000,00**

S Ford. Dir. H

AB	13.000,00	SB	**15.000,00**
⓮	2.000,00		
	15.000,00		**15.000,00**

S BGA H

AB	18.000,00	⓱	433,00
❸	1.300,00	⓲	577,00
❻	7.500,00	SB	**25.790,00**
	26.800,00		**26.800,00**

S Kfz H

AB	45.000,00	⓰	2.500,00
❷	15.000,00	SB	**57.500,00**
	60.000,00		**60.000,00**

S Bank H

AB	52.000,00	❷	15.000,00
❺	800,00	❻	7.500,00
⓫	22.000,00	❼	600,00
		❽	200,00
		❾	500,00
		⓬	8.630,00
		⓭	5.000,00
		SB	**37.370,00**
	74.800,00		**74.800,00**

S Kasse H

AB	1.500,00	❶	100,00
⓯	10.000,00	❸	1.300,00
		❹	150,00
		❿	250,00
		SB	**9.700,00**
	11.500,00		**11.500,00**

Passivkonten

S Eigenkapital H

SB	**380.860,00**	AB	364.500,00
		Privat	8.000,00
		Gewinn	8.360,00
	380.860,00		**380.860,00**

S Hypothek H

SB	**300.000,00**	AB	300.000,00
	300.000,00		**300.000,00**

S Darlehen H

❾	500,00	AB	5.000,00
SB	**4.500,00**		
	5.000,00		**5.000,00**

S Verb. UV H

SB	**10.000,00**	AB	10.000,00
	10.000,00		**10.000,00**

Kontenbewegungen auf den Erfolgskonten

Aufwandskonten

S	Gehälter		H
⓬	7.500,00	GuV	7.500,00
	7.500,00		**7.500,00**

S	HuGA		H
⓭	3.000,00	GuV	3.000,00
	3.000,00		**3.000,00**

S	KfzA		H
❶	100,00	GuV	350,00
❿	250,00		
	350,00		**350,00**

S	VA		H
❹	150,00	GuV	700,00
❽	200,00		
⓬	350,00		
	700,00		**700,00**

S	ZinsA		H
❼	600,00	GuV	600,00
	600,00		**600,00**

S	Abschr. A		H
⓱	433,00	GuV	1.010,00
⓲	577,00		
	1.010,00		**1.010,00**

S	Abschr. Kfz		H
⓰	2.500,00	GuV	2.500,00
	2.500,00		**2.500,00**

S	WuRA		H
⓬	780,00	GuV	780,00
	780,00		**780,00**

Ertragskonten

S	ProvE		H
GuV	24.000,00	⓫	22.000,00
		⓮	2.000,00
	24.000,00		**24.000,00**

S	ZinsE		H
GuV	800,00	❺	800,00
	800,00		**800,00**

Kontenbewegungen auf sonstigen Konten

S	Privat		H
⓭	2.000,00	⓯	10.000,00
SB (EK)	**8.000,00**		
	10.000,00		**10.000,00**

Gewinn-und Verlustrechnung

Soll	GuV		Haben
Gehälter	7.500,00	ProvE	24.000,00
HuGA	3.000,00	ZinsE	800,00
KfzA	350,00		
VA	700,00		
ZinsA	600,00		
Abschr. A	1.010,00		
Abschr. Kfz	2.500,00		
WuRA	780,00		
Gewinn (EK)	**8.360,00**		
	24.800,00		**24.800,00**

Schlussbilanz

Aktiva	Schlussbilanz		Passiva
GuB	550.000,00	Eigenkapital	380.860,00
BGA	25.790,00	Hypothek	300.000,00
Kfz	57.500,00	Darlehen	4.500,00
Ford.Dir.	15.000,00	Verb. UV	10.000,00
Bank	37.370,00		
Kasse	9.700,00		
	695.360,00		**695.360,00**

Interpretation des Jahresabschlusses

Aufgrund der **Schlussbilanz** sind der Agenturinhaber der Agentur Klee und beispielsweise auch Banken in der Lage, die wirtschaftlichen Verhältnisse der Agentur zu beurteilen.

Die Schlussbilanz enthält wertvolle Erkenntnisse über die Vermögens- und Finanzlage der Agentur. Bereits der Vergleich zwischen Schlussbilanz und Eröffnungsbilanz zeigt der Agentur Klee, dass sich in dem Geschäftsjahr das Eigenkapital erhöht hat, aber auch das Umlaufvermögen (hier Bank und Kasse).

Die Schlussbilanz gibt keine Informationen darüber, woher diese Gelder stammen. Diesen Überblick müsste man sich über die einzelnen Konten verschaffen.

Die **Gewinn- und Verlustrechnung** wiederum gibt dem Agenturinhaber Aufschluss darüber, wie seine Ertragslage aussieht.

Hier hat die Agentur einen Gewinn erzielt, was den Schluss zulässt, dass die Agentur wirtschaftlich gut arbeitet.

Allerdings ist hier zu berücksichtigen, dass ein Zinsertrag, den die Versicherungsagentur dadurch erwirtschaftet hat, dass sie Geld erfolgreich angelegt hat, nicht Ziel einer Versicherungsagentur ist.

Gelder anzulegen oder einen Haus- und Grundstücksertrag aufgrund eines eigenen Gebäudes zu erzielen, hat nichts mit einer erfolgreichen Arbeit in der Versicherungsagentur zu tun. Lediglich die Provisionserträge haben mit der tatsächlichen Arbeit einer Agentur zu tun, die in diesem Fall sehr hoch ausfallen und für einen ordentlichen Gewinn sorgen.

Fazit hier wäre also, dass die Agentur Klee finanziell und wirtschaftlich sehr gut aufgestellt ist.

Auskunft darüber, wie erfolgreich eine Versicherungsagentur tatsächlich arbeitet erhält der Agenturinhaber durch die Kosten- und Leistungsrechnung (siehe Schulbuch für das 3. Ausbildungsjahr Lernfeld 12).

Abkürzungsverzeichnis

ABBU	Allgemeine Bedingungen für die Berufsunfähigkeitsversicherung
ABGV	Allgemeine Bedingungen für die Grundfähigkeitenversicherung
AfA	Absetzung für Abnutzung (auch: Abschreibung für Abnutzung)
AFGBV	Autonome Fahrzeuge-Genehmigungs- und -Betriebs-Verordnung
AG	Aktiengesellschaft (im Zusammenhang mit Rechtsformen)
AG	Arbeitgeber (im Zusammenhang mit Lohn- und Gehaltsabrechnungen und der Sozialversicherung)
AGlB	Allgemeine Bedingungen für die Glasversicherung
AHB	Allgemeine Versicherungsbedingungen für die Haftpflichtversicherung
AKB	Allgemeine Bedingungen für die Kfz-Versicherung
AKV	Auslandsreisekrankenversicherung
ALB	Allgemeine Bedingungen für die kapitalbildende Lebensversicherung
ALV	Arbeitslosenversicherung
AMG	Arzneimittelgesetz
AN	Arbeitnehmer
AO	Abgabenordnung
AR	aktueller Rentenwert
ARB	Allgemeine Rechtsschutzversicherungs-Bedingungen
AST	Anspruchsteller
AtG	Atomgesetz
AT-Reise	Allgemeiner Teil der Versicherungsbedingungen für die Reiseversicherung
AUB	Allgemeine Unfallversicherungs-Bedingungen
AuslPflVG	Gesetz über die Haftpflichtversicherung für ausländische Kraftfahrzeuge und Kraftfahrzeuganhänger Ausländer Pflichtversicherungsgesetz (Ausländer-Pflichtversicherungsgesetz)
AVB	Allgemeine Versicherungsbedingungen
AVB/BT	Allgemeine Versicherungsbedingungen Bedingungsteil für den Basistarif
AVB/NLT	Allgemeine Versicherungsbedingungen Bedingungsteil für den Notlagentarif
B2B	Business-to-Business
B2C	Business-to-Consumer
BaFin	Bundesanstalt für Finanzdienstleistungsaufsicht
BAV	Betriebliche Altersvorsorge
BBG	Beitragsbemessungsgrenze
BBiG	Berufsbildungsgesetz
BDSG	Bundesdatenschutzgesetz
BetrVG	Betriebsverfassungsgesetz
BewG	Bewertungsgesetz
BG	Berufsgenossenschaft
BGB	Bürgerliches Gesetzbuch
BGH	Bundesgerichtshof
BKV	Berufskrankheiten-Verordnung
BMG	Bundesministerium für Gesundheit
BU	Berufsunfähigkeit(sversicherung)
BZSt	Bundeszentralamt für Steuern
DGB	Deutscher Gewerkschaftsbund
DGUV	Deutsche Gesetzliche Unfallversicherung
DKG	Deutsche Krankenhausgesellschaft
DRG	Diagnosis Related Groups (= Diagnosebezogene Fallgruppen)

DSB	Datenschutzbeauftragter
DSGVO	Datenschutz-Grundverordnung
EA	Eintrittsalter
eGK	elektronische Gesundheitskarte
EHIC	European Health Insurance Card
ELStAM	Elektronische Lohnsteuerabzugsmerkmale
ELSTER	Elektronische Steuererklärung
EM-Rente	Erwerbsminderungsrente
EP	Entgeltpunkt
EStDV	Einkommenssteuer-Durchführungsverordnung
EStG	Einkommensteuergesetz
eTin	elektronische Transfer-Identifikations-Nummer
EU	Europäische Union
eVB	elektronische Versicherungsbestätigungsnummer
EWR	Europäischer Wirtschaftsraum
FB	Formeller Beginn
FIN	Fahrzeugidentifikationsnummer
FpfZG	Familienpflegezeitgesetz
FZV	Verordnung über die Zulassung von Fahrzeugen zum Straßenverkehr (Fahrzeug-Zulassungsverordnung)
GA	Gesellschaftsarzt
GDV	Gesamtverband der Deutschen Versicherungswirtschaft
GebüH	Gebührenordnung für Heilpraktikerinnen und Heilpraktiker
GEPV	Gesetzlich geförderte ergänzende Pflegeversicherung
GewO	Gewerbeordnung
GG	Grundgesetz
GKV	Gesetzliche Krankenversicherung
GmbH	Gesellschaft mit beschränkter Haftung
GOÄ	Gebührenordnung für Ärztinnen und Ärzte
GOZ	Gebührenordnung für Zahnärztinnen und Zahnärzte
GPV	Gesetzliche Pflegeversicherung
GRV	Gesetzliche Rentenversicherung
GUV	Gesetzliche Unfallversicherung
GWG	Geringwertige Wirtschaftsgüter
HaftPflG	Haftpflichtgesetz
HGB	Handelsgesetzbuch
HIS	Hinweis- und Informationssystem der Versicherungswirtschaft
IHK	Industrie- und Handelskammer
IVK	Internationale Versicherungskarte (= Grüne Karte)
JAEG	Jahresarbeitsentgeltgrenze
JArbSchG	Jugendarbeitsschutzgesetz
JAV	Jahresarbeitsverdienst (im Zusammenhang mit der Berufsgenossenschaft)
JAV	Jugend- und Auszubildendenvertretung (im Zusammenhang mit dem Betriebsverfassungsgesetz)
KBA	Kraftfahrt-Bundesamt
Kfz	Kraftfahrzeug
KfzPfVV	Pflichtversicherungsverordnung
KH	Kfz-Haftpflichtversicherung
KHT	Krankenhaustagegeld
KiSt	Kirchensteuer
KT	Krankentagegeld

LA	Leistungsausschluss
LSt	Lohnsteuer
LuftVG	Luftverkehrsgesetz
MB	Materieller Beginn (im Zusammenhang mit Fristen)
MB	Monatsbeitrag (im Zusammenhang mit Beitragszahlungen)
MB/EPV	Musterbedingungen für Ergänzungsversicherungen zur privaten und zur sozialen Pflegepflichtversicherung
MB/GEPV	Musterbedingungen für die staatlich geförderte Pflegeversicherung
MB/KK	Musterbedingungen für die Krankheitskostenversicherung und für die Krankenhaustagegeldversicherung
MB/KT	Musterbedingungen für die Krankentagegeldversicherung
MB/PPV	Musterbedingungen für die private Pflegepflichtversicherung
MB/ST	Musterbedingungen für den Standardtarif
MB	Medizinischer Dienst
MdE	Minderung der Erwerbsfähigkeit
MwSt	Mehrwertsteuer
OHG	Offene Handelsgesellschaft
PEPP	Pauschalierendes Entgeltsystem Psychiatrie und Psychosomatik
PET	Pflegeergänzungstagegeld
PflegeZG	Pflegezeitgesetz
PflVG	Gesetz über Pflichtversicherung für Kraftfahrzeughalter (Pflichtversicherungsgesetz)
PKV	Private Krankenversicherung
PPV	Private Pflegeversicherung
ProdHaftG	Produkthaftungsgesetz
p. r. t.	pro rata temporis (= anteilmäßig auf einen bestimmten Zeitablauf bezogen)
PSKV	Private Studentische Krankenversicherung
PUV	Private Unfallversicherung
RAF	Rentenartfaktor
RiZ	Risikozuschlag
RW	Restwert
SB	Selbstbeteiligung, auch: Selbstbehalt
SGB	Sozialgesetzbuch
SolZ	Solidaritätszuschlag
Steuer-ID	Steuer-Identifikationsnummer
StGB	Strafgesetzbuch
StVG	Straßenverkehrsgesetz
StVO	Straßenverkehrsordnung
StVZO	Straßenverkehrszulassungsverordnung
SV	Sozialversicherung
SVLFG	Sozialversicherung für Landwirtschaft, Forsten und Gartenbau
TB	Technischer Beginn
TK	Teilkaskoversicherung
USt	Umsatzsteuer
UmweltHG	Umwelthaftungsgesetz
UVV	Unfallverhütungsvorschriften
VAG	Versicherungsaufsichtsgesetz
VB-Reiseabbruch	Besondere Versicherungsbedingungen für die Reiseabbruchversicherung
VB-Reiserücktritt	Besondere Versicherungsbedingungen für die Reiserücktrittsversicherung

VB-Reise-gepäck	Besondere Versicherungsbedingungen für die Reisegepäckversicherung
VdS	Verband der Sachversicherer
VDZ	Vorläufige Deckungszusage
VermBG	Vermögensbildungsgesetz
VersSt	Versicherungsteuer
VersStG	Versicherungssteuergesetz
VersVermV	Versicherungsvermittlungsverordnung
VGB	Verbundene Gebäudeversicherungs-Bedingungen
VHB	Verbundene Hausratversicherungs-Bedingungen
VK	Vollkaskoversicherung
VL	Vermögenswirksame Leistungen
VN	Versicherungsnehmer/-in
VomVO	Verfahrensordnung des Versicherungsombudsmanns
VR	Versicherer
VS	Versicherungssumme
VSt	Vorsteuer
VVaG	Versicherungsverein auf Gegenseitigkeit
VVG	Versicherungsvertragsgesetz
VVG-InfoV	Verordnung über die Informationspflichten bei Versicherungsverträgen
VW	Versicherungswert
WBA	Wiederbeschaffungsaufwand
WBW	Wiederbeschaffungswert
WHG	Wasserhaushaltsgesetz
ZF	Zugangsfaktor

Sachwortverzeichnis

Bildquellenverzeichnis

akg-images GmbH, Berlin: 120.1

Aktion DAS SICHERE HAUS e.V., Hamburg: http://www.das-sichere-haus.de/ 122.1

Berufsbildungswerk der Deutschen Versicherungswirtschaft (BWV) e.V., München: 168.1, 252.1, 252.2, 252.3, 273.1, 274.1

Bundesanstalt für Arbeitsschutz und Arbeitsmedizin, Dortmund: 123.1

Bundesministerium für Gesundheit (BMG): 228.1

CosmosDirekt, Saarbrücken: 184.1

Deutsche Gesetzliche Unfallversicherung e.V. (DGUV), Berlin: Abbildung aus „Statistik – Arbeitsunfallgeschehen 2018“ der Deutschen Gesetzlichen Unfallversicherung e.V. (DGUV), Glinkastr. 40, 10117 Berlin www.dguv.de 124.2, 125.1

fotolia.com, New York: Kadmy 75.2; Syda Productions 241.1

GDV Dienstleistungs-GmbH, Hamburg: 23.1

Gesamtverband der Deutschen Versicherungswirtschaft e.V., Berlin: 126.2, 201.1, 203.1

iStockphoto.com, Calgary: BlackJack3D 193.1; Gurzzza 162.1

Jedermann-Verlag GmbH, Heidelberg: 132.1

Kraftfahrt-Bundesamt KBA, Flensburg: 18.1

Picture-Alliance GmbH, Frankfurt a.M.: dpa-infografik 148.1, 289.1; dpa-infografik GmbH 177.1

plainpicture, Hamburg: ponton_ 255.1

R+V Allgemeine Versicherung AG, Wiesbaden: 309.1

Shutterstock.com, New York: Kosmider, Patryk 358.1; novak.elcic 138.1; TravnikovStudio 89.1

Statista GmbH, Hamburg: 121.1, 123.2, 124.1, 125.2, 126.1, 131.1

stock.adobe.com, Dublin: Africa Studio 209.1; Andrey Popov 240.1; Bartussek, Ingo 305.1; Belova, Tatiana 65.2; Biewer_Jürgen 68.1; BigBlueStudio 190.1; contrastwerkstatt 323.1; Countrypixel 137.1; Dähne, Detlef 67.1; DorSteffen 75.3; Drobot, Dean 241.2; Elnur 117.1; ermess 166.1; fotohansel 68.2; georgerudy 105.1; goodluz 293.1; highspeedfotos.de 397.1, 397.2; highwaystarz 304.1; Jedzura, Daniel 66.1; jovannig 69.1; Khun Ta 100.1; Kiselev, Andrey 136.1; kolinko_tanya 265.2; Krautwald, Sven 379.1; LianeM 136.2; Louro, Luis 244.1; lovelyday12 70.2; magdal3na 15.1; Marco2811 281.1; Matze 65.1; milanmarkovic78 223.1; Moosmann, Tanja 22.1; mpix-foto 75.1; mrmohock 188.1; peterschreiber.media 139.2; pressmaster 303.1; Raths, Alexander 192.1, 306.1; Rawpixel.com 308.1; rcx 127.1; Rother, Jens 70.1; sirikornt 139.1; Stock Rocket Titel, Titel, Titel; Stockfotos-MG 365.1; Stockwerk-Fotodesign 80.1; Wedding photography 265.1; Windecker, Tommy 135.1; Yeti Studio 154.1

Stollfuß Verlag – Zweigniederlassung der Lefebvre Sarrut GmbH, Bonn: 369.1

Verband der Ersatzkassen e.V. (vdek), Berlin: 227.1

Verband der Privaten Krankenversicherung, Berlin: 250.1, 310.1

© Statistisches Bundesamt (Destatis), Wiesbaden: 19.1

Kontenrahmenplan für die Agenturbuchführung

(Reihenfolge alphabetisch, im Buch verwendete Kontenabkürzungen in Klammern)

aktive Bestandskonten	passive Bestandskonten	Aufwandskonten	Ertragskonten	sonstige Konten
aktive Rechnungsabgrenzung (ARA)	Darlehensverbindlichkeiten (Darlehen)	Abschreibungen auf Anlagen (Abschr. A)	außerordentlicher Ertrag (aoE)	**Privat** = Abschluss auf Eigenkapital (EK)
Bank	Eigenkapital (EK)	Abschreibungen auf geringwertige Wirtschaftsgüter (Abschr. GWG)	Haus- und Grundstücksertrag (HuGE)	**Entschädigungen (Entsch.)** = Abschluss auf Forderungen gegen Direktion (Ford. Dir.)
Betriebs- und Geschäftsausstattung (BGA)	Hypothekenverbindlichkeiten (Hypothek)	Abschreibungen auf geringwertige Wirtschaftsgüter - Sammelposten (Abschr. GWG-SP)	Kassendifferenzenertrag (Kassendif. E)	**Regulierungsaufwand (RegA)** = Abschluss auf Forderungen gegen Direktion (Ford. Dir.)
Forderungen gegen Arbeitnehmer (Ford. AN)	passive Rechnungsabgrenzung (PRA)	Abschreibungen auf Kfz (Abschr. Kfz)	Provisionsertrag (ProvE)	
Forderungen gegen Direktion (Ford. Dir.)	sonstige Rückstellungen (sonst. Rückst.)	außerordentlicher Aufwand (aoA)	Zinsertrag (ZinsE)	
geringwertige Wirtschaftsgüter (GWG)	sonstige Verbindlichkeiten (sonst. Verb.)	Energieaufwand (EnergieA)		
geringwertige Wirtschaftsgüter -Sammelposten (GWG-SP)	Verbindlichkeiten beim Finanzamt (Verb. FA)	Gehälter		
Grundstücke und Bauten (GuB)	Verbindlichkeiten beim Sozialversicherungsträger (Verb. SV)	Haus- und Grundstücksaufwand (HuGA)		
Kasse	Verbindlichkeiten bei Untervertretern (Verb. UV)	Kassendifferenzenaufwand (Kassendif. A)		
Kraftfahrzeuge (Kfz)		Kfz-Aufwand (KfzA)		
Postbank (PBank)		Mietaufwand (MietA)		
sonstige Forderungen (sonst. Ford.)		Provisionsaufwand (ProvA)		
		sozialer Aufwand (soz. A)		
		Steueraufwand (SteuerA)		
		Verwaltungsaufwand (VA)		
		Werbe- und Reiseaufwand (WuRA)		
		Zinsaufwand (ZinsA)		